Kleine-Cosack

Verfassungsbeschwerden und
Menschenrechtsbeschwerde

D1734654

Verfassungsbeschwerden und Menschenrechtsbeschwerde

Tipps und Taktik

von

Dr. Michael Kleine-Cosack

Rechtsanwalt, Fachanwalt für Verwaltungsrecht

2., neu bearbeitete Auflage

C.F. Müller Verlag · Heidelberg

Bibliografische Information der Deutschen Nationalbibliothek

Die Deutsche Nationalbibliothek verzeichnet diese Publikation
in der Deutschen Nationalbibliografie; detaillierte bibliografische Daten
sind im Internet über <http://dnb.d-nb.de> abrufbar.

ISBN 13: 978-3-8114-3354-0
ISBN 10: 3-8114-3354-7

© 2007 C. F. Müller, Verlagsgruppe Hüthig Jehle Rehm GmbH,
Heidelberg, München, Landsberg, Berlin

www.cfmueller-verlag.de

Satz: Strassner ComputerSatz, Leimen
Druck: J. P. Himmer, Augsburg
Printed in Germany

Vorwort

Langjährige – durchaus positive[1] – Erfahrungen des Verfassers im Umgang mit dem außerordentlichen Rechtsbehelf der Verfassungsbeschwerde waren maßgeblich für diese praxisorientierte Publikation. Die bewährte und bei Benutzern wie in der Kritik auf Zustimmung gestoßene Konzeption des Handbuchs wurde auch bei der Neuauflage beibehalten. Es wird weitgehend verzichtet auf die Erörterung wissenschaftlicher Kontroversen, denen in der Praxis der Verfassungsbeschwerde ohnehin meist keine Bedeutung zukommt. Dem Leser werden vielmehr konzentriert und übersichtlich die Informationen vermittelt, welche zur Einlegung der Verfassungsbeschwerde wie auch zum Verständnis des weiteren Verfahrens unverzichtbar sind.

An zahlreichen Stellen wird zudem eindeutig Stellung genommen zu praktisch relevanten politischen Streitfragen wie z.B. zum Verhältnis des BVerfG zum EGMR und zum EuGH[2] oder es werden mit klaren Worten kritisch bestimmte Praktiken des BVerfG – z.B. bei der Annahme von Verfassungsbeschwerden – herausgestellt.[3]

Die neue Auflage wurde wesentlich überarbeitet und erweitert. Sie enthält nunmehr umfassende Rechtsprechungsnachweise sowie zur Veranschaulichung der zentralen Probleme zahlreiche Beispiele aus der Judikatur. Das Bestreben geht dahin, möglichst alle praxisrelevanten Fragen unter Berücksichtigung der maßgeblichen Judikatur zu erörtern, damit der Leser bzw. Benutzer ohne Zuhilfenahme umfangreicher Kommentare und Handbücher wie auch sonstiger Publikationen vom außerordentlichen Rechtsbehelf der Verfassungsbeschwerde sowie der Menschenrechtsbeschwerde Gebrauch machen kann.

---

1 Es geht zwar zu weit, wenn *Zuck* in NJW 1997, 2799, formuliert, der Verfasser gewinne „immer" beim BVerfG. Die eigenen Erfahrungen haben jedoch gezeigt, dass in der Tat bei einem sorgfältigen und gezielten Umgang mit dem außerordentlichen Rechtsbehelf der Verfassungsbeschwerde durchaus nicht nur zufällige Erfolge erzielt werden können. Der Verf. war u.a. an folgenden Verfahren beteiligt:
<u>Grundsatzentscheidungen:</u> *BVerfG*, Beschl. v. 14.7.1987 – 1 BvR 195/87 (Standesrichtlinien); *BVerfG*, Beschl. v. 4.11.1992 – 1 BvR 442/89 und 1 BvR 772/91 (Zweitberufsfreiheit von Rechtsanwälten); *BVerfG*, Beschl. v. 30.3.1993 – 1 BvR 1045/89 (Rangfolgeregelung § 60 KO); *BVerfG*, Beschl. v. 9.8.1995 – 1 BvR 2263/95 und 534/95 u.a. (Auslegung des ReNotPrG); *BVerfG*, Beschl. v. 5.12.1995 – 1 BvR 2011/94 (Verfassungswidrigkeit der Neuregelung der Postulationsfähigkeit in Anwaltsprozessen vor den Amts- und Landgerichten der neuen Bundesländern); *BVerfG*, Beschl. v. 29.10.1998 – 2 BvR 1206/98 (Haager Kindesentführungsabkommen); *BVerfG*, Beschl. v. 17.4.2000 – 1 BvR 721/99 (Sponsoring); *BVerfG*, Beschl. v. 21.9.2000 – 1 BvR 661/96 (Notarrecht); Beschl. v. 24.10.2003 – 1 BvR 1594/03 (Sofortvollzug bei Widerruf einer Apothekerapprobation); *BVerfG*, Beschl. v. 23.9.2002 – 1 BvR 1717/00 (Notarrecht); *BVerfG*, Beschl. v. 2.3.2004 – 1 BvR 784/03 (Berufsfreiheit, Geistheiler); *BVerfG*, Beschl. v. 20.04.2004 – 1 BvR 1450/01 (Notarstellenvergabe); *BVerfG*, Beschl., v. 3.8.2004 – 1 BvR 135/00 (Auswahl von Insolvenzverwaltern); *BVerfG*, Beschl. v. 13.7.2004 – 1 BvR 1332/95 u. 613/97 (Notarkassen); *BVerfG* Beschl. v. 26.7.2005 – 1 BvR 80/95 (Kapitalgebende Lebensversicherungen).
<u>Sonstige Entscheidungen:</u> *BVerfG*, Beschl. v. 25.9.1989 – 1 BvR 445/89; *BVerfG*, Beschl. v. 8.11.1995 – 1 BvR 1478/94; *BVerfG*, Beschl. v. 20.5.1999 – 1 BvR 29/99; *BVerfG* Beschl. v. 8.12.2004 – 2 BvR 52/02; *BVerfG*, Beschl. v. 27.6.2005 – 1 BvR 224/05; *BVerfG*, Beschl. v. 14.7.2005 – 1 BvR 2151/03; Beschl., v. 31.8.2005 – 1 BvR 912/04; *BVerfG*, Beschl. v. 24.11.2005 – 1 BvR 1870/04; *BVerfG* Beschl. v. 20.6.2006 – 1 BvR 2452/05.
<u>Einstweilige Anordnungen:</u> *BVerfG*, Beschl. v. 7.12.1994 – 1 BvR 2011/94; *BVerfG*, Beschl. v. 23.2.1995 – 1 BvR 2263/94; *BVerfG*, Beschl. v. 28.03.1995 – 1 BvR 534/95; *BVerfG*, Beschl. vom 2.4.1996 – 1 BvR 661/96; *BVerfG*, Beschl. v. 31.7.1998 – 2 BvR 1206/98; *BVerfG*, Beschl. v. 13.8.2002 – 1 BvR 1594/03; *BVerfG* Beschl. v. 28.4.2004 – 1 BvR 912/04.

2 Rn. 22 ff. 2.1; EGMR StraFo2006, 406: Zulässige Menschenrechtsbeschwerde nach unzulässiger Verfassungsbeschwerde.

3 Rn. 54, 77 ff., 83 ff., 110 ff.,127.

Zahlreiche Anregungen und Tipps aus der Praxis wie auch Beispiele sollen dem Leser – seien es Rechtsanwälte, Richter, Studenten oder auch interessierte Laien – den Gang zum BVerfG oder zum EGMR erleichtern.

Freiburg i. Br., im Oktober 2006   *Dr. Michael Kleine-Cosack*

Vorwort zur 1. Aufl.

Eine Verfassungsbeschwerde und erst recht eine Menschenrechtsbeschwerde ist nur in Ausnahmefällen Gegenstand einer anwaltlichen Mandatierung. Schließlich handelt es sich in beiden Fällen um außerordentliche Rechtsbehelfe, der erst nach Erschöpfung des Rechtswegs und zudem unter Beschränkung auf die Prüfung des Verfassungsrechts oder der Menschenrechte eingelegt werden können. Dennoch sehen sich vor allem Rechtsanwälte immer häufiger mit der Frage konfrontiert, ob die Einlegung derartiger Beschwerden nach Erschöpfung des Rechtsweges Aussicht auf Erfolg hat. Rechtsuchende Bürger stellen eine solche Frage oftmals vor allem dann, wenn sie vor den Fachgerichten unterlegen sind und ein Rechtsmittel nicht mehr möglich ist. Anwälte sind bei Mandatsannahme dann gezwungen, zumindest die Erfolgsaussichten einer Verfassungsbeschwerde oder nach deren Zurückweisung einer Menschenrechtsbeschwerde zu prüfen. Die Zahl entsprechender Aufträge dürfte in Zukunft noch steigen angesichts der gegenwärtigen Tendenz, Rechtsmittel abzubauen oder zumindest erheblich einzuschränken zu Lasten des Bürgers wie auch des Bundesverfassungsgerichts. Nicht unerhebliche eigene – überwiegend positive – Erfahrungen als bevollmächtigter Rechtsanwalt in Verfassungsbeschwerdeverfahren waren Anlass, dieses Handbuch zu verfassen.

Referendar Jens-Hinrich Binder habe ich sehr für Anregungen und Hinweise wie auch seine Unterstützung bei der drucktechnischen Erstellung des Manuskripts zu danken.

Freiburg i. Br., im Februar 2001   *Dr. Michael Kleine-Cosack*

Benutzerhinweise

Erlauben Sie uns vorweg ein paar praktische Hinweise für die Nutzung dieses Buches.

Die einzelnen Bände der Reihe »Tipps und Taktik« beschränken sich inhaltlich auf ein Rechtsgebiet, in dem sie dem Rechtsanwalt die richtige Mandatsarbeit erleichtern sollen. Hierzu gehören die durchgehenden Randnummern und das ausführliche Stichwortverzeichnis, die ein schnelles Nachschlagen einzelner Punkte ermöglichen. Eine weitere Hilfe stellen die mitgeführten Tipps in der Marginalienleiste dar. Darüber hinaus werden Muster, Checklisten und Tabellen, sowie Beispiele in einem jeweils eigenen Gelbton und Merksätze in Grau unterlegt.

> Muster
> Checklisten, Tabellen
> Beispiele

Da die Reihe »Tipps und Taktik« ausschließlich von Praktikern für Praktiker geschrieben wurde, ist der Verlag für Anregungen aus der Praxis seiner Leser sehr dankbar.

Inhaltsübersicht

Inhaltsverzeichnis

§ 7 Urteilsverfassungsbeschwerde

§ 8 Verfahren nach Einlegung der Verfassungsbeschwerde

Anhang

Abkürzungsverzeichnis

a.	auch
a.A.	andere(-r) Ansicht
aaO.	am angegebenen Ort
Abs.	Absatz
AG	Amtsgericht
AllgErklMenschenR	Allgemeine Erklärung der Menschenrechte
Alt	Alternative
AnwBl	Anwaltsblatt
AöR	Archiv des öffentlichen Rechts
AO	Abgabenordnung
AR	Allgemeines Register
ArbuR	Arbeit und Recht
ArbGG	Arbeitsgerichtsgesetz
Art.	Artikel
Aufl.	Auflage
ausf.	ausführlich
Az.	Aktenzeichen
BAG	Bundesarbeitsgericht
bay	bayerisch, -es
BayVBl.	Bayerische Verwaltungsblätter
BayVerfGG	Gesetz über den Bayerischen Verfassungsgerichtshof
BayVerfGH	Bayerischer Verfassungsgerichtshof
BayVerfGHE	Entscheidungssammlung des BayVerfGH, neue Folge
BB	Betriebsberater
BbgVerf	Brandenburgische Landesverfassung
BbgVerfG	Brandenburgisches Verfassungsgericht
BDO	Bundesdisziplinarordnung
Beil.	Beilage
bej.	bejahend
BerlVerfGH	Berliner Verfassungsgerichtshof
Beschl.	Beschluss
Bf.	Beschwerdeführer
BFH	Bundesfinanzhof
BGB	Bürgerliches Gesetzbuch
BGBl. I, II	Bundesgesetzblatt Teil I, II
BGH	Bundesgerichtshof
BRAK-Mitt.	Mitteilungen der Bundesrechtsanwaltskammer
BRAGO	Bundesgebührenordnung für Rechtsanwälte
BRAO	Bundesrechtsanwaltsordnung
BR-Dr.	Bundesrat-Drucksache
BSG	Bundessozialgericht
BT-Ds.	Bundestag Drucksache
BV	Verfassung von Bayern
BVerfG	Bundesverfassungsgericht
BVerfGE	Entscheidungen des Bundesverfassungsgerichts
BVerfGG	Bundesverfassungsgerichtsgesetz
BVerwG	Bundesverwaltungsgericht
BVerwGE	Entscheidung des Bundesverwaltungsgerichts

BVerfGK	Bundesverfassungsgericht, Kammerentscheidungen (Band, Seite)
ca.	circa
CMLR	Common Market Law Review
DB	Der Betrieb (Zeitschrift)
ders.	derselbe
dies.	dieselbe
DÖV	Die Öffentliche Verwaltung
DtZ	Deutsch-Deutsche Rechtszeitschrift
DVBl	Deutsches Verwaltungsblatt
ebd.	ebenda
ECHR	European Court of Human Rights
EG	Vertrag zur Gründung der Europäischen Gemeinschaft
EGGVG	Einführungsgesetz zum Gerichtsverfassungsgesetz
EGMR	Europäischer Gerichtshof für Menschenrechte
EGV	Vertrag über die Gründung der Europäischen Gemeinschaft
EKMR	Europäische Kommission für Menschenrechte
EMRK	Europäische Menschenrechtskonvention
EUG	Europäisches Gericht I. Instanz
EUGH	Europäischer Gerichtshof
EuGH Slg.	Europäischer Gerichtshof, Sammlung
EuGRZ	Europäische Grundrechte
EuR	Europarecht
EUV	Vertrag über die Gründung der Europäischen Union
EuzW	Europäische Zeitschrift für Wirtschaftsrecht
FamRZ	Zeitschrift für das gesamte Familienrecht
f.	folgende
ff.	fortfolgende
FGG	Gesetz über die freiwillige Gerichtsbarkeit
FGO	Finanzgerichtsordnung
Fn.	Fußnote
Fs	Festschrift
gem.	gemäß
GemO	Gemeindeordnung
GewO	Gewerbeordnung
GG	Grundgesetz für die Bundesrepublik Deutschland
ggf.	gegebenenfalls
GKG	Gerichtskostengesetz
GmbH	Gesellschaft mit beschränkter Haftung
GO	Geschäftsordnung
GO-BVerfG	Geschäftsordnung des Bundesverfassungsgerichts
GO/NRW	Gemeindeordnung Nordrhein-Westfalen
GTE	von der Groeben/Thiesing/Ehlermann, EU-Kommentar (Literaturverzeichnis)
GVG	Gerichtsverfassungsgesetz
h.A.	herrschende Ansicht
HdbStR	Handbuch des Staatsrechts der Bundesrepublik Deutschland
HessStGH	Hessischer Staatsgerichtshof
h.M.	herrschende Meinung
Hrsg./hrsg.	Herausgeber/herausgegeben
Hs.	Halbsatz
i.d.F.	in der Fassung
i.d.R.	in der Regel
Idvb	Individualbeschwerde
i.e.S.	im eigentlichen (engeren) Sinne

IRG	Gesetz über internationale Rechtshilfe
insbes.	insbesondere
IPRax	Praxis des Internationalen Privat- und Verfahrensrechts
IpbürgR	Internationaler Pakt über bürgerliche und politische Rechte
i.S. (d., v.)	im Sinne (des, der, von)
i.V.m.	in Verbindung mit
JA.	Juristische Arbeitsblätter
JR	Juristische Rundschau
JURA	Juristische Ausbildung
JuS	Juristische Schulung
JZ	Juristenzeitung
KG	Kommanditgesellschaft
KJ	Kritische Justiz
Lfg.	Lieferung
LG	Landgericht
lit.	Buchstabe
LVerf	Landesverfassung
LVerfG	Landesverfassungsgericht
LVerfGGMV	Gesetz über das Landesverfassungsgericht MecklenburgVorpommern
LVerfGG SA	Gesetz über das Landesverfassungsgericht von Sachsen-Anhalt
MdB	Mitglied des Bundestages
MDR	Monatsschrift für Deutsches Recht
MfS	Ministerium für Staatssicherheit
m.w.N.	mit weiteren Nachweisen
n.F.	neue Fassung/Folge
NJ	Neue Justiz
NJW	Neue Juristische Wochenschrift
NJW-RR	Neue Juristische Wochenschrift-Rechtsprechungsreport
Nr.	Nummer
NRW	Nordrhein-Westfalen
NStZ	Neue Zeitschrift für Strafrecht
NStZ-RR	Neue Zeitschrift für Strafrecht-Rechtsprechungsreport
NZA	Neue Zeitschrift für Arbeitsrecht
NVwZ	Neue Zeitschrift für Verwaltungsrecht
NVwZ(-RR)	Neue Zeitschrift für Verwaltungsrecht (Rechtsprechungsreport)
NZBau	Neue Zeitschrift für Baurecht
ÖBGBl.	Österreichisches Bundesgesetzblatt
ÖJZ	Österreichische Juristenzeitung
OHG	Offene Handelsgesellschaft
OLG	Oberlandesgericht
OVG	Oberverwaltungsgericht
OWiG	Gesetz über Ordnungswidrigkeiten
PartG	Partnerschaftsgesellschaft
PatG	Patentgesetz
PKH	Prozesskostenhilfe
RhPf-VerfGHG	Rheinlandpfälzisches Verfassungsgerichtshofgesetz
Rn	Randnummer(n)
RnotPrG	Gesetz zur Überprüfung der Rechtsanwälte und Notare
RPflG	Rechtspflegergesetz
Rs	Rechtssache
RUDH	Revue universelle des droits de l'homme
RVO	Rechtsverordnung
s.	siehe

SächsVerfGH	Sächsischer Verfassungsgerichtshof
SächsVerfGHG	Sächsiches Verfassungsgerichtshofgesetz
SaarlVGHG	Gesetz über den Verfassungsgerichtshof des Saarlandes
SGG	Sozialgerichtsgesetz
Slg.	(Entscheidungs-)Sammlung
StAnz	Staatsanzeiger
StGHG	Staatsgerichtshofgesetz
StGH	Staatsgerichtshof
StGHG	Staatsgerichtshofsgesetz
StPO	Strafprozessordnung
str.	streitig
Stra-FO	Strafrechts-Forum
st.Rspr.	ständige Rechtsprechung
StV	Strafverteidiger
ThürVerf	Landesverfassung Thüringen
ThürVerfGHG	Gesetz über den Thüringer Verfassungsgerichtshof
TÜV	Technischer Überwachungsverein
u.	unten
u.a.	unter anderem/-n
u.U.	unter Umständen
Urt.	Urteil
VBlBW.	Verwaltungsblätter für Baden-Württemberg
Vfb.	Verfassungsbeschwerde
VerfGGBbg	Gesetz über das Verfassungsgericht des Landes Brandenburg
VerfGH	Verfassungsgerichtshof
VerfO	Verfahrensordnung des EGMR
VerfSachsen	Sächsische Landesverfassung
VerfSachsen-Anhalt	Landesverfassung Sachsen-Anhalt
VermögensG	Vermögensgesetz
vern.	verneinend
VerwArch	Verwaltungsarchiv
VG	Verwaltungsgericht
VGH	Verwaltungsgerichtshof
VGHG	Verwaltungsgerichtshofsgesetz
vgl.	vergleiche
VO	Verordnung
VK	Vereinigtes Königreich
VVDStRL	Veröffentlichungen der Vereinigung Deutscher Staatsrechtslehrer
VwGO	Verwaltungsgerichtsordnung
VwVfG	Verwaltungsverfahrensgesetz
WDO	Wehrdienstordnung
WRV	Weimarer Verfassung
ZaöRV	Zeitschrift für ausländisches öffentliches Recht und Völkerrecht
ZAP-EN	Zeitschrift für Anwaltspraxis, Entscheidungen
ZfA	Zeitschrift für Arbeitsrecht
ZfdgStrafrechtsw	Zeitschrift für die gesamte Strafrechtswissenschaft
ZfP	Zeitschrift für Politik
ZfRSoz	Zeitschrift für Sozialrecht
Ziff.	Ziffer
ZIP	Zeitschrift für Wirtschaftsrecht und Insolvenzpraxis
ZP	Zusatzprotokoll (zur EMRK)
ZPO	Zivilprozessordnung
ZRP	Zeitschrift für Rechtspolitik

Literaturverzeichnis

I. Verfassungsbeschwerde zum BVerfG

Hinweis:

Die Problematik der Verfassungsbeschwerde wird in allen Kommentaren und Darstellungen des Grundgesetzes und des BVerfGG sowie des Verfassungsprozessrechts sowie in speziellen Publikationen und Aufsätzen unterschiedlicher Qualität und Praxisnähe dargestellt. Ausführliche Literaturübersichten finden sich u.a. bei Bethge und Schlaich/Korioth.

Erwähnt seien u.a.:

1. Kommentare, Monographien, Sammelbände

Badura/Dreier	*Peter Badura/H. Dreier* (Hrsg.): Festschrift 50 Jahre Bundesverfassungsgericht, 2 Bände, 2001.
Benda/Klein	*Ernst Benda/Eckart Klein*: Lehr- und Handbuch des Verfassungsprozeßrechts, 2. Auflage 2001.
Bethge	*Theodor Maunz/BrunoSchmidt-Bleibtreu*: Bundesverfassungsgerichtsgesetz, §§ 90 ff.; bearbeitet von Herbert Bethge, (Stand 2005)
Bogs	*Bogs* (Hrsg.), Urteilsverfassungsbeschwerde zum Bundesverfassungsgericht, 1999.
Denninger	*Eberhard Denninger/Wolfgang Hoffmann-Riem/HansPeter Schneider/Eckehard Stein* (Hrsg.): Kommentar zum Grundgesetz für die Bundesrepublik Deutschland, Reihe Alternativkommentare (AK-GG), 3. Auflage, Loseblatt (Stand: Juli 2004).
Dörr	*Dieter Dörr*: Die Verfassungsbeschwerde in der Prozesspraxis, 2. Aufl. 1997
Dreier	*Horst Dreier*: Grundgesetz, Kommentar, 3 Bände, 1996 ff.
Gusy	*Christoph Gusy*: Die Verfassungsbeschwerde, 1998
Hesse	*Konrad Hesse*: Grundzüge des Verfassungsrechts der Bundesrepublik Deutschland, 20. Auflage 1995.
Hillgruber/Goos	*Christian Hillgruber/Christoph Goos*: Verfassungsprozessrecht, 2004
Hömig	*Dieter Hömig* (Hrsg.): Grundgesetz, Taschenkommentar, 7. Auflage 2003.
Isensee/Kirchhof	*Josef Isensee/Paul Kirchhof* (Hrsg.): Handbuch des Staatsrechts für die Bundesrepublik Deutschland, 10 Bände, 1./2. Auflage (1987 bis 2000), seit 2003: 3. Auflage.
Jarass/B. Pieroth	*Hans D. Jarass/Bodo Pieroth*, Grundgesetz, Kommentar, 8. Auflage 2006.
Lechner/Zuck	*Hans Lechner/Rüdiger Zuck*: Bundesverfassungsgerichtsgesetz, Kommentar, 5. Auflage 2005.
Menzel	*Jörg Menzel* (Hrsg.): Verfassungsrechtsprechung 2000.
Münch/Kunig	*Ingo von Münch/Philip Kunig* (Hrsg.): Grundgesetz-Kommentar, 3 Bände, 4./5. Auflage 2003.
Pestalozza	*Pestalozza*, Verfassungsprozeßrecht, 3. Aufl. 1991
Pieroth/Schlink	*Bodo Pieroth/Bernhard Schlink*: Grundrechte/Staatsrecht II, 22. Aufl., 2006
Sachs	*Michael Sachs*: Verfassungsprozeßrecht, 2004.
Sachs	*Michael Sachs*: Grundgesetz, Kommentar, 3. Auflage, 2003
Schlaich/Korioth	*Klaus Schlaich/Stefan Korioth*: Das Bundesverfassungsgericht, 6. Auflage 2004.
Starck	*Hermann v. Mangoldt/Friedrich Klein/Christian Starck*: Das Bonner Grundgesetz, Kommentar, 3 Bände, 5. Auflage 2005.

Stern	*Klaus Stern*, Das Staatsrecht der Bundesrepublik Deutschland, 1980 ff.
Umbach/Mitarbeiter	*Dieter C. Umbach/Thomas Clemens/Franz-Wilhelm Dollinger* (Hrsg.): BVerfGG Mitarbeiterkommentar, 2. Auflage 2005.
Zuck	*Zuck*, Das Recht der Verfassungsbeschwerde, 3. Auflage 2006

2. Aufsätze

Eschelbach, Verfassungsbeschwerde in Strafverfahren, in Widmaier (Hrsg.) Handbuch der Strafverteidigung, 2006, S. 1114 ff.

Hartmann, Die Möglichkeitsprüfung im Prozessrecht der Verfassungsbeschwerde, JuS 2003, 897

Linke, Revolutionäres zur Subsidiarität der Verfassungsbeschwerde, NJW 2005, 2190

Lübbe-Wolff, Die erfolgreiche Verfassungsbeschwerde, AnwBl. 2005, 509 ff.

Substantiierung und Subsidiarität der Verfassungsbeschwerde, EuGRZ 2004, 669

Lübbe-Wolff/Geisler, Neuere Rechtsprechung des BVerfG zum Vollzug von Straf- und Untersuchungshaft, NStZ 2004, 478

Scherzberg/Mayer, Die Zulässigkeit der Verfassungsbeschwerde, JURA 2004, 373 u. 513

Die Begründetheit der Verfassungsbeschwerde bei der Verletzung von Freiheitsrechten, JA 2004, 51

Die Prüfung staatlicher Schutzpflichten in der Verfassungsbeschwerde, JA 2004, 51

Schorkopf, Die prozessuale Steuerung des Verfassungsrechtsschutzes, AöR 130, (2005), 465

Schürmann, Kontrolle fachgerichtlicher Entscheidungen durch das BVerfG, FF 2005, 187

Sullivan, Neue Entwicklungen bei der materiellen Subsidiarität der Verfassungsbeschwerde, DVBl. 2005, 880

II. Landesverfassungsbeschwerde

Hinweis:

Zur Problematik der Landesverfassungsbeschwerde kann im Prinzip auf die Publikationen zur Bundesverfassungsbeschwerde verwiesen werden, da die Maßstäbe und damit die Probleme im Hinblick auf Zulässigkeit und Begründetheit weitgehend identisch sind und sich vielfach darin auch Erörterungen zur Landesverfassungsgerichtsbarkeit und Landesverfassungsbeschwerde finden. Teilweise gibt es jedoch auch spezielle Darstellungen in den Kommentaren zu den Landesverfassungen und Landesverfassungs- bzw. Staatsgerichtshofsgesetzen.

Erwähnt seien u.a.:

1. Kommentare, Handbücher, Monographien

Clausen, Landesverfassungsbeschwerde und Bundesstaatsgewalt, 2000

v. Coelln, Anwendung von Bundesrecht nach Maßgabe der Landesgrundrechte, 2001

Dreier, Grundrechtsschutz durch Landesverfassungsgerichte, 2000

Grimm/Caesar (Hrsg.), Verfassung für Rheinland-Pfalz, Kom. v. Held zu Art. 130a, 2001

Günther, Verfassungsgerichtsbarkeit in Hessen, Kommentar zum Gesetz über den Staatsgerichtshof, 2004, Kom. der §§ 43 ff. StGHG

v. Lampe, Verfassung von Berlin, Hrsg. Pfennig/Neumann, 3. Aufl. 2000, Kom. des Art. 84.

Lange, Das Bundesverfassungsgericht und die Landesverfassungsgerichte, in: Badura/Dreier (Hrsg.), Fs. zum 50. j. Bestehen des BVerfG., 2001, 89 ff.

Macke (Hrsg.), Verfassung und Verfassungsgerichtsbarkeit auf Landesebene, 1999

Martina, Die Grundrechte der nordrhein-westfälischen Landesverfassung im Verhältnis zu den Grundrechten des Grundgesetzes, 1999.

Menzel, Landesverfassungsrecht 2002.

Ott, Landesgrundrechte in der bundesstaatlichen Ordnung, 2002.

Pfaff, Die Landesverfassungsbeschwerden, in den neuen Bundesländern, – zwischen Landesverfassung und Bundesrecht, Diss.jur. Potsdam, 1999.

Wermeckes, Der erweiterte Grundrechtsschutz in den Landesverfassungen, 2000.

2. Aufsätze

Dietlein, Die Kontrollbefugnisse der Landesverfassungsgerichte, JURA 2000, 19

Enders, Die neue Subsidiarität des Bundesverfassungsgerichts, JuS 2001, 462.

Eschelbach, Beschwerde zum EGMR, in: Widmaier (Hrsg.) Handbuch der Strafverteidigung, 2006, S. 1165 ff.

Kirchhof, F., Die Rille der Landesverfassungsgerichte im deutschen Staat, VBlBW 2003, 137

Klein/Haratsch, Die Landesverfassungsbeschwerde- Ein Instrument zur Überprüfung und Anwendung von Bundesrecht?, JuS 2000, 209

Steinberg, Landesverfassungsgerichtsbarkeit und Bundesrecht, in: Eichel/Möller (Hrsg.), 50 Jahre Verfassung des Landes Hessen, Eine Festschrift, 1997, 356 ff.

Schneider, Die Landesverfassungsgerichtsbarkeit – ein Stiefkind bundesstaatlichen Grundrechtsschutzes, NdsVBl 2005, Sonderheft, 26 ff.

Sodan, Die Individualverfassungsbeschwerde in der Landesverfassungsgerichtsbarkeit, NdsVBl 2005, Sonderheft, 32

Tiedemann, Landesverfassung und Bundesrecht, DöV 1999, 299

Waldhoff, Fall 17 – In den Mühlen zwischen Bundes- und Landesverfassungsgerichtsbarkeit, in: Di Fabio, (Hrsg.), Verfassungsrecht und Verfassungsprozessrecht, Beck'sches Examinatorium Öffentliches Recht, 2003.

Wallerath, Landesverfassungsgerichtsbarkeit in den neuen Bundesländern, NdsVBl 2005, Sonderheft 43-56

III. Individualbeschwerde zum EGMR

1. Kommentare, Handbücher, Monographien

Frowein/Peukert	*Frowein, Jochen Abr./Peukert, Wolfgang*: Europäische Menschenrechtskonvention: EMRK-Kommentar, 2. Aufl., 1996
Grabenwarter	*Grabenwarter, Christoph*, Europäische Menschenrechtskonvention, 2. Aufl. 2005
Meyer-Ladewig	*Meyer-Ladewig, Jens*, EMRK, Handkommentar, 2003
Peters	*Peters, Anne*, Einführung in die Europäische Menschenrechtskonvention, 2003
Reid	A Practioners Guide to the EHCR, 1998.
Villiger	*Villiger, Mark-Eugen*, Handbuch zur Europäischen Menschenrechtskonvention, 2. Aufl. 1999

2. Aufsätze

Wittinger, Die Einlegung einer Individualbeschwerde vor dem EGMR, NJW 2001, 1238

Weigend, Die Europäische Menschenrechtskonvention als deutsches Recht, Kollisionen und ihre Lösung, StV 2000, 384 ff.

§ 1
Grundrechtsschutz
im europäischen und staatlichen Rechtsraum

Der Schutz von Grund- und Menschenrechten ist heutzutage nicht mehr auf den Nationalstaat be-   **1**
schränkt.[1] Beschwerdeführer sehen sich daher mit der Problematik konfrontiert, dass neben nationalen auch internationale und supranationale Gerichtshöfe angerufen werden können. Für Deutschland bedeutet dies z.B., dass außer der Erhebung einer Verfassungsbeschwerde zum BVerfG und zu
den LVerfGen auch die Einschaltung des EGMR oder des EuGH in Betracht kommen können, wenn
es um Grundrechte geht. Diese „Konkurrenz der Grundrechtswahrer" wirft in der Praxis zahlreiche
Probleme auf, deren Kenntnis unverzichtbar ist, sollen sich nicht Karlsruhe, Straßburg und Luxemburg als „Bermudadreieck" erweisen.[2]

I. Öffnung der nationalen Rechtsordnungen

Die Vielfalt der Gerichte zur Wahrung der Grund- und Menschenrechte hat ihre Ursache in dem
Umstand, dass die nationalen Rechtsordnungen sich verstärkt international geöffnet haben. Die intensive Verflechtung der Staaten, die Globalisierung der Märkte wie auch die Übertragung von nationalen Zuständigkeiten an inter- bzw. supranationale Organisationen haben erhebliche, bisher nur
unzureichend registrierte bzw. untersuchte Auswirkungen auf den Bestand wie auch die Geltungs-
kraft der Grund- und Menschenrechte.[3]

Ihr bisheriger Garant – der nationale Staat – bildet nur noch einen Teil eines größeren Ganzen. Seine   **2**
Verfassung einschließlich der darin verbürgten Grundrechte haben ihre bisherige Suprematie und
Reichweite verloren.[4] Sie können nicht durch eine wirklichkeitsfremde Wiederbelebung national-
staatlicher Gedanken zurückgewonnen werden. Wer darauf wartet, dass die unterschiedlichsten Formen internationaler Zusammenarbeit Staatsqualität erlangen, und erst dann Grundrechte in diesen
Bereichen einfordert, verharrt letztlich in einem wertelosen Modelldenken. Er verfehlt die für potenzielle Beschwerdeführer entscheidende praktische, aber auch politische wie auch rechtswissen-
schaftliche Frage, wie in einer durch Globalisierung und Abbau der Nationalstaaten gekennzeichne-
ten Entwicklung den Grund- und Menschenrechten auch auf internationaler Ebene – letztlich im
Rahmen einer sich bildenden Weltrechtsordnung – Geltung verschafft und damit der Funktionsver-
lust auf der nationalstaatlichen Ebene kompensiert werden kann.

Angesichts der auf inter- bzw. – supranationale wie nationale Gerichte verteilten Grundrechtsverant-   **3**
wortung stellt sich im Einzelfall für Beschwerdeführer die Frage, ob überhaupt und welche Grund-
und Menschenrechte geltend gemacht bzw. welche Gerichte angerufen werden können.

---

1 Vgl. zum Folgenden den Überblick bei *Bergmann*, Das BVerfG in Europa, in: Umbach u.a., BVerfGG, S. 129 ff.
   mit umfangreichen Literaturnachweisen.
2 Vgl. auch *Lenz*, EuZW 1999, 308, 311 f.
3 *Schwarze*, Europäische Integration und Grundgesetz – Maastricht und die Folgen für das deutsche Verfassungsrecht (zusammen mit W. v. Simson), in: Handbuch des Verfassungsrechts (Hrsg. E. Benda/W. Maihofer/ H-J Vogel) Berlin/NewYork, 1994, S. 54 ff. Zur Notwendigkeit eines Umdenkens vgl. u.a. *Hesse*, Die Welt des
   Verfassungsstaates. Einleitende Bemerkungen zu dem Baden-Badener Kolloquium zu Ehren Peter Häberles am
   13./14.5.1999, S. 4.
4 Vgl. *Hesse*, Grundzüge des Verfassungsrechts, 20. Aufl. 1995, Rn. 105 ff.

II. Grundrechtsschutz auf staatlicher Ebene

4 Da bisher nur in beschränktem Umfang von einem Schutz von Grund- und Menschenrechten auf der internationalen Ebene gesprochen werden kann, auch innerhalb Europas noch sichtbare Defizite in diesem Bereich bestehen, bestimmt sich der Schutz dieser Rechte vorrangig – noch – nach nationalem Recht und sind es primär staatliche Gerichte, welchen zu ihrer Durchsetzung berufen sind. Das Grundgesetz der Bundesrepublik Deutschland enthält einen umfangreichen Katalog von Grundrechten und grundrechtsgleichen Rechten in den Art. 1-19, 20 IV, 33, 38, 101, 103 und 104 GG.

1. Fachgerichte

5 In Deutschland sind zur Grundrechtswahrung vorrangig die Fachgerichte verpflichtet, wie z.B. das AG, LG, OLG oder der BGH.

a) Vorrang

6 Es ist ein weit verbreiteter Irrtum bei Beschwerdeführern wie Rechtsanwälten, dass allein das BVerfG eine Grundrechtskompetenz besitze. Auch wenn selbstverständlich vermieden werden sollte, dass jeder Fachgerichtsprozess zu einem „Verfassungsprozess umfunktioniert" wird, eine solche „Flucht in das Verfassungsrecht" nicht selten anwaltliche Inkompetenz im einfachen Recht kompensieren soll, so muss schon wegen der Subsidiaritätsregelung des § 90 II BVerfGG mit dem Gebot der Rechtswegerschöpfung alles vor den allgemeinen Gerichten Mögliche getan werden, um eine Grundrechtsverletzung zu verhindern oder zu beseitigen, wenn auch verfassungsgerichtlich im Regelfall nicht gefordert wird, Grundrechtsrügen schon vor der Erhebung der Verfassungsbeschwerde geltend zu machen.[5] Die Verfassungsbeschwerde kann – auch aus Zeit- wie Kostengründen – nur als ultima ratio in Betracht kommen. Dies entspricht ihrer Funktion als außerordentlicher Rechtsbehelf.

b) Fließende Grenzen

7 Die Grenzen zwischen Verfassungsgerichtsbarkeit und Fachgerichtsbarkeit[6] sind jedoch mehr als fließend. Das BVerfG geriert sich oftmals nicht nur als Ersatzgesetzgeber sondern auch als Superrevisions- und -berufungsgericht. Im Grundsatz erweist sich jedoch – und dies sollten Beschwerdeführer und ihre Bevollmächtigten beachten – die vom BVerfG praktizierte Abgrenzung als praxistauglich, nach der das BVerfG weder den Sachverhalt noch die Auslegung und Anwendung des einfachen Rechts überprüft. Es kann und sollte nur angerufen werden bei einer Grundrechtsverkennung materieller Grundrechte wie z.B. der Art. 2 ff. GG oder von Verfahrensrechten wie z.B. den Art. 101 I 2, 103 I GG oder bei – was ganz selten der Fall ist – Willkür der fachgerichtlichen Entscheidung.[7]

c) Problematische Entfremdung

8 Bei der Prüfung einer Verfassungsbeschwerde sollte nicht darauf gesetzt werden, dass das BVerfG die eigentlich im Verhältnis zu den Fachgerichten bestehenden Kompetenzgrenzen überschreitet. Es handelt sich schließlich erfahrungsgemäß nur um „Ausreißer". Sie sind im Regelfall auch unproblematisch, wenn das Gericht eine überzeugende Begründung findet.

---

5 Dazu ausf. unter Rn. 353 ff.
6 Dazu ausf. unter Rn. 800 ff.
7 Dazu ausf. unter Rn. 820 ff.

Die Problematik besteht jedoch darin, dass gelegentlich eine fragwürdige Kompetenzüberschreitung **9** erfolgt in Entscheidungen, die nicht zwingend oder überzeugend begründet werden. Sie haben in den letzten Jahren zu einem in seiner Intensität neuartigen und rechtspolitisch mehr als problematischen Spannungsverhältnis geführt. Es beruht nicht nur auf einer Uneinsichtigkeit der Fachgerichtsbarkeit und deren Angst vor einer Aushöhlung der Kompetenzen. Das BVerfG trifft vielmehr selbst eine erhebliche Mitverantwortung, weil seine Entscheidungen oftmals nicht zu überzeugen vermögen, die Qualität der Begründung jedoch von ausschlaggebender Bedeutung für ihre Akzeptanz ist.[8] Fachgerichte verweigern zwischenzeitlich nicht selten dem BVerfG die Gefolgschaft.[9] Die Entfremdung zwischen den Gerichtsbarkeiten zeigt sich an zahlreichen Entscheidungen. Verwiesen sei nur auf eine in den Urteilsgründen festgehaltene Passage des BGH, in der Vorgaben des BVerfG wie folgt kommentiert werden: „ein ordentliches Gericht hätte im Wege der Auslegung nicht zu dem Ergebnis kommen können und dürfen, welches das BVerfG für richtig hält; das positive Recht hätte entgegengestanden."[10] Dem BVerfG wird angelastet, sich immer wieder als „Superrevisionsgericht" zu gerieren, das „in einer Frage des einfachen Rechts kompetenter sein will als ein Fachgericht."[11] Der BGH[12] scheut sich neuerdings nicht, unverhohlen zum Ungehorsam gegen Karlsruher Beschlüsse aufzurufen.[13] (Ehemalige) BGH- Richter kritisieren Kammerentscheidungen „als die Arbeit eines wissenschaftlichen Mitarbeiters",[14] der „von der Materie, die er gerade abhandelt, nichts versteht."[15] Letztlich richtet sich diese – meist unbegründete – Mitarbeiterrüge gegen die – jeweils verantwortlichen – Verfassungsrichter, die man aber nicht vergleichbar offen zu attackieren wagt. Die skizzierte Entfremdung zwischen BVerfG und Fachgerichtsbarkeit – hier im wesentlichen dem BGH – ist zwar nicht grundsätzlich neu, aber in ihrer Schärfe bedenklich und rechtspolitisch inakzeptabel.

2. Landesverfassungsgerichte

Anstelle der Anrufung des BVerfG kann in zahlreichen Bundesländern unter bestimmten Vorausset- **10** zungen auch die Anrufung eines Landesverfassungsgerichts in Betracht kommen. Sie ist bedeutsam vor allem im Strafverfahrensrecht und Polizeirecht. In dem föderativ gestalteten Staat der Bundesrepublik Deutschland stehen die Verfassungsgerichtsbarkeiten des Bundes und der Länder grundsätzlich selbstständig nebeneinander.[16] Es besteht daher – im Prinzip – ein Wahlrecht zwischen der Anrufung des BVerfG und eines LVerfG, soweit nicht das Landesrecht Einschränkungen enthält.[17]

Die Anrufung des LVerfG kann angesichts der rigiden Annahmeerfordernisse des BVerfG wie auch **11** des teilweise über das Grundgesetz hinausgehenden Grundrechtsschutzes in den Landesverfassungen sowie der Überlastung des BVerfG zeitlich wie sachlich sinnvoll sein; so hat z.B. der HessStGH Grundrechtsklagen stattgegeben, nachdem das BVerfG zuvor die Annahme entsprechender Verfas-

---

8 Vgl. auch *J. Schmidt*, VerwArch. 2001, 443, 445: Es sei seitens der Fachgerichte nur schwer zu ertragen, „wenn eine gefestigte, sorgfältig begründete Praxis eines obersten Bundesgerichts mit einem einzigen, nicht substanziell begründeten Satz in Frage gestellt werde."

9 So der BFH (NJW 1999, 3798) mit der Ablehnung des – vom BVerfG (DVBl. 2006, 569) zwischenzeitlich selbst aufgegebenen – steuerrechtlichen Halbteilungsgrundsatzes; erwähnt seien auch die wiederholte Einstufung der Schockwerbung als wettbewerbswidrig in BGHZ 149, 247 oder die Aufrechterhaltung verfassungsimmanenter Schranken der Versammlungsfreiheit durch *OVG Münster* NJW 2001, 2113 u. 2986.

10 *BGH* NStZ 1993, 134, 135.

11 *Kuckein*, NStZ 2005, 697, 698.

12 *BGH* NJW 2006, 1529. 1532 folgt dezidiert nicht der vom BVerfG (NJW 2006, 672) vertretenen Rechtsansicht bei der Frage der Verfahrensdauer im Strafverfahren; dazu auch *BGH* NStZ 2006, 50.

13 Vgl. dazu *Strate*, NJW 2006, 1480.

14 *Foth*, NStZ 2004, 337.

15 *Foth*, NStZ 2005, 457.

16 BVerfGE 4, 178, 189; 36, 342, 357; vgl. zum Ganzen auch *Gärditz*, AöR Bd. 129 (2004) S. 584 ff., 598.

17 So besteht z.B. in Berlin, Brandenburg und Hessen die Möglichkeit zur Einlegung der Verfassungsbeschwerde zum BVerfG nur, solange das BVerfG nicht angerufen wird. In Hessen kann nur eines der Verfassungsgerichte angerufen werden. Eine ähnliche Einschränkung enthält § 44 RhPf-VerfGHG.

sungsbeschwerden abgelehnt hatte.[18] Die Einlegung der Verfassungsbeschwerde bei einem LVerfG liegt vor allem dann nahe, wenn die Zusammensetzung des Gerichts bzw. seine bisherige Rechtsprechung grundrechtsoffener sind im Vergleich zum BVerfG.

12 Bei Letzterem hatten und haben viele grundrechtliche relevante Bereiche keine Entscheidungschance auf Grund der Zusammensetzung der Senate. Man denke nur an die Honnecker-Entscheidung des BerlVerfGH; eine Verfassungsbeschwerde zum BVerfG wäre vermutlich aussichtslos gewesen, hat das Gericht sich doch nach 1990 – erinnert sei nur an die MfS-Fälle – vor couragierten und rechtsstaatlich gebotenen Entscheidungen zu Gunsten von „Kommunisten" – von wenigen Ausnahmen abgesehen – „gedrückt".

13 Dessen Anrufung sollte jedoch sorgfältig überlegt werden. Schließlich sind Prüfungsmaßstab und -umfang der Landesverfassungsgerichte beschränkt. Zudem besteht nach einer Landesverfassungsbeschwerde gegen das Urteil eines Landesgerichts wie z.B. eines OLG wegen Versäumnis der Monatsfrist des § 93 I BVerfGG keine Möglichkeit mehr für eine unmittelbare Verfassungsbeschwerde zum BVerfG gegen Entscheidungen der Fachgerichte; deren Gegenstand könnte nur noch eine Grundrechtsverletzung durch die Entscheidung des LVerfG sein.[20]

3. Verfassungsbeschwerde zum BVerfG

14 In der überwiegenden Zahl der Fälle möglicher Grundrechtsverletzungen vor allem durch fachgerichtliche Entscheidungen wird nach der Erschöpfung des fachgerichtlichen Rechtsweges Verfassungsbeschwerde zum BVerfG eingelegt. Den Karlsruher Richtern kommt nach wie vor noch die größte Bedeutung unter den „Hütern" der Grund- und Menschenrechte dem BVerfG zu. Dennoch ist nicht zu übersehen, dass es verstärkt zum Instanzgericht[21] wird angesichts der „letztinstanzlichen" Funktion des EGMR und des EuGH. Das BVerfG hat dies „schmerzlich" erfahren müssen mit der „Caroline-Entscheidung" des EGMR.[22]

III. Grundrechtsschutz auf europäischer Ebene

15 Auf europäischer Ebene kommt Grund- und Menschenrechtsschutz vorrangig auf der Basis der EMRK und des EGMR in Betracht. In beschränktem Umfang wird er auch innerhalb der EU gewährleistet, ohne dass aber dafür spezielle Verfahren oder auch besondere Gerichte zur Verfügung stehen.

1. EMRK

16 Die Europäische Konvention zum Schutz der Menschenrechte und Grundfreiheiten (EMRK), ist am 4.11.1950 in Rom unterzeichnet und am 3.9.1953 mit der Ratifizierung durch den 10. Unterzeichnerstaat in Kraft getreten. Ihre Einhaltung wird – letztinstanzlich – vom EGMR überwacht, der von Beschwerdeführern im Wege der Individualbeschwerde angerufen werden kann.

---

18 HessStGH ZMR 2000, 277 u. WUM 2000, 233.
19 Fn. nicht besetzt.
20 *BVerfG* Beschl. v. 26.1.2006 – 2 BvR 2058/05; *BVerfG* NJW 1996, 1464.
21 Vgl. *Kleine-Cosack,* Die Rechtsstellung des EGMR aus der Sicht der deutschen Praxis – Fragwürdiger Kompetenzstreit zwischen EGMR und BVerfG, in: *Stern/Prütting* (Hrsg.), Das Caroline-Urteil des EGMR und die Rechtsprechung des BVerfG, 2005, S. 51 ff.
22 *EGMR* NJW 2004, 2647 ff.

a) Inhalt

Die EMRK gewährleistet die klassischen Menschenrechte (z.B. das Verbot der Folter und unmensch- **17** lichen Behandlung, das Recht auf Freiheit der Meinungsäußerung, Versammlung und Vereinigung, daneben auch umfangreiche justizielle Grundrechte wie vor allem das Recht auf ein faires Ver- fahren (Art. 6 EMRK) sowie ein dem Gleichheitssatz ähnliches Diskriminierungsverbot). Der Kreis der geschützten Rechte ist im Laufe der Zeit durch mehrere Zusatzprotokolle erheblich erweitert worden.[23]

Bei der Unterzeichnung der Konvention durch mittlerweile 46 Staaten sind z.T. Vorbehalte angemel- **18** det worden (Art. 57 EMRK), was mit Ausnahme der Abschaffung der Todesstrafe – vgl. ZP Nr. 6 (Art. 4 EMRK) – möglich ist. Diese zahlreichen[24] Vorbehalte, welche sich auf bestimmte – mit dem Konventionsrecht kollidierende – Regelungen des nationalen Rechts (wie z.B. das Rückwirkungsver- bot des Art. 103 II GG) beziehen müssen, schließen die Rechtswirkungen einzelner Vertragsbestim- mungen aus. Zudem wurden nicht alle Zusatzprotokolle von allen Mitgliedstaaten des Europarates ratifiziert.

b) Rechtsschutz

Zur Durchsetzung der Rechtsgarantien enthält die EMRK ein auch dem einzelnen Bürger offenste- **19** hendes Kontrollsystem, das zu einer rechtlich bindenden Verurteilung des beklagten Vertragsstaats wegen einer Vertragsverletzung führen kann.

aa) Individualbeschwerde

Angehörige der Mitgliedstaaten der Konvention und daher auch deutsche Bürger können sich direkt **20** mit der Individualbeschwerde (Art. 34 EMRK) mit der Behauptung einer Menschenrechtsverletzung durch nationale Stellen an den EGMR wenden. Voraussetzung ist jedoch die Erschöpfung des Rechtswegs im nationalen Bereich, zu dem in der BRD auch die Verfassungsbeschwerde gehört.[25]

Der EGMR ist jedoch restlos überlastet. Anfang Juni 2006 waren 81.000 Beschwerden anhängig.[26] **21** Eine Verfahrensreform im 14 Zp. mit einer Einzelrichterkompetenz soll hier Entlastung bringen.[27] Vor allem aber ist die Sanktionsmacht des EGMR ist im Vergleich zum BVerfG beschränkt. Seine Ent- scheidungen haben nur feststellende und keine kassatorische Wirkung; die BRD ist aber zu ihrer Be- achtung verpflichtet, was das BVerfG im Fall Görgülü erneut betont hat.[28] Der EGMR empfiehlt zwar die Einführung der Wiederaufnahmemöglichkeit als nächstliegende Option, legt die Vertragsstaaten aber nicht darauf fest.[29] In der BRD ist bisher nur in § 359 Nr. 6 StPO eine Wiederaufnahme vorge- sehen; rechtspolitisch ist die entsprechende Änderung der anderen Prozessordnungen überfällig,[30] zumal eine Wiederaufnahme außerhalb der StPO für unzulässig erachtet wird.[31] Ein entsprechender Gesetzentwurf liegt vor.[32] Zudem kann der EGMR die Vertragsstaaten wie die BRD zur Zahlung einer gerechten Entschädigung an die verletzte Partei verurteilen, Art. 41 EMRK.

---

23 Vgl. ausführlich unter Rn. 1277 ff.; zur Folter durch Brechmittelverabreichung: *EGMR* NJW 2006, 3117.
24 Vgl. die Zusammenstellung bei *Frowein/Peukert*, EMRK, S. 893 ff.
25 *EGMR* NJW 2004, 3397.
26 Vgl. Das Parlament, v. 6.6.2006.
27 Vgl. unter Rn. 1458 ff.
28 *BVerfG* NJW 2004, 3397; 2005, 1105 ff.
29 *EGMR* EuGRZ 2005, 463, 467 (Öcalan).
30 In diese Richtung auch *Papier*, EuGRZ 2006, 1, 2.
31 Vgl. nur *OLG Dresden* VIZ 2004, 459; *OLG Brandenburg* VIZ 2004, 525; *OLG Naumburg* OLGR KG 2005, 877; *Selbmann*, ZRP 2006, 124.
32 Vgl. den Entwurf eines Zweiten Justizmodernisierungsgesetzes. In § 580 ZPO soll in Nr. 8 eine Wiederaufnah- memöglichkeit eingefügt werden. Vgl. die Erwägungen zu Nr. 6. Durch die Verweise auf die Wiederaufnah- megründe der ZPO wird sich diese Ergänzung auch auf andere Verfahrensordnungen auswirken.

bb) Bedeutung der Individualbeschwerde im Hinblick auf die Verfassungsbeschwerde

22   Die Einlegung der Individualbeschwerde zum EGMR ist zwar ebenso wie die Verfassungsbeschwerde nur in seltensten Fällen erfolgreich. Im Jahre 2005 sind insgesamt 41.510 Individualbeschwerden vor dem EGMR erhoben worden. Der Gerichtshof hat in dieser 27.612 Beschwerden für unzulässig erklärt oder aus seinem Register gestrichen und 1.105 Urteile gefällt.[33] 2.164 Beschwerden waren gegen die BRD gerichtet.[34] In 27 Fällen hat der EGMR abschließende Stellungnahmen getroffen; in zehn Fällen, welche die BRD betrafen, wurde eine Verletzung der EMRK festgestellt und in elf weiteren Fällen die Beschwerde als unbegründet zurückgewiesen.

Dennoch kommt – im Fall von Menschenrechtsverletzungen – nach erfolgloser Anrufung des BVerfG die Einschaltung des EGMR in der Praxis aus verschiedenen Gründen in Betracht:[35]

(1) Defizitäre Grundrechtsauslegung

23   Sie ist einmal dann erfolgversprechend, wenn die staatlichen Gerichte – das BVerfG eingeschlossen – eine national verengte Sicht der Grund- und Menschenrechte praktizieren.

24   Von erheblicher praktischer Bedeutung ist vor allem die Rechtsprechung des EGMR für das Verfahrensrecht. Art. 6 EMRK enthält ein Recht auf ein faires Verfahren. In Konkretisierung dieses Menschenrechts hat der EGMR in zahlreichen Entscheidungen defizitäre Entscheidungen staatlicher Gerichte – in Deutschland bis hin zum BVerfG – korrigiert.[36]

25   Erwähnt sei weiter die – für liberale Europäer einfach unverständliche – strikte Handhabung des Radikalenerlasses in der BRD;[37] Gleiches gilt für zu restriktive Entscheidungen zur Feuerwehrdienstpflicht nur von („deutschen") Männern. Der EGMR zeigte die Schwächen der nationalstaatlich verengten Perspektive des BVerfG auf mit der Konsequenz, dass das BVerfG in der Folgezeit selbst seine Rechtsprechung ändern musste.[38]

26   Verwiesen sei weiter auf die frühere Rechtsprechung des BVerfG zum Werberecht der Ärzte. Das BVerfG hatte zwar 1996 in einer Grundsatzentscheidung[39] das Werberecht der Apotheker betont und diese Judikatur auf andere freie Berufe wie z.B. Architekten und Rechtsanwälte ausgedehnt.[40] Zu einer Liberalisierung des Werberechts der Ärzte war es jedoch damals noch nicht bereit. Dazu wurde es erst veranlasst, nachdem der EGMR eine vom BVerfG abgelehnte Beschwerde angenommen hatte. Unter dem Druck der sich abzeichnenden Entscheidung des EGMR[41] hat das BVerfG dann ab dem Jahr 2000 auch das Werberecht der Ärzte grundrechtskonform liberalisiert.[42]

27   Andere Akzente als das BVerfG hat der EGMR auch bei der Kollision der Grundrechte des Persönlichkeitsrechts und der Pressefreiheit gesetzt. Hier hat er in der Caroline von Monaco betreffenden Entscheidung die zu sehr auf die Pressefreiheit abstellende Rechtsprechung des BVerfG korrigiert.[43]

---

33   Vgl. „Surveys of Activities 2005" des EGMR unter www.echr.coe.int/Eng/InfoNotesAndSurveys.htm.

34   Vgl. den „Bericht des BMJ über die Rechtsprechung des EGMR in Verfahren gegen die BRD im Jahr 2005 (dazu Internetseite des BMJ: www.bmj.de).

35   Zu eng *Jaeger*, EuGRZ 2005, 193 ff. Die vorhandene Diskrepanz der Annahme und Prüfungsmaßstäbe von BVerfG und EGMR vermag rechtspolitisch nicht zu überzeugen, zumal sie rechtlich – vgl. dazu unter Rn. – nicht zwingend ist. Schließlich sollte die Anrufung des EGMR nur als ultima ratio erfolgen, nicht aber weil nationale Gerichte überlastet sind und daher zum Mittel der Nichtannahme greifen müssen.

36   Vgl. Rn. 77 ff.

37   *EGMR* EuGRZ 1995, 390.

38   *EGMR* EuGRZ 1995, 392; BVerfG NJW 1995, 1733.

39   *BVerfG* NJW 1996, 3067.

40   Vgl. dazu ausf. *Kleine-Cosack*, Das Werberecht der rechts- und steuerberatenden Berufe, 2. Aufl. 2003 m.w.N.

41   Vgl. *EGMR* NJW 2003, 497 – Fall Stambuk.; krit. *Jaeger*, EuGRZ 2005, 193 ff.

42   Vgl. nur *BVerfG* NJW 2002. 1331 („Spezialist").

43   *EGMR* NJW 2004, 2647 ff.

Im Fall Görglu hat der EGMR die Rechtsstellung des Vaters eines nichtehelichen Kindes betont.[44] **28**
Schließlich sei hingewiesen auf den vom BVerfG nicht zur Entscheidung angenommenen Fall der
Durchsuchung einer Rechtsanwaltskanzlei, welchen der EGMR sodann zum Anlass einer Grundsatz-
entscheidung nahm.[45]

Die Anrufung des EGMR liegt im Übrigen auch dann nahe, wenn das BVerfG nicht den Mut und die **29**
Kraft findet, aktuellen Grundrechtsgefährdungen zu begegnen. Man denke nur an das Tabu-Thema
des Staatskirchenrechts mit der nicht mehr hinnehmbaren Sonderrolle der Kirchen z.B. im Arbeitsrecht und den daraus sich ergebenden Grundrechtsdefiziten zu Lasten kirchlicher Arbeitnehmer.[46]
Mehr als kurios war das Verfahren des Gerichts beim LER. Auch aktuelle Fragen im Zusammenhang
mit der Entwicklung zu Gesellschaften verschiedenster Kulturen und Religionen finden oftmals in
Karlsruhe kein Gehör; so hat man beim Kopftuchstreit mehr den Kopf in den Sand gesteckt, als eine
zukunftsweisende Grundrechtsinterpretation „geliefert".

(2) Zu rigide Annahmeerfordernisse

Die Anrufung des EGMR mittels Individualbeschwerde liegt auch und vor allem deshalb nahe, da
Verfassungsbeschwerden in der Regel an der „Schleuse" des Annahmeverfahrens scheitern. Weder
die EMRK noch die Verfahrensordnung des EGMR (VerfO) kennen jedoch – bisher – eine dem § 93a
II BVerfGG vergleichbare Regelung. In vielen Fällen ist die Nichtannahme durch das BVerfG sachlich
nicht zu rechtfertigen,[47] so dass für Beschwerdeführer nichts anderes übrig bleibt, als nach dem
Scheitern in Karlsruhe den EGMR anzurufen, soweit die Zulässigkeitsvoraussetzungen vorliegen.

Die Frage kann sich auch in – seltenen – Fällen stellen, in denen gelegentlich auch eigentlich begrün- **30**
dete Verfassungsbeschwerden mangels – angeblich – besonders schweren Nachteils für den Beschwerdeführer nicht angenommen werden;[48] die Beschwerde sollte aber nur eingelegt werden,
wenn ein erheblicher Nachteil besteht.

Gleiches gilt in Fällen, in denen das BVerfG eigentlich begründete Verfassungsbeschwerde mangels **31**
grundsätzlicher Bedeutung nicht mehr annimmt, weil zwischenzeitlich Grundsatzentscheidungen ergangen sind.[49] Als Beispiel für die Nichtannahme begründeter Verfassungsbeschwerde seien nur verschiedene Entscheidungen des BVerfG zum Werberecht der freien Berufe genannt. Nachdem es eine
Grundsatzentscheidung gefällt hatte, lehnte es in zahlreichen anderen Fällen die Annahme ab, gab
aber gleichzeitig in der ausnahmsweise vorgenommenen Begründung der Nichtannahmeentscheidung zu erkennen, dass der Beschwerdeführer in einem Grundrecht verletzt sei.[50]

Wenn auch die EMRK kein Annahmeverfahren vorsieht, so wird in der Zukunft verstärkt – zudem **32**
noch durch den Einzelrichter – mit Zurückweisungen wegen Unzulässigkeit zu rechnen sein.
Schließlich bestimmt Artikel 12 des 14. Zp, dass nach Artikel 35 III EMRK der Gerichtshof eine nach
Artikel 34 erhobene Individualbeschwerde u.a. auch dann für unzulässig erklären kann, wenn er der
Ansicht ist, dass dem Beschwerdeführer kein erheblicher Nachteil entstanden ist, es sei denn, die
Achtung der Menschenrechte, wie sie in dieser Konvention und den Protokollen dazu anerkannt
sind, erfordert eine Prüfung der Begründetheit der Beschwerde, und vorausgesetzt, es wird aus die-
sem Grund nicht eine Rechtssache zurückgewiesen, die noch von keinem innerstaatlichen Gericht
gebührend geprüft worden ist.

---

44 *EGMR* NJW 2004, 3397.
45 *EGMR* NJW 1993, 718.
46 Zum Staatskirchenrecht vgl. auch den Bericht bei *Zacharias*, DVBl 2006, 558.
47 Vgl. dazu unten Rn. 200 ff.
48 Vgl. nur *BVerfG* NJW 2003, 1307. Zulässige Anwaltswerbung mit „optimaler Interessenvertretung".
49 Vgl. nur *BVerfG* WM 2006, 633 (Kapitalbildende Lebensversicherung).
50 Vgl. u.a. *BVerfG* DB 1997, 425; *BVerfG* BRAK-Mitt. 2000, 36.

(3) Überzogene Begründungserfordernisse

33   Nicht selten stellt das BVerfG exzessive Anforderungen an die Begründung der Verfassungsbeschwerde,[51] welche oftmals nur als Vorwand für eine mangelnde „Entscheidungsbereitschaft" dienen. Dem Beschwerdeführer bleibt dann ebenfalls nichts anderes übrig, als den EGMR anzurufen.[52]

(4) Menschenrechtsverstöße des BVerfG

34   Schließlich kann eine Anrufung des EGMR auch dann geboten sein, wenn das BVerfG selbst unmittelbar gegen die EMRK verstößt. Erwähnt seien die Entscheidungen des EGMR zur überlangen Verfahrensdauer des BVerfG.[53]

2. Europäische Union

35   In engerem Rahmen kommt ein Grundrechtsschutz auch im Rahmen der Europäischen Union in Betracht.

a) Rechtsgrundlagen

36   Bedeutsam für den Grundrechtsschutz auf der Ebene der EU sind der EG-Vertrag sowie die Rechtsprechung des EuGH.

aa) EG-Vertrag

37   Einmal bietet der EG-Vertrag Ansätze grundrechtlicher Verbürgungen. Dies sind zunächst die sog. Nichtdiskriminierungsklauseln, die einen speziellen Aspekt des Gleichbehandlungsgebots gewährleisten. So enthält z.B. der Art. 12 I EG das Verbot jeglicher Diskriminierung aus Gründen der Staatsangehörigkeit; Art. 34 II Uabs II EG enthält ein Diskriminierungsverbot zwischen Erzeugern und Verbrauchern im Agrarmarkt und Art. 141 I EG enthält den Grundsatz der Lohngleichheit für Männer und Frauen. Weiterhin spielen die Grundfreiheiten des EG-Vertrages eine erhebliche Rolle; sie betreffen den freien Warenverkehr, Art. 23 bis 31 EG, den freien Personenverkehr, Art. 39 bis 48 EG, den freien Dienstleistungsverkehr, Art. 49 bis 55 EG, und den freien Kapitalverkehr (und freien Zahlungsverkehr), Art. 56 bis 60 EG.

bb) Rechtsprechung des EuGH

38   Trotz Fehlens eines positivierten Grundrechtskatalogs sind zudem Grundrechte im Gemeinschaftsrecht anerkannt.[54]

39   Sie wurden in frühen Entscheidungen des EuGH aus allgemeinen Rechtsgrundsätzen gewonnen.[55] In enger Verbindung mit diesem Ansatz steht der Rückgriff auf den Grundrechtsschutz in den Mitgliedstaaten.[56] Ungeachtet des erst im Wege einer Vertragsänderung nach Art. 48 EG möglichen Beitritts

---

51 Vgl. unten Rn. 698.
52 *EGMR* Urt. v. 10.11.2005 – Dzelili gegen Deutschland; hier war die Verfassungsbeschwerde am 25.10.2005 (2 BvR 1209/05) nicht angenommen worden, weil angeblich die Möglichkeit einer Grundrechtsverletzung nicht dargelegt sei. Der EGMR gab der Individualbeschwerde z.T. statt.
53 *EGMR* NJW 2005, 41 = Dauer von 7 Jahren für eine Verfassungsbeschwerde ist zu lang; *EGMR* EuGRZ 1997, 310 – Pammel –; *EGMR* EuGRZ 1997, 405 – Probstmeier –; *EGMR* NJW 2001, 211 – Gast und Popp – und 213 – Fall Klein –.
54 Vgl. nur: *EuGH* DVBl 2001, 716 (Conolly); DVBl 2002, 36 (Gloszcuck); DVBl 2002, 1342; Urt. v. 15.10.2002, Rs.C-238/00 u.a. LVM u.a. –(allg.) (Slg. 2002, I-8375).
55 Vgl. nur „Stauder-Entscheidung *EuGH*, Slg. 1969, 419, 425; s.a. *EuGH*, Slg. 1970, 1125, 1135 – „Internationale Handelsgesellschaft".
56 Vgl. nur *EuGH*, Slg. 1974, 491, 507 – Nold.

zur EMRK, ist auch letztere als Quelle des Grundrechtsschutzes anerkannt, der im Übrigen auch gegenüber den Grundfreiheiten des Binnenmarktes Bedeutung zukommt.[57]

„Insoweit ist daran zu erinnern, dass die Grundrechte nach st. Rspr. zu den allgemeinen Rechts- **40** grundsätzen gehören, deren Wahrung der Gerichtshof zu sichern hat …. Hierbei kommt der EMRK besondere Bedeutung zu …. Bei der Bestimmung der Tragweite dieses Grundsatzes … ist die Rechtsprechung des EGMR zu berücksichtigen …"[58]

Der EuGH hat folgende einzelne Gemeinschaftsgrundrechte festgestellt und in konkreten Fällen an- **41** gewandt: Menschenwürde, Achtung der Privatsphäre, der Wohnung und des Briefverkehrs, Gleichheitsgrundsatz (als Grundsatz der Chancengleichheit), Religionsfreiheit, Vereinigungsfreiheit, Handelsfreiheit, Berufsfreiheit, Eigentum, das Verbot von Diskriminierungen auf Grund des Geschlechts, allgemeiner Gleichheitssatz, Meinungs- und Veröffentlichungsfreiheit, ferner das Verbot der Rückwirkung von Strafgesetzen und die Grundrechte im gerichtlichen Verfahren (Anspruch auf effektiven gerichtlichen Rechtsschutz und auf fairen Prozess).[59]

Die Grundrechtsgeltung in der EU wird im Übrigen verstärkt durch die Kodifikation der EU-Grund- **42** rechte in der Europäischen Grundrechtecharta vom 7.12.2000.[60] Sie ist in enger Anlehnung an die EMRK formuliert. Die Charta enthält einen Kohärenzartikel in Art. 52 III: *„Soweit diese Charta Rechte enthält, die den durch die Europäische Konvention zum Schutz der Menschenrechte und Grundfreiheiten garantierten Rechten entsprechen, haben sie die gleiche Bedeutung und Tragweite, wie sie ihnen in der genannten Konvention verliehen wird. Diese Bestimmung steht dem nicht entgegen, dass das Recht der Union einen weiter gehenden Schutz gewährt."* In der Erläuterung des Grundrechtskonvents zu Art. 52 findet sich eine genaue Aufzählung, welche Rechte identisch sein sollen. Im Übrigen verweist die Präambel der Charta nicht nur auf die EMRK, sondern darüber hinaus auf die Rechtsprechung des EGMR. Es handelt sich bei der Charta jedoch bisher im Prinzip nur um ein nichtverbindliches Soft-law-Dokument, das den Anspruch hat, die bisherige Rechtsprechung des EuGH zusammenzufassen. Es gilt abzuwarten, welche Bedeutung die Rechtsprechung ihm richterrechtlich verleiht; das EuG hat immerhin im Fall Max Mobil den Rückgriff auf Art. 41 EG (Recht auf gute Verwaltung) bereits zur Bekräftigung eines allgemeinen Rechtsgrundsatzes herangezogen.

b) Rechtsschutz

Wenn die Grundrechte auch in der EU anerkannt sind, so fehlt es doch an speziellen – der Verfas- **43** sungsbeschwerde vergleichbaren – Verfahren zu deren Durchsetzung.[61] Ebensowenig gibt es ein – dem BVerfG entsprechendes – Gericht, das speziell über die Einhaltung der Grundrechte im Gemeinschaftsrecht zu wachen hat. Der EuGH ist vielmehr zugleich Verfassungsgericht und Rechtsschutzinstanz.[62]

aa) Allgemeine Gerichte

Der Grundrechtsschutz im Gemeinschaftsrecht wird daher nur mit allgemeinen Klageverfahren vor **44** allem verwaltungsrechtlicher Art gewährleistet. Er kann bei Akten mit gemeinschaftsrechtlichem Bezug nur inzidenter vor den nationalen Fachgerichten und letztinstanzlich vor dem EuGH geltend gemacht werden.[63]

---

57 Vgl. *Bergmann*, a.a.O. (Fn. 1) Rn. 15 unter Hinweis auf EuGH EuZW 2003, 592 (Schmidberger). Zur neuesten Rechtsprechung, siehe J. *Schwarze*, NJW 2005, 3459 ff.; s.a. *Gierlings*, DVBl. 2006, 129; *Szcekulla*, DVBl. 2006, 157.
58 Vgl. *EuGH* NJW 2003, 35 – Roquette Frères SA.
59 Vgl. die Übersichten bei *Arndt*, Europarecht, S. 115 ff.
60 Die EU-Grundrechtecharta mit den Erläuterungen des Konvents ist abgedr. z.B. in EuGRZ 2000, 554.
61 Dazu N. *Boecker*, Wirksame Rechtsbehelfe zum Schutz der Grundrechte in der Europäischen Union – Eine Untersuchung zur Notwendigkeit einer Europäischen Grundrechtsbeschwerde, 2004, s.a. *Franz*, Der Staat 34, 856 ff..
62 Siehe bereits J. *Schwarze*, Der EuGH als Verfassungsgericht und Rechtsmittelinstanz, Baden-Baden, 1983.
63 Vgl. auch *Iglesias*, NJW 2000, 1889.

bb) Verfahren vor dem EuGH

45 Für den Grundrechtsschutz vor dem EuGH sind folgende Verfahren relevant:

(1) Vorabentscheidungsverfahren

46 Das wichtigste Verfahren zur Überprüfung grundrechtserheblicher Rechtsfragen beim EuGH ist das Vorlage- oder Vorabentscheidungsverfahren gem. Art. 234 EGV.[64] In zwei Dritteln aller Fälle wird über dieses Verfahren auch Grundrechtsschutz mittelbar ermöglicht.

47 Vorlageberechtigt ist ein „Gericht" eines Mitgliedstaates. Die zulässige Vorlagefrage kann die Auslegung und Gültigkeit des Gemeinschaftsrechts und damit auch die Vereinbarkeit mit den gemeinsamen Verfassungsüberlieferungen der Mitgliedstaaten bzw. der EMRK betreffen. Die Frage muss entscheidungserheblich sein. Art. 234 II EGV räumt den nationalen Gerichten eine Vorlageberechtigung ein. Eine Verpflichtung zur Vorlage besteht nur nach Art. 234 III EGV.

48 Für den Rechtsuchenden bestehen aber keine prozessualen Möglichkeiten, ein nationales Gericht zur Vorlage nach Art. 234 EGV zu zwingen. Das nationale Gericht hat von Amts wegen zu prüfen, ob es die gemeinschaftsrechtliche Frage dem EuGH vorlegt oder nicht.

(2) Vorlagepflicht

49 Eine Unterlassung der Vorlage kann gegen das grundrechtsgleiche Recht auf den gesetzlichen Richter gem. Art. 101 I 2 GG verstoßen. Der EuGH ist gesetzlicher Richter im Sinne von Art. 101 I 2 GG.[65] Das nationale Gericht[66] ist von Amts wegen gehalten, den EuGH anzurufen,[67] so dass bei Nichtvorlage eine Verfassungsbeschwerde an das BVerfG möglich ist,[68] soweit entsprechend der Subsidiaritätsregelung des § 90 II BVerfGG die Vorlage im fachgerichtlichen Verfahren gefordert wurde.[69]

• Kriterien

50 Entzogen wird der gesetzliche Richter i.S.d. Art. 101 I 2 GG jedoch nur dann, wenn die Beeinträchtigung auf einer willkürlich unrichtigen Anwendung der betreffenden Verfahrensvorschrift beruht,[70] was der Beschwerdeführer in der Verfassungsbeschwerde substantiiert begründen muss.[71]

51 Im Falle der Nichtvorlage zum EuGH geht das BVerfG nur dann von einer Verletzung des Willkürverbots aus,[72]

– wenn eine grundsätzliche Verkennung der Vorlagepflicht gegeben ist,
– wenn die Vorlage unter gleichzeitiger Abweichung von der Rechtsprechung des EuGH bewusst unterbleibt,
– wenn zu einer entscheidungserheblichen Frage des Gemeinschaftsrechts einschlägige Rechtsprechung des EuGH noch nicht vorliegt,
– wenn eine vorliegende Rechtsprechung die entscheidungserhebliche Frage möglicherweise noch nicht erschöpfend beantwortet hat.

---

64 Vgl. dazu u.a. *Streinz*, Rn. 557 ff.
65 *BVerfG* NJW 2001, 1267 f; *BVerfGE* 73, 339, 366 ff.; 82, 159, 194 ff.; DB 1998, 1919; vgl. dazu *Kokott* u.a. JZ 2006, 633 ff..
66 Nur soweit das Gericht als Rechtsprechungsorgan handelt, besteht eine Vorlagepflicht; dies ist nicht der Fall, wenn z.B. ein Amtsgericht als Verwaltungsbehörde handelt, *EuGH* Urt. v. 27.4.2006 – C-96/04-AG Niebüll in einem standesamtlichen Verfahren.
67 *BVerfGE* 82, 159, 195; MarkenR 2005, 124.
68 *BVerfGE* 73, 339, 366; 75, 223, 233; siehe vor allem *BVerfG* EuZW 2003, 225: Hier wurde pointiert das BVerwG gerügt.
69 *BVerfGE* 95, 163, 171; st. Rspr.; *BVerfG* FamRZ 2005, 1813.
70 *BVerfGE* EuZW 2003, 225; WM 2004, 2361.
71 *BVerfG* FamRZ 2005, 1813.
72 *BVerfG* NJW 2001, 1267 f.; *BVerfGE* 82, 159, 194 ff.; NVwZ 2004, 1224; FamRZ 2005, 1813; BVerfGK 2, 179; vgl. zum Folgenden auch *Umbach/Bergmann*, BVerfGG, S. 129 ff. Rn. 20; vgl. auch *BVerfG* NJW 2006, 3049.

- **Einzelheiten**

Im Einzelnen ist zu diesen Verletzungsalternativen Folgendes auszuführen: 52

– Ein Gericht, das sich hinsichtlich des europäischen Rechts nicht ausreichend kundig macht, verkennt regelmäßig die Bedingungen der Vorlagepflicht.[73]

– Liegt zu einer entscheidungserheblichen Frage des Gemeinschaftsrechts einschlägige Rechtsprechung des EuGH noch nicht vor oder hat eine vorliegende Rechtsprechung die entscheidungserhebliche Frage möglicherweise noch nicht erschöpfend beantwortet oder erscheint eine Fortentwicklung der EuGH-Rechtsprechung nicht nur als entfernte Möglichkeit, so wird Art. 101 I 2 GG nur dann verletzt, wenn das letztinstanzliche Hauptsachegericht den ihm in solchen Fällen notwendig zukommenden Beurteilungsspielraum in unvertretbarer Weise überschritten hat.[74] Dies kann insbesondere dann der Fall sein, wenn mögliche Gegenauffassungen zu der entscheidungserheblichen Frage des Gemeinschaftsrechts gegenüber der vom Gericht vertretenen Meinung eindeutig vorzuziehen sind.[75]

Das nicht vorlegende Gericht muss die Nichtvorlage begründen; dem BVerfG ist eine Kontrolle nur 53 möglich, wenn ihm die Gründe hinreichend sicher bekannt sind, aus denen das letztinstanzliche Hauptsachegericht von einer EuGH-Vorlage abgesehen hat.[76]

- **Vorlagepflicht des BVerfG**

Vorlagepflichtig ist selbstverständlich auch das BVerfG. Diese Pflicht hat es bisher aber nur abstrakt 54 bejaht.[77] Man scheut ihre Erfüllung wie der Teufel das Weihwasser. Andere vergleichbare Gerichte wie der Conseil d`Etat, die belgischen, niederländischen, luxemburgischen, irischen, griechischen, schwedischen, finnischen und dänischen obersten Gerichte oder auch das House of Lords sowie das Österreichische Verfassungsgericht, welche vorgelegt haben, kennen die unverständlichen Karlsruher Berührungsängste nicht. Es vermögen auch nicht zu überzeugen die „Verbiegungen und Surrogate", mit denen das BVerfG seiner Vorlagepflicht „elegant" zu entgehen versucht.[78] So begnügten sich die Karlsruher Richter im Maastricht-Verfahren mit der Anhörung des Generaldirektors des Juristischen Dienstes der Kommission;[79] im NPD-Verfahren drückte man sich mit Ausreden um die beantragte Vorlage.[80]

(3) Art. 230 EGV

Bürger der Europäischen Union sowie sonstige Dritte können durch Klage gem. Art. 230 IV EGV direkt Grundrechtsverletzungen durch EG-Organe geltend machen. 55

Art. 230 IV EGV bestimmt, dass jede natürliche oder juristische Person unter den gleichen Voraussetzungen – wie in den Abs. 1 und 2 bestimmt – gegen die an sie ergangenen Entscheidungen sowie gegen diejenigen Entscheidungen Klage erheben kann, die, obwohl als Verordnung oder als eine an eine andere Person gerichtete Entscheidung ergangen, sie unmittelbar und individuell betreffen. 56

Der Rechtsweg über Art. 230 EGV steht dem Einzelnen damit aber nur in begrenztem Maße offen, 57 da er darlegen muss, *unmittelbar* und *individuell* durch eine Maßnahme eines Gemeinschaftsorgans betroffen zu sein. Diese Voraussetzung erweist sich als besonders hohe Hürde, da der größte Teil der

---

73 *BVerfG* NJW 2001, 1267.
74 *BVerfG* MarkenR 2005, 137; WM 2004, 2361; NZBau 2004, 164; NVwZ 2004, 1224; NJW 1988, 1456, 1457; 1992, 678. Im Fall *BVerfG* WM 2004, 1933 war der Beurteilungsspielraum überschritten durch den pauschalen Verweis, dass im streitgegenständlichen Fall eine anders geartete Sachverhaltskonstruktion gegeben sei, die von den bereits in ähnlich gelagerten Fällen ergangenen Entscheidungen des EuGH abweiche.
75 *BVerfG* NJW 2001, 1267 f.
76 Vgl. auch *BVerfG* NVwZ 1993, 883.
77 BVerfGE 37, 271, 282.
78 Vgl. ausf. *Umbach/Bergmann*, BVerfGG, Rn. 20; *J. Schwarze*, Das „Kooperationsverhältnis" des Bundesverfassungsgerichts mit dem Europäischen Gerichtshof, in: Verfassungsgerichtsbarkeit und Verfassungsprozess (Bd. 1), Fs. 50 Jahre Bundesverfassungsgericht, (Hrsg. *P. Badura/H. Dreier*), 2001, 223 ff.
79 BVerfGE 89, 155, 171.
80 BVerfGE 104, 214, 218 f.

Maßnahmen von EU-Organen Personenmehrheiten betrifft und daher die individuelle Betroffenheit fehlt.[81]

58   Da eine Individualklage gegen eine Richtlinie oder eine Verordnung danach grundsätzlich nicht zulässig ist, muss im Regelfall gegen die darauf beruhenden Maßnahmen deutscher Hoheitsträger der nationale Rechtsweg beschritten werden.

(4) Gericht 1. Instanz

59   Zur Verbesserung des Individualrechtsschutzes und zur Entlastung des EuGH wurde durch die Einheitliche Europäische Akte das Gericht 1. Instanz (EuG) eingerichtet. Es entscheidet über Klagen natürlicher oder juristischer Personen gegen Gemeinschaftsorgane, wobei es sich inhaltlich in der Mehrheit um Beamten-, Wettbewerbs- und Dumpingstreitigkeiten handelt.[82] Der EuGH ist in diesen Rechtssachen Rechtsmittelinstanz.

IV. Kollisions- und Abgrenzungsprobleme

60   Der konkurrierende Grundrechtsschutz auf europäischer und nationaler Ebene wirft zahlreiche, nach wie vor kontrovers diskutierte Abgrenzungsfragen auf. Sie sind – wie auch vergleichbare Probleme innerhalb der einzelnen Staaten wie in der BRD im Verhältnis Bundes- und Landesverfassungsgerichtsbarkeit[83] – von erheblicher praktischer Bedeutung, da der Anwalt bzw. ein Beschwerdeführer bei Unkenntnis Gefahr läuft, Grundrechtsschutz vor einem unzuständigen Gericht anzustrengen mit der Folge der Verfristung einer Rechtsschutzmöglichkeit vor dem (zuständigen) (Verfassungs-) Gericht.

61   Abgrenzungsprobleme stellen sich auf drei Ebenen:
*   Es geht einmal um das Verhältnis Europäisches Gemeinschaftsrecht/Europäische Menschenrechtskonvention und damit auch von EGMR und EuGH.
*   Es stellt sich weiter die Frage nach dem Verhältnis der nationalen (Verfassungs-) Gerichte – wie des BVerfG – zum EGMR.
*   Schließlich geht es um das Verhältnis EuGH und BVerfG.

1. EuGH und EGMR

62   Abgrenzungsprobleme stellen sich einmal im Verhältnis von EuGH und EGMR.[84]

a) Keine Kompetenz des EGMR für EU-Akte

63   Beschwerdeführer können sich nicht unmittelbar gegenüber Akten der EU auf die EMRK berufen. Die Straßburger Organe sind nicht zuständig für die Kontrolle von Akten internationaler Organisationen wie der EU, auf welche die Vertragsstaaten der EMRK Hoheitsrechte übertragen haben.[85] Sie können vom EGMR nicht überprüft werden, da die EU nicht Vertragsstaat der Konvention ist; es mangelt ihr im Übrigen an Staatsqualität, welche Art. 4, 5 der Satzung des Europarates voraussetzen.

---

81   Vgl. auch *EuGH*, Rs. C-309/89 (Codornu SA/Rat), Slg. 1994 I, 1853, 1855; Rs. C-270/95 (P-KiK/Rat und Kommission), Slg. 1996 I, 1987, 1993 f.
82   Vgl. *Schermers*, CMLR 1988, 541.
83   Vgl. dazu ausf. unten Rn. 1155 ff.; 1199 ff.
84   Vgl. zu möglichen Konfliktbereichen und Divergenzen im europäischen Grundrechtsschutz auch *Alber/Widmaier*, EuGRZ 2006, 113 ff.
85   EKMR, ZaöRV 1990, 865 f.

Für Akte der EU oder nationaler Behörden und Gerichte auf Grund EU-Rechts sind daher entweder der EuGH oder nationale Gerichte zuständig.

b) Bindung nationaler Vollzugsakte an EMRK

Eine Berufung auf die EMRK kommt jedoch in Betracht bei auf dem Recht der EU beruhenden Akten **64** der Staaten, welche Mitglied der EU und Vertragspartei der EMRK sind. Die EMRK schließt zwar die Übertragung von Hoheitsbefugnissen auf internationale Organisationen nicht aus. Es muss jedoch sichergestellt sein, dass die Rechte aus der EMRK weiter zugesichert sind. Die Verantwortung der Vertragsstaaten bleibt also auch nach der Übertragung von Hoheitsgewalt bestehen.[86] Sie bleiben für Konventionsverletzungen – z.B. das Recht auf Zugang zu einem Gericht gem. Art. 6 EMRK – verantwortlich, selbst wenn nach der Übertragung auf internationale Organisationen Rechte nach der Konvention nicht mehr gewährleistet sind.

Die Mitgliedstaaten sehen sich somit einer doppelten Bindung an EMRK und EUV ausgesetzt. Folgen **65** sie dem konventionswidrigen Gemeinschaftsrecht, verletzen sie die EMRK. Im umgekehrten Falle, wenn sie das Gemeinschaftsrecht nicht anwenden, missachten sie aber dessen Vorrang gegenüber dem nationalen Recht.[87] Die Mitgliedstaaten sind damit „Diener zweier Herren", der EU und der EMRK. Ein Mitgliedstaat muss seinen Bürgern auch gegenüber EU-Rechtsakten die Konventionsrechte zusichern. Dies prüft der EGMR. Nationale Vollzugsakte, welche auf Grund von Gemeinschaftsrecht ergehen, unterliegen daher im Prinzip den Bindungen der EMRK und damit auch der Jurisdiktionsgewalt des EGMR. Letzterer überprüft indirekt über die Verantwortung der Mitgliedstaaten der EU für die Wahrung der Rechte aus der EMRK auch Akte der EU.

c) Konfliktmöglichkeit

Wenn somit die EU-Mitgliedstaaten bei der Anwendung und Ausführung von EU-Recht an die EMRK **66** gebunden sind, sie aber auch die auf EU-Ebene geltenden und anerkannten Grundrechte zu beachten haben, was in Art. 51 EU-Grundrechtecharta kodifiziert ist, dann kann es zu einem Auslegungskonflikt zwischen EGMR und EuGH kommen.

Der EGMR geht in seiner Judikatur von der Überprüfbarkeit auch auf EU-Recht beruhender Maß- **67** nahmen am Maßstab der EMRK aus.

> **Cantoni v. Frankreich:** [88] Bereits in diesem Fall aus dem Jahre 1996 hat der EGMR eine französische **Beispiel 1** Vorschrift geprüft, die praktisch wortgleich auf einer EG-Richtlinie basierte. Er befand, dass diese Tatsache nicht dazu führte, dass das französische Gesetz aus dem Anwendungsbereich der EMRK herausfalle. Die materielle Identität einer nationalen Norm mit einer EG-Richtlinie führe nicht dazu, dass die nationale Regelung dem Anwendungsbereich der EMRK entzogen wird.
>
> **Waite and Kennedy v. Deutschland:** [89] In diesem Fall aus dem Jahre 1999 hatten die Beschwerdeführer eine arbeitsrechtliche Streitigkeit mit der internationalen Organisation ESA (European Space Agency). Die deutschen Gerichte wandten § 20 II GVG an, der auf die allgemeinen Regeln des Völkerrechts verweist, und sprachen der ESA Immunität zu. Waite und Kennedy rügten eine Verletzung von Art. 6 I EMRK. Der EGMR entschied, dass die Übertragung von Hoheitsrechten auf Internationale Organisationen Implikationen für den Grundrechtsschutz hat. Es wäre unvereinbar mit Sinn und Zweck der EMRK, wenn die Konventionsstaaten sich durch Übertragung von ihrer Verantwortung für den Grundrechtsschutz im Tätigkeitsbereich der Organisation befreien könnten.

---

86 *EGMR* NJW 1999, 1173 – Waite und Kennedy/Deutschland; *EGMR*, NJW 1999, 3107 – Matthews/Vereinigtes Königreich und dazu *Busse*, NJW 2000, 1074.
87 Vgl. zu diesem Vorrang *EuGH*, Slg.1964, 1251, 1270 f. (Costa/ENEL).
88 Cantoni v. Frankreich, EuGRZ 1999, 193 ff.
89 Waite and Kennedy v. Deutschland EuGRZ 1999, 207 ff.

Matthews v. Vereinigtes Königreich: [90] Es handelt sich bei dieser Entscheidung aus dem Jahre 1999 um ein Grundsatzurteil zum Verhältnis Konventionsgrundrechte und EU-Grundrechte. Der EGMR hat seine Zuständigkeit für die Überprüfung von mittelbar mitgliedstaatlichem Handeln, das formal in Form eines EG/EU-Aktes ergeht, betont. Im konkreten Fall ging es um das Wahlrecht einer in Gibraltar lebenden britischen Staatsangehörigen. Es war EU-Recht und Konventionsrecht verletzt. Es gilt abzuwarten, ob und wieweit der EGMR seine im Fall Matthews eingeschlagene Linie fortsetzt.

Société Guerin: [91] Nach dem Fall Matthews gab es Versuche von Beschwerdeführern, durch Klagen gegen die EU-Mitgliedstaaten eine materielle Überprüfung von EG-Akten zu erreichen. Im Fall Société Guerin Automobiles v. 15 EU-Staaten (2000) rügte die Beschwerdeführerin, dass das Verfahren der EU-Kommission und der EU-Gerichte Art. 6 und 13 EMRK verletze. Wegen offensichtlicher Unbegründetheit und damit Unzulässigkeit der Beschwerde blieb aber offen, ob eine derartige verdeckte Beschwerde gegen die EG/EU nicht unzulässig ratione personae war.

Senator Lines: [92] In diesem Fall Senator Lines v. alle 15 EU-Staaten war die Beschwerdeführerin eine im internationalen Frachtverkehr tätige Gesellschaft. Senator Lines hatte von der EG-Kommission als Kartellbehörde eine Geldbuße wegen einer wettbewerbswidrigen Abrede auferlegt bekommen. Sie rügte vor dem EGMR eine Verletzung von Art. 6 und Art. 13 EMRK durch alle 15 EU-Staaten wegen mangelnder Gewährleistung eines fairen Verfahrens durch die europäischen Gerichte.

SA Jacques Dangeville: [93] In diesem Fall entschied der EGMR, dass Frankreich gegen das in Art. 11 des 1. Zp. garantierte Eigentumsrecht verstoßen habe, indem der Conseil D`Etat zunächst – entgegen der Rechtsprechung des EuGH – der 6. Umsatzsteuerrichtlinie die unmittelbare Wirksamkeit abgesprochen und sodann eine Haftung des französischen Staates wegen unterlassener Richtlinienumsetzung abgelehnt hatte.

d) Konfliktlösung

68 Wenn somit einerseits von der Verbindlichkeit der EMRK auch für (auf EU-Recht gestützte) Akte der Mitgliedstaaten auszugehen ist, andererseits der EuGH die EMRK-Garantien als Maßstab der Rechtmäßigkeit von Unionsrechtsakten entsprechend Art. 6 II EUV als Rechtserkenntnisquelle anerkennt und er in diesem Rahmen die EMRK selbstverständlich auslegt, besteht zwangsläufig die Gefahr, dass es zu Auslegungsdivergenzen kommt. [94]

69 Konflikte aus der doppelten Bindung an EMRK und EUV werden jedoch weitgehend dadurch vermieden, dass eine Parallelisierung der Grundrechtsinhalte durch den EGMR und den EuGH stattfindet. Grundsätzlich werden die Grundrechte von den beiden Rechtsprechungsinstanzen parallel ausgelegt und beide Gerichte zitieren die jeweils andere Rechtsprechung. Letztlich gibt es hier zwischen beiden Gerichten keine Berührungsängste wie – dazu unten – zwischen BVerfG und EGMR. Vielmehr bemühen sich beide Gerichte um eine Kooperation durch eine konforme Rechtsprechung. Die Parallelität wird verstärkt durch die Europäische Grundrechtecharta.

aa) EuGH

70 Der EuGH ist in den letzten Jahren vermehrt grundrechtssensibel geworden. Die Grundrechte setzen sich selbst gegenüber den Grundfreiheiten des Binnenmarktes durch. Das Prüfprogramm des EGMR steht dabei immer an erster Stelle. So rekurriert der EuGH auf die EMRK und auf die Rechtsprechung des EGMR. [95]

---

90 Matthews v. VK, EuGRZ 1999, 200 ff.
91 Société Guerin Automobiles v. 15 EU-Staaten, Zulässigkeitsent. v. 4. Juli 2000, RUDH 12 (2000), 119.
92 Senator Lines v. alle 15 EU-Staaten, Beschw.-Nr. 56.672/00, Zustellungsent. v. 4. Juli 2000, Zusammenfassung des Beschwerdevorbringens in EuGRZ 2000, 334.
93 *EGMR*, Entscheidung v. 16.4.2002, Beschwerde Nr. 36677/97.
94 *EuGH* Slg. 1986 I-1651, 1682; 1991, I-2925, 2964.
95 Z.B. *EuGH*, Rs. C-274/99 P, Connolly v. Kommission, Slg. 2001, I-1575. Er führte Art. 10 EMRK an und zitierte die EGMR-Rechtsprechung.

Als Beispiel sei hier das EuGH-Urteil Krombach v. Frankreich (2000) genannt.[96] Es erging auf ein Vor- **71**
abentscheidungsersuchen des BGH, der den EuGH fragte, ob in Bezug auf ein französisches Urteil
die deutsche Vollstreckungsklausel in Anwendung der ordre public-Klausel des Brüsseler Vollstre-
ckungsübereinkommens (EuGVÜ von 1968) wegen der mangelnden Verteidigung verweigert werden
dürfe. Der EuGH bezog sich bei der Auslegung des EuGVÜ auf das (ungeschriebene) Unionsgrund-
recht auf einen fairen Prozess und wandte dabei auch Art. 8 EMRK an. Aus der Rechtsprechung des
EGMR folge, dass ein Mitgliedstaat es als eine offensichtliche Grundrechtsverletzung ansehen dürfe,
wenn dem Verteidiger eines in der Hauptverhandlung nicht anwesenden Angeklagten verwehrt
wird, für diesen aufzutreten. Somit dürfe die Vollstreckbarkeit des Urteils verweigert werden.

Zudem hat der EuGH bereits die in der EMRK kodifizierten europäischen Grundrechte als Schran- **72**
ken-Schranke der wirtschaftlichen Grundfreiheiten des EGV eingesetzt. Das heißt, wenn ein Mitgliedstaat sich auf eine Vertragsausnahme beruft, um die Ausübung einer Grundfreiheit zu behindern, muss diese Rechtfertigung im Lichte der Grundrechte ausgelegt werden.[97]

Verwiesen sei auf die Entscheidung Carpenter v. Vereinigtes Königreich (2002 – Vorentscheid auf Er- **73**
suchen des Immigration Appeal Tribunal),[98] in der es um die Ausweisung einer philippinischen
Staatsangehörigen ging. Der EuGH argumentierte, die EU-Mitgliedstaaten dürften die gemeinschafts-
rechtlichen Grundfreiheiten aus Gründen des Allgemeininteresses beschränken, jedoch müssten sie
dabei die Grundrechte beachten. Als „Schranken-Schranke" fungierte hier das Recht auf Achtung
des Familienlebens im Sinne des Art. 8 EMRK, das zu den Grundrechten gehört, die nach der ständigen Rechtsprechung des EuGH in der Gemeinschaftsrechtsordnung geschützt werden. Der EuGH
prüfte nun die Vereinbarkeit der Ausweisung mit Art. 8 EMRK unter Rekurs auf das Urteil des EGMR
Boultif v. Schweiz. Weil nach diesem Standard die Ausweisung unter den konkreten Umständen unverhältnismäßig und damit eine Verletzung des Art. 8 beinhalten würde, war auch die Einschränkung
der Dienstleistungsfreiheit nach Art. 49 EG nicht gerechtfertigt.

bb) EGMR

Auch der EGMR ist um Konfliktvermeidung bemüht. Im Fall „Bosphorus" ließ er[99] nicht nur erken- **74**
nen, dass er die Vorlage gem. Art. 234 EG an den EuGH dem nationalen Rechtsweg i.S.d. Art. 35 I
EMRK hinzuzurechnen bereit ist, was eine mittelbare Stärkung des EuGH bedeutet.[100] Vor allem bemüht er sich um eine parallele Auslegung.

Pellegrin v. Frankreich (1999):[101] Hier bestimmte der EGMR erstmals den Anwendungsbereich von **Beispiel 2**
Art. 6 auf Streitigkeiten im öffentlichen Dienst unter Rekurs auf die Auslegung des Unionsrechts durch
den EuGH in Luxemburg (Ausnahme von der Freizügigkeit für Beschäftigung in der „öffentlichen Verwaltung" (Art. 39 IV EG) und Ausnahme von der Niederlassungsfreiheit für „Ausübung öffentlicher Gewalt" (Art. 45 I EG). Auch in den gleichlautenden Entscheidungen der Großen Kammer Goodwin v. Vereinigtes Königreich und I.v. Vereinigtes Königreich (2002) zur rechtlichen Anerkennung von Transsexua-

---

96 *EuGH*, Rs. C-7/98, T. Port v. Kommission, Slg. 2000, II-1775 = EuGRZ 2000, 160 ff. = NJW 2001, 2459 ff.
    mit Anm. *Gundel*, NJW 2001, 2380 ff. Vgl. hierzu auch *Matscher*, Der verfahrensrechtliche ordre public im
    Spannungsfeld von EMRK und Gemeinschaftsrecht, IPRax 2001, 428 ff. Daneben erhob Krombach eine
    Beschwerde an den EGMR. In Krombach v. Frankreich, ECHR 2001-II, 1 ff., Rn. 82-91, RUDH 13 (2001),
    410 ff. stellte der EGMR eine Verletzung von Art. 6 Abs. 3 EMRK fest.
97 *EuGH*, Rs. C-260/89, ERT v. DEP, Slg. 1991, I-2925, Rn. 2964; Rs. C-62/90, Kommission v. Deutschland slg.
    1992, I-2575, Rn. 23; Rs. C-368/95, Familiapress v. Heinrich Bauer Verlag, Slg. 1997, I-3689, Rn. 24-26
    (mit Verweis auf Art. 10 EMRK).
98 *EuGH*, Rs. C-60/00, Carpenter Slg. 2002, I-6279 = EuGRZ 2002, 332 ff. = JZ 2003, 202 ff. mit Anm.
    U. Mager, JZ 58, 2003, 204 ff.
99 *EGMR*, Entscheidung v. 13.9.2001, Beschwerde Nr. 45036/98.
100 *Umbach/Bergmann*, BVerfGG, S. 129 ff. Rn. 14.
101 ECHR 1999-VIII, 207 ff., Rn. 60-71, insb. 66.

lität verwies der EGMR auf die EuGH-Rechtsprechung, nach welcher die Diskriminierung wegen einer Geschlechtsumwandlung ein Unterfall der nach den einschlägigen Richtlinien verbotenen Diskriminierung wegen des Geschlechts ist.[102]

cc) Ausnahme

75 Nur in Ausnahmefällen sind Divergenzen zwischen EGMR und EuGH festzustellen.[103] In Bezug auf das Grundrecht auf Achtung der Wohnung (Art. 8 EMRK) entschied der EGMR im Fall Niemitz v. Deutschland (1992), dass auch Geschäftsräume geschützt seien.[104] Demgegenüber hatte – einige Jahre zuvor – der EuGH im Fall Hoechst (1988) entschieden, dass die „Wohnung" im Sinne der EU-Grundrechte nicht die Geschäftsräume umfasse.[105] Es ist aber wahrscheinlich, dass der EuGH seine Rechtsprechung in einem zukünftigen Fall an das Niemitz-Urteil anpassen wird.

e) Zwischenergebnis

76 Im Ergebnis ist daher festzustellen, dass eine Anrufung des EGMR bei auf EU-Recht basierenden Akten der Mitgliedstaaten nicht völlig ausgeschlossen ist angesichts der Tendenz des EGMR, als „Wächter des Gemeinschaftsrechts"[106] „letztinstanzlich" auch Unions- bzw. Gemeinschaftsrechtsakte am Maßstab der EMRK zu überprüfen. In der Sache gibt es jedoch zwischen beiden Gerichten keine nennenswerten Konflikte angesichts der tatsächlich praktizierten Kooperation vornehmlich durch eine parallele Auslegung der jeweiligen Maßstabsnormen des EU-Rechts und der EMRK bzw. die ausdrückliche Bezugnahme auf die jeweilige Rechtsprechung des anderen Gerichts.

2. BVerfG und EGMR

77 Umstrittener ist – noch – die Abgrenzungsfrage im Verhältnis BVerfG und EGMR.

a) EGMR als „letzte Instanz"

78 Vorweg ist jedoch darauf hinzuweisen, dass den meisten in diesem Zusammenhang erörterten Problemen in der Praxis für die Beschwerdeführer keine entscheidende Bedeutung zukommt. Schließlich kann der EGMR nur mit der Rüge der Verletzung der EMRK oder der Zusatzprotokolle und das BVerfG – bisher – nur wegen der Verletzung der Grundrechte und grundrechtsgleichen Rechte des Grundgesetzes angerufen werden. Verfahrensmäßig kann zudem der EGMR mit der Individualbeschwerde nach Art. 34, 35 EMRK erst nach Erschöpfung des Rechtswegs zu den nationalen Gerich-

---

102 Beide Urt. v. 11. Juli 2002, Goodwin v. VK, Rn. 92 u. 43.

103 Weitere Beispiele leichter Wertungsabweichungen: Der EGMR sieht in der Verweigerung eines Äußerungsrechts in Reaktion auf die Schlussanträge des Staatsanwalts beim belgischen Kassationshof eine Verletzung des rechtlichen Gehörs (Art. 6 I). Der EuGH lehnt eine Anwendung dieser Rechtsprechung in Bezug auf die Schlussanträge des Generalanwalts beim EuGH ab, *EuGH*, Rs. C-17-98, Emesa Sugar (Free Zone) NV v. Aruba, Beschl. v. 4. Feb. 2000, Slg. 2000, I-665 mit Anm. *R. Lawson*, CMLRev. 37 (2000) 983 ff. Der EuGH hielt das Recht, sich nicht selbst zu belasten (Art. 6 I EMRK) für nicht anwendbar in Wettbewerbsverfahren (EuGH, Rs. C-374/87, Orken v. Kommission, slg. 1989, 3283 ff.). Demgegenüber wandte der EGMR den Nemo tenetur-Grundsatz auf ein Zollverfahren an, dass nach dem anwendbaren französischen Recht als spezielles Strafrecht qualifiziert wird (*EGMR*, Funke v. Frankreich, Series A 256-A (1993). Siehe auch *EGMR*, J.B. v. Schweiz, Urt. v. 3. Mai 2001 (Anwendbarkeit von Nemo tenetur im Steuerhinterziehungsverfahren nach schweizerischem Recht).

104 Niemitz v. Deutschland, Series A 251-B (1992), Rn. 27-33 = EuGRZ 1993, 65 ff.; so auch *EGMR* NJW 2006, 1495 (Buck/Deutschland).

105 Verb. Rs. 46/87 u. 227/88, Hoechst v. Kommission, Slg. 1989, 2859.

106 Vgl. *Breuer*, Der EGMR als Wächter des europäischen Gemeinschaftsrechts, JZ 2003, 433 ff.

ten einschließlich der Verfassungsbeschwerde zum BVerfG angerufen werden. Wer nach Straßburg will, muss daher stets zuvor nach Karlsruhe gehen.

Unterliegt er dort, dann steht ihm allerdings der Weg zum EGMR offen, soweit ein in dessen Zuständigkeit fallendes Menschenrecht berührt ist. Von eventuellen Bedenken im Hinblick auf die – umstrittene – Reichweite der Kompetenz des EGMR im Verhältnis zu nationalen Gerichten – das BVerfG eingeschlossen – sollte und wird er sich nicht abschrecken lassen, wie der Fall Caroline zeigt.[107] Dem EGMR steht schließlich im Verhältnis zum BVerfG „das letzte Wort" zu. Zwar haben seine Entscheidungen keine die Rechtskraft beseitigende, sondern nur eine feststellende Wirkung[108] und richten sich die Rechtsfolgen nach nationalem Recht. In der StPO aber ist z.B. die Wiederaufnahme des Verfahrens bei einer positiven Entscheidung des EGMR vorgesehen. Auch die anderen Prozessordnungen sollen entsprechend angepasst werden durch die Einfügung eines § 580 Nr. 8 ZPO.[109] Mit einer Wiederaufnahme wird aber auch die Entscheidung des BVerfG „kassiert". Der EGMR kann zudem auf Schadensersatz erkennen, was ebenfalls ein Druckmittel für nationale Gerichte bis hin zum BVerfG ist, sich dem Spruch der Straßburger Richter zu beugen. **79**

b) Abgrenzungsstreit

Der somit nicht unmittelbar praxisrelevante Streit über die Bindung des BVerfG an die Rechtsprechung des EGMR hat seine „dogmatische Ursache" darin, dass der EMRK wie jedem anderen völkerrechtlichen Vertrag nur der Rang eines einfachen Bundesgesetzes (vgl. Art. 59 II GG)[110] und kein Verfassungsrang zukommt. **80**

Sie ist weder Teil des Grundgesetzes noch allgemeine Regel des Völkerrechts nach Art. 25 GG. Nach der bisherigen Rechtsprechung des BVerfG kann sie daher auch nicht unmittelbar Prüfungsmaßstab in Verfassungsbeschwerdeverfahren sein.[111] Darin muss eine Verletzung von Grundrechten des Grundgesetzes geltend gemacht werden; die – unmittelbare – Rüge der Verletzung von Bestimmungen der EMRK ist unzulässig. **81**

Es kommt nur eine mittelbare Kontrolle in Betracht, etwa im Rahmen des Rechtsstaatsprinzips des Grundgesetzes[112] oder des Art. 3 I GG (willkürliche (Nicht-)Anwendung der EMRK durch staatliche Organe)[113] oder im Rahmen anderer Grundrechte des Grundgesetzes, für die die EMRK als „Auslegungshilfe" herangezogen werden kann,[114] wobei unklar ist, ob nur auf der Ebene der Schranken-Schranke insbesondere des Verhältnismäßigkeitsgrundsatzes oder auch als Verstärkung des Schutzbereichs.[115] Die Bindung an die EMRK gem. Art. 59 II i.V.m. Art. 19 IV GG und Art. 20 III GG hat das BVerfG auf den „Rahmen methodisch vertretbarer Gesetzesauslegung" durch die Fachgerichte beschränkt.[116] **82**

---

107 *EGMR* NJW 2004, 2647; dazu *Kleine-Cosack*, Die Rechtsstellung des EGMR für die Menschenrechte aus der Sicht der deutschen Praxis. Fragwürdiger Kompetenzstreit zwischen EGMR und BVerfG, in: Das Caroline-Urteil des EGMR und die Rechtsprechung des BVerfG, Köln, 2005, S. 51 ff.; s.a. *Lenski*, NVwZ 2005, 50 ff: *Heldrich*, NJW 2004, 2634; *Mann*, NJW 2004, 3220; *Scheyli*, EuGRZ 2004, 628 ff.

108 So auch explizit BVerfGE 111, 307.

109 Entwurf eines Zweiten Justizmodernisierungsgesetzes, Az. des BMJ.3010/18-1. In § 580 ZPO wird eine Nummer 8 angefügt: „wenn der Europäische Gerichtshof für Menschenrechte eine Verletzung der Europäischen Konvention zum Schutz der Menschenrechte und Grundfreiheiten oder ihrer Protokolle festgestellt hat und das Urteil auf dieser Verletzung beruht."

110 BVerfGE 82, 106, 120; 111, 307; vgl. auch *Papier*, EuGRZ 2006, 1 ff.

111 St. Rspr.: BVerfGE 10, 271, 274; 64, 135, 157; 74, 102, 128.

112 BVerfGE 74, 358, 369 f.

113 BVerfGE 64, 135, 157; 74, 102, 128.

114 Grundlegend BVerfGE 111, 307; 74, 358, 370; s.a. BVerfGE 82, 106, 120.

115 Vgl. *Umbach/Bergmann*, BVerfGG, Rn. 6.

116 *BVerfG* JZ 2004, 1171 m. Anm. *E. Klein*; zur Bindungswirkung von EGMR-Urteilen vgl. auch EuGRZ 2004, 683, 686 f.; *Meyer-Ladewig/Petzold*, NJW 2005, 15 ff.; *Grupp/Stelkens*, DVBl. 2005, 133 ff.

c) Karlsruher Berührungsängste

83 Wenn auch für die Einschränkung der Bedeutung der EMRK auf der Ebene des Verfassungsrechts treffliche – vor allem normhierarchische Erwägungen – vorgebracht werden können, so vermag die vom BVerfG damit verbundene „Menschenrechtsaskese" weder unter politisch-pragmatischen noch grund- und menschenrechtlichen Aspekten zu überzeugen.

84 Das BVerfG sollte seine ablehnende bzw. zurückhaltende Haltung im Hinblick auf die EMRK sowie den EGMR aufgeben. Deren Tabuisierung, welche sich auch in der seltenen Zitierung von Entscheidungen des EGMR zeigt,[117] ist letztlich nur Ausdruck von Berührungs- bzw. Verlustängsten, wie sie auch das Verhältnis zum EuGH lange Zeit bestimmt hatten. Sie zeigen sich einmal an der „wolkigen" und unjuristischen Wortwahl der Karlsruher Richter. So spricht Papier[118] davon, dass die Rechte der EMRK allenfalls auf das Verständnis des Grundgesetzes „ausstrahlen". Diffus spricht auch Kirchhof[119] davon, sie seien nur eine „Quelle der Inspiration". Nicht überzeugender sind auch die sachlichen Versuche der Rechtfertigung der Karlsruher Zurückhaltung. Erwähnt sei nur Limbachs[120] – bei allem Respekt – schlicht indiskutable These, gegen eine Beachtenspflicht der EMRK sowie der Auslegungspraxis des EGMR durch das BVerfG spreche neben der Arbeitsbelastung „das Ansehen des BVerfG". Es könne dadurch leiden, dass es seinerseits der Kontrolle durch das Straßburger Gericht unterliege.

85 Diese Reklamation eines „Nimbus der Unantastbarkeit" ist jedoch weltfremd;[121] schließlich kann an der Praktizierung der Kontrolle kein Zweifel bestehen; der Fall Caroline von Monaco hat dies noch einmal deutlich gemacht. Daher kann auch Papiers Pochen auf einen – was immer man darunter zu verstehen vermag – „Souveränitätsvorbehalt des Grundgesetzes",[122] das trotz aller konventionsgemäßen Auslegung „theoretisch das letzte Wort behält", nur als unrealistische Vergangenheitsbeschwörung mit Kopfschütteln zur Kenntnis genommen werden. Offensichtlich wird das Grundgesetz „missbraucht", um die eigene Stellung des Gerichts und damit als Richter zu erhalten. Das BVerfG sollte eine derart verkrampfte Selbstverteidigung nicht nötig haben.

86 Sie ist auch deshalb unverständlich, da in der Sache zumindest weitgehend Einigkeit besteht. Die Rechtsprechung des BVerfG und des EGMR stimmt im Wesentlichen überein. Es besteht eine faktische Parallelität, da die jeweiligen Maßstabsnormen überwiegend übereinstimmend ausgelegt werden, auch wenn man sich – anders als im Verhältnis EGMR und EuGH – noch nicht wechselseitig bzw. nur selten zitiert. Ein nicht durch harmonisierende Auslegung zu beseitigender Konflikt zwischen deutschem Recht und EMRK ist bisher noch nicht aufgetaucht. Divergenzen zwischen EGMR und BVerfG werden in der Regel nicht publik. Sie bestehen auch nur in Ausnahmefällen wie eben u.a. in der Caroline-Entscheidung.[123] Konfliktpunkte sind auch Ausweisungen und Abschiebungen und vor allem die ständige Rechtsprechung zur überlangen Verfahrensdauer.[124] Derartige Differenzen im Einzelfall sind aber überhaupt nichts Ungewöhnliches. Sie können in einer Kammer oder einem Senat, zwischen verschiedenen Fachgerichten horizontal wie vertikal und natürlich auch zwischen nationalen und inter- bzw. supranationalen Gerichten bestehen. Sie muss auch das BVerfG aushalten können ebenso wie die Notwendigkeit der Anpassung seiner Rechtsprechung an die der „übergeordneten" Gerichte.

---

117 Vgl. *Umbach/Bergmann*, BVerfGG, S. 129 ff., Rn. 2. Nicht einmal bei der vom EGMR (NJW 2001, 2871-Dahlab/Schweiz) abweichenden Entscheidung des BVerfG im Kopftuchstreit (BVerfG NJW 2003, 3111) wird der EGMR zitiert.
118 EuGRZ 2006, 1 f.
119 EuGRZ 1994, 31 ff.
120 *Limbach,* Die Reform der europäischen Institutionen, 2002, 70 ff.
121 Vgl. auch krit. *Umbach/Bergmann*, BVerfGG, S.129 ff., Rn. 9.
122 *Papier* EuGRZ 2006, 1 ff.
123 *EGMR* NJW 2004, 2647.
124 Vgl. die Nachweise bei *Umbach/Bergmann*, BVerfGG, S. 129 ff., Rn. 11, 12.

d) Neuer Umgang

Ein anderer Umgang des BVerfG mit der EMRK und dem EGMR ist überfällig. **87**

aa) Bindungswirkung für BVerfG

Die vom ihm betonte Bindungswirkung von Entscheidungen des EGMR gilt auch für das Gericht **88**
selbst. Es sollte sich an die eigene Brust klopfen, wenn es im Verfahren Görglu die Fachgerichte voller
Pathos zur Beachtung der Entscheidungen des EGMR und ihrer Bindungswirkung auffordert.[125] Auch
das BVerfG kommt um die Respektierung der Judikatur des EGMR nicht herum. Es sollte nicht weiter
Beschwerdeführer unnötig zur Einlegung von Individualbeschwerden an den ohnehin überlasteten
EGMR zwingen oder ihnen unbegründete Hoffnungen machen, dass es Verfassungsbeschwerden –
z.B. nach dem Caroline-Urteil[126] – stattgeben wird, indem es sich gegen die Rechtsprechung des
EGMR stellen wird. Derartige Konflikte wird man tunlichst zu vermeiden wissen und sie allenfalls in
Ausnahmefällen „riskieren", zumal stets dem EGMR ungeachtet der beschränkten Wirkung seiner
Entscheidungen das „letzte Wort" zukommt, so dass sich ein Obsiegen beim BVerfG als Pyrrhussieg
erweisen wird.

bb) Ende der Tabuisierung

Soweit Entscheidungen des EGMR vorliegen, können und sollten sie bei der Auslegung des GG im **89**
Rahmen von Verfassungsbeschwerden explizit berücksichtigt und auch vermehrt zitiert werden. Die
bisher überwiegend praktizierte Tabuisierung muss ein Ende haben. Sprache formt bekanntlich Bewusstsein und Wirklichkeit und hilft beim Abbau von Berührungsängsten. Die ausdrückliche Erwähnung von Entscheidungen des EGMR sowie die Auseinandersetzung mit ihnen kann letzlich der Sache der Grund- und Menschenrechte nur dienlich sein.

cc) Prüfung der EMRK

Auch die Heranziehung der EMRK als Prüfungsmaßstab erscheint geboten. Eine Prüfung der Einhal- **90**
tung der EMRK wäre verfahrensökonomisch; sie erspart den Betroffenen eine weitere Instanz und
würde dem Gedanken der Subsidiarität wie auch der Grund- und Menschenrechtseffektivität Rechnung tragen.

Für einen solchen „Kurswechsel" des BVerfG spricht auch, dass gute dogmatische Argumente für die **91**
Gegenposition angeführt werden können, nach der auch bei einer Verletzung der EMRK durch deutsche Gerichte und Behörden eine Verfassungsbeschwerde erhoben werden kann.[127] In der Literatur
wird zu Recht eine umfassende Prüfung eines Falles durch das BVerfG über das Auffanggrundrecht
des Art. 2 I GG begründet.[128] Auch ist die Grenze des „spezifischen Verfassungsrechts" mehr als fließend und überprüft nicht selten das BVerfG – z.B. bei der Rüge eines Verstoßes gegen das Willkürverbot in Urteilsverfassungsbeschwerden – die Vereinbarkeit von Entscheidungen mit einfachem
Recht wie z.B. dem BGB oder der ZPO; dann aber wäre es unverständlich, warum nicht auch die
EMRK Maßstab sein kann, zumal das BVerfG sogar das Grundgesetz EMRK-konform auslegt.[129] Damit rückt das Gericht von der Vorstellung einer formalen Normenhierarchie ab.

Der ganzen Diskussion zum Verhältnis BVerfG/EGMR bzw. Grundgesetz/EMRK würde ohnehin der **92**
Boden entzogen, wenn die EU – wie in Art. I-9 II 1 des Verfassungsentwurfs des Europäischen Konvents vorgesehen – der EMRK beitritt. Auf diese Weise wäre auf dem direktesten Weg die Letztins-

---

125 *BVerfG* NJW 2005, 2685.
126 *EGMR* NJW 2004, 2647 ff.
127 Vgl. *Bleckmann*, EuGRZ 1995, 389; *Frenz*, DÖV 1995, 416 f.; *Walter*, ZaöRV 59 (1999), 961 ff.
128 Vgl. *Umbach/Bergmann*, BVerfGG, S. 129 ff. Rn. 6; *Frowein*, FS 50 Jahre BVerfG, 209, 218 f.; *Uerpmann*,
Die EMRK und die deutsche Rechtsprechung, 1993, S. 106.
129 BVerfGE 74, 358, 370; 82, 106, 115.

tanzlichkeit des EGMR geschaffen und die bloße Instanzlichkeit des BVerfG als „Landesverfassungs-gericht eines Mitgliedstaates" klargestellt.

3. BVerfG und EuGH

93 Eindeutig ist der Vorrang des EuGH im Verhältnis zum BVerfG.[130] Aber auch hier gibt es Abgrenzungsprobleme und Reibungsflächen sowie Berührungsängste, von indiskutablen Einzelmeinungen wie des für Europarecht beim BVerfG zuständigen Richters Broß, ganz abgesehen, der allen Ernstes argumentiert, dass auf Gemeinschaftsebene „das überaus vordergründige und in Richtung auf den Ellenbogen-Menschen ausgestaltete Wettbewerbsdenken stört"[131] und „dass sich EuGH und BVerfG – wenn möglich – aus dem Wege gehen" sollen.[132]

a) Öffnung der nationalen Rechtsordnung

94 Die Überlagerung und Verzahnung der deutschen Rechtsordnung mit dem europäischen Gemeinschaftsrecht auf Grund des Integrationsauftrages des – im Übrigen auch für Nicht-EU-Angelegenheiten bedeutsamen – Art. 23 GG (früher Art. 24 I GG) und der einfachrechtlichen Grundlage im deutschen Zustimmungsgesetz zum EG-Vertrag hat zu einer Öffnung der deutschen Rechtsordnung für die mittelbare und unmittelbare Geltung von Gemeinschaftsrecht der EU geführt. Sie hat zur Folge eine geteilte Grundrechtsverantwortung zwischen den Gemeinschaftsorganen, die das sekundäre Gemeinschaftsrecht erlassen haben, und dem deutschen Hoheitsträger, der auf dieser Grundlage tätig wird. Dieser Verantwortungsteilung entspricht eine Aufteilung der Zuständigkeit für den gerichtlichen Grundrechtsschutz zwischen der nationalen Gerichtsbarkeit und dem – letztinstanzlich entscheidenden – EuGH. Dieser kann – von den Fällen der Art. 230, 232 EGV einmal abgesehen – von einem Betroffenen nicht unmittelbar angerufen werden, so dass ein Grundrechtsschutz im Wesentlichen nur im Vorabentscheidungsverfahren in Betracht kommt.

95 Fraglich ist jedoch, ob gegen Entscheidungen der EU oder deutscher Behörden und Gerichte, welche sich auf EU-Recht stützen, auch beim BVerfG vorgegangen werden kann, weil eventuell Grundrechte verletzt sind. Dieser Weg ist im Prinzip zu verneinen.

b) Vorrang des Gemeinschaftsrechts

96 Grundsätzlich bricht europäisches Gemeinschaftsrecht auch nationales Recht und damit auch nationales Verfassungsrecht.[133] Dieser innerstaatliche Geltungs- und Anwendungsvorrang des Gemeinschaftsrechts gilt auch für den Bereich der BRD.[134]

97 Er ergibt sich zwar nicht schon aus dem allgemeinen Völkerrecht, sondern – entsprechend der Vollzugstheorie des Völkerrechts – allein aus einem dahingehenden innerstaatlichen Rechtsanwendungsbefehl des Zustimmungsgesetzes zum EGV, der aus Art. 249 (ex-Art. 189) II EGV folgt.[135] Das von Art. 23 I 2 GG geforderte Integrationsgesetz aktualisiert diese Verfassungsbestimmung, welche „*die deutsche Rechtsordnung derart öffnet, daß der ausschließliche Herrschaftsanspruch der Bundesrepub-*

---

130 Siehe hierzu umfassend *J. Schwarze,* in: ders. (Hrsg.) EU-Recht-Kommentar, Art. 220 Rn. 24.
131 FAZ v. 7.8.2003.
132 *Broß,* in: EuGRZ 2004,15,
133 Vgl. zum Vorrang des Gemeinschaftsrechts u.a. *EuGH,* Slg. 1964, 1251, 1269, Nr. 8 der Entscheidungsgründe (Costa-ENEL).
134 Aus dem Vorrang des EU-Rechts folgt im Übrigen auch im Falle einer Kollision der Vorrang einer richtlinienkonformen vor einer verfassungskonformen Auslegung einfachrechtlicher Normen. Vgl. nur *Canaris,* in: Fs. F. Bydlinski, 2002, 79 f., der darüber hinaus im Kollisionsfall eine gemeinschaftsrechtliche Pflicht zur Änderung der Verfassung annimmt, um deren Übereinstimmung mit der Verfassung herzustellen. Vgl. auch *Umbach/ Korsch,* S. 91; dagegen *di Fabio,* NJW 1990, 947 ff.
135 BVerfGE 73, 339, 374 f.

lik Deutschland im Geltungsbereich des Grundgesetzes zurückgenommen und der unmittelbaren Geltung und Anwendbarkeit eines Rechts aus anderer Quelle innerhalb des staatlichen Herrschaftsanspruchs Raum gelassen wird".[136] Art. 23 I 1 u. 2 GG (bzw. sein Vorläufer) besagt nach dem BVerfG bei sachgerechter Auslegung nicht nur, *„daß die Übertragung von Hoheitsrechten auf zwischenstaatliche Einrichtungen überhaupt zulässig ist, sondern auch, daß die Hoheitsakte ihrer Organe (...) vom ursprünglich ausschließlichen Hoheitsträger anzuerkennen sind".*[137]

c) Vorrang der Gemeinschaftsgerichtsbarkeit

Der Vorrang des Gemeinschaftsrechts führt auch zu einem Vorrang der Gemeinschaftsgerichtsbarkeit wie des EuGH vor der nationalen Gerichtsbarkeit einschließlich des BVerfG. **98**

aa) Keine Kompetenz des BVerfG

Das BVerfG besitzt in der Regel keine Jurisdiktionsgewalt, soweit es um das europäische Gemeinschaftsrecht geht. **99**

Unzulässig ist daher im Verfassungsbeschwerdeverfahren die Rüge der Verletzung europäischen Gemeinschaftsrechts. Dies hat das BVerfG in einer neueren Entscheidung bestätigt:[138] **100**

„Gemeinschaftsrechtlich begründete Rechte gehören nicht zu den Grundrechten oder grundrechtsgleichen Rechten, gegen deren Verletzung nach Art. 93 I Nr. 4a GG, § 90 I BVerfGG mit der Verfassungsbeschwerde vorgegangen werden kann (vgl. BVerfG NVwZ 2004, 597). Ein möglicher Verstoß gegen europäisches Gemeinschaftsrecht ist auch nicht mit der Begründung rügefähig, angesichts des Anwendungsvorrangs des europäischen Gemeinschaftsrechts könnte es gegebenenfalls schon an einem anwendbaren, den Gesetzesvorbehalt eines Grundrechts ausfüllenden Gesetz und damit an einer Beschränkung der grundrechtlichen Gewährleistung fehlen. Denn für die insoweit maßgebliche Frage der Vereinbarkeit einer innerstaatlichen Norm des einfachen Rechts mit den Bestimmungen des europäischen Gemeinschaftsrechts ist das BVerfG nicht zuständig (BVerfG NJW 1971, 2122 und NVwZ 1990, 53)." **101**

(1) Akte von EU-Organen

Dem BVerfG fehlt in jedem Fall die Kontrollkompetenz für Akte von EU-Organen.[139] Vor allem unmittelbar in Deutschland anwendbares europäisches Gemeinschaftsrecht – wie eine Verordnung und zukünftig ein „Europäisches Gesetz" – kann nach § 90 BVerfGG weder Prüfungsgegenstand noch Prüfungsmaßstab einer Verfassungsbeschwerde sein.[140] **102**

(2) Vollzugsakte

Aber auch deutsche Ausführungs- und Vollzugsakte des EU-Rechts können nicht am Maßstab des Grundgesetzes und der Grundrechte vom BVerfG überprüft werden. **103**

---

136 Vgl. z.B. BVerfGE 37, 271, 280.

137 BVerfGE 31, 145, 174. – Praktisch irrelevant und nur theoretisch denkbar ist es, dass ein Grundrechtsträger, der dennoch Grundrechtsschutz vor dem BVerfG begehrt, zur Zulässigkeit seiner Verfassungsbeschwerde geltend macht, dass die Übertragung der Rechtsprechungskompetenzen durch das Zustimmungsgesetz verfassungswidrig und damit nichtig geworden sei, weil der EuGH generell nicht bereit oder in der Lage ist, den unabdingbaren Grundrechtsschutz zu gewährleisten, der verfassungsrechtliche Voraussetzung für die zulässige Übertragung der Kompetenzen ist. Eine derartige Rüge kann jedoch heutzutage nicht mehr begründet erhoben werden. Zudem müsste der deutsche Staat seine Nachbesserungspflicht verletzt haben. Unter diesen Voraussetzungen ist die Zuständigkeit des BVerfG gegeben, da dieses Gemeinschaftsakte als „öffentliche Gewalt" i.S.d. Art. 93 Abs. 1 Nr. 4a GG und § 90 I BVerfGG qualifiziert; vgl. dazu *Paehlke-Gärtner*, VBlBW 2000, 13, sub VI 3b.

138 *BVerfG* NJW 2006, 1261.

139 Vgl. BVerfGE 22, 293: Keine Verfassungsbeschwerde gegen EWG-Verordnungen.

140 BVerfGE 82, 159, 191; NJW 2005, 737.

104 Sie könnten zwar über den Umweg einer deutschen Anwendungsmaßnahme, d.h. nationale Hoheitsgewalt, zum Prüfungsgegenstand des BVerfG werden.[141] Aufgrund des Vorrangs des Gemeinschaftsrechts fehlt dem BVerfG jedoch die Zuständigkeit, auf Gemeinschaftsrecht gestützte Akte deutscher Behörden und Gerichte am Maßstab des Grundgesetzes und damit der Grundrechte zu messen.

105 Zudem sind die Fachgerichte verpflichtet, zuvor den EuGH über das Vorabentscheidungsverfahren auch zur Frage der Vereinbarkeit dieser Maßnahme mit EU-Grundrechten zu konsultieren.[142]

106 Dementsprechend haben z.B. die deutschen Verwaltungsgerichte[143] die Solange-II-Rechtsprechung mit dem Verzicht des BVerfG auf eine Kontrolle von unmittelbar geltendem Gemeinschaftsrecht wie Verordnungen auf richtliniengebundene Gebots- und Verbotsnormen des nationalen Verwaltungsrechts übertragen. Das BVerfG[144] hat diese Rechtsprechung u.a. in Entscheidungen – dazu unten – zum Hamburger Ärztegesetz,[145] und zur Futtermittelverordnung[146] gebilligt, ohne dabei wie in der Literatur zum Teil gefordert[147] zu differenzieren zwischen den Fällen, in denen eine Richtlinienbestimmung ausnahmsweise nach Maßgabe der EuGH-Rechtsprechung unmittelbare Rechtswirkung gegenüber bzw. zu Gunsten des Einzelnen erzeuge.

107 **BVerfG NJW 2001, 1267 – Hamburger Ärztegesetz, Frauendiskriminierung:** Eine Ärztin rügte einen Verstoß gegen die Gleichbehandlungsrichtlinie in einer Regelung des Hamburger Ärztegesetzes, die eine zwingende Vollzeittätigkeit für eine zu absolvierende Ausbildung in einer Allgemeinpraxis vorsah. Das BVerwG lehnte die Anwendung des europarechtlich in der Gleichbehandlungsrichtlinie verankerten Diskriminierungsgebots ab, weil eine andere, spezielle und daher vorrangige EG-Richtlinie über die Ausbildung von Ärzten eine identische Anforderung enthalte. Das BVerwG sah keine Gründe, die Rechtsgültigkeit dieser Richtlinienbestimmung in Frage zu stellen. Es verwies auf die Solange-II-Rechtsprechung. Die Vereinbarkeit der inzident zu prüfenden Bestimmung des Ärztegesetzes mit Art. 12 I, 3 III GG sei nicht entscheidungserheblich, weil damit eine Verpflichtung umgesetzt wurde, welche die Richtlinie dem nationalen Gesetzgeber verbindlich auferlege. Einer nationalen Rechtsvorschrift, die „lediglich" eine rechtsgültige gemeinschaftsrechtliche Bestimmung umsetze, könne nicht unter Berufung auf nationale Grundrechte die Gültigkeit abgesprochen werden, weil dadurch der Geltungsanspruch des Gemeinschaftsrechts unterlaufen und seine Umsetzung in nationales Recht unter Berufung auf eben solches Recht verhindert werde.

bb) Ausnahme: Ermessen

108 Bei nationalen Umsetzungsmaßnahmen von EG-Recht (insbesondere Richtlinien und zukünftig Europäischen Rahmengesetzen, mithin vordergründig „deutschem" Recht) kann zutreffend eine umfassende Kontrollkompetenz des BVerfG am Maßstab des GG nur dann noch ausnahmsweise beansprucht werden, wenn die umzusetzende Regelung nicht europarechtlich determiniert war, sondern Ermessensspielräume offenhält. Anderenfalls würde das BVerfG faktisch Sekundärrecht am Maßstab des GG überprüfen und ggf. für verfassungswidrig erklären, was mit dem Vorranganspruch des Europarechts auch vor nationalem Verfassungsrecht[148], dem diesbezüglichen Verwerfungsmonopol des EuGH und dem Umstand, dass die Bundesrepublik Deutschland damit ggf. einem Vertragsverletzungsverfahren ausgesetzt wird, nicht zu vereinbaren wäre.

109 Beim Erlass des Umsetzungsgesetzes zum Rahmenbeschluss über den Europäischen Haftbefehl war nach dem BVerfG der Gesetzgeber verpflichtet, das Ziel des Rahmenbeschlusses so umzusetzen,

---

141 BVerfGE 73, 339, 374 ff.
142 Vgl. *BVerfG* NJW 2000, 3124.
143 Vgl. auch *BVerwG* NVwZ 2005, 1178.
144 Vgl. dazu *Masing*, NJW 2006, 264.
145 *BVerfG* NJW 2001, 1267.
146 *BVerfG* NVwZ 2004, 1346.
147 So z.B. *di Fabio* NJW 1990, 947, 953; NJW 1997, 2863; ihm folgend *Weidemann*, NVwZ 2006, 623 ff.
148 Vgl. EuGH, Rs. 6/64, Slg. 1964,1141 – Costa/ENEL – sowie Art. 1-6 des konsolidierten Verfassungsentwurfs.

dass die Einschränkung des Grundrechts auf Auslieferungsfreiheit verhältnismäßig ist.[149] Hier bestand nach dem BVerfG eine im Vergleich zur Umsetzung von Richtlinienrecht der EG besondere Verantwortung für die verfassungsgemäße Umsetzung, da es sich um Maßnahmen aus dem Bereich der „dritten Säule" der EU handelt. Der nicht unmittelbar wirksame Rahmenbeschluss sei ein sekundärer Unionsrechtsakt, der die Zielvorgabe des EU-Vertrages rechtlich ausfülle und im Hinblick auf das „zu erreichende Ziel" verbindlich sei, bei dem jedoch die „vertikale Direktwirkung" von Richtlinien[150] ausscheidet. Der deutsche Gesetzgeber war verpflichtet, die Umsetzungsspielräume, die der Rahmenbeschluss den Mitgliedstaaten beließ, in einer „grundrechtsschonenden Weise" auszufüllen.

d) Karlsruher Rückzug

Dem BVerfG ist der durch den Vorrang des Gemeinschaftsrechts und der Gemeinschaftsgerichtsbarkeit bedingte Rückzug nicht leicht gefallen. Seine Rechtsprechung zum Verhältnis des Gemeinschaftsrechts zum nationalen Recht war und ist nicht frei von Schwankungen. **110**

aa) Aufgabe der Vorbehalte

In der „Solange I"-Entscheidung hatte es sich noch die Kontrolle von Vollzugsakten der europäischen Gemeinschaften am Maßstab der Grundrechte vorbehalten.[151] In der „Solange II"-Entscheidung wurde jedoch festgestellt, dass zwischenzeitlich – nicht zuletzt durch die Rechtsprechung des EuGH – ein dem Grundgesetz adäquates Grundrechtssystem gegeben sei, so dass die von den Europäischen Gemeinschaften geschaffenen Rechtsnormen nicht mehr am Maßstab des Grundgesetzes kontrolliert werden könnten.[152] **111**

Nach dieser eindeutigen Entscheidung zu Gunsten eines Vorrangs des Gemeinschaftsrechts auch vor dem nationalen Verfassungsrecht könnte eigentlich angenommen werden, dass auch Verfassungsbeschwerden gegen deutsche Ausführungs- oder Vollzugsakte des EU-Rechts unzulässig seien. **112**

Diese Aussage in „Solange II" wurde jedoch im „Maastricht"-Urteil[153] relativiert, ohne dass Klarheit über die Reichweite der darin gemachten Vorbehalte geschaffen worden wäre. Zwar wurde in dem Urteil das „Kooperationsverhältnis" zum EuGH betont, in dem das BVerfG seine Rechtsprechung über die Anwendbarkeit von abgeleitetem Gemeinschaftsrecht in Deutschland ausübe. **113**

Das BVerfG hat im Alcan-Beschluss[154] dann aber den Vorrang des Gemeinschaftsrechts – jedenfalls vor einfachem deutschen Recht – betont und bestimmte Formen von Richterrecht des EuGH gebilligt, wie die Regeln über den Widerruf rechtswidriger Gemeinschaftsbeihilfe[155]. Auf der gleichen Linie liegen Folgeentscheidungen des BVerfG wie z.B. der 2. Bananenmarktordnungsbeschluss vom 7.6.2000[156]. Das Gericht hat klar Abschied von seinem „Wirrweg" seit „Maastricht" genommen und den vor allem auf den Einfluss des früheren Mitglieds des 2. Senats *Kirchhof*[157] zurückzuführenden „Kompetenznebel" beseitigt. **114**

bb) Reservekompetenzen des BVerfG

Das BVerfG behielt sich jedoch Kompetenzen u.a im Hinblick auf die Sicherung eines unabdingbaren Grundrechtsstandards vor. Ihnen kommt bei genauerer Betrachtung jedoch keine praktische Be- **115**

---

149 *BVerfG* NJW 2005, 2289.
150 Vgl. nur *EuGH*, verbid. Rs. C-6/90 und C-9/90, Slg. 1991, I- 5357 Rn. 11 – Francovich u.a.; Rs. C-62/00, Slg. 2002, I-6325 Rn. 25 – Marks & Spencer.
151 BVerfGE 37, 271, 271 f.
152 BVerfGE 73, 339; vgl. auch BVerfGE 75, 223 (Kloppenburg).
153 BVerfGE 89, 155, 174 f.
154 EuR 2000, 257.
155 Dazu näher *J. Schwarze*, NVwZ 2000, 241, 251.
156 *BVerfG*, NJW 2000, 3124.
157 Vgl. nur *Kirchhof*, ZfA 1992, 459, 468 f.

deutung zu, so dass sich potenzielle Beschwerdeführer einer Verfassungsbeschwerde keine falschen Hoffnungen machen sollten, wenn sie EU-Rechtsakte beim BVerfG attackieren möchten. In drei Fällen bestehen nach dem BVerfG noch Vorbehalte.

(1) Ultra-Vires

116 Deutsche Staatsorgane müssten einmal Rechtsakten der Europäischen Organe, die durch die Kompetenzübertragungen des Zustimmungsgesetzes nicht gedeckt seien, die Gefolgschaft verweigern. Eine vertragserweiternde Auslegung von Befugnisnormen würde für Deutschland keine Bindungswirkung entfalten. Bei den Rechtsakten des Gemeinschaftsrechts handelt es sich um ultra-vires-Akte; sie müssen sich also in den Grenzen der ihnen durch das Vertragsgesetz eingeräumten Hoheitsrechte halten.[158] Rechtsakte europäischer Organe dürfen nicht den durch das deutsche Zustimmungsgesetz gedeckten Kompetenzrahmen überschreiten. Andernfalls wären sie nicht verbindlich und dürften von deutschen Organen nicht vollzogen werden.

(2) Unabdingbarer Grundrechtsstandard

117 Das BVerfG könnte zudem vor allem angerufen werden, falls gerügt wird, die generelle Gewährleistung der unabdingbaren Grundrechtsstandards – vgl. auch Art. 79 III GG – sei nicht mehr gegeben.[159] Wenn die europäische Rechtsentwicklung unter den erforderlichen Grundrechtsstandard abgesunken ist, kann eine Entscheidungskompetenz des BVerfG bestehen. Dies aber erfordert im Einzelfall eine Gegenüberstellung des Grundrechtsschutzes auf nationaler und auf Gemeinschaftsebene.[160] Gerügt werden kann also nur die Verletzung unabdingbaren Grundrechtsstandards (Art. 1 i.V.m. Art. 79 III GG). Die Beschwerdebefugnis ist nur zu bejahen, wenn mit einer qualifizierten Grundrechtsrüge substantiiert geltend gemacht wird, dass durch Art. 1 GG geschützte Grundrechte verletzt sind. Eine einfache Berufung z.B. auf Art. 14 I GG genügt nicht. Dargetan werden muss vielmehr, dass dieses Grundrecht in seinem Menschenwürdegehalt verletzt ist.[161] Davon kann jedoch in der Regel nicht gesprochen werden.

118 Die Bedeutungslosigkeit des Vorbehalts sei an zwei Beispielen verdeutlicht.

Beispiel 3 | **Bananenmarkt**

Im Bananenmarkt-Beschluss vom 7. Juni 2000[162] hat das BVerfG den Jetzt-Zustand unmissverständlich ausformuliert. Der Antrag des VG Frankfurt, die Bananenmarktordnung der EU für verfassungswidrig zu erklären, wurde zu Recht auf Grund des Vorrangs des Gemeinschaftsrechts für unzulässig erklärt:

„1. Verfassungsbeschwerden und Vorlagen von Gerichten, die eine Verletzung in Grundrechten des Grundgesetzes durch sekundäres Gemeinschaftsrecht geltend machen, sind von vornherein unzulässig, wenn ihre Begründung nicht darlegt, daß die europäische Rechtsentwicklung einschließlich der Rechtsprechung des Europäischen Gerichtshofs nach Ergehen der Solange II-Entscheidung (...) unter den erforderlichen Grundrechtsstandard abgesunken sei.

2. Deshalb muß die Begründung der Vorlage oder einer Verfassungsbeschwerde im Einzelnen darlegen, daß der jeweils als unabdingbar gebotene Grundrechtsschutz generell nicht gewährleistet ist. Dies erfordert eine Gegenüberstellung des Grundrechtsschutzes auf nationaler und auf Gemeinschaftsebene in der Art und Weise, wie das Bundesverfassungsgericht sie in BVerfGE 73, 339 (378 bis 381) geleistet hat."

---

158 BVerfGE 89, 155, 188 (Maastricht). So nimmt das BVerfG im Kloppenburg-Beschluss (BVerfGE 75, 223) eine eingehende Prüfung dahingehend vor, ob die Rechtsfortentwicklung durch den EuGH (hier die Rechtsprechung zur unmittelbaren Wirkung von Richtlinien über den Wortlaut des Art. 249 EGV [ex-Art. 189] III hinaus) noch von der Integrationsermächtigung des Art. 24 I GG (jetzt Art. 23 I GG) getragen ist.

159 Vgl. auch *BVerfG*, Beschl. vom 7.6.2000 – 2 BvL 1/97.

160 *BVerfG*, NJW 2000, 3124 ff.

161 *Selmayr/Prowald*, DVBl 2000, 269, 275.

162 BVerfGE 102, 147 ff.

Die Begründung des BVerfG vermag zwar insoweit nicht zu überzeugen, als es dem vorlegenden Gericht ein „Missverständnis" des Maastricht-Urteils vorwirft. Es wäre überzeugender gewesen, wenn das Gericht seine eigenen Begründungsdefizite und die dadurch verursachte Verwirrung eingeräumt hätte. Gerichte tun sich aber erfahrungsgemäß schwer, eine als fehlerhaft erkannte Rechtsprechung dezidiert aufzugeben. Sie täuschen lieber Kontinuität vor, selbst wenn faktisch Diskontinuität vorliegt.

Patentamt   **Beispiel 4**

Das BVerfG[163] hat auch eine Verfassungsbeschwerde gegen einen abschlägigen organisationsinternen Rechtsbehelf des Europäischen Patentamts – es ging um die Teilnahme an einer Eignungsprüfung – nicht zur Entscheidung angenommen.

Zwar handele es sich um einen Akte der öffentlichen Gewalt i.S.d. § 90 I BVerfGG. Die Möglichkeit einer Grundrechtsverletzung scheide jedoch aus. „*Art. 24 I GG muss wie jede Verfassungsbestimmung ähnlich grundsätzlicher Art im Zusammenhang der Gesamtverfassung verstanden und ausgelegt werden. Er öffnet nicht den Weg, die Grundstruktur der Verfassung zu ändern. Ein unaufgebbarer Bestandteil des Verfassungsgefüges sind die fundamentalen Rechtsgrundsätze, die in den Grundrechten des Grundgesetzes anerkannt und verbürgt sind (…). Das Grundgesetz verlangt jedoch nicht, dass auch im Einzelfall Grundrechtsschutz gerade durch das BVerfG zu gewährleisten ist. Vielmehr bedingt die Offenheit der Verfassung für die internationale Zusammenarbeit im Sinne der Ziele der Präambel, dass das BVerfG dann, wenn auf der supranationalen Ebene ein im Wesentlichen dem grundgesetzlichen vergleichbarer Grundrechtsschutz gewährleistet ist, seine Gerichtsbarkeit nicht ausüben wird. Wenn eine supranationale Organisation unmittelbar Verwaltungsaufgaben wahrnimmt, ergeben sich strukturelle Anforderungen an den Rechtsschutz (…) sowie an die Gestaltung der Verwaltungsverfahren.*" Die sich insoweit aus der Rechtsprechung des BVerfG ergebenden Anforderungen sah das BVerfG jedoch „gegenwärtig" auf der Ebene des EPÜ generell gewahrt.

(3) Demokratische Legitimation

Praktisch noch bedeutungsloser ist es schließlich, wenn nach dem „Maastricht"-Urteil des BVerfG[164]   **119**
eine Verfassungsbeschwerdebefugnis auch dann in Betracht kommen soll, wenn die Verletzung der unverzichtbaren Mindestanforderungen demokratischer Legitimation (Art. 38 u. 20 I, II i.V.m. Art. 79 III GG) bei Mitwirkungsakten der deutschen Staatsgewalt bei der Entstehung von EU-Recht gerügt wird.

Der Beschwerdeführer muss geltend machen, dass der unverzichtbare demokratische Zurechnungs-   **120**
zusammenhang zwischen ihm und einem Rechtsakt der Gemeinschaften deshalb nicht gegeben ist, da dieser nicht von den Verträgen, wie sie dem Zustimmungsgesetz zugrunde liegen, gedeckt ist.[165] Es genüge das schlüssige Vorbringen eines Beschwerdeführers, sein Grundrecht aus Art. 38 I GG sei durch den Umstand betroffen, dass der deutsche Gesetzgeber die durch seine Wahl bewirkte Legitimation dergestalt entleere, dass hierdurch das demokratische Prinzip, soweit es in den Art. 23 I 3, 79 III, 20 I und II GG für unantastbar erklärt worden ist, verletzt werde.[166] Alle übrigen in Art. 79 III GG geschützten Grundprinzipien sind rein objektive Verfassungsrechtssätze, die vom Einzelnen nicht eingeklagt werden können.[167]

Im Urteil zum Europäischen Haftbefehlsgesetz, mit dem erstmals ein Transformationsgesetz zur Um-   **121**
setzung eines Unionsaktes aufgehoben wurde, wurde wegen der Einschränkung des bisher absolut geltenden Auslieferungsverbots Deutscher ein Überschreiten der Dispositionsfreiheit des verfassungsändernden Gesetzgebers im Hinblick auf die unantastbaren Grundsätze des Art. 20 GG verneint.[168]

---

163 *BVerfG* NJW 2001, 2705, 2706.
164 BVerfGE 89, 155, 179.
165 Vgl. *Selmayr/Prowald*, DVBl 2000, 269, 275.
166 BVerfGE 89, 155, 171 f. – Maastricht.
167 Vgl. *Selmayr/Prowald*, DVBl 2000, 269, 275.
168 *BVerfG* NJW 2005, 2289.

122   Ein „Hebel" für ihre Subjektivierung, wie etwa Art. 38 GG für das Demokratieprinzip, existiert im Übrigen nicht. Daher hat das BVerfG im Maastricht-Urteil die Rüge einer Verletzung des Sozial- und des Bundesstaatsprinzips zurückgewiesen. Auch die Verfassungsbeschwerde gegen den Euro war daher bereits insoweit unzulässig,[169] als sie sich auf eine Verletzung des „Sozialprinzips" des GG berief.[170]

123   Bezüglich Sekundärrecht, mithin dem Abstimmungsverhalten von Regierungsmitgliedern im EU-Rat, hat sich das BVerfG ebenfalls zu Recht zurückgenommen. Anträge auf Erlass einer einstweiligen Anordnung wurden zurückgewiesen und entsprechende Verfassungsbeschwerden nicht zur Entscheidung angenommen[171]. Der Bürger werde durch die Mitwirkung der Bundesregierung bei dem Erlass sekundären Gemeinschaftsrechts im Rat der EU nicht unmittelbar beschwert. Diese Mitwirkung der Bundesregierung sei kein Akt öffentlicher Gewalt gegenüber den Bürgern, sondern trage nur zum Entstehen von Sekundärrecht bei, das die Bürger erst nach In-Kraft-Treten beschweren könne; insoweit biete der EuGH gegebenenfalls[172] hinreichenden Rechtsschutz. Das BVerfG leistet mithin keine präventive Normenkontrolle und erweitert das Spektrum des Rechtsschutzsystems „gegen Europa" nicht. Dies ist[173] – in Übereinstimmung mit Bergmann – eine sehr zu begrüßende Rechtsprechung, denn nationale Gerichte haben am Verhandlungstisch des EU-Rates keinen Platz.

(4) Verfahrensrechtliche Einschränkung

124   Soweit in den genannten drei Fällen ausnahmsweise ein Prüfungsvorbehalt des BVerfG besteht, kann seine Kontrolle auf Grund des gemeinschaftsrechtskonform auszulegenden Subsidiaritätsprinzips des § 90 II BVerfGG zudem erst nach Erschöpfung des auch die Anrufung des EuG oder EuGH umfassenden Rechtswegs erfolgen.[174]

125   Verfahrensrechtlich müsste zumindest in der Konstellation der Verfassungsbeschwerde wegen des Subsidiaritätsgrundsatzes des § 90 II BVerfGG zunächst der gesamte zumutbare Rechtsweg durchlaufen worden sein, was bei Rechtsnormen wiederum regelmäßig das Abwarten eines an den Beschwerdeführer gerichteten Einzelakts und dessen Angreifen vor den Fachgerichten (wiederum inkl. Vorlage an den EuGH über Art. 234 EG oder auch über Art. 100 I GG an das BVerfG) beinhaltet.[175]

126   Die Kooperationspflicht gebietet es, dass das BVerfG vom Beschwerdeführer verlangt, dass – soweit nicht ein Fall der Unzumutbarkeit des § 90 II 2 BVerfGG vorliegt – zunächst eine Nichtigerklärung des strittigen Gemeinschaftsrechtsakts durch die europarechtlichen Fachgerichte ermöglicht wird. Als direkter Rechtsweg kommt die Nichtigkeitsklage nach Art. 230 IV EGV zum EuG mit Rechtsmittel zum EuGH in Frage. Diese Möglichkeit ist aber beschränkt auf Rechtsakte, welche den Einzelnen unmittelbar und individuell betreffen; dies sind in der Regel nur Entscheidungen nach Art. 249 EGV. Gegenstand der Verfassungsbeschwerde wäre bei diesen erst ein abschließendes Urteil des EuGH, welches die Gültigkeit des angefochtenen Rechtsaktes bestätigt.

cc) Bedeutungslosigkeit der Karlsruher Prüfvorbehalte

127   Die skizzierten Vorbehalte des BVerfG im Hinblick auf Akte mit Gemeinschaftsbezug kann man im Prinzip vergessen. Ihnen kommt keine nennenswerte praktische Bedeutung zu.[176] Es ist ohnehin unklar, was mit den nebulösen Schranken konkret gemeint sein soll. Vor allem im Hinblick auf die generelle Gewährleistung des unabdingbaren Grundrechtsstandards kommt diesem Vorbehalt keine praktische Bedeutung zu, weil in der Regel nicht dargetan werden kann, dass materiell die Voraus-

---

169 *BVerfG,* EuGRZ 1998, 164 (Euro).
170 *Hankel/Nölling/Schachtschneider/Starbatty,* Die Euro-Klage, 1998, S. 200 ff.
171 BVerfGE 80, 74, 79 ff.; NJW 1990, 974; NVwZ 1993, 883.
172 *BVerfG* Beschl. v. 16.10.2003 –1 BvR 2075/03.
173 *Umbach/Bergmann,* BVerfGG, S. 129 ff., Rn. 17 a.E.
174 Vgl. *Selmayr/Prowald,* DVBl 2000, 269, 275.
175 Vgl. *Umbach/Bergmann,* BVerfGG, S. 129 ff., Fn. 1 Rn. 17.
176 Zum Verhältnis von EuGH und nationalem Verfassungsgericht vgl. aus rechtsvergleichender Sicht *J. Schwarze,* Die Entstehung einer europäischen Verfassungsordnung, 2000, S. 552 f.

setzungen für eine unmittelbare Einschaltung des BVerfG vorliegen. Es handelt sich um eine „Reservekompetenz" rein theoretischer Art, nachdem der EuGH zwischenzeitlich unstreitig einen i.S.d. Art. 23 I 1 GG „im Wesentlichen vergleichbaren" Grundrechtsschutz gewährleistet. Letztlich handelt es sich bei den Prüfvorbehalten mit der Suggerierung eines „Kooperationsverhältnisses" nur um den „verschleierten Rückzug" des BVerfG in das zweite Glied eines nationalen Instanzgerichts. Praktisch hat das Gericht Abschied genommen von den Solange-Vorbehalten[177]. Die gemeinschafts- wie verfassungsrechtlich bestehende Pflicht zur Kooperation mit dem EuGH läuft auf einen faktischen Prüfungsverzicht des BVerfG von gemeinschaftsrechtlich bedingten Akten staatlicher Gewalt hinaus.

e) Zuständigkeit des EuGH

Für einen wirksamen Schutz der Grundrechte im Gemeinschaftsrecht ist somit – neben dem EGMR – allein der EuGH zuständig. Ein einzelfallbezogener Grundrechtsschutz gegen Sekundärrecht kann jedenfalls in aller Regel nur noch vor dem EuGH eingeklagt werden. **128**

Daran wird auch gegebenenfalls die missverständliche Formulierung in Art. II-113 der EU-Grundrechtecharta[178] nichts ändern. Hierdurch soll ersichtlich kein Prüfrecht nationaler Verfassungsgerichte von Sekundärrecht anhand nationaler Grundrechte, mithin ein Rückfall in das gemeinschaftsrechtliche Mittelalter vor „Solange I" geschaffen werden, d.h. Art. II-113 wird im Lichte des *effet utile* schlicht nicht als Kollisionsregel zu interpretieren sein. Denn die Grundrechtecharta will die Union stärken und keiner Renationalisierung[179] Vorschub leisten. **129**

Die alleinige Zuständigkeit des EuGH verkennen Kritiker,[180] welche die Verfassungsrichter zu einer Überdenkung der Solange-Rechtsprechung – z.B. wegen Kompetenzüberschreitung im Arbeitsrecht und der Negierung von Vertrauensschutz durch den EuGH[181] – auffordern und auf eine Wiederbelebung der Solange-Rechtsprechung hoffen. Diese Hoffnung dürfte trügerisch sein. Hier muss Druck auf den EuGH (oder den EGMR) ausgeübt werden; das Setzen auf die nationale Karte des BVerfG ist aussichtslos. Grund- und menschenrechtliche Defizite gibt es bei allen Gerichten; sie sind bei den zuständigen Gerichten zu rügen. **130**

V. Zusammenfassung

Der Schutz von Grund- und Menschenrechten in Europa wird ungeachtet der Globalisierung der Märkte, der Einbindung der Nationalstaaten in internationale Vertragssysteme wie auch vor allem der Europäisierung der nationalen Rechtsordnungen vorrangig durch die Fachgerichte, darüber hinaus durch die Verfassungsgerichte in den Mitgliedstaaten und „letztinstanzlich" durch den EGMR sowie den EuGH gewährleistet. Jede Gerichtsbarkeit hat sich auf die ihr vorrangig zugewiesenen Aufgaben zu beschränken. Alle Gerichte müssen „kooperieren", soll der Schutz der Grund- und Menschenrechte gewahrt werden. Ihnen ist nicht damit gedient, dass nationale (Verfassungs-)Gerichte geprägt von tradierten nationalstaatlichen Vorstellungen aussichtslose Kompetenzstreitigkeiten mit den übergeordneten Gerichten ausfechten. Sie verkennen dabei, dass die „Zuständigkeit" in der Zukunft we- **131**

---

177 So auch *Selmayr/Prowald*, DVBl 2000, 269.
178 Art. 11-113 des Verfassungsentwurfs (vormals Art. 53 EU-Charta) lautet: „Keine Bestimmung dieser Charta ist als eine Einschränkung ... der Menschenrechte und Grundfreiheiten auszulegen, die durch die Verfassungen der Mitgliedstaaten anerkannt werden." Vgl. hierzu *M. Seidel*, Pro futuro: Kraft Gemeinschaftsrechts Vorrang des höheren einzelstaatlichen Grundrechtsschutzes?, EuZW 2003, 97.
179 So treffend *U. Everling*, Durch die Grundrechtecharta zurück zu Solange 1?, EuZW 2003, 225.
180 Vgl. *Bauer*, NJW-Editorial, Heft 20, 2006.
181 Vgl. *BAG* Urt. v. 26.4.2006-7AZR 500/04: Unzulässige Altersbefristung von Arbeitsverträgen unter Berufung auf die Mangoldentscheidung des EuGH vom 22.11.2005 (dazu *Bauer/Arnold*, NJW 2006, 6 und *Preis*, NZA 2006, 401).

niger von formal zugewiesenen Kompetenzen als allein von der materiellen Grund- und Menschenrechtsfreundlichkeit der jeweiligen Entscheidungen abhängt. Maßgeblich ist, ob die Gerichte den Mut und die Kraft haben, sich den eigentlichen und auch aktuellen grund- und menschenrechtlichen Problemen der heutigen Zeit in einer globalisierten Welt anzunehmen und ob sie zukunftsweisende Entscheidungen zu treffen in der Lage sind. Sind die Begründungen überzeugend, dann werden auch andere Gerichte unabhängig von ihrer Stellung in der „Hierarchie" der Gerichte sie übernehmen, ohne dass es noch eines Pochens auf den Rang von Rechtsordnungen bedarf.

§ 2

Verfassungsbeschwerde zum BVerfG

I. Funktionen der Verfassungsbeschwerde

Die Verfassungsbeschwerde hat eine doppelte Funktion: Vorrangig dient sie der prozessualen Gewährleistung des subjektiven individuellen Grundrechtsschutzes. Darüber hinaus hat sie auch die Aufgabe, das objektive Verfassungsrecht zu wahren und seiner Auslegung und Fortbildung zu dienen sowie eine (Selbst-)Kontrolle des staatlichen Handelns zu ermöglichen.[182] Ihr kommt sowohl ein kasuistischer Kassationseffekt als auch ein genereller Edukationseffekt zu.[183] Sie „erzieht" zur Grundrechtsverantwortung und Respektierung der Verfassung durch Gesetzgeber, Verwaltung, Gerichte wie auch von Privaten. Vom BVerfG „kassiert" zu werden wird vor allem von Richtern, über denen sich bekanntlich ansonsten vielfach nur noch der Himmel befindet, als peinlich empfunden. Das „Damoklesschwert" der Verfassungsbeschwerde erzieht sie zu größerer Sorgfalt und Grundrechtsverantwortung; es ist ein bedeutendes Korrektiv der – oftmals missverstandenen – richterlichen Unabhängigkeit. **132**

II. Außerordentlicher Rechtsbehelf

Ein Anwaltsmandat, das die Prüfung der Erfolgsaussichten einer Verfassungsbeschwerde und ggf. deren Einlegung zum Gegenstand hat, weist zahlreiche Besonderheiten auf.[184] **133**

Die Verfassungsbeschwerde ist ein außerordentlicher Rechtsbehelf.[185] Sie ist kein (weiteres) Rechtsmittel, wie sie in den Fachgerichtsbarkeiten z.B. mit der Berufung oder Revision zur Verfügung stehen. Vielmehr kann sie erst nach Erschöpfung des Rechtswegs und nur gegen Eingriffe der öffentlichen Gewalt in Grundrechte und grundrechtsgleiche Rechte eingelegt werden. Ihr kommt auch kein Suspensiveffekt zu.[186] Sie hemmt den Eintritt der formellen und materiellen Rechtskraft nicht; die mit ihr angegriffene Gerichtsentscheidung bleibt vollstreckbar.[187] **134**

---

182 Die objektive Seite der Verfassungsbeschwerde kommt u.a. in der Entscheidung BVerfGE 98, 218, 242 zum Ausdruck, in der das BVerfG trotz – grundsätzlich bedeutsamer (BVerfGE 85, 109, 113) – Rücknahme entschied. Restriktiver ist aber BVerfGE 106, 210, 213, zum Ganzen vgl. *Zuck*, S. 27 ff.

183 BVerfGE 33, 247, 259. Als Beispiel sei nur auf die vom BVerfG entwickelte „Wesentlichkeitstheorie" hingewiesen. Vgl. auch allgemein: *Blankenburg*, KJ 1998, 203.

184 Vgl. auch *Lübbe-Wolff*, AnwBl. 2005, 509 ff.; EuGRZ 2004, 669 ff.

185 BVerfGE 18, 315, 325; 75, 201, 216.

186 Eine scheinbare Ausnahme von diesem Grundsatz ergibt sich aber nach BVerfGE 74, 220,224 ff. dadurch, dass die Berufungsbegründungsfrist nach Aufhebung eines die Berufung verwerfenden Beschlusses durch das BVerfG erneut zu laufen beginnt (vgl. auch *Bernards*, NJW 1987, 764 ff; *Wagner*, NJW 1987, 1184 ff.).

187 In Betracht kommt aber in Ausnahmefällen unter strengen Voraussetzungen – z.B. bei Eingriffen in bestehende Rechte wie einem Berufsverbot – der Antrag auf Erlass einer einstweiligen Anordnung gem. § 32 BVerfGG, um der Verfassungsbeschwerde aufschiebende Wirkung zu verschaffen (s. dazu unten § 9). Darüber hinaus wird vielfach seitens der Verwaltung – nicht selten nach telefonischer Intervention des zuständigen Berichterstatters beim BVerfG – nach Kenntniserlangung von der Einlegung der Verfassungsbeschwerde auf eine Vollstreckung, insbesondere gerichtlicher Entscheidungen, aus Respekt vor dem BVerfG verzichtet, so dass sich die Stellung eines Antrags auf Erlass einer einstweiligen Anordnung oder zumindest eine Entscheidung des Gerichts erübrigt.

135 Vor allem aber ist die Verfassungsbeschwerde ein subsidiärer Rechtsbehelf. Die entsprechende Subsidiaritätsregelung des § 90 II BVerfGG findet ihre Rechtfertigung in der verfassungsrechtlichen Kompetenzordnung angesichts der Aufgabenverteilung zwischen dem BVerfG und der Fachgerichtsbarkeit sowie der Grundrechtsverantwortung der Fachgerichte.[188] Aus Gründen der Rechtssicherheit sollen vor allem rechtskräftige Entscheidungen der Gerichte – sie bilden den Hauptgegenstand von Verfassungsbeschwerden – nur ausnahmsweise in Frage gestellt werden. Ohne die Subsidiaritätsregelung wäre zudem die Funktionsfähigkeit des ohnehin völlig überlasteten[189] BVerfG gefährdet.

136 Die Verfassungsbeschwerde kommt daher nicht in Betracht, wenn der Rechtsweg noch nicht erschöpft ist. Die Fachgerichte sind grundsätzlich selbst verpflichtet, Grundrechte zu beachten und Grundrechtsverstöße zu beseitigen.[190] Wenn eine anderweitige Möglichkeit besteht, die Grundrechtsverletzung auszuräumen oder ohne Inanspruchnahme des BVerfG im praktischen Ergebnis dasselbe zu erreichen, dann muss der Beschwerdeführer entsprechend vorgehen, um eine Korrektur der geltend gemachten Verfassungsverletzung zu erreichen.[191] Erst wenn keine realistische und zumutbare Alternative mehr besteht, kann als ultima ratio das BVerfG zur Beseitigung oder Verhinderung der Grundrechtsverletzung angerufen werden.[192]

137 Die Bedeutung der Verfassungsbeschwerde wird allerdings dadurch etwas erhöht, dass der Rechtsschutz – insbesondere der Instanzenzug – in den letzten Jahren bei zahlreichen Gerichtsbarkeiten eingeschränkt worden ist; die vom BVerfG[193] zur Selbstentlastung „erzwungene" Einführung der Anhörungsrüge ist eine Ausnahme.[194] Aus Kostengründen besteht derzeit die rechtspolitische Tendenz, die Möglichkeiten zur Einlegung von Rechtsmitteln erheblich zu reduzieren. Die Beschneidung des fachgerichtlichen Rechtsschutzes erhöht zwangsläufig den Druck, Verfassungsbeschwerde einzulegen.

III. Hohe Erfolgshürden

138 Erfolge in Verfassungsbeschwerden sind auf Ausnahmefälle beschränkt, weil die Hürden sehr hoch sind. Es müssen nicht nur die besonderen Annahmevoraussetzungen des § 93a BVerfGG vorliegen.[195] Auch die Anforderungen an die Begründetheit der Verfassungsbeschwerde und damit vor allem an das Vorliegen einer Grundrechtsverletzung sind sehr hoch.

139 Nahezu 98 % der jährlich beim BVerfG neu anhängigen Verfahren sind Verfassungsbeschwerden; im Jahre 2004 sind 5.434 Beschwerden eingegangen.[196] Etwa 95 % richten sich gegen Gerichtsentscheidungen,[197] wobei wiederum weit mehr als die Hälfte die Verletzung von Verfahrensgrundrechten zum Gegenstand haben, insbesondere des Art. 103 I GG; ein großer Teil betrifft nach wie vor das Asylrecht.[198]

140 Auch die neuere Statistik zeigt keine wesentlichen Veränderungen, wie die Erfolgsquote der ins Verfahrensregister (VR) eingetragenen Verfassungsbeschwerden zeigt.[199]

---

188 BVerfGE 49, 252, 258; 55, 244, 247.
189 Vgl. dazu u.a. *Böckenförde*, ZRP 1996, 281 ff.
190 BVerfGE 49, 252, 258; 63, 77, 79.
191 BVerfGE 63, 77, 78 f.
192 BVerfGE 62, 338, 342.
193 BVerfGE 107, 395.
194 Vgl. dazu Rn. 374 ff.
195 Siehe hierzu unter Rn. 193 ff.
196 Im Jahre 2003 waren es 5.055 Verfassungsbeschwerden. Vgl. hierzu die instruktiven Zahlen und Statistiken auf den Internetseiten des BVerfG unter www.bverfg.de.
197 Vgl. *Krämer*, AnwBl 1999, 247, 248.
198 Vgl. zu prozessualen Problemen der Verfassungsbeschwerde in Asylsachen *Hänlein*, AnwBl 1995, 57 ff. u. 116 ff.
199 Vgl. *Lübbe-Wolff*, AnwBl. 2005, 509 ff.; EuGRZ 2004, 669 ff.

	Erledigte VB	Erfolgreiche VB (absolut)	Erfolgreiche VB (in %)
1999	5.036	103	2,05
2000	5.072	76	1,50
2001	4.665	89	1,91
2002	4.549	100	2,20
2003	4.578	81	1,77
2004	4.468	117	2,14

Die Zahlen, aus denen die oben wiedergegebenen Stattgabequoten errechnet sind, beziehen sich auf die in das Verfahrensregister eingetragenen Verfassungsbeschwerden. Ein großer Teil der Verfassungsbeschwerden, die beim BVerfG eingehen, gelangt aber nie in dieses Register. **141**

Unter Berücksichtigung der nicht eingetragenen Verfassungsbeschwerden ist die Erfolgsquote noch geringer. **142**

Erfolgsquote der Verfassungsbeschwerden insgesamt (Verfahrensregister und Allgemeines Register) **143**

	Erledigte VB (VR und AR)	Erfolgreiche VB absolut	Erfolgreiche VB in %
1999	9.405	103	1,1
2000	7.789	76	1,0
2001	8.463	89	1,1
2002	8.197	100	1,2
2003	7.208	81	1,1
2004	8.366	117	1,4

In den letzten Jahren war gut die Hälfte der Beschwerdeführer durch Prozessbevollmächtigte vertreten (2000: 55 %; 2001: 48 %; 2002: 52 %; 2004: 55 %). Selbstverständlich sind die Erfolgsaussichten für anwaltlich vertretene Beschwerdeführer deutlich günstiger als für nicht anwaltlich vertretene. In den zurückliegenden Jahren wurden zwischen ungefähr 84 und 90 % der erfolgreichen Verfassungsbeschwerden durch Bevollmächtigte eingelegt.[200] **144**

Die Erfolgsquoten der ohne Prozessbevollmächtigte eingelegten Verfassungsbeschwerden liegen zwischen 0,3 bzw. 0,1 %. **145**

	bezogen auf im Verfahrensregister erledigte Vb	bezogen auf Summe der in Verfahrensregister und Allgemeiner Register erledigten Vb
1999	0,3 %	0,2 %
2000	0,2 %	0,1 %
2001	0,3 %	0,2 %
2002	0,2 %	0,1 %
2003	0,2 %	0,1 %
2004	0,3 %	0,2 %

Bei der Bewertung der in der Tat mehr als geringen Erfolgsaussichten von Verfassungsbeschwerden ist aber auch zu berücksichtigen, dass sie vielfach – auch von Rechtsanwälten – missbräuchlich einge- **146**

---

200 Nicht selten werden aber Verfassungsbeschwerden von Rechtsanwälten erstellt, jedoch von den Beschwerdeführern selbst eingelegt, wenn die Rechtsanwälte keine Erfolgschancen sehen und zudem das Risiko einer Missbrauchsgebühr reduzieren wollen, das bei der Einlegung durch die Beschwerdeführer selbst geringer ist.

legt werden, obwohl sie offensichtlich unzulässig oder unbegründet sind, so dass auch die Erhebung von Missbrauchsgebühren oftmals gerechtfertigt erscheint.[201]

147   Angesichts der hohen Erfolgshürden für eine Verfassungsbeschwerde und der Beschränkung des rechtlichen Maßstabs auf spezifisches Verfassungsrecht erschöpft sich das Anwaltsmandat im Regelfall in der bloßen Prüfung der Erfolgsaussichten einer Verfassungsbeschwerde. Die Einlegung der Verfassungsbeschwerde ist (und muss) die Ausnahme bleiben.

148   Wegen der geringen Erfolgsaussichten ist im Übrigen das Haftungsrisiko anwaltlicher Pflichtverletzungen bei der Wahrnehmung eines Verfassungsbeschwerdemandats verständlicherweise relativ gering, da sich der Schadens-Kausalitätsnachweis nur in Ausnahmefällen führen lässt.

IV. Lange Verfahrensdauer

149   Das BVerfG hat zwar immer wieder unter Beweis gestellt, dass es in dringlichen Fällen auch binnen weniger Stunden oder Tage – zumindest vorläufig durch den Erlass einer einstweiligen Anordnung – entscheiden kann.[202] Die Verfahrensdauer vor dem BVerfG kann jedoch im Regelfall nicht vorhergesagt werden. Sie richtet sich verständlicherweise nach der Bedeutung und Dringlichkeit der Angelegenheit, der Belastung des Gerichts bzw. der Kammern und Senate und auch nach der – sehr unterschiedlichen – Belastbarkeit und Befähigung der einzelnen Richter bzw. Berichterstatter sowie deren Interesse an der verfassungsrichterlichen Arbeit.

150   Zur durchschnittlichen Verfahrensdauer von Verfassungsbeschwerden in den Jahren 1994 bis 2005 liegen folgende Zahlen vor: 67,6 %: 1 Jahr, 20,3 %: 2 Jahre; 4,6 %: 3 Jahre, 3,1 %: mehr als 4 Jahre; 4,4 % sind anhängig geblieben.[203]

151   Nicht selten sind für die Verfahrens„verschleppung" auch – für Außenstehende nicht erkennbare – senatsinterne Gründe maßgeblich. Wenn z.B. ein Berichterstatter Schwierigkeiten bei der Findung einer Senatsmehrheit sieht, dann wird gelegentlich das Verfahren einfach nicht vorangetrieben. Als Beispiele seien nur die Verfahren zu den Lebensversicherungen genannt; hier wurde eine Verfassungsbeschwerde im Jahre 1994 erhoben; jahrelang blieb das Gericht untätig und erst am 26.7.2005 erging das grundlegende Urteil.[204] Der bedeutende Notarkassenbeschluss, der ausgelöst wurde durch eine Verfassungsbeschwerde aus dem Jahre 1994, konnte erst – wohl unter dem Druck des Ausscheidens der Berichterstatterin – am 13.7.2004 ergehen.[205] Falls auf Grund senatsinterner Verhältnisse eine verfassungskonforme Entscheidung in der Hauptsache noch nicht möglich ist, behilft sich das BVerfG auch gelegentlich mit der mehrfachen Wiederholung von einstweiligen Anordnungen, um Zeit zu gewinnen.[206]

---

201   Vgl. auch *Umbach/Gehle*, vor §§ 93a ff. BVerfGG, Rn. 24, der zu Recht darauf hinweist, dass einem recht hohen Anteil der Verfassungsbeschwerden die Aussichtslosigkeit auf die Stirn geschrieben stehe. Der Hinweis auf die hohen Eingangszahlen sei daher nur von relativer Bedeutung. Ein zentrales Problem sei die fachliche Anspruchslosigkeit vieler Verfassungsbeschwerden.

202   Sie kommt vor allem in Betracht, wenn auf Grund der Rechtskraft letztinstanzlicher fachgerichtlicher Entscheidungen – wie z.B. eines Familiengerichts in einer elterlichen Sorgeangelegenheit – die Gefahr besteht, dass bis zu einer Entscheidung des BVerfG über die Verfassungsbeschwerde vollendete Tatsachen geschaffen werden. Vgl. u.a. *BVerfG* Beschluss v. 29.10.1998 – 2 BvR 1206/98.

203   Vgl. Statistik des BVerfG: www.bundesverfassungsgericht.de/organisation/gb2005/A-IV-2.html.

204   *BVerfG* NJW 2005, 2363.

205   *BVerfG* NJW 2005, 45; dazu *Kleine-Cosack,* AnwBl. 2005, 412.

206   So in der Notarsache *BVerfG* NJW 2001, 670; hier war Verfassungsbeschwerde eingelegt worden 1996; der maßgebliche Beschluss erging im Jahre 2000. Die zuständige Kammer gewann Zeit durch wiederholten Erlass einstweiliger Anordnungen. Der eigentlich zur Entscheidung berufene Senat konnte sich auch nach Jahren nicht zu einer positiven Entscheidung zu Gunsten der betroffenen ostdeutschen Richterin durchringen. In dem dann von der Kammer gefällten Beschluss wurde dies ausdrücklich eingeräumt, indem darauf hingewiesen wurde, die Sache sei vom Senat an die Kammer zurückgegeben worden!

Das BVerfG wird – wie auch wiederholte Rügen des EGMR wegen Verletzung des Art. 6 I EMRK zei- **152**
gen[207] – seinem im Hinblick auf die Fachgerichte formulierten Verbot einer überlangen Verfahrensdauer bzw. dem – in Beschlüssen zur Dauer von Untersuchungshaft formulierten – „Gebot der bestmöglichen Verfahrensförderung[208] oftmals in der eigenen Entscheidungspraxis nicht gerecht. Eine
mehrjährige – fünf- oder[209] gar zehnjährige[210] – Verfahrensdauer ist keine Seltenheit, so dass sich für
ältere oder kranke Beschwerdeführer die Frage stellt, ob noch zu Lebzeiten ein Beschluss ergeht.

V. Prozessuale Besonderheiten des Verfassungsbeschwerdeverfahrens

Unter verfahrensmäßigen Aspekten sind zwei Besonderheiten des Verfassungsbeschwerdeverfahrens **153**
zu betonen. Einmal besteht eine faktische Vorherrschaft der Kammern. Die Frage der Annahme einer
Verfassungsbeschwerde zur Entscheidung wird im Normalfall nicht von dem für die Sachentscheidung regelmäßig zuständigen Senat verantwortet, sondern von den lediglich mit drei Richtern be-
setzten Kammern des BVerfG.[211] Zudem enthält das BVerfGG nur sehr fragmentarische Verfahrensre-
gelungen im Vergleich zu anderen Prozessordnungen. Es gibt – zusammen mit der GOBVerfG – nur
Grundstrukturen des Verfassungsbeschwerdeverfahrens vor. Das BVerfG nimmt daher für sich in Anspruch, das Verfahren innerhalb des BVerfGG und der GOBVerfG weitgehend selbst zu gestalten.

VI. Rechtspolitische Aspekte

Das Institut der Verfassungsbeschwerde ist kontinuierlich Gegenstand rechtspolitischer Erörterungen. **154**
Die sich aus der Zahl der Verfassungsbeschwerden für das Gericht ergebenden Belastungen haben
immer wieder Anlass gegeben, über Veränderungen nachzudenken. Wie bei Juristen üblich, wurde
zwar viel Papier produziert, ohne dass sich jedoch Wesentliches geändert hat und auch ändern wird.
Verwiesen sei nur auf den folgenlos gebliebenen Kommissionsbericht zur Entlastung des BVerfG.[212]

---

207 *EGMR* NJW 2005, 41 u. 2530, 2536; *EGMR* EuGRZ 1977, 310 und 405. Vgl. auch *Borm,* Der Anspruch auf
angemessene Verfahrensdauer im Verfassungsbeschwerdeverfahren vor dem BVerfG, 2005; *Lansnicker/
Schwirtzek,* NJW 2001, 1969.
208 *BVerfG* NJW 2006, 668 u. 672 u.677; dazu *Jahn,* NJW 2006, 652.
209 *Krämer* (AnwBl. 1999, 247) berichtete, dass ca. 200 Verfassungsbeschwerden zum damaligen Zeitpunkt
mehr als fünf Jahre anhängig waren.
210 Vgl. nur die Lebensversicherungsentscheidung (*BVerfG* NJW 2005, 2363) und die Notarkassenentscheidung
(*BVerfG* NJW 2005, 45; dazu *Kleine-Cosack,* AnwBl. 2005, 412).
211 Vgl. *Seegmüller,* DVBl 1999, 738 ff.
212 Zu Reformüberlegungen insbes. im Hinblick auf das Annahmeverfahren vgl. ausführlich *Umbach/Gehle,* vor
§ 93a BVerfGG Rn. 8 ff.

§ 3

Anwaltliches Vorgehen bei Verfassungsbeschwerdemandat

155 Erhält ein Rechtsanwalt ein Verfassungsbeschwerdemandat oder will ein potenzieller Beschwerdeführer selbst Verfassungsbeschwerde einlegen, hat er vor allem Folgendes zu beachten:

I. Fristenkontrolle

156 Wird einem Rechtsanwalt ein Verfassungsbeschwerdemandat angetragen, sollte umgehend zunächst die Fristenproblematik geklärt werden. Schließlich muß die Verfassungsbeschwerde innerhalb der Fristen des § 93 BVerfGG mit Begründung einschließlich beizufügender Unterlagen beim BVerfG eingelegt werden. Im Regelfall der Verfassungsbeschwerde gegen gerichtliche Entscheidungen gilt nach § 93 I BVerfGG eine Frist von einem Monat; bei Gesetzen besteht nach § 93 III BVerfGG eine Einjahresfrist.

II. Hinweis auf beschränkte Erfolgsaussichten

157 Der Anwalt sollte grundsätzlich den Mandanten telefonisch wie schriftlich darauf aufmerksam machen, dass die Verfassungsbeschwerde ein außerordentlicher Rechtsbehelf ist und mit der letzten fachgerichtlichen Entscheidung der Rechtsweg beendet ist. Vor allem seien die Erfolgshürden sehr hoch; nur in sehr seltenen Ausnahmefällen würde eine Annahme erfolgen bzw. der Verfassungsbeschwerde stattgegeben.[213] Zunächst seien die Erfolgsaussichten der Verfassungsbeschwerde zu prüfen. Deren Einlegung erfolge nur, wenn sie vertretbar sei, also zumindest eine Erfolgschance bestehe.

158 Ergibt die weitere Prüfung, dass – wie meist – die Verfassungsbeschwerde völlig aussichtslos ist, dann sollte der Rechtsanwalt die Einlegung ablehnen und sich auf seine schriftliche Stellungnahme beschränken, in der er seine Rechtsauffassung darlegt.

159 Legt der Rechtsanwalt nämlich eine völlig aussichtslose Verfassungsbeschwerde ein, dann besteht in verstärktem Maße die Gefahr der Verhängung einer Missbrauchsgebühr, § 34 II BVerfGG.[214]

III. Einlegung zur Fristwahrung

160 Ist der Mandant trotz intensivster anwaltlicher Belehrung uneinsichtig, weil er z.B. „leidgeprüft" ist nach mehrjähriger gerichtlicher Auseinandersetzung oder er dem Typus eines Michael Kohlhaas entspricht, verschließt er sich also – was nicht selten ist – beharrlich anwaltlicher Belehrung und besteht er auf der Einlegung der Verfassungsbeschwerde, bietet sich folgendes Procedere an: Der Rechtsanwalt kann sich dazu bereit erklären, den Entwurf des Schriftsatzes anzufertigen, den der Mandant –

---

213 Vgl. dazu die Angaben oben u. 138 ff.
214 Siehe unten u. 1043 ff.

es gibt im schriftlichen Verfassungsbeschwerdeverfahren keinen Anwaltszwang – dann selbst unter Fristwahrung einlegen kann.

Sollte – auch aus Fristgründen wegen der Kürze der zur Verfügung stehenden Zeit – die Einlegung **161** durch den Mandanten selbst mittels vom Anwalt gefertigten Schriftsatzes nicht mehr möglich oder der Rechtsanwalt wegen der Kürze der Zeit nicht mehr zu einer abschließenden Prüfung in der Lage sein, dann empfiehlt es sich, zur Wahrung der Rechte der Mandanten zwecks Vermeidung einer Verfristung Verfassungsbeschwerde – mit der dem Rechtsanwalt dann überhaupt noch möglichen Begründung – einzulegen. In dem Schriftsatz sollte zugleich darauf hingewiesen werden, dass die Verfassungsbeschwerde nur zur Fristwahrung eingelegt wird und in einem weiteren Schreiben mitgeteilt würde, ob die Verfassungsbeschwerde aufrechterhalten und ggf. ergänzend begründet oder zurückgenommen wird. Wenn die Verfassungsbeschwerde völlig aussichtslos ist, dann sollte sie zurückgenommen werden, wenn der Mandant die Zustimmung erteilt hat. Verweigert er sie, dann empfiehlt sich für den Rechtsanwalt die Kündigung des Mandatsvertrags bei gleichzeitiger Mitteilung an das BVerfG, dass das Mandat beendet ist.

In besonderen Eilfällen (wie z.B. einer Sorgerechtsentscheidung eines OLG), in denen die Einlegung **162** einer Verfassungsbeschwerde mit einstweiliger Anordnung absehbar ist, kann es ratsam erscheinen, in einem formlosen Schreiben unter Beifügung bisher vorhandener Entscheidungen das BVerfG vorab davon zu unterrichten, dass es in Kürze angerufen werden wird, sobald die Endentscheidung vorliegt. Das Gericht hat dann die Möglichkeit, entsprechend zu disponieren.

IV. Zeitdruck, Fristenproblem

Im Regelfall eines Verfassungsbeschwerdemandats gegen eine gerichtliche Entscheidung wird dem **163** Rechtsanwalt erst relativ kurz vor Fristablauf das Mandat erteilt. Er steht dann unter erheblichem Zeitdruck, da die Verfassungsbeschwerde – mit Begründung und oftmals umfangreichen Anlagen(!)[215] – innerhalb der Monatsfrist des § 93 BVerfGG eingelegt werden muss. Die bloße Einlegung zur Fristwahrung mit nachträglicher Begründung hat die Unzulässigkeit zur Folge.

Es muss in jedem Falle bis zum Abend des Tages, an dem die Frist abläuft, die Verfassungsbe- **164** schwerde eingelegt sein; Telefax genügt. Möglich ist, dass zunächst eine summarische Schilderung des Sachverhalts sowie der Begründung geliefert wird und eine ergänzende Begründung nach Fristablauf nachgereicht wird. Diese Ergänzung der Begründung ist jedoch zu unterscheiden von dem nur ausnahmsweise zulässigen Nachschieben von selbstständigen Gründen.[216]

Die entscheidende Begründung einer Verfassungsbeschwerde sollte im Übrigen in den anwaltlichen **165** Schriftsätzen enthalten sein. Es ist nicht zu empfehlen, auf eine eigenständige Begründung im Anwaltsschriftsatz zu verzichten und auf möglicherweise vorhandene Gutachten zu verweisen. Sie werden vielfach von den Richtern nicht gelesen und allenfalls der Höflichkeit halber abgewartet, zumal sie oft praxisfremd und viel zu umfangreich sind und es nur wenigen Gutachtern gelingt, die verfassungsrechtlich relevanten Fragen überzeugend in der erforderlichen Kürze und Übersichtlichkeit zu erörtern.

---

215 Hier empfiehlt sich u.U. die Übersendung vorab mit einem Hinweis auf die noch einzulegende Verfassungsbeschwerde, so dass später per Fax nur die Verfassungsbeschwerde selbst eingelegt werden muss.
216 Vgl. dazu unten Rn. .711 f.

V. Kosten, Gebühren

166   Bei der Antragung eines Verfassungsbeschwerdemandats sollte der Rechtsanwalt den Mandanten darauf hinweisen, dass das Verfahren zwar im Prinzip kostenfrei ist. Es fallen keine Gerichtskosten an, vom Fall einer Missbrauchsgebühr einmal abgesehen; auch sind die Kosten Dritter nicht zu tragen.

167   Da die anwaltlichen Gebühren (vgl. i.E. unten § 9) jedoch angesichts der niedrigen Streitwerte gering sind und die aufzuwendende Zeit oftmals erheblich ist, empfiehlt sich für den Rechtsanwalt der Abschluss einer Vergütungsvereinbarung,[217] was im Eilfalle auch per Fax erfolgen kann, wenn auch unbedingt auf einer Übersendung des gefaxten Entwurfs bzw. Angebots mit handschriftlicher Unterschrift bestanden werden sollte.[218] Darin sollten mindestens die gesetzlichen Gebühren, jedoch grundsätzlich ein Stundensatz von z.B. 150 € und mehr vereinbart werden. Als Gegenstand sollten aufgeführt werden: „Prüfung der Erfolgsaussichten der Verfassungsbeschwerde und deren Einlegung, falls dies vertretbar ist". Da der Mandant nicht blindlings in eine Zeitstundengebührenfalle tappen will, sollte der Rechtsanwalt einen Höchstbetrag ausdrücklich angeben, damit der Mandant eine gewisse Sicherheit hat, nicht ausgenutzt zu werden, zumal der außerordentliche Rechtsbehelf meist – wie oben dargelegt – völlig aussichtslos ist.

168   Soweit ausreichend Zeit besteht, ohne dass der Mandant unzumutbar unter Druck gesetzt wird, ist auch dringendst zu empfehlen, einen Vorschuss zu erheben. Schließlich ist die Zahlungsbereitschaft der potenziellen Beschwerdeführer im Regelfall der anwaltlichen Ablehnung der Einlegung der Verfassungsbeschwerde und der bloßen – gutachterlichen – Prüfung der Erfolgsaussichten gering. Nicht selten ist ein – wenig erfreulicher – Prozess zwecks „Gebühreneintreibung" vor dem – sich nach dem Wohnsitz des Auftraggebers und nicht der Kanzlei des Anwalts bestimmenden[219] – Amts- oder Landgericht (je nach Höhe der Gebühren) durchzuführen.

VI. Gesetzesverfassungsbeschwerde: Mehrere Mandanten

169   Soweit ausnahmsweise das Verfassungsbeschwerdemandat ein Gesetz betrifft, ist es wenig sinnvoll, eine größere Anzahl von Beschwerdeführern auftreten zu lassen. Zwar kennt das BVerfGG keine numerische Beschränkung potenzieller Beschwerdeführer. Zu beachten ist jedoch, dass auch bei einer gemeinsamen Erhebung der Verfassungsbeschwerde im Hinblick auf jeden einzelnen der Beschwerdeführer die Voraussetzungen im Hinblick auf Zulässigkeit und Begründetheit zu prüfen sind! Der Rechtsanwalt muss daher für alle einzelnen Beschwerdeführer die Zulässigkeits- und Begründetheitsvoraussetzungen prüfen. Er sollte sich daher – auch zwecks Vermeidung der mehrfachen Festsetzung einer Missbrauchsgebühr (!) – möglichst auf Musterverfahren mit einem oder zumindest wenigen Beschwerdeführern beschränken, bei denen der Sachverhalt wie auch die Rechtslage sowie die individuelle Betroffenheit eindeutig geklärt sind, damit die Verfassungsbeschwerde nicht bereits an diesen Kriterien scheitert.

170   Den Mandanten sollte geraten werden, dass sich eine oder wenige Personen als Beschwerdeführer zur Verfügung stellen, soweit sie dazu geeignet ist bzw. sind, insbesondere weil bei ihnen persönlich die verfassungsrechtliche Problematik wie die Grundrechtsverletzung besonders deutlich werden. Die anderen Interessenten können sich intern die Kosten des Verfahrens – das sind im Wesentlichen die anwaltlichen Gebühren – teilen, ohne aber selbst als Beschwerdeführer aufzutreten. Falls bestimmten Personen unbedingt daran gelegen ist, auch beim BVerfG „bekanntzuwerden", kann der Anwalt in seinem Schriftsatz darauf hinweisen, dass der oder die Beschwerdeführer von einer größeren Anzahl von Personen unterstützt wird bzw. werden, deren Namen in einer der Verfassungsbeschwerde angefügten Liste aufgeführt sind.

---

217 Vgl. Muster bei Rn. 1063.
218 Vgl. dazu unten 1065.
219 Vgl. nur *BGH* NJW-RR 2004, 932.

§ 4

Prüfungsschema der Verfassungsbeschwerde
– Überblick –

A.
Annahmefähigkeit
§ 93a BVerfGG

(dazu ausf. unter § 5)

Sie ist nur gegeben bei grundsätzlicher Bedeutung der Verfassungsbeschwerde oder ihrer Erforder- **171**
lichkeit zur Durchsetzung der Grundrechte.

B.
Zulässigkeit

(dazu ausf. unter § 6)

I. Beschwerdegegenstand

Jeder „Akt öffentlicher Gewalt" **172**
(soweit Grundrechtsbindung besteht, vgl. Art 1 III GG)

- Legislative
- Exekutive
- Judikative

Positives Tun oder Unterlassen.

Bei mehreren Akten in der gleichen Sache: einheitl. Verfassungsbeschwerde.

II. Partei-, Beteiligtenfähigkeit

„Jedermann"

- Natürliche Personen
- Juristische Personen des Privatrechts oder (hier aber Problem) des öffentlichen Rechts

Maßgeblich ist die Grundrechtsberechtigung. **173**

III. Beschwerdebefugnis

1. Möglichkeit einer Grundrechtsverletzung
2. Eigene Beschwer
3. Gegenwärtige Beschwer
4. Unmittelbare Beschwer

IV. Erschöpfung des Rechtswegs und Subsidiarität, § 90 II BVerfGG

1. Rechtsweg
2. Erschöpfung

174 Regelfall: § 90 II 1 BVerfGG/Ausnahme: § 90 II 2 BVerfGG

V. Frist, § 93 BVerfGG

- 1 Monat bei letztinstanzlichen Gerichtsentscheidungen
- 1 Jahr nach Inkrafttreten bei Gesetzen, § 93 II BVerfGG

175 Bei Unterlassen: solange dieses andauert; nach dessen Beendigung gilt Monatsfrist des § 93 I 1 BVerfGG.

VI. Allgemeines Rechtsschutzbedürfnis

Es fehlt, falls Verfassungsbeschwerde nicht oder nicht mehr erforderlich ist, z.B. möglicherweise bei Erledigung der belastenden Wirkung (nicht zwingend).

C.
Begründetheit

(dazu u.a. in § 6 = Urteilsverfassungsbeschwerde)

176 Die Verfassungsbeschwerde ist begründet, wenn der Bf. durch die angegriffene Maßnahme in einem Grundrecht oder grundrechtsgleichen Recht verletzt ist.

I. Prüfungsmaßstab/-umfang

177 Prüfungsmaßstab im Verfassungsbeschwerdeverfahren ist das gesamte Grundgesetz.

178 Ist eine Verfassungsbeschwerde überhaupt zulässig, nimmt das BVerfG eine umfassende Prüfungsbefugnis für sich in Anspruch, da es die Verfassungsbeschwerde auch als spezifisches Rechtsmittel des objektiven Verfassungsrechts sieht.

179 Das BVerfG beschränkt – in einer allerdings schwankenden und uneinheitlichen Judikatur – aus funktionellrechtlichen Gründen wie auch angesichts seiner beschränkten Kapazität – seine Überprüfung gerichtlicher Entscheidungen auf die Verletzung „spezifischen Verfassungsrechts".

II. Grundrechtsgeltung, Art. 1 III GG

Nach Art. 1 III GG sind an die Grundrechte gebunden Gesetzgeber, vollziehende Gewalt und Rechtsprechung. Der Staat ist auch dann an die Grundrechte gebunden, wenn er privatrechtlich handelt (Fiskalgeltung der Grundrechte). Eine – im Einzelnen jedoch umstrittene – (mittelbare) Drittwirkung der Grundrechte kommt auch in privatrechtlichen Beziehungen in Betracht. **180**

III. Einschlägige Grundrechte

Grundsätzlich besteht ein lückenloser Grundrechtsschutz. Zu prüfen ist, ob nach Wirkung oder Zielsetzung der angegriffenen Maßnahmen spezielle Grundrechte möglicherweise betroffen sind. **181**

IV. Grundrechtsverletzung

Eine Grundrechtsverletzung liegt vor, wenn Freiheits- oder Gleichheitsrechte verletzt sind. **182**

1. Freiheitsrecht

Die Verletzung eines Freiheitsgrundrechts liegt vor, wenn rechtswidrig in den Schutzbereich des Grundrechts eingegriffen wird. **183**

a) Schutzbereich

Die Bestimmung hat unter Heranziehung der normalen juristischen Auslegungsmittel wie Text, Geschichte, Genese, systematische Stellung bzw. Zusammenschau mit anderen Grundrechten und sonstigen Verfassungsbestimmungen zu erfolgen. **184**

b) Eingriff

Eine Grundrechtsverletzung kommt nur in Betracht, wenn in rechtserheblicher Weise in das Grundrecht eingegriffen wird. Ein Eingriff ist stets dann gegeben, wenn dem Einzelnen ein Verhalten, das in den Schutzbereich eines Grundrechts fällt, ganz oder teilweise unmöglich gemacht oder wesentlich erschwert wird, gleichgültig, ob diese Wirkung final oder unbeabsichtigt, unmittelbar oder mittelbar, rechtlich oder tatsächlich (faktisch), mit oder ohne Befehl und Zwang erfolgt. **185**

c) Rechtfertigung von Grundrechtseingriffen

Der Eingriff ist gerechtfertigt, wenn er sich im Rahmen der für das Grundrecht geltenden Schrankenregelung bewegt; er könnte rechtswidrig sein, weil das die Grundrechtswirkung einschränkende Gesetz oder seine Anwendung rechts- bzw. verfassungswidrig sind. **186**

aa) Art der Grundrechtsschranke

Jede Einschränkung von Grundrechten muss im Grundgesetz vorgesehen (gestattet) sein. **187**

(1) Grundrechte mit Gesetzesvorbehalt

188 Die meisten Grundrechte (vgl. z.B. Art. 2 II 3; 12 I 2 GG) unterliegen einem (ausdrücklichen) einfachen oder qualifizierten Gesetzesvorbehalt, welcher es dem Gesetzgeber gestattet, in die Rechtsposition des Grundrechtsträgers unter bestimmten Voraussetzungen nach seinem Ermessen einzugreifen.

(2) Grundrechte ohne Gesetzesvorbehalt

189 Nur kollidierende Grundrechte Dritter und andere mit Verfassungsrang ausgestattete Rechtspositionen sind mit Rücksicht auf die Einheit der Verfassung imstande, auch uneinschränkbare Grundrechte in einzelnen Beziehungen zu begrenzen.

bb) Verfassungsmäßigkeit der gesetzlichen Ermächtigung

190 Das grundrechtsbeschränkende Gesetz muss formell wie materiell verfassungsgemäß sein. Dies ist nur dann der Fall, wenn die Beschränkungen – auch unverständlich „Schranken-Schranken" genannt – beachtet worden sind, die für den Gesetzgeber gelten, wenn er dem Grundrechtsgebrauch Schranken zieht. Das Gesetz muss formell wie materiell verfassungsmäßig, vor allem verhältnismäßig sein.

cc) Verfassungsmäßigkeit der Anwendung der gesetzlichen Ermächtigung

191 Auch die Anwendung des Gesetzes muss verfassungskonform durch die Verwaltung und Rechtsprechung vorgenommen werden. Die Anwendung muss insbesondere auch dem Prinzip der Verhältnismäßigkeit entsprechen. Wie bei dem zugrundeliegenden Gesetz ist daher zu prüfen, ob

- der vom Staat verfolgte Zweck als solcher verfolgt werden darf,
- das eingesetzte Mittel eingesetzt werden darf,
- der Einsatz des Mittels geeignet ist und
- zur Erreichung des Zwecks notwendig (erforderlich) ist.

2. Gleichheitsrecht

192 Die Verfassungsbeschwerde kann auch dann begründet sein, wenn ein Gleichheitsrecht, sei es ein spezieller oder der allgemeine Gleichheitssatz, durch ein Gesetz oder dessen Anwendung verletzt sind.

§ 5

Annahmefähigkeit der Verfassungsbeschwerde

Nach § 93a BVerfGG bedarf die Verfassungsbeschwerde der Annahme zur Entscheidung.[220]   **193**

§ 93a   Annahme zur Entscheidung[221]   **194**
(1) Die Verfassungsbeschwerde bedarf der Annahme zur Entscheidung.
(2) Sie ist zur Entscheidung anzunehmen,
a) soweit ihr grundsätzliche verfassungsrechtliche Bedeutung zukommt,
*b) wenn es zur Durchsetzung der in § 90 Abs. 1 genannten Rechte angezeigt ist; dies kann auch der
Fall sein, wenn dem Beschwerdeführer durch die Versagung der Entscheidung zur Sache ein besonders schwerer Nachteil entsteht.*

Das Erfordernis der Annahmefähigkeit der Verfassungsbeschwerde ist ein entscheidendes Selektions-   **195**
instrument.

Mit dem daraus resultierenden „Schleusensystem" soll das BVerfG vor einer „Überflutung" geschützt   **196**
und ein „Absaufen" vermieden werden. Die Handhabung des Annahmeverfahrens[222] durch das
BVerfG ist partiell undurchsichtig, nach einigen Autoren willkürlich bzw. sie soll einem Lotteriespiel
ähneln. Diese Etikettierung beruht jedoch vielfach auf Unkenntnis der Verfassungsgerichtspraxis bzw.
eigener Unfähigkeit zur (selbst-)kritischen Prüfung eingelegter Verfassungsbeschwerden.

Die hohe Zugangshürde, welche sich aus dem Erfordernis der Annahmefähigkeit ergibt, zeigt sich   **197**
daran, dass in der Praxis – wie oben dargelegt – etwa 97 % aller Verfassungsbeschwerden durch die
Kammern einstimmig erledigt werden; nur ca. 3 % gelangen in die Senate. Soweit keine Einstimmig-
keit erzielt wird, entscheidet der Senat über die Annahme. Die Kammerentscheidung ergeht ohne
mündliche Verhandlung. Im Regelfall werden die Verfassungsbeschwerden durch Beschluss zurückgewiesen; in seltenen Fällen wird ihnen gem. § 93c BVerfGG als offensichtlich begründet stattgegeben. Eine Begründung der Nichtannahme ist nicht erforderlich; sie wird jedoch vereinzelt dem Beschluss beigefügt. Die Beschlüsse sind nicht anfechtbar, § 93d I 2 BVerfGG.

Die Annahmefähigkeit geht im Übrigen der Zulässigkeitsprüfung voraus. Sie ist nicht Teil der Zuläs-   **198**
sigkeitsprüfung. Ein Sachvortrag zu den Annahmevoraussetzungen ist zwar nicht notwendig;[223] die
Begründungspflicht des § 92 BVerfGG erstreckt sich nicht darauf.[224] Ein entsprechender Vortrag ist
jedoch empfehlenswert.[225]

I. Annahmevoraussetzungen

Die Annahme der Verfassungsbeschwerde durch das BVerfG hat zur Voraussetzung, dass ein Annah-   **199**
megrund vorliegt und Erfolgsaussichten bestehen. Wenn auch dem BVerfG formal kein Ermessen
eingeräumt ist, so eröffnet die Regelung des § 93a II BVerfGG dem BVerfG – vor allem beim zweiten
Annahmegrund – dem Ermessen vergleichbare weite Auslegungsspielräume, die auch oftmals dem

---

220   Zum Ablauf des Verfahrens siehe unten § 8; vgl. auch *Seegmüller*, DVBl 1999, 738, 739 ff.
221   Vgl. auch §§ 39-42 GO-BVerfGG.
222   Vgl. dazu die Untersuchung von *Blankenburg*, ZfRSoz, 1998, 37 ff.
223   Vgl. aber *Kreuder*, NJW 2001, 1247, der von einer Pflicht zur Darlegung des Vorliegens der Voraussetzungen
      für eine Annahme ausgeht.
224   Vgl. *Umbach/Gehle*, § 93a Rn. 57.
225   Vgl. Rn. 230 f., 683.

fachkundig beratenen Bürger nicht durchgehend einleuchtend sind und daher aussichtslose Verfassungsbeschwerden nicht vermeiden helfen.[226]

200 Faktisch nimmt das BVerfG ein massives – freies – Ermessen bei der Annahme für sich in Anspruch. Sie hängt nicht nur von rechtlichen Voraussetzungen wie der Zulässigkeit und Begründetheit der Verfassungsbeschwerde sowie den Kriterien des § 93a II BVerfGG ab.

201 Entscheidend sind auch vor allem das Interesse, die Weitsicht, Kompetenz und Entscheidungsfreudigkeit sowie die Courage des zuständigen Richters, seines „Umfelds" – wie seiner Mitarbeiter – und vor allem die Zusammensetzung der zuständigen Kammer oder gar des Senats. Es ist ein offenes Geheimnis, dass eine fragwürdige Besetzungspolitik gelegentlich zu schlichten Fehlbesetzungen führt. Nicht selten führen Richterwechsel zu einer Änderung der Entscheidungspraxis in positiver wie negativer Hinsicht; sie können den „Aufbruch zu neuen Grundrechtsufern" bedeuten oder zu einer „Austrocknung von Grundrechtslandschaften" bzw. einem „Stillstand des Grundrechtsschutzes" führen.

202 Es ist schlichtes normatives Wunschdenken, wenn demgegenüber die h.A. in der Literatur allen Ernstes behauptet: Raum für freie Ermessensspielräume bestehe nicht; die Entscheidung des Gerichts bleibe streng an das Gesetz gebunden; andernfalls wäre das Verfahren mit Art. 93 I Nr. 4a GG nicht zu vereinbaren.[227] Die Praxis entspricht dieser Theorie leider nicht; nur bleibt dieser Widerspruch zwischen Ideal und Wirklichkeit folgenlos, da es abgesehen vom EGMR kein Gericht gibt, das eine angeblich gesetz- oder verfassungswidrige Praxis „ahndet."

1. Annahmegrund

203 Nach § 93a II BVerfGG kommt die Annahme einer Verfassungsbeschwerde nur in Betracht in folgenden zwei Fällen.[228]

a) Grundsätzliche Bedeutung, § 93a II lit. a BVerfGG

204 Die Verfassungsbeschwerde muss einmal angenommen werden, „soweit" ihr – was in der Praxis eher die Ausnahme ist – „grundsätzliche verfassungsrechtliche Bedeutung" zukommt;[229] im Bejahungsfall wäre bei diesem Annahmegrund der Senat und nicht die Kammern zuständig.[230] Wann dies der Fall ist, bestimmt sich nach objektiven Kriterien und nicht nach den subjektiven Auswirkungen für den Beschwerdeführer.

aa) Definition des BVerfG

205 Die seit der Grundsatzentscheidung des Ersten Senats vom 8.2.1994[231] maßgebliche Definition lautet: Grundsätzliche Bedeutung ist nur gegeben, wenn die Verfassungsbeschwerde eine verfassungsrechtliche Frage aufwirft, die sich nicht ohne Weiteres aus dem Grundgesetz beantworten lässt und noch nicht durch die verfassungsgerichtliche Rechtsprechung geklärt oder durch die veränderten Verhältnisse erneut klärungsbedürftig geworden ist.[232]

---

226 Vgl. *Umbach/Gehle*, § 93a Rn. 4; vgl. auch EGMR StraFO 2006, 406: zulässige Individualbeschwerde trotz wegen angeblichem Begründungsdefizit unzulässiger Verfassungsbeschwerde.

227 So *Umbach/Gehle*, § 93a Rn. 1258 unter Berufung auf vergleichbar idealistisch denkende Autoren wie *Benda/Klein*, Verfassungsprozessrecht, Rn. 379; *Vosskuhle*, in: v. Mangoldt/Klein/Starck, GG, Art. 94, Rn. 39.

228 Vgl. BVerfGE 90, 22, 24; BVerfG NJW 1994, 993.

229 Insofern besteht eine Parallele zur „allgemeinen Bedeutung" in § 90 II 2 BVerfGG.

230 Vgl. § 93c I 1 BVerfGG.

231 BVerfGE 90, 22, 24 f.; so auch der 2. Senat: BVerfGE 95, 96, 127.

232 *BVerfG* NJW 2006, 1783 m.w.N.

bb) Einzelheiten

Am Maßstab dieser Definition sind für eine grundsätzliche Bedeutung einer Verfassungsbeschwerde folgende Voraussetzungen zu erfüllen: **206**

(1) Verfassungsrechtliche Frage

Voraussetzung für eine grundsätzliche verfassungsrechtliche Bedeutung ist einmal, dass die Verfassungsbeschwerde gewichtige Fragen des Verfassungsrechts aufwirft,[233] so dass sie dem BVerfG die Gelegenheit gibt, in bestimmten Bereichen des Rechts die Bedeutung der Grundrechte klarzustellen und Leitlinien für die zukünftige Verfahrensweise aller drei Staatsfunktionen herauszuarbeiten. Es darf nicht um die Klärung sonstiger Rechtsfragen[234] – z.B. des einfachen Rechts – gehen.[235] Ein Anlass kann aber durchaus sein die Frage der verfassungsrechtlichen Haltbarkeit einer die anderen Staatsorgane bindenden Entscheidung des EGMR[236] bzw. – pragmatischer – die Bereitschaft des BVerfG zur Akzeptanz einer Rechtsprechung des EGMR; als Beispiel sei der Streit um die Caroline von Monaco-Entscheidung[237] erwähnt. **207**

(2) Bedeutung

Für die Frage der grundsätzlichen Bedeutung ist weiter relevant die Tragweite einer Entscheidung: An der Klärung des Beschwerdegegenstands muss ein über den Einzelfall hinausgehendes Interesse bestehen. Dem Verfahrensgegenstand muss ein gewisses objektives Gewicht zukommen. Das kann etwa dann der Fall sein, wenn eine Entscheidung des BVerfG für eine nicht unerhebliche Anzahl von Streitigkeiten bedeutsam ist oder zwar ein Problem von geringerem Gewicht betrifft, das aber in künftigen Fällen erneut Bedeutung erlangen kann. Bei nicht mehr geltendem („abgestorbenem") Recht besteht in der Regel kein über den Einzelfall hinausreichendes Interesse an der Klärung der Verfassungsmäßigkeit.[238] **208**

Fragen von grundsätzlicher verfassungsgerichtlicher Bedeutung stellen sich vorrangig nur in den seltenen Fällen einer generellen Auswirkung einer Einzelfallentscheidung für zahlreiche andere Sachverhalte vergleichbarer Art, bei Verfassungsänderungen, neuen Gesetzen, wenn alte verfassungsrechtliche Fragen angesichts veränderter gesellschaftlicher Entwicklungen neu überdacht werden müssen.[239] **209**

(3) Ernsthafte Zweifel

Wegen der Beantwortung der verfassungsrechtlichen Frage müssen ernsthafte Zweifel bestehen.[240] Anhaltspunkt für eine grundsätzliche Bedeutung in diesem Sinne kann sein, dass die Frage in der Fachliteratur kontrovers diskutiert oder in der Rechtsprechung der Fachgerichte unterschiedlich beantwortet wird. **210**

---

233 BVerfGE 90, 22, 24; 96, 245, 248. – Es ist im Übrigen eher von theoretischer Bedeutung die von der h.A. bejahte Frage, ob von der Regelung auch Fragen des Verfassungsverfahrensrechts – also die Zulässigkeitsvoraussetzungen der Verfassungsbeschwerde – umfasst sind (dazu *Gehle*, § 93a Rn. 14). Schließlich kommt es auf die grundsätzliche Bedeutung einer verfahrensrechtlichen Frage nicht an, wenn die Verfassungsbeschwerde unzulässig ist (vgl. nur die Nichtannahmeentscheidungen BVerfGE 90, 22; 96, 245; 104, 65, 70).

234 Nicht darf es um die Klärung tatsächlicher Fragen gehen, BVerfGE 131, 143 ff.

235 Vgl. auch *BVerfG* NJW 2003, 196. Die Beantwortung einfachrechtlicher Fragen ist allenfalls dann Aufgabe des BVerfG, wenn und soweit sie Voraussetzung für die Klärung verfassungsrechtlicher Vorgaben ist (vgl. z.B. BVerfGE 68, 176, 188).

236 *BVerfG* NJW 2005, 2685.

237 Vgl. dazu *EGMR* NJW 2004, 2647 ff. Vgl. *Kleine-Cosack,* Die Rechtsstellung des EGMR aus der Sicht der deutschen Praxis – Fragwürdiger Kompetenzstreit zwischen EGMR und BVerfG, in: Stern/Prütting (Hrsg), Das Caroline-Urteil des EGMR und die Rechtsprechung des BVerfG, 2005, S. 51 ff.

238 Vgl. BVerfGE 91, 186, 200; HFR 1999, 839; WM 2000, 45; NJW 1998, 2043; 2006, 1783.

239 Vgl. z.B. BVerfGE 96, 288, 300 zu Art. 3 III GG.

240 Vgl. dazu *Umbach/Gehle*, § 93a Rn. 19 ff.

211 Die Verfassungsbeschwerde muss eine verfassungsrechtliche Frage aufwerfen, die sich nicht ohne weiteres aus dem Grundgesetz beantworten lässt. Nicht reicht es aus, dass (nur) die Übereinstimmung eines Gesetzes mit der Verfassung erstmals vom BVerfG überprüft werden soll oder wenn sich eine Entscheidung – wie z.B. im Falle der gesetzlichen Kürzungen von Sozialleistungen – auf eine große Zahl von Streitigkeiten auswirken würde. Es muss sich vielmehr bei der Anwendung von Vorschriften des Grundgesetzes auf den zur Überprüfung gestellten Sachverhalt eine Frage stellen, deren Antwort nicht klar und eindeutig aus dem Grundgesetz ableitbar ist.

212 Sie darf auch noch nicht durch die verfassungsrechtliche Rechtsprechung geklärt sein.[241] Wurde das aufgeworfene verfassungsrechtliche Problem vom BVerfG bereits entschieden, kommt eine grundsätzliche Bedeutung nicht mehr in Betracht.[242] Gleiches gilt, wenn das BVerfG – auch nach Erhebung der ursprünglich annahmefähigen Verfassungsbeschwerde – bereits eine Grundsatzentscheidung gefällt hat.[243]

213 Bei erneuter Klärungsbedürftigkeit auf Grund veränderter tatsächlicher oder rechtlicher Verhältnisse kann hingegen wieder eine grundsätzliche Bedeutung vorliegen.[244] Eine wieder auflebende Fachdiskussion zu dem Problem ist dafür aber nur ein Indiz.[245]

(4) Entscheidungserheblichkeit

214 Weitere Voraussetzung ist die Entscheidungserheblichkeit. Bei der Prüfung der Annahme muss bereits absehbar sein, dass sich das BVerfG bei seiner Entscheidung über die Verfassungsbeschwerde mit der Grundsatzfrage befassen muss. Die Grundsatzfrage muss sich auf die Sachentscheidung auswirken. Voraussetzung ist auf jeden Fall, dass die Verfassungsbeschwerde zulässig ist. Eine Prognose auf die Begründetheit ist hingegen nicht notwendig, da die Klärung der Grundsatzfrage auch und gerade in einer zurückweisenden Entscheidung vorgenommen werden kann. Die Unbegründetheit aus weiteren, keiner Klärung mehr bedürfenden Punkten kann aber der Annahme entgegenstehen. Letztlich kann die Grundsatzannahme von der Aussicht auf endgültigen Erfolg des Beschwerdeführers abhängig gemacht werden.[246]

b) Durchsetzung der Grundrechte, § 93a II lit. b BVerfGG

215 Die Verfassungsbeschwerde muss auch dann angenommen werden, wenn – womit in der Regel die Annahmefähigkeit zu begründen versucht wird – es zur Durchsetzung der in § 90 I BVerfGG genannten Grundrechte und grundrechtsähnlichen Rechte „angezeigt" ist. Dies kann nach dem Beispiel des § 93a II lit. b BVerfGG vor allem der Fall sein, „wenn dem Beschwerdeführer durch die Versagung der Entscheidung zur Sache ein besonders schwerer Nachteil entsteht."

aa) Definition des BVerfG

216 Die Annahme ist nach dem BVerfG[247] angezeigt, wenn die geltend gemachte Verletzung von Grundrechten oder grundrechtsgleichen Rechten besonderes Gewicht hat oder den Beschwerdeführer in existenzieller Weise betrifft. *„Besonders gewichtig ist eine Grundrechtsverletzung, die auf eine generelle Vernachlässigung von Grundrechten hindeutet oder wegen ihrer Wirkung geeignet ist, von der Ausübung von Grundrechten abzuhalten. Eine geltend gemachte Verletzung hat ferner dann besonderes Gewicht, wenn sie auf einer groben Verkennung des durch ein Grundrecht gewährten Schutzes*

---

241 BVerfGE 90, 22, 24; vgl. auch *BVerfG* FamRZ 2000, 1277, 1278.
242 *BVerfG* WM 2006, 633 – Kapitalbildende Lebensversicherung.
243 *BVerfG* WM 2006, 633.
244 Vgl. z.B. *BVerfG* NJW 2000, 649 betr. Änderung der Verhältnisse im Rundfunkwesen.
245 Vgl. *Seegmüller*, DVBl 1999, 738 ff.
246 Vgl. auch *Umbach/Gehle*, § 93a Rn. 26 unter Hinweis auf BVerfGE 98, 381, 385.
247 BVerfGE 90, 22, 25; 96, 245, 248. Das Gericht folgt damit zum Teil der amtlichen Begründung (vgl. BT-Ds 12/3628, S. 13 f.; 12/4842, S. 12).

oder einem geradezu leichtfertigen Umgang mit grundrechtlich geschützten Positionen beruht oder rechtsstaatliche Grundsätze krass verletzt. Eine existenzielle Betroffenheit des Beschwerdeführers kann sich vor allem aus dem Gegenstand der Entscheidung oder einer aus ihr folgenden Belastung ergeben. Ein besonders schwerer Nachteil ist jedoch dann nicht anzunehmen, wenn die Verfassungsbeschwerde keine hinreichende Aussicht auf Erfolg hat oder wenn deutlich abzusehen ist, dass der Bf. auch im Falle einer Zurückverweisung im Ergebnis keinen Erfolg haben würde."[248]

bb) Einzelheiten

Wann die Annahme angezeigt ist, hat das BVerfG bisher nicht abschließend definiert, sondern lediglich anhand von Fallgruppen erläutert und schrittweise präzisiert. Der Annahmegrund liegt nach der Praxis des BVerfG in folgenden – sich überschneidenden – Fällen vor:[249]   **217**

(1) Über den Einzelfall hinausgehende Bedeutung

Die Annahme kommt in Betracht bei genereller Vernachlässigung von Grundrechten z.B. durch vollständige Grundrechtsverkennung oder nicht vertretbare Grundrechtsauslegung.[250] Gleiches gilt, falls ausnahmsweise von der angegriffenen Entscheidung eine größere Zahl von Grundrechtsträgern betroffen ist oder eine abschreckende Wirkung dergestalt ausgeht, dass der angegriffene Hoheitsakt den Beschwerdeführer oder Dritte von der Grundrechtsausübung abhält.[251]   **218**

(2) Besondere Schwere im Einzelfall

Weiter kann die besondere Schwere der Grundrechtsverletzung im Einzelfall die Annahme der Verfassungsbeschwerde gebieten. Sie kann sich ergeben aus einer groben Verkennung der Grundrechte, dem leichtfertigen Umgang mit Grundrechten oder der krassen Verletzung rechtsstaatlicher Grundsätze wie des Grundrechts auf faires Verfahren.[252] Im Regelfall wird das Vorliegen dieser Alternative jedoch verneint.[253]   **219**

(3) Besonders schwerer Nachteil

Diese Alternative ist in der Praxis am bedeutsamsten. Sie stellt ab auf die weiter gehenden Folgen, die beim Beschwerdeführer eintreten, wenn ihm die Entscheidung zur Sache versagt wird und er die Grundrechtsverletzung hinnehmen muss.[254] Eine entsprechende existenzielle Betroffenheit des Beschwerdeführers kann sich vor allem aus dem Gegenstand der angegriffenen Entscheidung ergeben. Als Beispiele seien angeführt eine strafrechtliche Verurteilung[255] oder ein Berufsverbot; nicht hingegen reicht ohne Weiteres eine schlichte Rüge,[256] z.B. für einen Rechtsanwalt im Falle einer angeblichen Berufspflichtverletzung, soweit nicht besondere Umstände hinzutreten, wie dies des Öfteren der Fall war.[257] Bei der Prüfung, ob ein Beschwerdeführer existenziell betroffen ist, müssen die Belastungswirkungen, die der angegriffene Hoheitsakt auf Grund seines Gegenstandes oder seiner Folgen   **220**

---

248 *BVerfG* NJW 2006, 1652; 1994, 993.

249 Vgl. Vgl. BT.-DS. 12/3628, S. 14; *Schlaich/Korioth* Rn. 256.

250 Vgl. u.a. *BVerfG* NJW 1997, 1693 f.; 1999, 1176; 2003, 2229; NJW-RR 1999, 137 u. 2002, 786; GRUR 2003, 349.

251 Vgl. *Umbach/Gehle*, § 93a Rn. 41 f.

252 BVerfGE 57, 250, 275; 78, 123, 126.

253 Vgl. *BVerfG* NJW-RR 2002, 786; NJW 2000, 2413, 1416; 1996, 1531; 1999, 1176, 1177 u. 3480; 2001, 1200; FR 1997, 455, 457.

254 Die weiter gehende Erfolgsprüfung – dazu unten Rn. 222 ff. – ist hier natürlich von besonderer Bedeutung.

255 BVerfGE 96, 245, 249 f.; 90, 22, 25; DVBl. 2001, 118; NJW 2000, 1635. Maßgeblich ist eher der Schuldspruch und weniger die Sanktion (BVerfGE 96, 245, 249 f.).

256 BVerfGE 77, 125, 129; NJW 1993, 3129: Bei Rügen kommen aber die anderen Annahmealternativen in Betracht, wie die umfangreiche Judikatur des BVerfG zeigt (vgl. nur BVerfGE 76, 176 ff.).

257 Vgl. nur BVerfGE 76, 176 ff. (Standesrichtlinien); Gleiches gilt für zahlreiche Entscheidungen des BVerfG zum Werbeverbot.

für den Beschwerdeführer entfaltet, in Relation zu dessen persönlicher Situation gesetzt werden. Namentlich in Zivilsachen wird es häufig auf den streitigen Geldbetrag ankommen. Das relative Verständnis von existenzieller Betroffenheit schließt es aber aus, eine für alle Fälle gültige feste Grenze für das Vorliegen von existenzieller Betroffenheit zu bestimmen. Einzelne Überlegungen, eine existenzielle Betroffenheit grundsätzlich erst ab einer bestimmten Beschwer in Betracht zu ziehen, haben sich daher bisher nicht durchgesetzt.

221   Dennoch sollte man bei Abfassung einer Verfassungsbeschwerde den Wertaspekt im Auge behalten. Je stärker die konkrete Beschwer dahinter zurückbleibt, um so eingehenderer Begründung bedarf die existenzielle Betroffenheit des Beschwerdeführers.[258] Kaum je begründbar wird sie sein in Bagatellfällen, bei geringen Bußgeldern für Fehlverhalten im Straßenverkehr, bei Beschwerden gegen nicht berufungsfähige amtsgerichtliche Urteile, bei fehlerhaften Kostenentscheidungen, bei bloßen Verweisen im Disziplinarrecht oder schlichten Rügen[259] im Recht der freien Berufe sowie vergleichbaren Entscheidungen aus anderen Gerichtszweigen. Eine existenzielle Betroffenheit kann z.B. in Asylsachen dann zu verneinen sein, wenn dem Asylbewerber aus anderen Gründen – z.B. wegen Anerkennung als Flüchtling auf Grund von Nachfluchtaktivitäten – ein zuverlässiges Bleiberecht zur Seite steht.[260] Eine Erledigung des Ausgangsverfahrens und der damit einhergehende Fortfall der Beschwer schließen im Regelfall den Nachteil aus,[261] soweit nicht die Zulässigkeitsvoraussetzung des Rechtsschutzbedürfnisses fortbesteht.[262] Dies ist u.U. der Fall bei versammlungsrechtlichen Beschwerden.[263]

cc) Erfolgsaussichten

222   Nach dem Wortlaut des § 93a BVerfGG kommt es für die Entscheidung über die Annahme einer Verfassungsbeschwerde nicht auf die Erfolgsaussicht einer Verfassungsbeschwerde an. Sie ist jedoch zum zahlenmäßig vorherrschenden – ungeschriebenen – Nichtannahmegrund geworden.[264] Das BVerfG betont selbst: *„Ein besonders schwerer Nachteil ist (...) dann nicht anzunehmen, wenn die Verfassungsbeschwerde keine hinreichende Aussicht auf Erfolg hat oder wenn deutlich abzusehen ist, dass der Bf. auch im Falle einer Zurückverweisung im Ergebnis keinen Erfolg haben würde."*[265]

223   Es wäre nicht arbeitsökonomisch, eine Verfassungsbeschwerde zunächst zur Entscheidung anzunehmen, um sodann festzustellen, dass sie unzulässig oder unbegründet ist und deswegen verworfen werden muss. Bei der Prüfung des Annahmegrundes des § 93a II lit. b BVerfGG wird daher zusätzlich eine (Vor-) Prüfung der Erfolgsaussichten der Verfassungsbeschwerde in der Sache praktiziert.

224   Wenn somit Zulässigkeit und Begründetheit bereits bei der Entscheidung über die Annahme einer Verfassungsbeschwerde die entscheidende Rolle spielen,[266] dann gilt dies vor allem bei der Durchsetzungsannahme des § 93a II lit. b BVerfGG, ist aber auch bei § 93a II lit. a BVerfGG nicht auszuschließen. Das Merkmal „zur Durchsetzung" stellt jedenfalls anders als der Verweis auf die grundsätzliche Bedeutung einen Bezug zum Erfolg der Verfassungsbeschwerde her.[267] Die Annahme einer

---

258   Maßgeblich sind die Umstände des Einzelfalles, BVerfGE 90, 22, 27.

259   Bei Rügen – z.B. von Rechtsanwälten durch die Kammern gem. § 74 BRAO – kam jedoch in der Vergangenheit vielfach der Annahmegrund der „grundsätzlichen Bedeutung" in Betracht (vgl. nur BVerfGE 76, 171, 205); vgl. aber auch EGMR JR 2004, 339: Abschreckender Effekt eines Tadels ggü einem Rechtsanwalts

260   Vgl. *Hänlein*, AnwBl 1995, 116, 118. Andererseits kann die drohende politische Verfolgung sowie die Versagung des Status als Asylberechtigter trotz Abschiebungsschutz (*BVerfG* NVwZ 1995, Beil., 7,52; NVwZ 2000, Beil. Nr. 11, 121; DVBl. 2003, 1260) einen existenziellen Nachteil darstellen.

261   *BVerfG* NJW 1999, 3404.

262   Vgl. unten Rn. 601 ff.

263   *BVerfG* NJW 2004, 2510, 2511.

264   *BVerfG* NJW 2006, 1652; 1994, 993. Erwähnt wird der Aspekt nur im Zusammenhang mit der Verneinung eines besonders schweren Nachteils.

265   *BVerfG* NJW 2006, 1652.

266   Vgl. auch *Hänlein*, AnwBl 1995, 116, 119: Keine Annahme der Verfassungsbeschwerde, wenn trotz verfassungsrechtlicher Fragwürdigkeit der Entscheidung die vorliegenden Akten eindeutig ergeben, dass der Asylantrag letztlich nicht erfolgreich sein wird.

267   *Umbach/Gehle*, § 93a Rn. 31.

Verfassungsbeschwerde zur Entscheidung gem. § 93a II BVerfGG ist dann nicht „angezeigt" bzw. ein „besonders schwerer Nachteil" dann nicht anzunehmen, wenn sie keine hinreichende Erfolgsaussicht in der Sache hat oder wenn deutlich abzusehen ist, dass der Beschwerdeführer auch im Falle einer Zurückverweisung an das Ausgangsgericht im Ergebnis keinen Erfolg haben würde.[268] Die Kammern haben auch hier einen weiten Entscheidungsspielraum entsprechend dem grundsätzlich entgegen dem Gesetzeswortlaut praktizierten Annahmeermessen.

Das – ungeschriebene – Kriterium der Erfolgsaussicht ist aber nur eine Voraussetzung für die Annahme einer Verfassungsbeschwerde. Zusätzlich muss in jedem Fall eine der geschriebenen Annahmevoraussetzungen des § 93a II lit. a oder b BVerfGG (=grundsätzliche Bedeutung oder Angezeigtsein) vorliegen. Daher muss nicht jede zulässige und begründete Verfassungsbeschwerde auch zur Entscheidung angenommen werden. Vielmehr kann es auch geschehen, dass eine zulässige und begründete Verfassungsbeschwerde beispielsweise wegen ihres geringen sachlichen Gewichts nicht zur Entscheidung angenommen wird.[269] Dementsprechend kann auch aus einer Nichtannahme nicht in jedem Fall gefolgert werden, dass die Verfassungsbeschwerde keine Erfolgsaussicht hatte. Dies zeigen u.a. die Fälle, in denen das BVerfG in einer Begründung der Nichtannahmeentscheidung selbst deutlich zum Ausdruck bringt, dass es die Ausgangsentscheidung für grundrechtswidrig erachtet, eine Annahme aber ausscheide mangels grundsätzlicher Bedeutung oder Angezeigtseins. Zum anderen hebt bekanntlich immer wieder der EGMR Entscheidungen des BVerfG – darunter auch nicht überzeugende Nichtannahmebeschlüsse – auf.[270]

225

dd) Annahme nach Grundsatzentscheidung in anderer Sache

Eine Nichtannahme kommt auch dann in Betracht, wenn das BVerfG einen vergleichbaren Fall bereits entschieden hat, selbst wenn dies nach Einlegung der Verfassungsbeschwerde geschieht. Dies entspricht der Praxis,[271] was allerdings in der Literatur auf Kritik stößt, wenn dort u.a. argumentiert wird, eine Bevorzugung des Beschwerdeführers, dessen Sache zur Entscheidung angenommen werde, könne im Einzelfall zufälligen Charakter haben; dies sei – so Gehle[272] – nicht hinnehmbar. Das BVerfG praktiziert jedoch durchaus vertretbar eine Art Prioritätsgrundsatz; dies entspricht dem weitgehend „freien Annahmermessen".[273] Für die Praxis des BVerfG spricht zudem der oftmals festzustellende Trittbrettfahrereffekt; Beschwerdeführer legen z.B. gegen Gesetze Verfassungsbeschwerden ein, nachdem sich Erfolgsaussichten in anderen Verfahren abzeichnen.

226

2. Sonderfälle

Nicht ganz so strenge Anforderungen stellt das BVerfG gelegentlich bei einzelnen Urteilsverfassungsbeschwerden, falls gerügt wurde die Verletzung

227

* der Art. 103 I oder Art. 101 I 2 GG oder
* des Grundrechts auf faires Verfahren oder
* ein Verstoß gegen das Willkürverbot.

In diesen Fällen hat das Gericht in der Vergangenheit auch bei Fällen geringerer Bedeutung Verfassungsbeschwerden angenommen. Die Tendenz ist aber uneinheitlich.

---

268 Vgl. *BVerfG* NJW 1994, 993: „Ein besonders schwerer Nachteil ist jedoch dann nicht anzunehmen, wenn (...) deutlich abzusehen ist, daß der Bf. auch im Falle der Zurückverweisung an das Ausgangsgericht im Ergebnis keinen Erfolg haben würde."

269 Vgl. zum ganzen *Seegmüller*, DVBl 1999, 738 ff.

270 Vgl. dazu u.a. unter Rn. 22 ff.

271 Vgl. nur *BVerfG* WM 2006, 633.

272 *Umbach/Gehle*, § 93a Rn. 55.

273 Vgl. dazu oben Rn. 200.

Beispiel 5

> Das BVerfG nahm eine Verfassungsbeschwerde gegen ein einer Klage über 610,00 DM stattgebendes Urteil nicht an. Das Urteil war verkündet worden, obwohl die Frist zur Erwiderung auf die Klage noch nicht abgelaufen war. Der Richter hatte dazu angegeben, er habe den Fristablauf „versehentlich falsch" berechnet. Das BVerfG stellte im Hinblick auf § 93a II BVerfGG fest, eine grundsätzliche verfassungsrechtliche Bedeutung bestehe nicht, die „Tragweite" des Anspruchs auf rechtliches Gehör sei nämlich hinreichend geklärt, die Rechtsverletzung habe „weder besonderes Gewicht" noch betreffe sie den Beschwerdeführer „in existentieller Weise".[274]

228 Das BVerfG hatte früher in vergleichbaren Fällen von willkürlichen Fehlentscheidungen einer Verfassungsbeschwerde stattgegeben.[275] In der Tat ist es aber nicht einzusehen, warum bei der Verletzung von Verfahrensrechten weniger strenge Anforderungen gelten sollen als bei materiellen Grundrechten. Ist die aus der fehlerhaften Entscheidung resultierende Belastung des Betroffenen gering, handelt es sich z.B. nur um einen vergleichsweise geringen materiellen Schaden bzw. eine niedrige Geldbuße, dann erscheint es vertretbar, dass das BVerfG – letztlich aus funktionell-rechtlichen Gründen – die Annahme der Verfassungsbeschwerde ablehnt.

3. Teilannahme

229 In beiden Fällen des § 93a II BVerfGG ist eine Teilannahme möglich.[276] So wird bei lit. a durch das Merkmal „soweit" klargestellt, dass im Umfang begrenzter grundsätzlicher Bedeutung auch eine Teilannahme in Betracht kommt.[277]

II. Die Begründung der Annahmevoraussetzungen in der Beschwerdeschrift

230 Das BVerfGG verpflichtet in der Auslegung, die es durch das BVerfG erfährt, den Beschwerdeführer nicht zu einem gesonderten Vortrag zum Vorliegen von Annahmegründen, etwa mit der Folge, dass die Verfassungsbeschwerde ohne derartigen Vortrag als unzulässig zu verwerfen wäre.[278]

231 Andererseits ermittelt das BVerfG aber auch nicht in jedem Fall, ob der Beschwerdeführer von dem angegriffenen Hoheitsakt existenziell betroffen ist oder ob ein ungeklärtes verfassungsrechtliches Problem eine Vielzahl von Fällen betrifft. Eine einheitliche, feste Praxis über die Darlegungslast des Beschwerdeführers gibt es nicht. Es liegt daher im wohlverstandenen Interesse des Beschwerdeführers – sofern sich diese nicht ohnehin aus seinem Sach- und Rechtsvortrag ergibt –, die Bedeutung des Verfahrens für ihn persönlich bzw. für die Allgemeinheit substantiiert aufzuzeigen. Nur so kann er vermeiden, dass seine Verfassungsbeschwerde allein deswegen zurückgewiesen wird, weil das Ausmaß seiner Beschwer durch den angegriffenen Hoheitsakt dem BVerfG nicht erkennbar war. Im Ergebnis ist es also Aufgabe des Beschwerdeführers, bei einer – absolut betrachtet – geringen Beschwer darzulegen, dass sein Fall atypisch gelagert ist und die Annahmekriterien auf Grund der Besonderheiten seines Falls dennoch gegeben sind. Dies gilt vor allem für Fälle geringerer (finanzieller) Beschwer.[279]

---

274 *BVerfG*, NJW Information, Heft 42/1998, S. XIV.
275 Vgl. kritisch *Trude*, NJW Echo, Heft 48/1998, S. XXIV.
276 *BVerfG* NJW 1994, 123.
277 Vgl. auch zu Teilentscheidungen § 25 III BVerfGG.
278 Vgl. unten Rn. 683.
279 Vgl. zum ganzen *Seegmüller*, DVBl 1999, 738 ff.

III. Keine Begründungspflicht des BVerfG

Die Ablehnung der Annahme einer Verfassungsbeschwerde bedarf – letztlich zwecks Arbeitsentlastung des BVerfG – nach § 93d I 3 BVerfGG keiner Begründung. In der Regel ergehen Nichtannahmebeschlüsse auch dementsprechend ohne jede Begründung. Dieses gesetzmäßige Verfahren hat den Nachteil, dass der Beschwerdeführer und sein Anwalt keine Kenntnis erlangen, warum die Annahme verweigert wurde, was in den Fällen bedauerlich ist, in denen eine Nichtannahme nicht prognostizierbar war. Andererseits werden damit auch nicht Fehler und Schwächen der Begründung „angeprangert". Ein Begründungsverzicht hat für das BVerfG den Vorteil, dass es nicht – wie leider nicht selten bei erfolgter Kurzbegründung – durch lapidar begründete Nichtannahmebeschlüsse seinen eigenen Ruf gefährdet. **232**

Soweit die Nichtannahme gelegentlich begründet wird, kommt sie oftmals über Leerformeln nicht hinaus; dies ist z.B. der Fall, wenn darin – wie meist – nur banal ausgeführt wird, dass eine Grundrechtsverletzung (angeblich) nicht vorliege. Nicht selten enthalten sie auch fragwürdige obiter dicta, in denen lapidar gravierende Probleme abgehandelt oder besser abgetan werden,[280] ohne dass eine Sach- oder Rechtskenntnis der Kammer bzw. deren Auseinandersetzung mit der Beschwerde erkennbar wären. Apodiktische Formulierungen in Nichtannahmebeschlüssen täuschen nicht selten verfassungsgerichtliche „Rechtssicherheit" nur vor. Gelegentlich sind die Begründungen jedoch sehr umfangreich, was auch nicht immer zu überzeugen vermag, weil in diesen Fällen oftmals eine Entscheidung der Kammer oder gar eine Senatsentscheidung geboten gewesen wäre. **233**

---

280 Vgl. nur zu *BVerfG* StV 2000, 1 die Anm. von *Naucke*, StV 2000, 1 ff.

§ 6

Zulässigkeit der Verfassungsbeschwerde

234 Maßgebliche Bestimmungen sind die Art. 93 I Nr. 4a GG, §§ 90 ff. BVerfGG.

235 § 90 BVerfG, Aktivlegitimation
(1) Jedermann kann mit der Behauptung, durch die öffentliche Gewalt in einem seiner Grundrechte oder in einem seiner in Art. 20 Abs. 4, Art. 33, 38, 101, 103 und 104 des Grundgesetzes enthaltenen Rechte verletzt zu sein, die Verfassungsbeschwerde zum Bundesverfassungsgericht erheben.
(2) Ist gegen die Verletzung der Rechtsweg zulässig, so kann die Verfassungsbeschwerde erst nach Erschöpfung des Rechtswegs erhoben werden. Das Bundesverfassungsgericht kann jedoch über eine vor Erschöpfung des Rechtswegs eingelegte Verfassungsbeschwerde sofort entscheiden, wenn sie von allgemeiner Bedeutung ist oder wenn dem Beschwerdeführer ein schwerer und unabwendbarer Nachteil entstünde, falls er zunächst auf den Rechtsweg verwiesen würde.
(3) Das Recht, eine Verfassungsbeschwerde an das Landesverfassungsgericht nach dem Recht der Landesverfassung zu erheben, bleibt unberührt."

I. Beschwerdegegenstand

236 Gegenstand der Verfassungsbeschwerde können nur Maßnahmen der öffentlichen Gewalt sein. Der Begriff der öffentlichen Gewalt ist grundsätzlich – anders als bei Art. 19 IV GG[281] – weit zu interpretieren, da er entsprechend der Funktion der Verfassungsbeschwerde, Grundrechtsschutz gegenüber der gesamten Staatsgewalt zu gewährleisten, den Staat als Einheit, repräsentiert durch irgendein Organ, meint.[282]

1. Deutsche Staatsgewalt

237 Beschwerdegegenstand können alle Akte der nach Art. 1 III GG an die Grundrechte gebundenen öffentlichen Gewalt sein.

238 Eine derartige Grundrechtsbindung kommt im Prinzip nur in Betracht bei Akten der deutschen Staatsgewalt. Sie scheidet aus bei Akten anderer Staaten oder supranationaler Organisationen wie der EU.

239 Es ist nicht von praktischer Relevanz, dass – wie oben unter Rn. 115 ff. dargelegt –[283] das BVerfG sich eine beschränkte Überprüfungskompetenz auch im Hinblick auf Akte einer besonderen, von der Staatsgewalt der einzelnen Staaten geschiedenen öffentlichen Gewalt einer supranationalen Organisation vorbehält, denen die BRD Hoheitsgewalt mit Wirkung auf ihrem Staatsgebiet übertragen hat. Alle zwischenstaatlichen Einrichtungen i.S.d. Art. 24 I GG fielen – so das BVerfG – unter den Begriff „öffentliche Gewalt", deren Rechtsakte in die nationalen Rechtsordnungen hineinwirken, und dadurch Rechte von Grundrechtsberechtigten betreffen könnten. Entscheidend ist, dass diesbezüglich

---

281 Bei Art. 19 IV GG fällt unstreitig die Rechtsprechung i.e.S. nicht unter den Begriff der öffentlichen Gewalt, da dieses Grundrecht Rechtsschutz durch, aber nicht gegen den Richter gewährleiste (BVerfGE 11, 263, 265; 22, 106, 110; 31, 87, 93 f.).
282 BVerfGE 4, 27, 30.
283 Vgl. Handelt ein Privater im behördlichen Auftrag mit dem Ziel der Erfüllung hoheitlicher Aufgaben, so wird das dem Staat zugerechnet, vgl. EGMR StV 2004, 1, 2.

kein relevanter Grundrechtsschutz in Betracht kommt, da das BVerfG allenfalls prüfen kann, ob am Maßstab des Art. 79 III GG die Grundstrukturen der Verfassung gewährt sind, insbesondere fundamentale Rechtsgrundsätze, die in den Grundrechten des Grundgesetzes anerkannt und verbürgt sind, gewahrt wurden.[284]

2. Arten

Als beschwerdefähige Maßnahmen der grundrechtsgebundenen Staatsgewalt kommen in Betracht Akte der Judikative, der unmittelbaren und mittelbaren Staatsverwaltung oder der Gesetzgebung und – in Ausnahmefällen – auch ein Unterlassen, gleich in welcher Form sie ergehen, sei es durch Einzelakt, durch Gesetz oder Urteil. Entscheidend für die Beschwerdefähigkeit ist allein, dass öffentliche Gewalt auch tatsächlich – mit Außenwirkung – gegenüber dem Betroffenen ausgeübt wird. Beschwerdefähig sind dementsprechend folgende Akte: **240**

a) Regelfall: Gerichtsentscheidungen

Im Regelfall sind Beschwerdegegenstand Akte der Judikative, also Urteile oder Beschlüsse von Gerichten des Bundes oder der Länder; der Grund dafür liegt in der Subsidiaritätsregelung des § 90 II BVerfGG.[285] **241**

Gegenstand der Verfassungsbeschwerde ist aber nur die sich nach dem Tenor des Urteils bzw. des Beschlusses richtende Entscheidung und nicht die Begründung,[286] selbst wenn sie abwegige Ansichten – z.B. „Kunst" i.S.d. Art. 5 III GG sei nur, was sich kunstvoll reimt – enthält. Eine – allerdings nur theoretische – Ausnahme kommt bei am Ausgangsverfahren nicht als Partei, sondern als Zeugen Beteiligten sowie sonstigen Dritten in Betracht, deren Ehre und Ansehen in unzumutbarer Weise in den Entscheidungsgründen herabgesetzt wird.[287] **242**

Zwar sind auch Entscheidungen der Landesverfassungsgerichte „Akte öffentlicher Gewalt" i.S.d. § 90 I BVerfGG. Das BVerfG überprüft sie jedoch nur am Maßstab des GG.[288] Zudem entscheiden die LVerfGe in letzter Instanz: „Das Verfahren der Landesverfassungsbeschwerde gehört nicht zum Rechtsweg i.S. von § 90 II 1 BVerfGG. Dies folgt aus § 90 III BVerfGG."[289] Durch die Einlegung der Landesverfassungsbeschwerde wird auch nicht die Frist des § 93 I BVerfGG gewahrt.[290] **243**

b) Akte der vollziehenden Gewalt

Akte der Verwaltung können – die Subsidiaritätsregelung des § 90 II BVerfGG fordert aber die Beschreitung des Rechtswegs – grundsätzlich Gegenstand einer Verfassungsbeschwerde sein. In Betracht kommen z.B. Verwaltungsakte, aber auch schlicht hoheitliches Handeln wie Warnungen der öffentlichen Hand vor bestimmten Sekten oder Produkten. Verwaltungsvorschriften können beschwerdefähig sein, soweit ihnen kraft der intendierten Funktion, die Rechtmäßigkeit und Richtigkeit von Maßnahmen gewährleisten zu helfen, Bindungswirkung gegenüber dem betroffenen Bürger zu- **244**

---

284 Vgl. *BVerfG* NJW 2001, 2705.
285 Vgl. unten Rn. 353 ff.
286 BVerfGE 8, 222, 224 f.; 15, 256, 262; 21, 99, 101; 38, 282, 292.
287 BVerfGE 15, 256, 262 f.; vgl. auch BVerfGE 24, 289, 295 (Beeinträchtigung von Rechten Unbeteiligter durch den Tenor der Entscheidung).
288 BVerfGE 96, 298, 308 f.; 13, 132, 142; 69, 112, 120; 96, 231, 243; vgl. auch unter Rn. 1148 f.
289 *BVerfG* NJW 1996,1464; vgl. auch BVerfGE 6, 445, 449; 60, 175, 208.
290 *BVerfG* Beschl. v. 26.1.2005 – 2 BvR 2058/05; *BVerfG* NJW 1996, 1464.

kommt.[291] Auch Gnadenentscheidungen können entgegen dem BVerfG,[292] das nur deren Widerruf als grundrechtsgebundenen Akt öffentlicher Gewalt ansieht,[293] angesichts der auch für sie gem. Art. 1 III, 20 III GG bestehenden Grundrechtsbindung Gegenstand einer Verfassungsbeschwerde sein.[294]

c) Akte der Gesetzgebung [295]

245 In Betracht kommt auch eine Normenkontrollverfassungsbeschwerde – unmittelbar oder mittelbar – gegen „Gesetze" (vgl. auch § 95 III BVerfGG).[296] Der entsprechende Gesetzesbegriff wird weit ausgelegt. Darunter fallen nicht nur parlamentarische Gesetze,[297] sondern auch alle Gesetze im materiellen Sinne, wie Rechtsverordnungen,[298] Satzungen des Bundes oder Länder,[299] oder Pläne mit Rechtsnormcharakter,[300] nicht jedoch bloß interne Verwaltungsvorschriften und -anordnungen.[301]

3. Entscheidungen

246 Beschwerdefähige Akte öffentlicher Gewalt im Verfassungsbeschwerdeverfahren sind nur Entscheidungen, nicht aber nur vorbereitende Maßnahmen ohne die erforderliche Außenwirkung.[302]

a) Endentscheidung

247 Es muss sich um Maßnahmen mit unmittelbarer Außenwirkung handeln, wie z.B. Urteile oder ein Verfahren abschließende Beschlüsse. Dazu gehören auch – vorbehaltlich des vom BVerfG jedoch meint entsprechend angewandten § 90 II BVerfGG[303] – im vorläufigen Rechtsschutzverfahren (z.B. nach den §§ 80, 123 VwGO) ergangene Beschlüsse und Urteile,[304] da sie für den Betroffenen eine selbstständige Beschwer enthalten, die sich nicht mit derjenigen durch die Hauptsache deckt.[305]

---

291 BVerfGE 40, 237, 255; vgl. a. BVerfG NJW 2006, 2909: Beschluss der KMK-Konferenz; streitig ist in der Lit., ob darüberhinausgehend grds. eine Verfassungsbeschwerde gegen Verwaltungsvorschriften zulässig sein soll, soweit sie inhaltlich und funktional gegenüber Rechtsverordnungen austauschbar sind, so dass sie jedenfalls eine Rechtswirkung nach außen begründen könnten (bej. *Gusy*, Rn. 31; vern. *Dörr*, S. 42).

292 BVerfGE 25, 352, 357; in der Regel haben Verfassungsbeschwerde gegen Gnadenentscheidungen jedoch keine Aussicht auf Erfolg, da sie nur beschränkt gerichtlich kontrollierbar sind und ein im wesentlichen allein in Betracht kommender Verstoß gegen Art. 3 I GG kaum nachweisbar sein dürfte; vgl. auch OLG Hamburg JR 1997, 255.

293 BVerfGE 30, 108, 110 f.

294 Vgl. auch das Minderheitsvotum in BVerfGE 25, 352, 363 ff.

295 Die bloße Neubekanntmachung eines Gesetzes zwecks Klarstellung des unveränderten Wortlauts ist nicht mit der Verfassungsbeschwerde angreifbar (BVerfGE 17, 364, 368 f.; 43, 108, 115). Als Beschwerdegegenstand kommt nur das ursprüngliche Gesetz in Betracht, was aber in der Praxis meist wegen Versäumung der Jahresfrist des § 93 BVerfGG nicht mehr angreifbar ist.

296 Vgl. nur *BVerfG* NJW 2006, 751 – Luftsicherheitsgesetz.

297 Auch Zustimmungsgesetze zu völkerrechtlichen Verträgen können mit der Verfassungsbeschwerde angegriffen werden: BVerfGE 84, 90, 113.

298 BVerfGE 3, 171; 28, 133; 62,117,119,153; 65, 248, 249.

299 BVerfGE 12, 321; 65, 325, 326; 101, 312.

300 Vgl. BVerfGE 76, 107.

301 BVerfGE 12, 180, 199.

302 Gesetzesauslegungen einer Behörde (BVerfGE 18, 1, 14) sind – mangels Außenwirkung – ebensowenig angreifbar wie Meinungsäußerungen (BVerfGE 2, 237, 244; 29, 304, 309; 37, 57, 61).

303 Vgl. dazu unten Rn. 463 ff.

304 Dazu ausf. *Umbach/Berkemann*, § 32 Rn. 94 ff. m.w.N.; zu § 123 VwGO: BVerfGE 39, 276, 291; 47, 46, 64; 51, 130, 138; 59, 63, 68; zu § 80 VwGO: BVerfGE 19, 394; 34, 211, 215; 35, 177, 178; 53, 30, 52.

305 *BVerfG* NVwZ 2006-RR 2006, 369; BVerfGE 35, 263, 275; 69, 315, 339 f.; NJW 2004, 2297.

b) Selbstständige Zwischenentscheidung

Möglich ist eine Verfassungsbeschwerde gegen selbstständige Zwischenentscheidungen, während unselbstständige Zwischenentscheidungen hingegen – auch wegen der Notwendigkeit der Erschöpfung des Rechtswegs – nur mit der Endentscheidung angegriffen werden können.[306] **248**

aa) Kriterien

Gerichtliche Entscheidungen, die der Urteilsfällung vorausgehen,[307] sind daher in der Regel nicht beschwerdefähig. Dies gilt vor allem für entsprechende Entscheidungen der Strafgerichte, weil der Beschwerdeführer Grundrechtsverstöße noch durch Anfechtung der Endentscheidung rügen kann. **249**

Zulässig sein kann die Verfassungsbeschwerde indessen, wenn die Entscheidung in einem selbstständigen Zwischenverfahren ergangen ist und eine für das weitere Verfahren wesentliche Rechtsfrage abschließend beantwortet hat, die in weiteren Instanzen nicht mehr geprüft werden kann.[308] **250**

Stets ist entscheidend, welche Grundrechtsverletzung der Beschwerdeführer rügt, ob ihm das weitere fachgerichtliche Verfahren noch die Möglichkeit bietet, diese Grundrechtsbeschwer dort prüfen und gegebenenfalls beheben zu lassen, und ob ausnahmsweise ein dringendes schutzwürdiges Interesse besteht, das verbietet, die endgültige Entscheidung abzuwarten. Auch bei den unanfechtbaren Zwischenentscheidungen handelt es sich also letztlich um Anwendungsfälle des Subsidiaritätsprinzips. **251**

bb) Beispiele

Keine Verfassungsbeschwerde findet statt gegen Beschlüsse nach § 305 S. 1 StPO,[309] insbesondere gegen die Auswahl des Pflichtverteidigers (§ 142 StPO),[310] die Nichtzulassung der Nebenklage,[311] die Ablehnung einer Terminsverlegung[312] einer Verfahrensunterbrechung[313] oder -aussetzung,[314] ebenso wenig gegen eine Verfahrensverbindung[315] und gegen erstinstanzliche Eröffnungsbeschlüsse.[316] **252**

Mit der Verfassungsbeschwerde anfechtbar sind jedoch zweitinstanzliche Eröffnungsbeschlüsse,[317] die Ablehnung oder Aufhebung einer (endgültigen) Verfahrenseinstellung,[318] Wiedereinstellungsbeschlüsse,[319] die Anordnung der Klageerhebung im Klageerzwingungsverfahren,[320] Zuständigkeitsbestimmungen[321] und revisionsgerichtliche Zurückverweisungsentscheidungen, soweit der Beschwerdeführer rügt, das danach zur Neuverhandlung der Sache berufene Gericht sei nicht der gesetzliche Richter (Art. 101 I 2 GG).[322] **253**

---

306 BVerfGE 21, 139, 143. Zur Verfassungsbeschwerde gegen einen Eröffnungsbeschluß, *Durth/Kempf,* StV 2005, 198.
307 BVerfGE 1, 9.
308 BVerfGE 24, 56 (61); 25, 336 (244); 53, 109 (112f.); 58, 1 (23); 89, 28 (34).
309 BVerfGE 1, 9 (10)
310 BVerfGE NStZ 2002, 99.
311 *BVerfG* NStZ-RR 2002, 309.
312 *BVerfG* NStZ-RR 2002, 113.
313 *BVerfG* EuGRZ 1975, 464.
314 *BVerfG* bei *Berkemann* EurGRZ 1986, 390 Nr. 49.
315 Anders ausnahmsweise bei Ankoppelung eines kleinen Verfahrens an ein großes: *BVerfG* StV 2002, 578.
316 BVerfGE 25, 336 (343); *BVerfG* NJW 1989, 2464, 1995, 316.
317 BVerfGE 7, 109 (110); 17, 197 (1908); 25, 303 (304); vgl. auch BVerfGE 9, 261 (265).
318 BVerfGE 17, 262 (264); 51, 324 (342f.); 89, 120 (128).
319 Zu Gunsten des Gegners im Privatklageverfahren, BVerfGE 14, 8 (10).
320 BVerfGE 17, 356, (361).
321 BVerfGE 12, 113 (124).
322 BVerfGE 20, 336 (342); zum ähnlichen Fall des § 210 III 1 StPO: *BVerfG* StV 2000, 537. In anderen Fällen ist die Totalaufhebung des Urteils, verbunden mit der Zurückverweisung der Sache, dagegen eine unanfechtbare Zwischenentscheidung, *BVerfG* NStZ-RR 2002, 45.

254 Gegen Anträge der Staatsanwaltschaft[323] oder deren Ermittlungsmaßnahmen sowie selbstständige gerichtliche Zwischenentscheidungen kommt eine Verfassungsbeschwerde nur in Betracht, wenn sie ein bestimmtes Zwischenverfahren abschließen, dessen Mängel bei der Endentscheidung nicht mehr korrigiert werden können, oder wenn sie auf andere Weise für den Beschwerdeführer einen bleibenden Rechtsnachteil zur Folge haben, der nicht mehr oder doch nicht vollständig behoben oder rückgängig gemacht werden kann.[324] Enthalten Beschlüsse – wie etwa zu Durchsuchungen[325] oder Beschlagnahmen[326] – dementsprechend einen selbstständigen Grundrechtseingriff, der im nachfolgenden Strafprozess – soweit es überhaupt dazu kommt – nicht mehr überprüft wird, können sie daher mit der Verfassungsbeschwerde – nach Erschöpfung des Rechtswegs auf Grund spezialgesetzlicher Bestimmungen (§ 98 II StPO unmittelbar oder analog oder §§ 23 ff. EGGVG) – angegriffen werden. Deren Erledigung durch Vollzug steht nach dem BVerfG[327] entgegen der früheren Rechtsprechung zur „prozessualen Überholung" einer gerichtlichen Kontrolle nicht mehr im Wege. Beweisbeschlüsse sind zwar grundsätzlich nicht mit der Verfassungsbeschwerde angreifbar, weil ihre Fehlerhaftigkeit im Rechtsmittelverfahren geltend gemacht werden kann.[328] Etwas anderes gilt dann, wenn sich bereits aus der Art und Weise der Beweiserhebung eine nicht mehr korrigierbare Verletzung von Grundrechten ergibt.[329]

c) Vorbereitendes Handeln

255 Bloß vorbereitendes Handeln, das einer späteren Entscheidung dient, kann nicht zum Gegenstand einer Verfassungsbeschwerde gemacht werden.

256 Als Beispiele seien genannt: Ankündigungen von Entscheidungen[330] oder eines künftigen behördlichen Verhaltens,[331] Anregungen einer Behörde zum Tätigwerden,[332] Mitteilungen und Äußerungen von Behörden zur Sach- und Rechtslage[333] oder die Nichtaussetzung des Ermittlungsverfahrens durch die Staatsanwaltschaft.[334]

d) Mehrere Entscheidungen in derselben Sache

257 Soweit der Beschwerdeführer sowohl durch einen Verwaltungsakt als auch durch die Entscheidungen im anschließenden gerichtlichen Verfahren in einem Recht im Sinne des § 90 I BVerfGG verletzt worden ist, sind grundsätzlich alle Entscheidungen einschließlich des Verwaltungsakts Gegenstand der Verfassungsbeschwerde und entsprechend aufzuheben, wenn sie sämtlich mit der Verfassungsbeschwerde angegriffen sind.[335] Es gilt letztlich der Grundsatz der „Einheit der Verfassungsbeschwerde". Nennenswerte Probleme tauchen in der Praxis in der Regel nicht auf. Der Beschwerdeführer sollte im Zweifel alle – nur insoweit besteht die Beschwerdebefugnis – belastenden Entscheidungen anführen. Es ist schließlich – dies verkennt Stelkens[336] – besser, wenn eine Verfassungsbeschwerde (partiell) ausnahmsweise als unzulässig angesehen wird, als wenn durch das Ver-

---

323 BVerfGE 20, 162, 172.
324 BVerfGE 101, 106, 120; BVerfGE 42, 212, 218; siehe auch BVerfGE 9, 262, 265; 17, 262, 264; 20, 162, 173; 58, 1, 23.; s.a. *BVerfG* StV 2001, 601, 602 zur Bestellung eines Pflichtverteidigers nach § 142 I StPO.
325 BVerfGE 20, 162, 173; 42, 212, 218.
326 BVerfGE 44, 353, 356; 56, 247; zum Beweisverwertungsbeschluss im Ermittlungsverfahren: BVerfGE 34, 238, 244; zum Haftbefehl: BVerfGE 9, 89; 32, 87, 92; 46, 194.
327 *BVerfG* NJW 1997, 2163; 1998, 2432.
328 *BVerfG* Beschl. v. 29.12.1998- 2 BvR 37/98 zur Ablehnung einer Zeugenladung.
329 BVerfGE 34, 205, 207 f. zu einer Verletzung der Intimsphäre.
330 BVerfGE 15, 256, 263.
331 BVerfGE 29, 304.
332 BVerfGE 7, 62 ff.
333 BVerfGE 33, 18, 21 f.; 3, 162, 172; 2, 237, 244.
334 *BVerfG* BB 1985, 906 (zu § 396 AO).
335 BVerfGE 81, 1, 3.
336 DVBl. 2004, 403, 408.

säumnis des Angreifens einer Entscheidung ein Obsiegen im Verfassungsbeschwerdeverfahren verhindert wird. Soweit jedenfalls die Entscheidungen aufgeführt und konkret bezeichnet sind, wird damit dem Bezeichnungserfordernis des § 92 BVerfG Rechnung getragen.[337]

4. Unterlassen

Auch ein Unterlassen kann Gegenstand einer Verfassungsbeschwerde sein, vgl. §§ 92, 95 I BVerfGG. **258** Bei legislativem Unterlassen ist zu unterscheiden: Echtes Unterlassen des Gesetzgebers liegt vor, wenn trotz verfassungsrechtlicher Pflicht keine Norm erlassen wurde. Von einem unechten Unterlassen ist auszugehen, wenn der Gesetzgeber seiner Normerlasspflicht nicht in zureichender Weise nachgekommen ist.[338] Es kommt auch in Betracht bei Untätigkeit von Behörden und Gerichten, wobei jedoch fraglich ist, ob zuvor eine Untätigkeitsbeschwerde zu erheben ist.[339]

II. Beschwerdefähigkeit

Gem. § 90 I BVerfGG kann „jedermann" Verfassungsbeschwerde erheben bzw. am Verfassungsbe- **259** schwerdeverfahren beteiligt sein.

Das BVerfGG enthält keine ausdrückliche Regelung über die – hier fehlen einheitliche Bezeichnun- **260** gen – Parteifähigkeit, Beteiligtenfähigkeit, Antragsfähigkeit oder Beschwerdefähigkeit. Das BVerfG nimmt aber grundsätzlich die Kompetenz für sich in Anspruch, die Rechtsgrundlagen für die Gestaltung seines Verfahrens „in Analogie zum sonstigen deutschen Verfahrensrecht" zu entwickeln.[340] Dabei sind verfassungsprozessuale Begriffe im Lichte der Funktion der Verfahrensordnung zu erfassen.[341] Besteht wiederum der Sinn der Verfassungsbeschwerde in der prozessualen Durchsetzung der Grundrechte und grundrechtsgleichen Rechte, bestimmt sich die Parteifähigkeit auch nach deren persönlichem Geltungsbereich.

1. Grundrechtsträger

Die Beschwerdefähigkeit ist abhängig vom materiellen Recht. Gem. § 90 I BVerfGG ist im Gegensatz **261** zu § 61 VwGO nicht die allgemeine Rechtsfähigkeit erforderlich; vielmehr reicht es aus, dass der Beschwerdeführer Träger von Grundrechten sein kann.[342] Als solche kommen vor allem in Betracht natürliche und juristische Personen.

a) Natürliche Personen

Natürliche Personen sind grundsätzlich im Verfassungsbeschwerdeverfahren beteiligtenfähig; dies er- **262** gibt sich aus dem Sinngehalt zahlreicher Grundrechte, die, wie z.B. Art. 2 II 1 GG, nur natürlichen

---

337 Vgl. nur BVerfGE 54, 53, 64 f.
338 BVerfGE 13, 248, 253; vgl. *Schlaich/Korioth*, Rn. 213.
339 BVerfGE 10, 302; 2, 287, 290; 6, 257, 263 ff.; 10, 302, 306; 16, 119, 121; 69, 161, 167. Vgl. dazu Rn. 420 f.; BVerfG NVwZ 2003,858.
340 Vgl. BVerfGE 1, 109, 110, st. Rspr.
341 BVerfGE 70, 35, 51.
342 Die Frage, ob er tatsächlich auch im konkreten Fall Träger des geltend gemachten Grundrechts ist, bleibt der Begründetheit vorbehalten. Die Fähigkeit, Träger von Grundrechten zu sein, ist auch unabhängig von der Frage, ob nach den persönlichen Verhältnissen diese Grundrechte auch vor dem BVerfG in einem Prozess verfolgt und in der mündlichen Verhandlung postuliert werden können. (vgl. *Umbach/Ruppert*, § 90 Rn. 18).

Personen zustehen können, wie auch aus einem Umkehrschluß aus Art. 19 III GG. Eine Ausnahme bilden die sog. Deutschengrundrechte wie z.B. Art. 8, 9 I[343], 11, 12, 16, 33 I, II GG.

263 Der Grundrechtsschutz beginnt mit der Geburt, was allerdings die Ausnahme eines – mit Hilfe eines Pflegers durchzusetzenden – Schutzes des „nasciturus" nicht ausschließt.[344] Auch Minderjährige sind im Verfassungsbeschwerdeverfahren – wie z.B. bei Sorgerechtsentscheidungen – grundsätzlich grundrechts- und daher unabhängig vom Alter auch beteiligtenfähig. Probleme können sich allenfalls bei der Vertretung und damit bei der Prozessfähigkeit stellen.[345]

264 Beim Tod endet die Beschwerdefähigkeit. Das Gesetz enthält keine Aussage zur Fortsetzung des Beschwerdeverfahrens.[346] Soweit es bei der Verfassungsbeschwerde um die Geltendmachung höchstpersönlicher Rechte geht, scheidet i.d.R. eine Fortführung der Verfassungsbeschwerde aus. Etwas anderes gilt bei Erben, Nachlasskonkursverwaltern oder Testamentsvollstreckern.[347] Diese können wegen der erfolgten Universalsukzession selbst Inhaber des geltend gemachten Grundrechts werden, soweit es nicht höchstpersönlich ist. Aus Gründen der Prozessökonomie kann man ihnen nicht die erneute Beschreitung des Rechtswegs zumuten.[348] Geht es um die Geltendmachung eines Vermögensrechts, das auch in der Person des Erben grundrechtlich geschützt ist,[349] dann kann das Verfassungsbeschwerdeverfahren fortgeführt werden.[350] Ein solcher Fall wurde angenommen im Lebensversicherungsfall,[351] in dem es um finanzielle Ansprüche seitens der Erben ging.[352]

b) Juristische Personen

265 Auch inländische juristische Personen sind nach Art. 19 III GG Träger von Grundrechten und damit beschwerdefähig, soweit diese ihrem Wesen nach auf sie anwendbar sind.

aa) Arten juristischer Personen

266 Zu differenzieren ist grundsätzlich zwischen juristischen Personen des Privatrechts und solchen des öffentlichen Rechts.

bb) Juristische Personen des Privatrechts

267 Ohne weiteres ist gem. Art. 19 III GG die Grundrechtsfähigkeit gegeben, wenn es sich um juristische Personen des Privatrechts handelt, wie eine AG, GmbH oder PartG.[353]

268 Über den Wortlaut des Art. 19 III GG hinaus, der auf juristische Personen abstellt, ist nach st. Rspr. des BVerfG die Beteiligtenfähigkeit im Verfassungsbeschwerdeverfahren auch bei einer BGB-Gesellschaft[354] sowie bei nichtrechtsfähigen Organisationen zu bejahen, soweit sie – wie dies bei einer

---

343 Zum Grundrechtsschutz von Ausländervereinen durch Art. 9 I GG vgl. *BVerfG* NVwZ 2000, 1281.

344 Vgl. z.B. BVerGE 39, 1, 41; 45, 376, 386. Das BVerfG hatte aber bisher keine Notwendigkeit, über die Frage nach der Grundrechtsfähigkeit des nasciturus zu entscheiden. Das BVerfG hatte in abstrakten Normenkontrollverfahren nur zu entscheiden über die Schutzpflicht für das ungeborene Leben (BVerfGE 39, 1, 41; 45, 376, 386; 88, 203).

345 Vgl. dazu unten Rn. 283 ff.

346 BVerfGE 6, 389, 442; 109, 279, 304.

347 BVerfGE 17, 86, 90; 69, 188, 201, 88, 366, 374; 111, 191, 211.

348 Vgl. auch *Umbach/Ruppert*, § 90 Rn. 23.

349 *BVerfG* Beschl. v. 13.7.2004 – 1 BvR 1298/ 94 u.a.

350 BVerfGE 3, 162, 164; 6, 389, 442; 17, 86, 90; 23, 288, 300; 26, 327, 332; 36, 102, 112; 69, 188, 201; 88, 366, 374; 93, 165, 170; 94, 12, 30.

351 *BVerfG* NJW 2005, 2376.

352 Nicht aber der Fiskus als Erbe, *BVerfG* NJW 2005, 45 ff.

353 Vgl. nur *BVerfG* EuGRZ 2006, 159; BVerfGE 39, 302, 312. Auch Stiftungen sind beschwerdefähig, BVerfGE 3, 383, 389.

354 *BVerfG* NJW 2002, 3533; vgl. auch *BGH* NJW 2001, 1056 und 2002, 1207.

OHG oder KG nach dem HGB oder einem nicht-rechtsfähigen Verein nach dem BGB der Fall ist – zumindest teilrechtsfähig sind.[355]

Einen Sonderfall bilden politische Parteien und Abgeordnete. Hier bedarf es der Abgrenzung zwischen Verfassungsbeschwerde und Organklage: Parteien sind einerseits (z.T. nicht-rechtsfähige) Vereine; sie haben jedoch – nach der nicht gerade überzeugenden Rechtsprechung des BVerfG – im Hinblick auf Art. 21 GG wegen des Auftrags, bei der politischen Willensbildung des Volkes mitzuwirken, quasi die Funktion eines Verfassungsorgans. Sie sind grundsätzlich grundrechts- und daher im Verfassungsbeschwerdeverfahren auch beteiligtenfähig. Verfassungsbeschwerde können sie jedoch nur erheben, soweit sie in ihren Grundrechten – quasi wie ein Bürger – betroffen sind, was z.B. der Fall ist bei einem Streit um die Vergabe von Sendezeiten bei öffentlich-rechtlichen Rundfunkanstalten[356] oder öffentlichen Einrichtungen wie Stadthallen,[357] zumal hier ein geeigneter Antragsgegner für ein Organstreitverfahren fehlt. Soweit es hingegen um ihren Organstatus geht, wie z.B. bei einem Vorgehen einer Partei gegen Regelungen zur Parteienfinanzierung, kommt nur eine Organklage gem. Art. 93 I Nr.1 GG, §§ 63 ff. BVerfGG in Betracht.[358] **269**

Auch bei Abgeordneten ist entsprechend zu differenzieren. Sind sie – wie bei einem Redeverbot im Parlament – in ihrem Organstatus betroffen, kommt auch nur eine Organklage in Betracht.[359] Geht es hingegen um ihre Grundrechte, wie bei einem Strafurteil wegen einer beleidigenden Rede, können sie Verfassungsbeschwerde erheben. **270**

cc) Juristische Personen des öffentlichen Rechts [360]

Auch hier bedarf es einer Differenzierung: **271**

(1) Grundsatz: Keine Grundrechtsfähigkeit

Juristische Personen des öffentlichen Rechts wie Gemeinden,[361] Kammern[362] oder auch Sparkassen[363] sowie Betriebskrankenkassen[364] sind nach der – wenn auch umstrittenen[365] – Rechtsprechung des BVerfG grundsätzlich – ungeachtet des offenen Wortlauts des Art. 19 III GG – nicht grundrechtsfähig.[366] Dies gilt auch bei einem Sitz im Ausland. Für eine Differenzierung zwischen inländischen und ausländischen juristischen Personen des öffentlichen Rechts ergeben sich keine Anhaltspunkte.[367] **272**

---

355 BVerfGE 6, 273, 277; 20, 162, 171; 24, 236, 243 f.; 53, 1, 13. Maßgeblich ist insofern zunächst die Natur des jeweiligen Grundrechts und sodann die Frage, ob der betreffenden Vereinigung durch die Rechtsordnung bestimmte Rechte eingeräumt worden sind, die sie dann auch in ihrer grundrechtlichen Dimension verfolgen können muss.

356 Vgl. nur *BVerfG* NVwZ 2006, 369.

357 BVerfGE 7, 99, 103; NVwZ-RR 2006, 369 zu Rundfunksendezeiten; 14, 121, 129; 27, 152, 158; 69, 257, 265.

358 BVerfGE 4, 27 ff.; 11, 239, 242 f.; 20, 18, 22.

359 Vgl. BVerfGE 108, 251, 266 f.

360 Vgl. u.a. *Frenz*, VerwArch. 1994, 22; *Starck*, JuS 1977, 732 ff.

361 Vgl. nur BVerfGE 61, 82, 105 (Sasbach); *BVerfG* Beschl. v. 23.7.2002 – 2 BvR 403/02: Kein Rückfallanspruch gemeindlichen Eigentums bei entgegenstehendem Bundesverwaltungsbedarf; zur Staatsanwaltschaft *BVerfG* NJW 1995, 1302; *BVerfG* NJW 2006, 2907 – Republik Argentinien.

362 *BVerfG* NJW 1989, 2613.

363 BVerfGE 75, 192, 196; NJW 1995,582.

364 *BVerfG* FamRZ 2005, 1813 ff.

365 Die Kritik richtet sich vor allem gegen die unterschiedslose Ablehnung der Beteiligtenfähigkeit unabhängig von der Rechtsform der Aufgabenerfüllung der öffentlichen Hand.

366 Abgelehnt hat das BVerfG auch die Beschwerdefähigkeit bei Rentenversicherungsträgern (BVerfGE 21, 262, 377), Sozialversicherungsträgern (BVerfGE 77, 340, 344), Allgemeinen Ortskrankenkassen (BVerfGE 39, 302, 314, 316), Kassenärztlichen Vereinigungen, Innungen und Innungsverbänden der Zahntechniker (BVerfGE 70, 1, 16, 18), sowie den öffentlichen Sparkassen (BVerfGE 75, 192, 200).

367 *BVerfG* Beschl. v. 8.2.2006-2 BvR 575/05.

273 Zur Begründung wird verwiesen auf das Wesen bzw. die Funktion der Grundrechte allgemein;[368] die Verfassungsbeschwerde ist nur ein Mittel zur Durchsetzung der Grundrechte des Bürgers gegenüber dem Staat nicht aber zur Klärung von Auseinandersetzungen zwischen den einzelnen Trägern staatlicher Gewalt.

274 Die Grundrechtsfähigkeit fehlt der öffentlichen Hand auch, soweit es sich nicht um Eingriffsverwaltung, sondern z.B. nur um Daseinsvorsorge handelt bzw. nicht einmal öffentliche Aufgaben wahrgenommen werden.[369]

275 Aus dem gleichen Grunde sind nicht grundrechtsfähig juristische Personen des Privatrechts, welche sich ausschließlich im Besitz der öffentlichen Hand befinden, wie beispielsweise eine (defizitär arbeitende) kommunale AG.[370]

276 Ebenfalls wird vom BVerfG (noch) verneint die Grundrechtsfähigkeit gemischtwirtschaftlicher Unternehmen, in denen die öffentliche Hand zumindest einen entscheidenen Einfluss ausübt wegen ihres Anteils.[371] – Diese Rechtsprechung vermag nicht zu überzeugen, weil allein der Grad der Beteiligung über die Frage der konkreten Stellung des Unternehmens gegenüber dem Staat wenig aussagt. Auch ist die Annahme des stets durchgreifenden Einflusses des Mehrheitsgesellschafters auf die Geschäfte gesellschaftsrechtlich nicht haltbar.[372] Die spannende Frage wird sein, ab welchem Beteiligungsanteil die Beschwerdefähigkeit bejaht wird.

277 Nicht hingegen steht nach dem BVerfG[373] einer Beschwerdefähigkeit einer juristischen Person des Privatrechts entgegen, dass die öffentliche Hand wie z.B. der Bund an ihr Anteile hält, soweit kein beherrschender Einfluss auf die Unternehmensführung vorliegt.

(2) Ausnahme: Zuordnung zu grundrechtlich geschütztem Lebensbereich

278 Grundrechtsschutz kommt bei juristischen Personen des öffentlichen Rechts ausnahmsweise in Betracht bei deren Zuordnung zu einem grundrechtsgeschützten Lebensbereich, wenn sie also Grundrechte in einem Bereich verteidigen, in dem sie vom Staat unabhängig, also „unmittelbar dem durch die Grundrechte geschützten Lebensbereich zuzuordnen" sind.[374] Dies wird bejaht bei öffentlich-rechtlichen Rundfunkanstalten wegen des Art. 5 I 2 GG,[375] Universitäten und Fakultäten im Hinblick auf Art. 5 III GG,[376] Religionsgemeinschaften und ihren Untergliederungen im Hinblick auf Art. 140 GG i.V.m. Art. 136 ff. WRV.[377]

279 In allen Fällen besteht jedoch nur eine partielle Grundrechtsfähigkeit zur Verteidigung der diesen juristischen Personen zugeordneten Grundrechte, so dass sich z.B. Rundfunkanstalten nur auf Art. 5 I 2 GG, nicht aber auf Art. 14 GG berufen können.[378]

---

368 Vgl. nur BVerfGE 15, 298, 302; 21, 362, 270 f.; 68, 193, 211.

369 BVerfGE 61, 82, 100 f. für die Gemeinde Sasbach-Wyhl.

370 BVerfGE 45, 63, 78.

371 *BVerfG* NJW 1990, 1783.

372 Vgl. auch *Koppensteiner*, NJW 1990, 3105 ff.; *Schmidt-Aßmann*, Der Grundrechtsschutz gemischt-wirtschaftlicher Unternehmen nach Art. 19 III GG, BB 1990, Beil. 34, 9 f.

373 *BVerfG* EuGRZ 2006, 159.

374 Zum Sonderfall der Bejahung der Beteiligtenfähigkeit im Verfassungsbeschwerdeverfahren bei Orthopädietechnikerinnungen (BVerfGE 21, 362, 374 ff.), weil sie – anders als Zahntechnikerinnungen (dazu BVerfGE 68, 193, 205) – keine öffentlichen Aufgaben und Funktionen wahrnehmen, sondern vielmehr vornehmlich mit der Wahrnehmung privater Interessen betraut seien: BVerfGE 70, 1, 15 ff.

375 BVerfGE 31, 314, 322; 59, 231, 255; 78, 101, 102 f.; es ist noch offen, ob auch die Landesmedienanstalten partiell grundrechtsfähig sind (dazu neigt *BVerfG* NVwZ-RR 1993, 550).

376 BVerfGE 15, 256, 262; 39, 302, 314.

377 BVerfGE 19, 1, 5; siehe auch BVerfGE 30, 112, 120.

378 BVerfGE 59, 231, 255; 64, 256, 259; 78, 101.

dd) Wesensmäßige Anwendbarkeit

Soweit juristische Personen grundsätzlich grundrechts- und damit im Verfassungsbeschwerdeverfahren beteiligtenfähig sind, kommt nach Art. 19 III GG eine Berufung nur auf die Grundrechte in Betracht, die ihrem Wesen nach auf sie anwendbar sind. Sie müssen daher kollektiv ausübbar sein. Zu fragen ist, inwieweit sie als juristische Person durch die Bildung und Betätigung die Grundrechte von natürlichen Personen entfalten.[379] Dies ist bei den meisten Grundrechten wie Art. 2 I, 3 I, 4 I,[380] 12 oder 14 GG, nicht aber bei personenbezogenen bzw. höchstpersönlichen Grundrechten Art. 2 II 1, 4 III, 6 I[381] GG der Fall.[382]

280

ee) Inlandsitz

Juristische Personen können sich nach Art. 19 III GG nur bei einem Sitz im Inland auf Grundrechte berufen;[383] unerheblich ist aber die Staatsangehörigkeit der hinter der juristischen Person stehenden Personen, so dass auch eine von Ausländern beherrschte Gesellschaft mit Sitz in der BRD beschwerdefähig ist. Offen gelassen hat das BVerfG die Frage der Grundrechtsfähigkeit ausländischer juristischer Personen mit Sitz in der EU.[384]

281

ff) Sonderfall: Justizgrundrechte

Alle juristischen Personen – also auch solche des öffentlichen Rechts wie Gemeinden oder Kammern bzw. solche mit Sitz im Ausland[385] – sind im Verfassungsbeschwerdeverfahren (partiell) beteiligtenfähig bei einer Berufung auf die Justizgrundrechte der Art. 101 I 2, 103 I GG. Diese Bestimmungen enthalten objektive Verfahrensgrundsätze, die jedem zugute kommen müssen, der nach den einfachgesetzlichen Verfahrensnormen parteifähig ist oder von dem Verfahren unmittelbar betroffen wird.[386]

282

> Eine Gemeinde kann im Wege der Individualverfassungsbeschwerde gegen eine fachgerichtliche Entscheidung zulässigerweise die Verletzung von Prozessgrundrechten rügen. Das Recht auf ein faires Verfahren i.V.m. der Rechtsweggarantie schützt wie jeden Rechtsmittelführer auch eine Gemeinde davor, dass der Zugang zu einer vom Gesetzgeber eröffneten weiteren Instanz durch die Fachgerichte in unzumutbarer Weise erschwert wird.[387]

Beispiel 6

2. Prozessfähigkeit

In der Regel wirft die Frage der Prozessfähigkeit, also der Fähigkeit, Prozesshandlungen selbst oder durch bestellte Vertreter vornehmen zu lassen, im Verfassungsbeschwerdeverfahren keine besonde-

283

---

379 Vgl. auch BVerfGE 21, 362, 369; s.a. *Umbach/Ruppert*, § 90 Rn. 30 ff. m.w.N.

380 Vgl. z.B. BVerfGE 19, 103,104; 46, 73, 83.

381 Vgl. auch BVerfGE 13, 290, 297.

382 Vgl. auch *BVerwG* NJW 1994, 2166:Berufsfreiheit eines eingetragenen gemeinnützigen Vereins.

383 BVerfGE 12, 6, 8; 21, 207, 209; 61, 104; zum Grundrechtsschutz ausländ. jur. Personen vgl. auch *Gukkerlberger*, AöR 2004, 618; vgl. auch BGHZ 76, 375: Kein Art. 14 GG für ausländ. Charter-Fluggesellschaft; siehe auch *OVG Münster*, NVwZ 1989, 1090 ff.; eine Ausnahme wird diskutiert für EG-juristische Personen wegen des EG-Diskriminierungsverbots; vgl. auch *Kotzur*, DÖV 2001, 192 ff., 197. Vgl. auch BFH NJW 2001, 2199.

384 Vgl. *BVerfG* NJW 2004, 3031.

385 *BVerfG* Beschl. v. 8.2.2006 – 2 BvR 575/05: Danach sind auch ausländische juristische Personen des öffentlichen Rechts auf die Geltendmachung einzelner Prozessgrundrechte wie Art. 100 I 2 und Art. 103 GG beschränkt.

386 BVerfGE 21, 362, 373; 72, 122, 131. Das gilt zumindest dann, wenn der Staat als Fiskus in Anspruch genommen und in Verwirklichung des Grundsatzes der Gewaltenteilung wie jede andere juristische Person richterlicher Hoheitsgewalt unterworfen wird (BVerfGE 6, 45, 49 f.; 61, 82, 104).

387 *BbgVerfG* DVBl 1999, 1722.

ren Probleme auf. Derjenige, der sich auf Grundrechte berufen kann, ist meist auch beteiligten- und verfahrensfähig im Verfahren vor dem BVerfG.

284 Während im allgemeinen Prozessrecht die Altersgrenze von 18 Jahren gilt, enthält das BVerfGG keine entsprechende Regelung. Wegen der besonderen Eigenart der Verfassungsbeschwerde erkennt das BVerfG[388] in nicht gefestigter Rechtsprechung an, dass die Prozessfähigkeit ausnahmsweise vor der Schwelle der Volljährigkeit liegen kann. Da die im Schrifttum entwickelte Kategorie der „Grundrechtsmündigkeit" keine verfassungsrechtlich relevante Kategorie ist,[389] kommt auch bei Minderjährigen[390] eine Beteiligten- wie auch Prozessfähigkeit im Verfassungsbeschwerdeverfahren in Betracht. Sie können daher als Beschwerdeführer auftreten. Es darf den Minderjährigen vor allem nicht zum Nachteil gereichen, dass die vertretungsberechtigten Eltern aus eigenen Interessen keine Verfassungsbeschwerde erheben.[391]

285 Einschränkungen können sich aus spezialgesetzlichen Regelungen, im Hinblick auf das Fehlen der Einsichtsfähigkeit, bei Vermögensrechten sowie in Interessenkollisionsfällen ergeben.

a) Spezialgesetzliche Regelungen

286 Soweit nach einfachrechtlichen Bestimmungen Rechte gewährt werden, kommt auch Prozessfähigkeit im Verfassungsbeschwerdeverfahren in Betracht. Als Beispiel sei erwähnt das Recht, über die Wahl des religiösen Bekenntnisses bereits im Alter von 14 Jahren zu entscheiden.[392]

b) Einsichtsfähigkeit

287 Die Prozessfähigkeit kann fehlen, soweit nicht die erforderliche Einsichtsfähigkeit vorliegt, eine Grundrechtsverteidigung im Verfassungsprozess selbstverantwortlich vorzunehmen. Das ist für jedes Grundrecht gesondert und im Einzelfall zu prüfen.

288 Soweit eine Einsichtsfähigkeit gegeben ist, können sich daher auch ein minderjähriger Künstler, wie z.B. ein Nachfolger des jungen Mozart, der sich gegen ein polizeiliches Klavierspielverbot zu bestimmten Zeiten wehrt, oder der nicht volljährige Redakteur einer Schülerzeitschrift, der Zensurmaßnahmen der Schulverwaltung angreift, auf Grundrechte wie Art. 5 III oder Art. 5 I GG berufen, ohne sich durch die Eltern vertreten zu lassen.[393]

289 In Fällen einer Betreuung oder Unterbringung wegen Geistesschwäche geht das BVerfG im Einklang mit der einfachen Rechtsordnung davon aus, dass die Prozessfähigkeit gegeben ist, soweit es um die wegen des Geisteszustandes zu treffenden Maßnahmen geht.[394]

290 Gleiches muss gelten zumindest für über 14jährige Minderjährige in Anlehnung an § 59 I 3 FGG für eine Verfassungsbeschwerde gegen Sorgerechtsentscheidungen angesichts der in diesem Alter bereits vorhandenen Einsichtsfähigkeit wie auch wegen der erheblichen Betroffenheit.[395] Ebenso kann Min-

---

388 BVerfGE 28, 243, 255; 72, 122, 132 ff.
389 *Hesse*, Grundzüge, Rn. 285.; a.A. *Dörr*, S. 24.
390 Zur Beschwerdebefugnis von Eltern, denen das Sorgerecht zusteht und die sich auf Art. 6 II GG berufen können, bei einer erstrebten Beteiligung im Jugendstrafverfahren vgl. *BVerfG* NJW 2003, 2004.
391 Vgl. auch *Walter,* FamRZ 2001, 1,4. Im Fall einer mündlichen Verhandlung muss sich aber jeder Beschwerdeführer durch einen Rechtsanwalt oder einen Hochschullehrer an einer rechtswissenschaftlichen Fakultät vertreten lassen, um Einfluss auf den Ablauf der mündlichen Verhandlung nehmen zu können.
392 Reichsgesetz über die religiöse Kindererziehung von 1921 (RGBl. 1921, 939); BVerfG 1, 87, 88; siehe auch *BVerfG* NJW 1987, 1873; BVerfGE 28, 243, 255 u. 60, 234, 240 zum Recht wehrpflichtiger Minderjähriger, Verfassungsbeschwerde einzulegen gegen Entscheidungen im Disziplinarverfahren und anderen die Wehrpflicht betreffenden Verfahren.
393 Str.; vgl. a.A. *Dörr*, S. 24 f.
394 BVerfGE 10, 302, 306; 65, 317, 321.
395 Vgl. *Dörr*, S. 26; offengelassen von BVerfGE 72, 122, 133.

derjährigen der Zugang zum BVerfG nicht versagt werden, wenn ein gesetzlicher Vertreter nicht willens oder in der Lage ist, Verfassungsbeschwerde zu erheben.[396]

c) Wahrnehmung vermögenswirksamer Rechte

Soweit es um die Wahrnehmung vermögenswirksamer Rechte geht, sind nach dem BVerfG die Regelungen über die bürgerlich-rechtliche Geschäftsfähigkeit entsprechend heranzuziehen, da der nach dem BGB angenommene Mangel der geistigen Kräfte, bestimmte eigene Angelegenheiten zu besorgen, auch den Mangel der nötigen Einsicht in die Voraussetzungen und den Zweck der Verfassungsbeschwerde in solchen Angelegenheiten vermuten lasse.[397]   **291**

d) Interessenkollision

In Interessenkollisionsfällen muss u.U. ein Ergänzungs- oder Verfahrenspfleger (vgl. auch § 50 FGG) bestellt werden: dies ist z.B. der Fall, wenn Kinder von getrennt lebenden Elternteilen (sei es auch zusammen mit einem Elternteil) in einem Sorgerechtsverfahren Verfassungsbeschwerde einlegen.   **292**

Nach dem BVerfG[398] ergibt sich aus der verfassungsrechtlichen Verankerung des Kindeswohls in Art. 6 II und Art. 2 I GG i.V.m. dem Anspruch auf rechtliches Gehör (Art. 103 I GG) die Pflicht, das Kindeswohl verfahrensrechtlich dadurch zu sichern, dass den Kindern bereits im familiengerichtlichen Verfahren ein Pfleger zur Wahrung ihrer Interessen zur Seite gestellt wird, wenn zu besorgen ist, dass die Interessen der Eltern in einen Konflikt zu denen ihrer Kinder geraten. In derartigen Fällen ist stets ein Pfleger für das Verfassungsbeschwerdeverfahren zu bestellen.   **293**

Für Beschwerdeführer, die durch eine Entscheidung in einem Verfahren belastet sind, an dem sie nicht beteiligt waren, läuft nach dem BVerfG[399] die Monatsfrist des § 93 BVerfGG erst mit ihrer Kenntnis. Hierfür ist bei den minderjährigen Beschwerdeführern die Kenntnis des Vertreters maßgeblich. Falls ein Ergänzungspfleger erforderlich war und der Ergänzungspfleger nach Einlegung der Verfassungsbeschwerde erst später bestellt wird, beginnt die Frist erst mit der Kenntnis des Ergänzungspflegers zu laufen.   **294**

3. Vertretung

Soweit ausnahmsweise keine Prozessfähigkeit des Beschwerdeführers vorliegt, muss sich der Beschwerdeführer vertreten lassen. Maßgeblich ist dann die allgemeine Vertretungsregelung des § 22 BVerfG.[400]   **295**

III. Beschwerdebefugnis

Die Verfassungsbeschwerde ist nur zulässig bei Vorliegen einer Beschwerdebefugnis des Beschwerdeführers; eine Popularklage ist wie bei § 42 II VwGO ausgeschlossen.   **296**

Der Beschwerdeführer muss behaupten (und dies mit einer gewissen Plausibilität auch behaupten können), durch die öffentliche Gewalt in einem seiner Grundrechte oder grundrechtsgleichen   **297**

---

396 BVerfGE 72, 122, 134; vgl. auch BVerfGE 55, 171, 179.
397 BVerfGE 19, 93, 100 f. Aus dem gleichen Grund wurde die Prozessfähigkeit eines in seiner Verfügungsbefugnis beschränkten Gemeinschuldners für eine Verfassungsbeschwerde verneint (BVerfGE 51, 405, 407 f.).
398 Beschl. v. 29.10.1998 – 2 BvR 1206/98; vgl. a. BVerfGE 75, 201, 214 f.
399 Ebd.
400 Vgl. dazu unter Rn. 713 ff.

Rechte i.S.d. § 90 I BVerfGG verletzt zu sein. Diese Behauptung muss mit anderen Worten – und dieses Erfordernis geht über den Wortlaut des § 90 I BVerfGG hinaus – ausreichend substantiiert sein. Aus seinem Tatsachenvortrag hat sich zu ergeben, dass die Grundrechtsverletzung zumindest möglich erscheint.[401] Ihre Behauptung und die tatsächliche Betroffenheit des Beschwerdeführers sind darzutun in einer dem Begründungserfordernis des – unten gesondert erörterten[402] – § 92 BVerfGG entsprechenden Form.

1. Grundrechtsrüge

298 Der Beschwerdeführer muss also danach einmal zumindest rügen, dass er in einem der Grundrechte oder grundrechtsgleichen Rechte aus Art. 20 IV, 33, 38, 101, 103 GG verletzt ist.

299 Mit dem Erfordernis der Grundrechtsrüge wird deutlich, dass der Beschwerdeführer bei einer Verfassungsbeschwerde nur rügen kann, dass spezifisches Verfassungsrecht verletzt ist. Nicht reicht jedenfalls die bloße Verletzung von einfachem Recht durch falsche Auslegung oder Anwendung von Gesetzen, Rechtsverordnungen oder Satzungen. Die Abgrenzung wirft jedoch erhebliche Probleme auf.[403]

300 Ob die Verletzung tatsächlich vorliegt, also rechtswidrig in das Grundrecht eingriffen wurde, ist – ungeachtet fließender Übergänge – kein Problem der Beschwerdebefugnis und damit der Zulässigkeit, sondern im Rahmen der Begründetheit der Verfassungsbeschwerde zu prüfen.

301 Nach der Rechtsprechung des BVerfG muss der Beschwerdeführer „hinreichend deutlich machen",[404] dass der angegriffene Akt der öffentlichen Gewalt – der im übrigen möglichst präzise bezeichnet sein soll – eines der in § 90 I BVerfGG genannten Rechte beeinträchtigten könnte. In § 92 BVerfGG heißt es zwar nur „Recht"; dass es sich hierbei aber nur um Grundrechte und grundrechtsgleiche Rechte i.S.d. § 90 I BVerfGG handeln kann, ergibt sich schon daraus, dass die Verfassungsbeschwerde ausschließlich der prozessualen Durchsetzung von Grundrechten und grundrechtsähnlichen Rechten dient.[405] Der Kreis der als verletzt rügbaren Rechte ist bei der Verfassungsbeschwerde beschränkt.

a) Grundrechte und grundrechtsgleiche Rechte

302 Als verletzt dürfen lediglich die in Art. 93 I 4a GG, § 90 I BVerfG genannten Rechte genannt werden, also die Grundrechte der Art. 1 ff. GG.[406] Gerügt werden können auch die grundrechtsgleichen Rechte wie Art. 101, 103, 104 GG, nicht aber – unmittelbar – sonstige Normen des Grundgesetzes wie Art. 25, 28 oder 39 GG.

303 Angesichts der abschließenden Aufzählung der Maßstabsnormen unter Beschränkung auf Grundrechte des Grundgesetzes wie auch auf Grund fehlender Entscheidungskompetenz des BVerfG können auch nicht als verletzt gerügt werden Grundrechte in Landesverfassungen[407] bzw. Regeln des Völkerrechts i.S.d. Art. 25 GG,[408] Verfassungen ausländischer Staaten[409] sowie im Recht der Euro-

---

401 BVerfGE 81, 347, 355; 89, 155; 94, 49, 84.
402 Vgl. Rn. 648 ff.
403 Ausf. dazu im Zusammenhang mit der Urteilsverfassungsbeschwerde, siehe unten Rn. 292 ff.
404 BVerfGE 67, 90, 94; 86, 81, 86.
405 Vgl. BVerfGE 1, 4 f. .
406 Art. 1 GG zumindest in Zusammenhang mit anderen Grundrechten, BVerfGE 67, 100, 142; 67, 213, 228.
407 BVerfGE 41, 88 ff.; 69, 118.
408 BVerfGE 4, 110, 111; 6, 389, 440; 18, 441, 451 f.
409 BVerfGE 1, 10, 11: Tschechoslowakei; auch die Menschenrechte der Allgemeinen Erklärung der Menschenrechte der Vereinten Nationen können nicht Prüfungsmaßstab im Verfassungsbeschwerdeverfahren sein (BVerfGE 41, 88, 106).

päischen Union[410] und der EMRK. Insoweit kommt jedoch zumindest eine Willkürkontrolle gem. Art. 3 I GG[411] wie auch eine Verletzung des Rechtsstaatsprinzips in Verbindung mit dem jeweils einschlägigen Grundrecht in Betracht.[412]

Da Art. 2 I GG nicht nur die Privatsphäre und einen Persönlichkeitsbereich im engeren Sinne, sondern auch die allgemeine Handlungsfreiheit im umfassenden Sinne schützt, er somit Auffanggrundrecht ist,[413] wird dem Erfordernis der Grundrechtsrüge meist Rechnung getragen mit der Behauptung, die allgemeine Handlungsfreiheit sei verletzt.   **304**

Voraussetzung für eine Grundrechtsrüge ist stets, dass sie dem Beschwerdeführer ein subjektives Recht einräumen, was i.d.R. – nicht aber z.B. bei Art. 14 II,[414] III, 15, 17a,[415] 20[416] GG[417] – der Fall ist. Auch die Art. 33 und 38 GG kommen als rügefähige Rechte bei Verfassungsbeschwerden nur in Betracht, soweit sie – wie Art. 33 I-III GG oder Art. 38 I 1 GG – individuelle Rechte enthalten. Bei Parteien und Abgeordneten kommen Verfassungsbeschwerde oder Organklage gem. Art. 93 I Nr.1 GG in Frage, je nachdem, ob es um ihre Grundrechte (z.B. Redeverbot für einen MdB auf einer Versammlung) oder ihren verfassungsrechtlichen Status (z.B. Redeverbot für MdB im Parlament) geht.[418]   **305**

b) Sonstiges Verfassungsrecht

Auf dem Umweg über Grundrechte des Art. 2 I GG kann auf Grund der extensiven Auslegung des Schutzbereichs dieser Norm seit der „Elfes-"Entscheidung[419] auch sonstiges Verfassungsrecht als verletzt gerügt werden, da der Verfassungsbeschwerde über den vorrangigen individuellen Grundrechtsschutz auch eine objektive (Normen-)Kontrollfunktion der Wahrung der Verfassung zukommt.[420]   **306**

Schließlich kann jedermann im Wege der Verfassungsbeschwerde geltend machen, ein seine Handlungsfreiheit (i.S.v. Art. 2 I GG) beschränkendes Gesetz gehöre nicht zur verfassungsmäßigen Ordnung (i.S.v. Art. 2 I GG), weil es (formell oder inhaltlich) gegen einzelne Verfassungsbestimmungen wie die Kompetenzvorschriften der Art. 70 ff. GG, das Gesetzgebungsverfahren nach den Art. 76 ff. GG oder allgemeine Verfassungsgrundsätze wie das Rechtsstaatsprinzip verstoße; deshalb werde zumindest sein Grundrecht aus Art. 2 I GG verletzt.[421] In ein Grundrecht darf schließlich nur durch oder auf Grund eines solchen Gesetzes eingegriffen werden, das mit der gesamten verfassungsmäßigen Ordnung (also mit jedem Grundgesetzartikel) übereinstimmt, das also auch „an sich" und „im übrigen" – abgesehen vom eventuell speziell betroffenen Grundrecht – gültig ist.   **307**

Eine entsprechende Rüge objektiven Verfassungsrechts kann nicht nur über Art. 2 I GG, sondern auch bei Einschlägigkeit anderer Grundrechte geltend gemacht werden, wie z.B. Art. 4, 12, oder 14 GG.[422]   **308**

---

410 BVerfGE 88, 103, 112. – Europäische Sozialcharta.
411 Vgl. dazu unten Rn. 93 ff.
412 Vgl. auch *Papier*, EuGRZ 2006, 1, 2.
413 BVerfGE 6, 32, 36 ff.; 80, 137, 152.
414 BVerfGE 80, 137, 150.
415 BVerfGE 44, 197, 205.
416 BVerfGE 2, 336, 338 f.; 6, 376, 385; geltend gemacht werden kann jedoch Art. 20 IV GG.
417 Nicht geltend gemacht werden können auch (vgl. die Angaben bei *UmbachRuppert*, § 90 Rn. 69) Art. 28 I, II, 29 II 2, 34, 39, 68, 72, 74, 97, 100, 110, 123, 124, 125, 133, 137, 140, 142.
418 Vgl. dazu oben Rn. 269 f.
419 BVerfGE 6, 32; bestätigt u.a. in BVerfGE 80, 137.
420 Zum doppelfunktionalen Verständnis der Verfassungsbeschwerde als Rechtsbehelf zur Durchsetzung grundgesetzlich garantierter individueller Rechtspositionen und zugleich als spezifisches Rechtsschutzmittel des objektiven Verfassungsrechts: BVerfGE 45, 63, 74; 79, 365, 367.
421 BVerfGE 6, 32, 41.
422 Zu Art. 12 GG: BVerfGE 7, 377, 386 ff.; 29, 327, 333; zu Art. 14 GG: BVerfGE 24, 367, 384; 42, 263, 305.

Beispiel 7   **Bremer Landeskirche:**[423] Die Kirche wandte sich mit einer Verfassungsbeschwerde gegen ein Urteil des StGH Bremen zu einer Regelung, nach der ein Pfarrer für die Dauer der Ausübung eines Abgeordnetenmandats als beurlaubt gilt. Das BVerG hat die Möglichkeit einer Grundrechtsverletzung der Kirche aus Art. 4 I G bejaht und anschließend im Rahmen der Begründetheitsprüfung ausgeführt: *„Nachdem die Verfassungsbeschwerde zulässig ist, ist das BVerfG bei der materiell-rechtlichen Prüfung nicht mehr darauf beschränkt zu untersuchen, ob eine der gerügten Grundrechtsverletzungen vorliegt. Es kann die verfassungsrechtliche Unbedenklichkeit des angegriffenen Urteils vielmehr unter jedem in Betracht kommenden verfassungsrechtlichen Gesichtspunkt prüfen."* Anschließend hat das BVerfG objektives Verfassungsrecht wie Art. 140 GG i.V.m. Art. 137 III WRV geprüft.

2. Betroffenheit des Beschwerdeführers: selbst, gegenwärtig und unmittelbar

309   Die Zulässigkeit von Verfassungsbeschwerden setzt im Rahmen der Beschwerdebefugnis weiter die Behauptung des Beschwerdeführers voraus, durch einen Akt der öffentlichen Gewalt in seinen Grundrechten selbst, gegenwärtig und unmittelbar verletzt zu sein.[424]

310   Im Hauptfall der Verfassungsbeschwerde gegen gerichtliche Entscheidungen ergeben sich in der Regel keine Probleme, da hier die entsprechenden Voraussetzungen meist selbstverständlich vorliegen, wenn die Parteien oder Beteiligten des fachgerichtlichen Verfahrens sich beteiligen. Einer strengen Prüfung bedarf hingegen die Verfassungsbeschwerde unmittelbar gegen Gesetze.[425]

a) Möglichkeit der Rechtsverletzung

311   Der Beschwerdeführer muss darlegen, dass er in seinem Grundrecht möglicherweise verletzt oder gefährdet ist, dass also ein Eingriff vorliegt. Die angegriffene Maßnahme der öffentlichen Gewalt muss Rechtswirkungen äußern und geeignet sein, Rechtspositionen des Beschwerdeführers zu seinem Nachteil zu verändern.[426]

312   Es kann sich insoweit mittelbar bei Urteils- und unmittelbar bei Gesetzesverfassungsbeschwerden[427] das Problem des „Eingriffs" in ein Grundrecht stellen.[428] Er ist nur zu bejahen, wenn durch den angegriffenen Hoheitsakt die Ausübung eines Grundrechts ganz oder teilweise unmöglich gemacht wird.[429]

313   (1) Faktische Grundrechtsverletzungen können die erforderliche Eingriffsqualität haben; es ist nicht notwendig, dass beispielsweise ein Gesetz „gezielt" in das Grundrecht eingreifen will; so kann sich ein staatliches Monopol faktisch ebenso[430] grundrechtsbeschränkend auswirken wie etwa eine staatliche Informationstätigkeit.

314   (2) Auch der von privaten Dritten ausgehende Angriff kann zu einer Grundrechtsverletzung führen; dies ist jedenfalls dann möglich, wenn man mit dem BVerfG einzelnen Grundrechten Schutzpflichten des Staates entnimmt, so z.B. Art. 2 II GG die Pflicht, sich „schützend und fördernd vor die ge-

---

423 BVerfGE 42, 312 ff.; vgl. auch BVerfGE 70, 138 ff.

424 Die dogmatische Einordnung dieses zentralen Teils der Beschwerdebefugnisprüfung, insbesondere seine Abgrenzung zum Rechtsschutzbedürfnis ist umstritten (vgl. nur *Umbach/Ruppert,* § 90 Rn. 73 f.).

425 Vgl. BVerfGE 1, 97, 101; BVerfGE 90, 128, 135 = NVwZ 1994, 889; *BVerfG* NJW 1999, 1021; st. Rspr.

426 BVerfGE 60, 360, 371; dies ist nicht der Fall bei Maßnahmen, die keine Rechtswirkungen äußern, wie Vorbereitungshandlungen und unverbindliche Meinungsäußerungen, Ermächtigungen zum Erlass von Rechtsverordnungen (BVerfGE 57, 70, 90), Haushaltsplänen (BVerfGE 55, 349, 367), Neugliederungsgesetze nach Art. 29 GG (BVerfGE 49, 15, 23); zu Auslieferungsbewilligungen vgl. BVerfGE 63, 215, 226 f.

427 Vgl. zur Verfassungsbeschwerde gegen Gesetze: *BVerfG* NJW 2006, 751, 752.

428 Vgl. auch Rn. 185.

429 Vgl. ausf. zur Frage des Eingriffs *Pieroth/Schlink,* Rn. 238 ff.

430 BVerfGE 46, 120, 137; 38, 281, 303 ff.

nannten Rechtsgüter zu stellen und sie insbesondere vor rechtswidrigen Angriffen von seiten anderer zu bewahren".[431]

(3) Besonderheiten gelten bei Verfassungsbeschwerden gegen Gesetze. Ein Gesetz als unmittelbarer Gegenstand der Verfassungsbeschwerde muss nach Inhalt und Struktur geeignet sein, in Grundrechte einzugreifen. **315**

> Dementsprechend wurde die Beschwerdebefugnis z.B. verneint für die Zustimmungsgesetze zu den **Beispiel 8** Ostverträgen zwischen Bonn und Moskau bzw. Warschau.[432] Auch die vorzeitige Auflösung des Bundestages betraf nur den Bundestag und die Abgeordneten, „nicht aber im Rechtssinne unmittelbar den einzelnen Bürger".[433] Beschlüsse der Kultusministerkonferenz, der Ministerpräsidentenkonferenz und des Bundeskabinetts zur Durchführung der Rechtschreibreform griffen nicht gegenwärtig und unmittelbar in Grundrechte und grundrechtsgleiche Rechte von Eltern oder Schülern ein.[434]

b) Selbstbetroffenheit

Bei Verfassungsbeschwerden ist der Beschwerdegegenstand weiter beschränkt durch die Kriterien **316** der Selbstbetroffenheit des Beschwerdeführers. Bereits der Wortlaut des Art. 93 I Nr. 4a GG macht deutlich, dass der Beschwerdeführer nur die Verletzung „seiner" Grundrechte oder der in § 90 I BVerfGG genannten Rechte geltend machen kann. Eine Popularklage ist damit explizit ausgeschlossen.

Es ist nur derjenige beschwerdebefugt, der selbst, gegenwärtig und unmittelbar in einem Grundrecht **317** betroffen ist.[435] Er muss – z.B. durch ein Urteil – tatsächlich unmittelbar rechtlich und nicht nur mittelbar-reflexiv durch den Akt öffentlicher Gewalt betroffen sein.[436] Eine eigene rügefähige Beschwer setzt mehr als bloße Reflexwirkungen des angegriffenen Hoheitsaktes voraus.[437]

aa) Adressat

Das Erfordernis der Selbstbetroffenheit des Beschwerdeführers ist ohne weiteres erfüllt, wenn sich **318** die Norm, der Gerichtsentscheid, der Einzelakt, an ihn selbst richten.[438]

bb) Nichtadressat

Selbst wenn der Beschwerdeführer nicht Adressat eines Gesetzes oder eines Gerichtsverfahrens ist, **319** kann – ausnahmsweise – eine Selbstbetroffenheit vorliegen, wenn sich die nachteiligen Wirkungen auch für ihn als Eingriff und nicht als bloße Reflexwirkungen darstellen, welche ihn nur „faktisch" oder „mittelbar" berühren.[439] Der Beschwerdeführer muss rügen können, in seinen Rechten gerade dadurch verletzt zu sein, dass der entsprechende Akt ihm gegenüber nicht ergangen ist oder seinen Fall nicht regelt.[440] Zugleich muss dargetan werden, dass eine Beseitigung der in Rede stehenden

---

431 BVerfGE 53, 30, 57; 46, 160, 164; 39, 142.
432 BVerfGE 40, 141, 156.
433 BVerfGE 63, 73, 75
434 *BVerfG* NJW 1996, 2221.
435 *BVerfG* NVwZ 2003, 467, 468; 2001, 790; NJW 1952, 297 u. 1998, 1385.
436 BVerfGE 6, 273, 277 f.; 13, 230, 233; 34, 81, 97; 51, 386, 395; 70, 1, 23; 78, 350, 354; 83, 1, 12.
437 BVerfGE 6, 273, 278; 50, 290, 320 f.; 78, 350, 354; NJW 2006, 1504.
438 BVerfGE 102, 197, 206 f.; NVwZ 2003, 467, 468.
439 Falls z.B. ein Ehegatte sich gegen die Abschiebung des anderen Ehegatten wendet (BVerfGE 51, 386, 395), oder wenn eine Universität oder Fakultät gegen eine Entscheidung vorgeht, durch die ein Kläger seine Ernennung zum außerordentlichen Professor erstritten hat (BVerfGE 15, 256, 262 f.); gleiches gilt, wenn ein Rechtsanwalt als Prozessbevollmächtigter oder Strafverteidiger ausgeschlossen wird (BVerfGE 61, 68, 72) bzw. seine Postulationsfähigkeit verneint wird (BVerfGE 43, 79, 88).
440 Vgl. *Umbach/Ruppert*, § 90 Rn. 80; das ist nicht der Fall bei Rechtsanwälten, so weit es um Mandantenrechte geht, BVerfG NJW 2002, 20901. Ärzte können nicht Beschlagnahme von Patientenkarteien rügen (BVerfG NJW 200, 3557 ff.).

Grundrechtsverletzung erreicht werden kann[441] oder zumindest die Chance einer Besserstellung besteht.[442] Die Grenzen sind angesichts der Unbestimmtheit der Kriterien fließend und können nur fallorientiert ermittelt werden.

Beispiel 9

> **BVerfG NJW 1999, 145**: Kindesentführung: Ein Eingriff in eigene Rechte liegt z.B. vor im Fall eines Streits zwischen Elternteilen um Kinder ohne deren Beteiligung an dem Gerichtsverfahren; es können hier die Kinder gegen die letztinstanzliche Entscheidung Verfassungsbeschwerde einlegen; das Recht der Eltern resultiert aus Art. 6 I GG (vgl. auch BVerfG NJW 2003, 2004).[443]
>
> **BVerfGE 52, 41, 51**: Die Zurückweisung eines Rechtsanwalts als Prozessbevollmächtigten auf Grund eines gemeindlichen Vertretungsverbots durch ein Gericht betrifft den Anwalt selbst, obwohl die gerichtliche Entscheidung gegen seinen Mandanten gerichtet ist.[444]
>
> **BVerfG NJW 2006, 1504**: Ein Rechtsanwalt, der für seinen Mandanten einen Antrag auf Beratungshilfe stellt, wird durch die Zurückweisung dieses Antrags nur mittelbar (reflexartig) in seiner Berufsausübungsfreiheit (Art. 12 I GG) berührt. Eine vom Rechtsanwalt gegen die Zurückweisung des Antrags im eigenen Namen erhobene Verfassungsbeschwerde ist deshalb wegen fehlender Beschwer unzulässig.
>
> **BVerfG WM 2005, 408**: Keine Selbstbetroffenheit des Geschäftsführers einer GmbH, welche sich selbst auf Art. 13 I GG berufen kann, soweit deren Geschäftsräume durchsucht werden.
>
> **BVerfG NJW 2002, 2091**: Mangels Selbstbetroffenheit unzulässige Verfassungsbeschwerden von Vereinsbetreuern gegen gerichtliche Entscheidungen über die Höhe der anerkannten Betreuungsvereine für die Tätigkeit ihrer Mitarbeiter als gerichtlich bestellten Vereinsbetreuer zustehenden Vergütung. Die Höhe des Vergütungsanspruchs eines Betreuungsvereins für die Tätigkeit seines Vereinsbetreuers berührt nicht dessen Entlohnungsanspruch gegen den Betreuungsverein als Arbeitgeber. Zulässig waren nur die Verfassungsbeschwerden der Betreuungsvereine.

cc) Gesetze

320 Bei Gesetzen erfordert die Selbstbetroffenheit, dass der Beschwerdeführer dem Grundsatz nach Normadressat ist. Dies ist der Fall, wenn der normierte Tatbestand durch die Person des Beschwerdeführers erfüllt wird und daraus Rechte oder Pflichten für ihn entstehen, es reichen nicht bloße Reflexwirkungen.[445] Es ist durch Auslegung der Personenkreis zu ermitteln, der Adressat der Regelung ist[446] bzw. der dadurch nachteilig betroffen wird.

321 Die Voraussetzung der eigenen und gegenwärtigen Betroffenheit ist grundsätzlich erfüllt, wenn der Beschwerdeführer darlegt, dass er mit einiger Wahrscheinlichkeit durch die auf den angegriffenen Vorschriften beruhenden Maßnahmen in seinen Grundrechten berührt wird.[447]

Beispiel 10

> Dies war bei der Verfassungsbeschwerde gegen die Abschussermächtigung im Luftsicherheitsgesetz der Fall, weil die Beschwerdeführer glaubhaft dargelegt hatten, dass sie aus privaten und beruflichen Gründen häufig zivile Luftfahrzeuge benutzen.[448]
>
> Wähler werden durch ein Gesetz selbst betroffen, das sie in ihren Wahlchancen benachteiligt.[449]

---

441 BVerfGE 6, 273, 278.
442 BVerfGE 35, 324, 334; 39, 258, 265. Dies kann auch durch eine Steigerung der Konkurrenzfähigkeit durch die Beseitigung von Begünstigungen Dritter geschehen (BVerfGE 18, 1, 12). Unzulässig sind demnach Verfassungsbeschwerden, die auch im Falle eines Obsiegens lediglich einem anderen nachteilig sind.
443 Zur Problematik der Prozessführungsbefugnis in diesen Fällen vgl. oben Rn. 292 ff.
444 Mit Verweis auf BVerfGE 13, 230, 232 f.
445 BVerfGE 70, 1, 23; dann fehlt auch die unmittelbare Betroffenheit; vgl. *Umbach/Dollinger*, S. 32.
446 BVerfGE 52, 303, 327; BVerfGE 65, 1, 36, 52; 66, 39,64: In die in Art. 2 I GG geschützte subjektive Rechtsstellung werde nicht eingegriffen. Ob im Zusammenhang mit dem Nato-Doppelbeschluss objektives Verfassungsrecht verletzt worden ist, sei im vorliegenden Verfahren daher nicht zu entscheiden.
447 *BVerfG* NJW 2006, 751, 753; BVerfGE 100, 313, 354; 109, 279, 307 f..
448 *BVerfG* NJW 2006, 751, 753,
449 BVerfGE 12, 10, 22.

Die Selbstbetroffenheit von Zahntechniker-Meistern wurde bejaht bei einer Herabsetzung der Vergütung für zahntechnische Leistungen, auch wenn sie nicht Vertragspartner der Vergütungsvereinbarung waren.[450] – Das Ladenschlussgesetz betrifft auch den Verbraucher.[451]
Wirtschaftlich Tätige sind selbst betroffen, wenn ein Steuergesetz Konkurrenten begünstigt.[452]

dd) Prüfungsumfang

Die mögliche Betroffenheit des Beschwerdeführers bestimmt – zumindest im Prinzip[453] – auch den Umfang der Prüfung. **322**

Ein Gerichtsurteil wird im Wege der Entscheidung über die Verfassungsbeschwerde nur soweit aufgehoben und ein Gesetz nur insoweit für nichtig erklärt, als sie die Grundrechte der Beschwerdeführer verletzen und die Maßnahme auf der Verfassungsverletzung beruht oder beruhen kann. Die von einem Beschwerdeführer vorrangig angegriffene normative Zweitstudienregelung war nur insoweit abschließend zu prüfen, wie sie für die Entscheidung des Ausgangsverfahrens sachlich und zeitlich erheblich ist.[454] Soweit allerdings geprüft wird, wird in der Regel von Amts wegen das gesamte Verfassungsrecht – also etwa auch die Art. 70 ff. GG – als Maßstab genommen. **323**

Im Falle der Nichtberücksichtigung in begünstigenden – z.B. subventionsrechtlichen – Regelungen reicht für die Selbstbetroffenheit nicht das Ziel einer isolierten Beseitigung der Begünstigung Dritter. Vielmehr muss es das Ziel sein, eine Verbesserung der eigenen Rechtsstellung zu erreichen durch Einbeziehung in den Kreis der Begünstigten bei Nichtigerklärung der gesetzlichen Regelung bzw. einer entsprechenden Feststellung.[455] Angesichts des Gestaltungsspielraums des Gesetzgebers kommt eine Einbeziehung in den Kreis der Begünstigten durch die Entscheidung des BVerfG nur ausnahmsweise in Betracht;[456] das BVerfG beschränkt sich im Regelfall auf die Feststellung der Verfassungswidrigkeit der gegen den Gleichheitssatz verstoßenden Norm.[457] Es reicht daher für die Selbstbetroffenheit die Feststellung eines Verfassungsverstoßes durch das BVerfG, der nur[458] oder wenigstens mit einiger Wahrscheinlichkeit[459] durch eine den Beschwerdeführer begünstigende Neuregelung zu beseitigen ist. **324**

ee) Prozessstandschaft[460]

Wegen des Erfordernisses der Selbstbetroffenheit mit der Notwendigkeit einer Geltendmachung eigener Grundrechte scheidet eine Prozessstandschaft – also die Geltendmachung fremder Rechte im eigenen Namen – im Verfassungsbeschwerdeverfahren in der Regel aus.[461] Dies gilt vor allem bei ge- **325**

---

450 BVerfGE 68, 193, 215.
451 BVerfGE 13, 230, 232 f.
452 BVerfGE 18, 1, 12 f.
453 Wenn auch Angriffsgegenstand der Normenkontrollverfassungsbeschwerde grundsätzlich nur der Gesetzessatz ist, durch den oder durch dessen Anwendung der Beschwerdeführer grundrechtlich selbst betroffen ist, so kann – ungeachtet des Grundsatzes „ne ultra petita" – entspr. § 78 S. 2 BVerfGG die Prüfung des angefochtenen Gesetzes im Verfassungsbeschwerdeverfahren auf andere Gesetzessätze des angefochtenen Gesetzes ausgedehnt werden, durch die der Beschwerdeführer nicht selbst betroffen ist (BVerfGE 6, 273, 282; 17, 38, 62; 99, 202, 216). Dies ergibt sich auch aus der Funktion der Verfassungsbeschwerde als objektives Verfahren zur Wahrung einer verfassungsmäßigen Rechtsordnung.
454 BVerfGE 62, 117, 144.
455 BVerfGE 49, 1, 8 f.; 43, 58, 68; 23, 142, 257; 18, 1, 12.
456 Vgl. auch BVerfGE 6, 273 ff.
457 Vgl. nur BVerfGE 38, 62, 101 ff.; 25, 101, 110 ff.; 23, 1, 10 ff.
458 So BVerfGE 13, 248, 261.
459 BVerfGE 35, 324, 334; 39, 258, 265: Die Chance eines günstigen Ergebnisses genügt. Gleiches gilt dann, falls zwar nur die Beseitigung der Begünstigung angestrebt wird, damit ausnahmsweise aber zugleich notwendig die Rechtsstellung des Beschwerdeführers verbessert wird (BVerfGE 12, 354, 362 f.).
460 Vgl. *Cornils*, AöR 125 (2000), 45 ff.; *Ax*, Prozessstandschaft im Verfassungsbeschwerdeverfahren, 1994.
461 BVerfGE 2, 292, 294; 10, 134, 136; 11, 30, 35; 19, 323, 329; 25, 256, 263; 31, 275, 280; 56, 296, 297; 77, 263, 268: 79, 1, 19; NJW 2003, 357 f.; NJW 2002, 357, 358.

willkürter Prozessstandschaft.[462] Daher fehlt auch Verbänden oder Vereinen die Beschwerdebefugnis, wenn sie nicht eigene, sondern Rechte ihrer Mitglieder geltendmachen.[463]

326 Bei gesetzlicher Prozessstandschaft macht das BVerfG Ausnahmen. Dies gilt vor allem in den Fällen, in denen wegen des Vorhandenseins einer Prozessstandschaft im fachgerichtlichen Verfahren und in der Folge des Auseinanderfallens von Prozessführungsbefugnis und Rechtsinhaberschaft bei einer ausnahmslosen Beibehaltung des Grundsatzes niemand Verfassungsbeschwerde gegen ein grundrechtsverletzendes Urteil erheben könnte; dann muss die Verfassungsbeschwerde ausnahmsweise zulässig sein.[464]

327 Zulässig ist eine Verfassungsbeschwerde – ungeachtet eigentlicher fehlender Selbstbetroffenheit – durch die Parteien kraft Amtes wie bei Testamentsvollstreckern,[465] Nachlass-[466] oder Insolvenz- bzw. Konkurs-[467] und Gesamtvollstreckungsverwaltern.[468] Das BVerfG spricht in den Vermögensverwalterfällen zwar nicht ausdrücklich von Prozessstandschaft; in der Sache handelt es sich aber um eine prozessstandschaftliche Beschwerdeführung.

328 Urheber müssen grundsätzlich selbst Verfassungsbeschwerde einlegen. Ihre Grundrechte können nicht wahrgenommen werden durch Verwertungsgesellschaften als Beschwerdeführer.[469] Das BVerfG hat aber in einem Fall, der die ausschließliche Wahrnehmungskompetenz urheberrechtlicher Verwertungsgesellschaften betraf, die prozessstandschaftliche Beschwerdeführung der Verwertungsgesellschaft für den Urheber zugelassen.[470]

ff) Todesfall

329 Falls ein Beschwerdeführer nach Erhebung der Verfassungsbeschwerde stirbt, dürfen die Erben das Verfassungsbeschwerdeverfahren fortführen, soweit es nicht um höchstpersönliche, sondern um vermögenswerte bzw. finanzielle Rechte geht, welche – wie z.B. im Lebensversicherungsfall[471] – auch in der Person des Erben grundrechtlich geschützt sind.[472]

c) Unmittelbarkeit der Rechtsverletzung

330 Die Beschwerdebefugnis setzt weiter voraus, dass der Beschwerdeführer durch die angegriffenen Normen nicht nur selbst und gegenwärtig sondern auch unmittelbar in seinen Grundrechten betroffen ist.[473] Unmittelbarkeit ist gegeben, wenn sich die Grundrechtsverletzung des Beschwerdeführers direkt aus dem angegriffenen Hoheitsakt und nicht erst aus einem weiteren Vollzugsakt ergibt. Bei Urteilen und Beschlüssen bestehen insoweit keine Probleme. Problematisch ist dieses Kriterium allein bei Gesetzen, bei denen im Regelfall kein Rechtsweg zur Verfügung steht. Um hier dem Gebot der Subsidiarität über den Wortlaut des § 90 II BVerfGG Rechnung zu tragen, hat das BVerfG das Unmittelbarkeitserfordernis statuiert, dessen Bedeutung unten im Rahmen des Gebots der Rechtswegerschöpfung erörtert wird.[474]

---

462 BVerfG NZS 2003, 205 f.; BVerfGE 31, 275, 280.
463 BVerfGE 31, 275, 280; 16, 147, 158; 13, 54, 89; 13, 1, 9; 11, 30, 35; 10, 134, 136; 2, 292, 294; vgl. aber BVerfGE 7, 263; 79, 1, 19.
464 BVerfGE 77, 263, 268 f.
465 BVerfGE 21, 139, 143.
466 BVerfGE 27, 326, 333.
467 BVerfGE 65, 182, 190. Ebenso ist eine Prozessstandschaft zulässig bei prozessführungsberechtigten Miterben nach § 2039 BGB (vgl. BVerfGE 17, 86, 90 f.).
468 BVerfGE 95, 267, 299.
469 BVerfGE 31, 275, 280; 77, 263, 269; 79, 1, 19.
470 BVerfGE 77, 263, 270.
471 BVerfG NJW 2005, 2376.
472 Vgl. oben Rn. 264.
473 Vgl. *BVerfG* NJW 2006, 751, 752, BVerfGE 1. 97, 101 ff.; 109, 279, 305;
474 Vgl. unter Rn. 509 ff.

d) Gegenwärtige Betroffenheit

Der Beschwerdeführer muss schließlich gegenwärtig betroffen sein. Es geht hier um das zeitliche Element der Betroffenheit. Es kann problematisch sein bei einer erst künftigen Beschwer oder auch bei einer Erledigung durch Wegfall der Beschwer. Dieser Aspekt der Beschwerdebefugnis überschneidet sich mit dem – noch unten zu erörternden[475] – allgemeinen Rechtsschutzbedürfnis, bei dem u.a. die Fallgruppe der Erledigung erörtert wird. Wirkliche Probleme stellen sich in der Praxis eigentlich auch hier nur bei Gesetzesverfassungsbeschwerden, nicht aber im Regelfall einer Verfassungsbeschwerde gegen gerichtliche Entscheidungen.

331

aa) Allgemeine Voraussetzung: Aktuelle Beschwer

Erforderlich ist, dass der Beschwerdeführer von dem angegriffenen Hoheitsakt (wie z.B. einem Gesetz) aktuell betroffen ist. Dies ist dann nicht der Fall, wenn der Akt entweder noch nicht oder nicht mehr gegen ihn wirkt. Nicht genügt es, dass er irgendwann einmal in der Zukunft („virtuell") berührt sein könnte.[476] Da ein virtuelles Betroffenwerden bei Normen fast stets zu bejahen sein wird, würde sich andernfalls die Verfassungsbeschwerde im Ergebnis doch zu einer Popularklage ausweiten.[477]

332

bb) Urteile

Im Regelfall ist eine gegenwärtige Beschwer bei Vorliegen eines Urteils gegeben, weil das Urteil den Beschwerdeführer aktuell betrifft.

333

Anders kann es nach Auffassung des BVerfG sein, wenn Gegenstand der gerichtlichen Überprüfung ein Verwaltungsakt ist, dessen Erlass der Beschwerdeführer „provoziert hat, um im Gerichtszug im Wege der Inzidentkontrolle eine Norm auf ihre Verfassungsmäßigkeit überprüfen zu lassen."[478] In einem solchen Fall versucht der Beschwerdeführer, die Möglichkeiten verfassungsgerichtlicher Normenprüfung im Rahmen der Verfassungsbeschwerde zu erweitern.

334

cc) Gesetze

Da nur Recht, das mit dem Anspruch formaler Gültigkeit auftritt, Gegenstand der Verfassungsbeschwerde sein kann, ist eine präventive Normenkontrolle ausgeschlossen. Der Beschwerdeführer muss eine gegenwärtige Beschwer durch das Gesetz substanziiert behaupten.[479]

335

Dass über dem Erfordernis der Gegenwärtigkeit der Betroffenheit die Jahresfrist für die Verfassungsbeschwerde unmittelbar gegen Gesetze (§ 93 II BVerfGG) verstreichen kann, ist hinzunehmen, zumal später zumindest noch die Inzidentprüfung des Gesetzes nach Erschöpfung des Rechtsweges im Rahmen einer Urteilsverfassungsbeschwerde möglich ist.

336

(1) Verfahrensstand

Im Prinzip kann von einer aktuellen Beschwer nur gesprochen werden, wenn das Gesetz bereits in Kraft getreten ist.[480] Mindestens muss nach ständiger Rechtsprechung des BVerfG das Gesetzgebungsverfahren vollständig abgeschlossen und auch die Verkündung erfolgt sein.[481]

337

Ausnahmen vom Verkündungserfordernis sind anerkannt bei Transformationsgesetzen zu völkerrechtlichen Verträgen, da letztere durch die Gesetze nicht nur in innerstaatliches Recht transformiert

338

---

475 Vgl. dazu unter Rn. 601 ff.
476 BVerfGE 1, 97, 102.
477 BVerfGE 60, 360, 370.
478 BVerfGE 72, 1, 5.
479 BVerfGE 100, 313, 354, 357; 108, 370 ff.; 109, 279, 305, 307 f.; vgl. auch *HessStGH* NVwZ 2006, 685, 686.
480 BVerfGE 18, 1 11 f.
481 BVerfGE 42, 263 ff.; 34, 9, 21.

werden, sondern zugleich der Vertrag wirksam wird; hier reicht das Zustandekommen des Gesetzes nach Art. 78 GG, so dass das Zustimmungsgesetz schon vor der Ausfertigung durch den Bundespräsidenten (vgl. Art. 82 GG) und der Verkündung angegriffen werden kann.[482]

(2) Aktuelle Betroffenheit

339 Verfassungsbeschwerde kann ein Beschwerdeführer erst dann erheben, wenn das – verkündete – Gesetz ihn aktuell betrifft.[483] Nach der neueren Rechtsprechung soll das Rechtsschutzbedürfnis immer dann vorliegen, wenn bereits bei Einlegung der Verfassungsbeschwerde eindeutig abzusehen ist, „dass und wie der Beschwerdeführer in der Zukunft von der Regelung betroffen sein wird"[484] bzw. die Betroffenheit „klar abzusehen und für den Beschwerdeführer gewiss ist."[485]

Beispiel 11   Ein aktuelles Betroffensein wurde verneint bei der Verfassungsbeschwerde eines Vaters schulpflichtiger Kinder gegen ein Gesetz, das die elterliche Mitwirkung bezüglich volljähriger Schüler regelt, solange die Kinder nicht volljährig sind.[486]

(3) Alsbaldige Betroffenheit

340 Verfassungsbeschwerden gegen Rechtsnormen sind auch dann zulässig, wenn deren Tatbestand den Beschwerdeführer im Zeitpunkt der Erhebung der Verfassungsbeschwerde zwar noch nicht aktuell, aber den normalen, zu erwartenden Ablauf des Lebens vorausgesetzt, in naher Zukunft[487] mit großer Wahrscheinlichkeit betrifft. Es reicht aus, wenn der Beschwerdeführer in absehbarer Zeit betroffen sein wird.

Beispiel 12   Dies kommt auch in Betracht z.B. bei einem Schulgesetz[488], wenn Auszubildende gegen eine Regelung von Berufsbezeichnungen vorgehen,[489] bei Altersregelungen,[490] oder einer Regelung über einen Studiengang[491] sowie bei verkündeten – z.B. die Erfolgswertgleichheit der Stimmen betreffenden – Wahlgesetzen, welche erst für die nächste Wahl gelten.[492]

341 Diese Ausnahmen erhöhen zwar die Rechtsunsicherheit bei der Beantwortung der Frage der Beschwerdebefugnis, speziell dem Erfordernis der Gegenwärtigkeit; sie sind aber gerechtfertigt angesichts des unzureichenden und problematischen Instruments der einstweiligen Anordnung nach § 32 BVerfGG wie auch der Dauer von Verfassungsbeschwerdeverfahren sowie der Notwendigkeit einer sorgfältigen Prüfung von Gesetzen; dies gilt vor allem bei Wahlgesetzen, zumal die Folgen verfassungswidriger Normen nur schwer beseitigt werden können.

342 Gleiches gilt, wenn der Tatbestand des Gesetzes erst nach Ablauf der Frist des § 93 II BVerfGG erfüllt wird, der Beschwerdeführer aber nicht darauf verwiesen werden kann, einen Vollzugsakt abzuwarten. Ein solches Schon-Betroffensein ist auch bei Gesetzesänderungen denkbar, insbesondere dann, wenn die künftige Rechtsverletzung nur dadurch vermieden werden kann, dass schon jetzt eine Verfassungsbeschwerde erhoben wird.

---

482 BVerfGE 1, 396, 419 ff.; 89, 155; 24, 33, 53 f.

483 Das gegenwärtige Betroffensein kann nicht „künstlich" mit der Folge der Umgehung des Gegenwärtigkeitserfordernisses durch einen „provozierten Verwaltungsakt" herbeigeführt werden, der vom Beschwerdeführer veranlasst wurde, um im fachgerichtlichen Verfahren eine Inzidentkontrolle der zugrundeliegenden Norm zu veranlassen (BVerfGE 72, 1, 5; siehe auch BVerfGE 31, 314, 323).

484 BVerfGE 97, 157, 164.

485 BVerfGE 101, 54, 74; restriktiver BVerfGE 60, 360, 372.

486 BVerfGE 59, 360, 375.

487 BVerfGE 29, 283, 296; BerlVerfGH NJ 1998, 419.

488 BVerfGE 34, 165, 179; 41, 29, 42; 41, 65, 76.

489 BVerfGE 26, 246, 251-Prüfingenieur.

490 Vgl. BerlVerfGH NJ 1998, 419.

491 BVerfGE 26, 246, 251 f.

492 BVerfGE 38, 326, 335; 48, 64, 80; 51, 222, 232 f.

Gegen erst drohende Beeinträchtigungen – z.B. ein Strafverfahren – sind Verfassungsbeschwerden im Regelfall schon deshalb nicht zulässig, weil der Rechtsweg nicht erschöpft ist.[493] **343**

dd) Gefährdung

In besonderen Fällen kann eine Verfassungsbeschwerde auch dann zulässig sein, wenn nur eine – wenn auch ernsthaft zu besorgende – Grundrechtsgefährdung vorliegt. Die Gefährdung muss eine verletzungsgleiche Beeinträchtigung hervorrufen. **344**

> **BVerfG 51, 324, 347**: Bei der Beurteilung der Verhandlungsfähigkeit eines kranken Angeklagten sind z.B. Befürchtungen bezüglich seines Gesundheitszustandes ausreichend, wenn ein schwerwiegender Schaden an seiner Gesundheit droht.[494]
> **BVerfGE 49, 89, 141**: „Auch Regelungen, die im Laufe ihrer Vollziehung zu einer nicht unerheblichen Grundrechtsgefährdung führen können, können selbst schon mit dem Grundgesetz in Widerspruch geraten."[495]

Beispiel 13

In seinen rentenrechtlichen Entscheidungen argumentiert das BVerfG, dass diese Vorschriften derart häufig geändert würden, dass eine gewisse Ungewißheit sozusagen ohnehin dazugehöre, wie denn die Rechtslage bei Erreichung des Rentenalters sei, so dass eine „virtuelle" Betroffenheit „irgendwann in der Zukunft" nicht ausreiche.[496] Eine gegenwärtige Betroffenheit liegt vor, wenn „bei normalem Ablauf des Arbeitslebens" mit einiger Wahrscheinlichkeit eine konkrete Entwicklung der beruflichen Laufbahn und der Altersvorsorge anzunehmen und vorhersehbar ist, d.h. wenn später Regelungen gelten sollen, die zu einer rechtlich relevanten Beeinträchtigung führen.[497] Nicht ausreichend ist aber, dass allenfalls zu einem noch ungewissen Zeitpunkt in der Zukunft eine Betroffenheit gegeben sein könnte.[498] **345**

ee) Ausnahmen

Die Rechtsprechung macht von dem Grundsatz der Gegenwärtigkeit dann eine Ausnahme, falls andernfalls der Rechtsschutz nach einem Inkrafttreten zu spät kommen würde. Dies ist z.B. der Fall, wenn der Beschwerdeführer im Hinblick auf das neue Gesetz bereits vor dessen Inkrafttreten zu später nicht mehr korrigierbaren Entscheidungen gezwungen oder schon jetzt zu Dispositionen veranlasst wird, die er nach dem späteren Gesetzesvollzug nicht mehr nachholen kann.[499] Gleiches gilt, wenn der Beschwerdeführer ansonsten Gefahr laufen würde, eine Frist zu versäumen[500] oder wenn er – wie z.B. bei einer Rasterfahndung[501] – keine Kenntnis von der Maßnahme erlangt, er also von dem Eingriff in seine Rechte nichts erfährt.[502] **346**

ff) Erledigung

Am Erfordernis der gegenwärtigen Betroffenheit kann es fehlen, wenn sich der Hoheitsakt erledigt hat, z.B. weil ein Urteil aufgehoben worden ist. Schließlich setzt die Beschwerdebefugnis voraus, dass der Beschwerdeführer noch – also aktuell – betroffen ist. Ausnahmsweise kann jedoch auch im **347**

---

493 Vgl. *BVerfG* NJW 2000, 3126 f.
494 BVerfGE 51, 324, 347.
495 Vgl. auch BVerfGE 53, 30 ,51.
496 BVerfGE 105, 17: Aufhebung der Steuerfreiheit von Zinsen aus bestimmten festverzinslichen Wertpapieren mit langer Laufzeit; vgl. auch schon BVerfGE 93, 121m 137; 87, 153, 169; krit. *Umbach/Dollinger*, S. 32.
497 BVerfGE 29, 283, 296; 65, 1 37 f.; 72, 39, 44.
498 BVerfGE 1, 97, 102.
499 BVerfGE 38, 326, 335; 43, 291, 387; 45, 104, 118 f.; 60, 360, 372; 75, 78, 95; 77, 308, 326.
500 BVerfGE 13, 1, 11 f.; 47, 253, 271.
501 *HessStGH* NVwZ 2006, 685 ff.
502 BVerfGE 30, 1, 16 f.; 67, 157, 169 f.; 100, 313, 354; 109, 279, 306; NJW 2005, 1179, 1181; 2005, 2603; *HessStGH* NVwZ 2006, 685 ff. (=Rasterfahndung).

Falle der Erledigung eine Verfassungsbeschwerde zulässig sein, falls das erforderliche Rechtsschutzbedürfnis[503] besteht.

3. Behauptungslast

348   Der Beschwerdeführer muss nach § 90 I BVerfGG „behaupten", in einem seiner Grundrechte oder grundrechtsgleichen Rechte verletzt sein. Diese Pflicht zur Behauptung der Beschwerdebefugnis wird in der allgemeinen Begründungsanforderung der §§ 23 I 2, 92 BVerfGG konkretisiert, welche unten[504] ausführlich erörtert wird.

a) Substantiierungspflicht

349   Selbstverständlich reicht nicht die bloße Verbalbehauptung. Vielmehr trifft den Beschwerdeführer nach ständiger Rechtsprechung des BVerfG eine Substantiierungspflicht, welche auch im Hinblick auf die in der Praxis maßgebliche Hürde des Annahmeverfahrens des § 93a BVerfGG erheblich ist.

350   Nach der Rechtsprechung des BVerfG ist es im Rahmen der Beschwerdebefugnis erforderlich, dass der Beschwerdeführer die Möglichkeit einer Verletzung der in § 90 I 1 BVerfGG genannten Rechte hinreichend deutlich zum Ausdruck bringt.[505] Es reicht aus, wenn die behaupteten Tatsachen die Möglichkeit einer Grundrechtsverletzung aufzeigen.[506] Aus seinem Vortrag muss sich die hinreichende Wahrscheinlichkeit der Möglichkeit einer Grundrechtsverletzung durch den angegriffenen Hoheitsakt ergeben,[507] was dann Fall ist, wenn nach dem als richtig unterstellten Vortrag des Beschwerdeführers die gerügte Grundrechtsverletzung nicht schlechterdings ausgeschlossen erscheint. Ob sie tatsächlich vorliegt bzw. der Vortrag schlüssig ist, ist im Prinzip ein Problem der Begründetheit.

351   Die Grenzen sind allerdings mehr als fließend. Wenn in der Literatur formuliert wird, dass „weder eine schlüssige Darlegung noch eine ausreichend substantiierte Behauptung" genüge,[508] so darf die Bedeutung der sprachlichen Abgrenzungsversuche angesichts der offensichtlichen Unbestimmtheit der Begriffe nicht überschätzt werden. Allgemeine Formulierungen sind auch hier nur beschränkt hilfreich. Letztlich hängt die Reichweite der in jedem Fall bestehenden Substantiierungspflicht erheblich vom Einzelfall ab.

b) Umfang der Begründung

352   In der Verfassungsbeschwerdeschrift sind wenigstens die Voraussetzungen eines Grundrechtsverstoßes auszuführen.[509] Stets bedarf es eines Nachweises der eigenen unmittelbaren und gegenwärtigen Betroffenheit des Beschwerdeführers durch den angegriffenen Hoheitsakt. Im übrigen müssen sich die Ausführungen an der Struktur der jeweils als verletzt angeführten Grundrechte orientieren. Wird ein Verstoß gegen Freiheitsgrundrechte gerügt, sind die Punkte Schutzbereich, Eingriff und jedenfalls im Ansatz auch die fehlende Rechtfertigung des Eingriffs zu erörtern. Bei der Rüge von Gleichheitsgrundrechten müssen die Herausarbeitung der Vergleichsgruppen, die Feststellung, dass die Mitglie-

---

503   Vgl. dazu unten Rn. 601 ff.
504   Vgl. dazu unter Rn. 648 ff.
505   BVerfGE 4, 1, 5; 6, 132, 134; 6, 445, 447; 79, 1, 13 ff.; 83, 216, 226; 83, 341, 351 f.
506   Allerdings wird bei der Prüfung der Annahmevoraussetzung – insoweit einer Schlüssigkeitsprüfung vergleichbar – auch geprüft, ob die Verfassungsbeschwerde begründet ist (vgl. unter Rn. 222 ff.). Dies ist aber weder eine Frage der Substantiierung, noch der Beschwerdebefugnis nach § 90 I BVerfGG, sondern Teil der Annahmevoraussetzungen nach § 93a II BVerfGG (vgl. *Umbach/Ruppert*, § 90 Rn. 89).
507   Vgl. etwa BVerfGE 74, 358, 369; 59, 63, 81; 56, 175, 181. Es stellt sich hier eine ähnliche Problematik wie bei der Klagebefugnis nach § 42 II VwGO, vgl. etwa BVerfGE 44, 1, 3.
508   So z.B. *Dörr*, S. 82.
509   Zum Folgenden ausf. *Seegmüller*, DVBl 1999, 738 ff.

der der Vergleichsgruppen von Staats wegen gleich bzw. ungleich behandelt werden, und die Rechtfertigung der aufgezeigten Gleichbehandlung bzw. Differenzierung im Mittelpunkt der Ausführungen stehen.

IV. Erschöpfung des Rechtswegs, § 90 II BVerfGG

Für die Zuständigkeit des BVerfG gilt nach § 90 II BVerfGG der Grundsatz der Subsidiarität. **353**

Das BVerfG kann erst angerufen werden, wenn der Rechtsweg vor den Fachgerichten erschöpft ist. **354** Jeder Verstoß dagegen führt zur Unzulässigkeit der eingelegten Verfassungsbeschwerde.[510] In der Praxis erweist sich das Subsidiaritätsgebot in vielen Verfassungsbeschwerden als Grund für die Nichtannahme einer Verfassungsbeschwerde.

Der Grundsatz der Subsidiarität, dessen dogmatische Ableitung wie auch genauer Inhalt umstritten **355** sind, ist eine Art verfassungsrechtliches ultima-ratio-Prinzip. Er bezweckt einmal die Abgrenzung der Verantwortungsbereiche von Fachgerichtsbarkeit und Verfassungsgerichtsbarkeit. Schließlich trifft auch und vor allem die Fachgerichte eine Grundrechtsverantwortung. Zudem soll dem BVerfG Gelegenheit gegeben werden, die Auffassungen der Fachgerichte, insbesondere der Bundesgerichte kennenzulernen.[511] Zugleich soll durch das Subsidiaritätserfordernis das BVerfG entlastet[512] und seine Funktionsfähigkeit sichergestellt werden, indem die Fachgerichte in ordnungsgemäßer Vorprüfung der Beschwerdepunkte den Sachverhalt wie auch die einfachrechtliche Lage aufarbeiten, so dass das BVerfG sich auf das spezifische Verfassungsrecht beschränken und so für seine eigentliche Aufgabe – den Schutz der Verfassung – freimachen kann. Diese Funktionen haben das BVerfG schon frühzeitig veranlasst, § 90 II BVerfGG als Ausdruck eines allgemeinen Grundsatzes der Subsidiarität der Verfassungsbeschwerde[513] anzusehen mit der Folge, dass der Anwendungsbereich erweitert wird über den Wortlaut hinaus.

1. § 90 II 1 BVerfGG

§ 90 II 1 BVerfGG verlangt die Erschöpfung des Rechtswegs in den Fällen, in denen ein Rechtsweg **356** prinzipiell eingeräumt ist.

a) Allgemeines Gebot

Unter welchen Voraussetzungen ein Rechtsweg nach § 90 II BVerfGG als erschöpft anzusehen ist, **357** bestimmt sich maßgeblich nach den Verfahrensordnungen der jeweiligen Gerichtsbarkeit und der dazu ergangenen Rechtsprechung. Der Rechtsanwalt muss daher stets sorgfältig vor Einlegung einer Verfassungsbeschwerde prüfen, ob und welche ordentlichen und außerordentlichen Rechtsbehelfe zur Verfügung stehen.

Dem Subsidiaritätsgrundsatz genügt eine Verfassungsbeschwerde nur dann, wenn der Beschwerde- **358** führer vor ihrer Erhebung alles in seinen Möglichkeiten stehende getan hat, um den gerügten Verfassungsverstoß ohne Tätigwerden des BVerfG abzuwenden. Er muss alle nach Lage der Dinge zur Verfügung stehenden prozessualen Möglichkeiten ergreifen, um eine Korrektur der geltend gemachten Verfassungsverletzung zu ermöglichen.[514] Besteht oder bestand eine Möglichkeit zur Beseitigung der

---

510 Vgl. auch *Seegmüller*, DVBl 1999, 738 ff.
511 BVerfGE 9, 3, 7 f.; 51, 386, 396; 68, 376, 380; 69, 122, 125; 72, 39, 45.
512 BVerfGE 69, 122; 72, 39, 46 ff.
513 BVerfGE 22, 287, 290; 63, 77, 78; 68, 384, 388 f.; 79, 275, 278 f.
514 *BVerfG* StRFo 2006, 20 ff. ; BVerfGE 63, 77, 78; vgl. auch *BVerfG* NJW 2000, 3126.

Grundrechtsverletzung oder zumindest, im praktischen Ergebnis dasselbe zu erreichen,[515] ist die Verfassungsbeschwerde unzulässig. Das BVerfG kann erst und nur dann angerufen werden, wenn ein Verfassungsverstoß durch die öffentliche Gewalt nicht mehr anders behoben werden kann und auch nicht durch zusätzliches Tun des Grundrechtsträgers hätte vermieden werden können.

b) Rechtsweg

359 Der Grundsatz der Subsidiarität der Verfassungsbeschwerde verlangt, dass ein Beschwerdeführer nicht nur den Rechtsweg im engeren Sinn beschreitet. Er muss vielmehr darüberhinaus alle ihm zur Verfügung stehenden Möglichkeiten nutzen, um eine drohende Grundrechtsverletzung zu verhindern oder eine eingetretene Grundrechtsverletzung zu korrigieren; dies gilt auch bezüglich umstrittener Rechtsbehelfe.[516]

aa) Rechtsweg i.e.S.

360 Ausgeschöpft werden müssen in jedem Fall die zum Rechtsweg im engeren Sinn zählenden Rechtsbehelfe.

(1) Begriff

361 Rechtsweg i.S.d. § 90 I 1 BVerfGG ist jede gesetzlich normierte Möglichkeit der Anrufung eines – deutschen – Gerichts.[517]

Beispiel 14 Dazu zählen z.B. außergerichtliche Rechtsbehelfe wie der Widerspruch nach den §§ 68 ff. VwGO, Klagen und Anträge (auf gerichtliche Entscheidung oder vorläufigen Rechtsschutz) sowie Rechtsmittel wie Berufung, Revision und Beschwerde,[518] Nichtzulassungsbeschwerde – auch in Fällen der Willkürrüge[519] –, Nichtigkeits-[52] und Restitutionsklagen,[521] Abänderungsanträge,[522] Wiedereinsetzungsanträge,[523] Wiederaufnahmeverfahren,[524] der eine erneute Beschlussfassung auslösende Antrag auf mündliche Verhandlung.[525] Auch die Nebenintervention[526] ist als Anwendungsfall des Subsidiaritätsgrundsatzes anerkannt.

---

515 So BVerfGE 33, 247, 258; 78, 58, 68; 92, 245, 256.

516 BVerfGE 81, 97, 102; 104, 65, 70.

517 BVerfGE 67, 157, 170.

518 Vgl. auch *BVerfG* StrFo 2006, 20 ff. für das Rechtsmittel der weiteren Beschwerde nach § 310 StPO (zum BayOblG).

519 Vgl. nur *BGH* NJW 2005, 153 sowie ausf. unten 820 ff.

520 BVerfGE 34, 204, 204 f.; BVerfGE 42, 252, 255; *BVerfG*, NJW 1992, 1030 f.

521 *BVerfG*, NVwZ 1998, 1174 f. Anders noch *BVerfG* Beschl. v. 09.10.1989 – 1 BvR 992/89 –: hier wurde die Verfassungsbeschwerde wegen Verfristung nicht zur Entscheidung angenommen, weil die fachgerichtliche Entscheidung, die auf die zuvor eingelegte Restitutionsklage hin ergangen war, mangels Zugehörigkeit der Restitutionsklage zum Rechtsweg die Beschwerdefrist nicht habe offenhalten können.

522 S. BVerfGE 49, 325, 327 f., betr. Abänderungsantrag nach § 69 III 5 FGO a.F. (jetzt § 69 VI FGO); BVerfGE 35, 379 (380).

523 BVerfGE 15, 214, 217; 42, 252, 256; 77, 275, 282. Soll mit der Verfassungsbeschwerde ein Verstoß gegen ein Verfahrensgrundrecht durch eine Ablehnung der Wiedereinsetzung in den vorigen Stand und die darauf gestützte Verwerfung der Berufung in einem zivilgerichtlichen Verfahren durch das OLG gerügt werden, so erfordert das Gebot der Rechtswegerschöpfung regelmäßig die vorherige Einlegung der Rechtsbeschwerde gem. § 522 I 4 i.V.m. §§ 238 II 1, 574 I Nr. 1 ZPO (*BVerfG* NJW 2004, 3696).

524 BVerfGE 22, 42, 47.

525 Für die grundsätzliche Zugehörigkeit zum Rechtsweg s. *BVerfG*, Beschl. v. 28.12.2004 – 1 BvR 2780/04 – betr. Antrag auf mündliche Verhandlung nach § 621g i.V.m. § 620b II ZPO (im konkreten Fall wurde die Ausschöpfung dieses Rechtsbehelfs ausnahmsweise aus Gründen der Unzumutbarkeit für entbehrlich gehalten).

526 *BVerfG* NJW 1998, 2663; 2001, 1505.

Der Grundsatz der Subsidiarität erfordert es nach dem BVerfG[527] auch, vor Erhebung der Verfassungsbeschwerde eine Anschlussberufung (§ 524 ZPO) einzulegen, wenn dadurch eine Überprüfung des belastenden erstinstanzlichen Urteils (hier: behauptete Gehörsverletzung durch Nichtberücksichtigung einer Hilfsaufrechnung) herbeigeführt werden kann. Dem steht nicht entgegen, dass im Falle einer Berufungszurücknahme die Frist für eine Verfassungsbeschwerde gegen die erstinstanzliche Entscheidung abgelaufen wäre. Gegen die Fristversäumung ist Wiedereinsetzung in den vorigen Stand zu gewähren.

362

Selbstverständlich gehören zum Rechtsweg auch die – dazu ausführlich unten[528] – Anhörungsrüge nach §§ 321a ZPO, 152a VwGO[529] und andere für den Fall von Gehörsverstößen neuerdings durch das Anhörungsrügegesetz[530] neu geschaffene oder dem Wortlaut nach erweiterte Rechtsbehelfe wie § 33a StPO.[531] Auch eine Untätigkeitsbeschwerde käme bei einem Unterlassen insbesondere von Gerichtsentscheidungen in Betracht, wenn sie gesetzlich geregelt würde.[532]

363

(2) Landesverfassungsbeschwerde

Das Verfahren der Landesverfassungsbeschwerde gehört hingegen nicht zum Rechtsweg i.S.d. § 90 II 1 BVerfGG. Die Landesverfassungsbeschwerde eröffnet keine erste Instanz der Verfassungsgerichtsbarkeit.[533]

364

Die Bundesverfassungsbeschwerde ist gem. der ausdrücklichen Regelung des § 90 III BVerfGG nicht subsidiär („bleibt unberührt") im Vergleich zur Landesverfassungsbeschwerde.[534] Nach Bundesrecht können daher beide Beschwerden unabhängig geltend gemacht werden.[535] Dies kann vor, gleichzeitig mit oder nach der Einlegung der Bundesverfassungsbeschwerde geschehen. Subsidiaritätsregelungen finden sich aber z.T in landesrechtlichen Bestimmungen[536] – wie unten ausführlich erörtert[537] – ebenso wie das Landesrecht ganz auf die Möglichkeit einer Landesverfassungsbeschwerde verzichten kann.[538]

365

Entscheidungen von Landesverfassungsgerichten können zwar mit der Verfassungsbeschwerde zum BVerfG angegriffen werden. Gerügt werden kann aber nur ein Grundrechtsverstoß des LVerfG in dessen Entscheidung, nicht hingegen in der Entscheidung des Fachgerichts. Da die Landesverfassungsbeschwerde nicht Bestandteil des nach § 90 II BVerfGG zu beschreitenden Rechtsweges ist, kommt ihr keine fristhemmende Wirkung zu. Sollen also fachgerichtliche Entscheidungen mit der Verfassungsbeschwerde angegriffen werden, ist diese innerhalb eines Monats ab Zustellung der letztinstanzlichen fachgerichtlichen Entscheidung zu erheben. Wegen der Gefahr der Verfristung von Verfas-

366

---

527 BVerfG NJW 2006, 1505.

528 Vgl. unter 394 ff.

529 Gesetz über die Rechtsbehelfe bei Verletzung des Anspruchs auf rechtliches Gehör – Anhörungsrügengesetz – vom 09.12.2004, BGBl. I, 3320.

530 Vgl. dazu Rn. 394 ff.

531 Zur Rechtswegerschöpfung in Asylsachen vgl. *Hänlein,* AnwBl 1995, 57, 60 ff.

532 Vgl. dazu unten 420 f.

533 *BVerfG* NJW 1996, 1464; Beschl. v. 30.3.1999-2 BvR 514/99.

534 BVerfGE 32, 157, 162.

535 Die Anrufung eines LVerfG ist nach BVerfGE 94, 345 von der Erschöpfung des bundesrechtlich vorgesehenen Rechtswegs als Zulässigkeitsvoraussetzung ab.

536 Die Länder Berlin, Brandenburg und Hessen haben ein umgekehrtes Subsidiaritätsverhältnis statuiert, wonach die Landesverfassungsbeschwerde ausgeschlossen ist, solange die Sache beim BVerfG anhängig ist.

537 Vgl. unter Rn. 1151 ff., 1162 ff.

538 Vgl. auch BVerfGE 41,88,119 zur Maßgeblichkeit des Landesrechts für die Statthaftigkeit und Zulässigkeit einer Landesverfassungsbeschwerde. BVerfGE 22, 267, 272: Die Rechtshängigkeit (oder die Tatsache, dass das Landesverfassungsgericht bereits entschieden hat) „kann jedenfalls dann nicht der Zulässigkeit der Verfassungsbeschwerde beim BVerfG entgegenstehen, wenn (...) das Landesverfassungsgericht sich nicht für befugt hält, die angefochtene Entscheidung aufzuheben, sondern lediglich feststellt, sie sei unter Verletzung des Grundrechts zustandegekommen."

sungsbeschwerden nach Bundes- und Landesrecht kommt ein sukzessives Einlegen beider Rechtsbehelfe im Regelfall nicht in Betracht, da erfahrungsgemäß die Entscheidung eines Verfassungsgerichts nicht innerhalb der gesetzlichen Frist erfolgt. Eine Entscheidung eines Landesverfassungsgerichts kann daher nicht abgewartet werden.[539]

367 Im übrigen fehlt allerdings das Rechtsschutzinteresse für eine Verfassungsbeschwerde, wenn die Beschwer des Beschwerdeführers durch den angegriffenen Hoheitsakt vollständig beseitigt ist durch eine Entscheidung eines (Landesverfassungs-) Gerichts.[540]

368 Ist eine Verfassungsbeschwerde bei einem LVerfG anhängig, so kann das BVerfG seine Verfassungsbeschwerde bis zu einer Entscheidung des LVerfG auszusetzen.[541]

bb) Sonstige Möglichkeiten

369 Das BVerfG interpretiert das Erfordernis der Rechtswegerschöpfung extensiv: Über die Erschöpfung des Rechtswegs im formellen Sinne hinaus verlangt der Grundsatz der Subsidiarität des § 90 II 1 BVerfGG, dass der Beschwerdeführer alle nach Lage der Sache ihm zur Verfügung stehenden Möglichkeiten nutzt, eine drohende Grundrechtsbeeinträchtigung in dem unmittelbar mit ihr zusammenhängenden sachnächsten Verfahren zu verhindern oder zu beseitigen[542] bzw. eine eingetretene Grundrechtsverletzung zu korrigieren.[543] Es muss nicht nur Instanzenweg durchschritten sein; vielmehr müssen auch innerhalb der Instanzen alle zur Behebung der Grundrechtsbeschwer tauglichen Mittel und verfügbaren Möglichkeiten genutzt worden sein.[544]

Beispiel 15 So gehört zur Erschöpfung des Rechtswegs vor Erhebung einer Verfassungsbeschwerde gegen drohende Strafverfahren ein Antrag auf vorbeugenden Rechtsschutz gegen polizeiliche oder staatsanwaltliche Ermittlungen gem. §§ 23 ff. EGGVG.[545]

Ist die vorläufige Vollstreckbarkeit eines Hauptsacheurteils ausnahmsweise ausgeschlossen, kann es der Grundsatz der Subsidiarität der Verfassungsbeschwerde gebieten, vor Anrufung des BVerfG die Vollstreckung durch den Erlass einer einstweiligen Anordnung zu erreichen.[546]

Der Bf. muss seine verfassungsrechtlichen Einwände – zumindest der Sache nach – bereits im Ausgangsverfahren vortragen und sich dazu der jeweils in Frage kommenden prozessualen Mittel bedienen.[547] Dazu gehören, je nach Art der Grundrechtsbeschwer und Lage des Verfahrens z.B. die Anrufung des Gericht gegen eine Entscheidung des Vorsitzenden (§ 238 II StPO),[548] die Richterablehnung wegen Befangenheit (§ 24 StPO),[549] ein Hinweis auf eine willkürlich fehlerhafte Gerichtsbesetzung und damit des Grundrechts auf den gesetzlichen Richter i.S.d. Art. 101 I 2 GG, der schon in der mündlichen Verhand-

---

539 BVerfG NJW 1996, 1464.

540 In diese Richtung tendiert auch BVerfGE 22, 267, 272.

541 *Umbach/Ruppert*, § 90 Rn. 172.

542 BVerfGE 112, 50=NJW 2005, 1413; BVerfGE 59, 63, 83; 68, 384, 388 f.; 77, 381, 401; 81, 97, 102; 107, 395, 414.

543 *BVerfG* NJW 2000, 3126; BVerfGE 92, 245,256; 68, 376, 379 ff.; NJW 2003, 1924; 2005, 1413. Nach dem *HessStGH* (NJW 2005, 2219) müssen selbst Rechtsbehelfe eingelegt werden, deren Zulässigkeit nicht eindeutig geklärt ist.

544 St. Rspr., BVerfGE 70, 180 (185f.); 78, 58 (68f.); *BVerfG* NStZ 2000, 96, 2001, 616. Beweismittel, die der Beschwerdeführer im Ausgangsverfahren hätte vorbringen können, sind im Verfassungsbeschwerdeverfahren präkludiert, BVerfGE 95, 96 (138f.).

545 *BVerfG* NJW 2000, 3126; nach dieser Entscheidung muss vor der Erhebung einer Verfassungsbeschwerde gegen ein drohendes Strafverfahren und gegen die Strafdrohung wegen unerlaubter Einfuhr, wegen unerlaubten Erwerbs (§ 29 I 1 Nr. 1 BtMG) oder wegen Besitzen von Cannabis oder Mariuhana ohne schriftliche Erlaubnis (§ 29 I Nr. 3 BtMG) ein Beschwerdeführer, der Cannabis oder Mariuhana zur Heilung oder Linderung einer Krankheit einsetzen möchte, versuchen, eine Erlaubnis nach § 3 II BtMG zu erlangen.

546 *BVerfG* NVwZ 2003, 981. Im konkreten Fall ging es um ein Verpflichtungsurteil gem. § 167 II VwGO.

547 BVerfGE 110, 1 (12); *BVerfG* NJW 1996, 1587; NStZ 2000, 489 Nr. 19, 544; NStZ-RR 2000, 281f.

548 *BVerfG* StV 2000, 3.

549 *BVerfG* NStZ 2000, 382.

lung des Ausgangsverfahrens geltend zu machen ist,[550] der Widerspruch gegen die Beweisverwertung,[551] der Antrag auf Akteneinsicht (§ 147 I StPO)[552] und der Antrag auf richterliche Entscheidung (§ 98 II 2 StPO).[553]

Unverzichtbar ist natürlich auch ein zweckentsprechender Tatsachenvortrag schon im fachgerichtlichen Verfahren. Insbesondere ist es sinnlos, eine Verfassungsbeschwerde auf Angaben zum Ausgangssachverhalt zu stützen, die nicht auch bereits in das fachgerichtliche Verfahren eingeführt worden waren.[554] Das wird besonders häufig bei Anträgen auf einstweilige Anordnung übersehen. **370**

Nicht als Rechtsweg zu bewerten ist eine – meist form-, frist- und fruchtlos bleibende – (Dienst-) Aufsichtsbeschwerde; sie dient nur der behördeninternen Kontrolle. Gleiches gilt für einen Amtshaftungsprozess, weil es in dessen Rahmen nicht notwendig zu einer Entscheidung über die Rechtswidrigkeit der staatlichen Handlung kommt.[555] Auch eine Anregung an ein Gericht ist kein Rechtsweg.[556] **371**

cc) Zulässigkeit des Rechtsmittels

Der Beschwerdeführer muss sorgfältig prüfen, ob Rechtsmittel zulässig sind. Allein der Umstand, dass es noch keine Rechtsprechung zur Zulässigkeit eines Rechtsbehelfs gibt, genügt in der Regel nicht für das Absehen vom Erfordernis der Rechtswegerschöpfung.[557] **372**

Offensichtlich unzulässige Rechtsmittel gehören nicht zum Rechtsweg. Werden sie dennoch eingelegt, setzt die hierauf ergehende Entscheidung die Monatsfrist zur Einlegung der Verfassungsbeschwerde nicht neu in Lauf.[558] Offensichtlich unzulässig ist ein Rechtsmittel dann, wenn der Rechtsmittelführer nach dem Stand der Rechtsprechung und Lehre bei Eingehung des Rechtsmittels über die Unzulässigkeit nicht im Ungewissen sein konnte.[559] Dagegen kann eine berechtigte Ungewissheit über die Unzulässigkeit des Rechtsmittels nicht zu Lasten des Rechtsuchenden maßgeblich sein für die Zulässigkeit der Verfassungsbeschwerde.[560] Angesichts der mit diesen Kriterien verbundenen Unsicherheiten kann letztlich aus praktischer Sicht nur ein doppelspuriges Vorgehen – dazu unten[561] – angeraten werden. **373**

dd) Anhörungsrüge

Die Rechtsprechung hatte zwecks Erfüllung des Subsidiaritätsgebots des § 90 II BVerfGG auch die Ausschöpfung gesetzlich nicht ausdrücklich geregelter Rechtsbehelfe für erforderlich gehalten, soweit nach dem Stand der fachgerichtlichen Rechtsprechung absehbar war oder zumindest möglich erschien, dass sie als statthaft behandelt werden würden.[562] Unter anderem wurde unter der genannten Voraussetzung die Einlegung gesetzlich nicht vorgesehener Gegenvorstellungen vor Erhebung von Verfassungsbeschwerden wegen Gehörsverstoßes gefordert. Um den damit verbundenen Rechtsunsicherheiten ein Ende zu bereiten, hatte das BVerfG im Plenarbeschluss vom 30. April 2003[563] den Gesetzgeber aufgefordert, endlich eine gesetzliche Regelung zu erlassen, in der die Möglichkeit und **374**

---

550   *BVerfG* Beschl. v. 11.12.1992 – 2 BvR 2093/92.
551   *BVerfG* NStZ 2000, 489.
552   *BVerfG* NStZ –RR 2002, 16.
553   *BVerfG* NStZ-RR 2002, 144.
554   Näher *Lübbe-Wolff*, EuGRZ 2004, 669, 671, m.w.N.
555   BVerfGE 20, 162, 173; 38, 206, 212.
556   BVerfGE 15, 214, 217; 16, 119, 122 für den Antrag eines Untersuchungsgefangenen auf Benachrichtigung eines Angehörigen.
557   BVerfGE 70, 180, 186 mit Hinweisen auf die Ausnahmefälle.
558   BVerfGE 5, 17, 19; 69, 233, 241; 91, 93, 106.
559   BVerfGE 28, 1, 6; 48, 341, 344; 49, 252, 255.
560   BVerfGE 5, 17, 19 f.
561   Vgl. unter Rn. 446 ff.
562   BVerfGE 70, 180 (186 f.); näher *Lübbe-Wolff*, EuGRZ 2004, 671 f. m.w.N.
563   BVerfGE 107, 395.

Voraussetzungen für eine Rüge der Verletzung des Art. 103 I GG normiert werden. Der Gesetzgeber hat daraufhin das Anhörungsrügengesetz erlassen, das am 1.1.2005 in Kraft trat.[564] Es normiert den Rechtsbehelf der Anhörungsrüge über die schon bisher vorhandene Regelungen auch in anderen Prozessordnungen;[565] so nunmehr neben § 321a ZPO, § 152a VwGO, § 178a SGG, § 78a ArbGG, § 29a FGG, § 133a FGO sowie §§ 33a, 311a, 356a StPO[566] und § 55 IV JGG.

(1) Rügepflicht

375 Der Beschwerdeführer muss in jedem Fall die Anhörungsrüge vor den Fachgerichten erheben, soweit sie in den Prozessordnungen wie in § 321a ZPO[567] oder § 33a StPO[568] vorgesehen ist.[569] Sie ist innerhalb der Zwei-Wochenfrist – eine Rechtsbehelfsbelehrung ist nicht notwendig[570] – bei dem Gericht einzulegen, dessen Entscheidung wegen Verletzung des Gehörsgebots gerügt wird. Bei § 356a StPO besteht eine Ein-Wochenfrist. Keine Frist besteht – vgl. dazu aber unten[571] – bei § 33a StPO.

376 Der Notwendigkeit der Erhebung einer Gehörsrüge ist man nicht dadurch enthoben, dass – wie meist – Bedenken im Hinblick auf die Begründetheit bestehen. Soweit ein Gehörsverstoß in Betracht kommt und eine Entscheidungserheblichkeit zumindest nicht ausgeschlossen werden kann, muss sie erhoben werden.

(2) Reichweite der Anhörungsrüge

377 Die Anhörungsrüge kommt nach dem Wortlaut der fraglichen Bestimmungen unmittelbar nur in Betracht bei Gehörsverstößen i.S.d. Art. 103 I GG. In anderen Fällen kann Verfassungsbeschwerde erhoben werden.

– Die Rügepflicht besteht dann nicht, soweit ausschließlich andere Grundrechtsverletzungen gerügt werden als Art. 103 I GG wie z.B. Art. 2 ff. GG. Für die Erhebung der Gehörsrüge nach den spezialgesetzlichen Bestimmungen wie § 321a ZPO genügt auch nicht die Verletzung einfach-rechtlicher Gewährleistungen; es muss Art. 103 I GG betroffen sein.[572] Bei der Auslegung und Anwendung einfachen Rechts müssen zumindest Bedeutung und Tragweite des Art. 103 I GG verkannt worden sein.

– Auch Rügen aus Art. 3 I GG (Willkürverbot), Art. 19 IV GG (effektiver Rechtsschutz),[573] Art. 20 III i.V.m. Art. 2 I GG (faires Verfahren), Art. 101 I 2 GG (gesetzlicher Richter) sollen allenfalls – wie unten dargelegt[574] – mit der außerordentlichen Beschwerde oder einer Gegenvorstellung geltend gemacht werden können.[575] Zum Teil halten jedoch die Gerichte die Anhörungsrüge auch bei einer schwerwiegenden Verletzung von Prozessgrundrechten, die sonst nur im Wege der Verfas-

---

564 BGBl. I, 3220.

565 Die Regelung ist in mehrfacher Hinsicht nicht systemverträglich; vgl. Eschelbach Rn. 55.

566 Vgl. dazu u.a. *Gravenhorst*, NZA 2005, 24 (Arbeitsrecht); *Sckenke*, NVwZ 2005, 729 (Verwaltungsrecht); *Zuck*, NJW 2005, 1226 u. 3753 (Zivilprozess); *ders.* NVwZ 2005, 739; *Seer/Thulfaut*, BB 2005, 1085 (Steuerprozess); *Schoenfeld*, DB 2005, 850 (§ 133a FGO); s.a. *Ehehalt*, BFH-PR 2005, 347; *Scheuch/Lindner*, ZIP 2004, 973: Rechtsbehelfe bei der Verletzung von Verfahrensgrundrechten.

567 BVerfG NJW 2002, 3388.

568 Zu § 33a vgl. auch BVerfG NJW 2005, 3059; vgl. auch BVerfGE 42, 243, 247 f.; BVerfG Beschl. v. 25.9. 2001 – 2 BvR 1152/01; vgl. dazu auch unten Rn. zur Bedeutung von außerordentlichen Rechtsbehelfen

569 Dazu ausf. *Desens*, NJW 2006, 1243.

570 Zu § 152a VwGO vgl. OVG Hamburg NVwZ 2006, 484; zur ordnungsgemäßen Begründung vgl. *OVG Lüneburg* NJW 2006, 3018.

571 Vgl. unter Rn. 394 ff.

572 Vgl. etwa BR-Dr. 15/3706, S. 16.

573 OVG Frankfurt (Oder) NVwZ 2005, 1213: Danach ist die Anhörungsrüge des § 152a I Nr. 2 VwGO grundsätzlich auf Verfahrensverstöße gegen den Anspruch auf rechtliches Gehör (Art. 103 I GG) begrenzt; eine erweiternde Auslegung auf geltend gemachte Verletzungen des Grundsatzes des effektiven Rechtsschutzes (Art. 19 IV GG) scheide aus.

574 Vgl. dazu unter 399 ff.

575 BT-Dr. 15/3706, S. 14

sungsbeschwerde angegriffen werden könnten, wie auch des Art. 3 I GG als Willkürverbot für zulässig.[576]

– Nicht unerhebliche Probleme bereitet aber die Frage, welche Rechtsverstöße von Art. 103 I GG erfasst werden, so dass die Anhörungsrüge erhoben werden muss und welche Rügen unter andere Grundrechte zu subsumieren sind. Es gibt Faustregeln, nach denen Art. 3 I GG lex specialis zu Art. 103 I GG ist.[577] Art. 19 IV GG erfasst den Zugang zum Rechtsweg, aber nicht dessen Ausgestaltung im Einzelfall;[578] der Grundsatz des fairen Verfahrens (Art. 2 I, 20 GG) greift lediglich als Auffangrecht ein, wenn die Voraussetzungen des Art. 103 I GG nicht gegeben sind.

(3) Verfahren bei Rüge der Verletzung des Art. 103 I GG und anderer Grundrechte

Soweit nur ein Verstoß gegen Art. 103 I GG in Betracht kommt, ist die Anhörungsrüge der allein in Betracht kommende Rechtsbehelf und darf nicht unmittelbar Verfassungsbeschwerde erhoben werden. Sehr umstritten ist jedoch, wie zu verfahren ist, wenn eine Rüge des Art. 103 I GG neben der Verletzung anderer Grundrechte geltend gemacht wird. Hier stellt sich die Frage, ob neben der Anhörungsrüge auch eine Verfassungsbeschwerde zu erheben ist.   **378**

• Notwendigkeit einer sorgfältigen Prüfung

Grundsätzlich sollte auf die – oftmals leichtfertige, beiläufige bzw. ergänzende – Geltendmachung der Anhörungsrüge verzichtet werden. Es muss sehr sorgfältig geprüft werden, ob ihr eine Relevanz zukommt bzw. sie begründet ist, weil davon das weitere Vorgehen abhängt und die Gefahr besteht, dass eine Verfassungsbeschwerde zurückgewiesen wird, ohne dass die gerügten Grundrechtsverletzungen außerhalb des Art. 103 I GG noch geprüft werden.   **379**

Diese Gefahr besteht auch, wenn die Gehörsrüge eigentlich unbegründet ist, sie aber im Verfassungsbeschwerdeschriftsatz „vorsorglich" bzw. ergänzend vorgebracht wird. Oftmals sind Gehörsrügen ohnehin verdeckte Sachrügen. Der Beschwerdeführer kommt jedenfalls unnötig in erhebliche Begründungsnot, wenn er bei Doppelrüge von Art. 103 I GG und materiellen Grundrechten nach einem zu erwartenden Hinweis des BVerfG, dass die Verfassungsbeschwerde möglicherweise unzulässig sei, dartun muss, dass die Gehörsrüge eigentlich nicht begründet war, weil keine entscheidungserhebliche Gehörsverletzung dargetan worden sei bzw. werden konnte.   **380**

• Zurückweisung der Verfassungsbeschwerde ohne Anhörungsrüge

Wird ohne vorherige Anhörungsrüge eine Verfassungsbeschwerde erhoben und darin Art. 103 I GG gerügt bei gleichzeitiger Rüge anderer Grundrechtsverletzungen, dann besteht die Gefahr, dass sie mangels Erschöpfung des Rechtswegs auf Grund Nichterhebung der Anhörungsrüge wegen Unzulässigkeit zurückgewiesen wird.[579]   **381**

Nach einer Entscheidung des BVerfG[580] darf jedenfalls nicht gleich eine Verfassungsbeschwerde mit den formellen und materiellen Rügen oder auch nur eine Verfassungsbeschwerde mit den materiellen Rügen erhoben werden. Wenn auch die Verletzung des Art. 103 I GG in Betracht kommt, dann muss in diesem Fall zunächst die Anhörungsrüge geltend gemacht werden. Wenn also neben sonstigen Grundrechten auch Art. 103 I GG gerügt wird, dann muss über die „Brücke" der Gehörsrüge versucht werden, das fachgerichtliche Verfahren fortzuführen, um im Erfolgsfall die Möglichkeit eingeräumt zu bekommen, die Verletzung der anderen Grundrechte im fachgerichtlichen Verfahren gel-   **382**

576 *OVG Lüneburg* NJW 2006, 2506: Für eine Gegenvorstellung bestehe kein substanzieller Anwendungsbereich, der es rechtfertigen könnte, sie im Bereich der Verwaltungsgerichtsbarkeit neben der Anhörungsrüge gem. § 152a VwGO weiter zuzulassen (Bestätigung von *OVG Lüneburg* NJW 2005, 2171). Mit einer Anhörungsrüge könne nicht nur die Verletzung rechtlichen Gehörs geltend gemacht werden, sondern auch die schwerwiegende Verletzung von anderen Prozessgrundrechten, die sonst nur im Wege der Verfassungsbeschwerde angegriffen werden könnte, wie z.B. des Grundrechts aus Art. 3 I GG in seiner Bedeutung als Willkürverbot.

577 *BVerfG* NJW 2004, 3551, 3552.

578 *BVerfG* NJW 2004, 2583.

579 *BVerfG* NJW 2005, 3059: BeckRS 2005, 27482.

580 *BVerfG*, Beschl. v. 25.4.2005 – 1 BvR 644/05-Queen Mary II.

tend machen zu können.[581] Es sollte daher tunlichst auf die Erwähnung des Art. 103 I GG verzichtet werden, wenn man nicht Gefahr laufen will, dass die Verfassungsbeschwerde umgehend zurückgewiesen wird.

383   Erst nach der Zurückweisung der Gehörsrüge kann Verfassungsbeschwerde erhoben werden mit sämtlichen Grundrechtsverletzungen. Erst die negative Entscheidung des Instanzgerichts über die Anhörungsrüge eröffnet nach dem BVerfG die Möglichkeit der Erhebung aller in Betracht kommender Grundrechtsrügen.

384   Auch der Hess. StGH hat entschieden, dass vor Erhebung einer Grundrechtsklage Antragsteller aus Gründen der Subsidiarität gehalten sind, sich in entsprechender Anwendung von § 321a ZPO a.F. um ein Abhilfeverfahren zwecks Beseitigung der behaupteten Grundrechtsverletzungen vor den Fachgerichten zu bemühen haben. Dies gelte auch dann, wenn sie gleichzeitig die Verletzung des Rechts auf Gewährung rechtlichen Gehörs und anderer Grundrechte rügen. Eine zulässige und begründete Gehörsrüge führe zur Fortsetzung des fachgerichtlichen Prozesses und biete die Möglichkeit, sämtliche verfassungsgerichtlichen Mängel zu beseitigen. Nach einem Abhilfeverfahren sei die Entscheidung des höchsten in der Sache zuständigen Gerichts des Landes Hessen i.S.v. § 44 StGHG die nicht anfechtbare Entscheidung in der Fassung der Abhilfeentscheidung.[582]

- **Verfassungsbeschwerde neben Anhörungsrüge?**

385   Fraglich ist, ob bei einer Rüge der Verletzung des Art. 103 I GG neben anderen Grundrechten zusätzlich zur – innerhalb der (meist) Zwei-Wochenfrist zu erhebenden – Anhörungsrüge auch eine Verfassungsbeschwerde zu erheben ist. Die Problematik ist bisher nicht abschließend geklärt.

386   Das BVerfG hat – wie oben dargelegt – bisher nur in einem Kammerbeschluss entschieden, dass eine Verfassungsbeschwerde zur Gänze – also auch im Hinblick auf die materiellen Grundrechtsrügen – unzulässig ist, wenn sie ohne Anhörungsrüge unmittelbar erhoben wird.

387   Folglich kommt auch nur eine Verfassungsbeschwerde in Betracht und sind nicht zwei Verfassungsbeschwerden[583] zu erheben, zunächst mit einer Beschränkung auf die materiellen Grundrechte gegen die Sachentscheidung des Fachgerichts und dann gegen die Entscheidung über die Anhörungsrüge. Entsprechend läuft die Monatsfrist des § 93 I BVerfGG für alle Rügen – auch gegen materielle Grundrechte – erst ab Zustellung der Entscheidung über die Anhörungsrüge.

388   Wenn man jedoch vorsichtig sein will, kann nur empfohlen werden, wie bei anderen in ihrer Zulässigkeit und Begründetheit fraglichen Rechtsmitteln wie z.B. einer Nichtzulassungsbeschwerde zweispurig – wie unten dargelegt[584] – vorzugehen, indem man die Anhörungsrüge fristgerecht erhebt sowie – vorsorglich – Verfassungsbeschwerde unter Mitteilung der Anhörungsrüge einlegt und begründet. Wird – wie meist – die Anhörungsrüge zurückgewiesen, dann wird die Verfassungsbeschwerde auf den entsprechenden Beschluss in einem Schriftsatz an das BVerfG erstreckt unter ergänzender Begründung. Entweder wird die Anhörungsrüge fallen gelassen oder in Auseinandersetzung mit dem Beschluss des OLG auch gegenüber dem BVerfG aufrechterhalten.

389   Für ein solch doppelspuriges Vorgehen kann auch der Umstand angeführt werden, dass – so Desens[585] – sich Gehörsrügen und andere Grundrechtsrügen auf unterschiedliche Teile eines teilbaren Streitgegenstands beziehen können. Die gleichzeitige Erhebung von Verfassungsbeschwerde wie auch Gehörsrüge widerspreche nicht dem Grundsatz der Subsidiarität; über die Verfassungsbeschwerde könne nämlich unabhängig von der Anhörungsrüge entschieden werden, weil sich die Entscheidungen über die Anhörungsrüge und die Verfassungsbeschwerde nicht gegenseitig beeinflussen können. Diese Wirkung sei zugleich das notwendige Kriterium für die Teilbarkeit. Es orientiere sich am Zweck, nämlich den Grundsatz der Subsidiarität nicht zu beeinträchtigen, und greife auf einen Maßstab zurück, den die jeweiligen Verfahrensordnungen auch für den Erlass eines Teilurteils vorse-

---

581   Vgl. *Desens*, NJW 2006, 1243, 1245.
582   HessStGH NJW 2005, 2217.
583   So aber *Zuck*, NJW 2005, 741.
584   Vgl. dazu unten 336 ff.
585   *Desens*, NJW 2006, 1243, 1245.

hen. – Die nicht zu unterschätzende praktische Problematik dieses Ansatzes liegt natürlich in der Frage, wann bei der Rüge von Gehörs- wie anderer Grundrechtsverletzungen von einem „teilbaren" Streitgegenstand gesprochen werden kann.

(4) Verfahren bei Einlegung der Anhörungsrüge

Die Anhörungsrüge ist – wie alle anderen Rechtsbehelfe – ordnungsgemäß zu erheben. Den Anforderungen des Art. 103 I GG ist Rechnung zu tragen, indem ein Gehörsverstoß wie auch dessen Erheblichkeit dargelegt werden.[586] **390**

Wird z.B. in einer Anhörungsrüge gegen ein Urteil des Revisionsgerichts die Verletzung des rechtlichen Gehörs in Bezug auf Tatsachenvortrag geltend gemacht, so muss der Rügeführer darlegen, dass die nach seiner Ansicht übergangenen Tatsachen nach § 559 ZPO berücksichtigungsfähig waren. Andernfalls ist die Rüge nicht in der gesetzlichen Form begründet und daher unzulässig.[587] **391**

Wird – wie meist – die Anhörungsrüge zurückgewiesen, kann innerhalb der ab Zustellung der Entscheidung über die Anhörungsrüge laufenden Monatsfrist des § 93 I BVerfGG Verfassungsbeschwerde erhoben werden.[588] Dabei muss sich der Beschwerdeführer substantiiert mit dem fachgerichtlichen Beschluss über die Gehörsrüge auseinandersetzen.[589] **392**

Wird die Anhörungsrüge als unzulässig verworfen (z.B. § 152a IV 1 VwGO, weil sie nicht form- und fristgerecht erhoben worden ist), scheidet auch eine Verfassungsbeschwerde wegen Verstoß gegen den Subsidiaritätsgrundsatz des § 90 II BVerfGG aus. Etwas anderes gilt nur dann, wenn der Beschluss selbst eine Grundrechtsverletzung – einschließlich eines Gehörsverstoßes – beinhaltet. Dann kann – wenn auch verständlicherweise mit wenig Erfolgsaussicht – Verfassungsbeschwerde erhoben werden, weil eine erneute Gehörsrüge ausscheidet, da der Beschluss nach § 152a IV 3 VwGO unanfechtbar ist. **393**

ee) § 33a StPO

In der Praxis bedeutsam und ebenfalls Zulässigkeitsvoraussetzung für die Erhebung der Verfassungsbeschwerde ist die Gegenvorstellung nach § 33a StPO:[590] *„Hat ein Gericht in einem Beschluß den Anspruch eines Beteiligten auf rechtliches Gehör in entscheidungserheblicher Weise verletzt und steht ihm gegen den Beschluß keine Beschwerde und kein anderer Rechtsbehelf zu, versetzt es, sofern der Beteiligte dadurch noch beschwert ist, von Amts wegen oder auf Antrag insoweit das Verfahren durch Beschluß in die Lage zurück, die vor dem Erlass der Entscheidung bestand. § 47 gilt entsprechend."*[591] **394**

Hier unterlaufene Fehler werden besonders häufig zum Fallstrick für Verfassungsbeschwerden. **395**

> Ist der von einer Durchsuchung betroffene Beschwerdeführer der Ansicht, sein Beschwerdevorbringen gegen die Durchsuchungsanordnung sei nicht ausreichend gewürdigt worden, so erfordert das Gebot der Rechtswegerschöpfung, dass der Beschwerdeführer vor Erhebung der Verfassungsbeschwerde die nachträgliche Anhörung gem. § 33a StPO beantragt. Dies ist jedenfalls dann zumutbar, wenn eine Verletzung des Rechts auf rechtliches Gehör nicht auszuschließen ist und die Möglichkeit der fachgerichtlichen Selbstkorrektur besteht.[592] **Beispiel 16**

586 Vgl. dazu unter Rn. 860 ff.
587 *BVerfG* NJW 2006, 1614; vgl. auch *BFH* NJW 2006, 864.
588 *Lübbe-Wolff*, EuGRZ 2004, 669, 672; *Desens*, NJW 2006, 1243, 1244.
589 *BVerfG* Beschl. v. 27.5.2005 – 1 BvR 964/05.
590 *BVerfGE* 33, 192, 194; 42, 243, 245 f., 74, 358, 380.
591 Zu neueren Entscheidungen vgl. u.a. Beschl. des *BayrVerfGH* v. 16.5.2006 – Vf. 98-VI-05; *BVerfG* v. 15.3.2006 – 2 BvR 917/05 u. NJW 2006, 1048.
592 *BVerfG* NJW 2003, 1513.

(1) Anwendungsbereich

396   Die §§ 33, 33a StPO beschränken die gebotene Anhörung nicht auf Tatsachen und Beweisergebnisse, sondern erfassen über ihren Wortlaut hinaus jeden Aspekt des rechtlichen Gehörs.[593] Insoweit gelten die zu Art. 103 I GG gemachten Ausführungen.[594] Dass z.B. ein Gericht vor Ablauf der selbst gesetzten Äußerungsfrist entscheidet, erfüllt den Tatbestand allein nicht.

397   Weiter wird oft nicht bemerkt, dass § 33a StPO kraft gesetzlicher Verweisungen auch außerhalb des Strafverfahrens gilt; als Beispiel seien erwähnt das gerichtliche Verfahren nach dem Ordnungswidrigkeitengesetz (§ 46 OWiG), dem Strafvollzugsgesetz (§ 120 I StVollzG), dem Gesetz über die internationale Rechtshilfe in Strafsachen (§ 77 IRG) und dem Strafrechtlichen Rehabilitierungsgesetz (§ 15 StRehaG).

(2) Versäumnisfolgen

398   Auch die Nichtausschöpfung des Rechtsbehelfs des § 33a StPO macht die Verfassungsbeschwerde unzulässig,[595] und zwar – wie oben dargelegt so jedenfalls die in der Kammerrechtsprechung vorherrschende Praxis – nicht nur hinsichtlich des gerügten Gehörverstoßes, sondern auch aller etwa sonst noch gerügten Grundrechtsverstöße.[596] Mit einer entsprechenden Handhabung sollte auch bei anderen Anhörungsrüge-Rechtsbehelfen gerechnet werden.[597]

ff) Sonstige Verfahrens- und Willkürrügen

399   Es ist umstritten, ob und wie außer Gehörsverstößen nach Art. 103 I GG sonstige Verfahrensverstöße wie z.B. gegen Art. 101 I 2 GG oder das Willkürverbot – soweit hier nicht wie bei Zivilstreitigkeiten eine Nichtzulassungsbeschwerde erhoben werden kann[598] – geltend gemacht werden können. Fraglich ist, ob hier die Gehörsrügenbestimmungen wie § 321a ZPO analog anzuwenden sind, was u.a. eine „Lücke" voraussetzt, oder ungeschriebene Rechtsbehelfe – wie z.B. die Gegenvorstellung – anzuerkennen sind, wie dies bisher partiell – z.B. im Hinblick auf die Gegenvorstellung – der Fall war.[599]

(1) Uneinheitliche Terminologie

400   Die Terminologie ist uneinheitlich; es geht um eine „Gegenvorstellung" bei Verfahrensverstößen außerhalb des Art. 103 I GG wie z.B. des Art. 101 I 2 GG oder eine „außerordentliche Beschwerde" bei einer Verletzung des Willkürverbots des Art. 3 I GG wegen greifbarer Gesetzwidrigkeit. Fraglich ist jedenfalls, ob sie zu dem Rechtsweg gehören, dessen Erschöpfung § 90 II BVerfGG fordert, und ob bei ihrer Einlegung keine Verfristung droht.[600]

---

593   BVerfG NJW 2006, 1048; BVerfGE 42, 243 (249 ff.); BVerfG NStZ 2002, 43; 2003, 607; NStZ-RR 2003, 338; StV 2000, 113.

594   Vgl. dazu unten unter Rn. 860 ff.

595   BVerfG NJW 2005, 3059; s.a. BayrVerfGH Beschl. v. 16.5.2006-Vf. 98-VI-05.

596   BVerfG NStZ 1994, 498; BVerfG, Beschl. v. 30.12.2002 – 2 BvR 1786/02; vgl. auch bereits BVerfG NVwZ-Beil. 1998, 81 f., 81; BVerfG NVwZ 1998, 1174 f., 1174. In BVerfGE 78, 358, 380 wurde dagegen eine Verfassungsbeschwerde nur insoweit, als die Nichtgewährung rechtlichen Gehörs gerügt war, als unzulässig angesehen.

597   S. z.B. für den Abänderungsantrag nach § 80 VII VwGO, der auch zur Abwehr von Gehörsverstößen genutzt werden müsse, durch das Anhörungsrügengesetz eingefügten § 152a VwGO.

598   Vgl. nur BGH NJW 2005, 153.

599   Vgl. auch Desens, NJW 2006, 1243 ff.; zu Entwicklungen und Tendenzen bei den außerordentlichen Rechtsbehelfen, vgl. auch Sternal, FGPrax 2004, 170.

600   BVerfGE 107, 395, 417.

(2) Umstrittenheit

Die Problematik ergibt sich u.a. daraus, dass mit der Anhörungsrüge nach dem klaren Wortlaut un- **401**
mittelbar nur Verstöße gegen das Gebot des Art. 103 I GG erfasst sind. Die Gegner der Anerkennung
außerordentlicher Rechtsbehelfe plädieren für eine analoge Anwendung[601] oder extensive Auslegung vorhandener spezialgesetzlich geregelter Rechtsbehelfe wie eben des § 321a ZPO oder § 152a
VwGO bei verfassungsrechtlich garantierten Verfahrensrechten außerhalb des Art. 103 I GG oder bei
materiell grob gesetzwidrigen Entscheidungen.[602] So solle eine durch einen Verfahrensbeteiligten
eingelegte – nach dieser Meinung unstatthafte – außerordentliche Beschwerde – in eine Rüge in direkter oder analoger Anwendung von Anhörungsrügebestimmungen wie des § 152a VwGO umge-
deutet werden.[603]

Der Streit ist – relativ – müßig, auch wenn er mit hohem wissenschaftlichem Aufwand ausgefochten **402**
wird.[604] Angesichts des unverständlichen Regelungsdefizits des Gesetzgebers besteht in jedem Fall
eine erhebliche Rechtsunsicherheit.

– Eine unmittelbare Anwendung der Anhörungsrügebestimmungen scheidet nach dem klaren Wortlaut, der Entstehungsgeschichte mit dem eindeutig Verstöße gegen andere Verfahrensgrundrechte
  als Art. 103 I GG wie Art. 101 I 2 GG oder gegen das Willkürverbot des Art. 103 I GG ausschließ-
  ßenden Willen des Gesetzgebers[605] wie auch des sich auf Gehörsverstöße beschränkenden
  Grundsatzbeschlusses des BVerfG[606] aus.

– Andererseits war und ist es schlicht unverständlich und auch nach der Begründung des Plenarbe-
  schlusses des BVerfG durch nichts zu rechtfertigen, dass fachgerichtlicher Rechtsschutz nicht auch
  bei Verstößen gegen Art. 101 I 2 GG oder das Willkürverbot auf Grund spezialgesetzlicher Bestimmungen in Betracht kommen soll.

– Eine analoge Anwendung wiederum ist methodisch fraglich; sie setzt u.a. eine Lücke voraus.[607]

– Zudem stellt sich ein Fristenproblem. Wird eine analoge Anwendung z.B. des § 321a ZPO befür-
  wortet, dann gilt eine Zweiwochenfrist, während bei Nichtanwendung entsprechend der Rechtsprechung des BVerfG zur Gegenvorstellung und außerordentlichen Beschwerde die Monatsfrist
  des § 93 I BVerfGG für eine Verfassungsbeschwerde gilt.[608]

(3) Keine Notwendigkeit der Einlegung

Grundsätzlich können diese gesetzlich nicht geregelten Rechtsbehelfe – nichts anderes gilt für eine **403**
analoge Anwendung der Anhörungsbestimmungen – nicht mehr aus Gründen der Subsidiarität gefordert werden. Die Einlegung gesetzlich nicht geregelter Rechtsbehelfe zur Abwehr von Gehörsverstößen ist zur Wahrung der Subsidiarität nach dem Plenarbeschluss des BVerfG und der auf
Art. 103 I GG beschränkten Regelung des Gesetzgebers aus Gründen der Rechtsklarheit nicht mehr
zu verlangen.[609]

Die Beschränkungen des BVerfG und des Gesetzgebers auf Art. 103 I GG und die sich daraus erge- **404**
bende Rechtsunsicherheit können nicht zu Lasten des Rechtsuchenden gehen.[610] Dementsprechend
hat das BVerfG entschieden:[611]

---

601 Gegen eine Analoge bei greifbarer Gesetzwidrigkeit *VGH Mannheim* VBlBW 2005, 153.
602 So z.B. *Schenke*, DÖV 2005, 729 ff.
603 Vgl. zum entsprechenden Problem im Bereich der Finanzgerichtsbarkeit *BFH* DStRE 2004, 54,55.
604 Vgl. die Nachw. bei *Desens*, NJW 2006, 1243, 1244.
605 Bt-Dr. 15/3706, S. 14.
606 *BVerfG* NJW 2003, 1924.
607 Dafür *BFH* NJW 2005, 3374, 3375 – Beschwerde nach § 128 FGO.
608 Dementsprechend plädiert *Schenke*, NVwZ 2005, 737 Fn. 61 für eine Abkehr von der Verfassungsbe-
     schwerdefrist.
609 Vgl. *Desens*, NJW 2006, 1243, 1247.
610 Vgl. auch *BVerfG* NJW 2003, 1787.
611 *BVerfG* NJW 2006, 2907.

405   *„Gegen die fristwahrende Wirkung einer Gegenvorstellung, die nach dem Wortlaut des Gesetzes weder als Rechtsmittel noch als Anhörungsrüge zulässig sein kann, spricht, dass die Anhörungsrüge durch Gesetz abschließend geregelt werden sollte, sodass es der Rechtssicherheit und Rechtsklarheit widerspräche, darüber hinaus Gegenvorstellungen als für die Verfassungsbeschwerde frsitwahrend anzuerkennen.“*

406   Die Einlegung gesetzlich nicht geregelter außerordentlicher Rechtsbehelfe kann daher allenfalls („freiwillig“) vorsichtshalber in Betracht kommen[612] bei gleichzeitiger – in jedem Fall zu empfehlender – Einlegung der Verfassungsbeschwerde, damit man später nicht überrascht wird, weil das BVerfG überraschend das Subsidiaritätsgebot als verletzt ansieht.

(4) Zulässigkeit

407   Unstreitig kann die Einlegung gesetzlich nicht geregelter außerordentlicher Rechtsbehelfe nicht zur Erfüllung des Gebots der Rechtswegerschöpfung verlangt werden.

408   Vielfach wird die Zulässigkeit „außerhalb des geschriebenen Rechts“ geschaffenen Rechtsbehelfe auch als unvereinbar mit den verfassungsrechtlichen Anforderungen an die Rechtsmittelklarheit angesehen.[613]

409   Nach h.A. gibt es sie – so auch *Lübbe-Wolff*[614] – aber weiterhin.[615] Sie sind auch nach Erlass des Anhörungsrügegesetzes weiterhin trotz der verfassungsrechtlichen Problematik angesichts des Fehlens einer gesetzlichen Regelung wie auch der Unbestimmtheit der Voraussetzungen möglich.[616] Auch der Gesetzgeber des Anhörungsrügegesetzes ging von der Statthaftigkeit außerordentlicher Rechtsbehelfe wie einer außerordentlichen Beschwerde bei greifbarer Gesetzwidrigkeit und einer Gegenvorstellung bei Verletzung anderer Verfahrensgrundrechte als des Art. 103 I GG aus.[617]

410   Wenn man in der Tat die Anhörungsrüge auf Verstöße gegen Art. 103 I GG beschränkt und sonstige Verletzungen von Verfahrensgrundrechten wie auch des Art. 3 I GG nicht darunter subsumiert, dann enstpricht ihre Anerkennung in der Tat dem Sinn des Subsidiaritätsgebots des § 90 II BVerfGG. Das BVerfG folgert daraus bekanntlich eine Pflicht der Fachgerichte, Grundrechtsverstöße durch eine grundrechtlich orientierte Handhabung der Prozessvorschriften möglichst selbst zu beseitigen.[618] Unter dem Gesichtspunkt des wirksamen Grundrechtsschutzes sei es in diesen Fällen verfassungsrechtlich geboten, ein Rechtsmittel zuzulassen, „wenn die Auslegung der einschlägigen Verfahrensvorschriften dies ermöglicht.“[619] Das entscheidende Problem besteht „nur“ darin, wo von der Fachgerichtsbarkeit solche gesetzlich nicht geregelten Rechtsbehelfe noch anerkannt werden.[620]

(5) Arten

411   Als gesetzlich nicht geregelte außerordentliche Rechtsbehelfe werden genannt die außerordentliche Beschwerde, die Gegenvorstellung und die Untätigkeitsbeschwerde.

- **Außerordentliche Beschwerde (bei Verstoß gegen das Willkürverbot)**

412   Bei Verstößen fachgerichtlicher Entscheidungen gegen das Willkürverbot[621] kann eine „außerordentliche Beschwerde“ in Betracht kommen.

---

612   Vgl. auch *Rensen*, MDR 2005, 181, 183.

613   So *OVG Lüneburg*, NJW 2006, 2506, 2507 unter Berufung auf BVerfGE 107, 395.

614   Vgl. *Lübbe-Wolff*, AnwBl. 2005, 509 ff.; EuGRZ 2004, 669 ff.

615   S. z.B. für die Untätigkeitsbeschwerde *BVerfG*, NVwZ 2003, 858.

616   Vgl. *Zuck*, NVwZ 2005, 739, 740; a.A. *Rensen*, MDR 2005, 181, der nur noch die Verfassungsbeschwerde zulassen will.

617   Vgl. *Schenke*, NVwZ 2005, 729, 730 m.w.N.

618   *BVerfG* NJW 1979,538

619   *BVerfG* NJW 1982,1454; 1982,2368; BVerfGE 61,119,121.

620   Zur Unzulässigkeit einer Gegenvorstellung gegen den Beschluss des BGH über die Ablehnung einer Nichtzulassungsbeschwerde, vgl. *Wolf/Lange*, BGH-Report 2004, 618.

621   Siehe dazu ausf. Rn. 820 ff.

Die Terminologie ist im übrigen uneinheitlich und irrelevant; man kann auch hier von „Gegenvorstel- **413**
lung" sprechen.

Auch sind die Meinungen zur Zulässigkeit dieses „prozessualen Fremdkörpers" gegen fachgerichtli- **414**
che Entscheidungen angesichts spezialgesetzlichen Regelung der Anhörungsrüge in der Rechtsprechung[622] und Literatur[623] umstritten.

Voraussetzung für die Zulässigkeit ist jedenfalls, dass nicht ein spezialgesetzlicher Rechtsbehelf in Be- **415**
tracht kommt. Dies kann – so der BGH[624] – eine Nichtzulassungsbeschwerde sein. Ebenso ist ein
Rückgriff auf einen derartigen nicht geregelten Rechtsbehelf nicht erforderlich und unzulässig, soweit
die Anhörungsrüge auch bei der Rüge eines Verstoßes gegen das Willkürverbot für zulässig erachtet
wird.[625]

Soweit die außerordentliche Beschwerde daher noch ausnahmsweise in Betracht kommt, kann sie **416**
nach vielfach vertretener Ansicht[626] auch gegenüber im übrigen unanfechtbaren gerichtlichen Entscheidungen erhoben werden; dies gilt zumindest in den Fällen, in denen es sich nicht um Urteile
handelt; bei ihnen scheidet wegen der Bindungswirkung des § 318 ZPO eine entsprechende Abän-
derbarkeit der Entscheidung aus.[627]

Voraussetzung ist, dass sie „greifbar gesetzwidrig" sind, weil sie jeder gesetzlichen Grundlage entbeh- **417**
ren, inhaltlich dem Gesetz fremd und mit der geltenden Rechtsordnung schlechthin unvereinbar
sind.[628] Es gelten hier ähnliche Kriterien wie zur „Notkompetenz" des BVerfG bei Willkür fachgerichtlicher Entscheidungen.[629] Es muss vorliegen eine grobe Fehlerhaftigkeit einer gerichtlichen Entscheidung (sog. Pannenfälle). Davon wird dann ausgegangen, wenn eine Entscheidung in offensichtlichem Widerspruch zu prozessualen oder materiell-rechtlichen Normen steht, bei ihr wichtige
einschlägige Vorschriften übersehen wurden oder von irrigen Voraussetzungen ausgegangen wurde,
so z.B. wenn das Gericht der irrigen Annahme war, dass ein Rechtsmittelverzicht erklärt worden sei
oder wenn es eine am Verfahren gar nicht mehr beteiligte Partei verurteilt hat.[630]

- **Gegenvorstellung (bei Verfahrensrechten)**

Als außerhalb der in spezialgesetzlich Bestimmungen wie § 321a ZPO oder § 152a VwGO geregel- **418**
ten Rüge der Verletzung des Anhörungsgrundrechts des Art. 103 I GG kommt weiterhin in Betracht

---

622 Vgl. u.a. zur außerordentlichen Beschwerde im Verwaltungsprozess: OVG Berlin-Brandenburg, NVwZ
 2006, 614. Vern. z.B. BVerwG NJW 2002, 2657; NVwZ 2005, 232; VGH München, NVwZ-RR 2003, 72;
 OVG Münster, NVwZ-RR 2003, 695 u. 2004, 706; vgl. aber VGH-München NVwZ-RR 2004, 698.- Vern.
 auch BFH NJW 2003, 919; anders aber BFH NJW 2004, 2854 für den Fall, dass das Gericht eine Vorschrift
 des Prozessrechts bewusst in einer objektiv greifbaren gesetzwidrigen Weise anwendet. Nach BFH Beschl.
 v. 4.10.2005 – II S 10/05 – ist eine Gegenvorstellung nur in Ausnahmefällen eröffnet, wie etwa bei schwerwiegenden Grundrechtsverstößen oder bei einer Entscheidung ohne jede gesetzliche Grundlage. Vgl. auch
 VGH Mannheim VBlBW 2005, 153. Zur außerordentlichen Beschwerde wegen greifbarer Gesetzwidrigkeit
 im Verwaltungsprozess vgl. *Schmidt*, NVwZ 2003, 425.
623 Vgl. nur die Nachweise bei *Schenke*, NVwZ 2005, 729, 730.
624 BGH NJW 2005, 153; NJW 2003, 1943.
625 Vgl. OVG Lüneburg, NJW 2006, 2506: Für eine Gegenvorstellung bestehe kein substanzieller Anwendungsbereich, der es rechtfertigen könnte, sie im Bereich der Verwaltungsgerichtsbarkeit neben der Anhörungsrüge gem. § 152a VwGO weiter zuzulassen (Bestätigung von OVG Lüneburg NJW 2005, 2171). Mit einer
 Anhörungsrüge könne nicht nur die Verletzung rechtlichen Gehörs geltend gemacht werden, sondern auch
 die schwerwiegende Verletzung von anderen Prozessgrundrechten, die sonst nur im Wege der Verfassungsbeschwerde angegriffen werden könnte, wie z.B. des Grundrechts aus Art. 3 I GG in seiner Bedeutung als
 Willkürverbot.
626 Vgl. nur *Zöller/Vollkommer*, ZPO, 25. Aufl. 2005, § 321a ZPO, Rn. 4.
627 Vgl. auch BGH NJW 1999, 290; NJW-RR 2002, 501.
628 So z.B. zur Rspr. vor Inkrafttreten des ZPO-RG BGH NJW 1990, 840, 841; so nach neuerer Rechtsprechung
 BFH NJW 2004, 2854 für den Fall, dass das Gericht eine Vorschrift des Prozessrechts bewusst in einer objektiv greifbaren gesetzwidrigen Weise anwendet.
629 Vgl. dazu ausf. unten Rn. 820 ff.
630 Vgl. auch – wenn auch unter der Rubrik „Gegenvorstellung" – Schenke, DÖV 2005, 733.

die Gegenvorstellung.[631] Sie ist zu erheben bei dem Gericht, dessen Entscheidung angegriffen wird. Sie kann nur begründet werden mit der Verletzung verfassungsmäßig garantierten Verfahrensgrundrechten wie z.B. des Grundrechts auf den gesetzlichen Richter des Art. 101 GG oder auf einen dem Art. 19 IV GG genügenden zeitgerechten effektiven Rechtsschutz, des Rechts auf Fairness des Verfahrens, des Grundrechts auf prozessuale Waffengleichheit.

419   Umstritten ist, ob sie auch bei greifbarer Gesetzwidrigkeit gilt oder hier nur – es handelt sich im wesentlichen um eine schlichte terminologische Frage – die außerordentliche Beschwerde in Frage kommt.[632]

• Untätigkeitsbeschwerde

420   Teilweise verlangt das BVerfG die Erhebung einer – gesetzlich bisher nicht geregelten,[633] am Maßstab der EMRK nach Art. 6 I (Recht auf ein zügiges und faires Verfahren) und Art. 13 (Recht auf eine wirksame Beschwerde), nicht aber – so zumindest der BFH[634] – verfassungsrechtlich gebotene, – Untätigkeitsbeschwerde,[635] wenn das dem Instanzgericht untergeordnete Gericht untätig ist.[636] Darin kann ein Verstoß gegen Art. 19 IV GG liegen.[637] Zwar verpflichtet Art. 19 IV GG den Gesetzgeber nicht zur Einführung eines mehrinstanzlichen Rechtswegs. Sieht er aber einen solchen vor, dann stellt sich dieser als Rechtsweg i.S.d. Art. 19 IV GG dar und unterliegt damit dem Art. 19 IV GG zu entnehmenden Gebot der Effektivität des Rechtsschutzes.[638] Dieses wird damit aber auch dann verletzt, wenn ein höherinstanzliches Gericht den Rechtsschutz nicht innerhalb angemessener Zeit gewährt und damit in unzumutbarer Weise verkürzt.[639]

Beispiel 17   So hat das OLG Naumburg[640] entschieden, wenn das Gericht erster Instanz ein Verfahren – hier: Einbenennung – nicht betrieben hat, dann könne nach 1 ½ Jahren Untätigkeitsbeschwerde eingelegt werden gem. §§ 621 I Nr. 1, 621e I ZPO.

421   Soweit einer solchen Beschwerde nicht bereits durch das Gericht selbst abgeholfen wird, ist jedenfalls das höherinstanzliche Gericht auf Grund einer außerordentlichen Beschwerde rechtlich verpflichtet, die angegriffene gerichtliche Entscheidung der unteren Instanz zu korrigieren.

(6) Verfahren

422   Gegenvorstellung und außerordentliche Beschwerde sind an die Schriftform gebunden und – obwohl eigentlich keine Bindung an Fristen besteht – innerhalb der Monatsfrist des § 93 BVerfGG ein-

---

631   Abl. auch hier *Schenke*, DÖV 2005, 734. Zur Gegenvorstellung im arbeitsgerichtlichen Verfahren, vgl. *Nägele/Böhm*, ArbRB2004, 126.

632   Vgl. dazu auch *Schenke*, DÖV 2005, 733.

633   Ein Gesetzentwurf der Bundesregierung liegt vor. Vgl. die Forderung nach einer Regelung der Untätigkeitsbeschwerde bei *Waßmer*, ZfdgStrafrechtsw 118, 159 ff. (2006); zur Untätigkeitsbeschwerde analog § 567 ZPO *Vogel*, ZFE 2006, 47 ff.; zur Untätigkeitsbeschwerde im Familienrecht, *Reinecke*, ZFE 2006, 133; zur PKH vgl. *Nickel*, ProzRB 2005, 136; zur Untätigkeitsbeschwerde der Staatsanwaltschaft bei Nichtentscheidung über Eröffnung des Hauptverfahrens bei *Hoffmann* NStZ 2006, 256.

634   *BFH* Beschl. v. 4.10.2005 – II S 10/05.

635   *BVerfG* NVwZ 2003, 858; vgl. auch *BVerfG* Beschl. v. 10.6.2005 – 1 BvR 2790/04 u. v. 26.10.2005 – 2 BvR 1582/04; S.a. EGMR NJW 2001, 2694 (Kudla/Polen).

636   Vgl. *OLG Naumburg* Beschl. 11.10.2005 – 8 WF 190/05 u. v. 2.11.2005-8 WF 184/05 (PKH), 8 WF 184/05 unter Berufung auf *Zöller/Gummer*, ZPO (24. Aufl., § 567 Rn. 21, 21 a). Das Rechtsmittelgericht darf das untergeordnete Gericht nicht zu bestimmten Handlungen anweisen, sondern nur dahingehend, dem Verfahren Fortgang zu geben (*BVerfG* FamRZ 2005, 173).

637   BVerfGE 55, 349, 368 ff; siehe dazu auch *Pfeifer/Britz*, DÖV 2004, 245.

638   Vgl. dazu ausf. m.w.N. Rn. 910 ff.

639   Nach *OLG Naumburg* Beschl. v. 28.3.2006 – 14 F 22/06 kommt eine Untätigkeitsbeschwerde als außerordentlicher Rechtsbehelf nur dann in Betracht, wenn die begehrte Entscheidung ihrerseits überhaupt einem Rechtsmittel unterliegt. Das sei nicht der Fall bei einer Entscheidung über einen Prozesskostenvorschuss im Rahmen einer einstweiligen Anordnung.

640   *OLG Naumburg* FF 2005, 144; dazu *Völker*, FF 2005, 144;

zulegen,[641] wenn später Verfassungsbeschwerde erhoben werden soll,[642] falls man den entsprechenden Schritt nicht zur Sicherheit gleichzeitig tut, was nur dringend empfohlen werden kann, wegen der Gefahr der Verfristung (vgl. Rn. 545). Sie unterliegen ggfs. einem Vertretungszwang wie z.B. nach 67 I VwGO.[643] Sie können nur auf die Verletzung verfassungsmäßig garantierter Verfahrensrechte oder das Willkürverbot gestützt werden. Im Falle einer Zurückweisung ist innerhalb der Monatsfrist des § 93 BVerfGG in jedem Fall die Verfassungsbeschwerde – nicht aber z.B. eine weitere (unzulässige) Gegenvorstellung – einzulegen.[644]

c) Erschöpfung

Der Rechtsweg vor den Fachgerichten muss vor Einlegung der Verfassungsbeschwerde erschöpft sein. **423**

aa) Begriff

Erschöpfung bedeutet, dass der Beschwerdeführer alle zulässigen und ihm zumutbaren prozessualen **424**
Möglichkeiten zur Beseitigung der behaupteten Grundrechtsverletzung in Anspruch genommen haben muss.[645] Wie oben dargelegt hat er über das Gebot der Erschöpfung des Rechtswegs im engeren Sinne hinaus alle nach Lage der Sache zur Verfügung stehenden prozessualen Möglichkeiten zu ergreifen, um eine Korrektur der geltend gemachten Grundrechtsverletzung durch die Fachgerichte zu erwirken[646] bzw. den Verfassungsverstoß zu verhindern.[647]

bb) Formell ordnungsgemäße Erschöpfung

Eine der wichtigsten Voraussetzungen für einen Erfolg im Verfassungsbeschwerdeverfahren ist eine **425**
sorgfältige Verfahrensführung schon vor den Fachgerichten.

(1) Gebot

Alle Anforderungen des Subsidiaritätsgrundsatzes, einschließlich des Erfordernisses der Rechtsweger- **426**
schöpfung, gelten für jede einzelne mit einer Verfassungsbeschwerde erhobene Rüge.[648] Das Gebot der Rechtswegerschöpfung erfüllt der Beschwerdeführer nur dann, wenn er alle ihm zu Gebote stehenden Rechtsbehelfe auch in zulässiger Weise eingelegt und begründet hat. Grundsätzlich gehört die Beachtung der Formvorschriften bei der Einlegung von Rechtsmitteln zur ordentlichen Erschöp-

---

641 Vgl. auch *BVerfG* NJW 2001, 1294; NJW 1995, 3248; 2000, 273.

642 *BVerfG* NJW 1995, 3248.

643 *VGH Mannheim* NVwZ-RR 2003, 692.

644 Vgl. auch *BVerfG*, Beschl. v. 9.9.1997 – 2 BvR 23/97. Da auch durch die Erhebung einer Gegenvorstellung und die hierauf ergehende Entscheidung die Frist des § 93 BVerfGG grundsätzlich nicht unterbrochen oder neu Lauf gesetzt wird, wäre eine Verfassungsbeschwerde gegen den einen Haftbefehl bestätigenden Beschluss wegen Versäumung der Einlegungsfrist des § 93 I BVerfGG unzulässig. Für die Rüge der Verletzung rechtlichen Gehörs i.S.v. § 33a StPO war durch die abschließende Entscheidung über die Gegenvorstellung der Rechtsweg erschöpft. Die Monatsfrist des § 93 I BVerfGG war abgelaufen, ohne dass eine Verfassungsbeschwerde eingelegt worden war.

645 Vgl. nur BVerfGE 1, 12, 13; 16, 124, 127; 34, 204, 205; 42, 252, 257; 55, 244, 247; 79, 1, 20; *BVerfG* NStZ 2000,96; keine Erschöpfung bei einvernehmlichem Verzicht auf Revision, BVerfGE 110, 226, 245.

646 *BVerfG* NJW 2006, 1505.

647 BVerfGE 22, 287, 290 f.; 81, 97, 102 f.; 112, 50; NJW 2006, 1505.

648 Angenommen, in einem Asylverfahren wird geltend gemacht, die angegriffenen Entscheidungen hätten die verfassungsrechtlichen Maßstäbe für das Vorliegen einer Gruppenverfolgung verkannt, durch Nichtberücksichtigung von Beweisanträgen den Anspruch auf rechtliches Gehör verletzt und unter Verletzung verfassungsrechtlicher Sachaufklärungspflichten eine innerstaatliche Fluchtalternative bejaht, wegen in Deutschland lebender Familienangehöriger verletze zudem die angedrohte Abschiebung Art. 6 GG, und außerdem sei sie grundrechtswidrig, weil der Beschwerdeführer krankheitshalber nicht reisefähig sei und im Zielland nicht die notwendige medizinische Versorgung erhalten könne. Jede dieser Rügen ist nur zulässig, wenn (auch) in Bezug auf genau diese Rüge die Subsidiarität gewahrt ist. Die Anreicherung von Verfassungsbeschwerden mit Einwänden, die im fachgerichtlichen Verfahren noch keine Rolle gespielt haben, ist zwecklos.

fung des Rechtswegs. Die Rechtsbehelfe, deren Ausschöpfung erforderlich ist, müssen in der nach dem jeweiligen Prozessrecht erforderlichen Weise frist- und formgerecht, insbesondere auch den jeweiligen, häufig sehr anspruchsvollen, Begründungserfordernissen entsprechend, eingelegt worden sein.[649]

(2) Irreparable Versäumnisfolgen

427 Verstöße gegen das Gebot der ordnungsgemäßen Rechtswegerschöpfung sind im Verfassungsbeschwerdeverfahren nicht mehr reparabel.

Beispiel 18   Werden Rechtsmittel bereits aus formellen Gründen – zu Recht – zurückgewiesen, dann fehlt es i.d.R. an der Erschöpfung des Rechtswegs,[650] soweit es sich um offenkundige Formwidrigkeiten handelt.[651] Wurden z.B. Fristen versäumt oder unzulässige Rechtsmittel eingelegt mit der Folge der Fristversäumnis, dann führt dies auch zur Unzulässigkeit der Verfassungsbeschwerde.[652]

428 Die Verfassungsbeschwerde ist insbesondere unzulässig, wenn mit ihr ein Verfahrensmangel beanstandet wird, der im Ausgangsverfahren nur deshalb nicht geprüft werden konnte, weil er dort nicht oder nicht ordnungsgemäß gerügt war.[653] So kann der Angeklagte, der sich durch vorschriftswidrige Gerichtsbesetzung seinem gesetzlichen Richter entzogen glaubt, dieser Rüge auf verschiedene Weise verlustig gehen: In der Instanz, wenn er den Besetzungseinwand nicht, verspätet oder formwidrig erhebt (§§ 222b, 338 Nr. 1 Buchst. b StPO), in der Revision, falls er die Rüge nicht, außerhalb der Begründungsfrist oder in unzulässiger Form (§ 344 II 2 StPO) vorbringt.[654] In allen Fallvarianten ist ihm der Weg der Verfassungsbeschwerde versperrt.[655]

429 Unzulässig ist die Verfassungsbeschwerde auch, wenn der Beschwerdeführer nicht mit sachgerechtem Vortrag und Stellung zweckdienlicher Anträge auf Vermeidung bzw. Korrektur des gerügten Grundrechtsverstoßes hinzuwirken versucht hat. Viele Verfassungsbeschwerden scheitern beispielsweise daran, dass im fachgerichtlichen Verfahren zweckdienliche Beweisanträge nicht gestellt worden waren[656] oder der Beschwerdeführer es versäumt hatte, die Nichtberücksichtigung solcher Anträge bereits im fachgerichtlichen Verfahren – etwa im Berufungszulassungsverfahren – zu rügen.[657] Je nach Sachlage kann beispielsweise auch ein unterlassener Befangenheits-,[658] Wiedereinsetzungs-,[659] oder Protokollierungsantrag[660] dazu führen, dass eine spätere Verfassungsbeschwerde aus Subsidiaritätsgründen als unzulässig angesehen wird.

430 Die Ablehnung von Prozesskostenhilfe für den Antrag auf Zulassung der Berufung macht deshalb die Beantragung der Berufungszulassung nicht unzumutbar, wenn die Gründe für eine solche Zulassung nicht hinreichend dargelegt wurden.[661]

---

649 S. z.B. BVerfGE 1, 12, 13; 54, 53, 65; 91, 93, 107.
650 *BVerfG* Beschl. v. 27.4.2006 – 2 BvR 430 = Versäumung der Darlegung der Einhaltung der Beschwerdefrist des § 172 I StPO; vgl. auch *BVerfG* NJW 1993, 382; Beschl. v. 6.6.2003 – 2 BvR 1659/01.
651 Vgl. z.B. BVerfGE 50, 57, 75 zur Nichtbeachtung des Vertretungszwangs.
652 BVerfGE 70, 180, 186.
653 BVerfGE 16, 124 (127); 54, 53 (65); 74, 112 (114); *BVerfG* NStZ 1996, 345; NStZ-RR 1996, 191.
654 BVerfGE 95, 96 (127); *BVerfG* NStZ 1984, 370 f.; NJW 1985, 125.
655 Vgl. auch *BVerfG* NJW 1988, 477.
656 *BVerfG* NJW 1997, 999 f., 999; *BVerfG*, Beschl. v. 23.9.1987 – 2 BvR 814/87; *BVerfG*, Beschl. v. 19.2.1992 – 1 BvR 1935/91; BVerfGE 81, 97, 102 f.
657 *BVerfG*, Beschl. v. 19.12.1991 – 2 BvR 433/91; *BVerfG*, Beschl. v. 9.7.1993 – 2 BvR 1032/93. S. auch, für die Notwendigkeit der Erinnerung an einen gestellten Beweisantrag, *BVerfG*, Beschl. v. 23.7.1998 – 1 BvR 2419/97: für Entbehrlichkeit der Erinnerung unter den gegebenen Umständen BVerfGE 81, 97, 102 f.; *BVerfG*, Beschl. v. 28.09.1990 – 1 BvR 383/91.
658 BVerfG, NJW 1993, 2926; *BVerfG*, Beschl. v. 23.9.1997 – 2 BvR 814/87; *BVerfG*, Beschl. v. 11.4.1991 – 2 BvR 383/91.
659 BVerfGE 10, 274, 281; 42, 252, 256; 77, 275, 282.
660 BVerfG, Beschl. v. 24.11.1999 – 2 BvR 2071/98; vgl. auch BVerfG, StV 2000, 3.
661 BVerfG NVwZ 2001, 796..

Von einer ordnungsgemäßen Erschöpfung des Rechtswegs kann auch dann keine Rede sein, wenn **431** nicht dem Grundsatz des sachnächsten Verfahrens Rechnung getragen wurde.[662] Danach ist der Beschwerdeführer verpflichtet, eine Grundrechtsverletzung in dem jeweils mit der Beeinträchtigung unmittelbar zusammenhängenden Rechtsbehelf zu rügen.[663] Wenn in einem Scheidungsurteil jemand als Ehestörer bezeichnet wurde, kann der Betroffene dagegen keine Verfassungsbeschwerde einlegen; vielmehr hat er eine Privatklage gegen den Urheber des Urteils durchzuführen.[664]

cc) Zumutbarkeit

Das Weiterbeschreiten des Rechtswegs wird in teleologischer Reduktion des § 90 II 1 BVerfGG dann **432** nicht mehr verlangt, wenn ein solches Vorgehen dem Grundrechtsträger nicht zumutbar ist.[665]

Diese Einschränkung unter Zumutbarkeitsaspekten besteht unabhängig von der Möglichkeit einer **433** Vorabentscheidung nach § 90 II 2 BVerfGG. Sie findet ihre Rechtfertigung in der Erwägung des BVerfG, dass eine verständliche Ungewißheit über die Zulässigkeit eines Rechtsmittels nicht zu Lasten des Rechtsuchenden bei der Zulässigkeit der Verfassungsbeschwerde maßgebend sein kann.[666]

Unzumutbarkeit kann in Betracht kommen z.B. bei bestehender Ungewissheit über die Zulässigkeit **434** eines Rechtsbehelfs. Das BVerfG lässt eine Verfassungsbeschwerde schon ohne Erschöpfung des Rechtswegs auch dann zu, wenn ein Rechtsmittel bei verfassungsorientierter Auslegung der Verfahrensvorschriften zwar zulässig gewesen wäre, im Zeitpunkt der Einlegung der Verfassungsbeschwerde aber eine dieser Auslegung und Anwendung der Verfahrensvorschrift folgende Rechtsprechung noch nicht ergangen oder noch nicht veröffentlicht ist.[667]

Unzumutbarkeit kommt auch in Betracht in Fällen, in denen ein Rechtsweg zweifelsfrei gegeben ist, **435** seine Beschreitung aber aus objektiven Gründen nicht geboten und subjektiv für den Beschwerdeführer mit nicht mehr hinnehmbaren Nachteilen verbunden ist.[668]

Die Zumutbarkeit kann auch zu verneinen sein, falls z.B. Prozesskostenhilfe bereits versagt wurde,[669] **436** bei einer eindeutigen gesetzlichen Regelung, falls bereits einmal der Rechtsweg erfolglos beschritten wurde[670] oder bei einem unverschuldeten Irrtum über das einzulegende Rechtsmittel etwa auf Grund falscher Rechtsmittelbelehrung.[671]

Allgemeine Nachteile durch Rechtswegerschöpfung wie Zeitverlust oder Gefährdung der Anspruchs- **437** realisierung rechtfertigen hingegen keine vorzeitige Entscheidung des BVerfG;[672] jeder Geldanspruch unterliegt dem allgemeinen, von jedermann hinzunehmenden Risiko fehlender Realisierbarkeit.[673]

Unzumutbarkeit der Einlegung des Rechtsmittels kommt aber letztlich nur ausnahmsweise in Be- **438** tracht. Vorsicht ist geboten angesichts der massiven Rechtsunsicherheit, welche in der Praxis mit dem Kriterium verbunden ist. Es besteht die Gefahr besteht, dass das BVerfG die Verfassungsbeschwerde

---

662   Hier kann auch das Rechtsschutzbedürfnis fehlen; vgl. dazu unten Rn. 601 ff.
663   BVerfGE 31, 364, 368; 39, 276, 291; 49,325, 328; 50, 290, 320; 59, 63, 83; 68, 143, 151; 68, 376, 380; 84, 203, 208; BVerfGE 112, 50 = NJW 2005, 1413.
664   BVerfGE 15, 283, 287; vgl. zu ähnlichen Fällen BVerfGE 5, 9, 10; 22, 287, 291 f.; 17, 99, 102 f.
665   BVerfGE 86, 15,22; 75, 108, 145; 56, 363, 380; Beschl. v. 25.9.2001-2 BvR 1152/01.
666   BVerfGE 5, 17, 20.
667   BVerfGE 64, 203, 206; ähnlich BVerfGE 60, 96, 98; 69, 257, 267. BVerfGE 107, 299, 309 für die Beschwerde bei prozessual überholten Maßnahmen der Strafverfolgungsbehörden für den Zeitraum vor der Grundsatzentscheidung des BVerfG 96, 27.
668   Im Hinblick auf die 2. Alt. ergeben sich Überschneidungen mit § 90 II 1 2. Alt. BVerfGG.
669   BVerfGE 22, 349, 355; 26, 206, 209; 78, 179, 191. Etwas anderes gilt, wenn der betroffenen Partei trotzdem die Erschöpfung des Rechtswegs tatsächlich möglich und zumutbar ist (so BVerfGE 22, 349, 355; für das Revisionsverfahren vor dem BSG, falls arme Partei durch eine Behörde vertreten wird).
670   BVerfGE 56, 363, 380; 69, 188, 202.
671   BVerfGE 19, 253, 256 f. Gleiches gilt bei unverschuldeter Unkenntnis der Möglichkeit, einem Rechtsstreit als Nebenintervenient beizutreten (BVerfGE 21, 132, 136 f.).
672   BVerfGE 38, 202, 212.
673   BVerfGE 79, 1, 24.

wegen mangelnder Erschöpfung des Rechtswegs zurückweisen wird. Im Zweifelsfall empfiehlt es sich, vorsorglich das Rechtsmittel einzulegen bzw. zweispurig vorzugehen.[674]

dd) Unzumutbarkeit bei offensichtlich aussichtslosen Rechtsmitteln?

439   Unzumutbarkeit der Rechtswegerschöpfung kommt vor allem in Betracht bei offensichtlicher Aussichtslosigkeit des Rechtsmittels.

Beispiel 19   Dies ist z.B. der Fall, wenn angesichts einer gefestigten jüngeren und einheitlichen höchstrichterlichen Rechtsprechung im konkreten Einzelfall bei Einlegung eines Rechtsmittels keine von dieser Rechtsprechung oder dem gesetzlichen Regelungsgehalt abweichende Entscheidung zu erwarten ist,[675] das weitere Durchlaufen des Rechtswegs mithin eine bloße Förmelei wäre, weil auch im konkreten Einzelfall hiervon keine Abweichung zu erwarten ist.[676] Bei nur uneinheitlicher Rechtsprechung ist es dem Beschwerdeführer hingegen im Regelfall zuzumuten, hiervon vor Anrufung des BVerfG Gebrauch zu machen.[677]

440   Bei Anträgen auf Zulassung von Rechtsmitteln ist zu berücksichtigen, dass sie – dass gilt vor allem für die Revision – nur in seltenen Fällen Aussicht auf Erfolg haben. Die Zulassungsgründe sind schließlich eng begrenzt und ihr Vorliegen kann im Einzelfall zweifelhaft sein. Zudem darf nicht übersehen werden, dass vielfach seitens der Fachgerichte völlig überzogene Anforderungen an die Darlegungspflicht gestellt werden.[678]

(1) Vorgehen

441   Fraglich ist, wie der Beschwerdeführer vorzugehen hat, wenn die Erfolgsaussichten eines Rechtsmittels mehr als ungewiss sind. Die Problematik stellt sich vor allem bei Beschwerden wegen Nichtzulassung der Revision[679] oder – wenn auch weniger – der Berufung, bei Wiedereinsetzungs- und Wiederaufnahmeanträgen. Vor allem besteht weiterhin – wie oben dargelegt[680] – trotz Anhörungsrügengesetz über den Anwendungsbereich der Spezialbestimmungen wie § 321a ZPO und die Statthaftigkeit gesetzlich nicht geregelter Rechtsbehelfe eine erhebliche Rechtsunsicherheit.

Beispiel 20   Da die Grenzen des Anspruchs auf rechtliches Gehör in abstracto nicht völlig trennscharf gezogen werden können, kann in konkreten Fällen zweifelhaft sein, ob eine Anhörungsrüge aussichtsreich und die Einlegung daher vor Erhebung der Verfassungsbeschwerde erforderlich oder ob sie aussichtslos ist und daher über dem Anhörungsrügeverfahren die Verfassungsbeschwerdefrist versäumt werden würde.

(2) Problematik

442   Wird in solchen Fällen sogleich Verfassungsbeschwerde erhoben, kann dies zu deren Verwerfung als unzulässig mangels gehöriger Rechtswegerschöpfung führen. Es besteht die Gefahr, dass die Verfassungsbeschwerde scheitert, weil ein Rechtsbehelf nicht eingelegt wurde, von dem nicht auszuschließen ist, dass er zulässigerweise hätte eingelegt werden können. Der Prozess ist dann in der Regel endgültig verloren, weil die Rechtsmittelfrist für das Weiterbeschreiten des Instanzenzugs versäumt ist.[681] Wird dagegen das Rechtsmittel eingelegt und stellt sich später heraus, dass seine Erhebung zur

---

674 Vgl. dazu unten unter Rn. 448 ff.
675 BVerfG DVBl. 2006, 244; BVerfGE 9, 3, 7 f.; 18, 224, 231; 78, 155, 160.
676 BVerfGE 68, 376, 379 ff.; 79, 1, 20; 102, 197, 208; nach BVerfGE 91, 93,106 dürfen auch nicht gewichtige Gegenargumente gegen die Rechtsprechung bestehen.
677 BVerfGE 27, 248, 250 f.
678 So BVerfG NVwZ 2000, 1163 zur Verletzung des Art. 19 IV GG bei Überspannung der Darlegungsanforderungen nach § 124a VwGO; s.a. BVerfG DVBl. 2001, 894.
679 Zum Fehlen einer Grundrechtsverletzung durch Nichtzulassung der Revision und zu den Anforderungen an die Regeln über den Zugang zum Rechtsmittelgericht: BVerfG NJW 2004, 1371; BVerfG Beschl. v. 25.7. 2005 – 1 BvR 938/03.
680 Vgl. unter Rn. 399 ff.
681 Vgl. *Seegmüller*, DVBl 1999, 738 ff.

Erschöpfung des Rechtswegs nicht mehr erforderlich war, ist zumeist die Frist des § 93 BVerfGG verstrichen. Das Einlegen eines offensichtlich unzulässigen Rechtsmittels setzt die Frist des § 93 BVerfGG nämlich nicht erneut in Lauf; In diesem Fall besteht stets die Gefahr der Verfristung der Verfassungsbeschwerde nach § 93 BVerfGG.[682]

Grund für diese – mögliche – Rechtsfolge ist, dass die Beschwerdeführer den Lauf der Frist des § 93   **443** BVerfGG nicht durch die Zahl der eingelegten Rechtsmittel beeinflussen sollen. Der Beschwerdeführer befindet sich – so Lübbe-Wolff[683] – bei ungewissen Erfolgsaussichten eines Rechtsmittels in der „Neunzigzwei-Dreiundneunzigeins-Falle", da es um die unerfreuliche Alternative zwischen Unzulässigkeit nach § 90 II 1 BVerfGG (Rechtswegerschöpfung) und Zulässigkeit nach § 93 I 1 BVerfGG (Frist) geht.

(3) Grundsatz

Auch wenn das Gebot der Rechtswegerschöpfung nur gilt, soweit dem Betroffenen die Anrufung der   **444** Fachgerichte zumutbar ist, sind Rechtsmittel auch dann vor Erhebung einer Verfassungsbeschwerde einzulegen, wenn ihre Erfolgsaussichten ungewiß[684] oder gering sind, wie z.B. Anträge auf Wiedereinsetzung in den vorigen Stand[685] oder auf Wiederaufnahme des Verfahrens.[686] Auch bei nur umstrittener Zulässigkeit von Rechtsmitteln ist ihre Einlegung nach dem BVerfG „in aller Regel zumutbar".[687] In der Regel sind sie einzulegen, selbst wenn die Erfolgsaussichten und sogar ihre Zulässigkeit fraglich sind. Dies gilt z.B. nicht nur bei einem Antrag auf Zulassung der Berufung nach § 124 VwGO. Hier ist die Einlegung in jedem Fall geboten, da bei einer Grundrechtsverletzung einer der gesetzlichen Zulassungsgründe – wie z.B. des ernstlichen Zweifels des § 124 II Nr. 1 VwGO – erfüllt ist.

Besteht daher eine Rechtsunsicherheit, ob weitere Rechtsmittel überhaupt zur Verfügung stehen   **445** oder – wie z.B. eine Beschwerde wegen Nichtzulassung der Revision – zulässig bzw. zumutbar oder aussichtslos sind, muss der Beschwerdeführer sein prozessuales Vorgehen sorgfältig planen. Nur bei völliger Aussichtslosigkeit[688] – z.B. infolge ständiger, erst in jüngster Zeit bestätigter Rechtsprechung des Bundesgerichts – kann auf die Einlegung verzichtet werden.[689] Das Risiko ist jedoch hoch, dass bei der Nichtbeschreitung des Rechtswegs die Verfassungsbeschwerde wegen mangelnder Erschöpfung des Rechtswegs unzulässig ist.[690]

(4) Beste Lösung: Zweispuriges Vorgehen

Am sichersten befreit sich der Beschwerdeführer aus dem Dilemma bei fraglichen oder aussichtslo-   **446** sen Rechtsmitteln, indem er beide Verfahren parallel betreibt. Das bedeutet, er muss das Rechtsmittel, dessen Bestehen oder Zulässigkeit zweifelhaft ist, ebenso wie die Verfassungsbeschwerde (mit Begründung!) innerhalb der Frist des § 93 BVerfGG erheben. Bei hohen Streitwerten sind die dann für das vorsorglich und vermutlich aussichtslose Rechtsmittel entstehenden Gerichts- und Anwaltskosten zwar eine erhebliche – nach der Rechtsprechung des BVerfG leider auch unter Zumutbarkeitsaspekten nicht relevante – Belastung; andererseits ist die Verfassungsbeschwerde immerhin gebührenfrei.

---

682 BVerfGE 5, 17, 19; 14, 320, 322; 17, 86, 91; Gleiches gilt nach Rücknahme einer Nichtzulassungsbeschwerde, vgl. *BVerfG* NJW 1989, 1148.
683 *Lübbe-Wolff*, AnwBl. 2005, 509 ff.
684 BVerfGE 16, 1, 2 f.; 51, 386, 395 f.; 52, 380, 387.
685 BVerfGE 42, 252, 256 f.; 77, 275, 282; Beschl.v. 2.12.1987 – 1 BvR 1291/85.
686 BVerfGE 22, 42, 47.
687 BVerfGE 68, 376, 379 ff.
688 *BVerfG* NZA 1998,959; BVerfGE 16,1,2 f.; 92,140,149.
689 BVerfGE 20, 271, 275; 51, 386, 396.
690 Vgl. z.B. BVerfGE 70, 180, 186; *BVerfG* NZA 1998, 959: Zum Rechtsweg i.S.v. § 90 II 1 BVerfGG gehört auch die Erhebung einer auf Divergenz gestützten Nichtzulassungsbeschwerde gem. §§ 72a I i.V.m. § 72 II Nr. 2 ArbGG, soweit sie nicht völlig aussichtslos ist.

447 Es sollte bei dem zweispurigen Vorgehen im Übrigen dem BVerfG im Schriftsatz die Mitteilung gemacht werden, dass der betreffende fachgerichtliche Rechtsbehelf vorsorglich eingelegt wurde. Es werde darum gebeten, dass – ein förmlicher Antrag ist nicht erforderlich[691] – der Präsidialrat die Verfassungsbeschwerde deshalb einstweilen noch nicht in das Verfahrensregister, sondern vorläufig nur in das Allgemeine Register einträgt. Auf diese Weise gelangt die Verfassungsbeschwerde, obwohl fristgemäß eingelegt, erst in den Verfahrensgang, wenn der Rechtsweg unzweifelhaft erschöpft ist und dem BVerfG die abschließende fachgerichtliche Entscheidung mitgeteilt worden ist.

448 Das zweispurige Vorgehen ist aber nur ein Notbehelf, mit dem sich vermeiden lässt, dass Rechtsunsicherheiten in der Rechtswegfrage, für die der Rechtsuchende nichts kann, sich zu seinen Lasten auswirken. Als das BVerfG mit ZPO-Nichtzulassungsbeschwerden überhäuft wurde, hat es diese Praxis missbilligt. Das Gericht sei nicht dazu da, den Verfahrensbeteiligten die Klärung der Rechtslage abzunehmen.[692] Letztlich kann aber die Rechtsunsicherheit vor den Fachgerichten nicht zu Lasten des Betroffenen gehen; der vom BVerfG selbst betonte Grundsatz des fairen Verfahrens spricht für die Zulässigkeit eines solchen Vorgehens, zumal das BVerfG doch selbst betont hat, dass Rechtsanwälte nicht für Richterfehler haften.[693]

449 Im Zweifelsfall kann man dem Beschwerdeführer somit nur empfehlen, entsprechend vorzugehen. Zu anderen Zwecken – etwa um sich die Mühe einer Klärung zu ersparen – sollte diese Möglichkeit nicht genutzt werden. Zu Recht prognostiziert Lübbe-Wolff[694], dass das nicht funktionieren würde. Es könnte mit einer Missbrauchsgebühr enden oder gar damit, dass dieser Ausweg überhaupt verschlossen werde,[695] was aber schlicht unverständlich wäre.

ee) Mögliche Sachentscheidung trotz Unzulässigkeit

450 Wenn somit im Hinblick auf den Subsidiaritätsgrundsatz ein nahezu aussichtsloser Rechtsbehelf wie z.B. eine Beschwerde wegen Nichtzulassung der Revision – soweit er nicht offensichtlich unzulässig ist – eingelegt werden sollte oder gar muss,[696] so ist zu berücksichtigen, dass selbst bei Nichterfüllung der entsprechenden Darlegungsanforderungen als Zulässigkeitsvoraussetzung für einen solchen fachgerichtlichen Rechtsbehelf der Rechtsweg im Regelfall als erschöpft anzusehen ist. Die Anforderungen an die Zulässigkeit eines Rechtsmittels werden von den Rechtsmittelgerichten ohnehin oftmals überspannt und Fragen der Begründetheit des Rechtsmittels bereits bei der Zulässigkeitsprüfung erörtert.[697] Ein als unzulässig zurückgewiesener Rechtsbehelf hindert jedenfalls das BVerfG nicht an einer Sachentscheidung.[698] Der Beschwerdeführer muss schließlich auch im Falle der Nichterfüllung der Darlegungsanforderungen nach dem Grundsatz der Subsidiarität nur das ihm Zumutbare getan haben, um sich den Zugang zur nächsten Instanz zu verschaffen.[699]

---

691 Wenn der Hinweis auf einen noch eingelegten fachgerichtlichen Rechtsbehelf erfolgt, dann wird seitens des Präsidialrats im Regelfall ohne weiteres so verfahren und erfolgt eine entsprechende Mitteilung des BVerfG an den Beschwerdeführer bzw. seinen Bevollmächtigten bei der Eingangsbestätigung.

692 So früher schon *BVerfG* NJW 2002, 3387.

693 *BVerfG* NJW 2002, 2937; dazu *Kleine-Cosack*, BRAO, 4. Aufl. 2003, vor § 51 Rn. 55.

694 AnwBl. 2005, 509 ff.

695 Das Gericht hat es in einem Plenarbeschluss als Ausdruck unzureichender Rechtsmittelklarheit angesehen, wenn Beschwerdeführer zwecks Vermeidung der Neunzigzwei-Dreiundneunzigeins-Falle zu dem oben skizzierten Notbehelf greifen müssen, s. BVerfGE 107, 395 (417). Der Notbehelf sollte also nach Möglichkeit überflüssig gemacht werden. Soweit die Notlage, nämlich die Neunzigzwei-Dreiundneunzigeins-Falle, sich stellt, ist aber jedenfalls ihre Existenz und nicht die des Notbehelfs das Problem. Mit Recht hat daher der Plenarbeschluss nicht den Notbehelf als solchen, sondern die seiner Inanspruchnahme zugrundeliegende Rechtsunsicherheit problematisiert und für den zu entscheidenden Fall der gesetzlich nicht geregelten Gegenvorstellung wegen Gehörsverstoßes zu beenden gesucht.

696 BVerfGE 91, 93, 106 f.

697 Vgl. *Seegmüller*, DVBl 1999, 738 ff.

698 Vgl. auch *BVerfG* NJW 2006, 1866, wo offen gelassen wurde, ob nach der Zurückweisung der Beschwerde wegen Nichtzulassung der Revision wegen Unzulässigkeit dem Subsidiaritätsgebot des § 90 II BVerfGG Rechnung getragen worden sei.

699 BVerfGE 81, 22, 28; NJW 2004, 2510.

So steht nach dem BVerfG[700] der Verfassungsbeschwerde der Grundsatz der Subsidiarität nicht entgegen, wenn in einer verwaltungsgerichtlichen Nichtzulassungsbeschwerde nicht ausreichend dargelegt worden ist, dass die Sache wegen der nunmehr mit der Verfassungsbeschwerde aufgeworfenen Frage grundsätzliche Bedeutung (vgl. z.B. § 133 III VwGO) habe. **451**

Etwas anderes gilt nur dann, soweit nicht vermeidbare Formfehler und Fristenversäumnisse für die Zurückverweisung maßgeblich waren oder wenn bei ordnungsgemäßem Vortrag der Rechtsbehelf eine Erfolgschance gehabt hätte. **452**

ff) Zurückverweisung

Im Sonderfall eines an die Tatsacheninstanz zurückverweisenden Revisionsurteils bedarf es der Differenzierung. **453**

(1) Regelfall

Der Beschwerdeführer muss – zumindest im Regelfall – die erneute Tatsachenentscheidung abwarten, selbst wenn das Revisionsgericht die verfassungsrechtliche Lage zu seinen Ungunsten beurteilt hat;[701] schließlich kann er im weiteren Verfahren aus anderen Gründen mit seinem Begehren noch Erfolg haben.[702] **454**

Mit einem zurückverweisenden Revisionsurteil ist der Rechtsweg auch dann nicht erschöpft, wenn das Revisionsgericht trotz Zurückverweisung zwar die verfassungsrechtliche Lage zuungunsten des Beschwerdeführers beurteilt hat, dieser jedoch im weiteren Verfahren aus anderen Gründen mit seinem Begehren noch Erfolg haben kann.[703] **455**

Die Bindungswirkung des Revisionsurteils hinsichtlich der für einen Beschwerdeführer ungünstigen Beurteilung der verfassungsrechtlichen Lage ändert daran nichts. Rechtsausführungen in den Gründen der Entscheidung schaffen für sich allein keine Beschwer im Rechtssinn. Entscheidend ist vielmehr, ob ein Beschwerdeführer im Ergebnis mit seinem Begehren noch Erfolg haben kann.[704] **456**

(2) Ausnahme

Eine Verfassungsbeschwerde kann hingegen ausnahmsweise (teilweise) zulässig sein im Falle der Zurückverweisung durch ein Revisionsurteil.[705] Wird die Sache an die Vorinstanz nicht in vollem Umfang zurückverwiesen, betrifft die Zurückverweisung nur Teilaspekte, dann muss Verfassungsbeschwerde insoweit eingelegt werden, als sonst Unanfechtbarkeit eintritt. **457**

> Wenn z.B. lediglich wegen der Entscheidung über den Strafausspruch mit den zugrunde liegenden Feststellungen zurückverwiesen wurde, bleibt der in dem Revisionsurteil getroffene Schuldausspruch hiervon unberührt. Er kann im weiteren Verlauf des Strafverfahrens nicht mehr angegriffen und auf seine Rechtmäßigkeit überprüft werden, so dass der Rechtsweg insoweit als gem. § 90 II BVerfGG erschöpft anzusehen ist.[706] Behauptet also der Angeklagte, durch den Schuldspruch des Urteils in einem Grundrecht verletzt zu sein, so kann er ihn mit der Verfassungsbeschwerde auch anfechten, wenn das Revisionsgericht nur den Strafausspruch aufgehoben und die Sache insoweit zurückverwiesen hat; den Ausgang des Strafmaßverfahrens braucht er nicht abzuwarten.[707] **Beispiel 21**

---

700 *BVerfG*, Beschl. v. 23.03.1994 – 1 BvR 378/92.
701 BVerGE 8, 222, 224 f.
702 *BVerfG* NJW 2000, 3198; BVerfGE 78, 58, 67.
703 BVerfGE 78, 58, 67 f.
704 *BVerfG* NJW 2000, 3198, 3199; NJW 1959,29; NJW 1988, 2594.
705 BVerfGE 75, 369 ff.; BVerfG NJW 1991, 91.
706 BVerfGE 75, 369, 375; 82, 236, 258; NJW 1991, 91.
707 BVerfGE 75, 369 (375); 82, 236 (258).

Macht der Betroffene geltend, durch die Zurückverweisung an ein anderes Gericht (§ 354 II 1 StPO) seinem gesetzlichen Richter entzogen zu sein, so ist die Verfassungsbeschwerde (schon) gegen die Zurückverweisungsentscheidung gegeben.[708]

(3) Entscheidung nach Zurückverweisung

458 Fraglich ist, ob der Beschwerdeführer gegen die nach Zurückverweisung durch das Revisionsgericht erfolgte erneute Entscheidung der Tatsacheninstanz abermals das Revisionsgericht anrufen muss oder nunmehr unmittelbar Verfassungsbeschwerde erheben kann?

459 Eine wiederholte Anrufung des Revisionsgerichts ist jedenfalls dann entbehrlich, wenn bei erneuter Revision keine abweichende Entscheidung zu erwarten ist auf Grund der gefestigten neueren einheitlichen Rechtsprechung des Revisionsgerichts[709] oder die maßgeblichen Rechtsfragen im Zurückweisungsbeschluss bereits mit Bindungswirkung für das weitere Verfahren entschieden worden sind.[710]

460 Soweit jedoch nach der Zurückverweisung in der neuen fachgerichtlichen Entscheidung bisher vom Revisionsgericht nicht entschiedene Fragen beurteilt werden, muss erneut Revision und sollte vorsorglich Verfassungsbeschwerde eingelegt werden. Andernfalls besteht – wie z.B. in dem Beschluss zur Geldwäsche geschehen[711] – die Gefahr, dass das BVerfG die entsprechende Rüge nicht prüft.

gg) Verzicht auf Entscheidungsgründe

461 Problematisch ist die Erfüllung des Gebots der Rechtswegerschöpfung auch dann, wenn der Beschwerdeführer bei einer nicht mit Rechtsmitteln anfechtbaren zivilgerichtlichen Entscheidung gem. § 313a I 2 ZPO auf die Abfassung von Entscheidungsgründen verzichtet hat, gleichwohl aber gegen die Entscheidung, die weder Tatbestand noch Entscheidungsgründe enthält, Verfassungsbeschwerde erhebt.[712]

462 Die Überprüfung einer derartigen Entscheidung auf Verfassungsverstöße ist praktisch unmöglich, da nicht ermittelt werden kann, auf welche Überlegungen des Gerichts sich der Tenor stützt. Da der Beschwerdeführer diese Situation jedoch selbst verursacht hat, muss er auch die Folgen der faktischen Unüberprüfbarkeit der ihm gegenüber ergangenen Entscheidung tragen. In einem solchen Fall wird man daher – sofern man in dem Verzicht auf die Entscheidungsgründe nicht zugleich auch einen Verzicht auf den außerordentlichen Rechtsbehelf der Verfassungsbeschwerde erblickt – davon ausgehen müssen, dass der Beschwerdeführer den Rechtsweg nicht ordnungsgemäß erschöpft hat.

hh) Vorläufige Rechtsschutzsachen

463 Fraglich ist, ob Verfassungsbeschwerde auch gegen Entscheidungen im vorläufigen Rechtsschutzverfahren erhoben werden kann, oder ob sich der Beschwerdeführer insoweit auf das Hauptverfahren verweisen lassen muss?

(1) Grundsatz: Zulässigkeit

464 Im Prinzip kann Verfassungsbeschwerde auch in vorläufigen Rechtsschutzsachen unmittelbar gegen die letztinstanzliche Entscheidung erhoben werden,[713] da es sich in diesen Fällen um einen selbstständigen Rechtsweg handelt, der mit der letztinstanzlichen Entscheidung z.B. eines OLG oder OVG

---

708 BVerfGE 20, 336 (342); zu § 15 StPO vgl. auch BVerfGE 12, 113 (123f.).
709 BVerfGE 18, 224, 231.
710 BVerfGE 78, 58, 67 f.
711 BVerfGE 110, 226 ff.
712 Vgl. *Seegmüller*, DVBl 1999, 738 ff.
713 BVerfGE 34, 341; 77, 382, 400 f., 79, 69, 73; 85, 94, 96; 86, 15, 22; 88, 76, 80; 93, 248, 251; 94, 166, 188; 104, 65.

abgeschlossen ist.[714] Diese Praxis ist um so mehr zu billigen, als der vorläufige Rechtsschutz der Fachgerichte in seiner Wirkung zunehmend einer abschließenden Entscheidung nahekommt.

(2) Ausnahme: Hauptverfahren

Nach dem BVerfG kommt jedoch analog § 90 II BVerfGG in zwischenzeitlich leider überwiegenden **465** Fällen eine Verweisung auf das Hauptverfahren in Betracht, so dass der Instanzenweg in der Hauptsache ausgeschöpft werden muss.[715] Der Grundsatz der Subsidiarität der Verfassungsbeschwerde erfordert, wie dargelegt, dass ein Beschwerdeführer über das Gebot der Rechtswegerschöpfung im engeren Sinne hinaus auch sonstige prozessuale Möglichkeiten ergreift, um eine Korrektur der geltend gemachten Verfassungsverletzung[716] zu erwirken oder eine Grundrechtsverletzung zu verhindern; die Verfassungsbeschwerde ist nicht zulässig, wenn dem Beschwerdeführer ein Weg zur Verfügung steht, auf dem er die Beseitigung der Grundrechtsverletzung ohne Anrufung des BVerfG erreichen kann.[717] Daraus folgt für die Frage der Erschöpfung des Rechtswegs im Eilverfahren, dass eine hier vorliegende Letztinstanzlichkeit dann nicht ausreicht, wenn das Hauptsacheverfahren[718] ausreichende Möglichkeiten bietet, der Grundrechtsverletzung abzuhelfen, und dieser Weg dem Beschwerdeführer zumutbar ist.[719]

Wendet sich die Verfassungsbeschwerde gegen eine Entscheidung im Verfahren des einstweiligen **466** Rechtsschutzes nicht gegen die Verletzung von Grundrechten in diesem Verfahren, sondern werden ausschließlich Grundrechtsverletzungen gerügt, die sich auf die Hauptsache beziehen, dann muss vor einer Verfassungsbeschwerde das Hauptsacheverfahren durchgeführt werden, wenn sich dort nach der Art des gerügten Grundrechtsverstoßes die Chance bietet, der verfassungsrechtlichen Beschwer abzuhelfen.

Zwar verliert eine einstweilige Verfügung nicht ohne weiteres ihre Wirkung, wenn in einem Hauptsa- **467** cheverfahren oder im Verfahren der Verfassungsbeschwerde festgestellt worden ist, dass ihr Erlass nicht gerechtfertigt war. Nach einem Obsiegen im Hauptsacheverfahren kann aber gem. § 927 ZPO die Aufhebung der einstweiligen Anordnungen wegen veränderter rechtlicher Umstände beantragt werden. Durch den Angriff gegen die im Hauptsachverfahren ergangenen Entscheidungen kann danach hinreichend den Interessen Rechnung getragen. Eine eigene Beschwer der im Eilverfahren getroffenen Entscheidungen ist demgegenüber nicht ersichtlich.[720]

(3) Keine Verweisung auf Hauptverfahren

Entscheidend ist aber immer, dass dem Beschwerdeführer durch die Verweisung auf das Hauptsa- **468** cheverfahren kein schwerer Nachteil entsteht.[721]

---

714 Vgl. nur *BVerfG* NJW 2000, 3195 (krit. dazu – wenn auch nicht überzeugend – *Arens*, NJW 2000, 3188) – Sponsoring-Beschluss – zu einem OLG-Urteil in einem wettbewerbsrechtlichen Eilverfahren; so auch die st. Rspr. bis zu BVerfGE 51,130 ff., siehe z.B. BVerfGE 35, 382, 397; 39, 276, 291; 42, 163, 167; 51, 77, 96.

715 *BVerfG* NVwZ 2006, 326: Der Grundsatz der Subsidiarität gebietet es, vor der Inanspruchnahme verfassungsgerichtlichen Rechtsschutzes gegen die sofortige Vollziehung einer Untersagungs- und Einstellungsverfügung betreffend die Vermittlung von Sportwetten zunächst bei der zuständigen Behörde das Verfahren auf Erteilung einer Erlaubnis einzuleiten und sich ggfs. mit einem entsprechenden Verpflichtungsbegehren an die Verwaltungsgerichte zu wenden. Vgl. auch BVerfG NJW 2000, 2416; 2001, 216 u. 1482; 2003, 418 – Dosenpfand; 2003, 1305 – Sektenbroschüre; 2004, 3768 – Werbung; 2005, 438 – Sportwetten; GewArch 2005, 16 – Dosenpfand II. Siehe auch BVerfGE 79, 275, 278 f.; 93, 1, 12; 104, 65, 71; BVerfGE 51, 130, 138 – Numerus-Clausus; BVerfGE 77, 381, 401 – Gorleben.

716 BVerfGE 59, 63, 84.

717 BVerfGE 33, 247, 258; 78, 58, 68; 92, 245, 256.

718 Dazu kann auch eine Fortsetzungsfeststellungsklage gem. § 113 I 4 VwGO gehören (BVerfG NJW 1995, 577).

719 *BVerfG* DVBl. 1999, 163 ff.

720 *BVerfG* NJW 2004,1855.

721 Vgl. u.a. BVerfGE 77, 381; 86, 15, 22; 93, 1, 12; 104, 65, 71.

- **Unzumutbarkeit**

469 Die Notwendigkeit, vorab das Klageverfahren zu betreiben, fehlt einmal dann, wenn dies für den jeweiligen Beschwerdeführer nicht zumutbar ist (vgl. auch § 90 II 2 BVerfGG), weil z.B. die Klageerhebung im Hinblick auf eine entgegenstehende Rechtsprechung der Fachgerichte von vornherein aussichtslos erscheinen muss.[722]

- **Endgültigkeit**

470 Eine Verfassungsbeschwerde kommt bei Versagung des einstweiligen Rechtsschutzes – z.B. bei Anordnung der sofortigen Vollziehung der Verwaltungsentscheidung[723] oder der Ablehnung eines Antrags auf Erlass einer einstweiligen Anordnung – auch dann in Betracht, falls die Grundrechtsverletzung bei einer Verweisung auf die Durchführung des Hauptsacheverfahrens nicht oder nicht mehr hinreichend ausgeräumt werden könnte, die beabsichtigte Grundrechtsausübung daher endgültig verhindert würde.[724] Wenn ein Sofortvollzug die beabsichtigte Grundrechtsausübung endgültig verhindert, dann kommt dem vorläufigen Rechtsschutz gesteigerte Bedeutung zu.[725] Ebenso kommt eine Verweisung auf das Hauptsacheverfahren nicht in Betracht, wenn verwaltungsgerichtliche Entscheidungen im Verfahren der einstweiligen Anordnung in ihrer Wirkung die Hauptsache vorwegnehmen sowie die vorläufigen und im Hauptsacheverfahren zu entscheidenden Rechtsfragen die gleichen sind.[726] Letzteres ist z.B. der Fall bei der Ablehnung eines Wahlwerbespots.[727]

- **Grundrechtsverletzung durch Eilverfahren**

471 Der Verweis auf das Hauptverfahren scheidet auch aus, soweit die Verletzung von Grundrechten durch die Eilentscheidung selbst geltend gemacht wird, sie also in diesem Sinne eine selbstständige Beschwer enthält, die sich nicht mit jener im späteren Hauptverfahren deckt.[728] Betrifft die gerügte Grundrechtsverletzung die Eilentscheidung selbst und kann sie im Hauptsacheverfahren nicht mehr zureichend ausgeräumt werden, dann ist die Verfassungsbeschwerde zulässig. Dies kann etwa der Fall sein bei der Verletzung des Art. 19 IV GG durch die Verweigerung einstweiligen Rechtsschutzes[729] wie z.B. eines Antrags nach § 123 VwGO wegen Erteilung einer Aufenthaltsbefugnis[730] oder auch bei der Versagung rechtlichen Gehörs.[731]

Beispiel 22 Eine Grundrechtsverletzung gerade durch das Eilverfahren hat das BVerfG[732] z.B. im Konkurrentenstreit bzgl. der Ablehnung eines Jahrmarktbetreibers angenommen, da auf Grund der Entscheidung im Eilverfahren die erstrebte inhaltliche Überprüfung der Ablehnung nicht vor der Veranstaltung des Jahrmarkts erreichen konnte. Das VG hatte unter Verstoß gegen Art. 19 IV GG eine inhaltliche Überprüfung des geltend gemachten Anspruchs abgelehnt und zur Begründung ohne materielle Prüfung der Vergabeentscheidung allein auf die Erschöpfung der Platzkapazität abgestellt.

Es verstößt auch gegen das Gebot des effektiven Rechtsschutzes (Art. 19 IV GG), wenn die Verwaltungsgerichte Eilrechtsschutz mit dem Ziel der vorläufigen Feststellung, dass der Antragsteller seine berufliche Tätigkeit ohne Meisterbrief und ohne Eintragung in die Handwerksrolle ausüben darf, mit der Begründung verweigern, dem Antragsteller sei es zumutbar, seine Rechte gegenüber der Verwaltung im angekündigten Ordnungswidrigkeitenverfahren zu wahren.[733]

---

722 BVerfGE 70, 180, 186 m.w.N.
723 BVerfGE 69, 233, 241.
724 BVerfGE 69, 315, 340.
725 BVerfGE 69, 315, 340; 74, 51, 56; 79, 69, 73 f.
726 BVerfGE 69, 257, 267.
727 BVerfGE 67, 149, 151.
728 BVerfGE 77, 381, 400 f.; 79, 69, 73.
729 BVerfGE 59, 63, 84.
730 BVerfG NVwZ, 2006, 682, BVerfGE 76, 1, 39 f.; NVwZ 2002, 849.
731 BVerfGE 65, 227.
732 BVerfG NJ 2003, 81.
733 BVerfG NVwZ 2003,856.

• **Kein Klärungsbedarf**

Auf das Hauptsacheverfahren kann ein Beschwerdeführer zudem dann nicht verwiesen werden, **472** wenn es im konkreten Fall keiner weiteren tatsächlichen oder einfachrechtlichen Klärung bedarf. Einer Verfassungsbeschwerde unmittelbar gegen Entscheidungen im vorläufigen Rechtsschutzverfahren bedarf es auch dann nicht, wenn es sich um einen nicht mehr aufklärungsbedürftigen Sachverhalt handelt, auch die einfachrechtliche Lage geklärt ist und mit einem negativen Ausgang im Hauptverfahren zu rechnen ist. Das ist der Fall, wenn die im vorläufigen und im Hauptsacheverfahren zu entscheidenden Rechtsfragen identisch sind und wenn deshalb nicht damit gerechnet werden kann, dass ein Hauptsacheverfahren die Anrufung des BVerfG entbehrlich machen könnte.[734] In diesen Fällen hat ein Hauptverfahren keinen Sinn; es führt nur zu einer unzumutbaren – vor allem auch kostspieligen – Belastung der Parteien und der Gerichte; vor allem würde der Beschwerdeführer gezwungen, für einen längeren Zeitraum eine Grundrechtsverletzung hinzunehmen.

Zu Recht hat daher das BVerfG[735] ein in einem vorläufigen Rechtsschutzverfahren betreffend die reine **Beispiel 23** Rechtsfrage der Zulässigkeit einer Werbung von Rechtsanwälten durch Sponsoring eine Verfassungsbeschwerde gegen ein nach den §§ 935 ff. ZPO ergangenes Urteil des OLG Rostock aufgehoben, weil die Durchführung des – im übrigen bereits laufenden – Hauptverfahrens einfach keinen Sinn machte angesichts der berechtigten Negativprognose.

2. Materielle Rügepflichten und Grundsatz der Subsidiarität

Über den unmittelbaren Anwendungsbereich des § 90 II 1 BVerfGG hinaus hat das BVerfG richter- **473** rechtlich aus dieser Bestimmung einen allgemeinen Grundsatz der (materiellen) Subsidiarität des § 90 II BVerfGG entwickelt, dessen Begründung – z.B. Analogie zu § 90 II BVerfGG – und Rechtfertigung – letztlich bedingt durch die Funktion der Verfassungsbeschwerde und den Vorrang der Fachgerichtsbarkeit – umstritten sind.[736] Nach dieser – allerdings schwankenden – Rechtsprechung des BVerfG ist der Beschwerdeführer, der über die Erschöpfung des Rechtswegs hinaus alle anderweitig bestehenden Möglichkeiten zu ergreifen hat, um die geltend gemachte Grundrechtsverletzung zu beseitigen, auch verpflichtet, durch entsprechenden Vortrag vor den Fachgerichten Grundrechtsverletzungen zu verhindern.

Dem Gebot der Rechtswegerschöpfung des § 90 II BVerfGG kann über dessen unmittelbaren An- **474** wendungsbereich hinaus mit der Folge der Unzulässigkeit der Verfassungsbeschwerde auch deshalb nicht Rechnung getragen worden sein, weil z.B. kein ausreichender Tatsachenvortrag – z.B. in einem Mietprozess vor dem AG – vorgebracht worden ist. Fraglich ist überdies, ob der potenzielle Beschwerdeführer auch bereits vor den Fachgerichten das verletzte Grundrecht gerügt haben muss, damit er die Anforderungen an die Subsidiarität der Verfassungsbeschwerde erfüllt.

a) Tatsachenvortrag und Verfahrensrügen

Über das Gebot der Rechtswegerschöpfung hinaus verlangt der Grundsatz der Subsidiarität in jedem **475** Fall die Einhaltung gewisser inhaltlicher Anforderungen an den Vortrag des Grundrechtsträgers im fachgerichtlichen Rechtszug, soweit es um tatsächliche Aspekte und Verfahrensmängel geht.

---

734 Vgl. BVerfGE 42, 163, 167 f.
735 *BVerfG* NJW 2000, 3195; dies verkennt *Arens,* NJW 2000, 3188.
736 Vgl. nur BVerfGE 112, 50 = NJW 2005, 1413; BVerfGE 8, 222, 225 f.; 31, 248, 254; 4, 204 f.; 47, 130, 138; 22, 287, 290; 27, 71, 78; 77, 275, 278; 81, 22, 27; krit. *T.M. Spranger,* AöR 127 (2002) 27, 60 f.

aa) Gebot

476   Danach gehört es auch zur ordnungsgemäßen Erschöpfung des Rechtswegs, die entscheidungserheblichen Tatsachen[737] und rechtlich relevanten Verstöße – z.B. Verfahrensmängel[738] – sowie Aufklärungsmängel[739] nicht erst vor dem BVerfG vorzutragen. Ebenso müssen erforderliche Beweisanträge vor den Fachgerichten gestellt werden.[740] Grundsätzlich muss vor den Fachgerichten in ausreichendem Umfang Vortrag erfolgen, sofern dies nur irgend möglich und sinnvoll erscheint.[741] Andernfalls ist man im Verfassungsbeschwerdeverfahren präkludiert. Soweit diesbezüglich vor Anrufung des BVerfG Versäumnisse vorliegen, erst in der Verfassungsbeschwerde im fachgerichtlichen Verfahren nicht vorgetragene Angriffspunkte angeführt werden, können sie nicht mehr in diesem Verfahren berücksichtigt werden.

bb) Darlegungspflicht

477   Umstritten ist, in welchem Umfang den Beschwerdeführer im Verfassungsbeschwerdeverfahren eine Darlegungspflicht trifft, alle ihm zur Verfügung stehenden prozessualen Möglichkeiten ergriffen zu haben, um eine Korrektur der fachgerichtlichen Entscheidung zu erreichen. Eine generelle Pflicht zur umfassenden Darlegung der im fachgerichtlichen Verfahren erhobenen Rügen oder zur Vorlage sämtlicher Schriftsätze sieht das Verfassungsprozessrecht nicht vor. Unterlässt er diese Darstellung im Verfahren vor dem BVerfG, dann soll aber nach einigen Kammerentscheidungen[742] allein daraus die Unzulässigkeit der Verfassungsbeschwerde folgen, unabhängig davon, ob er seiner Rügeobliegenheit im Instanzenzug tatsächlich nachgekommen ist.[743]

b) Rechtsausführungen

478   Der Subsidiaritätsgrundsatz ändert nach dem BVerfG[744] aber nichts daran, dass die Beteiligten eines gerichtlichen Verfahrens, insbesondere Antragsteller und Kläger, nach den für die einzelnen Gerichtszweige maßgeblichen Verfahrensordnungen grundsätzlich nicht gehalten sind, Rechtsausführungen zu machen, sofern nicht das einfache Verfahrensrecht, wie beispielsweise bei der Einlegung einer Revision oder Beschwerde gegen die Nichtzulassung des Rechtsmittels, rechtliche Darlegungen verlangt. Grundsätzlich genügen ein Sachvortrag und gegebenenfalls die Angabe von Beweismitteln den prozessrechtlichen Pflichten und Obliegenheiten; die rechtliche Würdigung und die Anwendung des geltenden Rechts ist Sache des Richters.

c) Grundrechtsvortrag vor den Fachgerichten?

479   Fraglich ist, ob der Subsidiaritätsgrundsatz einer Verfassungsbeschwerde auch deshalb entgegengehalten werden kann, weil die Grundrechtsverletzung bzw. Verfassungswidrigkeit – z.B. von Normen – nicht bereits vor den Fachgerichten gerügt wurde, oder ob die Rüge der Verfassungswidrigkeit der im fachgerichtlichen Verfahren anzuwendenden Norm oder ihrer Anwendung nicht dem Verfassungsbeschwerdeverfahren vorbehalten sind.[745]

480   Es ist umstritten, ob und inwieweit sich aus dem Grundsatz der materiellen Subsidiarität auch Lasten hinsichtlich des rechtlichen Vortrags vor den Fachgebieten ergeben, die über die Anforderungen des

---

737   BVerfGE 66, 337, 364; 79, 174, 190; Beschl. v. 20.5.2003 – 1 BvR 922/03.

738   BVerfGE 16, 124, 127; 54, 53, 65; 62, 347, 352; 83, 216, 228 ff.; 84, 203, 208.

739   BVerfGE 81, 97, 102; 83, 216, 228 ff.

740   *BVerfG* NJW 2005, 3769.

741   BVerfGE 83,216,228 f. für die Revisionsnichtzulassungsbeschwerde.

742   Vgl. nur BVerfG NJW 1987, 1689; Beschl. v. 27.4.2000 – 2 BvR 75/94; Beschl. v. 9.3.2000 – 2 BvR 323/00. Zur Darlegungspflicht bei Rüge einer Vorlagepflicht nach Art. 101 I 2 GG, *BVerfG* NJW 2006, 3049.

743   Krit. *Umbach/Ruppel*, § 90 Rn. 150.

744   BVerfGE 112, 50 = NJW 2005, 1413.

745   Den Vortrag verfassungsrechtlicher Einwände, welche sich auf die Anwendung materiellen Rechts bezogen, verlangten BVerfGE 64, 135, 143. 68, 334, 335; 68, 384, 389; 74, 102, 114; eine Ausnahme wurde nur gemacht, wenn sie sich diese erst infolge der den Rechtsweg abschließenden Entscheidung ergaben.

Verfahrensrechts der jeweiligen Fachgerichtsbarkeit hinausgehen. Ist von einem Beschwerdeführer zu verlangen, dass er sein Verfahren schon vor den Fachgerichten auch mit bestimmten rechtlichen, insbesondere auch bereits mit verfassungsrechtlichen Argumenten betrieben hat, oder darf er sich diesbezüglich, soweit sich höhere Anforderungen nicht aus dem Verfahrensrecht der Fachgebiete ergeben, auf den Grundsatz „iura novit curia" verlassen?

aa) Grundsatz: Keine Grundrechtsrüge

Eine neuere Entscheidung des Ersten Senats zum Opferentschädigungsgesetz hat in diesem Fragenkreis für Klarstellungen gesorgt.[746] Diese Entscheidung bekräftigt zwar, dass ein Beschwerdeführer nach dem Grundsatz der Subsidiarität alle verfügbaren prozessualen Möglichkeiten ergreifen muss, um die geltend gemachten Grundrechtsverletzungen im sachnächsten Verfahren zu verhindern, begrenzt aber die damit verbundenen rechtlichen Argumentationslasten im Grundsatz auf das vom Verfahrensrecht der jeweiligen Fachgerichtsbarkeit Geforderte. **481**

In Kammerentscheidungen war demgegenüber zu den Anforderungen des Subsidiaritätsgrundsatzes auch gerechnet worden, dass der Beschwerdeführer bereits im fachgerichtlichen Verfahren den später als Grundrechtsverletzung gerügten Rechtsverstoß nicht nur überhaupt, sondern gerade auch als Grundrechtsverstoß oder sogar mit eingehender verfassungsrechtlicher Argumentation beanstandet hatte.[747] Zur Subsidiarität gehöre, dass die behauptete Grundrechtswidrigkeit im jeweils mit dieser Beeinträchtigung zusammenhängenden sachnächsten Verfahren geltend zu machen sei.[748] Eingeschränkt wurde die sehr weite materielle Rügepflicht allerdings für bestimmte Strafverfahren.[749] Die Senatsrechtsprechung zu dieser Frage legte das nicht unbedingt nahe, war aber nicht ganz eindeutig.[750] **482**

In Übereinstimmung mit *Schlaich/Korioth*[751] vermochte allerdings eine solche Ausweitung der Rügepflichten auf die Grundrechtsrüge nicht zu überzeugen. Sie zwingt den Beschwerdeführer, ab der 1. Instanz seines Prozesses einen Verfassungsprozess zu führen. Das Verfassungsprozessrecht entfaltet Vorwirkungen, denen die Parteien des Gerichtsverfahrens nicht Rechnung tragen können und brauchen, denn: iura novit curia. Da die Rechtsmittelgerichte auf ein sachlich nicht beschränktes Rechtsmittel von Amts wegen die Sache umfassend zu prüfen haben, gehört zu dieser umfassenden Prüfung auch die Kontrolle der Verfassungsmäßigkeit der beanstandeten Vorschrift (Art. 20 III GG). Sie setzt keinen weitergehenden Vortrag der Partei, keine weitere Prozesshandlung des (späteren) Beschwerdeführers voraus.[752] Die Rechtsanwendung ist Sache der Gerichte, nicht der Parteien und des Beschwerdeführers. **483**

bb) Ausnahme

Wenn mit dem Beschluss des BVerfG geklärt ist, dass es nicht zu den Regelanforderungen des Subsidiaritätsgrundsatzes gehört, bereits das fachgerichtliche Verfahren als „Verfassungsprozess" zu führen, so darf nicht verkannt werden, dass der vom BVerfG herausgestellte Grundsatz, dass in fachgerichtlichen Verfahren keine Grundrechtsrüge vorgebracht werden muss, nicht uneingeschränkt gilt. Folgende Ausnahmen sind zu beachten:[753] **484**

– So muss der Beschwerdeführer jede Verletzung prozessualer Grundrechte wie z.B. Art. 101 I 2, 103 I GG bereits mit den im Ausgangsverfahren gegebenen Möglichkeiten geltend machen.

– Verfassungsrechtlicher Vortrag bereits im fachgerichtlichen Verfahren kann auch dann notwendig sein, wenn bei verständiger Einschätzung der Rechtslage und der jeweiligen verfahrensrechtlichen

---

746 BVerfGE 112, 50 = NJW 2005, 1413; dazu *Linke* NJW 2005, 2190.
747 Vgl. BVerfGE 16, 124,127; 29, 277, 282; 68, 334, 335; 68, 384, 388 f.; unkritisch bejahend auch *Zuck*, Verfassungsbeschwerde, Rn. 55.
748 BVerfGE 84, 203, 208.
749 Vgl. *Seegmüller*, DVBl 1999, 738 ff.
750 Ausführlich dazu *Lübbe-Wolff*, EuGRZ 2004, 669 ff.
751 *Schlaich/Korioth*, Rn. 249
752 BVerfGE 74, 102, 113 f.
753 Vgl. BVerfG NJW 2005, 1413 ff.

Situation ein Begehren nur Aussicht auf Erfolg haben kann, wenn verfassungsrechtliche Erwägungen in das fachgerichtliche Verfahren eingeführt werden. Das kommt vor allem dann in Betracht, wenn der Ausgang des Verfahrens von der Verfassungswidrigkeit einer Vorschrift abhängt oder eine Normauslegung angestrebt wird, die ohne verfassungsrechtliche Erwägungen nicht begründbar ist. Eine Verfassungsbeschwerde läuft Gefahr, mangels Beachtung des Subsidiaritätsgrundsatzes nicht angenommen zu werden, wenn insbesondere die zentrale Rüge der Verfassungswidrigkeit einer Norm erstmals in der Verfassungsbeschwerde erhoben wird.

– Außerdem kann verfassungsrechtlicher Vortrag vor den Fachgebieten veranlasst sein, wenn nach dem fachgerichtlichen Verfahrensrecht der Antrag auf Zulassung eines Rechtsmittels oder das Rechtsmittel selbst auf die Verletzung von Verfassungsrecht, etwa im Rahmen von § 543 II Nr. 1 ZPO und § 132 II Nr. 1 VwGO, zu stützen ist.[754]

cc) Empfehlung

485   Wenn auch der Beschwerdeführer auf Grund des Subsidiaritätsgrundsatzes nur gehalten ist, umfassend in tatsächlicher und zumindest beschränkt-einfachrechtlicher Hinsicht vor den Fachgerichten vorzutragen, er insbesondere auch alle Angriffspunkte nennen muss, aus denen sich Grundrechtsverletzungen ergeben können, spezifische Grundrechtsausführungen bzw. verfassungsrechtliche Erörterungen jedoch von ihm nicht verlangt werden können, so kann unabhängig vom Fehlen einer (verfassungs-)rechtlichen Verpflichtung wie auch der Geltung des Grundsatzes „iura novit curia" nur dringendst die Empfehlung gegeben werden, fundierte verfassungsrechtliche Bedenken bereits vor den Fachgerichten vorzutragen, wenn sie sich aufdrängen.

486   Ein solcher Vortrag liegt einmal schon im Hinblick auf verbleibende Abgrenzungsfragen und Interpretationsspielräume nahe. Die Grenzen sind schließlich fließend, da jeder Vortrag weitgehend normativ bestimmt ist/wird. Die Auswahl der Angriffspunkte erfolgt im Hinblick auf möglicherweise verletzte Normen und damit auch verfassungsrechtliche Bestimmungen.

487   Die Thematisierung verfassungsrechtlicher Gesichtspunkte schon im fachgerichtlichen Verfahren sollte auch deshalb – und nicht nur vorsorglich im Hinblick auf die Zulässigkeit einer späteren Verfassungsbeschwerde – erfolgen, weil die meisten Beschwerdeführer kein Interesse an einem (langwierigen und kostspieligen) Gang durch die Instanzen haben; sie wollen zu ihrem (Grund-)Recht und nicht unbedingt zum BVerfG kommen. Zudem besteht eine Grundrechtsverantwortung der Fachgerichte, bei deren Realisierung sich weitere Verfahren erübrigen können. So wie jeder Rechtsanwalt versucht, mit überzeugenden Argumenten den Gerichten einfachrechtlich „Beine zu machen", sollte er sich auch darum bemühen, den Lauf der Rechtsfindung verfassungsrechtlich zu beeinflussen.

3. Vorabentscheidung, § 90 II 2 BVerfGG

488   Die Subsidiarität kann gem. § 90 II 2 BVerfGG in zwei Ausnahmefällen durchbrochen werden (sog. Vorabentscheidung). Voraussetzung ist, dass die Erschöpfung des Rechtswegs auch im Hinblick auf den Sinn des Subsidiaritätsprinzips – eine vorherige Klärung der tatsächlichen und rechtlichen Fragen durch die Fachgerichte zu gewährleisten – nicht geboten ist. Dies kommt in zwei Fällen in Betracht:

---

754   Vgl. auch *BVerfG* Beschl. v. 5.2.1998 – 2 BvR 1885/95: Unter dem Blickwinkel der Rechtswegerschöpfung ist es nicht ausreichend, wenn lediglich ein Teil der mit der Verfassungsbeschwerde geltend gemachten Rügen im fachgerichtlichen Verfahren erhoben worden ist, ein anderer Teil hingegen nicht. Im Falle einer für den Beschwerdeführer positiven Entscheidung im fachgerichtlichen Verfahren wäre nämlich die Beschwer der Verfassungsbeschwerde auch hinsichtlich der übrigen verfassungsrechtlichen Fragen ausgeräumt. Deshalb ist in einem derartigen Fall die Verfassungsbeschwerde insgesamt unzulässig. – Im Fall eines Antrags auf Zulassung der Berufung nach § 78 III AsylVfG müssen in diesem Antrag bereits die später mit der Verfassungsbeschwerde geltend gemachten Rügen erhoben werden, sofern dies möglich und sinnvoll erscheint. Denn mit dem Antrag auf Zulassung der Berufung kann in den von § 78 III AsylVfG gezogenen Grenzen eine Nachprüfung des verwaltungsgerichtlichen Urteils durch die Berufungsinstanz erreicht und damit auch ein Grundrechtsverstoß ausgeräumt werden.

Die Verfassungsbeschwerde ist von allgemeiner Bedeutung oder es entstünde ein schwerer und unabwendbarer Nachteil für den Beschwerdeführer, wenn er zunächst auf den Rechtsweg verwiesen würde.

a) Allgemeine Voraussetzungen

Eine Anwendung des § 90 II 2 BVerfGG kommt nur in Betracht, wenn der Rechtsweg beschreitbar ist **489** und die übrigen Sachentscheidungsvoraussetzungen vorliegen.[755] Die Vorschrift enthält nur eine Ausnahme vom Subsidiaritätserfordernis des § 90 II 1 BVerfGG. Fehler und Versäumnisse im fachgerichtlichen Verfahren werden durch die Ausnahmebestimmung nicht geheilt.

Die Möglichkeit der Vorabentscheidung besteht nicht nur im unmittelbaren Anwendungsbereich des **490** § 90 II 1 BVerfGG. Das BVerfG wendet die Ausnahmebestimmung des § 90 II 2 BVerfGG analog auch im Hinblick auf den allgemeinen Grundsatz der Subsidiarität an.[756] Auch bei Verfassungsbeschwerden direkt gegen Gesetze kann eine Vorabentscheidung wegen allgemeiner Bedeutung in Betracht kommen und auf eine Erschöpfung des Rechtswegs gegen die nach dem Gesetz grundsätzlich abzuwartenden Vollzugsakte ausnahmsweise verzichtet werden.[757]

b) Ermessen

Der Erlass einer Vorabentscheidung steht nach der Kann-Bestimmung des § 90 II 2 BVerfGG grund- **491** sätzlich im Ermessen des BVerfG, das zur korrekten Ermessensausübung alle maßgeblichen Umstände – wie vor allem die explizit aufgeführten Gründe der Bedeutung und des Nachteils – pflichtgemäß abzuwägen hat.[758] Das BVerfG hält die Voraussetzungen nur für gegeben, wenn eine Vorabentscheidung offensichtlich geboten ist,[759] was i.d.R. nicht der Fall ist, wenn – in die Kompetenz der Fachgerichte fallende – entscheidungserhebliche Tatsachen[760] oder Fragen des einfachen Rechts noch abklärungsbedürftig sind.[761]

c) Gründe

Eine Durchbrechung des Subsidiaritätserfordernisses kommt in Betracht, wenn die Verfassungsbe- **492** schwerde von allgemeiner Bedeutung ist oder wenn dem Beschwerdeführer ein schwerer und unabwendbarer Nachteil entstünde, falls er zunächst auf den Rechtsweg verwiesen würde.

aa) Allgemeine Bedeutung

Gem. § 90 II 1 1. Alt. BVerfGG kann über eine vor Erschöpfung des Rechtswegs erhobene Verfas- **493** sungsbeschwerde in der Sache entschieden werden, wenn sie von „allgemeiner" Bedeutung ist.

Das Kriterium deckt sich weitgehend mit § 93a II lit. a BVerfGG, wonach die Verfassungsbeschwerde **494** angenommen werden muss, „soweit" ihr „grundsätzliche verfassungsrechtliche Bedeutung" zukommt.

Für die allgemeine Bedeutung einer Verfassungsbeschwerde spricht, dass sie grundsätzliche verfas- **495** sungsrechtliche Fragen aufwirft und die zu erwartende Entscheidung über den Einzelfall hinaus Klarheit über die Rechtslage in einer Vielzahl gleichgelagerter Fälle schafft.[762] Maßgeblich sind allein ob-

---

755 BVerfGE 22, 349, 355; s.a. BVerfGE 56, 54, 68 f. Eine Vorabentscheidung setzt daher z.B. voraus, dass kein Fall der Fristversäumnis des § 93 I BVerfGG vorliegt bzw. der Rechtsweg nicht wegen Verfristung fachgerichtlicher Entscheidungen unbeschreitbar ist (vgl. BVerfGE 11, 244 u. 16, 124, 127).

756 BVerfGE 84, 90, 116; 91, 294, 306; 93, 319, 338; 94, 12, 32.

757 BVerfGE 84, 90, 116; 90, 128, 136 f.; 91, 294, 306; 93, 319, 338; 94, 12, 32; 97, 157, 168.

758 BVerfGE 8, 38, 40.

759 BVerfGE 8, 222, 226 f.

760 BVerfGE 13, 284, 289.

761 BVerfGE 8, 222, 226; *BVerfG* NJW 2000, 3126, 3127.

762 BVerfGE 19, 268, 273; 27, 88, 98; 84, 90, 116; 90, 128, 136 ff.; 94, 49, 83 ff.; vgl. auch BVerfGE 12, 144, 147; 83, 162, 171; 84, 90, 116 f.; 85, 360, 371; 91, 294, 305; 94, 193, 207 f.; 102, 254, 296.

jektive Kriterien und nicht die subjektive Bedeutung bzw. Betroffenheit des Beschwerdeführers, so dass diese Alternative bei einem Vorgehen gegen Gerichtsentscheidungen nur selten im Gegensatz zu Rechtsnormen in Betracht kommt. Die Fragen dürfen noch nicht verfassungsrechtlich geklärt sein;[763] die Annahme in einem Parallelverfahren führt nicht ohne Weiteres zum Wegfall der allgemeinen Bedeutung.[764]

Beispiel 24

> Sie wurde vom BVerfG bejaht in Ansehung der Praxis eines LG in einer nicht überschaubaren Zahl von Strafverfahren. Eine allgemeine Bedeutung wurde auch wiederholt bejaht in Zusammenhang mit Wahlkämpfen, etwa im Streit um Rundfunksendezeiten[765], oder um die Öffentlichkeitsarbeit einer Regierung vor Wahlen;[766] dies gilt nicht, wenn die Bedeutung nur für Wahlen in einer Stadt besteht.[767]

bb) Schwerer und unabwendbarer Nachteil

496 Eine Vorabentscheidung ist nach § 90 II 2 2. Alt. BVerfGG möglich, wenn dem Beschwerdeführer andernfalls ein schwerer und unabwendbarer Nachteil droht.[768] Damit wird der subjektiven Funktion der Verfassungsbeschwerde Rechnung getragen.

497 Wann dies der Fall ist, entzieht sich ebenfalls jeder Generalisierung und kann nur im Einzelfall entschieden werden. Jedenfalls geht der Begriff über die Betroffenheit bei der Beschwerdebefugnis hinaus und ist noch enger als die existenzielle Betroffenheit i.S.d. § 93a II b BVerfGG.

498 (1) Der Nachteil darf nicht allein in der Beschwer durch den angegriffenen Hoheitsakt bestehen; er muss sich vielmehr gerade aus der gebotenen Rechtswegerschöpfung und damit aus der zeitlichen Verzögerung einer Entscheidung des BVerfG ergeben.

499 (2) Der Nachteil muss schwer sein.[769] Dies ist der Fall, wenn es sich um eine nachhaltige Beeinträchtigung durch einen intensiven Eingriff in die grundrechtlich geschützte Sphäre handelt.[770] Das ist dann zu bejahen, wenn dem Betroffenen ein weit aus dem Rahmen des Üblichen fallendes Sonderopfer auferlegt würde.[771] Maßgeblich sind Art und Ausgestaltung des jeweiligen Grundrechts und die Intensität der Grundrechtsverletzungen. Nicht reichen dazu wirtschaftliche Nachteile ohne existenzielles Gewicht und Grundrechtsverletzungen, die die Persönlichkeit nicht stark berühren.[772]

500 (3) Der Nachteil muss weiter unabwendbar sein.[773] Dies ist dann der Fall, wenn sich der Schaden, der durch die Verweisung auf den Rechtsweg entsteht, auch im Falle eines späteren Erfolgs der Verfassungsbeschwerde nicht mehr in adäquater Weise ausgleichen ließe. Entscheidend ist die zeitliche Dringlichkeit der Entscheidung des BVerfG wegen sofortiger Vollziehbarkeit des angegriffenen Hoheitsakts oder wegen drohenden Rechtsverlusts durch Zeitablauf.

Beispiel 25

> Die Vorabentscheidung kommt z.B. in Betracht bei termingebundenen Begehren, wenn der Verlust der Beschwerdebefugnis – z.B. bei dem Antrag auf Sendezeiten im Wahlkampf[774] – wegen Zeitablaufs droht, falls man den Beschwerdeführer auf den Rechtsweg verweist. Gleiches gilt bei Demonstrationsverboten,[775] bei Abschiebungen von Ausländern[776] oder sofortiger Vollziehung eines Beweisbeschlusses

---

763 BVerfGE 19, 288, 289.
764 BVerfGE 51, 130, 138; 62, 117, 144.
765 BVerfGE 7, 99, 105; 14, 121, 130.
766 BVerfGE 63, 230, 242.
767 BVerfGE 3, 39, 40; 11, 329, 330.
768 BVerfG EuGRZ 2002, 546.
769 BVerfG NJW 2004, 3697: Stationäre Untersuchung zur Feststellung der Erektionsfähigkeit.
770 BVerfGE 34, 205, 208.
771 BVerfGE 69, 233, 241 zur Entziehung der kassenärztlichen Zulassung; zum Fall des möglichen Eintritts irreparabler Schäden sowie die Rüge der Verletzung des Beschleunigungsgrundsatzes *BVerfG* EuGRZ 2002, 546.
772 BVerfGE 8, 222, 226; 9, 120, 122.
773 Dies ist nicht der Fall, wenn der Nachteil nicht mehr abgewendet werden kann (BVerfGE 14, 192, 194).
774 S. BVerfGE 7, 99, 105; 14, 121, 130.
775 BVerfGE 69, 315, 340.
776 BVerfGE 35, 382, 397.

durch Aushändigung von Ehescheidungsakten.[777] Nicht reicht, dass Gefährdungen erst aus dem Betrieb einer Anlage sich ergeben;[778] ebensowenig ist die Ausnahmebestimmung erfüllt beim bewussten Eingehen eines rechtlichen Risikos, zu dem auch die Notwendigkeit einer fachgerichtlichen Klärung gehört.[779]

d) Abwägung

Ob eine Sache allgemeine Bedeutung hat oder ob ein schwerer und unabwendbarer Nachteil vorliegt, mit der Folge, dass die Verfassungsbeschwerde zeitlich gegenüber anderen Verfahren den Vorzug erhält, ist in jedem Einzelfall durch Abwägung der für und wider die sofortige Entscheidung des BVerfG sprechenden Gesichtspunkte zu ermitteln.[780]

501

4. Verfassungsbeschwerde gegen Rechtsnormen

Besondere Probleme wirft die Subsidiaritätsregelung des § 90 II BVerfGG bei parlamentarischen Gesetzen, Rechtsverordnungen und Satzungen auf.

502

a) Geltung des § 90 II BVerfGG

Nach ständiger Rechtsprechung des BVerfG ist die unmittelbar gegen ein Gesetz erhobene Verfassungsbeschwerde nur ausnahmsweise zulässig. Zunächst einmal müssen grundsätzlich die für das jeweilige Rechtsgebiet zuständigen Fachgerichte eine Klärung insbesondere darüber herbeiführen, ob und in welchem Ausmaß der Bürger durch die beanstandete Regelung konkret in seinen Rechten betroffen und ob sie mit der Verfassung vereinbar ist. Wenn ein fachgerichtlicher Rechtsschutz möglich, sinnvoll und zumutbar ist, scheidet eine Verfassungsbeschwerde unmittelbar gegen Rechtsnormen – dies dürfte die Regel sein – aus. Der Beschwerdeführer wird auf alle nur denkbaren Möglichkeiten instanzgerichtlicher Inzidentkontrolle verwiesen.[781] Dazu gehört neben dem Versuch, eine Vorlage nach Art. 100 I GG zu erreichen, auch die Möglichkeit, ein Vorabentscheidungsverfahren nach Art. 234 EGV in Gang zu bringen. Die ohnehin bestehende Pflicht, ggfs. Eilrechtsschutz zu beantragen, wird durch die Notwendigkeit eines Vorlageverfahrens nicht gehindert. Auch eine Feststellungsklage kommt in Betracht, um Rechtsansprüche des Beschwerdeführers durchzusetzen. Der Beschwerdeführer muss aber auch alle sonst im Gesetz angelegten Möglichkeiten nutzen, etwa die Beantragung einer Ausnahmegenehmigung. Das gilt insbesondere dann, wenn die Instanzgerichte einen Entscheidungsspielraum haben, dessen Nutzung für die Beurteilung der verfassungsgerichtlichen Lage von Bedeutung ist.[782] Die stark einzelfallbezogene und in den letzten Jahren strenger gewordene Rechtsprechung lässt letztlich nur noch in Ausnahmefällen eine Verfassungsbeschwerde unmittelbar gegen Normen zu.

503

b) § 47 VwGO

Bei nach § 47 VwGO angreifbaren Verordnungen und Satzungen bedarf es in jedem Fall der Durchführung eines entsprechenden Normenkontrollverfahrens.[783]

504

---

777 BVerfGE 34, 205, 208.
778 BVerfGE 77, 381, 407; 78, 290, 305.
779 BVerfGE 104, 65, 74.
780 Vgl. auch BVerfGE 8, 38, 40; 8, 222, 226; 71, 248, 251; 79, 29, 37; 86, 382, 388.
781 BVerfGE 74, 69, 74 f.; 90, 128, 137; 97, 157, 165; 102, 197, 207.
782 *BVerfG* NVwZ 2004, 977, 979; das gilt auch für Anstöße zu einem Verfahren nach Art. 100 II GG, BVerfG NJW 2004, 1650; vgl. auch BVerfGE 71, 25, 34 f.; 97, 157, 165; 86, 382, 389.
783 BVerfGE 70, 35, 53 f.; 76, 107, 114 f.; zur Frist vgl. unter Rn. . Siehe auch BVerfG NJW 2001, 2079: LandeshundeVO.

c) Fehlen eines Rechtswegs

505 Bei Gesetzen sowie bei denjenigen Rechtsverordnungen und Satzungen, die mangels landesrechtlicher Ausführungsgesetze nicht von § 47 VwGO (Normenkontrolle) erfasst werden, ist ein Rechtsweg i.S.d. § 90 II BVerfGG zwar nicht eröffnet, so dass für diese das Erfordernis der Rechtswegerschöpfung zumindest keine unmittelbare Bedeutung hat. Bei parlamentarischen Gesetzen haben die Fachgerichte zudem in der Regel keine Verwerfungskompetenz im Hinblick auf Art. 100 GG, so dass in jedem Fall das BVerfG entscheiden muss.

aa) Grundsatz

506 Das BVerfG hält aber trotz Fehlens eines Rechtswegs gegen Gesetze angesichts des Umstands, dass regelmäßig erst durch einen Konkretisierungsakt materiell-rechtliche Wirkungen einer Norm ausgelöst werden sowie sich aus § 90 II BVerfGG ein allgemeiner Grundsatz der Subsidiarität der Verfassungsbeschwerde und der Vorrang der Fachgerichte ergibt, eine Verfassungsbeschwerde nur ausnahmsweise für zulässig.

507 Der Beschwerdeführer muss schließlich vor Erhebung der Verfassungsbeschwerde sämtliche zur Durchsetzung des Grundrechts und zur Beseitigung der diesbezüglich gerügten Beschwer geeigneten rechtlichen Möglichkeiten ausschöpfen, wie dies nach dem Grundsatz der Subsidiarität der Verfassungsbeschwerde in der Regel geboten ist.[784]

508 Die Zulässigkeit einer Verfassungsbeschwerde gegen ein Gesetz setzt nach der ständigen Rechtsprechung des BVerfG voraus, dass der Beschwerdeführer – wie oben dargelegt[785] – in jedem Fall selbst und gegenwärtig durch die angegriffenen Rechtsnormen in seinen Grundrechten betroffen ist.[786] Er muss darlegen, dass er mit einiger Wahrscheinlichkeit durch die Maßnahme betroffen wird.[787] Hierfür kann es ausreichend sein, dass sich die tatbestandlichen Voraussetzungen der Norm auch in der Person des Beschwerdeführers verwirklichen können.[788]

bb) Unmittelbarkeitserfordernis

509 In jedem Fall kommt vor allem bei Gesetzen eine Verfassungsbeschwerde nur in Betracht, wenn der Beschwerdeführer unmittelbar in seinen Grundrechten betroffen ist.

(1) Zweck

510 Durch das – vom BVerfG „erfundene" – Kriterium der Unmittelbarkeit, das allein bei Gesetzen, nicht aber bei Urteilen oder Beschlüssen der Gerichte von Bedeutung ist, soll dem Vorrang der Fach- vor der Verfassungsgerichtsbarkeit und damit dem Gebot der Subsidiarität des § 90 II BVerfGG[789] Rechnung getragen werden.

511 Eine Normenkontrolle unter Loslösung von der konkreten Anwendung der betreffenden Norm im Einzelfall und ohne Vorklärung der Tatsachen und Rechtsfragen durch die zuständigen Gerichte soll so vermieden und das für Verfassungsbeschwerden gegen Gesetze fehlende Pendant des § 90 II BVerfGG (Erschöpfung des Rechtswegs) – partiell – ersetzt werden. Die zum Kriterium der Unmittelbarkeit und der Rechtswegerschöpfung angestellten Erwägungen des BVerfG überschneiden sich in der Judikatur.[790]

---

784 *BVerfG* NVwZ 2006, 922; 2006, 326, 327; 1995, 1077.
785 Vgl. unter Rn. 309 ff.
786 BVerfGE 1, 97, 101 ff.
787 BVerfGE 100, 313, 354 f.; 109, 275, 307 f.
788 *BVerfG* DVBl. 2001, 1057, 1058.
789 Vgl. auch BVerfGE 72, 39, 42 f.
790 So verneint *BVerfG* FamRZ 2000, 217 die Erfüllung der Subsidiaritätsregelung des § 90 II 1 BVerfGG bei einer Verfassungsbeschwerde gegen eine gesetzliche Regelung, wenn die Durchführung der angegriffenen Norm rechtsnotwendig oder auch nur nach der tatsächlichen Praxis einen besonderen Vollziehungsakt voraussetzt.

(2) Begriff

Unmittelbare Betroffenheit ist gegeben, wenn die angegebenen gesetzlichen Bestimmungen, ohne eines weiteren Vollzugsakts zu bedürfen, die Rechtsstellung des Beschwerdeführers verändern;[791] es muss sich um „self-executing law" handeln. Das Gesetz muss ohne einen weiteren vermittelnden Akt in den Rechtskreis des Beschwerdeführers dergestalt einwirken,[792] dass etwa konkrete Rechtspositionen unmittelbar kraft Gesetzes zu einem dort festgelegten Zeitpunkt erlöschen oder eine zeitlich und inhaltlich hinreichend genau bestimmte Verpflichtung begründet würde, die bereits jetzt spürbare Rechtsfolgen mit sich brächte.[793] Es darf zu seiner Durchführung nicht rechtsnotwendig oder auch nur nach der tatsächlichen Verwaltungspraxis ein besonderer, vom Willen der vollziehenden Gewalt zu beeinflussender Vollziehungsakt notwendig sein.[794] Wenn das der Fall ist, muss der Beschwerdeführer zunächst diesen Vollzugsakt angreifen und den gegen ihn eröffneten Rechtsweg erschöpfen, bevor er Verfassungsbeschwerde erhebt.[795]

512

BVerfG FamRZ 2000, 217: *„Setzt die Durchführung der angegriffenen Vorschriften rechtsnotwendig oder auch nur nach der tatsächlichen Praxis einen besonderen Vollziehungsakt voraus, so muß der Beschwerdeführer grundsätzlich zunächst diesen Akt angreifen und den gegen ihn gegebenen Rechtsweg erschöpfen, bevor er die Verfassungsbeschwerde erhebt (vgl. BVerfGE 71, 25, 34 f.). Der in § 90 II S. 1 BVerfGG zum Ausdruck gekommene und dieser Vorschrift zugrunde liegende Gedanke der Subsidiarität der Verfassungsbeschwerde ist auch dann von Bedeutung, wenn der Verwaltung ein Entscheidungsspielraum fehlt. Dies muß auch bei einer gerichtlichen Entscheidung gelten. Es entspricht dem Grundsatz der Subsidiarität, daß zunächst die für das jeweilige Rechtsgebiet zuständigen Fachgerichte eine Klärung insbesondere darüber herbeiführen, ob und in welchem Ausmaß der Bürger durch die beanstandete Regelung konkret in seinen Rechten betroffen und ob sie mit der Verfassung vereinbar ist. Erreicht werden soll, daß das BVerfG nicht auf ungesicherter Rechtsgrundlage weitreichende Entscheidungen trifft. Bei der Rechtsanwendung durch die sachnäheren Fachgerichte können – aufgrund besonderen Sachverstands – möglicherweise für die verfassungsrechtliche Prüfung erhebliche Tatsachen zutage gefördert werden (BVerfGE 79, 1, 20)."*

513

Im Regelfall ist bei Gesetzen ein Vollzugsakt erforderlich.[796] Auch bei einer bloßen gesetzlichen Ermächtigung zum Erlass einer Rechtsverordnung fehlt es in der Regel an der Unmittelbarkeit.[797] Anders kann es dann sein, wenn z.B. die gesetzliche Ermächtigung die Mitwirkungsrechte der Beschwerdeführer (Beispiel: von Amtsinhabern beim Erlass von Prüfungs- und Studienordnungen) beschränkt.[798] Ausnahmsweise nicht notwendig ist ein Vollzugakt bei Gesetzen, die rechtsgestaltend wirken, also Rechte begründen, aufheben oder abändern.[799]

514

---

791 *BVerfG* NJW 2006, 751, 753; BVerfGE 97, 157, 164; 102, 197, 207.

792 Vgl. *BVerfG* NJW 2001, 3402; 1999, 1021; BVerfGE 90, 128, 135 f. = NVwZ 1994, 889; *HessStGH* NVwZ 2006, 685.

793 BVerfGE 70, 1, 22; 72, 39, 43; 97, 157, 164.

794 BVerfGE 90, 128, 135; 79, 174, 187; 73, 40, 68 f.; 70, 35, 51.

795 BVerfGE 1, 97, 102 f.; 58, 81, 104 f.; 68, 376, 379 f.

796 Vgl. auch *BVerfG* Beschl. v. 21.9.2005 – 2 BvR 1338/05: Eine Verfassungsbeschwerde gegen den Beschluss einer Landesregierung gegen eine geplante Privatisierung von Landeskrankenhäusern wurde mangels Unmittelbarkeit und Gegenwärtigkeit als unzulässig nicht angenommen, da Maßnahmen zur Umsetzung noch nicht getroffen waren.

797 BVerfGE EuGRZ 1987, 267; BVerfGE 55, 37, 52; 47, 327, 365.

798 BVerfGE 93, 85.

799 BVerfGE 1, 97, 102; 53, 1, 14; 81, 70, 82. Das BVerfG hat unmittelbare Betroffenheit durch Gesetz z.B. in folgenden Fällen bejaht: Berufsrecht – Notare gegen Gebührenermäßigungsvorschriften (BVerfGE 47, 285); Hochschulgesetz und Einführung des Professoren-Titels für alle Hochschullehrer unmittelbar durch Gesetz ohne Aushändigung einer Urkunde (BVerfGE 43, 242 265; 64, 323, 350); Kommunale Wählervereinigung gegen § 10b II EStG (BVerfGE 78, 350); Rundfunkanstalten gegen Landesmediengesetz (BVerfGE 74, 297, 318); Arbeitgeber gegen BildungsurlaubG (BVerfGE 77, 308, 326); nur ausnahmsweise von Studienbewerbern gegen Zulassungsvorschriften (BVerfGE 43, 291, 385 ff.; 59, 1, 17 ff.); Steuerrecht: von Vätern und Müttern gegen die neue Familienlastenausgleichsregelung (BVerfGE 45, 104, 116 ff.); Wahlrecht: Verfassungsbeschwerde gegen die 5 %-Sperrklausel im Europawahlgesetz (BVerfGE 51, 222, 233); Wirtschaftsrecht: Apotheker gegen das Ladenschlußgesetz (BVerfGE 13, 225, 233); Unternehmer gegen das Mitbestim-

(3) Vorgehen gegen Vollzugsakt/Feststellungsklage

515 Schon auf Grund des Erfordernisses der Unmittelbarkeit kommt eine Verfassungsbeschwerde direkt gegen Gesetze in der Regel nicht in Betracht. Wenn ein Vollzugsakt erforderlich oder möglich ist, muss dieser zunächst abgewartet bzw. beantragt und sodann ggf. angefochten werden im normalen Rechtsweg; das Gesetz wird dann inzident geprüft und ggf. im Wege der Richtervorlage nach Art. 100 I GG dem BVerfG vorgelegt. Erst nach Erschöpfung des Rechtswegs ist die Verfassungsbeschwerde in der Form der Urteilsverfassungsbeschwerde, die sich mittelbar auch gegen die zugrunde liegende Norm richten kann, möglich. Gleiches gilt bei der Möglichkeit einer Feststellungsklage.

Beispiel 26 **Agrarstruktur, BVerfG NVwZ 2006, 922:** Die Verfassungsbeschwerde gegen die Berechnung der Ausgleichszahlungen für Landwirte nach der Kulturpflanzen-Ausgleichs-VO wurde wegen Nichterschöpfung des Rechtswegs für unzulässig erklärt. Die Verfassungsbeschwerde sei kein Instrument des Primärrechtsschutzes gegen untergesetzliche Normen. Die Beschwerdeführer hätten effektiven Rechtsschutz vor den Fachgerichten durch die Erhebung einer Feststellungsklage erlangen können.[800]

Beispiel 27 **Aktionäre, BVerfG NJW 2003, 58:** Ausgeschlossene Minderheitsaktionäre müssen ihre Bedenken gegen die §§ 327 a ff. AktG zunächst in Verfahren vor den Fachgerichten geltend machen, indem sie schon den Hauptversammlungsbeschluss mit der Anfechtungsklage angreifen oder ein Spruchverfahren durchführen und in diesen Verfahren die verfassungsrechtlichen Bedenken vorbringen:

„Der in § 90 II zum Ausdruck kommende Grundsatz der Subsidiarität „verpflichtet den Bf., vor einer Anrufung des BVerfG grundsätzlich die allgemein zuständigen Gerichte mit seinem Anliegen zu befassen. Dadurch wird sichergestellt, dass dem BVerfG in der Regel nicht nur eine abstrakte Rechtsfrage und der Sachvortrag des Bf., sondern auch die Beurteilung der Sach- und Rechtslage durch ein für die jeweilige Materie zuständiges Gericht unterbreitet werden. Das ist insbesondere von Bedeutung, wo die Beurteilung der mit der Verfassungsbeschwerde erhobenen Rügen die Prüfung tatsächlicher und einfachrechtlicher Fragen voraussetzt, für die das Verfahren vor den Fachgerichten besser geeignet ist. Hier wird durch den Subsidiaritätsgrundsatz gewährleistet, dass dem BVerfG infolge der fachgerichtlichen Vorprüfung der Beschwerdepunkte ein bereits eingehend geprüftes Tatsachenmaterial vorliegt und ihm auch die Fallanschauung und die Rechtsauffassung der sachnäheren Fachgerichte vermittelt werden (vgl. BVerfG 79, 120 = NJW 1992, 1303; BVerfGE 86, 382, 386 = NJW 1992, 2749 m.w.N.).

cc) Zumutbarkeit

516 Nach der Rechtsprechung des BVerfG kann aber sogar eine direkt gegen ein Gesetz gerichtete Verfassungsbeschwerde trotz einer eigenen, gegenwärtigen und unmittelbaren Beschwer des Beschwerdeführers unter dem Gesichtspunkt der Subsidiarität der Verfassungsbeschwerde unzulässig sein,[801] so dass der Beschwerdeführer sich zunächst um eine fachgerichtliche Klärung bemühen und die Fachgerichte bei Vorliegen des Art. 100 GG das Verfahren aussetzen und das BVerfG zwecks konkre-

---

mungsgesetz von 1976 (BVerfGE 50, 290, 319 f.); Schulrecht: Eltern gegen eine Reform des Schulwesens (BVerfGE 347, 165, 179); Verfassungsbeschwerde gegen das baden-württembergische Gesetz über die Schulen in freier Trägerschaft zulässig, obwohl nur auf Grund von Bewilligungsbescheiden gezahlt wird. (BVerfGE 90, 128, 136); Staatskirchenrecht: Träger konfessioneller Krankenhäuser gegen das Krankenhausgesetz und dessen Anwendbarkeit auf konfessionelle Krankenhäuser (BVerfGE 53, 366, 388); Einigungsvertragsgesetz von 1990: Verfassungsbeschwerde von Arbeitnehmern der Akademie der Wissenschaften der Deutschen Demokratischen Republik gegen den Arbeitsplatzverlust unmittelbar durch Gesetz. (BVerfGE 85, 369, 371; 84, 133, 144); Verfassungsbeschwerde einer Rundfunkanstalt gegen den Rundfunkstaatsvertrag bzw. das Landesgesetz zu diesem Staatsvertrag. (BVerfGE 87, 181, 195 f.); Arbeitsförderungsgesetz und Neutralitätsgesetz, Kurzarbeitergesetz (BVerfGE 92, 365, 392); Verfassungsbeschwerde der aus dem Wassergesetz Baden-Württemberg zur Entrichtung eines Wasserentnahmegelds (Grundwasserabgabe) Verpflichteten (BVerfGE 93, 319). Verneint wurde die Unmittelbarkeit u.a. in BVerfG 108,370 ff.; 110, 141, 151 ff.

800 Insoweit ist die Rechtslage nach BVerfG NVwZ 2006, 326 anders als in einem den Freistaat Bayern betreffenden Fall (= BVerfG NVwZ 2005, 1303).

801 Vgl. BVerfGE 72, 39, 43 f.; 74, 69, 72; 79, 29, 34; 90, 128, 136 f.; 91, 294, 304 f.; 97, 157, 164 f.; s.a. BVerfGE 71, 305, 336; BVerfG NJW 1999, 1021; BVerfG 69, 122, 125 f. = NVwZ 1986, 1007; BVerfGE 74, 69, 74 f. = NVwZ 1987, 573; BVerfG NJW 1992, 2749.

ter Normenkontrolle anrufen müssen.[802] Letztlich besteht die Verpflichtung, vor einer Anrufung des BVerfG Rechtsschutz vor den Fachgerichten zu suchen, aber nur im Rahmen des Zumutbaren.[803] Es darf dem Beschwerdeführer – entsprechend § 90 II 2 BVerfGG – durch die Verweisung auf den Rechtsweg kein schwerer und unabwendbarer Nachteil entstehen.[804]

Es gibt jedoch eine Reihe von Ausnahmefällen, in denen das BVerfG die Gesetzesverfassungsbeschwerde als zulässig ansieht. Wenn der Betroffene gegen einen denkbaren Vollzugsakt nicht oder nicht in zumutbarer Weise vorgehen kann,[805] dann muss ihm die Möglichkeit eines direkten Vorgehens gegen das Gesetz gegeben werden. **517**

Beispiel 28

– Eine unmittelbar aus dem Gesetz folgende Beschwer und damit eine Unzumutbarkeit der Verweisung auf den Rechtsschutz gegen den Vollzugsakt hat das BVerfG unter anderem anerkannt, wenn das Gesetz den Betroffenen schon vor Erlass eines Vollzugsaktes zu entscheidenden Dispositionen veranlasst, die er nach dem späteren Gesetzvollzug nicht mehr nachholen oder korrigieren könnte[806] bzw. die – obwohl sie vollziehungsbedürftig sind – die Rechtsposition des Betroffenen nachhaltig verändern.[807]

– Gleiches gilt – entsprechend dem § 90 II 2 BVerfGG zugrundeliegenden Gedanken – bei Normen, die dem Bürger Gebote oder Verbote auferlegen; vor allem wird das vorherige Risiko einer Zuwiderhandlung gegen ein Strafgesetz oder die Begehung einer Ordnungswidrigkeit zu Recht in der Regel nicht für zumutbar gehalten. Es kann nicht verlangt werden, erst das Risiko eines Bußgeld- oder Strafverfahrens eingehen zu müssen, um Rechtsschutz vor den Fachgerichten erwirken zu können.[808]

– Unzumutbarkeit kommt auch dann in Betracht, wenn der Vollzugsakt aus tatsächlichen oder rechtlichen Gründen nicht angefochten werden kann, weil der Beschwerdeführer von dem Eingriff in seine Rechte nichts erfährt. Dies hat das BVerfG u.a. angenommen bei heimlichen Datenerhebungen des Staates.[809]

– Aus dem Gedanken heraus, dass das Erfordernis der Unmittelbarkeit dazu dient, dem BVerfG „die Fallanschauung der Fachgerichte zu vermitteln", hat das BVerfG z.B. die Verfassungsbeschwerde gegen das Volkszählungsgesetz schon vorab zugelassen, da den Fachgerichten nur ein Zeitraum von zwei Wochen bis zur gesetzlich vorgesehenen Durchführung der Volkszählung zur Verfügung gestanden hätte, in diesem Zeitraum aber eine wesentliche Vorklärung ohnedies nicht habe erwartet werden können.[810]

– Auf den fachgerichtlichen Rechtsweg gegen den Vollzugsakt kann auch dann nicht verwiesen werden, wenn der mit dem Grundsatz der Subsidiarität verfolgte Zweck, eine fachgerichtliche Klärung der Sach- und Rechtsfragen herbeizuführen, nicht erreichbar ist[811] bzw. wenn sich weder einfachrechtliche noch tatsächliche Frage,n sondern nur verfassungsrechtliche Fragen stellen.[812]

dd) Allgemeine Bedeutung

Von dem Grundsatz der entsprechenden Anwendung des § 90 II 1 BVerfGG bei Gesetzen wird gem. § 90 II 2 BVerfGG auch dann eine Ausnahme gemacht, wenn eine Verfassungsbeschwerde von allgemeiner Bedeutung ist.[813] **518**

---

802 BVerfGE 72, 39, 43 f.; 74, 69, 75; 79, 29, 34.
803 Vgl. BVerfGE 71, 305, 336 = NJW 1986, 1483; BVerfGE 85, 80 86 = NJW 1992, 1747.
804 Vgl. BVerfGE 84, 90, 116 = NJW 1991, 1597.
805 *BVerfG* NJW 2006, 751, 753; BVerfGE 100, 313, 354; 109, 279, 306 f.
806 Vgl. *BverfG* NVwZ 2005, 217. BVerfGE 90, 128, 136; 97, 157, 164; BVerfGE 79, 1, 2; 90, 128, 136 = NVwZ 1994, 889; BVerfGE 71, 305, 336 = NJW 1986, 1483; BVerfGE 85, 80, 86 = NJW 1992, 1747; vgl. auch BVerfGE 65, 1, 37; 73, 39, 44; 74, 69, 76 f.; vgl. auch BVerfGE 43, 291, 386; 58, 81, 107.
807 Z.B. die steuerliche Abzugsfähigkeit von Spenden und Beiträgen (BVerfGE 73, 40, 69).
808 BVerfGE 20, 283, 290; 46, 246, 256; 81, 70, 82 f.; 97, 157, 165; *BVerfG* Beschl. v. 9.5.2006 – 2 BvR 1598/05.
809 BVerfGE 30, 1, 16; 67, 157, 169; 100, 313, 355; 109, 275, 306 f.; NJW 2005, 1179, 1181 u. 2603 sowie *HessStGH* NVwZ 2006, 685, 686; vgl. aber *BVerfG* NVwZ 2002, 464 ff.
810 BVerfGE 65, 1, 37 f.
811 BVerfGE 65, 1, 38; 72, 39, 44; 74, 69, 76 f.; 79, 1, 20; vgl. auch *BVerfG* DVBl. 2001, 1057 f.
812 *BVerfG* DVBl. 2001, 1057, 1058.
813 Vgl. BVerfGE 84, 90, 116 = NJW 1991, 1597.

ee) Notwendigkeit einer Abwägung im Grenzfall

519 In Grenzfällen bedarf es einer sorgfältigen Abwägung der widerstreitenden Gesichtspunkte, ob bei einer Verfassungsbeschwerde gegen ein Gesetz die Verweisung auf den fachgerichtlichen Rechtsweg zumutbar ist.[814] Gegenüberzustellen sind die Vorteile des Beschwerdeführers aus einem sogleich eröffneten verfassungsgerichtlichen Rechtsschutz sowie die dabei für die Allgemeinheit oder für Dritte entstehenden Nachteile.

(1) Argumente für mögliche Subsidiarität

520 Einzubeziehen sind die Umstände, die für eine Subsidiarität der Rechtssatzverfassungsbeschwerde gegenüber anderweitigem, vor den Fachgerichten zu erlangenden Rechtsschutz sprechen. Zu berücksichtigen ist, dass der Grundsatz der Subsidiarität der Verfassungsbeschwerde Ausdruck einer sachgerechten Aufgabenverteilung zwischen BVerfG und Fachgerichten ist.[815]

521 Mögliche derartige Umstände sind nach der Rechtsprechung des BVerfG, wie sie insoweit z.B. im Beschluss zur Gebührenordnung für Ärzte[816] zusammengestellt sind, im Wesentlichen:

- das Fehlen eines verfassungsgerichtlichen Verwerfungsmonopols für die angegriffene Rechtsnorm im Hinblick auf die gegen sie erhobenen Rügen (bei Satzungen und RVOen, nicht bei parlamentarischen Gesetzen, hier gilt Art. 100 GG),
- die Aufklärungsbedürftigkeit allgemeiner Sachfragen,
- die eine Sachprüfung erfordernde starke Verästelung in Einzelfragen,
- die Aufklärungsbedürftigkeit individueller Betroffenheiten.
- Einer Entscheidung des BVerfG kann auch entgegenstehen, dass die einfachrechtliche Lage nicht hinreichend geklärt ist. Das gilt insbesondere auch dann, wenn der Rechtsstreit in erster Linie die Auslegung einfachen Rechts betrifft und das BVerfG Aussagen über den Inhalt einer Regelung treffen müsste, zu der sich noch keine gefestigte Rechtsprechung der Fachgerichte entwickelt hat.[817]

(2) Möglichkeit eines effektiven Rechtsschutzes

522 Eine Verweisung auf den fachgerichtlichen Rechtsschutz analog zu § 90 II BVerfGG bei Normen als Angriffsgegenstand hat weiter zur Voraussetzung, dass dem Beschwerdeführer in Bezug auf die von ihm geltend gemachte Grundrechtsverletzung gerade durch die unmittelbar grundrechtsbetreffende Norm ein Rechtsschutz vor den Fachgerichten zuteil werden kann, der den sachlichen Anforderungen des Art. 19 IV GG an einen tatsächlich und rechtlich wirkungsvollen Rechtsschutz genügt. Das schließt insbesondere ein, dass dieser Rechtsschutz auch gegenüber den unmittelbaren Normwirkungen zeitgerecht erlangt werden kann. Fehlt es zwar nicht im Bezug auf Ausführungsakte und die diesen Akten (möglicherweise) eigenen Grundrechtsbelastungen, wohl aber hinsichtlich der unmittelbaren Normwirkungen an einem in tatsächlicher, rechtlicher und zeitlicher Hinsicht zureichenden fachgerichtlichen Rechtsschutz, so kommt eine Verweisung des Beschwerdeführers auf fachgerichtlichen Rechtsschutz auch nicht unter dem Gesichtspunkt der Subsidiarität der Verfassungsbeschwerde in Betracht. Vielmehr gebietet dann Art. 93 I Nr. 4a GG die Sachentscheidung des BVerfG.

(3) Sonderfall: Vorläufiger Rechtsschutz

523 In vorläufigen Rechtsschutzsachen – z.B. nach den §§ 935 ff. ZPO oder 80, 123 VwGO – kann das Fachgericht bei einer Entscheidung auch von der möglichen Verfassungswidrigkeit der Norm ausgehen, ohne nach Art. 100 GG aussetzen zu müssen, sodass die Normadressaten nicht zwingend darauf angewiesen sind, Verfassungsbeschwerde gegen die Norm einzulegen. Art. 100 GG hindert nach dem BVerfG die Fachgerichte nicht, bereits vor der im Hauptsacheverfahren einzuholenden Ent-

---

814 Vgl. BVerfGE 71, 305, 336 = NJW 1986, 1483.
815 Vgl. BVerfGE 74, 69, 75 = NVwZ 1987, 573.
816 *BVerfG* NJW 1985, 2185.
817 Vgl. *BVerfG* DVBl 1992, 1218.

scheidung des BVerfG vorläufigen Rechtsschutz zu gewähren, wenn dies im Interesse des effektiven Rechtsschutzes geboten erscheint und die Hauptsache dadurch nicht vorweggenommen wird.[818]

BVerfG DVBl. 1992, 1218: „Das dem BVerfG vorbehaltene Verwerfungsmonopol hat zwar zur Folge, **524** daß ein Gericht Folgerungen aus der (von ihm angenommenen Verfassungswidrigkeit) eines formellen Gesetzes – jedenfalls im Hauptsacheverfahren – erst nach deren Feststellung durch das BVerfG ziehen darf (BVerfGE 79, 256, 266). Die Fachgerichte sind jedoch durch Art. 100 I GG nicht gehindert, schon vor der im Hauptsacheverfahren einzuholenden Entscheidung des BVerfG auf der Grundlage ihrer Rechtsauffassung vorläufigen Rechtsschutz zu gewähren, wenn dies nach den Umständen des Falles im Interesse eines effektiven Rechtsschutzes geboten erscheint und die Hauptsacheentscheidung dadurch nicht vorweggenommen wird. Die Gewährung vorläufigen Rechtsschutzes würde den Eintritt von Nachteilen während der Durchführung des Hauptsacheverfahrens verhindern. Selbst wenn dem Beschwerdeführer vorläufiger Rechtsschutz versagt werden sollte, wäre dieses Verfahren jedenfalls bereits zur Vorklärung der offenen tatsächlichen und einfachrechtlichen Fragen geeignet. Auch insoweit überwiegt bei der zu treffenden Abwägung das Interesse an der fachgerichtlichen Vorklärung das Interesse der Beschwerdeführer an einer sofortigen Entscheidung des BVerfG jedenfalls solange, als die Bf. noch nicht einmal vorläufigen Rechtsschutz im fachgerichtlichen Verfahren begehrt haben. Ob darüber hinaus, wenn das Begehren auf vorläufigen Rechtsschutz erfolglos bleiben sollte, auch noch der Rechtsweg in der Hauptsache erschöpft werden muß, hängt von dem Ergebnis des Verfahrens des vorläufigen Rechtsschutzes und der bis dahin im übrigen eingetretenen weiteren Entwicklung ab."

V. Frist

Die Verfassungsbeschwerde muss innerhalb bestimmter (Ausschluss-)Fristen erhoben werden.[819] **525** Maßgeblich ist insoweit § 93 BVerfGG:

§ 93 Einlegungsfrist **526**

(1) Die Verfassungsbeschwerde ist binnen eines Monats zu erheben und zu begründen. Die Frist beginnt mit der Zustellung oder formlosen Mitteilung der in vollständiger Form abgefaßten Entscheidung, wenn diese nach den maßgebenden verfahrensrechtlichen Vorschriften von Amts wegen vorzunehmen ist. In anderen Fällen beginnt die Frist mit der Verkündigung der Entscheidung oder, wenn diese nicht zu verkünden ist, mit ihrer sonstigen Bekanntgabe an den Beschwerdeführer; wird dabei dem Beschwerdeführer eine Abschrift der Entscheidung in vollständiger Form nicht erteilt, so wird die Frist des Satzes 1 dadurch unterbrochen, daß der Beschwerdeführer schriftlich oder zu Protokoll der Geschäftsstelle die Erteilung einer in vollständiger Form abgefaßten Entscheidung beantragt. Die Unterbrechung dauert fort, bis die Entscheidung in vollständiger Form dem Beschwerdeführer von dem Gericht erteilt oder von Amts wegen oder von einem an dem Verfahren Beteiligten zugestellt wird.

(2) War ein Beschwerdeführer ohne Verschulden verhindert, diese Frist einzuhalten, ist ihm auf Antrag Wiedereinsetzung in den vorigen Stand zu gewähren. Der Antrag ist binnen zwei Wochen nach Wegfall des Hindernisses zu stellen. Die Tatsachen zur Begründung des Antrags sind bei der Antragstellung oder im Verfahren über den Antrag glaubhaft zu machen. Innerhalb der Antragsfrist ist die versäumte Rechtshandlung nachzuholen; ist dies geschehen, kann die Wiedereinsetzung auch ohne Antrag gewährt werden. Nach einem Jahr seit dem Ende der versäumten Frist ist der Antrag unzulässig. Das Verschulden des Bevollmächtigten steht dem Verschulden eines Beschwerdeführers gleich.

(3) Richtet sich die Verfassungsbeschwerde gegen ein Gesetz oder gegen einen sonstigen Hoheitsakt, gegen den ein Rechtsweg nicht offensteht, so kann die Verfassungsbeschwerde nur binnen eines Jahres seit dem Inkrafttreten des Gesetzes oder dem Erlaß des Hoheitsaktes erhoben werden.

(4) Ist ein Gesetz vor dem 1. April 1951 in Kraft getreten, so kann die Verfassungsbeschwerde bis zum 1. April 1952 erhoben werden.

---

818 Vgl. auch *Umbach/Berkemann*, § 32 Rn. 104.
819 Eine Ergänzung der Begründung ist aber nicht ausgeschlossen; vgl. dazu unten Rn. 711 f.

1. Fristenarten und -berechnung

527 Die zu beachtende Frist richtet sich nach der Natur des angegriffenen Aktes. Bei nichtnormativen Hoheitsakten wie vor allem gerichtlichen Entscheidungen gilt die Monatsfrist des § 93 I BVerfGG; bei Gesetzen besteht eine Jahresfrist nach § 93 III BVerfGG.

528 Die Fristberechnung erfolgt entsprechend den Regelungen der ZPO (vgl. § 222 ZPO), §§ 187 ff. BGB.[820] Fällt das Ende der Monats- oder Jahresfrist auf einen Sonntag, allgemeinen Feiertag oder Sonnabend, so endet die Frist mit Ablauf des nächstfolgenden Werktags (§ 222 II ZPO). Eine Verfassungsbeschwerde muss daher spätestens mit Ablauf des letzten Tages der Frist – also bis 24 Uhr – beim BVerfG eingegangen sein. Dabei reicht es aus, dass sie bis dahin in den Gewahrsam des Gerichts gelangt ist, was z.B. durch Einwerfen der Unterlagen in den Nachtbriefkasten oder per Fax erfolgen kann.

2. Monatsfrist

529 Gem. § 93 I 1 BVerfGG ist die Verfassungsbeschwerde binnen eines Monats zu erheben.

a) Anwendungsbereich

530 Die Vorschrift umschreibt nicht unmittelbar den Anwendungsbereich dieser Fristenregelung; er ergibt sich aus einem Umkehrschluss zu § 93 III BVerfGG. Demnach gilt die Monatsfrist für Hoheitsakte, gegen die ein Rechtsweg offen steht.

aa) Gerichtsentscheidungen

531 Dies ist der Fall bei Verwaltungs- und Gerichtsentscheidungen. Der Normalfall dieser Fristbestimmung betrifft letztinstanzliche Gerichtsentscheidungen, da der Rechtsweg gem. § 90 II BVerfGG zunächst zu erschöpfen ist.

bb) Außerordentliche Rechtsbehelfe

532 Zulässige außerordentliche Rechtsbehelfe,[821] wie z.B. der Antrag nach § 321a ZPO oder § 33a StPO wegen Verletzung rechtlichen Gehörs führen zu einer neuen Fristberechnung nach Zustellung, Verkündung oder Bekanntgabe der darauf ergehenden Entscheidung.

cc) Unzulässige oder unstatthafte Rechtsbehelfe

533 Offensichtlich unzulässige Rechtsbehelfe setzen die Monatsfrist nicht erneut in Lauf;[822] etwas anderes gilt bei Rechtsmitteln und Rechtsbehelfen, welche – wie z.B. Nichtzulassungsbeschwerden oder Anträge auf Zulassung der Berufung – grundsätzlich zulässig sind, deren Voraussetzungen jedoch im konkreten Fall nicht vorliegen, so dass sie wegen Unzulässigkeit oder Unbegründetheit zurückgewiesen werden. Sie müssen im Zweifel zur Rechtswegerschöpfung eingelegt werden; u.U. ist – wie oben

---

820 BVerfGE 102, 254, 295.
821 Vgl. dazu unter Rn. 369 ff.
822 BVerfGE 5, 17, 19 f.; 16, 1, 2 f.; 19, 323, 330; 28,1, 6; 63, 80, 85; 91, 93, 106; *BVerfG* NJW 1993, 3130; NJW 1994, 2817; 2001, 746. Keine offensichtliche Unzulässigkeit eines Rechtsbehelfs, dessen Zulässigkeit nur auf Grund einer absoluten Mindermeinung bestritten wird; *BVerfG* NJW 1997, 1228: Fristbeginn, sobald für den Beschwerdeführer auf Grund entsprechenden richterlichen Hinweises des angerufenen Gerichts die Unzulässigkeit des eingelegten Rechtsbehelfs offensichtlich war; *BVerfG* NVwZ 2000, 1283, 1284: Offensichtliche Unzulässigkeit eines Rechtsmittels eines am Verfahren der Vorinstanz nicht beteiligten Dritten; *BVerfG* NJW 2002, 3388: Keine offensichtliche Unzulässigkeit bei Möglichkeit eines Rechtsbehelfs nach § 321a ZPO.

dargelegt[823] – ein „zweispuriges Vorgehen, also Rechtsmittel und Verfassungsbeschwerde" erforderlich bzw. sinnvoll.

Offensichtlich unzulässig ist das Rechtsmittel aber nur dann, wenn der Rechtsmittelführer nach dem Stand der Rechtsprechung und Lehre bei Einlegung des Rechtsmittels über die Unzulässigkeit nicht im Ungewissen sein konnte. Soweit die Einlegung des als unzulässig zurückgewiesenen Rechtsmittels nicht offensichtlich unzulässig war, was schon wegen der erstrebten fachgerichtlichen Korrektur von Grundrechtsverletzungen im Regelfall verneint wird, scheidet ein Fristversäumnis aus.[824]   **534**

dd) Betroffenheit ohne Verfahrensbeteiligung

Bei am Ausgangsverfahren nicht Beteiligten beginnt die Monatsfrist von dem Zeitpunkt an zu laufen, in dem sie von der in vollständiger Form abgefassten Entscheidung – sei es durch Akteneinsicht oder in sonstiger Weise – in zuverlässiger Weise Kenntnis[825] nehmen konnten.[826] Bei Minderjährigen ist maßgeblich, ob der Vertreter oder Ergänzungspfleger Kenntnis erlangt hat.[827]   **535**

ee) Verfassungsbeschwerde gegen Art der Begründung

Richtet sich die Verfassungsbeschwerde ausnahmsweise – z.B. bei einem freisprechenden strafgerichtlichen Urteil – gegen die Art der Begründung der gerichtlichen Entscheidung, so beginnt die Monatsfrist erst zu laufen, wenn der Beschwerdeführer von den vollständigen Gründen Kenntnis haben kann; dies ist in der Regel bei der Bekanntgabe der Entscheidung der Fall.[828]   **536**

ff) Per Telefax zugestellte Gerichtsentscheidung

Die Frist des § 93 I BVerfGG kann auch durch eine per Telefax zugestellte Gerichtsentscheidung eröffnet werden (vgl. § 93 I 2 BVerfGG), da nach den maßgeblichen verfahrensrechtlichen Vorschriften die formlose Mitteilung der Entscheidung von Amts wegen vorzunehmen ist. Die Entscheidung muss jedoch „in vollständiger Form abgefaßt" sein. Dazu gehören auch die Unterschriften der Richter, nicht aber Ausfertigungs- oder Beglaubigungsvermerke, denn bei letzteren handelt es sich um Zustellungsvoraussetzungen. Der Hinweis auf die Abfassung in vollständiger Form verbietet deshalb die Übernahme der einfachrechtlichen Grundsätze zu den Möglichkeiten formloser Mitteilung.   **537**

b) Beginn der Monatsfrist

§ 93 I BVerfGG differenziert hinsichtlich des Fristbeginns nach der Art und Weise, wie der Betroffene (oder sein Bevollmächtigter!) von der Entscheidung Kenntnis erhalten. Wichtig ist, dass sie nicht immer beginnt mit dem Zugang einer in vollständiger Form abgefassten Entscheidung; es kann auch die Verkündung oder die sonstige Bekanntgabe der Entscheidung ausreichen; im zuletzt genannten Fall wird dem Interesse des Betroffenen an einer vollständigen Unterrichtung über die Entscheidungsgründe dadurch Rechnung getragen, dass ihm in § 93 I 3 BVerfGG die Möglichkeit zur Unterbrechung der Frist gegeben wird.[829]   **538**

aa) Zustellung oder formlose Mitteilung, § 93 I 1 BVerfGG

Die Frist beginnt mit der Zustellung oder formlosen Mitteilung der in vollständiger Form abgefassten Entscheidung, wenn diese nach den maßgebenden verfahrensrechtlichen Vorschriften von Amts we-   **539**

---

823 Vgl. dazu unter 446 ff.
824 BVerfGE 28, 1, 6; 51, 150, 154 f.; 52, 380, 387; 62, 347, 352; 63, 80, 85; vgl. auch zur Frage der Gegenvorstellungen unter 418 f.
825 Nach BVerfGE 60, 7, 13; 75, 201, 214; 99, 45, 145, 156 ist sogar positive Kenntnis erforderlich.
826 BVerfGE 4, 309, 313; 21,132, 136; 24, 289, 294; 28, 88, 93; NVwZ 2000, 1283, 1284.
827 BVerfGE 75, 201, 214 f.; 99, 145, 156.
828 BVerfGE 28, 151, 159.
829 BVerfGE 18, 192, 194.

gen vorzunehmen sind (§ 93 I 2 BVerfGG).[830] Die Verfahrensordnung, die im Ausgangsverfahren anzuwenden ist, muss demnach die Mitteilung oder die Zustellung von Amts wegen und in vollständiger Form vorsehen.[831] Entscheidend ist danach, was verfahrensrechtlich vorgeschrieben ist. Die Zustellung oder formlose Mitteilung ist nach den einzelnen Verfahrensgesetzen immer dann in vollständiger Form vorzunehmen, wenn die Ausfertigung ohne Tatbestand oder ohne Entscheidungsgründe nicht ausdrücklich vorgesehen und auch nicht üblich ist.

bb) Verkündung, § 93 I 3 BVerfGG

540   Die Monatsfrist beginnt mit der Verkündung der Entscheidung oder – falls diese nicht zu verkünden ist – ihrer sonstigen Bekanntgabe,[832] wenn eine Zustellung oder formlose Mitteilung in vollständiger Form nicht vorzunehmen ist.

(1) Begriff

541   Da § 93 I BVerfGG vom Begriff der Verkündung ausgeht, wie er in den jeweiligen Verfahrensgesetzen geregelt ist, gilt diese Regelung für den Fristbeginn auch dann, wenn die Verkündung ohne Bekanntgabe der Entscheidungsgründe erfolgt;[833] dies kommt vor allem in Betracht bei Revisionsurteilen in Strafsachen, falls der potenzielle Beschwerdeführer bei der Verkündung anwesend ist, vgl. § 35 I 2 StPO;[834] gleiches gilt im Zivilprozess bei Beschlüssen auf Grund mündlicher Verhandlung nach § 329 I ZPO, im Arbeitsgerichtsverfahren bei Beschlüssen im Urteilsverfahren, die auf Grund mündlicher Verhandlung ergehen, für in Anwesenheit des Angeklagten ergehende Urteile im Strafprozess und entsprechende Entscheidungen im Finanz- und Verwaltungsgerichtsverfahren.[835]

(2) Fristunterbrechung durch Antrag auf Entscheidungserteilung

542   Da praktisch erst nach der Vorlage der Entscheidungsgründe eine Verfassungsbeschwerde korrekt und substantiiert begründet werden kann, besteht für den potenziellen Beschwerdeführer nach § § 93 I 3 2. Hs. u. S. 4 BVerfGG die Möglichkeit, die Frist durch einen – innerhalb der Monatsfrist des § 93 I 1 BVerfGG bei der zuständigen Stelle, regelmäßig beim Prozessgericht[836] zu stellenden Antrag auf Erteilung einer in vollständiger Form abgefassten Entscheidung zu unterbrechen. Dazu genügt aber nicht ein allgemeines Ersuchen der Rechtsanwälte, ihnen jeweils Abschriften aller verkündeten Entscheidungen in vollständig abgefasster Form zu erteilen.[837] Notwendig ist vielmehr ein schriftlicher und zu Protokoll der Geschäftsstelle gestellter Antrag, der sich auf die zu betreffende Entscheidung bezieht. Die Unterbrechung dauert gem. § 93 I 4 BVerfGG fort bis zur schriftlichen Er-

---

830   Nicht maßgeblich ist der nachträgliche Eingang einer Entscheidungsberichtigung: *BVerfG* Beschl.v. 15.2.1990 – 1 BvR 1211/89.

831   BVerfGE 9, 109, 114 ff.; 18, 192, 194 f.

832   Es muss sich um eine gezielte Bekanntgabe handeln; bloßes gerüchteweises Hören von der Entscheidung genügt nicht (BVerfGE 9, 261, 265).

833   BVerfGE 9, 109, 116. Die Frist beginnt ebenfalls mit der Verkündung oder sonstigen Bekanntgabe, wenn die maßgebenden verfahrensrechtlichen Vorschriften die Zustellung nur bezüglich einzelner Teile der Entscheidung vorsehen (BVerfGE 18, 192, 193 ff.; 30, 54, 56 f.). Gleiches gilt, wenn es lediglich gerichtlicher Übung entspricht, den beteiligten Rechtsanwälten Abschriften der verkündeten Entscheidung in vollständiger Form zukommen zu lassen (BVerfGE 9, 109, 118; 18, 192, 194 f.).

834   Vgl. *Zuck*, NJW 1993, 1310.

835   Zu besonderen Fallgestaltungen vgl. BVerfGE 28, 151, 159: Frist beginnt erst zu laufen, wenn der Beschwerdeführer von den vollständigen Entscheidungsgründen Kenntnis haben kann, falls sich die Verfassungsbeschwerde gegen die Art der Begründung der gerichtlichen Entscheidung und nicht gegen den Entscheidungstenor richtet. BVerfGE 60, 7, 13: Falls der Beschwerdeführer am Ausgangsverfahren nicht beteiligt war, beginnt die Monatsfrist erst zu laufen, wenn der Beschwerdeführer von der in vollständiger Form abgefassten Entscheidung in zuverlässiger Weise Kenntnis nehmen konnte.

836   BVerfGE 28,88, 94 f.

837   BVerfGE 28, 88, 94.

teilung der Entscheidung in vollständiger Form an den Antragsteller. Dann beginnt die Monatsfrist des § 93 I 1 BVerfGG für die Einlegung der Verfassungsbeschwerde erneut zu laufen.[838]

Das BVerfG[839] hat im übrigen offen gelassen, ob eine wegen Verweises auf eine andere Entscheidung nicht aus sich heraus verständliche Entscheidung, die mit der Verfassungsbeschwerde angegriffen werden soll, nicht i.S.v. § 93 I 2 oder 3 BVerfGG „in vollständiger Form" bekannt gemacht ist oder diese Vorschriften analog anzuwenden sind. Würden diese Möglichkeiten verneint, könne die unzureichende Kenntnis von den die Entscheidung tragenden Erwägungen einen Wiedereinsetzungsgrund nach § 93 II BVerfGG eröffnen. In keinem Fall dürfe sich der Beschwerdeführer aber bei der Begründung der Verfassungsbeschwerde mit allgemeinen Erwägungen ohne Bezug zu den tatsächlichen Gründen der angegriffenen Entscheidung begnügen. Die Monatsfrist für die nachträgliche Ergänzung der Verfassungsbeschwerde gegen eine Verweis-Entscheidung beginne spätestens mit dem Eingang der in Bezug genommenen Entscheidung beim Beschwerdeführer. **543**

(3) Nichtabsetzung

Gegen eine innerhalb der Fünf-Monatsfrist nach der Verkündung des Urteils nicht abgesetzte Entscheidung kann unmittelbar Verfassungsbeschwerde erhoben werden. Die Frist zur Erhebung der Verfassungsbeschwerde beginnt mit Ablauf der Fünf-Monatsfrist.[840] **544**

c) Außerordentliche Rechtsbehelfe

Soweit nach § 90 II BVerfGG auch spezialgesetzlich geregelte außerordentliche Rechtsbehelfe wie z.B. die Anhörungsrüge nach § 321a ZPO eingelegt werden müssen, wird die Rechtswegerschöpfung für alle (!) Grundrechtsrügen bis zur Entscheidung über den Sonderrechtsbehelf suspendiert.[841] Die Frist gem. § 93 I BVerfGG beginnt danach einheitlich für alle Rügen zu laufen. Es muss Verfassungsbeschwerde erst eingelegt werden nach Vorliegen des Beschlusses über die Anhörungsrüge. Es kann aber auch – wie oben unter Rn. 388 f. dargelegt – zweispurig vorgegangen werden. – Im Fall der Einlegung nicht erforderlicher – gesetzlich nicht geregelter – Rechtsbehelfe wie einer außerordentlichen Beschwerde oder einer Gegenvorstellung sollte in jedem Fall mindestens zweispurig vorgegangen werden, da im Prinzip durch deren Einlegung die Frist des § 93 I BVerfGG nicht gewahrt wird.[842] **545**

d) Einzelheiten

§ 93 verweist auf die „maßgebenden verfahrensrechtlichen Vorschriften". **546**

aa) Zivilprozess

Für alle Urteile gilt § 317 I 1 ZPO: Sie sind von Amts wegen zuzustellen. **547**

Ergehen Beschlüsse auf Grund mündlicher Verhandlung, so ist die Verkündung maßgebend (§ 329 I ZPO). Nicht verkündete Beschlüsse des Gerichts und nicht verkündete Verfügungen des Vorsitzenden oder eines beauftragten oder ersuchten Richters sind den Parteien formlos mitzuteilen. Enthält die Entscheidung eine Terminsbestimmung oder setzt sie eine Frist in Lauf, so ist sie zuzustellen (§ 329 II 1 ZPO), es sei denn, die Zustellung ist nach § 329 II 2 und III ZPO vorgeschrieben. **548**

bb) Arbeitsgerichtsverfahren

Urteile werden nach §§ 50 I 1, 64 VII, 72 VI ArbGG von Amts wegen zugestellt. Nach § 80 II ArbGG finden für das Beschlussverfahren des ersten Rechtszuges die Vorschriften über die Zustellung ent- **549**

---

838 BVerfGE 24, 236, 244.
839 *BVerfG* NVwZ 2005, 1174.
840 *BVerfG* NJW 2001, 2161, 2163; s.a. *BVerfG* Beschl. v. 15.9.2003 – 1 BvR 809/03.
841 *BVerfG* NJW 2004, 1519, 1520; vgl. oben Rn. 385 ff.
842 Vgl. oben Rn. 398 ff.; *BVerfG* NJW 2006, 2907, BVerfG Beschl. v. 15.9.1998 – 1 BvR 1540/98.

sprechend Anwendung. Die Beschwerdeentscheidung eines LAG (§ 91 II ArbGG) sowie die Entscheidung des BAG über die Rechtsbeschwerde (§ 96 II ArbGG) sind ebenfalls zuzustellen.

cc) Freiwillige Gerichtsbarkeit

550 Die Frist zur Erhebung einer Verfassungsbeschwerde gegen eine Entscheidung im Verfahren der freiwilligen Gerichtsbarkeit beginnt mit der Zustellung nach den für die Zustellung von Amts wegen geltenden Vorschriften der ZPO (§ 16 II 1 FGG), wenn mit ihr der Lauf einer Frist beginnt.

dd) Strafprozess

551 Hier ist erfahrungsgemäß erhöhte Vorsicht geboten. Grundsätzlich ist im Hinblick auf den Fristbeginn zu differenzieren:

552 Gem. § 35 StPO werden Entscheidungen in Strafverfahren, die in Anwesenheit der davon betroffenen Person ergehen, ihr durch Verkündung bekanntgemacht. Diese Verkündung ist somit für den Fristbeginn maßgebend (§§ 35 I 1, 260 I 1 StPO).

553 Andere Entscheidungen werden grundsätzlich durch Zustellung bekannt gemacht, so dass erst damit die Frist beginnt.[843]

554 Wird allerdings durch die Bekanntmachung der Entscheidung keine Frist in Lauf gesetzt, so genügt die formlose Mitteilung, § 35 II StPO. Unter Frist im Sinne dieser Vorschrift sind nur strafprozessuale Fristen zu verstehen, so dass allein im Hinblick auf eine mögliche Verfassungsbeschwerde eine förmliche Zustellung nicht erforderlich ist.

555 Bei Verkündung in Abwesenheit des Angeklagten beginnt dementsprechend die Monatsfrist mit der Zustellung oder formlosen Mitteilung der vollständigen Entscheidung.[844] Zudem läuft sie auch schon bei der formlosen Übersendung der strafrechtlichen Entscheidung an den Verteidiger.[845]

556 In Strafsachen verkündet das Revisionsgericht das Urteil meist in Abwesenheit des Revisionsführers (des potenziellen Beschwerdeführers). Dann gilt § 35 II StPO: Das Urteil wird durch Zustellung bekanntgegeben. Ist der Revisionsführer bei der Verkündung anwesend, gilt § 35 I 2 StPO. Auf Verlangen ist ihm eine Abschrift zu erteilen. In der Praxis unterbleibt ein solcher Antrag, weil es selbstverständlich ist, dass das Gericht dem Verteidiger/Revisionsführer die Entscheidungsgründe zustellt.

557 Erfolgt diese Zustellung aber außerhalb der Monatsfrist, ist die Verfassungsbeschwerde unzulässig. Revisionsführer/Verteidiger müssen deshalb bei diesem Sachverhalt (Anwesenheit des Revisionsführers bei Verkündung) „schriftlich oder zu Protokoll der Geschäftsstelle die Erteilung einer in vollständiger Form abgefaßten Entscheidung" beantragen (§ 93 I 3 BVerfGG).

558 Was die Bekanntmachung eines Haftbefehls anbelangt, sei verwiesen auf § 114a StPO und bei Zustellung an den gewählten Verteidiger auf § 145a StPO. Die Frist beginnt mit Zustellung, wenn die Entscheidung in Abwesenheit ergeht.[846]

559 Soweit Anträge nach § 33a StPO gestellt wurden, beginnt die Frist mit der Zustellung des darauf ergehenden Beschlusses.[847]

ee) Bußgeldverfahren

560 Für Bußgeldverfahren nach dem OWiG gilt gem. dessen § 46 I die StPO entsprechend, somit vor allem § 35 StPO.

---

843 BVerfGE 20, 336, 342; 21, 245, 248. Zum Sonderfall der Verfassungsbeschwerde gegen die Begründung eines freisprechenden Urteils: BVerfGE 28, 151, 159: Fristbeginn erst mit der Bekanntgabe der Urteilsgründe, auch wenn der Beschwerdeführer bei der Urteilsverkündung anwesend war.
844 BVerfGE 12, 113, 123; 20, 336, 342; 21, 245, 248.
845 *BVerfG* NJW 1991, 2623.
846 S.a. *BVerfG* NJW 2001, 2532 f,
847 Vgl. auch BVerfGE 19, 198, 200.

ff) Verwaltungsgerichtsverfahren

Verwaltungsgerichtliche Urteile werden in vollständiger Fassung (§ 117 VwGO) zugestellt. Gleiches **561** gilt für den Gerichtsbescheid (§ 84 I VwGO). § 116 VwGO ist entsprechend anwendbar auf Beschlüsse in selbstständigen Beschlussverfahren, z.B. nach den § 80 V oder 123 VwGO. Im übrigen sind nach § 56 I, II VwGO Entscheidungen, durch die eine Frist in Lauf gesetzt wird, von Amts wegen zuzustellen, bei Verkündung jedoch nur, wenn es ausdrücklich vorgeschrieben ist.

gg) Sozialgerichtsverfahren

Die Frist zur Erhebung der Verfassungsbeschwerde gegen sozialgerichtliche Entscheidungen beginnt **562** mit der Zustellung, da diese sowohl für Urteile nach §§ 133, 135 SGG und Gerichtsbescheide gem. § 105 II SGG als auch für Beschlüsse nach § 142 I SGG vorgeschrieben ist.

hh) Finanzgerichtsverfahren

§ 104 FGG enthält eine dem § 116 VwGO entsprechende Regelung für die Verkündung und Zustellung von Urteilen erster Instanz; entsprechend verhält sich § 53 FGO zur Regelung des § 56 VwGO. **563** Nach § 121 FGO gelten §§ 53, 104 FGO entsprechend für das revisionsgerichtliche Verfahren.

ii) Disziplinargerichtsbarkeit

Nach § 3 BDG gelten die Bestimmungen des VwVfG und der VwGO für das behördliche und das ge- **564** richtliche Disziplinarverfahren entsprechend.

jj) Baulandsachen

§ 221 BauGB verweist für das Verfahren in Baulandsachen auf die Vorschriften der ZPO. Diese Ver- **565** weisung gilt auch für die Zustellung der Entscheidungen.

kk) Justizverwaltungssachen

Für Entscheidungen eines Strafsenats des OLG in Justizverwaltungssachen sind die Vorschriften der **566** StPO über das Beschwerdeverfahren sinngemäß anzuwenden (§ 29 II EGGVG). Für das Verfahren vor dem Zivilsenat verweist § 29 II EGGVG auf die Vorschriften des FGG über das Beschwerdeverfahren.

ll) Patentsachen

Endentscheidungen des Patentgerichts werden von Amts wegen zugestellt, § 94 I 3 PatG. Die Frist **567** zur Einlegung der Verfassungsbeschwerde läuft deshalb vom Zeitpunkt der Zustellung an. Gleiches gilt für den Beschluss des BGH über die Rechtsbeschwerde (§ 107 III PatG) und das Berufungsurteil (§ 120 III PatG).

mm) Insolvenzverfahren

§ 23 I 2 InsO bestimmt, dass der Beschluss, durch den eine der in § 21 II Nr. 2 InsO vorgesehene **568** Verfügungsbeschränkungen angeordnet und ein vorläufiger Insolvenzverwalter bestellt wird, ungeachtet der öffentlichen Bekanntmachung u.a. dem Schuldner zugestellt wird. Nach § 30 II InsO ist den Gläubigern und Schuldnern des Schuldners und dem Schuldner selbst der Eröffnungsbeschluss zuzustellen. Die Zustellungen geschehen gem. § 8 I InsO von Amts wegen.

e) Wiedereinsetzung in den vorigen Stand

569 Nach § 93 II BVerfGG ist die Wiedereinsetzung in den vorigen Stand möglich. Es gelten hier weitgehend die gleichen strengen Grundsätze, wie sie für eine Wiedereinsetzung nach anderen Verfahrensbestimmungen maßgeblich sind. Seitens des BVerfG liegt dazu eine umfangreiche Judikatur vor.[848] Auf die entsprechende Literatur z.B. zur ZPO, StPO oder der VwGO kann verwiesen werden.

aa) Fristversäumung

570 Erforderlich ist einmal die Versäumung der Monatsfrist des § 93 I BVerfGG, sei es dass die Verfassungsbeschwerde überhaupt nicht eingelegt oder ihre fristgerechte Begründung versäumt wurde, nicht aber ohne weiteres bei deren Vervollständigung samt ergänzender Unterlagenübersendung.[849] Sie kommt nicht in Betracht nach der systematischen Stellung der Regelung bei den nach § 93 III BVerfGG einer Jahresfrist unterliegenden Rechtssatzverfassungsbeschwerden.[850]

571 Es sind hier maßgeblich die nach den allgemeinen Verfahrens- und Prozessordnungen – vgl. §§ 233 ff. ZPO, §§ 44 f. StPO, § 60 VwGO – geltenden Grundsätze;[851] dies gilt auch bei einer Wiedereinsetzung in den vorigen Stand bei Versäumung der Verfassungsbeschwerdefrist, wenn im Hinblick auf die Rechtsprechung des BVerfG davon ausgegangen werden müsste, dass eine Gegenvorstellung die Frist offenhält[852].

bb) Voraussetzungen für Wiedereinsetzung

572 Eine Wiedereinsetzung kommt nur in Betracht bei unverschuldeter Verhinderung.

(1) Hinderungsgrund

573 Der Beschwerdeführer muss einen Hinderungsgrund – z.B. Krankheit, Sprachunkenntnis, Eigenverschulden oder Verschulden Dritter einschließlich mangelhafter Organisation,[853] Telekommunikationsprobleme[854] oder auch Mittellosigkeit,[855] die Unkenntnis vom Fristbeginn, Rechtsunkenntnis, Irrtum, Vergessen, Absendungs- und Beförderungsfehler oder auch eine Berufungsrücknahme im Falle

---

848 Vgl. nur *BVerfG* NJW 2001, 1567.
849 Sie scheidet auch aus bei Substantiierungsmängeln einschließlich der Versäumung der Übersendung von Unterlagen. Es handelt sich hier um „unheilbare Substantiierungsmängel, *BVerfG* Beschl. v. 14.5.2001 – 2 BvR 662/01; Beschl. v. 27.3.1998 – 2 BvR 275/98 u. v. 19.3.1998 – 2 BvR 327/98.
850 *BVerfG* Beschl. v. 30.7.2003 –1 BvR 646/02.
851 Vgl. auch allgemein *BVerfG* NJW 1997, 1770.
852 Dazu *SächsVerfGH* NJW 1999, 780.
853 *BVerfG* NJW 2002, 1430.
854 Vgl. nur *BGH* NJW 2006, 1518: Nicht ersichtlicher Fehler einer Übermittlung im Sendeprotokoll. Vgl auch *BGH* NJW 2006, 1519: Fax-Ausgangskontrolle fristwahrender Schriftsätze durch Auszubildende. BGH NJW 2006, 1521: Übersendung eines Doppels ohne Unterschrift.
855 Soweit der Beschwerdeführer nicht imstande ist, die erforderlichen finanziellen Mittel für die Beauftragung eines Rechtsanwalts aufzubringen, der ihn im Verfassungsbeschwerdeverfahren vertreten soll, kommt eine Wiedereinsetzung in Betracht. Voraussetzung ist, dass der in der Mittellosigkeit liegende Hinderungsgrund entfällt (*BVerfG* Beschl. v. 1.7.2002 – 2 BvR 578/02). Gerade mit Blick auf die umfangreiche Begründungspflicht ist der Beschwerdeführer nicht verpflichtet, das Verfassungsbeschwerde-Verfahren ohne anwaltlichen Beistand zu betreiben. Für den Wegfall des Hinderungsgrundes muss der Beschwerdeführer alles ihm Zumutbare unternehmen. Die Fristsäumung ist nur dann unverschuldet, wenn er innerhalb der Monatsfrist einen PKH-Antrag stellt und alle für das PKH-Gesuch wesentlichen Angaben und Unterlagen einschließlich der Erklärung über die persönlichen und wirtschaftlichen Verhältnisse auf dem amtlichen Vordruck vorlegt (*BVerfG* Beschl. v. 7.2.2000 – 2 BvR 106/00. Er muss zudem im Kern deutlich machen, „welche verfassungsrechtliche Beanstandung er gegen das angegriffene Urteil erhebt" (*BVerfG* Beschl. Beschl. v. 2.3. 2000 – 1 BvR 275/00). Eine einigermassen plausible Minimalbegründung ist daher unverzichtbar. Der Hinderungsgrund entfällt mit der Bekanntgabe der Entscheidung über den Antrag auf Bewilligung der PKH. Es beginnt dann die zweiwöchige Wiedereinsetzungsfrist des § 93 II 2 BVerfGG zu laufen.

einer Anschlussberufung[856] etc. – geltend machen, der die Einhaltung der Frist unmöglich oder unzumutbar machte.[857]

(2) Verschulden

Eine Wiedereinsetzung in die Frist des § 93 I BVerfGG kommt nur in Betracht, wenn der Beschwerdeführer „ohne Verschulden" verhindert war, die Frist einzuhalten. Vorsatz und – nicht aber leichte – Fahrlässigkeit des Beschwerdeführers bzw. seines Bevollmächtigten (vgl. § 93 II 6 BVerfGG) – an einen Rechtsanwalt sind höhere Anforderungen zu stellen als an den Beschwerdeführer selbst – begründen Verschulden; kommt ein Mitverschulden des Gerichts hinzu, gilt das Gebot des fairen Verfahrens.[858] In der Praxis aller Gerichte sind die Anforderungen an eine Wiedereinsetzung bekanntlich extrem hoch; i.d.R. wird Verschulden angenommen.[859] **574**

Angesichts der Belegung des Telefaxanschlusses des BVerfG durch eingehende Sendungen kurz vor Fristablauf um 24 Uhr entspricht es nicht den Sorgfaltspflichten eines Beschwerdeführers, wenn dieser erst um 23.48 Uhr versucht, eine umfangreiche Verfassungsbeschwerde (z.B. Übertragungsdauer von mehr als zehn Minuten) per Telefax zu übermitteln.[860] **575**

(3) Kausalität

Zwischen dem nicht verschuldeten Hinderungsgrund und der Fristversäumung muss ein kausaler Zusammenhang in dem Sinne bestehen, dass gerade das unverschuldete Hindernis die Säumnis begründet hat. Er fehlt, wenn die Verfassungsbeschwerde z.B. am Tage des Fristablaufs nicht an das BVerfG sondern an das Ausgangsgericht gefaxt wird; etwas anderes gilt, wenn dies zwei Wochen vor Fristablauf erfolgt. Übermittelt das Gericht pflichtwidrig die Verfassungsbeschwerde nicht im ordentlichen Geschäftsgang an das BVerfG, so setzt es selbst eine weitere (Ursache) für die Säumnis und überholt damit gewissermassen die durch den Beschwerdeführer verschuldete Ursache, so dass Wiedereinsetzung zu gewähren ist.[861] **576**

cc) Wiedereinsetzungsverfahren

Kommt eine Wiedereinsetzung in Betracht, dann ist seitens des Beschwerdeführers entsprechend dem in § 93 II 2 bis 5 BVerfGG geregelten Verfahren, das vergleichbaren Bestimmungen anderer Prozess- und Verfahrensgesetze entspricht, Wiedereinsetzungsantrag zu stellen. Er ist auch dann noch statthaft, wenn über die Verfassungsbeschwerde bereits entschieden worden ist. Der – schriftliche – Antrag ist innerhalb der Antragfrist von zwei Wochen nach Wegfall des Hindernisses zu stellen, deren Berechnung richtet sich nach § 222 ZPO i.V.m. §§ 187 ff. BGB. Sie beginnt, wenn das Hindernis wegfällt oder es nunmehr selbstverschuldet besteht. Der Antrag ist zu begründen. Die Angabe der die Wiedereinsetzung begründenden Tatsachen hat innerhalb der zweiwöchigen Antragsfrist des § 93 II 2 BVerfGG zu erfolgen; lediglich die – meist unter Vorlage einer eidesstattlichen Versicherung erfolgende – Glaubhaftmachung der Tatsachen[862] kann gem. § 93 II 3 BVerfGG auch noch während des weiteren Verfahrens erfolgen.[863] **577**

Innerhalb der Antragsfrist ist die versäumte Rechtshandlung – also die gem. § 92 BVerfGG substantiiert begründete Verfassungsbeschwerde – nachzuholen; ist dies geschehen, „kann" die Wiederein- **578**

---

856 *BVerfG* NJW 2006, 1495.
857 BVerfGE 71, 305, 348.
858 *BVerfG* NJW 2004, 2887.
859 Vgl. u.a. *Umbach/Heusch/Sennekamp*, § 93 Rn. 49 m.w.N.
860 *BVerfG* NJW 2006, 1505; zum Anwaltsverschulden im Zusammenhang mit der Fax-Übermittlung fristwahrender Schriftsätze vgl. auch *BVerfG* NJW 2000, 574. *OLG Nürnberg*, NJW-RR 1998, 1604; *BGH* NJW 1999, 583.
861 BVerfGE 93, 99, 112 ff.
862 „Glaubhaftmachung" erfordert keinen „Beweis" sondern nur eine überwiegende Wahrscheinlichkeit (BVerfGE 38, 35, 39).
863 *BVerfG* Beschl. v. 19.9.1998 – 1 BvR 1540/98; *BVerfG* Beschl. v. 5.10.1995 –1 BvR 1566/95.

setzung auch ohne Antrag gewährt werden, § 93 II 4 BVerfGG; will der Beschwerdeführer „sicher" gehen, dann stellt er jedoch besser den Antrag.

579 Nach einem Jahr seit dem Ende der versäumten Frist ist der Antrag gem. der Ausschlussfristregelung des § 93 II 5 BVerfGG unzulässig. Nicht zulässig ist auch eine Wiedereinsetzung in die Versäumung der zweiwöchigen Wiedereinsetzungsfrist.[864]

580 Das BVerfG entscheidet über die Wiedereinsetzung in der Regel nicht gesondert sondern mit der Entscheidung über die Verfassungsbeschwerde. Meist lautet der Tenor: „Die Verfassungsbeschwerde wird unbeschadet der Frage der Wiedereinsetzung in den vorigen Stand nicht angenommen."

3. Jahresfrist

581 Bei Verfassungsbeschwerden gegen Gesetze oder sonstige Hoheitsakte,[865] gegen die ein Rechtsweg nicht offen steht, gilt gem. § 93 III BVerfGG[866] eine Jahresfrist .[867] Es handelt sich um eine Ausschlussfrist ohne die Möglichkeit der Wiedereinsetzung.

a) Anwendungsbereich

582 Gesetze i.S.d. Vorschrift sind nicht nur formelle Gesetze sondern auch Rechtsverordnungen[868] und Satzungen[869] oder die Allgemeinverbindlicherklärung von Tarifverträgen.[870]

583 „Sonstige Hoheitsakte" i.S.d. § 93 III BVerfGG sind nur solche, die nicht als „Entscheidungen" i.S.d. § 93 I BVerfGG anzusehen sind.[871] Ein nennenswerter Anwendungsbereich besteht wegen Art. 19 IV GG nicht.

b) Beginn

584 Im Regelfall beginnt die Frist bei Gesetzen mit deren Inkrafttreten zu laufen; dies gilt grundsätzlich unabhängig davon, wann die Rechtswirkungen eintreten.

585 Auf den Zeitpunkt, zu dem der Einzelne erstmals beschwert wird, kommt es nicht an.[872] Ausnahmen von diesem Grundsatz sind auch bei nachträglich neu auftretenden Belastungen (etwa: durch geänderte Auslegung) nicht möglich. *„Die Verfassungsbeschwerde gegen Gesetze ist wegen der Tragweite eines solchen Angriffs aus Gründen der Rechtssicherheit an eine eng auszulegende Frist gebunden (...). Mit dem Sinn dieser Regelung wäre es jedenfalls nicht vereinbar, eine erst nach Ablauf dieser Frist eingetretene ‚Beschwer' als ausreichende Grundlage einer Verfassungsbeschwerde anzusehen, mit der der Beschwerdeführer geltend macht, das angegriffene Gesetz sei von vornherein verfassungswidrig gewesen."*[873]

---

864 Vgl. *Umbach/Heusch/Sennekamp*, § 93 Rn. 72.
865 Darunter fallen nur solche Hoheitsakte, die nicht als Entscheidungen i.S.d. § 93 I BVerfGG anzusehen sind, BVerfGE 28, 88.
866 Die Vorschrift ist eng auszulegen aus Gründen der Rechtssicherheit wie auch wegen der Bedeutung des Angriffs auf Gesetze (BVerfGE 24, 252, 257; 30, 112, 126).
867 Die Fristberechnung erfolgt in gleicher Weise wie bei der Monatsfrist; s. dazu oben Rn. 527 ff.
868 BVerfGE 13, 248, 253; 53, 1, 15.
869 *BVerfG* DVBl 1993, 649; § 93 III BVerfGG gilt auch für Verfassungsbeschwerden der Gemeinden und Gemeindeverbände, welche diese gem. § 91 gegen Gesetze des Bundes oder der Länder wegen der Behauptung einer Verletzung des Art. 28 II GG (*BVerfG* NVwZ-RR 1999, 417).
870 BVerfGE 44, 322, 338 ff.
871 BVerfGE 28, 88, 92.
872 BVerfGE 23, 153, 164; 30, 112, 126; 64, 323, 359; NJW 1999, 650; NVwZ-RR 2002, 322.
873 BVerfGE 11, 351, 359; 12, 10, 24.

Nach Fristablauf besteht nur die Möglichkeit, das Gesetz mittelbar einer fachgerichtlichen und nach Erschöpfung des Rechtswegs, einer verfassungsgerichtlichen Kontrolle zu unterziehen, soweit Vollzugsakte gestützt auf das Gesetz ergehen[874] oder eine inzidente Kontrolle auf Grund einer Feststellungsklage zulässig ist.[875] **586**

Bei rückwirkenden Gesetzen beginnt die Frist in sinngemäßer Fortentwicklung des Wortlauts allerdings erst mit der Verkündung.[876] **587**

Wenn ein Bundesgesetz zu seiner Aktualisierung noch einer landesrechtlichen Überleitungsregelung bedarf, ist der Beginn der Beschwerdefrist im Hinblick auf das Bundesgesetz insoweit aufgeschoben.[877] Ebenso endet, wenn gesetzliche Vorschriften nach dem Willen des Gesetzgebers sich generell auf die Normadressaten erst von einem Zeitpunkt ab auswirken sollen, der jeweils durch Rechtsverordnung festgelegt wird, die Frist des § 93 III BVerfGG jedenfalls nicht früher als ein Jahr nach dem Inkrafttreten der Rechtsverordnung.[878] Ist das formelle Gesetz Rechtsgrundlage für eine Rechtsverordnung, kann gegen diese Norm binnen Jahresfrist seit deren Erlass im Wege der Verfassungsbeschwerde vorgegangen werden.[879] **588**

Entsprechend kann ein Beschwerdeführer eine gesetzliche Regelung, die ein bisher bestehendes allgemeineres Gesetz auch ihm gegenüber konkretisiert, innerhalb der Frist des § 93 III BVerfGG angreifen.[880] **589**

Bei Gesetzesänderungen beginnt die Jahresfrist des § 93 III BVerfGG grundsätzlich nur für den geänderten Teil.[881] Eine bloß redaktionelle Änderung oder unveränderte Neubekanntmachung, wenn ein bestehendes Gesetz nur berichtigt, lediglich in der Paragraphenzählung neu gefasst, mit kleinen Änderungen an andere Vorschriften angepasst oder sonst wie in einer so unbedeutenden Weise geändert wird, dass keine neue Beschwer entsteht, setzen aber keine neue Frist in Lauf;[882] gleiches gilt bei den Beschwerdeführer nicht belastenden Inhaltsänderungen.[883] **590**

Die Frist wird aber durch ein Änderungsgesetz erneut in Lauf gesetzt, wenn es rechtlich stärker belastende Wirkungen als bisher verursacht und deshalb einen neuen Inhalt gewonnen hat.[884] Gleiches gilt, wenn der Gesetzgeber den Anwendungsbereich einer Norm eindeutiger als bisher bestimmt, etwa um in einem Auslegungsstreit eine Entscheidung herbeizuführen.[885] **591**

Schließlich kann die Frist des § 93 III BVerfGG durch die Novellierung eines Gesetzes auch dann erneut in Lauf gesetzt werden, wenn die schon zuvor angreifbaren Gesetzesbestimmungen selbst keine Änderung erfahren, diese aber durch die Änderung anderer Gesetzesbestimmungen eine neue, den Beschwerdeführer stärker als bisher belastende Wirkung erhalten.[886] Dasselbe gilt, wenn der Gesetzgeber den Anwendungsbereich einer Norm eindeutiger als bisher bestimmt und ihr damit einen neuen Inhalt gibt.[887] **592**

874 BVerfGE 9, 338, 342.
875 *BVerfG* NJW 1997, 650.
876 BVerfGE 1, 415, 416 f.; 12, 81, 88; 32, 157, 162; 62, 374, 382; 31, 157, 162.
877 BVerfGE 64, 323, 350.
878 BVerfGE 34, 165, 179.
879 BVerfGE 76, 107, 115 f.
880 BVerfGE 64, 87, 96.
881 BVerfGE 11, 255, 260; 18, 1, 9; 32, 173, 181; 43, 108, 116; 74, 69, 73; 80, 137, 149; *BVerfG* NVwZ-RR 2002, 321.
882 *BVerfG* NJW 2001, 3402; BVerfGE 12, 139, 141; 17, 364; 43, 108, 115 f.; 79, 1, 14; 80, 137, 149. Ebensowenig reicht eine Änderung der Auslegung des Gesetzes, *BVerfG* NVwZ-RR 1999, 417.
883 BVerfGE 23, 229, 237.
884 *BVerfG* NJW 2001, 3402; BVerfGE 78, 350.
885 *BVerfG* NJW 2001, 3402; 1960, 2283; NVwZ 1987, 573.
886 BVerfGE 45, 104, 119; 78, 350, 356; 100, 313, 356; *BVerfG* NVwZ-RR 1994, 470, 471 u. 2002, 321.
887 BVerfGE 11, 351, 359 f.; 74, 69, 73.

c) Sonderfall des § 47 VwGO

593 Soweit gegen Rechtsetzungsakte ausnahmsweise ein Rechtsweg offensteht, ist dieser entsprechend der Subsidiaritätsregelung des § 47 VwGO zunächst zu beschreiten. Fraglich ist, welche Frist in diesem Fall einzuhalten ist.

594 Nach der Rechtsprechung zur alten Fassung des § 47 VwGO, welche keinerlei Frist für einen Normenkontrollantrag enthielt, galten folgende Fristen:[888] Zunächst war der Normenkontrollantrag nach § 47 VwGO zu stellen, und zwar innerhalb einer Ein-Jahresfrist, wenn die Möglichkeit der Verfassungsbeschwerde offengehalten werden sollte.[889] Erst danach konnte der Beschwerdeführer gegen die abschließende gerichtliche Entscheidung Verfassungsbeschwerde einlegen; mit der Zustellung der Entscheidung des VGH/OVG begann die Jahresfrist des § 93 III BVerfGG.[890]

595 Nach der Einführung der Zwei-Jahresfrist des § 47 II 1 VwGO erscheint es fraglich, ob es mangels relevanter gesetzlicher Lücke und damit der Voraussetzungen für eine Analogie in Übereinstimmung mit der h.A. in der Literatur[891] – neuere Judikatur ist nicht bekannt – noch zu rechtfertigen ist, das Normenkontrollverfahren schon nach einem Jahr einleiten zu müssen.

596 Da insoweit Rechtsunsicherheit besteht, empfiehlt sich eine Antragstellung innerhalb der Jahresfrist.

4. Fristwahrung

597 Alle Mindesterfordernisse für die Zulässigkeit einer Verfassungsbeschwerde wie Einlegung mit ordnungsgemäßer Begründung,[892] Unterzeichnung[893] und Beifügung (notwendiger) Anlagen wie der angegriffenen Entscheidungen[894] – müssen grundsätzlich innerhalb der durch § 93 BVerfGG vorgegebenen Frist – also spätestens am letzten Tag[895] bis 24 Uhr[896] – erfüllt werden. Entscheidend ist, dass der Beschwerdeschriftsatz – nicht nur ein PKH-Antrag[897] – innerhalb der Frist in die Verfügungsgewalt des Gerichts – z.B. per Fax, Post oder auch Einwurf in den Briefkasten des Gerichts in Karlsruhe – gelangt ist.[898] Auch sämtliche Anforderungen an die Begründung der Verfassungsbeschwerde müssen innerhalb der Beschwerdefrist erfüllt werden,[899] zumal ein Nachschieben von Gründen nur be-

---

888 Vgl. BVerfGE 70, 35, 54.

889 BVerfGE 76, 107, 115 f.

890 BVerfGE 76, 107, 115 f.

891 Vgl. nur *Löhning*, BayVBl. 1997, 274; *Gerhardt*, in: Schoch/Schmidt-Aßmann/Pietzner, VwGO, § 47 Rn. 37 u. Fn. 65; *Gröpl*, NVwZ 1999, 967; abl. *Umbach/Heusch/Sennekamp*, § 93 Rn. 81= Antrag nach § 47 VwGO muss innerhalb eines Jahres gestellt werden.

892 *BVerfG* NJW 2001, 1567.

893 BVerfGE 8, 92, 93 f.; 1, 433, 436.

894 *BVerfG* NJW 2001, 1203. Die Vorlage der Entscheidungen ist nur dann entbehrlich, wenn sie ihrem wesentlichen Inhalt nach so mitgeteilt werden, dass verlässlich beurteilt werden kann, ob sie mit den gerügten Verfassungsrechten in Einklang stehen oder nicht (BVerfGE 88, 40, 45; 93, 266, 288; Beschl. v. 14.5.2001 – 2 BvR 662/01). Ebenso kann es erforderlich sein, weitere Schriftstücke vorzulegen: Rügt der Beschwerdeführer etwa die Verletzung seines grundrechtsgleichen Rechts aus Art. 103 I GG mit der Begründung, die Fachgerichte hätten einen erheblichen Beweisantrag übergangen, so obliegt es ihm, innerhalb der Einlegungsfrist auch das Schriftstück (z.B. Niederschrift über die mündliche Verhandlung oder den Schriftsatz) beizufügen, dem der Beweisantrag zu entnehmen ist (BVerfGE 28, 17, 20; 77, 275, 281; 91, 1 26).

895 BVerfGE 1, 430, 431.

896 BVerfGE 41, 323, 327 zu § 43 StPO.

897 Der Fristlauf wird nicht unterbrochen durch einen innerhalb der Fristen des § 93 BVerfGG gestellten Antrag auf PKH zur Durchführung des Verfassungsbeschwerdeverfahrens (*BVerfG* Beschl. v. 7.2.2000 – 2 BvR 106/00; *Kreuder*, NJW 2001, 1243, 1244). Es besteht aber die Möglichkeit der Wiedereinsetzung; vgl. zum Ganzen oben Rn. 569 ff.

898 BVerfGE 52, 203, 209; 57, 117, 120.

899 Für die Notwendigkeit, Anträge innerhalb der Beschwerdefrist den Anforderungen entsprechend zu begründen, s. bereits BVerfGE 5, 1; 8, 141 (142); 21, 359 (361). Dieser zu einem Zeitpunkt, in dem die Anforderungen noch nicht wie heute ausgebaut waren, entwickelte Grundsatz gilt unverändert, s. z.B. BVerfGE 81, 208, 214; *BVerfG* NJW 2001, 1567 f.

schränkt zulässig ist nach der uneinheitlichen Rechtsprechung des BVerfG.[900] Die Einhaltung der Begründungsfrist bei Verfassungsbeschwerden (§ 92 i.V.m. § 23 I Hs. 1 BVerfGG) fordert eine gesteigerte Aufmerksamkeit des Rechtsanwalts durch eine eigene Fristenkontrolle oder durch eine spezifische Anweisung gegenüber der zuständigen Büroangestellten.[901]

598 Die Beschwerdeschrift muss samt allen Anlagen fristgemäß bei Gericht eingehen.[902] Es genügt nicht, eine Verfassungsbeschwerde am letzten Tag der Frist per Fax einzureichen, wenn die angegriffenen Entscheidungen und anderen Anlagen, deren Inhalt der gefaxte Beschwerdeschriftsatz nicht im notwendigen Detail wiedergibt, erst später zusammen mit dem Originalschriftsatz per Post eingehen. Vor allem bei einer Einlegung per Telefax wird die Verpflichtung zur substantiierten (vgl. § 92 BVerfGG) und fristgerechten Einlegung der Verfassungsbeschwerde nicht selten verletzt, indem nur unvollständige Schriftsätze – also Fragmente – übersandt oder erforderliche Anlagen nicht innerhalb der Frist eingereicht werden, was zur Unzulässigkeit der Verfassungsbeschwerde ohne Recht auf Wiedereinsetzung führt.[903] Auch infolge langer Postlaufzeiten kann es geschehen, dass zwar die Verfassungsbeschwerde selbst noch – u.U. per Telefax – rechtzeitig eingegangen ist, die Anlagen dagegen mit dem Original der Beschwerdeschrift jedoch erst nach dem Ablauf der Frist bei Gericht eingehen, was ebenfalls zur Unzulässigkeit führt.[904] Nur in sehr beschränktem Umfang ist ein Nachschieben von Gründen zulässig.[905]

599 Wenn absehbar ist, dass man die Verfassungsbeschwerde erst gegen Fristende fertig stellen kann, dann empfiehlt es sich, die Anlagen vorab an das BVerfG zu übersenden verbunden mit dem Hinweis, dass die Verfassungsbeschwerde noch eingelegt werden wird.[906]

5. Verfassungsbeschwerde gegen Unterlassungen

600 Bei Verfassungsbeschwerden gegen Unterlassungen der öffentlichen Gewalt, seien es solche des Gesetzgebers oder von Behörden, finden die Regelungen des § 93 I, III BVerfGG keine Anwendung.[907] Voraussetzung ist, dass bei gesetzgeberischem Unterlassen der Gesetzgeber völlig untätig geblieben ist und nicht z.B. mit einer Regelung eine ablehnende Entscheidung getroffen hat.[908] Sie sind zulässig, solange die Unterlassung dauert.[909] Sobald der Beschwerdeführer weiß, dass das Unterlassen beendet ist, gilt die Monatsfrist des § 93 I 1 BVerfGG bei gerichtlichem oder behördlichem und die Jahresfrist des § 93 III BVerfGG bei gesetzgeberischem Unterlassen.[910]

---

900 Dazu unten Rn. 711 f.
901 *BVerfG* NJW 2001, 3534; u. 1567: Hier wurden mit der vor Fristablauf per Fax übersandten Verfassungsbeschwerde keinerlei Anlagen übersandt. Sie gingen erst nach Fristablauf ein.
902 Zu den gesteigerten Sorgfaltspflichten des Rechtsanwalts bzgl. der fristgerechten Vorlage der für eine substantiierte Begründung erforderlichen Anlagen vgl. *BVerfG* NJW 2002, 3014.
903 Vgl. *BVerfG* Beschl. v. 15.9.1998 – 1 BvR 1540/98; *BVerfG* NJW 2006, 1505; zum Anwaltsverschulden im Zusammenhang mit der Fax-Übermittlung fristwahrender Schriftsätze vgl. auch *OLG Nürnberg*, NJW-RR 1998, 1604; *BGH* NJW 1999, 583.
904 Vgl. *Seegmüller*, DVBl 1999, 738 ff.
905 Vgl. unter Rn. 711 f.
906 Vgl. auch Rn. 160 ff.
907 BVerfGE 6, 257, 266; 10, 302, 308; 11, 255, 261; 13, 284, 287; 16, 119, 121; 77, 170, 208 ff.
908 BVerfGE 6, 257, 263; 11, 255, 262; 13, 284, 287; 56, 54, 71; vgl. auch *BVerfG* NVwZ 1999, 175.
909 BVerfGE 10, 302, 308; 16, 119, 121; 58, 208,218; *BVerfG* NVwZ-RR 1999, 417.
910 BVerfGE 58, 208, 218.

VI. Allgemeines Rechtsschutzbedürfnis

601 Ausnahmsweise kann das allgemeine Rechtsschutzbedürfnis für eine Verfassungsbeschwerde fehlen.

1. Allgemeines

602 Die Verfassungsbeschwerde setzt – neben der Beschwerdebefugnis und der Rechtswegerschöpfung – wie jedes gerichtliche Verfahren ein „schutzwürdiges Interesse des Beschwerdeführers" bzw. ein „Rechtsschutzbedürfnis" voraus.[911] Durch die Sachentscheidungsvoraussetzung des Rechtsschutzbedürfnisses soll eine unnötige Beanspruchung des BVerfG vermieden werden.[912] Die massive Belastung des BVerfG erfordert, dass nur rechtsschutzwürdige Verfahren von ihm entschieden werden.

603 Das allgemeine Rechtsschutzinteresse muss nicht nur bei Einlegung der Verfassungsbeschwerde sondern auch noch im Zeitpunkt der Entscheidung vorliegen.[913] So kann im Einzelfall durchaus das Rechtsschutzinteresse während der Anhängigkeit des Verfahrens wegfallen. Denkbar ist dies sowohl bei einer Änderung der Sach- als auch der Rechtslage. Ob eine Änderung der Sach- oder Rechtslage während des anhängigen Verfahrens zum Wegfall des Interesses führt, muss im jeweiligen Fall unter Berücksichtigung des jeweiligen Hoheitsaktes, der Bedeutung der Grundrechtsverletzung und des Zwecks des Verfassungsbeschwerdeverfahrens entschieden werden.[914]

604 Der Rechtsschutzgrund muss die Verfassungsbeschwerde als geeignetes, erforderliches und zumutbares verfassungsprozessuales Rechtsschutzmittel für das Rechtsschutzbegehren des Beschwerdeführers ausweisen. Geeignet ist die Verfassungsbeschwerde nur, wenn der gedachte Erfolg der Verfassungsbeschwerde zum Erfolg des Rechtsschutzbegehrens des Beschwerdeführers führen würde. Erforderlich ist sie, wenn kein anderes, den Weg zum BVerfG ersparendes Rechtsschutzmittel zur Verfügung steht.

605 Das BVerfG hat immer wieder geprüft, ob es unbillig sein könne, dass ein Akt der öffentlichen Gewalt mit der Verfassungsbeschwerde nicht überprüft werden kann, wenn man das Rechtsschutzinteresse im konkreten Fall verneint. Es darf die Effektivität des (verfassungsrechtlichen) Rechtsschutzes nicht verkannt werden und vor allem eine lange Verfahrensdauer beim BVerfG mit einem Außerkrafttreten der Norm vor Entscheidung des BVerfG nicht zu Lasten des Betroffenen gehen.

606 Eine Rechtsnorm kann z.B. nach Einlegung der Verfassungsbeschwerde unanwendbar geworden sein wegen ihrer kurzen Gültigkeit, oder weil der Beschwerdeführer den Tatbestand nicht mehr erfüllt. Das BVerfG hat im hessischen Förderstufenfall für das Fortbestehen des Rechtsschutzinteresses genügen lassen, „daß die direkte Belastung durch die angefochtene Norm sich auf eine Zeitspanne beschränkt, in welcher der Betroffene nach dem regelmäßigen Geschäftsgang eine Entscheidung des BVerfG nicht erlangen kann."[915] Würde man in diesen Fällen das Rechtsschutzinteresse verneinen, so würde der Grundrechtsschutz der Beschwerdeführer in unzumutbarer Weise verkürzt.

---

911 BVerfGE 72, 44.

912 Dieses allgemeine Rechtsschutzinteresse ist vom BVerfG für das Recht der Verfassungsbeschwerde in den besonderen Formen der Betroffenheit „selbst, gegenwärtig und unmittelbar" richterrechtlich fortentwickelt worden. Dazu kommen die besonderen Aspekte der Subsidiarität der Verfassungsbeschwerde und des § 93c BVerfGG. Im Regelfall erschöpft sich deshalb die Behandlung des Erfordernisses des Rechtsschutzinteresses in den vorgenannten Kategorien. Das Gericht hat aber immer daran festgehalten, dass die Erfüllung dieser besonderen Rechtsschutzvoraussetzungen das Erfordernis des allgemeinen Rechtsschutzinteresses nicht entfallen lässt.

913 BVerfG Beschl. v. 3.7.2006 – 1 BvR 1645/05; BVerfGE 50, 244, 247.

914 BVerfGE 6, 389, 442 f.

915 BVerfGE 34, 165, 180 f.; 41, 88, 105; 51, 268, 279; 52, 223, 235.

2. Fallgruppen

Das Rechtsschutzinteresse ist zu verneinen, wenn der Bürger nicht auf die Hilfe des BVerfG angewiesen ist zur Abwehr oder Beseitigung der Grundrechtsverletzung, z.B. weil **607**

– eine Erledigung eingetreten ist,
– die geltend gemachte Beschwer noch nicht oder gar nicht mehr besteht,
– er auch ohne die Anrufung des BVerfG – z.B. durch die Entscheidung eines Fachgerichts – das von ihm Begehrte erhalten kann,
– die angestrebte verfassungsgerichtliche Entscheidung nicht geeignet ist, die geltend gemachte Beschwer zu beseitigen oder wenigstens zu mildern.

a) Erledigung

Eine Verfassungsbeschwerde ist – in der Regel – nicht mehr erforderlich und damit unzulässig im Falle der Erledigung des Hoheitsakts und des Wegfalls der daraus resultierenden Beschwer, zumal das Kosteninteresse allein nicht für die Fortdauer des Rechtsschutzinteresses ausreicht.[916] Das BVerfGG kennt keine dem § 113 I 4 VwGO entsprechende Regelung;[917] das BVerfG orientiert sich dennoch weitgehend an der verwaltungsprozessualen Konstellation der Fortsetzungsfeststellungsklage. **608**

aa) Begriff

Eine Erledigung liegt vor bei einem Wegfall der Grundrechtsverletzung, welche aus den angegriffenen Entscheidungen resultiert. Sie kommt z.B. in Betracht durch bloßen Zeitablauf[918] oder eine Änderung der Sach- und Rechtslage,[919] wenn die Entscheidung schon vor Einlegung der Verfassungsbeschwerde oder doch während ihrer Anhängigkeit vollzogen wird und die Vollziehung keine weiteren rechtlichen Folgen hat, z.B. bei erledigten strafprozessualen Zwangsmaßnahmen wie z.B. einer durchgeführten Durchsuchungsanordnung oder einem Haftbefehl bei inzwischen erfolgter Haftentlassung.[920] **609**

bb) Fortbestand des Rechtsschutzinteresses

Nur in Ausnahmefällen wird das Rechtsschutzbedürfnis trotz Erledigung bejaht.[921] **610**

---

916 BVerfGE 50, 244, 248.
917 BVerfGE 79, 275.
918 Vgl. aber *BVerfG* NJ 2003, 81: In Fällen besonders tief greifender und folgenschwerer Grundrechtsverstöße besteht das Rechtsschutzbedürfnis für eine Verfassungsbeschwerde auch dann fort, wenn die direkte Belastung durch den angegriffenen Hoheitsakt sich auf eine Zeitspanne beschränkt, in welcher der Betroffene nach regelmäßigem Geschäftsgang eine Entscheidung des BVerfG kaum erlangen kann. Der Umstand, dass die Fachgerichte und das BVerfG so oft außerstande sind, schwierige Fragen in kurzer Zeit zu entscheiden, dürfe nicht dazu führen, dass eine Verfassungsbeschwerde allein wegen des vom Beschwerdeführer nicht zu vertretenden Zeitablaufs verworfen wird. Im konkreten Fall ging es um eine Verfassungsbeschwerde gegen eine vorläufige Rechtsschutzentscheidung eines VG, in der einem Jahrmarktbetreiber im Konkurrentenstreit eine inhaltliche Überprüfung der Vergabeentscheidung versagt wurde.
919 In diesem Fall ist richtigerweise zwar schon die Gegenwärtigkeit der Beschwer und damit die Beschwerdebefugnis zu verneinen. Das BVerfG (E 34, 165, 180; 74, 163, 172; 81, 138, 140) erörtert die Erledigung aber immer wieder als Problem des Rechtsschutzbedürfnisses.
920 Vgl. BVerfGE 9, 89, 92 f.; 10, 302, 308; 44, 353, 383; 53, 152, 157; 74, 102,115; 76, 363; 381; 83, 24, 29 f.; 96, 44, 56; vgl. auch BVerfGE 96, 27 u. NJW 2002, 2456. Möglich ist dies auch bei reinen Verfahrenshandlungen, die nach der einschlägigen Verfahrensordnung nicht isoliert angefochten werden können (vgl. § 44a VwGO) und auf denen die verfahrensabschließende Sachentscheidung nicht beruht (z.B. die Festsetzung von Antragsfristen, die Anforderung von Amtshilfe oder ein Ausschluss wegen Befangenheit nach § 20 VwVfG, vgl. hierzu BVerfGE 15, 119, 124; 74, 358, 379 f.).
921 Vgl. nur *BVerfG* NJW 2006, 2093; 2004, 2510; 2002, 2456; Beschl. v. 2.3.2006 – 2 BvR 2099, 04 = StraFO 2006, 157; s.a. BVerfGE 6, 386, 388; 44, 353, 383; 50, 234, 243.

611 Das Rechtsschutzinteresse, das im Zeitpunkt der Entscheidung des BVerfG noch gegeben sein muss,[922] kann vorher entfallen sein. Der Vollzug der angegriffenen Entscheidung bewirkt dies aber nicht.[923] Bei Freiheitsentziehungen wird das Rechtsschutzbedürfnis durch Erledigung der Maßnahme nicht berührt.[924] Ebenso wenig erlischt es durch Aufhebung der angegriffenen Entscheidung nach deren teilweisem oder vollständigem Vollzug.[925] Auch Verfahrens- oder Instanzbeendigung beseitigen es nicht stets.[926] Maßgebende Kriterien für die Beurteilung sind: Schwere des behaupteten Grundrechtseingriffs, Fortbestehen einer Beeinträchtigung, Rehabilitierungsinteresse und Wiederholungsgefahr.[927]

(1) Fortbestehende Beschwer

612 Dies ist einmal der Fall, wenn von der Maßnahme weiterhin beeinträchtigende Wirkungen ausgehen,[928] also eine noch fortbestehende Beschwer vorliegt;[929] streng genommen liegt in diesen Fällen im Grunde schon keine Erledigung vor. Das BVerfG erkennt aber auch neben materiellen Interessen ein rein ideelles Interesse an Genugtuung an, so etwa bei als erheblich angesehenen Eingriffen bzw. Verletzungen, die ohne fortwirkende Beschwer abgeschlossen sind.[930] Bei schwerwiegenden Grundrechtseingriffen – wie z.B. einer menschenunwürdigen Unterbringung von Strafgefangenen – wird ein Interesse an der Feststellung der Rechtswidrigkeit bejaht.[931]

613 Das Rechtsschutzbedürfnis für die Feststellung der Verfassungswidrigkeit eines Haftbefehls entfällt nicht dadurch, dass dieser aufgehoben wurde. Ein Feststellungsinteresse ist wegen des Eingriffs in das Freiheitsgrundrecht auch bei der unter Beachtung der Unschuldsvermutung vollzogenen Untersuchungshaft zu bejahen.[932] Die Beschwerde darf in solchen Fällen nicht wegen prozessualer Überholung als unzulässig verworfen werden; vielmehr ist die Rechtmäßigkeit der zwischenzeitlich erledigten Maßnahme zu prüfen und ggfs. deren Rechtswidrigkeit festzustellen.[933] Besteht bei Freiheitsentziehungen durch Haft ein schutzwürdiges Interesse an der (nachträglichen) Feststellung ihrer Rechtswidrigkeit auch dann, wenn sie erledigt sind, so müssen die Fachgerichte dies bei der Beantwortung der Frage nach einem Rechtsschutzinteresse gem. Art. 19 IV GG beachten.[934] Daher bezieht sich das Rechtsschutzbedürfnis auch auf die Feststellung der Rechtswidrigkeit der Untersuchungshaft für den Zeitraum vor Einlegung der Haftbeschwerde.[935]

---

922 BVerfGE 50, 244, 247.

923 Für vollstreckte Strafurteile: BVerfGE 21, 378 (383); vgl. auch BVerfGE 74, 102 (115); für vollzogene Durchsuchungsanordnungen: BVerfGE 20, 162 (173); 42, 212 (218); 49, 329 (343); für nach Zeitablauf „verfallene" Durchsuchungsanordnungen: BVerfGE 96, 44 (50 f.) zweifelhaft, weil der Anschein eines „Vollstreckungstitels" bestehen bleibt); für Beschlagnahmen: BVerfGE 77, 1 (38).

924 BVerfGE 104, 220 (230 ff.) – Abschiebungshaft, *BVerfG* StV 2001, 698; 2004, 612.

925 Für Haftbefehle: BVerfGE 9, 89 (92 ff.); 32, 87, (92); 53, 152 (157); *BVerfG* StV 2000, 321; einschränkend bei Haftanrechnung auf Strafe: BVerfGE 9, 160 (161 f.); für Beugehaft: BVerfGE 76, 363, (381); für Beschlagnahmen: BVerfGE 44, 353 (367).

926 Für Verteidigerausschluss: BVerfGE 15, 226 (230); 22, 114 (118); 38, (29); vgl. auch BVerfGE 52, 42 (51 f.); für Ausschluss eines Presseberichterstatters von der Verhandlung: BVerfGE 50, 234 (239); für Verbot von Fernsehaufnahmen: BVerfGE 91, 125 (133), 103, 44 (58 f.).

927 BVerfGE 91, 125, (133); *BVerfG* STV 2002, 435, 661.

928 *BVerfG* NJW 2005, 2685 ff.; BVerfGE 49, 24, 52; 81, 138, 140; 91, 125, 133; st. Rspr.

929 BVerfGE 15, 226, 230; 21, 378, 383; 78, 88, 95; 77, 1, 38; 69, 161, 168. Das BVerfG hat Ausnahmen gemacht: Es soll eine Beschwer entfallen, wenn es sich hierbei nur noch um die aus einer Nebenentscheidung resultierende Kostenbelastung handelt (BVerfGE 33, 247, 258 ff.; 39, 276, 292; 50, 244, 288).

930 BVerfGE 10, 302, 308; 33, 247, 259; 38, 32, 34 f.; 76, 363, 381.

931 *BVerfG* NJW 2006, 2093; 2002, 2699 u. 2456.

932 *BVerfG* StrFo 2006, 20 ff.; BVerfGE 53, 152, 157 f.

933 BVerfGE 104, 220, 235 f.; *BVerfG* StrFo 2006, 20 f.

934 BVerfGE 104, 220, 235 f.

935 *BVerfG* StrFo 2006, 20.

(2) Grundsätzlich bedeutsame Frage

Ebenso kommt trotz Erledigung eine Verfassungsbeschwerde in Betracht, wenn eine grundsätzlich bedeutsame – „reizvolle"[936] – Frage anhand des Falles geklärt werden kann,[937] „wenn andernfalls die Klärung einer verfassungsrechtlichen Frage von grundsätzlicher Bedeutung unterbleiben würde und der gerügte Eingriff ein besonders bedeutsames Grundrecht betrifft."[938] Die Parallele zum Annahmegrund des § 93a II Nr. 1 BVerfGG – dazu oben unter Rn. 204 ff. – liegt auf der Hand. **614**

(3) Wiederholungsgefahr

Soweit Wiederholungsgefahr für die grundrechtliche Beeinträchtigung besteht, kommt die Bejahung des Rechtsschutzinteresses in Betracht;[939] schließlich wäre es nicht prozessökonomisch, die Verfassungsbeschwerde für erledigt zu erklären. **615**

Die Rechtsprechung ist aber nicht ganz einheitlich. Der 2. Senat des BVerfG hat – z.B. bei der Vergabe von Sendezeiten zur Wahlwerbung von Rundfunk- und Fernsehanstalten[940] – das Rechtsschutzbedürfnis trotz Erledigung bejaht. **616**

> **BVerfGE 69, 257, 266:** „Das Rechtsschutzbedürfnis der Beschwerdeführerin ist nicht dadurch entfallen, daß die Wahl zum Europäischen Parlament vorüber ist und deshalb für die Ausstrahlung des beanstandeten Wahlwerbespots kein Raum mehr bleibt. Der Beschwerdeführerin ist zwar in Vollzug der einstweiligen Anordnung des BVerfG ein weiterer Sendetermin für einen Wahlwerbespot eingeräumt worden. Zu diesem Termin ist indes nicht der von der Beschwerdeführerin zunächst eingereichte und vom WDR zurückgewiesene Wahlwerbespot, sondern eine in Text und Bild geänderte Fassung ausgestrahlt worden. Der WDR ist weiterhin der Auffassung, der beanstandete Wahlwerbespot sei zu Recht zurückgewiesen worden, und verteidigt die ergangenen Entscheidungen. Die Beschwerdeführerin, die dem Schutz des ungeborenen Lebens vorrangige Bedeutung zumißt, muß daher bei künftigen Wahlen mit einer Wiederholung der angegriffenen Maßnahmen und Entscheidungen rechnen." **Beispiel 29**

Restriktiver ist der 1. Senat; dies gilt zumindest bei Verfassungsbeschwerden gegen einstweilige Rechtsschutzsachen; der Betroffene wird auf ein Verfahren in der Hauptsache nach § 113 I 4 VwGO verwiesen,[941] so dass nur empfohlen werden kann, auch das Hauptsacheverfahren unter Einhaltung eventueller Fristen zu betreiben. **617**

(4) Schadensersatz

Ein Rechtsschutzbedürfnis kann sich auch aus der beabsichtigten Durchsetzung eines Anspruchs auf Schadensersatz ergeben.[942] **618**

(5) Mittelbare Folgen

Mittelbare Folgen und tatsächliche Beeinträchtigungen durch einen inzwischen aufgehobenen behördlichen Akt begründen kein Rechtsschutzbedürfnis für die Fortführung des Verfassungsbeschwerdeverfahrens, wenn nicht die Klärung verfassungsrechtlicher Fragen zu erwarten ist.[943] **619**

---

936 So *Umbach/Stark*, § 95, Rn. 31.
937 *BVerfG* NJW 2006, 2093; 2005, 2685 ff.; BVerfGE 9, 89, 93 f.; 10, 302, 308; 15, 226, 230; 33, 247, 257 f.; 47, 198, 223 f.; 50, 244, 247 f.; 53, 30, 55; 56, 296, 297; 81, 138, 140 f.; 96, 288, 300; 98, 160, 197 f. Siehe auch BVerfGE 76, 363, 381; 74, 102, 115; 91, 125, 133 – Fernsehaufnahmen im Honnecker-Prozess.
938 BVerfGE 9, 8, 93 f.; 10, 302, 308; 15, 226, 230; 33, 247, 257 f.; 47, 198, 223 f.; 50, 244, 247 f.; 53, 30, 55; 47, 198, 223 f.; 50, 244, 247 f.; 53, 30, 55; 56, 296, 297; 81, 138, 140 f.
939 Vgl. BVerfGE 52, 42, 51; 69, 257, 266; 81, 138, 141; 81, 208, 213; *BVerfG* NJW 2006, 2093.
940 BVerfGE 47, 198, 223 f.; 69, 257, 266 f.
941 BVerfGE 79, 275; anders aber BVerfGE 69, 257, 266 f. (Brokdorf).
942 Vgl. nur BVerfGE 77, 137, 146; 79, 283, 288.
943 *BayVerfGH*, NVwZ-RR 1994, 420.

b) Einfacherer Rechtsschutz

620 Eine Verfassungsbeschwerde ist auch nicht erforderlich mit der Folge der Verneinung des Rechtsschutzbedürfnisses, wenn eine einfachere Möglichkeit des Grundrechtsschutzes besteht.

621 In der Regel wird dieser Aspekt durch das Erfordernis der Rechtswegerschöpfung bereits abgedeckt. Trotz Erschöpfung des Rechtswegs besteht aber eine einfachere Möglichkeit des Grundrechtsschutzes, wenn ein spezielleres Verfahren vor dem BVerfG selbst zur Verfügung steht, beispielsweise das Wahlprüfungsverfahren gem. Art. 41 II GG.

622 Die Verfassungsbeschwerde scheidet auch aus in Konstellationen, in denen der Beschwerdeführer wegen der Kürze der Belastung regelmäßig nicht mit einer Entscheidung des BVerfG rechnen kann,[944] so dass er auf den vorläufigen fachgerichtlichen Rechtsschutz angewiesen ist.[945] Dies gilt vor allem bei Sachverhalten aus dem Bereich des Schulrechts,[946] der Freiheitsentziehung[947] oder im Ausländerrecht[948] und des Sozialversicherungsrechts.[949]

c) Möglichkeit einer fachgerichtlichen oder sonstigen Beseitigung

623 Das Rechtsschutzbedürfnis ist auch dann zu verneinen, wenn die Verfassungsbeschwerde nicht notwendig ist, um eine Grundrechtsverletzung zu beseitigen. Dies ist dann der Fall, wenn der Beschwerdeführer auch ohne die Zuhilfenahme eines Gerichts eine Verletzung seiner Grundrechte vermeiden kann. Sein Begehren muss deshalb zunächst außergerichtlich geltend gemacht werden oder er muss versuchen, eine Grundrechtsverletzung im Rahmen des Zumutbaren durch eigenes Tun zu vermeiden.[950] Dies ergibt sich bereits aus der Subsidiaritätsregelung des § 90 II BVerfGG. Der Rechtsweg ist erschöpft bzw. es fehlt in jedem Fall das allgemeine Rechtsschutzinteresse für eine Verfassungsbeschwerde gegen eine Norm, solange eine unmittelbare oder mittelbare Prüfung des verletzenden Akts der öffentlichen Gewalt vor einem Fachgericht möglich ist, weil z.B. ein Prozess vor einem (Bundes- oder Landes-, auch Landesverfassungs-) Gericht schwebt, in dem die Verfassungsmäßigkeit zu prüfen ist.

624 Das BVerfG kann – muss aber nicht – ein anhängiges Verfassungsbeschwerdeverfahren nach § 33 I BVerfGG aussetzen bis zur Erledigung eines bei einem anderen Gericht anhängigen Verfahrens, wenn für seine Entscheidungen die Feststellungen oder Entscheidungen dieses anderen Gerichts von Bedeutung sind.

625 Das Rechtsschutzbedürfnis könnte jedoch zu bejahen sein, falls die Fachgerichte das Verfahren – vor allem bei Verfassungsbeschwerden gegen Normen – aussetzen können oder – so nach Art. 100 GG – müssen.

aa) Aussetzung durch Fachgerichte?

626 Die Fachgerichte müssen in diesen Fällen im Prinzip auch entscheiden. Ist bereits eine Verfassungsbeschwerde gegen die Norm anhängig, könnte man zwar daran denken, dass das Fachgericht schon aus Gründen der Prozessökonomie das bei ihm anhängige Verfahren nach den einschlägigen prozessualen Bestimmungen aussetzt, so dass in derartigen besonders gelagerten Fällen ein Rechtsschutzinteresse für die Verfassungsbeschwerde trotz des anhängigen gerichtlichen Verfahrens zu bejahen

---

944 BVerfGE 9, 89, 93 f.
945 Vgl. dazu Rn. 463 ff.
946 BVerfGE 34, 165, 180; 41, 88, 105; 51, 268, 279; 52, 223, 235.
947 BVerfGE 81, 138, 140; 83, 24, 29 f.
948 Vgl. dazu *Protz,* Verfassungsprozessuale Fragen der Verfassungsbeschwerde im Ausländer- und Asylrecht, ZAR 2002, 309 ff.
949 BVerfGE 74, 163, 172 f.
950 Dies ist von dem Zulässigkeitserfordernis des § 90 II BVerfGG zu trennen, da dort geprüft wird, ob der Beschwerdeführer auch andere Gerichte als das BVerfG hätte anrufen können; so *Umbach/Ruppert,* § 90, Rn. 95.

wäre. Dem steht aber entgegen, dass die Fachgerichte in erster Linie dazu berufen sind, im Rahmen ihrer Zuständigkeit bei Verfassungsverletzungen Rechtsschutz zu gewähren. Das grundsätzliche Erfordernis der Erschöpfung des Rechtswegs und das Prinzip der Subsidiarität der Verfassungsbeschwerde schließen es aus, das Rechtsschutzinteresse für die Verfassungsbeschwerde gegen eine Rechtsnorm trotz einer bei den Fachgerichten bestehenden Inzidentkontrolle grundsätzlich zu bejahen. Überall, wo kein Prüfungsmonopol des BVerfG besteht, also bei Rechtsverordnungen und Satzungen, fehlt es am Rechtsschutzinteresse für die Verfassungsbeschwerde, solange die Verfassungsmäßigkeit der Norm vor einem Fachgericht geprüft wird oder geprüft werden kann.

bb) Sonderfall: Art. 100 GG

Selbst bei Gesetzen im formellen Sinn fordert das BVerfG wegen der Subsidiaritätsregelung des § 90 II BVerfGG zunächst die Klärung durch die Fachgerichte, ob und in welchem Ausmaß ein Beschwerdeführer durch eine Regelung in seinen Rechten betroffen ist, und ob die Regelung mit der Verfassung vereinbar ist, um so die Anschauung der Fachgerichte kennenzulernen. **627**

Hält das Fachgericht die entscheidungserhebliche Norm für verfassungswidrig, so holt es nach Art. 100 I GG die Entscheidung des BVerfG ein. Verneint es dieses Ergebnis, ist es dem Beschwerdeführer unbenommen, gegen die Endentscheidung Verfassungsbeschwerde einzulegen. **628**

Darüberhinaus kann – wie oben dargelegt[951] – das Fachgericht in vorläufigen Rechtsschutzsachen, z.B. nach den §§ 935 ff. ZPO oder 80,123 VwGO, bei seiner Eilentscheidung ohne Bindung an Art. 100 GG von der Verfassungswidrigkeit der gesetzlichen Norm ausgehen, sodass eine Verfassungsbeschwerde gegen die gesetzliche Regelung wegen der Nichterschöpfung des Rechtswegs nach § 90 II BVerfGG unzulässig ist.[952] **629**

> **Kiesgewinnungsfall, BVerfG DVBl 1992, 1218:** *„Die Fachgerichte sind (...) durch Art. 100 GG nicht gehindert, schon vor der im Hauptsacheverfahren einzuholenden Entscheidung des Bundesverfassungsgerichts auf der Grundlage ihrer Rechtsauffassung vorläufigen Rechtsschutz zu gewähren, wenn dies nach den Umständen des Falles im Interesse eines effektiven Rechtsschutzes geboten erscheint und die Hauptsacheentscheidung dadurch nicht vorweggenommen wird."* **Beispiel 30**

d) Sachnächster Rechtsweg

Der Beschwerdeführer ist grundsätzlich verpflichtet, bei der Wahl zwischen mehreren möglichen Rechtswegen die behauptete Grundrechtswidrigkeit im jeweils mit dieser Beeinträchtigung unmittelbar zusammenhängenden Verfahren geltend zu machen.[953] Diese Pflicht zum sachnächsten Rechtsweg – z.B. statt einer Verfassungsbeschwerde eine Wahlprüfungsbeschwerde[954] – steht nicht zu seiner Disposition. **630**

> Hat jemand z.B. anfechtbare Bescheide bestandskräftig werden lassen, hätte ihm also gegen Verletzungsakte ein Rechtsweg zur Verfügung gestanden, so scheitert nunmehr eine Verfassungsbeschwerde gegen das Gesetz, das Grundlage für die Bescheide am fehlenden Rechtsschutzinteresse. Es fehlt aber auch, wenn der Beschwerdeführer einen überflüssigen (weil erkennbar aussichtslosen) Rechtsweg beschreitet.[955] **Beispiel 31**

---

951 Vgl. Rn. 951 ff.
952 Vgl. BVerfG DVBl 1992, 1218.
953 BVerfGE 31, 364, 368; 39, 276, 291; 40, 88, 94; 49, 325, 328; 50, 290, 320; 58, 124; 59, 63, 83; 68, 143, 151; *BVerfG* NJW 1976, 325.
954 BVerfGE 14, 154, 155; 28, 214, 218.
955 Vgl. nur BVerfGE 9, 3, 7; 10, 302, 308; 61, 319, 341; 78, 150, 160.

e) Andere Verfahren beim BVerfG

631   In der Regel fehlt oder entfällt das Rechtsschutzbedürfnis für eine Verfassungsbeschwerde nicht wegen anderer beim BVerfG anhängiger Verfahren, die denselben Gegenstand haben. Es können vor dem BVerfG mehrere Verfahren gleichzeitig anhängig sein, wie z.B. eine Richtervorlage nach Art. 100 GG und eine Verfassungsbeschwerde.[956]

f) Rechtskraft

632   Soweit in derselben Sache schon eine Entscheidung des BVerfG vorliegt, geht es dagegen nicht um das Rechtsschutzinteresse, sondern um die – möglicherweise – entgegenstehende Rechtskraft. Ist das BVerfG gezwungen, sich erneut mit derselben Sache zu beschäftigen, so darf es seine Selbstbindung durchbrechen, wenn neue Tatsachen vorgetragen werden oder sich die entscheidungserhebliche Rechtslage geändert hat. Zu den neuen Tatsachen gehört die Änderung der Verfassungswirklichkeit, der Rechtslage wie auch ein Wandel der allgemeinen Rechtsüberzeugung.

g) Besondere Entscheidungen

633   Bestimmten Entscheidungen der Gerichte kann das Rechtsschutzbedürfnis für eine Verfassungsbeschwerde i.d.R. abgesprochen werden, weil von ihnen keine besondere, selbstständige Beschwer ausgeht.

aa) Kostenentscheidung

634   Die allein aus der gerichtlichen Nebenentscheidung über die Verfahrenskosten folgende Belastung des Beschwerdeführers soll nicht ausreichen,[957] um das Rechtsschutzbedürfnis an einer Hauptsacheentscheidung über die Verfassungsbeschwerde zu begründen.[958] Das Kosteninteresse soll für die Fortdauer des Rechtsschutzinteresses nicht ausreichen.[959]

635   Die nachteiligen Kostenfolgen berühren nach dem BVerfG im Unterschied zu sonstigen Fällen, in denen das Rechtsschutzbedürfnis wegen der Folgewirkungen bejaht wurde, keine höchstpersönlichen Rechtsgüter, sondern lediglich die Vermögenssphäre. Auch im sonstigen Prozessrecht ist in den Erledigungsfällen allein das Kosteninteresse nicht ausreichend, um ein Rechtsschutzbedürfnis für eine Sachentscheidung zu begründen, was nicht ohne weiteres zu überzeugen vermag.

636   Etwas anderes gilt aber jedenfalls dann, wenn in bezug auf die Kostenentscheidung eine selbstständige verfassungsrechtliche Rüge erhoben wird, der behauptete Verfassungsverstoß sich also ausschließlich auf die Kostenentscheidung bezieht und die Entscheidung in der Hauptsache davon nicht berührt wird.[960]

bb) Strafverfahren[961]

637   Bei einer isolierten Verfassungsbeschwerde gegen erledigte prozessuale Eingriffe im Ermittlungsverfahren besteht im Regelfall ein Rehabilitierungsinteresse, wenn es sich um schwerwiegende Grund-

---

956 BVerfGE 30, 227, 240.

957 BVerfG NJW 2002, 2381.

958 BVerfGE 74, 78, 89 f.; 33, 247, 256 ff.; 39, 276, 292.

959 BVerfGE 50, 244, 248; BVerfG Beschl. v. 3.7.2006 – 1 BvR 1645/05.

960 BVerfGE 74, 78, 89 f.

961 Zum Folgenden vgl. auch für die Landesverfassungsgerichtsbarkeit, *Gärditz*, AöR Bd. 129 (2004) S. 584 ff., 596 f.

rechtseingriffe handelt[962] oder der Eingriff eine sonstige selbstständige Beschwer enthält.[963] Dies wird bei den speziellen Zwangsmaßnahmen im Ermittlungsverfahren häufig der Fall sein, da sie weitgehende Grundrechtseingriffe erlauben und sich zudem oft erledigen, bevor Rechtsschutz zu erlangen ist.[964]

Hingegen sind strafprozessuale Zwischenentscheidungen regelmäßig nicht isoliert mit der Verfassungsbeschwerde angreifbar, soweit nicht ausnahmsweise ein dringendes schutzwürdiges Interesse daran besteht, einen schwerwiegenden und selbstständigen Rechtsverlust abzuwenden, der im Rahmen einer Hauptsacheentscheidung nicht mehr korrigiert werden kann.[965]   **638**

Ist die Rechtsverletzung hingegen noch im Hauptsacheverfahren reparabel, scheidet eine Verfassungsbeschwerde aus. Ein Eröffnungsbeschluss nach § 203 StPO ist daher nicht isoliert angreifbar.[966] Gleiches gilt bei Beschlüssen, deren Aufhebung unmittelbare Auswirkungen auf den Gang des bundesrechtlich geregelten Strafverfahrens hätte (z.B. die Verteidigerbestellung, § 141, Trennung und Verbindung von Verfahren, § 4 StPO).   **639**

VII. Form

Die Einlegung der Verfassungsbeschwerde unterliegt bestimmten Formerfordernissen.   **640**

1. Schriftform

Gem. § 23 I 1 BVerfGG ist die Verfassungsbeschwerde schriftlich – eine Ausfertigung reicht[967] – einzureichen. Die Verfassungsbeschwerde kann per Telefax – nicht aber per E-Mail oder Telefon – eingelegt und begründet (also einschließlich der Unterlagen) werden. Voraussetzung ist die Unterschrift des Beschwerdeführers oder seines Prozessvertreters, z.B. seines Rechtsanwalts – es besteht aber kein Anwaltszwang[968] – unter dem Verfassungsbeschwerdeschriftsatz und die nachfolgende Übersendung der Originalverfassungsbeschwerde.   **641**

Aus der Beschwerdeschrift muss sich weiter der Beschwerdeführer ergeben. Bei natürlichen Personen sollten Name und Wohnsitz, auch der Rechtscharakter (z.B. GmbH, AG) sowie der Sitz und der Gegenstand der Betätigung – letztlich wegen der Problematik der Grundrechtsfähigkeit – angegeben werden.   **642**

Vor allem sind die angegriffenen Maßnahmen wie die den Beschwerdeführer belastenden Urteile mit Datum und Aktenzeichen etc. genau zu bezeichnen. Zudem ist gem. § 92 BVerfGG das verletzte Recht – z.B. das Grundrecht des Art. 2 I GG – anzugeben: **643**

---

962 Vgl. auch *BbgVerfGH* NJW 2003, 2009, 1010; *BerlVerfGH* StV 1999, 296, 297; NVwZ-RR 2002, 401, 403; NJW 2004, 593.
963 Vgl. auch *BbgVerfGH* NStZ-RR 2000, 185, 186.
964 BVerfGE 96, 27 ff.
965 Vgl. auch *BayVerfGH* NJW 2000, 3705; vgl. dazu auch oben Rn. 254; 369 – Beispiel 15.
966 Vgl. auch *BbgVerfG*, Beschl. v. 19.11.1998, VfGBbg 39/98 eA.
967 Es sollten jedoch der Verfassungsbeschwerde zwei Kopien beigefügt werden.
968 Es reicht nicht aus, dass ein Dritter die Verfassungsbeschwerde mit seiner Unterschrift versieht, es sei denn, er tritt als Prozessvertreter des Beschwerdeführers im Sinne des § 22 I BVerfGG auf, so BVerfGE 16, 190, 191.

Beispiel 32

Bundesverfassungsgericht
Schloßbezirk 3
76131 Karlsruhe
(oder
Postfach 1771, 76006 Karlsruhe
Telefax: 0721, 9101- 382[969])

Verfassungsbeschwerde
des Heilpraktikers Hans Müller
Günterstalstr. 31, 79102 Freiburg
Verfahrensbevollmächtigter: Rechtsanwalt Dr. Maier,
Kapellenweg 38, 79100 Freiburg

gegen
1. Urteil des BGH vom ... Az. ...,
zugestellt am ...
2. Urteil des OLG Karlsruhe vom ... Az. ...
3. Urteil des LG Freiburg vom ... Az. ...

Wegen: Schadensersatz,

Verletztes Grundrecht: Art. 103 I GG

Unter Vorlage auf uns lautender Vollmacht zeigen wir die Vertretung des Beschwerdeführers an. In seinem Namen legen wir gegen die eingangs genannten Entscheidungen Verfassungsbeschwerde ein.

Begründung

I.
Sachverhalt

II.
Rechtslage

1. Zulässigkeit
2. Annahmefähigkeit
3. Begründetheit

III.
Ergebnis

Unterschrift

2. Anträge

644 § 92 BVerfGG sieht keine ausdrücklich ausformulierten Anträge vor. Entscheidend ist allein, dass der Beschwerdeführer zum Ausdruck bringt, welches Antragsbegehren er hat, das wiederum zulässig sein muss.[970] Insoweit ist wiederum auf § 95 BVerfGG zu verweisen, der den Entscheidungstenor bei stattgebenden Entscheidungen und damit das zulässige Angriffsziel einer Verfassungsbeschwerde normiert.[971] Im Hauptfall der Urteilsverfassungsbeschwerde sollten vorsorglich alle den Beschwerdeführer möglicherweise in seinen Grundrechten verletzenden Entscheidungen der Gerichte und Behörden aufgeführt werden.

645 Zwei Beispiele möglicher Anträge seien hier angeführt:

- **Vorgehen gegen gerichtliche Entscheidungen**:
  1. Das Urteil des Oberlandesgerichts Karlsruhe vom 17.9.1998 – 16 U 265/64 – und der Beschluss des Bundesgerichtshofs vom 2.2.1999 – IV ZB 526/66 – verletzen das Grundrecht der

---

969 Die Telefonnummer lautet: 0721/9101-0.

970 Dies ist z.B. nicht der Fall bei einem Antrag auf Klärung abstrakter Rechtsfragen (BVerfGE 2, 139, 141) oder einem durch § 95 III BVerfGG nicht gedeckten Verpflichtungsausspruch (BVerfGE 55, 349, 364; 77, 137, 146, aber 167!).

971 Vgl. ausf. *Umbach/Starck*, § 95 Rn. 7 ff.; siehe auch *Sennekamp*, Tenorierung von BVerfG-Entscheidungen.

Beschwerdeführerin aus Art. 2 Abs. 1 des Grundgesetzes; sie werden aufgehoben. Die Sache wird an das Oberlandesgericht Karlsruhe zurückverwiesen.

2. Die Bundesrepublik Deutschland hat der Beschwerdeführerin die notwendigen Auslagen zu erstatten.

- **Vorgehen gegen ein Gesetz**:
   1. § 2 Abs. 3 Satz 2 Umsatzsteuergesetz (Mehrwertsteuer) vom 29. Mai 1967 (Bundesgesetzblatt I S. 545) ist mit dem Grundgesetz unvereinbar und nichtig.
   2. Die Bundesrepublik Deutschland hat den beschwerdeführenden Rundfunkanstalten die notwendigen Auslagen zu erstatten.

Letztlich muss ein Beschwerdeführer keine Zeit für eine Antragsformulierung verwenden. Sie ist vielfach ohnehin problematisch, zumal in der Beschwerdeschrift oftmals vorsorglich im Regelfall eine Reihe von behaupteten Verstößen angeführt wird in der Hoffnung, wenigstens mit einem der Argumente durchzudringen; die Entscheidungsformel wird jedoch meist nur eine seiner Grundrechtsrügen aufgreifen. **646**

Infolgedessen hat es wenig Sinn, beim Vorgehen gegen gerichtliche Entscheidungen (oder Verwaltungsakte etc.) einen Aufhebungsantrag auszuformulieren, der sich dann auch auf etwa vorausgehende Verwaltungsentscheidungen beziehen müsste. Ein solcher Antrag könnte regelmäßig doch nicht zum Inhalt der Entscheidungsformel werden. Es genügt hier, wenn die Entscheidungen genau bezeichnet sind und aus der Rüge spezifischer Rechtsverletzung deutlich wird, was der Beschwerdeführer begehrt. Ähnlich liegt es auch, wenn ein Handeln des Gesetzgebers, z.B. eine belastende Norm, in vollem Umfang angegriffen wird. **647**

3. Begründung

Gemäß §§ 23 I 2, 1. Hs., 92, 93 BVerfGG ist die Verfassungsbeschwerde nicht nur innerhalb der in § 93 BVerfGG festgelegten Frist einzulegen, sondern auch zu begründen. Erhöhte Anforderungen an die Begründungspflicht, welche über § 92 BVerfGG hinausgehen, ergeben sich aus der Annahmeregelung des § 93a BVerfGG.[972] **648**

a) Kürze

Ehe auf Einzelheiten zur Frage der Begründung der Verfassungsbeschwerde eingegangen wird, soll einem weit verbreiteten Irrtum vorgebeugt werden: Der Umfang einer Verfassungsbeschwerde hat mit ihrer inhaltlichen Qualität, erst recht mit ihren Erfolgsaussichten, im Regelfall nichts zu tun. Aus der Quantität darf nicht auf ihre Qualität geschlossen werden. Auch für die Begründung der Verfassungsbeschwerde gilt das Motto: In der Kürze liegt die Würze. **649**

Ausufernde Begründungen, welche sich vielfach auch in Gutachten finden, sind im Regelfall nur Ausdruck fehlender Kenntnis und Erfahrung des Bearbeiters, der durch diese Augenwischerei – falls er die Fragwürdigkeit seines Vorgehens überhaupt durchschaut – beim Mandanten Eindruck schinden und wohl auch das Honorar künstlich in die Höhe treiben will. Der erfahrene Verfassungsjurist weiß, auf welche Aspekte es im Verfassungsbeschwerdeverfahren nach Abschluss des fachgerichtlichen Verfahrens (noch) ankommt. Weitschweifige Darstellungen können zudem zur Unübersichtlichkeit der Verfassungsbeschwerde führen. Es besteht die Gefahr, dass die wesentliche „Stecknadel" nicht im „Heuhaufen" gefunden wird. **650**

In diesem Zusammenhang ist auch vor der unkritischen Verwendung von Textbausteinen zu warnen. Sie haben oftmals keinen Bezug zu dem konkret anstehenden verfassungsrechtlichen Problem.[973] Auch soweit es sich um abstrakte Darstellungen verfassungsrechtlicher Probleme handelt, sollte dar- **651**

---

972 Vgl. dazu oben § 5. Zum folgenden ausf. *Seegmüller*, DVBl 1999, 738 ff.
973 Vgl. *Hänlein*, AnwBl 1995, 116, 117.

auf weitgehend verzichtet werden, da sie ebenso wie die Judikatur dem BVerfG bekannt sind. Es ist im übrigen auch nicht Aufgabe des BVerfG, aus Bergen von Fax-Papier, gelegentlich Hunderten von Seiten, das zufällig darin verborgene Argument herauszufinden.[974]

652 Eine Beschwerdeschrift muss zwei Funktionen erfüllen: Sie muss den Streitgegenstand des Verfahrens bezeichnen und den (ausdrücklich oder konkludent gestellten) Antrag bzw. die Grundrechtsverletzung substantiiert begründen.

b) Bezeichnung

653 Durch die – vom bloßen Wortlaut des § 92 BVerfGG allein erfasste – Benennung des angegriffenen Hoheitsaktes und des als verletzt gerügten Grundrechts legt der Beschwerdeführer entsprechend der Dispositionsmaxime und in Konkretisierung des Antragserfordernisses des § 23 I 1 BVerfGG den „Streitgegenstand"[975] fest. Er ist von Bedeutung für den Umfang der Prüfung durch das BVerfGG wie auch die Senats- bzw. Kammerzuständigkeit. Bei Verletzung der Bezeichnungspflicht ist die Verfassungsbeschwerde nicht wirksam erhoben.[976]

aa) Bezeichnung des verletzten Rechts

654 Gem. § 92 BVerfGG ist in der Begründung das Recht, dessen Verletzung gerügt wird, zu bezeichnen. Aus dem systematischen Kontext ergibt sich, dass damit nur Grundrechte und grundrechtsgleiche Rechte (vgl. § 90 BVerfGG) gemeint sein können. Soweit verlangt wird die Bezeichnung des Rechts, das verletzt sein soll, ist zwar nicht erforderlich, dass der Bf. alle in Betracht kommenden Grundrechte ausdrücklich benennt.[977] Es bedeutet auch nicht, dass das als verletzt behauptete Recht mit der Artikel-, Absatz- und Satznummer des Grundgesetzes benannt oder grundrechtsdogmatisch genau bezeichnet werden müsste, so sehr dies wünschenswert ist. Eine ausdrückliche Benennung des als verletzt gerügten Grundrechtsartikels verlangt § 92 BVerfGG nicht.[978] Das verletzte Recht, d.h. der entsprechende Grundrechtsartikel, sollte (!) allerdings genannt sein. Aus dem Vortrag muss sich aber entnehmen lassen, inwiefern er sich durch den angegriffenen Hoheitsakt in seinen Rechten verletzt sieht.[979] Es darf nicht dem BVerfG überlassen bleiben, den Sachverhalt von Amts wegen nach allen Richtungen zu untersuchen.[980] Es reicht aber, dass er zumindest sinngemäß angeführt wird bzw. es genügt die Angabe oder Umschreibung dem Inhalt nach, dass also das angeblich verletzte Recht aus der Beschwerdeschrift bzw. dem Sachvortrag hinreichend deutlich wird.[981] Maßgeblich ist letztlich die Auslegung der Verfassungsbeschwerde, für welche auf das gesamte Vorbringen des Beschwerdeführers zurückzugreifen ist.[982]

655 Nicht ausreichend ist dagegen die allgemeine Erklärung, es werde Verfassungsbeschwerde erhoben.[983] Die Grenzen sind andererseits nicht ganz eindeutig zu ziehen. So hat das BVerfG beispielsweise für die Rüge von Art. 19 IV GG genügen lassen, dass der Beschwerdeführer die Verfassungsbeschwerde mit den Worten erhoben hat, „bei dem OLG Hamm bürgere sich eine Praxis ein, die die Vorschriften der §§ 23 bis 30 EGGVG überflüssig mache",[984] während die Behauptung des „Eingriffs

---

974 Vgl. BVerfGE 83, 216, 228.; vgl. auch BVerfGE 109, 279, 304 f.
975 Die Verwendung des Begriffs „Streitgegenstand" ist nicht ganz präzise, weil die Verfassungsbeschwerde kein kontradiktorisches Verfahren ist. Sie hat sich aber eingebürgert (vgl. nur BVerfGE 96, 345, 359).
976 Vgl. auch BVerfGE 109, 279, 304 f.
977 Vgl. BVerfGE 47, 182, 187; 59, 98, 101.
978 BVerfGE 47, 182, 187; 79, 174, 201; 84, 366, 369; 85, 214, 217; 91, 176, 181; 92, 158, 175.
979 BVerfGE 23, 242, 250; 79, 203, 209; 99, 84, 87; 108, 370, 386.
980 *BVerfG* DVBl. 2006, 503.
981 *BVerfG* DVBl. 2006, 503; BVerfGE 79, 174, 201; 84, 366, 369; 91, 176, 181; 85, 214, 217 m.w.N.
982 BVerfGE 79, 174, 201.
983 BVerfGE 27, 221; NJW 2001, 1413.
984 BVerfGE 21, 191, 193.

der Exekutive in ein schwebendes Verfahren" nicht ausreichte, weil sich daraus nicht ergebe, welches Grundrecht verletzt sein soll.[985]

Auch für die Angabe des Grundrechtsartikels gilt der Grundsatz „falsa demonstratio non nocet".[986] Wird daher in unzutreffender Weise ein Grundrecht als verletzt gerügt, obwohl eigentlich ein anderes Grundrecht verletzt ist, dann ist dieser Begründungsfehler i.d.R. unschädlich. **656**

> Wenn z.B. ein Ausländer die Verletzung des Art. 12 I GG rügt, obwohl dieses Grundrecht nur für Deutsche gilt, kann damit der Begründungspflicht des BVerfGG genügt werden, weil sich aus dem Vortrag zweifelsfrei ergibt, dass er sich in seiner Berufsfreiheit verletzt fühlt. Die Frage, ob persönlich eine Verletzung von Art. 12 GG überhaupt geltend gemacht werden kann, ist in diesem Kontext ohne Belang, denn die formalen Anforderungen, die an eine ordnungsgemäße Begründung gestellt werden, hat der Beschwerdeführer in jedem Fall erfüllt.[987] **Beispiel 33**

Die Auswahl der als verletzt benannten Grundrechte kann in zweierlei Weise von Bedeutung für den Verfahrensfortgang beim BVerfG sein: **657**

Zunächst betrifft dies den Prüfungsumfang. Das BVerfG kann zwar im Rahmen einer zulässig erhobenen Verfassungsbeschwerde grundsätzlich Verstöße gegen alle einschlägigen Verfassungsbestimmungen prüfen – also auch gegen solche, die in der Beschwerdeschrift nicht ausdrücklich oder wenigstens mittelbar benannt sind. Aus Gründen der Arbeitsökonomie entpflichtet es sich jedoch – in nicht immer einheitlicher Praxis – bezüglich der Auswahl des im konkreten Fall anzuwendenden Prüfungsmaßstabs und stellt die vom Beschwerdeführer ausdrücklich oder sinngemäß bezeichneten Grundrechte in den Mittelpunkt seiner verfassungsrechtlichen Prüfung. Der Erste Senat tendiert dahin, eine Prüfung nicht gerügter Grundrechte prinzipiell abzulehnen.[988] Vertretbar ist jedenfalls im Ergebnis nur eine Beschränkung des Prüfungsumfangs auf die vorgebrachten Rügen, wohingegen die korrekte Bezeichnung der einschlägigen Grundrechte und der Begründung ihrer Verletzung nicht von einer Prüfung tatsächlich einschlägiger Grundrechte entbindet entsprechend der erwähnten Nichtgeltung des Grundsatzes der falsa demonstratio. **658**

Des weiteren kommt den in der Beschwerdeschrift als verletzt bezeichneten Grundrechten unter dem Gesichtspunkt der Dezernatszuständigkeit Bedeutung zu. Nach dem Geschäftsverteilungsplan orientiert sich nämlich die Zuteilung einer Verfassungsbeschwerde an den nach dem Geschäftsverteilungsplan zuständigen Berichterstatter und damit auch an die für die Entscheidung über die Annahme zuständige Kammer häufig danach, welches Grundrecht schwerpunktmäßig betroffen ist. Letzteres wird im Regelfall anhand der in der Beschwerdeschrift erhobenen Grundrechtsrügen ermittelt, ohne dass jedoch dadurch dem Beschwerdeführer eine Möglichkeit erwachsen soll, mittels entsprechenden Vortrags die Zuständigkeitsverteilung nach seinem Willen zu steuern. **659**

Im Ergebnis kommt der treffsicheren Bezeichnung der jeweils einschlägigen Grundrechte somit eine nicht unerhebliche Bedeutung zu. Bei der Auswahl der als verletzt bezeichneten Grundrechte sollte daher mit größtmöglicher Sorgfalt vorgegangen werden, vom „Fallstrick" des Art. 103 I GG ganz abgesehen.[989] **660**

bb) Bezeichnung des Beschwerdegegenstands

Der Beschwerdeführer muss gemäß §§ 23 I 2 Hs. 1, 92 BVerfGG[990] darlegen, gegen welche Handlung oder Unterlassung von welchem Organ oder Behörde vorgegangen werden soll. **661**

---

985 BVerfGE 27, 211, 217.
986 Vgl. dazu *Felix/Jonas*, JA 1994, 343 ff., 345.
987 Vgl. auch *Felix/Jonas*, JA 1994, 343 ff.
988 Vgl. *Umbach/Heusch/Sennekamp*, § 93 Rn. 98 in eingehender Auseinandersetzung mit der abweichenden Praxis des 2. Senats.
989 Vgl. dazu Rn. 385 ff.
990 Vgl. nur BVerfGE 100, 313, 354; 102, 197, 210; 102, 254, 296; 103, 142, 150; 104, 65, 70.

662   Richtet sich die Verfassungsbeschwerde gegen Urteile oder Bescheide, sind diese regelmäßig durch Angaben zu Erlassdatum, Aktenzeichen und der jeweiligen Erlassbehörde bzw. dem urteilenden Gericht zu individualisieren.

663   Welche der verschiedenen Entscheidungen des Instanzenzuges zum Gegenstand der Verfassungsbeschwerde gemacht werden, richtet sich nach der Auslegung des Antrags des Beschwerdeführers. Die Auflistung am Eingang der Verfassungsbeschwerde oder im Antrag ist dabei nur ein Anhaltspunkt. Im Zweifel sind alle nachteiligen Entscheidungen vom Streitgegenstand umfasst, also z.B. nicht nur – wie in der Praxis nicht selten – die letztinstanzliche (Revisions-)Entscheidung.[991]

664   Wenn der Beschwerdeführer einzelne Entscheidungen im Laufe des Verfahrens nicht aufgehoben haben will, muss er dies ausdrücklich angeben, da im Zweifel alle Entscheidungen des Ausgangsverfahrens, gegen die ausdrücklich oder der Sache nach Grundrechtsrügen erhoben werden, auch zum Gegenstand der Verfassungsbeschwerde gemacht werden sollen.[992]

665   Im übrigen sollte – natürlich nur in dem für die Verfassungsbeschwerde relevanten, die Grundrechtsverletzung betreffenden Umfang – der Inhalt der angegriffenen Entscheidungen oder Maßnahmen wiedergegeben werden.[993] Dies kann z.B. durch (auszugsweise) Wiedergabe der Gründe der letztinstanzlichen Entscheidungen geschehen.

666   Wendet sich die Verfassungsbeschwerde gegen ein Gesetz, muss die konkret angegriffene Fassung, z.B. durch Benennung der Fundstelle im (Bundes-)Gesetzblatt, angegeben werden. Es sind die einzelnen Bestimmungen, durch welche sich der Beschwerdeführer in seinen Grundrechten als verletzt sieht, zu bezeichnen.[994] Sollen mehrere Normen in ihrem Zusammenspiel den Grundrechtsverstoß begründen, sind sie alle zu benennen.

667   Wird eine Unterlassung gerügt, richtet sich der Umfang der Bezeichnungspflicht nach dem Inhalt der behaupteten Handlungspflicht. Der Beschwerdeführer muss im Prinzip genau vortragen, wann, in welcher konkreten Situation, welches Staatsorgan welche Handlung hätte vornehmen müssen. Wird gerügt, der Staat habe mangels Schutzvorkehrungen eine Schutzpflicht verletzt, ist der angegriffene Hoheitsakt schon durch dieses Unterlassen hinreichend gekennzeichnet; die konkrete Maßnahme ist hingegen zu bezeichnen, wenn argumentiert wird, der Staat könne allein durch sie der Schutzpflicht genügen.[995] Wird die Nichtvorlage eines Verfahrens gerügt, ist anzugeben, an welche höhere Instanz das Fachgericht hätte vorlegen müsssen.

c) Substantiierungspflicht

668   Nach dem Wortlaut der §§ 92 f. BVerfGG wäre der Begründungspflicht bereits Genüge getan, wenn innerhalb der Frist des § 93 BVerfGG der angegriffene Hoheitsakt und das dadurch angeblich verletzte Recht bezeichnet würden.[996] In der Praxis sind die vom BVerfG für die Erfüllung der Begründungspflicht gem. §§ 23 I 2, 92 BVerfGG gestellten Anforderungen, deren Erfüllung von entscheidender Bedeutung für die Annahme der Verfassungsbeschwerde gem. § 93a BVerfGG sind, jedoch wesentlich höher. Es liegt hierzu eine umfangreiche Rechtsprechung der Senate und vor allem der Kammern vor.[997] Eine Verletzung der Substantiierungspflicht führt zur Unzulässigkeit der Rüge be-

---

991   Vgl. unter Rn. 257.
992   Vgl. BVerfGE 109, 279, 304.
993   BVerfGE 88, 40, 45; vgl. auch *BVerfG* NJW 2000, 2494.
994   BVerfGE 109, 279, 204.
995   BVerfGE 77, 170, 214 f.
996   Vgl. auch *BVerfG* NJW 2000, 2494.
997   Vgl. nur BVerfGE 77, 170, 214 ff.; 79, 203, 209; 79, 292, 301; 88, 273, 278; 99, 84, 87; 101, 331, 345 f.; 102, 147, 164; 102, 254, 296; 108, 370, 386 f.; 109, 256, 265 f.; 109, 279, 304 f.; NJW 2006, 751, 752; NVwZ-RR 2004, 2; NJOZ 2001, 1489.

züglich dieses Streitgegenstandes. Die jeweilige Zulässigkeitsvoraussetzung bzw. der getroffene Annahmegrund sind nicht gegeben.[998]

aa) Allgemein

Gefordert wird zur Erfüllung der Mitwirkungslast des Beschwerdeführers eine substantiierte Darlegung des als grundrechtsverletzend angesehenen Vorgangs[999], nach dem es jedenfalls möglich sein muss, dass die geltend gemachte Grundrechtsverletzung vorliegt.[1000] **669**

Auch diese Formulierung lässt aber den Umfang der Darlegungen, die vom Beschwerdeführer erwartet werden, noch nicht erkennen. Die Rechtsprechung dazu ist differenziert, vielfältig und nicht in allen Punkten einheitlich. Vor allem dient sie – unausgesprochen – häufig als Vorwand, um „unliebsame" Verfassungsbeschwerden zurückzuweisen. **670**

Auch die wissenschaftlichen Erörterungen zum Begründungszwang kommen meist nicht über Leerformeln und ein Verharren in „grauer Theorie" ohne nennenswerte praktische Relevanz hinaus. **671**

In der Praxis stellen sich hier weniger Probleme, wenn die Beschwerdeführer und ihre Bevollmächtigten den Sachverhalt in dem für die Verfassungsbeschwerde bzw. die gerügte Grundrechtsverletzung erforderlichen Umfang verständlich dargelegt und die Grundrechtsverletzung rational nachvollziehbar begründet haben. **672**

Verlangt wird eine substantiierte Darlegung fallrelevanter Zulässigkeitsvoraussetzungen und der Grundrechtsverletzung. In erster Linie sind die nach Verfassungsrecht und Verfassungsprozessrecht relevanten Tatsachen darzulegen. Dazu gehört nach § 23 I 2 Hs. 2 BVerfGG auch die Angabe der nötigen Beweismittel sowie nicht selten eine Auseinandersetzung mit der Rechtslage nach einfachem Recht und Verfassungsrecht. **673**

bb) Umfang

Die Substantiierungspflicht umfasst in jedem Fall die Rüge der Grundrechtsverletzung und damit die Beschwerdebefugnis sowie die Begründetheit der Verfassungsbeschwerde. Fraglich ist, in welchem Umfang sie auch für Fragen der Zulässigkeit gilt. **674**

(1) Tatsächlicher Bereich: Umfassende Sachverhaltsdarstellung

Die Substantiierungspflicht betrifft einmal den tatsächlichen Bereich. **675**

Die §§ 23 I 2, 92 BVerfGG verpflichten den Beschwerdeführer entsprechend seiner trotz der Geltung des Untersuchungsgrundsatzes – allerdings nur im Rahmen des Möglichen und Zumutbaren[1001] – bestehenden Mitwirkungslast zunächst und vor allem, den Sachverhalt substantiiert darzulegen, aus dem sich die Grundrechtsverletzung ergeben soll. Die Begründung ist aber auf das verfassungsrechtlich Relevante zu beschränken! **676**

Das BVerfG stellt i.d.R. keine eigenen Sachverhaltsermittlungen an. Es legt vielmehr den von den Fachgerichten ermittelten Sachverhalt zugrunde. Will der Beschwerdeführer dagegen von der fachgerichtliche Tatsachenermittlung oder –würdigung abweichen, dann wird er damit nur gehört, wenn er seinen abweichenden Sachvortrag mit einem fachgerichtlichen Angriff gegen die fachgerichtliche Tatsachenfeststellung verbindet.[1002] In der Regel können wegen § 90 II BVerfGG keine **677**

---

998 BVerfGE 105, 17, 29; 100, 313, 354; 85, 226, 233; 79, 1, 14 f.; 67, 157, 170; NJW 2003, 418 f.; 2001, 3770; 1992, 496; 1987, 1689.

999 BVerfGE 81, 208, 214. Oft ist auch von der Notwendigkeit einer schlüssigen (s. z.B. BVerfGE 15, 256 (261); 64, 301, 319 f.; BVerfGE 77, 170 (215) oder substantiierten und schlüssigen (BVerfGE 99, 84 (87); BVerfGE 94, 115, 147) Begründung die Rede.

1000 BVerfGE 17, 252 /258); 80, 137, 150; NJW 1993, 1969. – st. Rspr.

1001 Diese Schranke ist vor allem bedeutsam bei legislativen Tatsachen (vgl. *Umbach/Magen*, § 90 Rn. 34).

1002 Vgl. *Umbach/Magen*, § 90 Rn. 32; nur mit einer abweichenden Sachverhaltsfeststellung wird er nicht gehört (BVerfGE 83, 119, 125); vgl. auch *BVerfG* Beschl. v. 9.9.1999 – 2 BvR 13434/99 u. 2. BvR 1355/99.

neuen Tatsachen vorgetragen werden, welche bereits vor den Fachgerichten hätten vorgetragen werden können.[1003]

678 Der Vortrag muss im notwendigen Umfang konkret sein.[1004] Er muss subjektiv wahr sein; es dürfen also keine Tatsachen behauptet werden, die nach der eigenen Überzeugung unwahr sind.[1005] Er darf weiter nicht widersprüchlich sein; andernfalls fehlt es an der erforderlichen Substantiierung.[1006]

679 Den vom Beschwerdeführer erwarteten Umfang der Darlegungen zum Tatsächlichen erfasst man am besten, wenn man sich den Sinn und Zweck der in der Rechtsprechung entwickelten Darlegungsforderungen vor Augen führt: Sie zielen auf einen Vortrag, der dem Gericht eine Annahme gem. § 93a BVerfGG[1007] und Beurteilung des Falles – genauer wohl: eine Unterscheidung zwischen definitiver Spreu und vermutlichem Weizen – ohne Beiziehung der Akten ermöglicht.[1008] Um diesen Grundgedanken als Leitlinie zur Vergegenwärtigung der Begründungsanforderungen nutzen zu können, muss man sich klar machen, dass zum relevanten Sachverhalt nicht nur der Ausgangssachverhalt gehört, der dem fachgerichtlichen Verfahren zugrunde gelegen hat.[1009] Gegenstand der Prüfung und eventuellen Aufhebung durch das BVerfG sind die angegriffenen Entscheidungen, im Falle einer Sequenz von behördlichen und gerichtlichen Entscheidungen in erster Linie die angegriffenen gerichtlichen Entscheidungen.[1010] Diese Entscheidungen und ihr Zustandekommen bilden daher den wichtigsten Teil des Sachverhalts, dessen beurteilungserhebliche Elemente dem Gericht mitgeteilt werden müssen.

(2) Zulässigkeit

680 Da die Substantiierungspflicht auch bezweckt, dem Gericht, ohne u.U. aufwendige Beschaffung weiterer Informationen, die Beurteilung der Erfolgsaussichten der Verfassungsbeschwerde zu ermöglichen, ist es weiter unverzichtbar, kurz die Zulässigkeitsvoraussetzungen für eine Verfassungsbeschwerde zu erörtern. Dies ist schon sinnvoll im Hinblick auf die Selbstkontrolle des Rechtsanwalts bzw. seines Bevollmächtigten. Was lohnen schließlich umfangreiche Ausführungen zur Begründetheit, wenn die Verfassungsbeschwerde – z.B. wegen fehlender Aktivlegitimation des potenziellen Beschwerdeführers – unzulässig ist.

681 Man sollte daher – vgl. Beispiele im Anhang – kurz erörtern: Aktivlegitimation, Beschwerdegegenstand, Beschwerdebefugnis, Rechtswegerschöpfung und Frist. Soweit sich hier Probleme stellen, bedarf es einer sorgfältigen Prüfung.

1003 *BVerfG* Beschl. v. 11.10.2000 – 1 BvR 1236/00. Bei vorläufigen Rechtsschutzverfahren, in denen bekanntlich nur eine summarische Tatsachenprüfung erfolgt, werden Rügen, die sich auf das Hauptverfahren beziehen, nur unter den Voraussetzungen des § 90 II 2 BVerfGG geprüft (*BVerfG* NJW 2003, 418 f.).

1004 BVerfGE 102, 254, 296. Es muss auf alle relevanten Einzelheiten eingegangen werden.

1005 *BVerfG* NJW 2002, 955;

1006 *BVerfG* Beschl. v. 7.4.1998 – 2 BvR 253/96.

1007 Die Mitwirkungslast des Beschwerdeführers ist vor allem vor dem Hintergrund der Annahmebarriere zu sehen; vgl. auch *Umbach/Magen*, § 92, Rn. 24.

1008 Vgl. *BVerfG* Beschl. v. 18.2.1999 – 1 BvR 1840/98 ; Beschl. v. 9.12.1999 – 1 BvR 195/96.

1009 Das *BVerfG* verlangt im Rahmen von Annahmeentscheidungen immer wieder die Darlegung auch von Tatsachen, welche jenseits des unmittelbaren Kenntnisbereichs des Beschwerdeführers liegen (*BVerfG* NJW 2002, 1230, 1231: nachträgliche Akteneinsicht in verfahrensfremde Akten; *BVerfG* NJW 1998, 3264: Umweltpolitik und deren Reaktion auf wissenschaftliche Erkenntnisse; *BVerfG* NJW 1998, 3264: Frage, ob mit der angegriffenen Maßnahme bezweckten Einsparungen durch den Verwaltungsmehraufwand wieder aufgezehrt werden). Ähnliche Anforderungen hält das BVerfG bei Wahlprüfungsbeschwerden für angemessen (BVerfGE 89, 243, 249: Verwaltungsvorgänge der Wahlorgane; BVerfGE 89, 291, 299: Verwaltungsvorgänge des Bundeswahlleiters und des Bundeswahlausschusses).

1010 Richten Verfassungsbeschwerden sich gegen behördliche und bestätigende gerichtliche Entscheidungen, so wird im Erfolgsfall die Sache an ein zuständiges Gericht zurückverwiesen (§ 95 II BVerfGG); aufgehoben wird also nicht die angegriffene behördliche, sondern die bestätigende(n) gerichtliche(n) Entscheidung(en).

Die Spruchpraxis der Kammern – aber auch die Senatsrechtsprechung zu Gesetzesverfassungsbe- **682** schwerden mit dem Erfordernis der Substantiierung der eigenen, gegenwärtigen und unmittelbaren Betroffenheit[1011] – verlangt zu den wesentlichen verfassungsprozessualen Fragen eine Erörterung,[1012] soweit im Einzelfall Probleme bestehen. Es ist allerdings nicht abschließend geklärt, inwieweit zur ausreichenden Begründung einer Verfassungsbeschwerde über die Möglichkeit der Verletzung eigener Grundrechte hinaus auch die Einhaltung der weiteren Zulässigkeitsvoraussetzungen der Verfassungsbeschwerde dargelegt werden muss. Verlangt wird dies jedenfalls in Bezug auf die Wahrung des Gebots der Rechtswegerschöpfung: Aus der Begründung der Verfassungsbeschwerde muss erkennbar sein, dass der Rechtsweg erschöpft ist,[1013] und zwar jeweils bezüglich gerade derjenigen Rügen, die der Beschwerdeführer dem BVerfG unterbreitet.[1014]

(3) Annahme

Es empfiehlt sich darüber hinaus, dass – was aber unstreitig nicht zwingend ist[1015] – auch die Annah- **683** mefähigkeit gem. § 93a II BVerfGG – am besten zwischen Zulässigkeit und Begründetheit[1016] – erörtert wird. Es gibt nur vereinzelte Entscheidungen, in denen auf Annahmeaspekte – u.a. zur Begründung einer Missbrauchsgebühr – abgestellt wird.[1017] In jedem Fall sind Ausführungen zur Frage der existenziellen Betroffenheit, welche Voraussetzung eines besonders schweren Nachteils i.S.d. § 93a II b BVerfGG ist, sinnvoll.[1018]

(4) Grundrechtsverletzung

Der – über den Wortlaut des § 92 BVerfGG hinaus bestehende – Begründungszwang umfasst auch **684** und vor allem die geltend gemachte Grundrechtsverletzung.

Deren Erörterung dient der Selbstkontrolle des Beschwerdeführers und der Vermeidung aussichtslo- **685** ser bzw. substanzloser Verfassungsbeschwerden samt Missbrauchsgebühr wie auch dem Versuch, das BVerfG von der eigenen Rechtsansicht zu überzeugen, was vor allem bedeutsam ist, wenn eine Änderung der Rechtsprechung des BVerfG angestrebt wird.

Die entsprechenden Ausführungen sind einmal bei der Zulässigkeit bedeutsam, soweit es um die Be- **686** schwerdebefugnis geht, welche nur bei Darlegung der Möglichkeit der Verletzung in einem verfassungsbeschwerdefähigen Recht besteht. Erst recht sind sie entscheidend für die Begründetheit der Verfassungsbeschwerde, also die Frage, ob tatsächlich eine Grundrechtsverletzung vorliegt.

• Uneinheitliche Rechtsprechung

Die traditionelle Umschreibung der Darlegungslasten des Beschwerdeführers in der Senatsrechtspre- **687** chung weist dem Beschwerdeführer nur die Aufgabe der Darlegung des relevanten Sachverhalts zu. Das hat aber weitergehende Anforderungen in der Kammerpraxis in Richtung auf eine rechtliche Substantiierung nicht verhindern können. Lübbe-Wolff[1019] verweist zu Recht auf eine Passage aus der Entscheidung des Ersten Senats zum Opferentschädigungsgesetz, die der Sache nach an den

---

1011 BVerfGE 67, 157, 170; 79, 1, 14 f.; 85, 226, 233; 100, 313, 354; 105, 17, 19; vgl. auch aus der Kammerrechtsprechung *BVerfG* NVwZ 2001, 1261, 1262; 2002, 464; 2003, 467, 469. Kammerentscheidungen verlangen die Substantiierung der eigenen, gegenwärtigen und unmittelbaren Betroffenheit auch bei Urteilsverfassungsbeschwerden: *BVerfG* HFR 2003, 76 f.; in diese Richtung auch BVerfGE 98, 155, 171.
1012 *Henschel*, Zulässigkeit und Darlegungslast im Verfahren der Verfassungsbeschwerde, Fs. Simon, 1987, 95, 99.
1013 BVerfGE 5, 9 (10 f.).
1014 Urteil des Zweiten Senats vom 10.11.2004 – 2 BvR 581/01.
1015 Vgl. oben 230 f.
1016 Vgl. die Muster im Anhang.
1017 BVerfGE 89, 340 f. bemängelt, die Verfassungsbeschwerde zeige nicht auf, dass es um die grundsätzliche Klärung verfassungsrechtlicher Rechtsfragen gehe. *BVerfG* EuGRZ 1998, 694, 695 f. führt aus, der Beschwerdeführer sei zu einer nachvollziehbaren Darlegung der „Annahmewürdigkeit" verpflichtet und zwar bezogen auf alle Annahmegründe. Siehe auch *BVerfG* NJW 1999, 3479, 3480 (Missbrauchsgebühr).
1018 *BVerfG* NJW 1999, 3480; VIZ 2000, 209, 211.
1019 *Lübbe-Wolff*, AnwBl. 2005, 509 ff.; EuGRZ 2004, 669 ff.

Grundsatz „iura novit curia" erinnert, sich aber dem Wortlaut nach nur auf das Verfahrensrecht der einzelnen Gerichtszweige, nicht auf das Verfassungsprozessrecht bezieht und die geltenden Ausnahmen von diesem Grundsatz anerkennt; die Reichweite des Grundsatzes „iura novit curia" für das Verfassungsprozessrecht wird daher hier nicht ausdrücklich bestimmt.

688 Nicht wenige Entscheidungen gehen jedenfalls in mehr als problematischer Weise auch von einer Obliegenheit zu rechtlich-argumentativer Auseinandersetzung mit den angegriffenen Entscheidungen aus[1020], ohne dass rational nachvollziehbar der notwendige Grad der Erläuterung der behaupteten Grundrechtsverletzung näher bestimmt werden könnte. Zur Faustregel sollte man – so Lübbe-Wolff[1021] – sich machen, diejenigen Inhalte und Folgen der angegriffenen staatlichen Maßnahmen, deretwegen sie für grundrechtswidrig gehalten werden (Gesetzesinhalte, Begründungselemente angegriffener Gerichtsentscheidungen, Schwere/Unzumutbarkeit der Auswirkungen etc.) und die Gründe für diese Einschätzung möglichst genau zu spezifizieren.

• **Regelfall**

689 Auf eine Formel gebracht, muss der Beschwerdeführer im Regelfall, um dem Substantiierungserfordernis bei Verfassungsbeschwerden gerecht zu werden, innerhalb der Frist des § 93 BVerfGG so viel zu den Tatsachen und zur Rechtslage vorbringen, dass das BVerfG ohne weitere tatsächliche Ermittlungen (z.B. Anforderung von Akten, Beweiserhebung u.ä.) seine Entscheidung treffen kann. Die Auseinandersetzung mit der Rechtslage nach Verfassungsrecht ist dann unverzichtbar, auch wenn hier keine überzogenen Anforderungen gestellt werden (können), zumal kein Vertretungszwang besteht. Je offensichtlicher der Grundrechtsverstoß ist, desto geringer sind die Anforderungen an einen entsprechenden Vortrag.

• **Umfang**

690 Das BVerfG verlangt zur Begründung der Verfassungsbeschwerde, dass die Grundrechtsverletzung „hinreichend dargelegt", „hinreichend deutlich" gemacht oder „hinreichend substantiiert" vorgetragen worden ist.[1022] Es empfehlen sich daher – ungeachtet des Grundsatzes „iura novit curia" – detaillierte Erörterungen z.B. zum Schutzbereich, dem Eingriff und der Rechtmäßigkeit in – je nach Fall – formeller und materieller Hinsicht, soweit dies fallrelevant ist.

691 Es genügt nicht die Benennung des angeblich ein Grundrecht verletzenden Hoheitsakts. Vielmehr muss auch dargelegt werden, inwiefern der Hoheitsakt das in Rede stehende Grundrecht verletzen soll[1023] bzw. mit welchen verfassungsrechtlichen Anforderungen die angegriffene Maßnahme kollidiert.[1024]

692 Werden Verfahrensrechte oder verfahrensrechtliche Gehalte materieller Grundrechte gerügt, muss zur Beruhensfrage substantiiert vorgetragen werden, weil hier oftmals nicht offensichtlich ist, dass sich der Verfahrensverstoß im Ergebnis auch auf die Entscheidung ausgewirkt hat.

693 Dies hat das BVerfG zumindest im Fall des Art. 103 I GG ausdrücklich ausgesprochen. Danach muss der Beschwerdeführer für eine substantiierte Rüge der Verletzung rechtlichen Gehörs darlegen, was er im Ausgangsverfahren vorgetragen hätte, weil nur so das BVerfG prüfen kann, ob die angegriffene Entscheidung auf dem Verfassungsverstoß beruht.[1025] Wird z.B. eine Verletzung rechtlichen Gehörs (Art. 103 I GG) gerügt, etwa der Beschwerdeführer sei vom Gericht überrascht worden, dann muss in der Verfassungsbeschwerde über die Behauptung der Gehörsverletzung hinaus substantiiert dargelegt werden, was er bei ausreichender Gewährung rechtlichen Gehörs noch vorgebracht hätte, denn

---

1020 S. statt vieler *BVerfG* NVwZ 1998, 949 f., 949; NStZ 2000, 489 f., 490; NJW 2000, 3557, 3558; EuGRZ 2004, 807 f. S. auch, für die Behandlung von Verfassungsbeschwerden oder einzelnen Rügen innerhalb einer Verfassungsbeschwerde, die sich gegen gesetzliche Regelungen richten, als unzulässig wegen unzureichender rechtlich-argumentativer Darlegung, *BVerfG* NZA-RR 2005, 154 ff. *BVerfG*, NJW 2001, 2159 f.; *BVerfG*, NStZ-RR 2000, 281 f.

1021 Näher *Lübbe-Wolff*, AnwBl. 2005, 509 ff.; vgl. auch dies. EuGRZ 2004, 678.

1022 Vgl. nur BVerfGE 67, 90, 94; 28, 17, 19;

1023 BVerfGE 99, 84, 87.

1024 BVerfGE 108, 370, 386.

1025 St. Rspr.: BVerfGE 28, 17, 20; 77, 275, 281; 82, 236, 256 ff.; 91, 1 25 f.; 94, 1, 7; 105, 252, 264.

eine erkennbar folgenlose Verfassungsverletzung vermittelt keinen Anspruch auf eine Sachprüfung durch das BVerfG.[1026]

• Begründetheit

Im Mittelpunkt der zulässigen und annahmefähigen Verfassungsbeschwerde steht natürlich die Dar- **694** stellung ihrer Begründetheit. Gefordert wird vom Beschwerdeführer, dass er sich mit den angegriffenen Entscheidungen hinreichend auseinandersetzt.[1027] Zur notwendigen „Auseinandersetzung" mit den angegriffenen Entscheidungen gehört die Darlegung, inwiefern sie Grundrechte des Beschwerdeführers verletzen sollen.[1028] Von diesem Erfordernis entlastet auch die Vorlage der angegriffenen Entscheidung den Beschwerdeführer nicht. Bei ohne Weiteres ins Auge springenden Grundrechtsverstößen mag dieser Anforderung schon mit der Spezifizierung der Richtung, in der der Grundrechtsverstoß liegen soll, genüge getan werden.

• Einfaches Recht

Notwendig sein kann auch die Auseinandersetzung mit der Rechtslage nach einfachem Recht und **695** der fachgerichtlichen Interpretation, wenn die Grundrechtsverletzung davon abhängt.[1029] Voraussetzung ist jedoch, dass die auf „spezifisches Verfassungsrecht" beschränkte Verfassungsbeschwerde dies erfordert; schließlich ist das BVerfG kein „Superrevisionsgericht".[1030] Erforderlich ist bei Urteilsverfassungsbeschwerden eine Auseinandersetzung mit der angegriffenen Entscheidung und deren konkreter Begründung,[1031] soweit dies im Hinblick auf die verfassungsrechtlichen Maßstäbe geboten erscheint. Bei der Rüge der Verletzung des Willkürverbots wird vielfach eine detaillierte Auseinandersetzung mit dem einfachen Recht erforderlich sein; eine Beschränkung des Begründungszwangs ergibt sich aber daraus, dass die willkürliche Handhabung des einfachen Rechts offensichtlich sein muss.[1032]

Werden mehrere gesetzliche Bestimmungen gerügt, bedarf es einer detaillierten Auseinandersetzung **696** mit jeder Vorschrift.[1033] Sind mehrere Entscheidungen eines Instanzenzuges angegriffen, welche auf verschiedenen Gründen beruhen, dann muss sich die Verfassungsbeschwerde mit jeder Entscheidungen konkret auseinandersetzen.[1034]

cc) Erheblichkeitsproblem

Häufig wird – auch von Anwälten – übersehen: Einzelne verfassungsrechtlich nicht haltbare Entschei- **697** dungsgründe führen nicht dazu, dass die Entscheidung, die den eigentlichen Gegenstand der Verfassungsbeschwerde bildet, als grundrechtsverletzend aufzuheben ist. Wenn die Entscheidung auch noch von anderen Gründen getragen wird, bleibt sie vor der Fehlerhaftigkeit eines der Gründe unberührt.[1035] Es muss dargetan werden, dass die Entscheidung auf der gerügten Grundrechtsverletzung

---

1026 Vgl. *Hänlein*, AnwBl 1995, 116,118.

1027 S. statt vieler *BVerfG*, NStZ-RR 2000, 297; NJW 2000, 2417 f.; NJW 2000, 3557 f., 3588; NVwZ-RR 2000, 801; NVwZ 2001, 424; NVwZ 2001, 66 f., 679.

1028 BVerfGE 77, 170, 214 ff.; 79, 292, 301; 88, 273, 278; 99, 84, 87; 101, 331, 345 f.; 102, 147, 164.

1029 BVerfGE 92, 26, 37 f.; 101, 331, 345 f.; NVwZ 2001, 2159 für den Fall des Art. 14 GG.

1030 Vgl. zu dieser Problematik u.a. *Kenntner*, NJW 2005, 785.

1031 Vgl. BVerfGE 85, 36, 52; 88, 40, 45; 89, 1, 4 f.; 101, 331, 345; 105, 252, 264; NVwZ 2003, 1999; NVwZ 1998, 949.

1032 Vgl. dazu unter 820 ff.

1033 BVerfGE 102, 197, 210.

1034 BVerfGE 82, 43, 49; 86, 122, 127.

1035 Selbst wenn die angegriffene Entscheidung andere tragende Gründe, auf die sie verfassungsrechtlich unbedenklich gestützt werden kann, nicht enthält, wird die Verfassungsbeschwerde möglicherweise keinen Erfolg haben, wenn ohne Übergriff in die Primärkompetenz der Fachgerichte für die Auslegung und Anwendung des einfachen Rechts festgestellt werden kann, dass der Beschwerdeführer auch im Fall der Aufhebung und Zurückweisung der angegriffenen Entscheidung eine günstigere fachgerichtliche Entscheidung nicht würde erreichen können; in diesem Fall entsteht dem Beschwerdeführer durch die Nichtannahme der Verfassungsbeschwerde zur Entscheidung kein schwerer Nachteil, sodass bei fehlender grundsätzlicher Bedeutung die Annahmekriterien des § 93a II BVerfGG nicht erfüllt sind, s. z.B. *BVerfG* Beschl. v. 21.11.2000 – 1 BvR 2015/02.

beruht[1036] oder zumindest beruhen kann. Soweit sich die Entscheidung auf mehrere selbstständige Gründe stützt, muss die Verfassungsbeschwerde jede der tragenden Begründungen angreifen.[1037]

dd) Exzessive Anforderungen

698 Es kommt immer wieder vor, dass das BVerfG völlig überspannte Anforderungen an die Rechtsbegründung stellt, die durch nichts mehr sachlich zu rechfertigen sind und letztlich allein als Scheinrechtfertigung für eine eigentlich nicht begründete Ablehnung der Annahme dienen. Das Gericht „drückt" sich aus unterschiedlichsten Erwägungen vor einer Entscheidung. Als Beispiel seien nur die skandalösen Fälle des Frauenarztes Theissen oder aus dem Rotlichtmilieu sowie die Schwarzenberger-Entscheidung des EGMR genannt.[1038]

ee) Vorlage von Entscheidungen und Schriftsätzen

699 Zur ausreichenden Begründung einer Verfassungsbeschwerde gehört in der Praxis des BVerfG über den Wortlaut der §§ 23, 92 BVerfGG hinaus, dass sämtliche Unterlagen des fachgerichtlichen Verfahrens vorgelegt werden. Das Gericht ist auf die Unterlagen angewiesen, weil es zur Annahmeprüfung keine Akten beizieht. Es muss daher auf der Basis dessen entscheiden, was der Beschwerdeführer vorträgt und vorlegt. Die Bezugnahme auf Schriftstücke, die dem BVerfG nicht oder nicht rechtzeitig vorliegen, ist ebensowenig zulässig wie eine pauschale Verweisung auf früheres Vorbringen im fachgerichtlichen Verfahren.

(1) Entscheidungen

700 Es müssen bei der Urteilsverfassungsbeschwerde die angegriffenen Gerichtsentscheidungen – innerhalb der auch die Begründungspflicht umfassenden[1039] Beschwerdefrist des § 93 BVerfGG (!)[1040] – in vollständiger Kopie vorgelegt oder aber jedenfalls ihrem wesentlichen Inhalt nach derart mitgeteilt werden, dass das BVerfG beurteilen kann, ob die angegriffene Entscheidung mit dem Grundgesetz im Einklang steht. Die Vorlagepflicht ergibt sich mittelbar aus den §§ 23 I 2, 92 BVerfGG. Zwar spricht § 92 BVerfGG nur davon, der Beschwerdeführer müsse die Handlung, durch die er sich verletzt fühle, „bezeichnen". „Hinreichend substantiiert" ist der Vortrag eines Beschwerdeführers aber nur bei Vorlage der genannten Unterlagen. Dies gilt für alle Entscheidungen wie auch alle relevanten Schriftsätze, schon um Bedenken wegen des Subsidiaritätsgrundsatzes auszuräumen.[1041]

(2) Wiedergabe?

701 Die Senatsrechtsprechung lässt zwar ausdrücklich auch die schriftsätzliche Wiedergabe des beurteilungsrelevanten Inhalts der angegriffenen Entscheidungen genügen. Es soll genügen, dass zumindest deren Inhalt so wiedergegeben wird, dass es dem Gericht möglich ist, zu beurteilen, ob sie mit dem Grundgesetz vereinbar sind.[1042]

702 Diese Zulassung der Wiedergabe seitens des BVerfG ist jedoch in der Praxis irreführend.[1043] Es kann nur dringend angeraten werden, immer die maßgeblichen Entscheidungen und Schriftsätze in vollständiger Kopie mitzuschicken. Schließlich kann jedem bei der Frage, was beurteilungsrelevant ist,

---

1036 BVerfG NJW 2005, 3769.
1037 BVerfGE 105, 252, 264 f.
1038 Vgl. dazu *Lamprecht*, NJW 2000, 3543 f.; zust. *Umbach/Magen*, § 92, Rn. 49, Fn. 10 mit weiteren problematischen Entscheidungen unter Fn. 106. Zum Fall Schwarzenberger BRD: EGMR StraFO 2006, 406 ff.
1039 BVerfGE 5, 1.
1040 Vgl. auch *BVerfG* NJW 2000, 2494.
1041 Vgl. nur *BVerfG* NJW 2003, 418, 419; 2000, 3557.
1042 BVerfGE 88, 40, 45; 93, 266, 288. Aus der reichhaltigen Kammerrechtsprechung s. z.B. BVerfG WM 2005, 226-227 (Seite rechts). Vgl. auch Beschl. v. 18.2.1999 – 1 BvR 1840/98; 6.4.1999 – 2 BvR 1153/96. Die teilweise Wiedergabe der Entscheidung etwa im Tatbestand eines anderen Urteils oder in einem Schriftsatz aus dem Ausgangsverfahren reicht für eine hinreichend substantiierte Verfassungsbeschwerde keinesfalls.
1043 Sie sollte aufgegeben werden in Übereinstimmung mit *Umbach/Magen*, § 90 Rn. 40.

ein Fehler unterlaufen. Zudem gibt es Kammerrechtsprechung, die in besonderen Fällen Zusammenfassungen des Inhalts der angegriffenen Entscheidungen nicht für ausreichend oder sogar ausdrücklich allein die Vorlage für ausreichend hielten.[1044]

(3) Schriftsätze

Zwar hat die Entscheidung des Ersten Senats zum Opferentschädigungsgesetz[1045] ausdrücklich klargestellt, dass die Vorlage oder detaillierte inhaltliche Wiedergabe der Schriftsätze aus dem fachgerichtlichen Verfahren nicht prinzipiell Zulässigkeitsvoraussetzung der Verfassungsbeschwerde ist.[1046] Implizit wird dies auch in der Entscheidung des Zweiten Senats zum Global Positioning System bestätigt.[1047] **703**

Dennoch sollten grundsätzlich – zum Nachweis der Rechtswegerschöpfung und angesichts der Verpflichtung zu umfassendem Vortrag vor den Fachgerichten – auch die zumindest eigenen – Schriftsätze, vor allem gegenüber dem letztinstanzlichen Fachgericht, wie z.B. eine Berufungs- oder Revisionsbegründung beigefügt werden. Die Vorlage ist vor allem am Maßstab der rigideren Kammerrechtsprechung angeraten, welche höhere Anforderungen an die Darlegung des Nachweises der umfassenden Wahrung des Subsidiaritätsgrundsatzes stellt.[1048] Es muss mit Darlegungsanforderungen gerechnet werden, die sich über das Erfordernis der Rechtswegerschöpfung hinaus auf die Wahrung der Subsidiaritätn, also darauf beziehen, dass der Beschwerdeführer alle verfügbaren Möglichkeiten genutzt hat, um die gerügte Grundrechtsverletzung bereits im fachgerichtlichen Verfahren abzuwehren.[1049] **704**

> Wer z.B. rügt, die Grundsätze des fairen Verfahrens oder das Gebot des rechtlichen Gehörs seien verletzt, wird durch Schriftsätze und Protokolle substantiieren müssen, was entscheidungserheblich war, was dazu vorgetragen worden ist, und wie das Gericht diesen Vortrag behandelt hat. Der vorsichtige Beschwerdeführer wird dabei lieber des Guten zuviel tun.[1050] **Beispiel 34**

Von der sich ausbreitenden Sitte, die angegriffenen Entscheidungen und andere Anlagen der Beschwerdeschrift nicht als Anlagen, auf die Bezug genommen wird, beizufügen, sondern sie mit Hilfe von Kopiergerät oder Scanner unmittelbar in den Text der Beschwerdeschrift zu integrieren („Patchwork-Schriftsatz") wird z.T.[1051] abgeraten. Das Scannen ist als Arbeitshilfe nur insoweit sinnvoll, als es die Wiedergabe des für die Verfassungsbeschwerde Wesentlichen erleichtert. **705**

In vielen Fällen hat die Rechtsprechung auch die Vorlage oder zumindest die inhaltliche Wiedergabe anderer Dokumente, auf deren Kenntnis es für die Beurteilung des konkreten Falles ankam, für erforderlich gehalten; dies gilt zum Beispiel für Entscheidungen, auf die die angegriffene Entscheidung Bezug nahm, wie nicht mit angegriffene behördliche Ausgangsentscheidungen, vorinstanzliche Entscheidungen, Entscheidungen aus einem vorausgegangenen Eilverfahren, Gutachten u.ä.. **706**

1044 S. i.E. *Lübbe-Wolff*, EuGRZ 2004, 669 (680), m.w.N.

1045 BVerfGE 112, 50=NJW 2005, 1413; dazu *Linke* NJW 2005, 2190.

1046 *BVerfG* NJW 2005, 1413.

1047 *BVerfG* NJW 2005, 1338: In dieser Entscheidung wurde eine der Rügen des Beschwerdeführers gegen die angegriffene Entscheidung des Bundesgerichtshofs als unzulässig behandelt, weil weder durch Vorlage der Revisionsbegründungsschrift noch durch Wiedergabe ihrer wesentlichen Inhalte dargelegt war, dass der Beschwerdeführer die betreffende Rüge mit der Revision geltend gemacht und damit für diese Rüge den Rechtsweg erschöpft hatte. Trotz der hier vermerkten Nichtvorlage der Revisionsbegründungsschrift wurde die Verfassungsbeschwerde aber als zulässig hinsichtlich der anderen vorgebrachten Rügen angesehen.

1048 S. i.E. *Lübbe-Wolff*, EuGRZ 2004, 669 (681), m.w.N.

1049 Für die Rechtsprechung zu den diesbezüglichen Darlegungsanforderungen näher *Lübbe-Wolff*, EuGRZ 2004, 669 (681 f.).

1050 So *Zuck*, NJW 1993, 1310, 1311.

1051 Vgl. *Lübbe-Wolff*, EuGRZ 2004, 669 (681), m.w.N.

(4) Ordnung

707   Ausgangspunkt für die Überprüfung, ob die Begründungserfordernisse der §§ 23, 92 BVerfGG erfüllt sind, ist zunächst die vom Beschwerdeführer eingereichte Verfassungsbeschwerdeschrift selbst. Zusätzlich ist auch der Inhalt der vom Beschwerdeführer – innerhalb der Frist des § 93 BVerfGG[1052] – beigefügten Anlagen zu berücksichtigen, soweit darauf in der Beschwerdeschrift hinreichend deutlich Bezug genommen wird. Pauschale Verweise werden nicht berücksichtigt. Voraussetzung ist, dass sich aus der Beschwerdeschrift und den Anlagen „ein sinnvolles Ganzes" ergibt.[1053] Die Bezugnahmen müssen also so konkret sein, dass sich die entscheidenden Punkte ohne weiteres auffinden lassen.[1054]

708   So wenig im Fachgerichtsprozess ein Beweisantritt mit Hinweis auf Aktenkonvolute genügt (also z.B. ein Antrag auf „Beiziehung der Gerichtsakten"), so wenig wird der Vorlagepflicht genügt, wenn einfach die Verfahrensakten beigefügt werden. Der Beschwerdeführer muss sich schon der Mühe unterziehen, die für das Verfassungsbeschwerdeverfahren entscheidungserheblichen Aktenbestandteile herauszusuchen und sie seinem Vortrag, der aus sich heraus verständlich sein sollte, präzise zuzuordnen. Das macht im Einzelfall viel Arbeit, vor allem, weil man gezwungen ist, einfachrechtlich wie auch tatsächlich Unerhebliches von verfassungsrechtlich Wesentlichem abzugrenzen.

(5) Fristenproblem/Vorabübersendung

709   Ist absehbar, dass die Anlagen zur Verfassungsbeschwerde umfangreich sein werden, so dass sie unter Umständen nicht mehr innerhalb der Frist des § 93 BVerfGG beim BVerfG eingehen, dann kann es sich – wie oben dargelegt[1055] – empfehlen, die Unterlagen vorab an das BVerfG – mit einem kurzen Hinweisschreiben – zu schicken und die noch nicht fertiggestellte Verfassungsbeschwerde nachzusenden bzw. zu -faxen, was selbstverständlich innerhalb der Frist erfolgen muss.

710   An der Erfüllung der Vorlagepflicht fehlt es oftmals, so dass ein großer Teil der Verfassungsbeschwerden wegen – eigentlich vermeidbarer – Unzulässigkeit erfolglos bleibt.[1056] Wird in der in der Praxis nicht seltenen Hektik bei Einreichung der Verfassungsbeschwerde versäumt, die Anlagen, zu denen regelmäßig auch die angegriffene Entscheidung gehört, ebenfalls mitzusenden bzw. zu faxen, und gehen die Anlagen daher erst nach Fristablauf beim BVerfG ein, dann ist die Verfassungsbeschwerde unzulässig. Etwas anderes gilt nur dann, wenn die Entscheidungen ihrem wesentlichen Inhalt nach in der Verfassungsbeschwerde mitgeteilt oder der Beschwerdeführer sich damit hinreichend auseinandergesetzt hat. Den Richtern des BVerfG steht insoweit ein Beurteilungsspielraum zu; die Praxis – also ob großzügige oder restriktive Maßstäbe angelegt werden – ist bei den 16 Dezernaten des Gerichts nicht einheitlich.[1057]

d) Ergänzung der Beschwerdebegründung/Nachschieben von Gründen

711   Die Begründung einer den Anforderungen der §§ 23 I 2 1. Hs., 92 BVerfGG entsprechenden Verfassungsbeschwerde kann nach Ablauf der Fristen des § 93 BVerfGG in tatsächlicher und rechtlicher Hinsicht ergänzt werden.[1058] Dies gilt auch für eine Korrektur der Grundrechtsrügen, soweit es nur um deren Bezeichnung geht. Dies darf jedoch nicht dazu führen, dass nach Fristablauf ein neuer Antrag gestellt bzw. die Verfassungsbeschwerde auf neue Beschwerdegegenstände gestützt wird[1059]

1052 BVerfGE 24, 252, 258 f.; 28, 104, 111; 32, 365, 368; 47, 182, 187; 67, 213, 222; 78, 320, 327; 80, 257, 263. Unterlagen, die sich in anderen beim BVerfG anhängigen Verfahren müssen im Prinzip auch beigefügt werden (BVerfGE 8, 141, 143).
1053 Vgl. *Hänlein*, AnwBl 1995, 116, 117.
1054 BVerfGE 83, 216, 228.
1055 Vgl. Rn. 599.
1056 Vgl. zur Frage der Vorlage der Entscheidung als Zulässigkeitsvoraussetzung *Seyfarth*, ZRP 2000, 272.
1057 Vgl. *Seyfahrt*, ZRP 2000, 272, 273.
1058 BVerfGE 18, 85, 89; 65, 196, 209; 77, 275, 282; NJW 1993, 1969.
1059 BVerfGE 109, 279, 304 f.

oder ein neuer Sachverhalt zum Gegenstand der Verfassungsbeschwerde gemacht wird.[1060] Gleiches gilt für die Einführung eines neuen einfachrechtlichen Gesichtspunktes.[1061]

Demgegenüber ist eine Ergänzung bzw. ein Nachschieben von Gründen,[1062] also von selbstständigem und neuem Vortrag nur bei besonderen Fallkonstellationen zulässig, wenn z.B. der Beschwerdeführer vom BVerfG zur Beantwortung bestimmter Fragen aufgefordert oder ihm Gelegenheit zur Stellungnahme zum Vorbringen von Äußerungsbeteiligten gegeben wird. Gleiches gilt bei einer Änderung der Sach- oder Rechtslage. Erst recht kann die verfassungsrechtliche Begründung – z.B. zum einschlägigen Grundrecht – nach Fristablauf ergänzt und korrigiert werden. Die Rechtsprechung des BVerfG ist jedoch uneinheitlich. Der Zweite Senat geht davon aus, dass bei Zulässigkeit der Verfassungsbeschwerden „die angegriffenen Entscheidungen unter jedem in Betracht kommenden Gesichtspunkt auf ihre verfassungsrechtliche Unbedenklichkeit hin geprüft werden können."[1063] Der Erste Senat scheint hingegen rigider zu sein. **712**

> BVerfGE 23, 242,250: Hier war das BVerfG besonders rigide. Nach Fristablauf soll es bei der Rüge des Art. 3 I GG nicht zulässig sein, die Grundrechtsverletzung unter einem anderen Vergleichspaar geltend zu machen. **Beispiel 35**

VIII. Vertretung durch Prozessbevollmächtigte

> **§ 22   Prozeßvertretung** **713**
>
> *(1) Die Beteiligten können sich in jeder Lage des Verfahrens durch einen bei einem deutschen Gericht zugelassenen Rechtsanwalt oder durch einen Lehrer des Rechts an einer deutschen Hochschule vertreten lassen; in der mündlichen Verhandlung vor dem Bundesverfassungsgericht müssen sie sich in dieser Weise vertreten lassen. Gesetzgebende Körperschaften und Teile von ihnen, die in der Verfassung oder in der Geschäftsordnung mit eigenen Rechten ausgestattet sind, können sich auch durch ihre Mitglieder vertreten lassen. Der Bund, die Länder und ihre Verfassungsorgane können sich außerdem durch ihre Beamten vertreten lassen, soweit sie die Befähigung zum Richteramt besitzen oder aufgrund der vorgeschriebenen Staatsprüfungen die Befähigung zum höheren Verwaltungsdienst erworben haben. Das Bundesverfassungsgericht kann auch eine andere Person als Beistand eines Beteiligten zulassen.*
>
> *(2) Die Vollmacht ist schriftlich zu erteilen. Sie muß sich ausdrücklich auf das Verfahren beziehen.*
>
> *(3) Ist ein Bevollmächtigter bestellt, so sind alle Mitteilungen des Gerichts an ihn zu richten.*

Der außerordentliche Rechtsbehelf der Verfassungsbeschwerde verlangt grundsätzlich, dass der Beschwerdeführer selbst handelt, bei juristischen Personen also der gesetzliche Vertreter.[1064] Er kann sich jedoch vertreten lassen. **714**

1. Allgemeines

Eine Vertretung vor dem BVerfG ist grundsätzlich nur durch einen bei einem deutschen Gericht zugelassenen Rechtsanwalt oder durch einen Lehrer des Rechts an einer deutschen Hochschule zulässig, § 22 I 1 BVerfGG. Wird die Verfassungsbeschwerde durch einen Anwalt oder einen Lehrer des **715**

1060 BVerfGE 18, 85, 89; 30, 149, 152; 31, 145, 162; 81, 208, 214 f.; 84, 212, 223.
1061 BVerfGE 81, 208, 214 f.
1062 Vgl. *Lechner/Zuck*, BVerfGG, § 93 Rn. 9 ff.
1063 BVerfGE 17, 252, 258; 42, 312, 325f.; 70, 138, 162; 99, 100, 119.
1064 *BVerfG*`NJW 2001, 3326.

Rechts an einer deutschen Hochschule[1065] erhoben, so braucht der Prozessvertreter eine schriftliche – nicht nur per Fax erstellte – Vollmacht des Beschwerdeführers, § 22 BVerfGG.

716 § 22 II BVerfGG bestimmt, dass sich die – schriftlich erteilte – Vollmacht „ausdrücklich auf das Verfahren" beziehen muss. In der vorgelegten Vollmacht sollte daher explizit vermerkt sein „zur Durchführung des Verfassungsbeschwerdeverfahrens des ... betreffend ..." (o.ä.).

717 Eine „für alle Rechtsgeschäfte" ausgestellte Vollmacht erfüllt nicht die Voraussetzungen des § 22 II 2 BVerfGG und führt zur Unwirksamkeit der vom Vertreter erhobenen Verfassungsbeschwerde.[1066] Aus der Vollmacht muss natürlich auch hervorgehen, wem – Name und Anschrift – Vollmacht erteilt worden ist. Es reicht nicht aus, dass nachträglich festgestellt werden kann, „wer der als Vertreter des Beschwerdeführers Handelnde und ob er Rechtsanwalt ist". Dagegen schreibt § 22 II BVerfGG nicht vor, in welcher Form der Vorstand einer Vereinigung ein Mitglied für die Erhebung einer Verfassungsbeschwerde bevollmächtigt.

718 Gemäß § 22 I 4 BVerfGG kann das BVerfG auch eine andere Person als Beistand eines Beteiligten zulassen, wenn die Zulassung subjektiv notwendig und objektiv sachdienlich ist. Seitens des Beschwerdeführers ist jedoch darzulegen, dass es unzumutbar ist, sich durch eine der in § 22 I 1 BVerfGG genannten Personen zu vertreten zu lassen.[1067]

719 Man sollte im übrigen vermeiden, von einem „Gegner" zu sprechen, weil das Verfassungsbeschwerdeverfahren diese Parteirolle nicht kennt.

2. Nachweis

720 Das Vorliegen der Vollmacht muss auf Grund des Untersuchungsgrundsatzes vom BVerfG von Amts wegen nachgeprüft werden. Die Vollmacht kann auch nach Ablauf der gesetzlichen Frist des § 93 BVerfGG nachgereicht[1068] und sogar noch danach erteilt[1069] werden. Soweit sie nicht vorgelegt wird, wird die Verfassungsbeschwerde als unzulässig verworfen.[1070]

721 Im Regelfall wird auf das Fehlen der (Original-)Vollmacht im Schreiben des Gerichts hingewiesen, in dem der Eingang der Verfassungsbeschwerde bestätigt wird. Eine Frist wird dabei nicht gesetzt.

722 Es sollte seitens des Bevollmächtigten sichergestellt werden, dass die Vollmacht umgehend nachgereicht wird. Sie können schließlich nicht sicher sein, dass das BVerfG einen weiteren Hinweis vor der Zurückweisung erteilt, zumal es keine Frist setzt. Ein solches Verfahren entspricht zwar der Praxis aller anderen Gerichte und Behörden sowie einem vom BVerfG stets geforderten rechtsstaatlichen – fairen – Verfahren.

723 Die Hinweispflichten, welche das BVerfG von Dritten fordert, hält es jedoch nicht durchgehend in eigenen Verfahren für geboten, da es nicht ausgeschlossen ist, das es eine Verfassungsbeschwerde bei (auch versehentlicher) Nichtvorlage der Vollmacht kurzerhand nach einigen Monaten zurückweist.[1071] Diese rigide Praxis sollte abgestellt werden. Sie ist rechtsstaatlich nicht haltbar und kann zudem auch zu unnötigen Wiedereinsetzungsanträgen nach („voreiliger") Zurückweisung der Verfassungsbeschwerde führen. Wie bei anderen Gerichten üblich kann auch dem BVerfG „zugemutet" werden, zumindest einen zweiten Hinweis auf das Fehlen einer Vollmacht zu übermitteln.

1065 Dazu sollen Fachhochschullehrer nicht zählen, vgl. *BVerwG* NJW 1975, 2340.
1066 *BVerfG* NJW 2002, 428.
1067 *BVerfG* NVwZ 2003, 859; vgl. auch *BVerfG* NVwZ 2001, 795 L.
1068 BVerfGE 1, 433, 436.
1069 BVerfGE 50, 381, 383.
1070 BVerfGE 62, 194, 200.
1071 Vgl. nur *BVerfG*, Beschl. v. 30.9.2004 – 1 BvR 362/04.

3. Ende der Vollmacht

Die Vollmacht endet: **724**
- bei Tod des Bevollmächtigten, nicht aber bei Tod des Beschwerdeführers,
- durch Verlust der Postulationsfähigkeit, z.B. Verlust der Anwaltszulassung,
- durch Beendigung des Verfassungsbeschwerdeverfahrens,
- durch Widerruf, der nicht ausgeschlossen werden kann.

4. Umfang der Vollmacht

Der Umfang der Vollmacht für das Verfassungsbeschwerdeverfahren erstreckt sich auch auf alle die-   **725**
ses Verfahren betreffenden Rechtshandlungen, also etwa auch auf den Antrag auf Erlass einer einstweiligen Anordnung.

5. Mitteilungen/Zustellungen

Ist ein Bevollmächtigter bestellt, so erfolgen alle Mitteilungen des Gerichts an diesen.   **726**

<h1>§ 7</h1>

<h1>Urteilsverfassungsbeschwerde</h1>

727 Im Regelfall richten sich Verfassungsbeschwerden – bedingt durch die Subsidiaritätsregelung des § 90 II BVerfGG – gegen gerichtliche Entscheidungen, vor allem Urteile und Beschlüsse. Eine Erfolgsaussicht besteht nur dann, wenn sie zulässig, annahmefähig und vor allem begründet sind. Die Begründetheit von Verfassungsbeschwerden am Beispiel der in der Praxis bedeutsamsten Variante der Urteilsverfassungsbeschwerde ist Gegenstand des folgenden Kapitels.[1072] Die folgende Darstellung muss sich angesichts der Zielsetzung dieses Handbuchs auf einen kurzen Überblick über die für die Begründetheitsprüfung maßgeblichen Aspekte beschränken (dazu unter I). Für die Urteilsverfassungsbeschwerde wesentliche Einzelfragen werden anschließend (unter II ff.) ausführlich erläutert.

<h2>I. Überblick zur Begründetheitsprüfung von Verfassungsbeschwerden</h2>

728 Die Verfassungsbeschwerde ist begründet, wenn – was in der Beschwerdeschrift darzulegen ist [1073] – ein Grundrecht oder ein grundrechtsgleiches Recht verletzt ist.

1. Prüfungsumfang/-maßstab[1074]

729 Ist eine Verfassungsbeschwerde überhaupt zulässig, nimmt das BVerfG eine umfassende Prüfungsbefugnis für sich in Anspruch,[1075] da es die Verfassungsbeschwerde doppelfunktional nicht nur als Mittel des subjektiven, sondern auch des objektiven Rechtschutzes bzw. Verfassungsrechts ansieht.[1076]

730 BVerfGE 42, 312, 325[1077]: *„Nachdem die Verfassungsbeschwerde zulässig ist, ist das BVerfG bei der materiell-rechtlichen Prüfung nicht mehr darauf beschränkt zu untersuchen, ob eine der gerügten Grundrechtsverletzungen vorliegt. Es kann die verfassungsrechtliche Unbedenklichkeit des angegriffenen Urteils vielmehr unter jedem in Betracht kommenden verfassungsrechtlichen Gesichtspunkt prüfen.“*

731 Prüfungsmaßstab im Verfassungsbeschwerdeverfahren ist das gesamte Grundgesetz.[1078]

732 Keinen Maßstab im Verfahren der Verfassungsbeschwerde bilden demgegenüber die internationalen Grundrechte, die in der EMRK und den Zusatzprotokollen verbürgten Menschenrechte, die Grundrechte in den Landesverfassungen oder das Recht der EU.[1079]

1072 Zur Urteilsverfassungsbeschwerde vgl. u.a. *Bogs* (Hrsg.), Urteilsverfassungsbeschwerde zum Bundesverfassungsgericht, 1999.

1073 Vgl. dazu oben Rn. 648 ff.

1074 Vgl. *BVerfG* FamRZ 2005, 1895; BVerfGE 100, 214, 222.

1075 Vgl. *Müller-Franken*, DÖV 1999, 590.

1076 Vgl. schon oben Rn. 132; siehe auch *BVerfG* 45, 63, 74; 79, 365, 367.

1077 Im konkreten Fall ging es um ein Kirchengesetz der Bremischen Landeskirche, wonach ein Pfarrer für die Dauer der Ausübung eines Abgeordnetenmandats als beurlaubt gilt.

1078 Dies gilt auch dann, wenn z.B. bei – wie Art. 5 III GG – vorbehaltlosen Grundrechten der Grundrechtseingriff nur durch kollidierendes Verfassungsrecht wie kollidierende Grundrechte Dritter oder andere mit Verfassungsrang ausgestattete Werte gerechtfertigt werden kann.

1079 Vgl. dazu ausf. § 1.

a) Grundrechte

Vorrangiger Prüfungsmaßstab sind die vom Beschwerdeführer gerügten Grundrechte. **733**

Das BVerfG hat aber auch die Möglichkeit, die Begründetheitsprüfung einer Verfassungsbeschwerde **734**
auf nicht ausdrücklich als verletzt gerügte Grundrechte des Beschwerdeführers wie auch Dritter zu
erstrecken.[1080]

b) Sonstiges Verfassungsrecht

Das BVerfG kann die angegriffenen Akte von Amts wegen unter jedem verfassungsrechtlichen Ge- **735**
sichtspunkt prüfen. Es prüft daher auch ihre Vereinbarkeit mit sonstigem Verfassungsrecht, insbesondere dem institutionellen Verfassungs- und Staatsorganisationsrecht. Jeder Eingriff in Grundrechte –
wie vor allem Art. 2 I GG – ist nur zulässig, soweit er durch die verfassungsmäßige Ordnung gedeckt
ist, also nicht gegen Verfassungsgrundsätze wie z.B. das Rechtsstaatsprinzip oder verfassungsrechtliche Kompetenz- oder Verfahrensvorschriften verstößt.

Eine Verletzung des Art. 12 I GG kann z.B. auch darin liegen, dass gegen das Rechtsstaatsgebot,[1081] die Kompetenzordnung[1082] oder gegen Art. 72 II GG[1083] verstoßen worden ist.	**Beispiel 36**

Nicht nur die vom Gesetzgeber zur Rechtfertigung des Eingriffs erwogenen, sondern auch andere, **736**
den Eingriff möglicherweise rechtfertigende Gesichtspunkte werden vom BVerfG geprüft.[1084]

c) Verletzung „spezifischen Verfassungsrechts"

Die Kontrollkompetenz des BVerfG ist – dazu ausführlich unten – beschränkt. Nur bei einer Verlet- **737**
zung von „spezifischem Verfassungsrecht" durch die Gerichte kann das BVerfG auf Verfassungsbeschwerden hin eingreifen.[1085]

Die Gestaltung des Verfahrens, die Feststellung und Würdigung des Sachverhalts und die Auslegung **738**
und Anwendung des einfachen Rechts sind allein Sache der anderen Gerichte und der Prüfung
durch das BVerfG entzogen.

Der Prüfungsumfang des BVerfG beschränkt sich im Wesentlichen auf Fälle der Grundrechtsverken- **739**
nung, Willkür und Verfahrensgrundrechte.

2. Grundrechtsgeltung, Art. 1 III GG

Die Verfassungsbeschwerde ist nur begründet, falls die Grundrechte im Verhältnis Beschwerdeführer **740**
und Beschwerdegegner überhaupt gelten. Es kann sich in Ausnahmefällen die Frage der Grundrechtsbindung stellen. Nach Art. 1 III GG sind an die Grundrechte gebunden Gesetzgeber, vollziehende Gewalt und Rechtsprechung. In der Praxis der Verfassungsbeschwerde bestehen hier meist
keine Probleme, da wegen § 90 II BVerfGG in der Regel gerichtliche Entscheidungen Angriffsgegenstand sind, bei denen eine Grundrechtsbindung außer Frage steht. Nichts anderes gilt bei Gesetzen.

1080 Vgl. BVerfGE 71, 202, 204; Beschl. vom 23.09.2005, 2 BvR 2441/04; krit. *Kube*, DVBl. 2005, 721.
1081 BVerfGE 9, 83, 87 f.
1082 BVerfGE 13, 181, 190.
1083 BVerfGE 13, 237, 239; vgl. auch BVerfGE 42, 312, 325 f.
1084 Vgl. auch *Cremer*, NVwZ 2004, 668; krit. *Wersmann*, NVwZ 2000, 1360.
1085 BVerfGE 18, 85, 92.

741   Der Staat ist auch dann an die Grundrechte gebunden, wenn er privatrechtlich handelt (Fiskalgeltung der Grundrechte).[1086] Eine – im Einzelnen jedoch umstrittene – (mittelbare) Drittwirkung der Grundrechte kommt auch in privatrechtlichen Beziehungen in Betracht.[1087]

3. Einschlägige Grundrechte

742   Grundsätzlich besteht ein lückenloser Grundrechtsschutz. Zu prüfen ist, ob nach Wirkung oder Zielsetzung der angegriffenen Maßnahmen spezielle Grundrechte möglicherweise betroffen sind. Zu ermitteln sind die schwerpunktmäßig einschlägigen Grundrechte. Sofern kein spezielles Grundrecht betroffen ist, kommt eine Verletzung des Auffanggrundrechts des Art. 2 I GG in Betracht. Es stellt sich hier die Problematik der Grundrechtskonkurrenz[1088] und damit das Problem, welches von mehreren, auf den ersten Anschein einschlägigen Grundrechten im konkreten Fall tatsächlich berührt ist.

a) Normative Konkurrenz

743   In Betracht kommen kann eine normative Konkurrenz, und zwar im Regelfall eine Idealkonkurrenz, im Ausnahmefall eine Gesetzeskonkurrenz.

744   Unter normativen Aspekten wird zwar Art. 2 I GG durch speziellere Freiheitsrechte, wie z.B. Art. 5 I 1 GG, verdrängt;[1089] gleiches gilt im Verhältnis des Art. 3 I GG zu speziellen Gleichheitssätzen wie z.B. Art. 5 III GG. Außerhalb dieser beiden Grundrechte ist jedoch eine „Gesetzeskonkurrenz" nur unter ganz engen Voraussetzungen anzunehmen, wenn sich die Schutzbereiche wie „zwei konzentrische Kreise" verhalten, also die Lebenssachverhalte, die dem Schutzbereich des einen Grundrechts unterfallen, zugleich den Tatbestand des anderen Grundrechts erfüllen. Im Zweifel besteht in rechtlicher Hinsicht und zwar selbst bei Schrankendivergenz – z.B. im Verhältnis der u.a. in Art. Art. 5 III GG verbürgten Wissenschaftsfreiheit und der Berufsfreiheit des Art. 12 I GG – Idealkonkurrenz.

b) Sachverhaltsspezialität

745   Wenn auch in rechtlicher Hinsicht eher von einer „Idealkonkurrenz" statt von einer „Gesetzeskonkurrenz" verschiedener Grundrechte auszugehen ist, so ist im konkreten Fall von größerer Bedeutung die Prüfung des Vorliegens einer faktischen Spezialität. Zu untersuchen ist, ob ein Grundrecht den Vorrang erhält, weil es „die stärkere sachliche Beziehung zu dem zu prüfenden Sachverhalt hat und sich deshalb als der adäquate Maßstab erweist."[1090]

746   Es ist daher sorgfältig zu prüfen, welches Grundrecht nach Zielsetzung und Wirkung der staatlichen Maßnahme in erster Linie betroffen ist.

Beispiel 37   Im Falle einer Verhaftung ist es z.B. Art. 2 II 2 GG (i.V.m. Art. 104 GG), nicht aber sind es – im Regelfall – andere Grundrechte wie z.B. Art. 4 I, 5 III oder 6 I GG, selbst wenn es sich bei dem Verhafteten um einen verheirateten, künstlerisch tätigen Menschen handelt, der auch noch praktizierender Gläubiger ist und der auf Grund der Verhaftung von den entsprechenden Grundrechten nur noch mehr als eingeschränkt Gebrauch machen kann. Hingegen kommen bei der Versagung einer von einem Architekten

---

1086 Im Einzelnen jedoch str., vgl. etwa _Pieroth/Schlink_, Rn. 164 ff.
1087 Vgl. dazu nur _Pieroth/Schlink_, Rn. 173 ff.
1088 Vgl. dazu u.a. _Pieroth/Schlink_, Rn. 337 ff.
1089 Die seit BVerfGE 6, 32 weit zu verstehende allgemeine Handlungsfreiheit des Art. 2 I GG ist schon dann einschlägig, wenn ein Verhalten in den Regelungs-, aber nicht in den Schutzbereich eines Grundrechts fällt, wie z.B. bei einer nicht durch Art. 8 I GG geschützten unfriedlichen Versammlung (str.).
1090 BVerfGE 13, 290, 296.

beantragten Genehmigung für die Errichtung eines künstlerisch bedeutsamen Rundbaus auf eigenem Grundstück neben Art. 14 I GG die Grundrechte der Art. 12 und 5 III GG in Betracht.[1091]

4. Grundrechtsverletzung bei Freiheitsrechten

Eine Grundrechtsverletzung liegt vor, wenn rechtswidrig in den Schutzbereich eines Grundrechts eingegriffen wird. **747**

a) Schutzbereich

Die verschiedenen Grundrechte gelten verschiedenen Lebensbereichen. Ob eine Maßnahme in den persönlichen wie sachlichen Schutzbereich eines Grundrechts fällt, ist durch Auslegung zu ermitteln. Die Bestimmung hat unter Heranziehung der normalen juristischen Auslegungsmittel zu erfolgen. Zu nennen sind u.a. **748**

- **Wortlaut:** Eine „Meinung" im Sinne von Art. 5 I 1 GG ist in erster Linie ein Werturteil,[1092] so dass Tatsachenbehauptungen nicht ohne Weiteres darunter fallen.[1093]
- **Geschichte:** „Wohnung" in Art. 13 I GG soll nach dem BVerfG[1094] auch Geschäftsräume umfassen, wobei auf die Belgische Verfassung von 1832 verwiesen wird.
- **Genese:** Die Entstehungsgeschichte des Art. 11 GG spricht – wie die Geschichte – gegen die Einbeziehung von Ausreise und Auswanderung in den Schutzbereich von Art. 11 GG.[1095]
- **Systematische Stellung** bzw. **Zusammenschau mit anderen Grundrechten** und sonstigen Verfassungsbestimmungen.[1096] Aus dem Nebeneinander von Art. 4 I und 5 I GG ergibt sich, dass unter religiösem Bekenntnis nicht einfache religiöse Meinungen zu verstehen sind. Aus der Unterscheidung zwischen Freizügigkeit und Passwesen in Art. 73 Nr. 3 GG kann für Art. 11 GG hergeleitet werden, dass in seinen Schutzbereich nicht die Ausreisefreiheit fällt.[1097]

Da Schutzbereich wie Eingriff aufeinander bezogen sind, muss gelegentlich der Schutzbereich schon mit Blick auf den Eingriff bestimmt werden. So bringt Art. 8 I GG schon im Normtext zum Ausdruck, dass die Versammlungsfreiheit u.a. gegen Anmeldungs- und Erlaubnispflichten schützen soll.[1098] **749**

b) Eingriff

Eine Grundrechtsverletzung kommt nur in Betracht, wenn in rechtserheblicher Weise in das Grundrecht eingegriffen wird. In der Praxis ist die Grenze zwischen einem Eingriff und sonstigem grundrechtlich nicht relevanten Verhalten schwer zu ziehen.[1099] Allgemeine Formeln und Begriffe können nicht darüber hinwegtäuschen, dass die Abgrenzung stark von der Wertung der Umstände des Einzelfalls abhängt. **750**

1091 Vgl. auch *BVerwG* NVwZ 1991, 983.
1092 BVerfGE 61, 1, 8; 65, 1, 41.
1093 Das BVerfG (E 61, 1, 9; 85, 1, 15) geht von einem weiten Meinungsbegriff aus. Danach fällt eine Äußerung, die durch die Elemente der Stellungnahme, des Dafürhaltens geprägt ist, auch dann in den Schutzbereich des Art. 5 I 1 GG, wenn sich diese Elemente, wie häufig, mit Elementen einer Tatsachenmitteilung oder -behauptung verbinden oder vermischen. Nur Tatsachenbehauptungen, welche – wie z.B. statistische Erhebungen – weder mit der Bildung von Werturteilen noch für die Bildung von Meinungen relevant sind, fallen aus dem Schutzbereich des Art. 5 I 1 GG heraus (BVerfGE 65, 1, 41).
1094 BVerfGE 32, 54, 68 ff.; 76, 83, 88.
1095 Vgl. *Pieroth/Schlink*, Rn. 798 m.w.N.
1096 Vgl. *Hoffmann/Riem*, Staat 2004, 203, 229; *Volkmann*, JZ 2005, 261, 267; *Pieroth/Schlink*, Rn. 230.
1097 Vgl. auch BVerfGE 6, 32, 35; 72, 200, 245; *BVerwG* NJW 1971, 820.
1098 Vgl. *Pieroth/Schlink*, Rn. 236 f.
1099 Vgl. auch *Pieroth/Schlink*, Rn. 245.

aa) Begriff

751   Ein Eingriff ist stets dann gegeben, wenn dem Einzelnen ein Verhalten, das vom Schutzbereich eines Grundrechts umfasst ist, durch den Staat verwehrt wird,[1100] indem es ganz oder teilweise unmöglich gemacht bzw. wesentlich erschwert wird, gleichgültig, ob diese Wirkung final oder unbeabsichtigt, unmittelbar oder mittelbar, rechtlich oder tatsächlich (faktisch), mit oder ohne Befehl und Zwang erfolgt.[1101]

bb) Einzelheiten

752   In jedem Fall muss die Wirkung der Maßnahmen von einem zurechenbaren Verhalten der öffentlichen Gewalt ausgehen.[1102]

753   Bei Adressaten kommt eher ein Eingriff in Betracht als bei Nichtadressaten eines Staatshandelns. Drittbetroffene können jedoch eine Grundrechtsverletzung rügen wenn sie durch den fraglichen Akt selbst beschwert werden in Grundrechtspositionen; es muss eine hinreichend enge Beziehung zu dem Akt bestehen.[1103]

754   Erforderlich ist eine rechtserhebliche Beeinträchtigung, nicht ausreichend ist eine bloße Bagatelle oder Belästigung, wie z.B. die Zusendung einer postfremden Werbebeilage zusammen mit dem Postgirokontenauszug.[1104]

755   Ein Eingriff kommt auch in Betracht bei einem informalen Verwaltungshandeln, z.B. durch negative öffentliche Äußerungen, Hinweise und Warnungen des Staates und die gezielte Förderung privater Einrichtungen im Hinblick auf als gefährlich erachtete Produkte[1105] oder sektiererisch gehaltene Gruppen.[1106]

c) Rechtfertigung von Grundrechtseingriffen

756   Falls der Schutzbereich berührt ist und ein rechtserheblicher Eingriff vorliegt, dann stellt sich weiter die Frage nach seiner Rechtfertigung. Der Eingriff ist gerechtfertigt, wenn er sich im Rahmen der für das Grundrecht geltenden Schrankenregelung bewegt.[1107] Er könnte rechtswidrig sein, weil das die Grundrechtswirkung einschränkende Gesetz oder seine Anwendung rechts- bzw. verfassungswidrig ist.[1108]

757   Zu prüfen sind im Regelfall gem. der vom BVerfG zu einem großen Teil praktizierten Zweistufigkeit des Prüfungsvorgangs zwei Aspekte:

- **Verfassungsmäßigkeit des Gesetzes** (formell: Gesetzgebungskompetenz, Vorbehalt des Gesetzes; materiell: ggf. besondere Anforderungen im Einzelnen Grundrecht, Verhältnismäßigkeit);
- **Verfassungsmäßigkeit der Auslegung der Norm und der konkreten Anwendung des Gesetzes** (formell; materiell: Verhältnismäßigkeit).

1100 Vgl. *Pieroth/Schlink*, Rn. 207.
1101 Vgl. *Pieroth/Schlink*, Rn. 240.
1102 Vgl. BVerfGE 66, 39, 60.
1103 Vgl auch *Pieroth/Schlink* Rn. 1139 f.
1104 BVerwGE 82, 29, 30 ff.
1105 BVerwGE 87, 37
1106 *BVerwG* NJW 1989, 3269; BVerwGE 90,112, 119 f. Vgl. auch *Di Fabio*, JZ 1993, 689; *Discher*, JuS 1993, 465; *Muckel*, JA 1995, 343; *Schoch*, DVBl 1991, 667 ff.; *Rainer Scholz*, NVwZ 1994, 127; *Leidinger*, DÖV 1993, 925; BVerwGE 90, 112 ff.; BVerfGE 87, 37 ff.; *BVerfG* DVBl 1992, 877.
1107 Kein praktisches Problem ergibt sich im Regelfall im Hinblick auf die Art der Schranke; in Betracht kommen einfache oder qualifizierte Gesetzesvorbehalte oder immanente Schranken, welche sich gem. dem Prinzip der Einheit der Verfassung aus kollidierendem Verfassungsrecht ergeben; vgl. dazu u.a. 1. Aufl. S. 194 f.
1108 Vgl. hierzu im Einzelnen *Pieroth/Schlink*, Rn, 252 ff.

aa) Verfassungsmäßigkeit der gesetzlichen Ermächtigung

Das grundrechtsbeschränkende Gesetz muss formell wie materiell verfassungsgemäß sein. Dies ist nur dann der Fall, wenn die Beschränkungen – auch unverständlich „Schranken-Schranken" genannt – beachtet worden sind, die für den Gesetzgeber gelten, wenn er dem Grundrechtsgebrauch Schranken zieht.[1109]

758

(1) Formelle Verfassungsmäßigkeit des Gesetzes

Zu prüfen ist, ob das Gesetz

759

- unter Beachtung der Kompetenzbestimmungen wie z.B. der Art. 70 ff. GG,
- der Verfahrensvorschriften wie z.B. der Art. 76 ff. GG
- sowie sonstiger Verfassungsnormen und -prinzipien wie z.B. des in Art. 20 III GG vorausgesetzten Parlamentsvorbehalts, des aus dem Rechtsstaatsprinzip sich ergebenden Bestimmtheitsgebots oder auch des Art. 19 I GG
- sowie der Schranken, welche sich aus qualifizierten Gesetzesvorbehalten – wie z.B. Art. 11 II GG – ergeben.

zustande gekommen ist.

(2) Materielle Verfassungsmäßigkeit des Gesetzes

Zu prüfen ist weiter, ob das Gesetz materiell verfassungsgemäß ist. Die bedeutsamste Beschränkung ist der Grundsatz der Verhältnismäßigkeit bzw. das Übermaßverbot. Sie verlangen, dass

760

- der vom Staat verfolgte Zweck als solcher verfolgt werden darf,
- das vom Staat eingesetzte Mittel als solches eingesetzt werden darf,
- der Einsatz des Mittels zur Erreichung des Zweckes geeignet ist und
- der Einsatz des Mittels zur Erreichung des Zweckes notwendig (erforderlich) ist.[1110]

Entsprechend der Eigenart des Gesetzes ist bei der Prüfung der Verhältnismäßigkeit dieses Rechtsaktes eine abstrakt-generelle Prüfung vorzunehmen.[1111]

761

bb) Verfassungsmäßigkeit der Anwendung der gesetzlichen Ermächtigung

Auch die abstrakte Auslegung der Norm und ihre konkrete Anwendung im Einzelfall müssen verfassungskonform durch die Verwaltung und Rechtsprechung vorgenommen werden. Soweit daher ein Freiheitsgrundrecht durch eine Maßnahme der vollziehenden oder der rechtsprechenden Gewalt verletzt ist, ist vor allem zu prüfen, ob die Maßnahme nicht nur durch das Gesetz gedeckt ist – was im Regelfall allein durch die Fachgerichte zu prüfen ist angesichts der Beschränkung des BVerfG auf „spezifisches Verfassungsrecht" –, sondern vor allem dem Prinzip der Verhältnismäßigkeit entspricht.

762

Ebenso wie bei der Prüfung des Gesetzes selbst bedarf es daher der Feststellung, ob

763

- der vom Staat verfolgte Zweck als solcher verfolgt werden darf,
- das eingesetzte Mittel eingesetzt werden darf,
- der Einsatz des Mittels geeignet ist und
- zur Erreichung des Zwecks notwendig (erforderlich) ist.[1112]

> **BVerfGE 63, 266: Versagung der Zulassung als Rechtsanwalt**
> Einem Bewerber wurde die Zulassung als Rechtsanwalt unter Berufung auf § 7 Nr. 5 (= kein Zulassungsanspruch bei unwürdigem Verhalten) BRAO versagt worden, weil er für eine bestimmte politische Partei eingetreten war.

Beispiel 38

1109 Vgl. *Pieroth/Schlink*, Rn. 274.
1110 Vgl. *Pieroth/Schlink*, Rn. 274 ff., insbes. 279.
1111 Vgl. auch BVerfGE 30, 292 ff.
1112 Vgl. auch *Pieroth/Schlink*, Rn. 279.

Verletzt war hier die Berufsfreiheit des Art. 12 I GG. 1. Rechtsanwalt ist ein Beruf, dessen freie Wahl und Ausübung geschützt sind durch dieses Grundrecht, das auf Grund des Fehlens beamtenrechtlicher Bindungen des Anwaltsberufs nicht durch Art. 33 GG verdrängt wird. 2. Die Versagung der Zulassung stellt einen rechtserheblichen Eingriff – in Gestalt einer subjektiven Zulassungsvoraussetzung – in die durch Art. 12 I GG geschützte Berufsfreiheit dar, da die Ausübung des Berufs unmöglich gemacht wird 3. Er bedarf nach Art. 12 I 2 GG einer gesetzlichen Grundlage. Die insoweit in Betracht kommende Würdigkeitsklausel des § 7 Nr. 5 BRAO ist grundsätzlich verfassungskonform; sie trägt dem Gebot der Verhältnismäßigkeit Rechnung angesichts der Bedeutung der Rechtsanwaltschaft für die Rechtspflege. Sie ist jedoch nicht einschlägig, weil im vorliegenden Fall maßgeblich ist die Spezialbestimmung des § 7 Nr. 6 BRAO, wonach das Bekämpfen der freiheitlich-demokratischen Grundordnung – dazu gehört auch der Eintritt für eine verfassungsfeindliche Partei – nur bei (hier fehlender) Strafbarkeit zur Zulassungsversagung führen kann. Es fehlte daher bereits an der gesetzlichen Grundlage. 4. Nicht erforderlich war die ansonsten gebotene materielle Prüfung der Verhältnismäßigkeit der Anwendung der herangezogenen Norm, welche ebenfalls zu verneinen gewesen wäre, da die subjektive Zulassungsvoraussetzung – keine Zulassung wegen des Eintretens für eine Partei – nicht als im Interesse des Gemeinwohls erforderlich bezeichnet werden könnte.

5. Grundrechtsverletzung bei Gleichheitsrechten

764   Die Verfassungsbeschwerde kann auch dann begründet sein, wenn ein Gleichheitsrecht, sei es ein spezieller oder der allgemeine Gleichheitssatz, durch ein Gesetz oder dessen Anwendung verletzt sind.

765   Der Gleichheitssatz des Art. 3 I „gebietet es, Gleiches gleich und Ungleiches seiner Eigenart entsprechend verschieden zu behandeln".[1113] Verboten ist es deshalb, Sachverhalte ungleich zu behandeln, wenn sich die Differenzierung sachbereichsbezogen nicht auf einen sachlich einleuchtenden Grund zurückführen oder im Hinblick auf Art und Gewicht vorhandener Unterschiede nicht verfassungsrechtlich rechtfertigen lässt.[1114] Das gilt nicht nur für den Gesetzgeber, sondern auch für die Auslegung gesetzlicher Vorschriften durch die Gerichte.[1115] Dabei sind der Auslegung auch hier um so engere Grenzen gezogen, je stärker sich die Ungleichbehandlung auf die Ausübung grundrechtlich geschützter Freiheiten auswirken kann.[1116]

a) Vorliegen einer Ungleichbehandlung

766   Fraglich ist, ob das Gesetz wesentlich Gleiches (Vergleichbares) ungleich (verschieden) behandelt?

aa) Vergleichbarkeit

767   Sind verschiedene Personen, Personengruppen oder Situationen vergleichbar?

und

bb) Ungleichbehandlung

768   Werden sie durch dieselbe Rechtsetzungsgewalt ungleich (verschieden) behandelt?

1113 *BVerfG* EuGRZ 2006, 174, 177; BVerfGE 71, 255, 271.
1114 BVerfGE 93, 386, 397.
1115 BVerfGE 84, 197, 199.
1116 BVerfGE 92, 53, 69; 107, 133, 141.

b) Verfassungsrechtliche Rechtfertigung der Ungleichbehandlung

Bei der Rechtfertigung von Ungleichbehandlungen kommt es i.d.R. nur an auf die Frage, ob – dazu unter cc) – sie am Maßstab des Art. 3 I GG wegen Willkürfreiheit bzw. Verhältnismäßigkeit gerechtfertigt sind.   **769**

aa) Formelle Rechtmäßigkeit

Ist das Gesetz kompetenz- und verfahrensmäßig zu Stande gekommen und entspricht es dem Bestimmtheitsgebot?   **770**

bb) Spezieller Gleichheitssatz?[1117]

Meist sind sie nicht einschlägig.   **771**

Soweit sie einschlägig sind, ist fraglich, ob deren besondere Anforderungen an die Begründung der Ungleichbehandlung erfüllt sind, d.h. verzichtet diese auf nicht zugelassene Diskriminierungskriterien (z.B. Art. 3 III GG) bzw. bedient sie sich der allein zugelassenen Rechtfertigungsgründe (z.B. gem. Art. 33 II GG) oder ist das Abstellen auf die nicht zugelassenen Diskriminierungskriterien bzw das Nichtabstellen auf die allein zugelassenen Rechtfertigungsgründe ausnahmsweise verfassungsrechtlich gerechtfertigt (z.B. gem. Art. 12 I GG)?   **772**

cc) Allgemeiner Gleichheitssatz

Eine Ungleichbehandlung in einem Gesetz oder einer Maßnahme kann verfassungswidrig sein bei einem Verstoß gegen das Willkürverbot oder bei Unverhältnismäßigkeit.   **773**

(1) Willkürfreiheit

Fraglich ist, ob dessen allgemeine Anforderungen an das Bestehen eines sachlichen Grundes für die Ungleichbehandlung erfüllt sind.   **774**

Bei Ungleichbehandlungen geringer Intensität versteht das BVerfG das Gleichheitsgebot als Willkürverbot. Es beschränkt die Rechtfertigungsprüfung auf eine Evidenzkontrolle. Die Ungleichbehandlung ist schon dann willkürfrei und daher gerechtfertigt, wenn sich nur irgendein sachlicher Grund zu ihren Gunsten anführen lässt.[1118]   **775**

(2) Verhältnismäßigkeit

Bei Ungleichbehandlungen größerer Intensität versteht das BVerfG das Gleichheitsgebot als Verbot der Ungleichbehandlung ohne gewichtigen sachlichen Grund. Es verlangt eine Verhältnismäßigkeitsprüfung und akzeptiert eine Ungleichbehandlung erst dann, wenn sie durch einen gewichtigen sachlichen Grund gerechtfertigt ist. Sie muss   **776**
– einen legitimen Zweck verfolgen,
– zur Erreichung dieses Zwecks geeignet und notwendig sein
– und auch sonst in angemessenem Verhältnis zum Wert des Zweckes stehen.

Dementsprechend formuliert das BVerfG (= sog. neue Formel)[1119], eine Ungleichbehandlung sei gerechtfertigt, wenn zwischen zwei Gruppen „Unterschiede von solcher Art und solchem Gewicht bestehen, dass sie die ungleiche Behandlung rechtfertigen."   **777**

1117 Da die speziellen Gleichheitssätze keinen Schutzbereich haben, sondern Rechtfertigungsanforderungen stellen, verdrängt ein spezieller Gleichheitssatz, anders als im Verhältnis zwischen speziellen Freiheitsrechten und der allgemeinen Handlungsfreiheit, nicht den allgemeinen Gleichheitssatz.
1118 BVerfGE 107, 27, 46; vgl. auch *Pieroth/Schlink*, Rn. 439.
1119 BVerfGE 55, 72, 88; 105, 73, 110; 75, 382, 393; 107, 205, 214; vgl. *Pieroth/Schlink*, Rn. 441.

778   Die vorgenommene Ungleich- oder Gleichbehandlung ist demgemäß zumindest in bestimmten Fallgruppen wie im Sozialrecht nicht mehr nur im Hinblick auf ihre Evidenz, sondern – genauer – auf ihre Verhältnismäßigkeit hin zu überprüfen.

779   Eine Differenzierung ist um so eher verfassungswidrig, je enger sich personenbezogene Differenzierungen den Tatbestandsmerkmalen des Art. 3 III GG annähern und damit die Gefahr einer Diskriminierung begründen (sog. neueste Formel).[1120]

780   Dieses Erfordernis der Notwendigkeit spielt beim Gleichheitsgebot dann eine schwächere Rolle, wenn der Staat in Verfolgung von Förderungszwecken ungleich behandelt.[1121]

Beispiel 39

> **BVerfG NJW 2006, 2246 – Kostensatz bei Dauerpflegschaften mit alleiniger Personensorge**
>
> _„Art. 3 I GG gebietet dem Gesetzgeber, unter steter Orientierung am Gleichheitsgedanken wesentlich Gleiches gleich und wesentlich Ungleiches ungleich zu behandeln (vgl. BVerfGE 98, 365, 385). Der allgemeine Gleichheitssatz ist aber nicht schon dann verletzt, wenn der Gesetzgeber Unterscheidungen, die er vornehmen darf, nicht vornimmt (vgl. BVerfGE 4, 31, 42; 86, 81, 87; 90, 226, 239). Es bleibt grundsätzlich ihm überlassen, diejenigen Sachverhalte auszuwählen, an die er dieselbe Rechtsfolge knüpft, die er also im Rechtssinn als gleich ansehen will (vgl. BVerfGE 21, 12, 26; 23, 242, 252). Dies gilt auch für die Bemessung von Gebühren zur Abdeckung von Gerichtskosten. Allerdings muß er die Auswahl der gleich bzw. ungleich zu behandelnden Sachverhalte sachgerecht treffen (vgl. BVerfGE 17, 319, 330; 53, 313, 329). Entscheidend ist, ob für eine am Gerechtigkeitsgedanken orientierte Betrachtungsweise die tatsächlichen Ungleichheiten in dem jeweils betroffenen Zusammenhang so bedeutsam sind, dass der Gesetzgeber sie bei seiner Regelung beachten muß (vgl. BVerfGE 1, 264, 275 f.; 86, 81, 87; 98, 365, 385). Es verstößt gegen Art. 3 I GG, wenn für die gleiche Behandlung verschiedener Sachverhalte – bezogen auf den in Rede stehenden Sachbereich und seine Eigenart – ein vernünftiger, einleuchtender Grund fehlt (vgl. BVerfGE 76, 256, 329; 90, 226, 239)."_
>
> Diesen Anforderungen genügte nach dem BVerfG die mit der Verfassungsbeschwerde mittelbar angegriffene Regelung des § 92 II i.V.m. Abs. 1 S. 2 KostO nicht. Indem der Gesetzgeber Dauerpflegschaften mit alleinigem Bezug auf die Personensorge gleich behandele mit solchen, die auch Bezüge zu Vermögensangelegenheiten aufwiesen, habe er seinen weiten Gestaltungsspielraum überschritten.

II. Beschränkte Kontrollkompetenz des BVerfG

781   Verfassungsbeschwerden scheitern häufig an der Fehleinschätzung im Hinblick auf den Umfang, in dem das BVerfG fachgerichtliche Entscheidungen überprüft.[1122] Sie verkennen, dass die Prüfungskompetenz des BVerfG auf Verfassungsrecht beschränkt ist.[1123] Die Abgrenzung ist jedoch in der Praxis mehr als fließend.

1. Gründe für Beschränkung

782   Urteilsverfassungsbeschwerden sind im Regelfall deshalb unbegründet, weil die Verfassungsbeschwerde grundsätzlich ein außerordentlicher Rechtsbehelf und der verfassungsgerichtliche Prüfungsumfang angesichts der primären (Grund-)Rechtsverantwortung der Fachgerichte und der Subsidiarität der Verfassungsbeschwerde funktionell-rechtlich[1124] wie auch aus Kapazitätsgründen erheblich reduziert ist.

1120 BVerfGE 88, 87 (96 f.); vgl. _Umbach/Dollinger_, S. 37.
1121 BVerfGE 99, 165, 178; vgl. auch _Pieroth/Schlink_, Rn. 443.
1122 Zum Prüfungsumfang des BVerfG bei fachgerichtlichen Entscheidungen vgl. u.a. ausf. _Umbach/Kenntner_, S. 9 ff. m.w.N.; _Hermes_, Verfassungsrecht und einfaches Recht – Verfassungsgerichtsbarkeit und Fachgerichtsbarkeit, in: VVDStRL. 61 (2002), 155 ff. ; _Umbach/Horsch_, S. 86 ff.
1123 Vgl. nur _BVerfG_ FamRZ 2005, 1895 ff.; BVerfGE 100, 214, 222.
1124 Zum maßgeblichen funktionell-rechtlichen Aspekt vgl. auch _Schuppert_, Funktionell-rechtliche Grenzen der Verfassungsinterpretation, 1980; _Heun_, Funktionell-rechtliche Schranken der Verfassungsgerichtsbarkeit, 1992.

Bei dieser Bestimmung des Prüfungsumfangs geht es letztlich um das Problem einer sinnvollen Arbeitsteilung innerhalb der Gerichtsbarkeit und nicht – wie im Verhältnis zwischen BVerfG und parlamentarischem Gesetzgeber – um ein Gewaltenteilungs- und Machtproblem. Nicht jede dem geltenden Recht nicht entsprechende Entscheidung ist verfassungsgerichtlich korrigierbar, obwohl streng genommen bei jeder – entscheidungserheblichen – Rechtswidrigkeit – z.B. wegen Verletzung des Art. 2 I GG – auch eine Grundrechtsverletzung vorliegt. **783**

2. Allgemeine Grenzen

Aus funktionell-rechtlichen Gründen sind die Gestaltung des Verfahrens, die Feststellung und Würdigung des Tatbestandes, die Auslegung des einfachen Rechts und seine Anwendung auf den einzelnen Fall allein Sache der Fachgerichte und der Nachprüfung durch das BVerfG entzogen. Nur bei einer Verletzung von spezifischem Verfassungsrecht durch die Gerichte kann das BVerfG auf Verfassungsbeschwerde hin eingreifen. Sie liegt aber nicht schon dann vor, wenn eine Entscheidung objektiv fehlerhaft ist. Ob Urteile nach dem einfachen Recht „richtig" sind, das ist und bleibt Sache der Fachgerichte. Der Fehler muss gerade in der Nichtbeachtung von Grundrechten liegen.[1125] Dementsprechend formuliert das BVerfG: **784**

„Die Auslegung und Anwendung dieser Vorschriften (sic. des Arbeitsrechts) als solche hat das BVerfG nicht nachzuprüfen. Ihm obliegt lediglich die Kontrolle, ob die Gerichte in der Auslegung und Anwendung des einfachen Rechts Verfassungsrecht verletzt, insbesondere die Einwirkung von Grundrechten auf einfachrechtliche Normen und Maßstäbe verkannt haben."[1126] **785**

Viele Beschwerdeführer verkennen diese Beschränkung der Prüfungskompetenz, indem sie bloße einfachrechtliche Auslegungsstreitigkeiten und Fragen der Sachverhaltswertung (bis hin zu Glaubwürdigkeitsbeurteilungen u.ä.) ohne spezifisch verfassungsrechtlichen Gehalt vor das BVerfG bringen. Der Beschwerdeführer darf sich aber nicht damit begnügen, dem angegriffenen Urteil die Verletzung einfachen Rechts vorzuwerfen. Eine Verfassungsbeschwerde ist unzulässig, wenn nur die in den Entscheidungen vertretenen Rechtsauffassungen angegriffen werden, zumal Art. 103 I GG die Gerichte nicht verpflichtet, der Rechtsansicht einer Partei zu folgen.[1127] **786**

Das BVerfG ist weder eine weitere „Superberufungsinstanz",[1128] welche einen neuen Tatsachenvortrag erlaubt, noch eine „Superrevisionsinstanz", welche zur Auslegung des einfachen Rechts berufen ist.[1129] Zu einer allgemeinen, für die Rechtssicherheit unerträglichen Richtigkeitskontrolle ist das BVerfG auf Grund der Außerordentlichkeit des Rechtsbehelfs der Verfassungsbeschwerde nicht befugt. **787**

3. Tatsachen

Die Feststellung und Würdigung des Tatbestandes ist grundsätzlich Sache der dafür allgemein zuständigen Gerichte und der Nachprüfung durch das BVerfG daher entzogen.[1130] **788**

In Einzelfällen sieht sich das BVerfG jedoch veranlasst, den Sachverhalt selbst zu ermitteln und anders zu deuten. Als methodischer Anknüpfungspunkt wird dabei auf die Eingriffsintensität verwiesen.[1131] Zumindest in Fällen höchster Eingriffsintensität sei das BVerfG befugt, die von den Gerichten **789**

1125 BVerfGE 18, 85, 92 f.; 62, 338, 343; 80, 81, 95; speziell zum Strafverfahren: BVerfGE 95, 96, 128.
1126 BVerfGE 59, 231, 256.
1127 BVerfGE 61, 1, 12.
1128 BVerfGE 7, 198, 207; 18, 85, 92.
1129 BVerfGE 18, 85, 92; vgl. zur Problematik auch *Kenntner*, NJW 2005, 785.
1130 BVerfGE 18, 85, 92; 30, 173, 196 f.; 60, 79, 90 f.; 67, 213, 222 f.; 68, 361, 372.
1131 Vgl. dazu näher *Umbach/Kenntner*, S. 15.

vorgenommene Wertung durch eine eigene zu ersetzen[1132] und auch Sachverhaltsfeststellungen in vollem Umfang zu überprüfen.[1133] Eine vergleichbar intensive Kontrolle des BVerfG findet sich vor allem in der Judikatur zu Art. 5 I, 5 III und 16a GG. Angesichts der Eigenart dieser Grundrechte könne schließlich schon ein einzelner Fehler bei der Deutung des Sachverhalts zu einer Fehlgewichtung der grundrechtlichen Positionen führen.[1134]

4. Einfaches Recht

790 Das BVerfG prüft – vom Fall der Willkür abgesehen – fachgerichtliche Urteile auch nicht daraufhin, ob sie am Maßstab des einfachen Rechts und der für dessen Auslegung und Anwendung geltenden Methoden „richtig" sind.

791 **BVerfG FamRZ 2006, 841:** „*Die Auslegung einfachen Rechts und seine Anwendung auf den einzelnen Fall sind allein Sache der dafür allgemein zuständigen Gerichte und der Nachprüfung durch das BVerfG entzogen; nur bei einer Verletzung von spezifischem Verfassungsrecht kann das BVerfG auf eine Verfassungsbeschwerde hin eingreifen (BVerfGE 1, 418, 420). Die normalen Subsumtionsvorgänge innerhalb des einfachen Rechts sind solange der Nachprüfung durch das BVerfG entzogen, als nicht Auslegungsfehler sichtbar werden, die auf einer grundsätzlich unrichtigen Anschauung von der Bedeutung eines Grundrechts, insbesondere vom Umfang seines Schutzbereichs beruhen und auch in ihrer materiellen Bedeutung für den konkreten Rechtsfall von einigem Gewicht sind. Eine Grundrechtswidrigkeit liegt noch nicht vor, wenn eine Entscheidung am einfachen Recht objektiv fehlerhaft ist; der Fehler muß gerade in der Nichtbeachtung von Grundrechten liegen (BVerfGE 18, 85, 92 f.).*"

5. Spezifisches Verfassungsrecht

792 Da die Verfassungsbeschwerde ein außerordentlicher Rechtsbehelf ist, besteht eine Zuständigkeit des BVerfG somit nur für die Prüfung von „spezifischem Verfassungsrecht".[1135]

793 Es kann verletzt sein bei
- Grundrechtsverkennung,
- Willkür,
- Verstoß gegen Verfahrensgrundrechte.

a) Allgemein: Grundrechtsverkennung

794 Das BVerfG kontrolliert am Maßstab des „spezifischen Verfassungsrechts" vor allem, „ob bei Auslegung und Anwendung einfachen Rechts der Einfluss der Grundrechte verkannt worden ist."[1136]

795 „*Auslegung und Anwendung (des einfachen Rechts) können vom BVerfG – abgesehen von Verstößen gegen das Willkürverbot – nur darauf überprüft werden, ob sie Auslegungsfehler enthalten, die auf einer grundsätzlich unrichtigen Anschauung von der Bedeutung des betroffenen Grundrechts, insbesondere vom Umfang seines Schutzbereichs beruhen. Das ist der Fall, wenn die von den Fachgerichten vorgenommene Auslegung der Normen die Tragweite des Grundrechts nicht hinreichend berücksich-*

1132 BVerfGE 52, 143, 194.
1133 BVerfGE 85, 1, 14.
1134 BVerfGE 81, 278, 290.
1135 Die Formel ist unstreitig sprachlich missglückt; gemeint ist das Verfassungsrecht bzw. dessen Grundrechte im Gegensatz zum einfachen Gesetzesrecht und sonstigen Recht; vgl. auch *Bender*, Die Befugnis des BVerfG zur Überprüfung gerichtlicher Entscheidungen, 1991.
1136 BVerfGE 89, 276, 285.

tigt oder im Ergebnis zu einer unverhältnismäßigen Beschränkung der grundrechtlichen Freiheit führt."[1137]

Eine grundlegende Verkennung liegt vor allem vor, **796**

– wenn die einschlägige Verfassungsnorm übersehen,[1138]

oder grundsätzlich falsch angewendet worden ist, weil der Umfang des grundrechtlichen Schutzbereichs,[1139] die Voraussetzungen des Vorliegens eines Eingriffs oder die Anforderungen an die Rechtfertigung, besonders die Verhältnismäßigkeit eines Eingriffs grundsätzlich falsch gesehen worden sind (= Grundrechtsfehleinschätzung")

– und die gerichtliche Entscheidung darauf beruht.[1140]

b) Übersehen von Grundrechten

Eine Urteilsverfassungsbeschwerde ist demnach wegen Grundrechtsverkennung einmal begründet, **797** wenn der Richter bei der Auslegung und Anwendung des Rechts nicht erkannt hat, dass Grundrechte von Einfluss sind bzw. dass es sich um eine Abwägung widerstreitender Grundrechtsbereiche handelt, wenn er also übersehen hat, dass er im Grundrechtsbereich agiert mit der Folge der Nichtberücksichtigung der Grundrechte im Entscheidungsprozess.[1141]

> BVerfGE 71, 162, 178 f.: Den Berufsgerichten wurde im Hinblick auf die Werbung von Ärzten angelastet, überhaupt nicht geprüft zu haben, ob die Verurteilung in das Grundrecht der Meinungsfreiheit eingriff bzw. ein solcher Eingriff durch Art. 5 II GG gedeckt war.
> BVerfGE 77, 346, 359: Verkennung der Pressefreiheit durch ein LG.

Beispiel 40

Diese Fallgruppe ist zwischenzeitlich nur noch ausnahmsweise von Bedeutung, da Grundrechts- **798** kenntnisse wie auch Grundrechtsbewusstsein der Fachgerichte gestiegen sind.

c) Grundrechtsfehleinschätzung

Eine verfassungsgerichtlich feststellbare Grundrechtsverkennung durch eine fachgerichtliche Ent- **799** scheidung kommt vor allem in Betracht, wenn die Auslegung und Anwendung einfachen Rechts oder auch das Entscheidungsergebnis[1142] auf einer „grundsätzlich unrichtigen Anschauung von der Bedeutung eines Grundrechts, insbesondere des Umfangs seines Schutzbereichs" beruht.[1143] Es geht um eine Fehleinschätzung in der Anwendung oder Abwägung von Grundrechten.[1144] Wird bei der notwendigen Auslegung oder Anwendung des einfachen Rechts die Tragweite der Grundrechte nicht hinreichend berücksichtigt oder führt das Auslegungsergebnis zu einer unverhältnismäßigen Beschränkung der grundrechtlichen Freiheit, so liegt eine von Verfassungs wegen nicht hinnehmbare Beschränkung der grundrechtlichen Freiheit vor. Im Regelfall geht es um die Frage der Verletzung von Grundrechten mangels Rechtfertigung von Grundrechtseingriffen wegen Verstoß der gesetzlichen Regelung oder ihrer Anwendung gegen das Gebot der Verhältnismäßigkeit. Es erfordert, wie unter Rn. 756 ff. dargelegt, dass Gemeinwohlzwecke verfolgt werden, die Eignung gewährleistet ist, und vor allem dem Gebot der Erforderlichkeit Rechnung getragen und die Grenze der Zumutbarkeit gewahrt wird.

1137 BVerfGE 18, 85, 92 f.; 85, 248, 257 f., 87, 287, 323; *BVerfG* NJW 2006, 282.
1138 Vgl. BVerfGE 43, 130; 59, 231, 270 f.; 71, 162, 178 f.; 77, 346, 359; 95, 28, 37; 97, 391, 406. Zur generellen Vernachlässigung von Grundrechten vgl. auch *BVerfG* NJW 2001, 1269.
1139 Vgl. auch BVerfGE 42, 143, 148; 100, 214, 222.
1140 Vgl. BVerfGE 85, 248, 258; 89, 276, 286; 95, 96, 128; *Pieroth/Schlink*, Rn. 1182; ausf. dazu unten
1141 Aus der Rspr. vgl. u.a. BVerfGE 43, 130; 59, 231, 270.
1142 Vgl. BVerfGE 35, 202, 219.
1143 BVerfGE 67, 213, 223; 99, 145, 160; 100, 214, 222; vgl. dazu *Düwel*, S. 48 ff.; *Umbach/Kenntner*, S. 18
1144 Aus der Rspr. s. u.a. BVerfGE 34, 238; 62, 230, 243; 61, 18, 25; 60, 234, 239; 60, 348, 357; 70, 297, 317; 79, 292, 303; 77, 240, 252; 84, 192, 195; 89, 1, 10; 89, 276, 285 („grundsätzlich verkannt").

Beispiel 41

> **BVerfG NJW 2004, 1305 ff. (Geldwäsche):** § 261 II Nr. 1 StGB ist mit dem Grundgesetz nur vereinbar, soweit Strafverteidiger nur dann mit Strafe bedroht werden, wenn sie im Zeitpunkt der Annahme ihres Honorars sichere Kenntnis von dessen Herkunft hatten. Würde bloß bedingter Vorsatz ausreichen, dann handelte es sich um einen unverhältnismäßigen Eingriff in die Berufsfreiheit des Art. 12 I GG.
>
> **BVerfGE 64, 261, 280 (Hafturlaub):** Das Oberlandesgericht habe zwar das Gesetz verfassungsgemäß ausgelegt; bei seiner Anwendung auf die vorliegenden Einzelfälle habe es jedoch „die Reichweite des Art. 2 I GG i.V.m. Art. 1 I GG verkannt."

d) Fließende Grenzen

800 Die vom BVerfG verwandten Abgrenzungsformeln dürfen nicht darüber hinwegtäuschen, dass damit die Grenze des Prüfungsumfangs des BVerfG im Verhältnis zur Fachgerichtsbarkeit – insbesondere zwischen spezifischem Verfassungsrecht und einfachem Recht – nicht klar gezogen wird und werden kann. Das BVerfG betont selbst, dass sich „die Grenzen nicht starr und gleichbleibend ziehen" lassen.[1145]

aa) Allgemein

801 Sie sind schon deshalb mehr als fließend, da durch die weite Auslegung des Art. 2 I GG als Auffanggrundrecht sich jeder einfach-rechtliche Fehler eines Gerichts in einen Grundrechtsverstoß verwandelt. Überdies kommt auch ein Verstoß gegen Art. 3 I GG in Betracht, da es für die (fehlerhafte) Ungleichbehandlung bei der Gesetzesanwendung keinen sachlichen Rechtfertigungsgrund geben kann. Schließlich wird durch die im Lüth-Urteil[1146] entfaltete „objektive Wertordnung" der Grundrechte eine Ausstrahlung bewirkt, durch welche die Grenzen von einfachem Recht und Verfassungsrecht zunehmend verwischt werden.

802 Auch soweit das BVerfG seine Prüfungskompetenz auf Fälle einer „grundsätzlich unrichtigen Anschauung von der Bedeutung eines Grundrechts, insbesondere des Umfangs seines Schutzbereichs" zurücknimmt, darf nicht übersehen werden, dass die Problematik beim Wort „grundsätzlich" liegt, dem bekanntlich schon sprachlich die unterschiedlichste Bedeutung zukommen kann; seine Auslegung ist wie die Formel vom „spezifischen Verfassungsrecht" – so Böckenförde[1147] – nach wie vor „ein Arkanum des Gerichts".

803 Das BVerfG will damit eine Beschränkung seines Prüfungsumfangs andeuten; es soll das fachgerichtliche Urteil angesichts der Grundrechtsverantwortung der Fachgerichte nicht in allen Einzelheiten grundrechtlich überprüft werden. Nur eindeutige, schwere oder offensichtliche Grundrechtsverstöße sollen aus funktionell-rechtlichen Gründen mit einer Aufhebung „geahndet" werden. Die Grenze ist jedoch mehr als fließend; sie kann auch angesichts der Unterschiedlichkeit der in der Praxis möglichen Fallgestaltungen nicht durch knappe Formeln begrifflich gelöst werden.

bb) Untaugliche wissenschaftliche Abgrenzungsversuche

804 In der Rechtswissenschaft sind umfangreiche Bemühungen angestellt worden, die Grenze zwischen BVerfG und Fachgerichtsbarkeit systematisch-begrifflich zu erfassen.[1148] Erwähnt seien nur die Hecksche[1149] und die Schumannsche-Formel oder Papiers Unterscheidung zwischen direkten und indirekten Verfassungsverletzungen.[1150] Diese Produkte aus dem Elfenbeinturm der Rechtswissenschaft sind streng genommen das Papier nicht wert, auf dem sie gedruckt sind. Schließlich schert sich das

---

1145 BVerfGE 18, 85, 93; 61, 1, 6; vgl. auch „selbst"kritisch der Verfassungsrichter *Broß*, BayVBl. 2000, 513 ff.
1146 BVerfGE 7, 198.
1147 Der Staat 29 (1990), S. 9.
1148 Vgl. nur *Umbach/Kenntner*, S. 12 ff.; *Berkemann*, DVBl. 1996, 1028; *Jestaedt*, DVBl. 2001, 1309; s.a. die Erörterung der Problematik bei *Schlaich/Korioth* Rn. 305 ff. mit umfangreichen Nachweisen.
1149 BVerfGE 18, 85, 92: 104, 92, 112.
1150 Vgl. dazu *Umbach/Kenntner*, S. 13, 16.

BVerfG in seiner Entscheidungspraxis wenig um diese gutgemeinten Diskussionen einer oftmals praxisfremden Rechtswissenschaft. Die Abgrenzung ist letztlich nur richterrechtlich-pragmatischer Art. Sie bleibt eher verfassungsrichterlicher Intuition vorbehalten. Das BVerfG – so zu recht Pieroth/Schlink[1151] – überprüft, was es überprüfen *will*. Wie bei der oftmals nicht erklärbaren – faktisch im nicht kontrollierbaren Ermessen stehenden – Annahmepraxis ist auch die Praxis der Kontrolle fachgerichtlicher Entscheidungen widersprüchlich und nicht selten undurchschaubar.

Für die Praxis bedeutet dies, dass angesichts der Unsicherheit im Hinblick auf die Bereitschaft des **805** BVerfG zur Prüfung fachgerichtlicher Entscheidungen im Zweifel eher Verfassungsbeschwerde eingelegt werden sollte, soweit es nicht eindeutig um bloße einfach-rechtliche oder Sachverhaltsfragen geht und ein Grundrechtsbezug hergestellt werden kann. (Kritische) Bevollmächtigte laufen bei Verneinung einer Prüfungskompetenz wie auch einer Grundrechtsverletzung Gefahr, dass der Beschwerdeführer selbst die Verfassungsbeschwerde einlegt und beim BVerfG obsiegt, was nicht gerade dem Ruf des „Abratenden" förderlich ist.

Es gibt aber ungeachtet der Unmöglichkeit einer begrifflich-systematischen Umschreibung der Prüfungskompetenz des BVerfG gewisse Anhaltspunkte, welche Aspekte für eine Prüfung fachgerichtlicher Entscheidungen bedeutsam sind. **806**

cc) Intensität

Der Umfang der Prüfung richtet sich u.a. nach der Grundrechtsintensität des Eingriffs. Im Falle **807** höchster Eingriffsintensität hält sich das BVerfG – in einer jedoch schwankenden Judikatur[1152] – verständlicherweise eher für befugt, die von den Gerichten vorgenommene Wertung des Einzelfalls durch eine eigene zu ersetzen mit der Folge einer Nachprüfung in erhöhtem bzw. vollem Umfang bis in die Einzelheiten des Sachverhalts wie auch der Auslegung und Anwendung des einfachen Rechts, – und zwar wie oben dargelegt[1153] – auch der Sachverhaltsfeststellungen.[1154]

(1) Eingriffsakt

So ist die verfassungsgerichtliche Prüfungsdichte bei Eingriffsakten staatlicher Behörden – wie z.B. **808** Strafurteilen[1155] – wesentlich intensiver als bei Leistungs- oder Vergabeentscheidungen. Die Verfassungsbeschwerde ist desto eher begründet, je schwerer der Eingriff in das Grundrecht durch das Gerichtsurteil ist.[1156]

(2) Rechtsgebiete

Die Eingriffsintensität hängt auch von bestimmten Rechtsgebieten mit daraus resultierender unterschiedlicher Grundrechtsbetroffenheit ab. Sie ist relativ groß, wenn bestimmte Grundrechte wie Art. 5 I und III und 16a GG berührt sind.[1157] Gleiches gilt in vom öffentlichen Recht beherrschten **809**

1151 Rn. 1177.
1152 BVerfGE 42, 113; 66, 116, 131, 68, 226, 230; NJW 2005, 2383, 2384, BVerfG Beschl. v. 24.10.2003 – 2 BvR 1521/03 beschränkte demgegenüber die Kontrolle einer Auslieferungsentscheidung trotz vorgetragener Foltergefahr nur auf bloße Willkür.
1153 Vgl. Rn. 788 ff.
1154 Vgl. u.a. BVerfGE 85, 1, 14; s.a. BVerfGE 52, 143, 194; BVerfGE 93, 313, 340; 83, 130, 145; 42, 143, 149; *Düwel*, S. 92 ff.; vgl. aber auch *BVerfG* NJW 2004, 1858, wo eine Ausdehnung des Prüfungsumfangs wegen des sachlichen Gewichts der geltend gemachten Grundrechtsverletzung explizit abgelehnt wird. Kritisch *Umbach/Kenntner*, S. 17.
1155 Hier neigt das *BVerfG* zur vollen Überprüfung, wenn es ausführt: „Eine strafgerichtliche Verurteilung ist regelmäßig als intensiver Grundrechtseingriff anzusehen" (BVerfGE 82, 236, 259). Das BVerfG geriert sich sogar gelegentlich faktisch als weitere Tatsachen- und Berufungsinstanz.
1156 BVerfGE 83, 103, 145: Der Umfang der Nachprüfung bestimme sich insbesondere nach der Intensität, mit der die angegriffene Entscheidungen das betroffene Grundrecht beeinträchtigen. Ein nachhaltiger Grundrechtseingriff führt zu einer intensiveren verfassungsgerichtlichen Prüfung.
1157 BVerfGE 81, 278, 290; s.a. 76, 143, 161 f.; 83, 216, 234; *Umbach/Kenntner*, S. 15.

Verfahren, wie vor allem im Strafrecht[1158] und Verwaltungsrecht,[1159] und zwar auf Grund der hier gem. Art. 1 III GG bestehenden unmittelbaren Grundrechtsbindung. In diesen Verfahren stehen sich Grundrechtsträger und grundrechtsgebundene Exekutive als Parteien gegenüber. Das BVerfG nimmt in derartigen Verfahren nicht selten – wie ein „Superrevisionsgericht" – ein volle grundrechtliche Nachprüfung und Subsumtion vor.[1160]

810 Wesentlich geringer ist demgegenüber der Prüfungsumfang bei zivilrechtlichen Urteilen angesichts der hier im Regelfall nur in Betracht kommenden mittelbaren Drittwirkung der Grundrechte. Ungeachtet des Umstands, dass der Richter als Träger staatlicher Gewalt entscheidet, so besteht seine Funktion in zivilrechtlichen Verfahren nicht im Grundrechtsschutz gegenüber staatlicher Gewalt, sondern in der Abgrenzung von Rechts- und Freiheitssphären von Bürgern. Angesichts der geringeren Regelungsdichte der Grundrechte im Bereich des Privatrechts ist das BVerfG an einer umfassenden inhaltlichen Überprüfung zivilrechtlicher Entscheidungen gehindert und kommt im wesentlichen nur grundrechtlicher Verfahrensschutz – z.B. über Art. 103 I GG – in Betracht.

811 Je nachhaltiger jedoch ein zivilgerichtliches Urteil im Ergebnis die Grundrechtssphäre des Unterlegenen trifft, desto strengere Anforderungen sind an die Begründung dieses Eingriffs zu stellen und desto weitreichender sind folglich die Nachprüfungsmöglichkeiten des BVerfG; „in Fällen höchster Eingriffsintensität (…) ist es durchaus befugt, die von den Zivilgerichten vorgenommene Wertung durch eine eigene zu ersetzen."[1161]

dd) Sonstige Umstände

812 Faktisch für den Prüfungsumfang bedeutsam können auch besondere, im Einzelfall relevante Umstände sein.

813 Als Beispiel sei einmal genannt das öffentliche Interesse an bestimmten Entscheidungen.

814 Bedeutsam sind auch die Kompetenz und die Entscheidungsfreudigkeit der zuständigen Verfassungsrichter wie auch deren Absicht, eine bestimmte Rechtsprechung der Fachgerichte in neue Bahnen zu lenken. Dementsprechend ist z.B. die intensive Überprüfung fachgerichtlicher Entscheidungen im Bereich der Meinungs- und Pressefreiheit auch dem Engagement des bis 1999 dafür verantwortlichen Richters Grimm zu verdanken. Die Liberalisierung des Berufsrechts der freien Berufe in den letzten 10 Jahren wäre ohne dass Interesse und Engagement der Richterin Jaeger undenkbar.

ee) Art. 2 I GG

815 Die Grenzziehung zwischen einfachem Recht und spezifischem Verfassungsrecht ist auch deshalb fließend, weil – wie oben bereits angedeutet – streng genommen jedes Fehlurteil bzw. jede fehlerhafte Anwendung einfachen Rechts zugleich einen Grundrechtseingriff beinhaltet. Soweit spezielle Freiheitsrechte nicht betroffen sind, kommt zumindest eine Verletzung des Grundrechts der allgemeinen Handlungsfreiheit des Art. 2 I GG in Betracht. Es schützt nach ständiger Rechtsprechung des BVerfG jede nur denkbare menschliche Betätigung[1162] mit der Folge einer Subjektivierung des in Art. 20 III GG verankerten Vorrangs des Gesetzes. Ein den Beschwerdeführer belastendes Urteil, das ohne Rechtsgrundlage in den Vorschriften des einfachen Rechts, wie z.B. des BGB, erging, verletzt zumindest das Auffanggrundrecht des Art. 2 I GG, so dass das BVerfG zumindest die Möglichkeit hat, in der Sache zu entscheiden.

1158 BVerfGE 67, 213, 223: „Eine strafrechtliche Verurteilung ist als Sanktion kriminellen Unrechts schon für sich allein betrachtet von größerer Intensität als eine zivilrechtliche Verurteilung zu Unterlassung, Widerruf oder Schadensersatz."
1159 In einzelnen Rechtsgebieten, wie z.B. dem Asylrecht, ist die Prüfungsintensität noch größer (vgl. BVerfGE 76, 143, 161 f.).
1160 Z.B. BVerfGE 52, 223, 249 f.
1161 BVerfGE 42, 143, 149; 60, 79, 91; 88, 97, 96 f.; 97, 169, 181; 98, 365, 389.
1162 BVerfGE 6, 32 ff.

ff) BVerfG als „Superberufungs- und revisionsgericht"

Zwar betont das BVerfG immer wieder, dass die Auslegung des einfachen Rechts und seine Anwendung auf den Einzelfall Sache der Fachgerichte seien.[1163] Die Grenzziehung zwischen einfachem – dem Fachgericht obliegenden – Recht und spezifischem Verfassungsrecht wird vielfach nicht vom BVerfG eingehalten. Es gibt zahlreiche Beispiele aus der Rspr. des BVerfG, in denen es eine schlichte Korrektur der Gesetzesauslegung durch die Fachgerichte wie ein „Superrevisionsgericht" vornimmt, ohne sich auf „spezifisches Verfassungsrecht" zu beschränken.

816

> **BVerfG NJW 1996, 709 (Notar):** Es ging um die Auslegung des § 1 RNotPrG. Das BVerfG wirft mit umfangreicher Begründung dem BGH eine verfehlte Gesetzesauslegung vor; er „verwische Tatbestandsmerkmale". Verfassungsrechtliche Aspekte sind bei dieser bemerkenswerten Kritik an der hermeneutischen Kunst eines Bundesgerichts nicht erkennbar. Sie ist sachlich völlig richtig, funktionell-rechtlich jedoch verfehlt, da das BVerfG sich auf spezifisches Verfassungsrecht hätte beschränken müssen und können. Die Verfassungsbeschwerde wäre auch mit dem Rekurs auf Art. 12 I GG und die Rechtsprechung zum Berufsverbot bei Rechtsanwälten begründet gewesen.[1164]

Beispiel 42

Die Entscheidung hat einen bemerkenswerten Vorläufer in BVerfGE 63, 266, 282, in der es um die Würdigkeit (Verfassungstreue) eines Bewerbers für die Zulassung zur Rechtsanwaltschaft ging. Das BVerfG kam zu einer restriktiveren Auslegung des Kriteriums „unwürdig" in § 7 Nr. 5 BRAO. Die Gesetzesinterpretation des BGH wurde vom BVerfG unter Berufung auf Entstehungsgeschichte und Gesetzessystematik eingeschränkt. Das Sondervotum von *Simon* kritisiert zu Recht das verfassungsrechtliche Defizit in der Entscheidung. [1165]

817

Zum „Superberufungsgericht" wird das BVerfG, wenn es auch in tatsächlicher Hinsicht die Sachverhaltsfeststellungen bzw. -würdigung überprüft.

818

Immer wieder greift das BVerfG in diese Domäne instanzrichterlicher Tätigkeit ein, indem es sich dabei die Befugnis zuspricht, die Sachverhaltsfeststellungen „in vollem Umfang" zu überprüfen[1166] und die von den Gerichten vorgenommenen Wertungen durch eigene zu ersetzen.[1167] Grundrechtlicher Anknüpfungspunkt ist der im Rechtsstaatsprinzip verankerte Justizgewährungsanspruch, der eine umfassende tatsächliche und rechtliche Prüfung des Streitgegenstands gewährleistet, [1168] bzw. das Grundrecht auf faires Verfahren.[1169] Er verpflichtet die Gerichte zur Aufklärung. Entscheidungen, die staatliche Sanktionen betreffen, müssen auf zureichender Sachaufklärung beruhen und eine in tatsächlicher Hinsicht genügende Grundlage haben, die der Bedeutung der betroffenen Freiheitsrechte entspricht.[1170] Auch ein auf fehlerhafter Feststellung und Würdigung des Tatbestands beruhendes Urteil kann daher als grundrechtswidrig bewertet werden. Unvermeidbare Folge dieser Festlegung ist aber die Entwicklung des BVerfG zur Superberufungsinstanz.[1171] Denn auf der Basis dieses Verständnisses steht auch die Tatsachenfeststellung zur Disposition des BVerfG im Rahmen der Verfassungsbeschwerde.

819

1163 BVerfGE 18, 85, 92 f.
1164 Vgl. *Kleine-Cosack*, DtZ 1996, 98; überzeugender BVerfG *Beschl.* v. 21.9.2000 – 1 BvR 661/96.
1165 BVerfGE 63, 298 ff.
1166 Vgl. nur *BVerfG* NJW 1992, 1439.
1167 *BVerfG* NJW 1976, 1647.
1168 *BVerfG* NJW 1992, 1673; dazu auch *Kluth*, NJW 1999, 3513.
1169 Vgl. dazu unten 924 ff.
1170 *BVerfG* NJW 2005, 1344; vgl. auch BVerfGE 58, 208, 222; 70, 297, 308; 109, 190, 223.
1171 So zutreffend *Kenntner*, NJW 2005, 785, 786.

6. Willkürverbot

820 Die Urteilsverfassungsbeschwerde kann in sehr seltenen Fällen bei völligem Versagen der Fachgerichte begründet sein, falls die fachgerichtliche Entscheidung objektiv unhaltbar und deshalb willkürlich ist.[1172]

a) Notkompetenz

821 Das BVerfG bejaht in diesen Fällen eine „Notkompetenz"[1173] wegen – angeblicher – Verletzung des Art. 3 I GG. Nicht alles, was rechtsstaatlich unerträglich ist, ist indessen – so zutreffend *Geiger*[1174] – verfassungsrechtlich wegen Art. 3 I GG zu beanstanden.[1175] Letztlich betätigt sich in diesen Fällen das BVerfG als Superrevisionsgericht ohne Beschränkung auf die Kontrolle des einfachen Rechts; der Prüfungsmaßstab des Art. 3 I GG ist nur vorgeschoben.

822 Diese Notkompetenz des BVerfG zur Beseitigung offensichtlich unhaltbarer fachgerichtlicher Entscheidungen ist aber trotz manifester funktionell-rechtlicher wie auch verfassungsdogmatischer Probleme zu bejahen, soweit sie auf extreme Ausnahmefälle beschränkt bleibt. Daher ist die Kritik an dieser „höchstrichterlichen Billigkeitsjustiz" teilweise völlig überzogen.[1176]

823 Verständlich ist sicherlich partiell die Kritik der der Willkür „bezichtigten" Richter. Mit welchem Schrecken reagieren bereits viele von ihnen, wenn sie mit der Befangenheitsrüge konfrontiert werden. Erst recht ist der Schock groß, wenn ihnen das BVerfG attestiert, willkürlich entschieden zu haben. Wenn das Gericht jedoch – wie meist – nur unter engen Voraussetzungen unter Rekurs auf das Willkürverbot bei krassen und offensichtlichen Fehlurteilen Verfassungsbeschwerden mit einer Berufung auf das Willkürverbot stattgibt, ist die Kritik verfehlt. Schließlich gibt es immer wieder vereinzelt gerichtliche Entscheidungen, die schlicht unhaltbar sind.

b) Geltendmachung vor den Fachgerichten

824 Unter dem Aspekt der Subsidiarität des § 90 II BVerfGG ist zu prüfen, ob nicht bereits vor den Fachgerichten die Willkürrüge erhoben werden kann bzw. muss. In Betracht kommen ein gesetzlich geregeltes Rechtsmittel wie eine Nichtzulassungsbeschwerde, die Anhörungsrüge wie z.B. § 321a ZPO, welche aber nach h.A. auf Verstöße gegen Art. 103 I GG beschränkt ist, oder – wie oben dargelegt[1177] – nicht geregelte Rechtsbehelfe wie eine Gegenvorstellung oder eine außerordentliche Beschwerde.

1172 *Umbach/Kenntner*, S. 18 ff.; Vgl. *Düwel*, S. 160 ff.; siehe auch *Rennert*, NJW 1991, 12. Aus der Rspr.: *BVerfG* NJW-RR 2005, 1725; Beschl. v. 14.12.2005-1 BvR 2874/04; NJW-RR 2005, 1577; *BVerfG* NJW 2000, 2494; BVerfGE 42, 64, 73 f.; 52, 131, 157 f.; 57, 39, 42; 58, 163, 167; 62, 189, 192; 64, 389, 394; 66, 199, 206; 66, 324, 330; 69, 248, 254; 71, 202, 204; 80, 48, 51 ff.; 87, 273, 278; 83, 82, 84; 86, 59, 62; 87, 273, 278; 82, 6; 34, 269; *BVerfG* Beschluss vom 23.09.2005, 2 BvR 2441/04.

1173 *Ossenbühl*, FS H. P. Ipsen, 1997, S. 141.

1174 Sondervotum in BVerfGE 42, 64, 80.

1175 Vgl. zur Kritik auch *Umbach/Kenntner*, S. 18 f.

1176 Erwähnt sei nur *Isensee*, Bundesverfassungsgericht – quo vadis?, in: Fikentscher u.a., Wertewandel-Rechtswandel, Perspektiven auf die gefährdeten Voraussetzungen unserer Demokratie, 1997, S. 93, 109, der dem BVerfG unsinniger Weise „etwas vom obrigkeitlich-fürsorglichen, detailversessenen Regierungsstil Friedrichs des Großen" attestiert.

1177 Vgl. unter Rn. 399 ff.

Nichtzulassungsbeschwerde: So kann zur Rechtswegerschöpfung bei objektiv willkürlichen Entscheidungen eine Nichtzulassungsbeschwerde erforderlich sein.[1178] Nach der Rechtsprechung des BGH[1179] gilt, dass das für die Zulassung der Revision maßgebliche Allgemeininteresse an einer korrigierenden Entscheidung des Revisionsgerichts auch dann gegeben ist, wenn das Berufungsurteil auf einem Rechtsfehler beruht, der geeignet ist, das Vertrauen in die Rechtsprechung zu beschädigen. Die Revision sei aus diesem Grund zuzulassen, wenn das Berufungsurteil gegen das Willkürverbot verstoße. Hingegen sei nicht maßgeblich, ob der Fehler offensichtlich oder schwerwiegend sei. Eine gerichtliche Entscheidung sei z.B. willkürlich, wenn eine notwendige Vertragsauslegung unterblieben und die Entscheidung deshalb nicht verständlich sei.

Beispiel 43

c) Voraussetzungen

Willkürlich ist ein Richterspruch nur, wenn er unter keinem denkbaren Aspekt rechtlich vertretbar ist und sich daher der Schluss aufdrängt, dass er auf sachfremden Erwägung beruht.[1180]

825

Da nicht jede Verfassungsbeschwerde gegen „falsche" Gerichtsentscheidungen erfolgreich sein kann, das BVerfG andernfalls zur Superrevisionsinstanz würde, die Auslegung und Anwendung einfachen Rechts Sache der Fachgerichte und nicht des BVerfG ist und eine Verfassungsbeschwerde daher nur Erfolg haben kann bei der Verletzung von spezifischem Verfassungsrecht, begründen Fehler in der Handhabung des einfachen Rechts nicht ohne weiteres eine Verfassungsverstoß.

826

BVerfG NJW 1993, 996: Die fehlerhafte Anwendung eines Gesetzes macht für sich alleine eine Gerichtsentscheidung nicht willkürlich. Willkür liegt vielmehr erst vor, wenn eine offensichtlich einschlägige Norm nicht berücksichtigt oder der Inhalt einer Norm in krasser Weise missbraucht wird. Die Bindung der Rechtsprechung an Recht und Gesetz (Art. 20 III GG) führt nicht dazu, dass das BVerfG Gerichtsentscheidungen auf ihre Übereinstimmung mit einfachem Recht überprüft. Das BVerfG greift erst ein, wenn die Begründung der Entscheidung eindeutig erkennen lässt, dass sich das Gericht aus der Rolle des Normanwenders in die eine Norm setzende Instanz begeben hat, also objektiv nicht bereit war, sich Recht und Gesetz zu unterwerfen, oder wenn das Gericht aus sonstigen Gründen willkürlich entschieden hat.

Beispiel 44

Ein Verstoß von fachgerichtlichen Entscheidungen gegen den Gleichheitssatz des Art. 3 I GG als Ausprägung des Willkürverbots kommt nur ausnahmsweise in Betracht, falls zwei Voraussetzungen – vgl. dazu auch unten unter Rn. 831 ff. – kumulativ vorliegen:

827

– Verletzung einfachen Rechts

828

Einmal muss die angegriffene Rechtsanwendung oder die Auslegung des Gesetzes oder das dazu eingeschlagene Verfahren fehlerhaft sein.

– Willkür

829

Auch „zweifelsfrei fehlerhafte" Entscheidungen sind allein noch nicht aus diesem Grunde aufzuheben.[1181] Hinzu kommen muss vielmehr, dass die fehlerhafte Rechtsanwendung unter Berücksichtigung der das Grundgesetz beherrschenden Gedanken unverständlich ist. Rechtsanwendung oder Verfahren müssen unter keinem denkbaren Aspekt mehr rechtlich vertretbar, verständlich bzw. nachvollziehbar sein[1182]. Das Fachgericht muss eine offensichtlich einschlägige Norm entweder nicht berücksichtigt oder den Inhalt einer Norm in krasser Weise missdeutet haben,[1183] das Gesetz in besonders grober Weise fehlerhaft ausgelegt oder angewendet haben, so dass sich der

---

1178 Vgl. zu Zivilrechtsstreitigkeiten, *BVerfG* NJW 2004, 3029; s.a. v. *Gierke/Seiler*, NJW 2004, 1497.
1179 *BGH* NJW 2005, 153; NJW 2003, 1943.
1180 *BVerfG* NVwZ 2006, 449.
1181 BVerfGE 67, 90.
1182 Vgl. *BVerfG* NVwZ 2006, 449; NJW 1998, 221, 222; *Düwel*, S. 164.
1183 *BVerfG* NJW 2000, 273, 274; NJW 1993, 996.

Schluss aufdrängt, dass die Entscheidung auf sachfremden und daher willkürlichen Erwägungen beruht. Nicht maßgeblich ist, ob der Fehler offensichtlich[1184] oder von Gewicht ist.[1185]

830 Von willkürlicher Missdeutung kann jedoch nicht gesprochen werden, wenn das Gericht sich mit der Rechtslage eingehend auseinandersetzt und seine Auffassung nicht jeden sachlichen Grundes entbehrt.[1186] Der aufzuhebende Richterspruch darf vielmehr unter keinem denkbaren Aspekt rechtlich vertretbar sein. Dies ist nicht der Fall bei nur kontroverser Auslegung einfachen Rechts unter Inanspruchnahme einer vertretenen Auffassung.[1187] Der Richter braucht auch einer vorherrschenden Meinung nicht zu folgen. Er ist nicht gehindert, eine eigene Rechtsauffassung zu vertreten, wenn alle anderen Gerichte den gegenteiligen Standpunkt einnehmen. „Die Rechtspflege ist wegen der Unabhängigkeit der Gerichte konstitutionell uneinheitlich."[1188]

d) Einzelheiten

831 Im einzelnen ist zu den Anforderungen eines Verstoßes gegen das Willkürverbot durch fachgerichtliche Entscheidungen Folgendes anzumerken:

aa) Objektive Willkür

832 Das Vorliegen von fachgerichtlicher Willkür ist anhand objektiver Kriterien festzustellen und setzt schuldhaftes Handeln des Richters nicht voraus.[1189] Das BVerfG betont stets, dass mit der Feststellung schwerer und offensichtlicher Fehler und damit von Willkür auf der Grundlage des einfachen Rechts ein subjektiver Vorwurf gegen den entscheidenden Richter im Sinne persönlicher Schuld nicht verbunden sein soll,[1190] sondern allein die objektive Feststellung von Willkür in Frage stehe.[1191]

833 Würde man jedoch die Kriterien zur Vorsatzermittlung bei der Rechtsbeugung, welche die „west"-deutsche Rechtsprechung nach 1989 zu Lasten von ehemaligen Richtern und Staatsanwälten der früheren DDR aufgestellt hat, auch konsequent auf diese Fälle willkürlicher Rechtsprechung anwenden, dann müsste eigentlich stets die Staatsanwaltschaft nach Vorliegen entsprechender Beschlüsse des BVerfG ein Ermittlungsverfahren gegen die verantwortlichen Richter einleiten. Schließlich besteht bei Feststellung von Willkür zumindest ein Anfangsverdacht eines auch bedingt vorsätzlichen Handelns.

834 Im übrigen ist unverständlich die Ablehnung von Willkür, wenn dem Fachgericht ein Fehler aus Versehen unterlaufen sei. Man wird auch in den Fällen, in denen einer Verfassungsbeschwerde wegen Verletzung des Willkürverbots stattgegeben wurde, häufig vermuten können, dass es ein Versehen oder ein Irrtum war, der schließlich eine krasse Fehlentscheidung hervorgebracht hat, und das Fachgericht nicht absichtlich und in vollem Bewusstsein das einfache Recht falsch ausgelegt oder angewendet hat. Gerade weil die Feststellung von Willkür keinen subjektiven Schuldvorwurf begründet, ist ein Unterschied zwischen versehentlichen und absichtlichen Rechtsfehlern abzulehnen.[1192]

bb) Irrelevanz der Intensität der Beeinträchtigung

835 Ebensowenig wie es auf die Schuld des Richters bei der Feststellung von Willkür ankommt, ist dabei – zumindest im Prinzip – die Intensität der Grundrechtsbeeinträchtigung bedeutsam.

1184 *BVerfG* NJW 2004, 1371.
1185 So der *BGH* NJW 2005, 153; 2003, 65 u. 1943 u. 754, 755.
1186 BVerfGE 87, 273, 278 f.
1187 BVerfGE 81, 12, 15.
1188 BVerfGE 87, 273, 278 f.
1189 *BVerfG* NJW 2000, 273, 274; NJW 1954, 1153; NJW 1989, 1917.
1190 BVerfGE 80, 48, 51; *BGH* NJW 2005, 153.
1191 *BVerfG* NVwZ 2005, 1303; NJW 1993, 1699; BVerfGE 42, 64, 73; 71, 122, 136; 80, 48, 51; 83, 82, 84; 86, 59, 63.
1192 So auch *Düwel*, S. 166; *Krugmann*, JuS 1998, 7, 9.

Auch der BGH[1193] hat im Rahmen einer Nichtzulassungsbeschwerde entschieden, dass für einen **836** Verstoß gegen das Willkürverbot nicht maßgeblich sei, ob der Fehler offensichtlich oder schwerwiegend sei. Eine gerichtliche Entscheidung sei z.B. willkürlich, wenn eine notwendige Vertragsauslegung unterblieben und die Entscheidung deshalb nicht verständlich sei.

Die Erklärung für die Irrelevanz der Intensität der Beeinträchtigung liegt (in Übereinstimmung mit **837** Düwel[1194]) in der Eigenart der Kontrolle fachgerichtlicher Entscheidungen am Maßstab des Willkürverbots aus Art. 3 I GG begründet. Es ist nämlich der Grad der Abweichung zwischen fachgerichtlicher und verfassungsgerichtlicher Rechtsauslegung und -anwendung, der erst eine Grundrechtsverletzung des Art. 3 I GG nach dem dargelegten Verständnis des allgemeinen Willkürverbots begründet. Anders als bei den Freiheitsgrundrechten, in denen das Kriterium der Intensität der Grundrechtsbeeinträchtigung Bedeutung für die Bestimmung der Kontrollbefugnis erlangt hat, gibt es im Anwendungsbereich der Willkürkontrolle fachgerichtlicher Rechtsprechung keinen sachlichen Gewährleistungsgehalt des Grundrechts im Sinne eines geschützten Freiheitsraums, in den mehr oder weniger intensiv eingegriffen werden könnte. Die Freiheit der Meinungsäußerung beispielsweise mag zwar unterschiedlich intensiv durch eine strafgerichtliche Verurteilung oder ein Teilunterlassungsurteil beeinträchtigt werden; die Handhabung des einfachen Rechts durch die Fachgerichte kann hingegen in der Betrachtung des kontrollierenden Verfassungsgerichts nicht mehr oder weniger willkürlich sein. Ist sie es, wird Art. 3 I GG verletzt, ist sie es nicht, wird die Verfassungsbeschwerde schon deshalb zurückgewiesen bzw. gar nicht erst zur Entscheidung angenommen. Dies ist allein abhängig vom Grad der Unverständlichkeit einer fachgerichtlichen Entscheidung, nicht jedoch von der Intensität der Beeinträchtigung, die der Betroffene durch den fachgerichtlichen Rechtsfolgenausspruch erleidet.

cc) Kontroverse Rechtsauffassung?

Es ist im übrigen nach wie vor ungeklärt, ob eine fachgerichtliche Entscheidung im Sinne evidenter **838** Fehlerhaftigkeit auch dann willkürlich sein kann, wenn die ihr zugrundeliegende Rechtsauffassung auch von anderen Gerichten oder im Schrifttum vertreten wird.[1195]

Unbestritten war schon immer, dass die unterschiedliche Auslegung einer Norm durch verschiedene **839** Gerichte für sich genommen keine Verletzung von Art. 3 I GG darstellt. Auch wurde zunächst Willkür verneint, wenn die Auslegung des Fachgerichts anderweitig in Literatur und Rechtsprechung vertreten wurde. Dies ist allerdings kein eindeutiges Kriterium, da in Entscheidungen des Bundesverfassungsgerichts sowohl fachgerichtliche Willkür angenommen wurde, obwohl die überprüfte Rechtsauffassung in Rechtsprechung oder Fachliteratur vertreten wurde, als auch Willkür abgelehnt wurde, wenn sich das Fachgericht eine ansonsten nicht vertretene Rechtsauffassung zu eigen machte.

Existiert jedenfalls zu einer Rechtsfrage eine entgegenstehende gefestigte Rechtsprechung oder **840** weicht die Entscheidung vom eindeutigen Wortlaut einer Norm ab, so muss das Fachgericht in der Entscheidungsbegründung erkennen lassen, dass es sich der Bedeutung seiner abweichenden Rechtsauslegung bewusst gewesen ist, sofern nicht die Besonderheiten des Einzelfalls dies entbehrlich machen. In jüngeren Judikaten wird Willkür jedenfalls dann verneint, wenn sich das Fachgericht mit der Rechtslage eingehend auseinandersetzt und seine Auffassung nicht jedes sachlichen Grundes entbehrt. Ein eindeutiges Indiz für fachgerichtliche Willkür sei es jedenfalls, wenn eine offensichtlich einschlägige Norm nicht berücksichtigt werde.

1193 *BGH* NJW 2005, 153; NJW 2003, 1943.
1194 S. 169.
1195 Vgl. dazu und zum folgenden *Düwel*, S. 169 f. m.w.N.

dd) Willkürbereiche

841 Das BVerfG variiert seine Umschreibung von fachgerichtlicher Willkür in vielfacher Weise.[1196] Die Kontrolle kann sich entweder auf die Arbeitsweise des Fachgerichts im Rahmen der Gestaltung des gerichtlichen Verfahrens, auf die Feststellung von Tatsachen oder auf das materielle Entscheidungsergebnis selbst beziehen. Die Feststellung von Willkür kann daher auf jeder Ebene fachgerichtlicher Entscheidungsfindung erfolgen. Auch die sachliche Richtigkeit eines vom Fachgericht aufgestellten Erfahrungssatzes kann der verfassungsgerichtlichen Kontrolle unterliegen.

842 Es vermag allerdings nicht zu überzeugen, wenn das BVerfG zur Beschränkung seiner Kontrollbefugnis auf das Willkürverbot auch im Anwendungsbereich des Art. 103 I GG und des Art. 101 I 2 GG zurückgreift.[1197] Dieser Rückgriff auf die Notkompetenz ist angesichts der speziellen verfassungsrechtlichen Regelungen verfehlt, zumal die Gefahr einer Aushöhlung bzw. eines Leerlaufs dieser Grundrechtsbestimmungen durch die Reduktion ihres Anwendungsbereichs auf einen bloßen Willkürmaßstab besteht.[1198] Im Bereich der Verfahrensgrundrechte muss die verfassungsgerichtliche Kontrollbefugnis ohne Rückgriff auf den Willkürbegriff erfolgen.

ee) Zweistufige Prüfung

843 Die Prüfung eines Verstoßes gegen das Willkürverbot erfolgt in zwei Schritten. Zunächst wird eine „objektive Fehlerfeststellung" durch Auslegung des einfachen Rechts mit den klassischen Auslegungsmethoden vergleichbar der Prüfung der Fachgerichte unter Bezugnahme auf Gesetzgebungsmaterialien sowie die Rechtsprechung anderer Gerichte und Fachliteratur unternommen.

844 In einem zweiten Schritt, der oftmals mit der Rechtsauslegung und -anwendung des ersten Prüfungsschritts vermischt wird, erfolgt dann qualitativ eine „verfassungsrechtliche Bewertung" des festgestellten Fehlers. Dazu dienen entweder die in den Grundrechten konkretisierten Wertentscheidungen und fundamentale Ordnungsprinzipien des Grundgesetzes, die „allgemeinen Gerechtigkeitsvorstellungen der Gemeinschaft" oder aber schlicht Kriterien der „Offensichtlichkeit des Fehlers" auf der Grundlage des einfachen Rechts. Zum Teil wird allgemein und ohne verfassungstextlichen Bezug an „die das Grundgesetz beherrschenden Gedanken" angeknüpft.[1199]

845 Inhaltlich lassen sich die stattgebenden Entscheidungen des Bundesverfassungsgerichts – mit Düwel[1200] – in zwei Gruppen einteilen:

- Zum einen werden fachgerichtliche Entscheidungen aufgehoben, wenn dem Entscheidungsverfahren oder -ergebnis ein offensichtlicher Irrtum anhaftet, der zu einer inneren Widersprüchlichkeit in der Entscheidungsbegründung geführt hat.

- Zum anderen bejaht das Gericht einen Verstoß gegen das allgemeine Willkürverbot, wenn die fachgerichtliche Entscheidung zwar in sich widerspruchsfrei erfolgt, aber im Hinblick auf „spezifisch verfassungsrechtliche Wertentscheidungen", die „Gerechtigkeitsvorstellungen der Gemeinschaft" oder vom BVerfG selbst für zutreffender befundene Rechtsauslegung und -anwendung des einfachen Rechts evident falsch sei.

846 Die einer Verfassungsbeschwerde stattgebenden Entscheidungen in der zweiten dieser Gruppen überwiegen diejenigen aus der ersten deutlich. Dabei stammen die Ausgangsentscheidungen überwiegend aus der ordentlichen Gerichtsbarkeit. Auffällig ist ebenfalls, dass sich die Entscheidungen inhaltlich sehr oft mit prozessualen Fragen des einfachen Rechts befassen und dabei teils weit in die Bereiche der fachgerichtlichen Tätigkeit der Sachverhaltsfeststellung und Beweiswürdigung eindringen.

1196 Einzelheiten s. bei *Düwel,* S. 169 ff.
1197 Vgl. dazu unten u. 940 ff.
1198 Vgl. *Düwel,* S. 178 f. m.w.N.
1199 Vgl. *Düwel,* S. 174 unter Berufung auf BVerfGE 74, 102, 127; 86, 59, 62 f.; 87, 273, 278 f.; 89, 1, 14; NJW-RR 2005, 936.
1200 S. 168 m.w.N.

e) Beispiele aus der Willkürrechtsprechung

Es gibt eine umfangreiche Judikatur, in der Entscheidungen von Gerichten wegen Willkür aufgehoben wurden.

BVerfGE 57, 39 – Negierung von Einwendungen: Das Amtsgericht hatte den Beklagten zur Zahlung einer Rechnung verurteilt. Die Begründung des Urteils lautete kurz und bündig: Da die Klägerin die Arbeiten ausgeführt habe und der Beklagte nicht vorgetragen habe, die Arbeiten seien mängelbehaftet, stünde der Klägerin Werklohn zu. Dagegen hat der Beklagte Verfassungsbeschwerde mit Erfolg erhoben, da sein Vortrag übersehen worden war. Das BVerfG sah einen Verstoß gegen das Willkürverbot für gegeben.

Beispiel 45

BVerfGE 58, 163 ff. – Auslagenvorschuss: Das Amtsgericht wies die Klage mit der Begründung ab, der Kläger sei beweisfällig geblieben. Er habe zwar einen Beweis angeregt, den von ihm (!) geforderten Auslagenvorschuss für das Gutachten jedoch nicht bezahlt; es sei deshalb ihm zuzuschreiben, dass die Einholung des Gutachtens unterblieben war. Der Kläger hat gegen das Urteil des Amtsgerichtes Verfassungsbeschwerde erhoben, der das BVerfG wegen Verstoß gegen das Willkürverbot stattgab, weil das Gericht den Vorschuss vom beweisfälligen Beklagten gefordert hatte.

BVerfG NJW 1989, 1917 – Räumungsanspruch: Nach dem BVerfG verstößt es gegen das verfassungsrechtliche Willkürverbot, dem gemäß § 554 BGB kündigenden Vermieter den Räumungsanspruch mit der Begründung zu versagen, er müsse den rückständigen Mietzins zuvor in einem gesonderten gerichtlichen Verfahren gegen den Mieter geltend machen. Diese Rechtsauffassung finde im Gesetzeswortlaut keine Stütze. § 554 BGB knüpfe die außerordentliche Kündigungsbefugnis des Vermieters allein daran, dass der Mieter mit der Zahlung des Mietzinses in Verzug geraten ist. Des weiteren hänge die Wirksamkeit der Kündigung davon ab, ob der Zahlungsvollzug bis zu bestimmten Zeitpunkten noch andauert. Dass darüber hinaus ein rechtskräftiger Titel über den rückständigen Mietzins vorliegen muss, werde nirgends angeordnet. Die Auffassung des LG sei auch deshalb sachwidrig und damit willkürlich, weil sie dem Vermieter ohne zureichenden Grund den Zugang zum Gericht verwehre.

BVerfG NJW-RR 2005, 1577 – Unsinn: Verletzung des Art. 3 I GG in seiner Ausprägung als Willkürverbot durch nicht mehr nachvollziehbar begründete Entscheidung, weil Gericht einen vertraglichen Zahlungsanspruch mit der Begründung versagte, eine Stattgabe führe zu „wirtschaftlichem Unsinn".

BVerfG Beschl. v. 14.12.2005 – 1 BvR 2874/04 – Verwirkung: Leichtfertige Annahme einer Verwirkung eines Räumungsanspruchs wegen bloßer Beweisschwierigkeiten, was zur Folge hätte, dass gesetzliche Verjährungsregelungen in weitem Maße unterlaufen würden.

BVerfG NJW-RR 2005, 1725 – PKH: Die Versagung von Prozesskostenhilfe allein auf Grund der Feststellung, der Beschwerdeführer habe keinen hinreichenden Nachweis für die Bemühung der Arbeitsaufnahme erbracht, ohne gleichzeitige Ansetzung eines fiktiven Einkommens, verstößt gegen Art. 3 I GG in seiner Ausprägung als Willkürverbot. Nach BVerfG NJW 2003, 3190 darf der Antrag auf Bewilligung von PKH nicht allein mit der Begründung abgelehnt werden, dass „die Berufung aus den Gründen des Urteils vom heutigen Tage keine hinreichende Aussicht auf Erfolg bietet." Nach BVerfG Beschl. v. 14.6.2006 – 2 BvR 626/06 soll die Prüfung der Erfolgsaussichten nicht dazu dienen, die Rechtsverfolgung selbst in das summarische Verfahren zu verlagern und dieses an die Stelle des Hauptsacheverfahrens treten zu lassen (vgl. auch BVerfGE 81, 347, 357).

BVerfG Beschl. vom 23.09.2005, 2 BvR 2441/04 – Rechtsschutzbedürfnis: Im konkreten Fall hatte der Betroffene die Gehörsrüge nach § 321a ZPO erhoben. Das Amtsgericht wies sie zurück. Das BVerfG bewertete die Entscheidung als willkürlich. Es sei unter keinem rechtlichen Gesichtspunkt vertretbar, dass das Amtsgericht dem Beschwerdeführer das Rechtsschutzbedürfnis für seine Klage allein deshalb abgesprochen habe, weil er von dem ihm im Vergleich ausdrücklich vorbehaltenen Widerrufsrecht Gebrauch gemacht habe; ohne dass es auf subjektive Umstände oder ein Verschulden des Gerichts ankäme. Es stellten sowohl das Urteil als auch der Beschluss des Amtsgerichts gem. § 321a ZPO Entscheidungen dar, die gegen das aus Art. 3 I GG abzuleitende Willkürverbot verstoßen.

BVerfG NJW 2000, 2494 – Aufrechnung: Willkürliche Verneinung einer aufrechenbaren Gegenforderung aus positiver Vertragsverletzung gegen einen Rechtsanwalt, der seinen Mandanten trotz dessen Bezugs von Arbeitslosenhilfe nicht auf die Möglichkeit von Beratungshilfe hingewiesen hat.

BVerfGE 42, 64, 72 – Versteigerung: Im Verfahren der Teilungsversteigerung hatte der die Versteigerung leitende Rechtspfleger den Grundstückseigentümer nicht darauf hingewiesen, dass das zuletzt abgegebene Gebot mit 2.000 DM in keinem Verhältnis zum Wert des Grundstücks stand. Ein Verstoß gegen § 139 ZPO wurde von den Beschwerdegerichten verneint, worin das BVerfG eine Verletzung des Willkürverbots sah. Vgl. auch BVerfG NJW-RR 2005, 936: Entgegen § 139 I 1, II 1 ZPO fehlte ein ausdrücklicher Hinweis des LG, dass die Beschwerdeführer mit den Kosten belastet werden konnten, wenn sie sich mit Anträgen an dem Beschwerdeverfahren (nach dem ZVG) beteiligten. Eine Verletzung des Willkürverbots liegt – gerade auch im Zwangsversteigerungsverfahren – vor, wenn im konkreten Fall ein einfachrechtlich gebotener und für den Betroffenen besonders wichtiger Hinweis aus Erwägungen nicht gegeben wird, die bei verständiger Würdigung der das Grundgesetz beherrschenden Gedanken nicht mehr verständlich sind.[1201] Das Willkürverbot zieht insoweit den den Gerichten eingeräumten Ermessens- und Beurteilungsspielräumen äußerste Grenzen[1202].

f) Warnung

847 Langjährige Erfahrung im Umgang mit Verfassungsbeschwerden haben gezeigt, dass Rechtsanwälte und erst recht ihre Mandanten nach verlorenen Verfahren vor Fachgerichten vielfach die Verfassungsbeschwerde für begründet erachten, weil angeblich eine willkürliche Entscheidung vorliege. Im Regelfall ergibt jedoch die Prüfung, dass das Urteil oder der Beschluss gesetzeskonform bzw. jedenfalls vertretbar sind und schon aus diesem Grunde der Willkürvorwurf offensichtlich jeder Grundlage entbehrt, er vielmehr allein durch die zu unkritische Sicht der Beteiligten bedingt ist. Selbst wenn ausnahmsweise eine fachgerichtliche Entscheidung fragwürdig ist, muss angesichts der vom BVerfG zu recht aufgestellten strengen Kriterien den Anwälten und Mandanten gesagt werden, dass in der Regel zumindest von Willkür keine Rede sein kann. Sie kommt erfahrungsgemäß nur in den extrem seltenen Ausnahmefällen in Betracht, in denen ohne große Nachprüfung und Einsatz hermeneutischer Mittel ein offensichtlicher Gesetzesverstoß dem Fachgericht angelastet werden kann.

848 In neueren Entscheidungen des Ersten Senats des BVerfG ist ein Bemühen zu erkennen, den Prüfungsmaßstab des Art. 3 I GG für fachgerichtliche Entscheidungen anzuheben, da ein (vermeintlicher) Rechtsanwendungsfehler von der unterlegenen Partei häufig als krasse Fehlentscheidung empfunden wird.[1203] Gleichwohl hat es auch in den letzten Jahren zahlreiche durchaus vertretbare Kammerbeschlüsse aus beiden Senaten des BVerfG gegeben, die Verfassungsbeschwerden wegen Verletzung des allgemeinen Willkürverbots stattgegeben haben. Auch zukünftig sind stattgebende Entscheidungen wegen Verletzung des allgemeinen Willkürverbots durch fachgerichtliche Entscheidungen, sofern nicht eine grundlegende Änderung der Rechtsprechung vorgenommen wird.

6. Überschreitung der richterrechtlichen Rechtsfortbildungskompetenz

849 In sehr seltenen Fällen kommt eine Aufhebung einer fachgerichtlichen Entscheidung auch dann in Betracht, wenn durch die richterliche Auslegung bzw. Rechtsfortbildung die funktionell-rechtlichen Grenzen überschritten werden, welche das Grundgesetz für die Fachgerichtsbarkeit enthält[1204] und die in § 132 IV GVG und den Prozessordnungen[1205] für die Großen Senate bei den Obersten Bundesgerichten auch einfachgesetzlich verankert sind. Doch auch darüber hinaus hat das BVerfG die richterrechtliche Rechtsfortbildung durch die Fachgerichte grundsätzlich für verfassungsgemäß gehalten.[1206] Mit der Überschreitung der Rechtsfortbildungskompetenz wird im Ergebnis demgegenüber ein neuer Grundrechtstatbestand geschaffen, der aber nach dem in Art. 20 III GG vorausgesetzten Prinzip vom Vorbehalt des Gesetzes einer gesetzlichen Regelung bedurft hätte.[1207]

1201 BVerfGE 42, 64, 74.
1202 *BVerfG* NJW 1993, 1699.
1203 Vgl. dazu und zum folgenden *Düwel*, S. 167 m.w.N.
1204 Vgl. *Düwel*, S. 187 ff.
1205 §§ 11 IV VwGO; 11 IV FGO; 45 IV ArbGG; 41 IV SGG; vgl. *Düwel*, S. 189.
1206 Vgl. u.a. BVerfGE 3, 225; 65, 182; 82, 6; 95, 96; ausf. zur Legitimation insbesondere BVerfGE 34, 269, 286 f.; vgl. auch *Düwel*, S. 189 ff.
1207 Vgl. auch BVerfGE 34, 269; 49, 304; 22, 114, 121 f.; 34, 293, 301 f.; 54, 224, 234; 54, 237, 269; 82, 6.

Im Prinzip bilden Wortlaut wie Wortsinn des Gesetzestexts die äußerste – vom BVerfG selbst aber nicht immer eingehaltene – Grenze, bei deren Überschreitung durch die Fachgerichte der in Art. 20 III GG verankerte Vorrang des Gesetzes bzw. der darin vorausgesetzte Vorbehalt des Gesetzes überschritten werden. **850**

Auch hier sind die Grenzen zwischen verfassungsgemäßer richterlicher Rechtsfortbildung und verfassungswidriger Annahme neuer Grundrechtseingriffstatbestände fließend, zumal die Reichweite des auf „wesentliche" Regelungen beschränkten Vorbehalts des Gesetzes ebensowenig exakt zu bestimmen ist wie die Grenzen der verfassungskonformen Auslegung von Normen.[1208] **851**

Dabei hat das BVerfG in größerem Umfang aus funktionell-rechtlichen Gründen Zurückhaltung walten lassen, soweit es um die Auslegung von parlamentarischen Gesetzen geht.[1209] Hintergrund ist insoweit der Versuch, wiederum eine Entwicklung hin zum BVerfG als „Superrevisionsinstanz" zu vermeiden: An sich könnten sämtliche unzulässigen fachgerichtlichen Rechtsfortbildungen als Verstöße gegen Art. 20 III GG gerügt und zum Gegenstand einer Verfassungsbeschwerde gemacht werden, wodurch letztlich die richtige Auslegung des einfachen Rechts wiederum durch das BVerfG in letzter Instanz zu entscheiden wäre. Im Beschluss des Ersten Senats vom 3. April 1990 hat das BVerfG demgegenüber die „Notbremse" gezogen und seinen Entscheidungsspielraum selbst stark begrenzt: **852**

BVerfGE 82, 6, 13: *„Die fachgerichtliche Beurteilung, ob der Sachverhalt eine Analogie rechtfertigt, unterliegt nur in eingeschränktem Umfang der verfassungsgerichtlichen Kontrolle. Die Beantwortung der Frage, ob eine Gesetzeslücke oder eine abschließende Regelung vorliegt, erfordert im gleichen Maße eine rechtliche Wertung wie die Lösung des Problems, in welcher Weise die Lücke zu schließen ist (...). Sie setzt eine Betrachtung des einfachen Gesetzesrechts voraus, zu dessen Erforschung das BVerfG nicht berufen ist (...). Es darf daher die fachgerichtliche Wertung grundsätzlich nicht durch eine eigene ersetzen. Die Beantwortung der Frage, ob sich die tatsächlichen Verhältnisse seit Schaffung der Norm in einer deren analoge Anwendung rechtfertigenden Weise verändert haben, obliegt zunächst ebenfalls den Fachgerichten. Auch wenn sich bei der Rechtsfortbildung in verstärktem Maße das Problem des Umfangs richterlicher Gesetzesbindung stellt, ist die verfassungsgerichtliche Kontrolle analoger Rechtsanwendung darauf beschränkt, ob das Fachgericht in vertretbarer Weise eine einfachgesetzliche Lücke angenommen und geschlossen hat und ob diese Erweiterung des Normbereichs Wertungen der Verfassung, namentlich Grundrechten, widerspricht."*[1210] **853**

Entsprechend wird die Beurteilung eines Akts richterlicher Rechtsfortbildung bei der Gesetzesauslegung stark vom Einzelfall abhängig gemacht und auf die Formulierung abstrakter Kriterien weitgehend verzichtet.[1211] Hingegen ist bei bloßen Satzungen z.B. von Kammern oder Rechtsverordnungen ein derartiger judicial-self-restraint nicht in vergleichbarem Umfang geboten; sie können daher eher unter dem Aspekt des Vorbehalts und Vorrangs des Gesetzes für unwirksam erachtet werden, wie überzeugende Entscheidungen des BVerfG zur Regelung des Facharztwesens[1212] wie auch zur Berufsordnung der Rechtsanwälte[1213] verdeutlichen. **854**

Grundsätzlich gilt, dass je nach Rechtsgebiet, zu dem die angegriffene Entscheidung ergangen ist, unterschiedliche Maßstäbe an die Zulässigkeit richterlicher Rechtsfortbildung anzulegen sind. Geht es um Bürger-Staat-Verhältnisse (etwa im Verwaltungsrecht), gelten strengere Maßstäbe, zumal in Fragen der Grundrechte: Die Entscheidung aller grundsätzlichen Fragen, die den Bürger unmittelbar betreffen, muss hier durch Gesetz erfolgen.[1214] In Privatrechtsverhältnissen hält sich das BVerfG demgegenüber deutlich zurück und schränkt die verfassungsrechtliche Aufhebung auf die Fälle ein, in denen die angegriffene Entscheidung sich in unvertretbarer Weise *eindeutig* über die Funktion der **855**

1208 Vgl. dazu *Voßkuhle*, AöR 125 (2000), 177 ff.
1209 Siehe nur *BVerfG* NJW 1993, 317 zur Frage der – im Ergebnis bejahten – Verfassungsmäßigkeit des § 7 Nr. 8 BRAO a.F.
1210 Siehe ausf. *Düwel*, S. 192 ff.
1211 *Düwel*, a.a.O.
1212 BVerfGE 33, 125 ff.; siehe auch BVerfGE 38, 373 ff. (Berufsordnung einer Apothekerkammer).
1213 *BVerfG* NJW 2000, 347: Nichtigerklärung des § 13 BORA (Versäumnisurteil).
1214 Vgl. *Düwel*, S. 195 unter Verweis auf BVerfGE 40, 237, 249; 57, 295, 320 f.; 58, 257, 268 f.

Rechtsprechung als rechtsanwendender Instanz gegenüber der Gesetzgebung als rechtsetzender Instanz hinweggesetzt.[1215] Im Strafrecht greifen wiederum auf Grund der besonderen verfassungsrechtlichen Vorgaben strengere Maßstäbe für die Zulässigkeit richterlicher Rechtsfortbildung. Hinzu kommt hier die Sonderregel des Art. 103 II GG, der nach st. Rspr. neben anderen Gewährleistungen auch ein generelles Verbot strafbegründender oder strafverschärfender richterlicher Rechtsfortbildung enthält[1216] und der gemäß Art. 93 I Nr. 4a GG verfassungsbeschwerdefähig ist.

Beispiel 46

> **BVerfGE 22, 114, 121 ff.:** Ausschluss eines Verteidigers unter Berufung vorkonstitutionelles Gewohnheitsrecht.
>
> **BVerfGE 34, 269:** Rechtsfortbildung *contra legem* nicht als verfassungswidrig aufgehoben.
>
> **BVerfGE 49, 304:** Haftungsbeschränkung für Sachverständige bei leichter Fahrlässigkeit im Vorgriff auf eine entsprechende Novelle des Gesetzgebers nicht als verfassungswidrig aufgehoben.
>
> **BVerfGE 61, 68, 73 f.:** Die Erstreckung des kommunalen Vertretungsverbots nach § 24 GO/NRW über das davon unstreitig erfasste Gemeinderatsmitglied hinaus auf die übrigen Sozietätsanwälte bedurfte einer unzweideutigen und verlässlichen Rechtsgrundlage, die der gesetzlichen Regelung nicht zu entnehmen war. Daher war durch das fachgerichtliche Urteil die Rechtsfortbildungskompetenz überschritten und das Rechtsstaatsprinzip verletzt worden.

III. Kontrolle des gerichtlichen Verfahrens

856 In Urteilsverfassungsbeschwerden kann auch eine Verletzung von Grundrechten gerade durch das gerichtliche Verfahren geltend gemacht werden. Prüfungsmaßstab sind dann hauptsächlich die Justizgrundrechte bzw. Verfahrensgrundrechte (Art. 101 I 2, 103 I, 104, 19 IV GG).

857 Diese Beschwerden machten in der Vergangenheit nahezu die Hälfte aller Verfassungsbeschwerden aus. Der erste Eindruck, diese Verfassungsbeschwerden hätten eine vergleichsweise hohe Erfolgsquote, trügt allerdings; nur die absolut hohe Zahl dieser Verfassungsbeschwerden bewirkt, dass viele Entscheidungen ergehen, die der Beschwerde stattgeben. Auf Grund der Regelungen zur Anhörungsrüge wie § 321a ZPO dürfte mit einem Rückgang entsprechender Verfassungsbeschwerden zu rechnen sein.

1. Umfassende verfassungsgerichtliche Kontrolle der Verfahrensordnungen?

858 Der Prüfungsumfang des BVerfG ging bei verfahrensrechtlichen Rügen unter Außerachtlassung der sonst im Hinblick auf das einfache Recht betonten Zurückhaltung gegenüber den Fachgerichten früher derart weit, dass eine Abgrenzung zwischen spezifischem Verfassungsrecht und einfachem Gesetzesverfahrensrecht praktisch nicht erkennbar war. Schließlich forderte das BVerfG vor allem ein prozessordnungsgemäßes Handeln der Gerichte, was zwangsläufig auf eine Kontrolle der schlichten Gesetzmäßigkeit des gerichtlichen Verfahrens hinausläuft.

859 Das BVerfG scheint zwischenzeitlich von der ursprünglich sehr intensiven Kontrolle der Einhaltung der Verfahrensgrundrechte auch in materieller Hinsicht etwas abgerückt zu sein.[1217] Auch im Bereich der Justizgrundrechte sei die Grenze zur Verfassungswidrigkeit erst überschritten, wenn die fehler-

---

1215 BVerfGE 82, 6, 13; 87, 273, 280; 96, 56, 62 f.; 96, 375, 394; vgl. *Düwel*, S. 198 ff. zu Einzelheiten.
1216 BVerfGE 14, 174, 185; 25, 269, 285; 26, 41, 42; 29, 183, 196; 64, 389, 393; 71, 108, 115; zu Einzelheiten siehe *Düwel*, S. 203 ff.
1217 So *Umbach/Kenntner*, S. 14.

hafte Anwendung „schlechthin unvertretbar" ist, die Handhabung dieses Rechts deshalb außerhalb der Gesetzlichkeit steht."[1218] Eine klare Linie ist allerdings nicht erkennbar.

2. Rechtliches Gehör

Im Regelfall kommt bei einem Verfahrensfehler eine Verletzung des Grundrechts auf rechtliches Gehör des Art. 103 I GG in Betracht. **860**

a) Anhörungsrügen

Die Bedeutung des Art. 103 I GG wird vielfach überschätzt. Art. 103 I GG ist nicht die Allzweckwaffe, für die er oft gehalten wird. Seine Bedeutung wird auch dadurch eingeschränkt, dass durch das vom BVerfG[1219] dem Gesetzgeber aufgezwungene Anhörungsrügegesetz[1220] über die schon bisher vorhandenen Regelungen wie § 321a ZPO, § 33a StPO[1221] auch in andere Prozessordnungen – z.B. § 152a VwGO, § 178a SGG, § 78a ArbGG, § 29a FGG, § 133a FGO – der Rechtsbehelf der Anhörungsrüge geschaffen wurde. Die Einlegung dieses Rechtsbehelfs ist bei einer Rüge des Art. 103 I GG zwecks nach § 90 II BVerfGG unverzichtbarer Erschöpfung des Rechtswegs Voraussetzung für die Erhebung der Verfassungsbeschwerde mit der Folge, dass eine Verfassungsbeschwerde nur noch in eingeschränktem Maße auf Art. 103 I GG gestützt werden kann.[1222]

Die Reichweite der gesetzlich geregelten Anhörungsrüge ist allerdings mehr als umstritten;[1223] die Auslegung wirft viele Probleme auf, welche oben im Rahmen des § 90 II BVerfGG ausführlich erörtert wurden.[1224] Wiederholt sei an dieser Stelle der Hinweis, dass Vorsicht zu walten hat, wenn Art. 103 I GG neben anderen Grundrechten gerügt wird. Dann muss zunächst das Anhörungsrügeverfahren durchgeführt werden, weil ansonsten die Verfassungsbeschwerde vollständig als unzulässig angesehen wird. **861**

b) Begründungspflicht

Den Beschwerdeführer trifft bei der Rüge des Art. 103 I GG eine erhöhte Substantiierungspflicht (§ 92 BVerfGG). Die pauschale Rüge des Art. 103 I GG ist unzulässig. **862**

> Dem erhöhten Substantiierungserfordernis bei einer Gehörsversagung wegen Übergehens in den Akten schriftlich vorgebrachten Beteiligungsvorbringens wird nur Rechnung getragen, wenn exakt angegeben wird oder ohne weiteres erkennbar ist, welche Schriftsätze, Protokolle oder sonstige Unterlagen den als übergangen gerügten Vorgang enthalten.[1225] **Beispiel 47**

Bei der Rüge einer Verletzung des Art. 103 I GG muss aus dem Vortrag des Bf. deutlich werden, in welchen Punkten das Gericht gegen die Verfassungsnorm verstoßen haben soll. [1226] **863**

1218 BVerfGE 96, 68, 77 zu Art. 101 I 2 GG.
1219 BVerfGE 107, 395.
1220 BT-DS 15/3706; Überblick bei *Huber*, JuS 2005, 109 ff., 111.
1221 Vgl. auch § 356a StPO.
1222 Vgl. Rn. 378 ff.
1223 Vgl. nur *E. Schneider*, Die Gehörsrüge – eine legislative Missgeburt, Fs. F. Madert, 2005, S. 187 ff.; *Berchthold*, NZS 2006, S. 9 ff. zu § 178a SGG.
1224 Vgl. Rn. 377 ff.
1225 Vgl. *OVG Lüneburg* NJW 2006, 3018 zu § 78 III Nr. 3 AsylVfG, § 138 Nr. 3 VwGO.
1226 BVerfGE 24, 203, 213; DVBl. 2006, 503.

c) Voraussetzungen

864   Art. 103 I GG ist nur dann ausnahmsweise verletzt, wenn einerseits ein Gehörsverstoß vorliegt (aa), diesem zumindest ein gewisses Gewicht zukommt (bb) und dieser zum anderen entscheidungserheblich ist (cc) und keine Heilung erfolgt ist (dd).

aa) Gehörsverstoß eines Gerichts

865   Der Beschwerdeführer muss in der Verfassungsbeschwerdeschrift im Einzelnen darlegen, in welchen Punkten das Gericht gegen dieses Grundrecht in entscheidungsrelevanter Weise verstoßen haben soll.

866   Der Begründung der Verfassungsbeschwerde muss zudem entnommen werden, was der Beschwerdeführer bei ausreichender Gewährung rechtlichen Gehörs vorgetragen hätte; nur dann kann geprüft und entschieden werden, ob die angegriffene Entscheidung auf dem Verfassungsverstoß beruht.[1227]

867   Ein Verstoß gegen Art. 103 I GG kann nur dann festgestellt werden, wenn sich aus den besonderen Umständen des Falles ergibt, dass ein Gericht der Pflicht zur Gewährung von Gehör nicht nachgekommen ist. Keine Anwendung findet Art. 103 I, wenn nicht ein Gericht, sondern eine Behörde oder eine Staatsanwaltschaft handelt.[1228]

(1) Allgemein

868   Der Anspruch aus Art. 103 I GG ist eine Folgerung aus dem Rechtsstaatsgedanken für das Gebiet des gerichtlichen Verfahrens. Für das Gericht erwächst aus Art. 103 I GG die Pflicht, vor Erlass einer Entscheidung zu prüfen, ob den Verfahrensbeteiligten das rechtliche Gehör gewährt wurde.[1229] Der Einzelne soll darin nicht bloßes Objekt sein, sondern vor einer Entscheidung, die seine Rechte betrifft, zu Wort kommen können, um Einfluss auf das Verfahren und sein Ergebnis nehmen zu können.[1230] Art. 103 I GG garantiert den Beteiligten an einem gerichtlichen Verfahren daher, dass sie hinreichende Gelegenheit erhalten, sich zu dem einer Gerichtsentscheidung zu Grunde liegenden Sachverhalt vor Erlass der Entscheidung zu äußern und dadurch die Willensbildung des Gerichts zu beeinflussen.[1231]

869   Dementsprechend formuliert das BVerfG in ständiger Rechtsprechung:

„Art. 103 I GG gibt dem Beteiligten an einem gerichtlichen Verfahren ein Recht darauf, sich zu dem der gerichtlichen Entscheidung zugrunde liegenden Sachverhalt vor Erlass der Entscheidung zu äußern. Diesem Anspruch des Beteiligten auf Gewährung rechtlichen Gehörs entspricht nach der ständigen Rechtsprechung des BVerfG (BVerfGE 11, 218, 220; 14, 320, 323; 18, 380, 383; 22, 267, 273) die Pflicht des Gerichts, Anträge und Ausführungen der Verfahrensbeteiligten zur Kenntnis zu nehmen und bei seiner Entscheidung in Erwägung zu ziehen. Art. 103 I GG gewährt hingegen keinen Schutz gegen Entscheidungen, die den Sachvortrag eines Beteiligten aus Gründen des formellen oder materiellen Rechts teilweise oder ganz unberücksichtigt lassen (vgl. BVerfGE 50, 32, 35; 65, 305, 307; NJW 1992, 2811). Auch verpflichtet Art. 103 I GG das Gericht nicht, sich mit jedem Vorbringen in den Entscheidungsgründen zu befassen. Geht es aber auf den wesentlichen Kern des Tatsachenvortrags einer Partei zu einer Frage, die für das Verfahren von zentraler Bedeutung ist, nicht ein, so lässt dies auf die Nichtberücksichtigung dieses Vortrages schließen, sofern er nicht nach dem Rechtsstandpunkt des Gerichts unerheblich oder aber offensichtlich unsubstantiiert war oder aus prozessrechtlichen Gründen unberücksichtigt gelassen wurde."[1232]

1227 Vgl. auchBVerfGE 91, 1, 25 f.; 28,17,20; st. Rspr.
1228 Auch im behördlichen Verfahren darf der Einzelne aber nicht zum Objekt des Verfahrens werden; wegen seines Anspruches auf ein rechtsstaatliches Verfahren; BVerfGE 101, 397, 405. BVerfG E 109, 279, 368.
1229 *BVerfG* NVwZ 2003, 859, 860; NJW 1974, 133.
1230 *BVerfG* NVwZ 2003, 859, 860; NJW 1991, 2823.
1231 *BVerfGE* NVwZ 2003, 859, 860; NJW 1967, 2051; BVerfGE 49, 121, 215; 94, 166, 207.
1232 *BVerfG* Beschl. v. 19.10.2004 – 2 BvR 779/04.

(2) Einzelne Rechte

Dementsprechend ergeben sich aus Art. 103 I GG u.a. folgende Rechte bzw. Pflichten: **870**

- **Information**   **871**

Wenn der Einzelne nicht nur Objekt der richterlichen Entscheidung sein soll, er vor einer Entscheidung, die seine Rechte betrifft, zu Wort kommen soll, um als Subjekt Einfluss auf das Verfahren und sein Ergebnis nehmen zu können,[1233] dann sichert das Recht auf rechtliches Gehör den Beteiligten vor allem ein Recht auf Information, Äußerung und Berücksichtigung. Nur dann können sie ihr Verhalten im Prozess selbstbestimmt und situationsspezifisch gestalten.

Strafprozessuale Maßnahmen: Art. 103 I GG steht in funktionalem Zusammenhang mit der Rechtsschutzgarantie des Grundgesetzes.[1234] Dem kommt besondere Bedeutung zu, wenn im strafprozessualen Ermittlungsverfahren Eingriffsmaßnahmen ohne vorherige Anhörung des Betroffenen gerichtlich angeordnet werden (§ 33 IV StPO). Dann ist das rechtliche Gehör jedenfalls im Beschwerdeverfahren zu gewähren. Ist ein „in camera"- Verfahren mit Art. 103 I GG unvereinbar, so folgt daraus, dass eine dem Betroffenen nachteilige Gerichtsentscheidung jedenfalls im Beschwerdeverfahren nur auf der Grundlage solcher Tatsachen und Beweismittel getroffen werden kann, über die dieser zuvor sachgemäß unterrichtet wurde und zu denen er sich äußern konnte. Zum Anspruch auf Gehör vor Gericht gehört demnach auch die Information über die entscheidungserheblichen Beweismittel. Namentlich für Haftfälle gilt, dass eine gerichtliche Entscheidung nur auf Tatsachen und Beweismittel gestützt werden darf, die dem Beschuldigten durch Akteneinsicht der Verteidigung bekannt sind.[1235]   **Beispiel 48**

Das Gericht muss zudem auch sicherstellen, dass die Beteiligten die erforderlichen Informationen erhalten.   **872**

BVerfG NJW 2006, 2248 – Empfangsbescheinigung: Im konkreten Fall erging ein Urteil gegen den Beschwerdeführer am 11.3.2005, obwohl der Zugang der Klageerwiderung und der der Anordnung des (vereinfachten) schriftlichen Verfahrens nicht durch den Rücklauf des Empfangsbekenntnisses zu den Gerichtsakten festgestellt werden konnte. Nach den Entscheidungsgründen stützte der Amtsrichter die Klageabweisung zudem allein auf den Inhalt der Klageerwiderung, mit der der Beklagte den anspruchsbegründenden Vortrag des Beschwerdeführers bestritten hätte. Das BVerfG führt aus: **Beispiel 49**

„Diese Vorschrift (sic. Art. 103 I GG) gewährleistet jedem Beteiligten einen Anspruch darauf, sich vor dem Erlass einer gerichtlichen Entscheidung zu dem ihr zu Grunde liegenden Sachverhalt zu äußern.[1236] Die Gelegenheit zur Äußerung muß daher grundsätzlich zu jedem dem Gericht unterbreiteten Vortrag eingeräumt werden, soweit er für die Entscheidung erheblich ist.[1237] Dementsprechend darf das Gericht nur solche Tatsachen verwerten, zu dem sich die Verfahrensbeteiligten vorher äußern konnten.[1238] Für das Gericht erwächst aus Art. 103 I GG ferner die Pflicht, vor dem Erlass einer Entscheidung zu prüfen, ob den Verfahrensbeteiligten das rechtliche Gehör auch tatsächlich gewährt wurde. Insbesondere dann, wenn dem Gebot des Art. 103 I GG durch die Übersendung von Schriftsätzen genügt werden soll, hat das Gericht – etwa durch förmliche Zustellung unter Beifügung einer rückgabepflichtigen Empfangsbescheinigung – zu überwachen, ob die Verfahrensbeteiligten in ihren Besitz gelangt sind."[1239]

- **Hinweispflicht?**   **873**

Art. 103 I GG verlangt zwar grundsätzlich nicht, dass das Gericht vor der Entscheidung auf seine Rechtsauffassung hinweist. Ihm ist auch keine allgemeine Frage- und Aufklärungspflicht des Richters zu entnehmen.[1240] Daher ist der Anspruch auf rechtliches Gehör nicht schon dann verletzt, wenn der Richter einer Hinweispflicht des einfachen Verfahrensrechts nicht nachkommt.

1233 BVerfGE 9, 89, 95.
1234 BVerfGE 81, 123, 129.
1235 *BVerfG* NJW 1994, 3219; *EGMR* NJW 2002, 2013.
1236 BVerfGE 67, 39, 41; 69, 145, 148; 89, 381, 392; 101, 106, 129.
1237 BVerfGE 19, 32, 36; 49, 325, 328; 89, 381, 392.
1238 BVerfGE 70, 180, 189; 101, 106, 129.
1239 BVerfGE 36, 85, 88; 42, 243, 246; 50, 280, 285 f.
1240 *BVerfG* NJW 2000, 275; NJW 1984, 1741.

874 Derartige Hinweise sollten zwar erfolgen; im Regelfall werden sie auch erteilt. Nicht selten hüllen sich jedoch Richter aus unterschiedlichsten Gründen in Schweigen. Gelegentlich ist es ein solches beredter Art, oftmals durch Rücksichtnahme gegenüber überforderten Rechtsanwälten und ihren Parteien bedingt. Nicht selten resultiert es aber auch aus einem Fehlen von Sachkenntnis, rechtlicher Kompetenz sowie der mangelnden Verhandlungssouveränität auf der Richterbank.

875 Art. 103 I GG bietet aber Schutz vor Überraschungsentscheidungen insoweit, als es dem Gericht verwehrt ist, unvorhersehbare Anforderungen an das Vorbringen der Beteiligten zu stellen oder seine Entscheidung auf eine Rechtsansicht zu stützen, mit der ein gewissenhafter und kundiger Prozessbeteiligter nicht zu rechnen brauchte. Eine dem verfassungsrechtlichen Anspruch genügende Gewährung rechtlichen Gehörs setzt zumindest voraus, dass der Verfahrensbeteiligte bei Anwendung der von ihm zu verlangenden Sorgfalt zu erkennen vermag, auf welchen Tatsachenvortrag es für die Entscheidung ankommen kann. Es kommt im Ergebnis der Verhinderung eines Vortrags gleich und ein Gericht verstößt dann gegen Art. 103 I GG und das Gebot eines fairen Verfahrens, wenn es in tatsächlicher Hinsicht Anforderungen stellt bzw. auf rechtliche Gesichtspunkte abstellt, mit denen auch ein gewissenhafter und kundiger Prozessbeteiligter nach dem bisherigen Prozessverlauf nicht zu rechnen brauchte.[1241] In besonderen Fällen kann es daher geboten sein, die Verfahrensbeteiligten auf eine Rechtsauffassung hinzuweisen, die das Gericht seiner Entscheidung zugrunde legen will.[1242]

Beispiel 50 **BVerfG NVwZ 2006, 683 – Hinweispflicht:** Aus der Begrenzung der Darlegungsanforderungen im Berufungszulassungsverfahren folgt, dass das OVG dem Rechtsmittelführer in der Regel rechtliches Gehör gewähren muss, wenn es den Zulassungsantrag mit der Begründung ablehnen will, dass sich die in Anknüpfung an die tragenden Gründe der verwaltungsgerichtlichen Entscheidung aufgeworfene Grundsatzfrage aus anderen als den vom Verwaltungsgericht herangezogenen Gründen im Berufungsverfahren nicht stellen werde. Der Rechtsmittelführer muss sich jedenfalls darauf verlassen können, dass das OVG nicht ohne vorherigen Hinweis auf Umstände abstellt, zu denen er nicht verpflichtet ist, sie von sich aus vorzutragen.

BVerfG NJW 2003, 2254 – Beweiswürdigung: Ein Berufungsbeklagter darf darauf vertrauen, dass ihn ein Berufungsgericht, wenn es in der Beweiswürdigung dem Erstrichter nicht folgen will, so rechtzeitig darauf hinweist, dass darauf noch im Termin zur mündlichen Verhandlung reagiert werden kann.

876 • **Äußerungsrecht**

Art. 103 I GG garantiert den Beteiligten in einem gerichtlichen Verfahren auch die Gelegenheit, sich zu dem einer gerichtlichen Entscheidung zugrunde liegenden Sachverhalt und auch zur Rechtslage vor Erlass der Entscheidung zu äußern.[1243] An einer solchen Gelegenheit fehlt es, wenn ein Beteiligter gar nicht zu Wort gekommen ist oder wenn das Gericht einer Entscheidung Tatsachen zugrunde legt, zu dem die Beteiligten nicht Stellung nehmen konnten.[1244] Typische Gehörsverstöße stellen daher beispielsweise gerichtliche Entscheidungen dar, die vor Ablauf einer vom Gericht selbst gesetzten Frist für das Vorbringen eines Beteiligten ergehen.

Beispiel 51 **BVerfG NVwZ 2004, 859 f. – Fristbemessung:** Der Anspruch auf rechtliches Gehör ist insbesondere auch dann verletzt, wenn die vor Erlass einer Entscheidung vom Gericht gesetzte Frist zur Äußerung objektiv nicht ausreicht, um innerhalb der Frist eine sachlich fundierte Äußerung zum entscheidungserheblichen Sachverhalt und zur Rechtslage zu erbringen. Richterlich gesetzte Fristen müssen so bemessen sein, dass das rechtliche Gehör nicht in unzumutbarer Weise erschwert wird. Ob die Dauer einer richterlich gesetzten Frist objektiv ausreichend ist, hängt von den Umständen des Einzelfalles ab. So ist bei einem eilbedürftigen Verfahren oder einfach gelagerten Sachverhalten eine kürzere Frist ausreichend. Bei erkennbar weniger eilbedürftigen Sachen oder schwierigen Sachverhalten bedarf es in der Regel einer längeren Frist. Im Gegensatz zu gesetzlichen Fristbestimmungen, die typisieren dürfen, müssen richterliche Fristen den genannten Maßstäben in stärkerem Maße individualisierend gerecht werden.

1241 *BVerfG* NJW 2003, 2524; 2000, 275; 1991, 2823; NVwZ 1992, 401; BVerfGE 84, 188, 190.
1242 BVerfGE 98, 218, 263.
1243 *BVerfG* NJW 2000, 475.
1244 *BVerfG* NJW 2000, 275; NJW 1960, 31.

• **Pflicht zur Kenntnisnahme durch das Gericht** **877**

Art. 103 I GG verpflichtet die Gerichte, das Vorbringen der Verfahrensbeteiligten zur Kenntnis zu nehmen und bei der Urteilsfindung in Erwägung zu ziehen.[1245]

Grundsätzlich ist aber davon auszugehen, dass ein Gericht das von ihm entgegengenommene Vorbringen der Beteiligten auch zur Kenntnis genommen und in Erwägung gezogen hat. **878**

Die Gerichte brauchen auch nicht jedes Vorbringen in den Gründen der Entscheidung ausdrücklich zu bescheiden. **879**

BVerfG, Beschl. v. 5.2.2004 – 2 BvR 1621/03: *„Der Anspruch auf rechtliches Gehör verpflichtet ein* **880** *Gericht nicht, jedes Vorbringen der Beteiligten in den Gründen der Entscheidung ausdrücklich zu bescheiden. Der wesentliche, der Rechtsverfolgung und Rechtsverteidigung dienende Vortrag muss aber in den Entscheidungsgründen verarbeitet werden. Nur wenn sich danach aus den besonderen Umständen des einzelnen Falles ergibt, dass ein Gericht seine Pflicht, den Vortrag der Beteiligten zur Kenntnis zu nehmen und zu erwägen, verletzt hat, kann das BVerfG eingreifen (vgl. BVerfGE 47, 182 [189]; 51, 126 [129], 54, 43 [45 f.]; 54, 86 [91 f.], 58, 353 [357]; 86, 133 [146]], 96, 205 [216 f.]). Das Maß der Erörterungspflicht des Gerichts wird dabei nicht nur durch die Bedeutung des Vortrags der Beteiligten für das Verfahren bestimmt (vgl. BVerfGE 86, 133 [146]), sondern auch durch die Schwere eines zur Überprüfung gestellten Grundrechtseingriffs."*

Art. 103 I GG gewährt keinen Schutz gegen Entscheidungen, die den Sachvortrag eines Beteiligten **881** aus Gründen des formellen oder materiellen Rechts teilweise oder ganz unberücksichtigt lassen.[1246] Es genügt auch nicht die Behauptung, dass das Gericht abweichend von der Argumentation eines Beteiligten entschieden hat, ohne sich in der Begründung der Entscheidung mit allen Argumenten auseinanderzusetzen. Das Grundrecht des Art. 103 I GG umfasst weder einen Anspruch darauf, dass das Gericht dem Vorbringen der Beteiligten folgt, noch verpflichtet es das Gericht, sich mit jedem Vorbringen ausführlich auseinanderzusetzen,[1247] insbesondere nicht bei letztinstanzlichen, mit ordentlichen Rechtsbehelfen nicht mehr anfechtbaren Entscheidungen.

Will ein Beschwerdeführer geltend machen, ein Gericht habe seinen Anspruch auf rechtliches Gehör **882** verletzt, indem es seine Ausführungen nicht berücksichtigt habe, muss er konkret dartun, welches wesentliche Vorbringen das Gericht bei seiner Entscheidung übergangen haben soll. Da grundsätzlich davon auszugehen ist, dass ein Gericht das Vorbringen der Beteiligten zur Kenntnis genommen und in Erwägung gezogen hat und die Gerichte nicht jedes Vorbringen in den Gründen der Entscheidung ausdrücklich zu behandeln haben,[1248] kann ein Verstoß gegen Art. 103 I GG nur dann festgestellt werden, wenn sich aus den besonderen Umständen des Einzelfalles ergibt, dass das tatsächliche Vorbringen eines Beteiligten nicht zur Kenntnis genommen worden oder doch jedenfalls nicht in die Entscheidung eingeflossen ist.[1249]

Dies ist insbesondere dann der Fall, wenn das Gericht auf den wesentlichen Kern des Vortrags einer **883** Partei zu einer Frage, die für das Verfahren von zentraler Bedeutung ist, in den Entscheidungsgründen nicht eingeht.[1250] Dies lässt auf die Nichtberücksichtigung des Vortrags schließen, sofern er nicht nach dem Rechtsstandpunkt des Gerichts unerheblich oder aber offensichtlich unsubstantiiert war.[1251]

1245 *BVerfG* NJW 2000, 131; NJW 1991, 1283; st. Rspr.
1246 *BVerfG* NJW 2000, 131; 1967, 923; 1978, 413; 1980, 277; 1983, 1307; 1997, 2310.
1247 *BVerfG* DVBl 2006, 503.
1248 Vgl. etwa *BVerfG* 8. Oktober 2003 – 2 BvR 949/02 – EzA GG Art. 103 Nr. 5, zu II a der Gründe; BGH 27. März 2003 – V ZR 291/02 – BGHZ 154, 288, 300, zu II 3 b bb (3) der Gründe.
1249 *BVerfG* NJW 2000, 275, 276; BVerfGE 65, 293, 295; NJW 1987, 485; 1978, 989; 1997, 2310; 2000, 131; NVwZ 1992, 401.
1250 *BVerfG* NJW 1998, 2583; *BAG* 26. Januar 2006 – 9 AZA 11/05.
1251 *BVerfG* NJW 2000, 275, 276; NJW 1978, 989; NVwZ 1992, 401.

Beispiel 52

BVerfG NJW 2000, 276 – PKH: Hier hatte das LG die Gegenvorstellung der Bf. gegen den die Prozesskostenhilfe versagenden Beschluss zurückgewiesen, ohne auch nur in einem einzelnen Punkt inhaltlich darauf einzugehen. Die ohne jegliche Begründung ergangene Entscheidung ließ deshalb nicht erkennen, dass das LG das Vorbringen der Bf. in seine Entscheidungsfindung einbezogen hatte. Es lagen auch im Übrigen keine Anhaltspunkte dafür vor, dass das LG den Vortrag der Bf. zwar erwogen, aber im Ergebnis als unwesentlich beurteilt haben könnte. Dabei hätten die ins Einzelne gehenden Einwendungen der Bf., die zu Recht auf die grobe Verkennung der Bedeutung ihrer Erklärung über die persönlichen und wirtschaftlichen Verhältnisse hingewiesen hatte, wenn nicht ohne weiteres eine Abänderung der Ausgangsentscheidung, so doch zumindest eine intensive Auseinandersetzung mit diesem Vorbringen nahegelegt.

BVerfG NJW 2000, 131 – Keine Wiederholungspflicht: Auch hier nahm das BVerfG das Vorliegen derartiger Umstände an. Das Berufungsgericht hatte verkannt, dass der Berufungsbeklagte – anders als der Berufungskläger gem. § 519 III ZPO – nicht verpflichtet ist, erstinstanzliches Vorbringen zu wiederholen oder jedenfalls in Bezug zu nehmen. Dem Berufungsbeklagten obliege es gem. § 520 II 2 i. V. m. § 277 ZPO nur, seine Verteidigungsmittel insoweit vorzubringen, als es nach der Prozesslage einer sorgfältigen und auf Förderung des Verfahrens bedachten Prozessführung entspreche. Danach dürfe er sich in erster Linie darauf beschränken, die zu seinen Gunsten ergangene Entscheidung zu verteidigen und neue Angriffsmittel des Berufungsbeklagten abzuwehren.

Der Fehler des OLG war auch entscheidungserheblich: Es könne auch nicht ausgeschlossen werden, dass das OLG hinsichtlich der entscheidungserheblichen Frage zu einem anderen Ergebnis gelangt wäre, wenn es das Vorbringen der Bf. berücksichtigt und – eventuell nach einem Hinweis zur Notwendigkeit einer Substantiierung – eine Beweisaufnahme durchgeführt hätte. Damit beruhte die Entscheidung auch auf der Verletzung des rechtlichen Gehörs.

BVerfG, Beschl. v. 5.2.2004 – 2 BvR 1621/03 – Durchsuchung: Auf den Rechtsbehelf nach § 33a StPO ist ein Gericht z.B. nach einer Durchsuchung gehalten, rechtliches Gehör zu gewähren (Art. 103 I GG). Die Beachtung des Vorbringens des von einer Durchsuchung Betroffenen ist nach deren Vollziehung, die ohne Anhörung angeordnet worden war, von besonderer Bedeutung, denn es geht für den Betroffenen um den ersten Zugang zum Gericht (Beschl. der 3. Kammer des Zweiten Senats des BVerfG v. 18.12.2002 – 2 BvR 1910/02, NJW 2003, 1513 [1514]), und bei dem Eindringen der Ermittlungsorgane in die Wohnung handelt es sich regelmäßig um einen schweren Eingriff in die persönliche Lebenssphäre (vgl. BVerfGE 59, 95 [97], 75, 318 [328]; 96, 27 [40]; 96, 44 [51], 103, 142 [151]). Im konkreten Fall war dem nach § 33a StPO ergangenen Beschluss des LG nicht zu entnehmen, dass es nach einem empfindlichen Grundrechtseingriff das wesentliche Verteidigungsvorbringen der Beschwerdeführerin zwar erwogen, aber als unwesentlich beurteilt hätte.

884 • **Präklusion**

Präklusionsvorschriften sind nicht grundsätzlich unzulässig, müssen aber angesichts der nachteiligen Auswirkungen auf die materielle Gerechtigkeit „strengen Ausnahmecharakter" behalten und unterliegen einer „strengen verfassungsgerichtlichen Kontrolle."[1252]

[1252] BVerfGE 75, 302, 312: „Das BVerfG hat es bisher offen gelassen, ob die fehlerhafte Anwendung einer einfach-rechtlichen Präklusionsvorschrift stets eine Verletzung des Anspruchs auf Gewährung rechtlichen Gehörs darstellt (BVerfGE 54, 117, 124; 66, 260, 264; 69, 126, 136; 69, 145, 149). Die Vorschriften haben jedoch strengen Ausnahmecharakter, weil sie sich zwangsläufig nachteilig auf das Bemühen um eine materiell richtige Entscheidung auswirken (BVerfGE 55, 72, 94) und einschneidende Folgen für die säumige Partei nach sich ziehen (BVerfGE 69, 145, 149). Das legt es nahe, die Auslegung und Anwendung dieser das rechtliche Gehör beschränkenden Vorschriften durch die Fachgerichte einer strengeren verfassungsgerichtlichen Kontrolle zu unterziehen, als dies üblicherweise bei der Anwendung einfachen Rechts geschieht. Dies ist schon wegen der Intensität des Eingriffs bei einer Präklusion geboten." Vgl. auch *BVerfG* NJW 2001, 1565: Hat die Anwendung der §§ 288, 290 ZPO im konkreten Fall dieselben einschneidenden Folgen, wie sie die zivilprozessualen Präklusionsvorschriften nach sich ziehen, unterliegt die Entscheidung ebenfalls einer strengeren verfassungsgerichtlichen Überprüfung.

(2) Einschränkungen

Die über die bereits Angeführten hinausgehenden Einschränkungen des Art. 103 I GG werden immer wieder übersehen. Der Anspruch, „gehört" zu werden, wird oft verwechselt mit einem Anspruch, „erhört" zu werden.[1253] **885**

– Art. 103 I GG gewährt aber z.B. „keinen Schutz dagegen, dass das Gericht das Vorbringen der Beteiligten aus Gründen des formellen oder materiellen Rechts ganz oder teilweise unberücksichtigt lässt".[1254] Schließlich ist es vielfach irrelevant am Maßstab der nach Ansicht des Gerichts relevanten Aspekte.

– Auch besteht keine Verpflichtung der Gerichte, auf jedes Vorbringen ausdrücklich einzugehen.[1255]

– Einen Anspruch auf mündliche Verhandlung gewährt Art. 103 I GG ebenfalls nicht.[1256] Das Recht auf mündliche Anhörung bei Freiheitsentziehungen stellt sich als weiter reichende Verfahrensgarantie dar, die sich unmittelbar aus Art. 104 I GG ergibt.[1257]

– Wenn auch der Betroffene in der Regel vor der Entscheidung gehört werden muss,[1258] so gibt es Ausnahmen.[1259] Dies gilt insbesondere im Bereich der Entscheidungen zur Verfahrenssicherung und Ermittlung. Hier ist nicht stets die Anhörung des Betroffenen vor der Entscheidung geboten.[1260] Würde sie den Zweck der Maßnahme vereiteln oder gefährden, so genügt es, dass er nachträglich Gelegenheit erhält, der Maßnahme entgegenzutreten (vgl. §§ 33 IV, 308 I 2 StPO).

Das gilt etwa für den Erlass eines Haftbefehls oder – nach dessen Aufhebung – seine Wiederherstellung durch das Beschwerdegericht,[1261] für die Anordnung von Durchsuchungen[1262] und Beschlagnahmen.[1263] Bei Durchsuchungsanordnungen geht eine nachträgliche Anhörung allerdings meist ins Leere, weil die Anordnung regelmäßig schon vollzogen ist, bevor der Betroffene Gelegenheit hat, Einwendungen gegen ihre Rechtmäßigkeit vorzubringen. Beschwerden sind von den Beschwerdegerichten vielfach als unzulässig verworfen worden, da es dem Beschwerdeführer nach Vollzug der Anordnung am Rechtsschutzbedürfnis fehle („prozessuale Überholung"). Das BVerfG hat dies zunächst für verfassungsgemäß erklärt,[1264] ist später jedoch davon abgerückt und sieht nun in einer solchen Beschwerdeentscheidung einen Verstoß gegen Art. 19 IV GG (i.V.m. Art. 13 GG):[1265] Zwar forderte diese Bestimmung keinen Instanzenzug; wo das Gesetz aber eine weitere Instanz eröffne, müsse diese auch wirksamen gerichtlichen Rechtsschutz ermöglichen. Mit Rücksicht auf die Schwere des Eingriffs dürfe das Rechtsschutzbedürfnis für die Beschwerde auch nach Vollzug der Durchsuchung nicht verneint werden, zumal der Beschwerdeführer beim typischen Verfahrensablauf (Vollzug vor Beschwerdeeinlegung) sonst keinen Rechtsschutz erlangen könne. Noch weiter geht eine spätere Entscheidung zur Abschiebungshaft:[1266] Bei Freiheitsentziehungen komme es auf den typischen Verfahrensablauf nicht an; angesichts der Ranghöhe des Freiheitsgrundrechts und mit Rücksicht auf das **886**

1253 Z.B. BVerfGE 69, 141 (143 f.), m.w.N.

1254 Vgl. auch *BVerfG* NVwZ 2005, 204 f.

1255 Z.N. BVerfGE 54, 86, 91 f.

1256 BVerfGE 5, 9, (11); 25 (357); 36, 85 (87); 60, 181 (219); 881 (391); *BVerfG* NStZ 2002, 487 – Revisionsverwerfung nach § 349 II StPO.

1257 BVerfGE 58, 208 (220f.); 63, 340 (341).

1258 BVerfGE 83, 24 (35 f.).

1259 Bei der Auslieferung zur Vollstreckung ausländischer Abwesenheitsurteile muss mindestens nachträgliche Anhörung gewährleistet sein, BVerfGE 63, 332 (338); *BVerfG* NStZ 1991, 294 f.

1260 Zur Anhörung des Totensorgeberechtigten bei Anordnung der Leichenöffnung (§ 87 StPO): *BVerfG* NStZ 1994, 246.

1261 BVerfGE 9, 89 (95 ff.). Zum Akteneinsichtsrecht des Verteidigers in Haftsachen: *BVerfG* NStZ 1994, 551 und für den Fall des nicht vollzogenen Haftbefehls: *BVerfG* NStZ-RR 1998, 108.

1262 BVerfG 49, 329 (342); 51, 97 (111); 57, 346 (358 ff.).

1263 BVerfGE 18, 399 (404); zum dinglichen Arrest *BVerfG* StV 2004, 411.

1264 BVerfGE 49, 329 (337 ff.); ebenso BVerfGE 50, 48 (49); 59, 95 (97 f.).

1265 BVerfGE 96, 27 (39 ff.); *BVerfG* NJW 1998, 2131; NStZ 2000, 44; ebenso für Durchsuchungen nach Polizeirecht *BVerfG* StV 1997, 505 und für Polizeigewahrsam zur Durchsetzung eines Platzverweises, BVerfG StV 1999, 296. Siehe jedoch auch *BVerfG* NStZ-RR 2004, 59 und 252.

1266 BVerfGE 104, 220 (231 ff.); ähnlich *BVerfG* StV 2002, 435, 661.

Rehabilitierungsinteresse des Betroffenen gelte vielmehr ganz allgemein, dass die Erledigung der Maßnahme das von Art. 19 IV GG umfasste Rechtsschutzbedürfnis nicht beseitigte.

(3) Weitere Beispiele für Gehörsverstöße

887   Die Reichweite des Art. 103 I GG sei an einigen zusätzlichen Beispielen dokumentiert.

888   **BVerfG NJW 2000, 649 – Erklärungsformulierung:** Nachträgliche Gewährung rechtlichen Gehörs: Bei der Kontrolle strafprozessualer Eingriffe trifft die Fachgerichte eine besondere Verpflichtung, auslegungsfähige Anträge nicht daran scheitern zu lassen, dass die Rechtslage unübersichtlich ist (BVerfG NJW 2000, 649, 650; NJW 1997, 2165). Mit einer rechtsstaatlichen Verfahrensweise ist es unvereinbar, einen Rechtsbehelf alleine deshalb als unzulässig anzusehen, weil die Erklärung unzulänglich formuliert ist.

889   **BVerwG NVwZ 2005, 1199 – Beweisangebot:** Danach fordert das Gebot der Gewährung rechtlichen Gehörs gem. Art. 103 I GG, dass das Gericht ein Beweisangebot zu einer Tatsache, die bei der Bemessung der Disziplinarmaßnahme berücksichtigt werden kann, nicht schon deshalb übergeht, weil es die Möglichkeit, neue Erkenntnisse zu gewinnen, gering einschätzt.

890   **BVerfG NJW 2006, 1048 – Beweismittel:** Der Anspruch des von einem strafrechtlichen Ermittlungsverfahren Betroffenen auf rechtliches Gehör beinhaltet die Information über entscheidungserhebliche Beweismittel.

891   **BVerfG BRAK-Mitt. 2000, 35 – Wiedereinsetzung:** Im Hinblick auf die Gewährleistung des Art. 103 I GG dürfen im Rahmen der Anwendung der jeweils einschlägigen verfahrensrechtlichen Vorschriften die Anforderungen daran, was der Betroffene veranlasst haben und vorbringen muss, um nach einer Fristversäumnis die Wiedereinsetzung in den vorigen Stand zu erlangen, nicht überspannt werden.[1267] Zur Versagung rechtlichen Gehörs durch Versagung der Wiedereinsetzung wegen Versäumung der Berufungsbegründungsfrist entschied das BVerfG, dass im Rahmen der Anwendung von verfahrensrechtlichen Vorschriften über die Wiedereinsetzung in den vorigen Stand dem Bürger Verzögerungen der Briefbeförderung durch die Deutsche Post AG nicht als Verschulden zugerechnet werden dürfen. Diesem Grundsatz müsse jedes rechtsstaatliche Gerichtsverfahren, auch der Zivilprozess, genügen, andernfalls liege eine Verletzung von Art. 103 I GG vor. Der Bürger dürfe darauf vertrauen, dass die nach den organisatorischen und betrieblichen Vorkehrungen der Post für den Normalfall festgelegten Postlaufzeiten eingehalten werden. Versagten diese Vorkehrungen, so dürfe das dem Bürger, der darauf keinen Einfluss habe, im Rahmen der Wiedereinsetzung in den vorigen Stand nicht als Verschulden zur Last gelegt werden. In seinem Verantwortungsbereich liege es allein, das zu befördernde Schriftstück so rechtzeitig und ordnungsgemäß zur Post zu geben, dass es bei normalem Verlauf der Dinge den Empfänger fristgerecht erreichen könne.[1268]

892   **BerlVerfGH NJW 2004, 1158 – Wiedereinsetzung:** Ein Gericht überspannt die prozessrechtlichen Anforderungen an die Wiedereinsetzung in den vorigen Stand und verletzt damit das Grundrecht auf rechtliches Gehör, wenn es vom Betroffenen einen so frühzeitigen Aufbruch zum Gerichtstermin erwartet, dass er im Regelfall Gefahr läuft, viel zu früh anzukommen und seine Zeit mit unangemessen langem Warten zubringen zu müssen. Eine Überspannung kann es auch bedeuten, wenn das Gericht dem Betroffenen vorwirft, dass er bei einem Verkehrsstau nicht auf öffentliche Verkehrsmittel umgestiegen ist.

893   **BSG NZS 1999, 573 – Gutachten:** Ein Gericht verletzt den Anspruch auf rechtliches Gehör, wenn es einem Beteiligten nur das Gutachten eines Sachverständigen mitteilt, dessen Begleitbrief an das Gericht aber zurückhält, obwohl der Sachverständige nach dem Inhalt des Schreibens offensichtlich befangen ist.

1267   BVerfGE 67, 208, 212; NJW 2002, 1566.
1268   Vgl. auch *BVerfG* NJW 2001, 744: Wiedereinsetzung bei verzögerter Postlaufzeit. *BVerfG* NJW 2001, 3473: Übermittlung einer Berufungsbegründung per Fax.

BVerfG Beschl. v. 7.2.2006 – 1 BvR 2304/05 – Zuständigkeit: Den verfassungsrechtlichen Maßstäben aus Art. 19 IV, 103 I GG genügt eine Gerichtsentscheidung nicht, wenn sie die Zuständigkeit der angerufenen Gerichtsbarkeit verneint und auf die Zuständigkeit einer anderen Gerichtsbarkeit verweist, sich dabei aber in Widerspruch zur Meinung in der Rechtsprechung der anderen Gerichtsbarkeit und in der Literatur setzt. In einem solchen Fall können nach Erschöpfung des Rechtsweges die Entscheidungen der zu Unrecht verweisenden Gerichtsbarkeit unter Berufung auf Art. 19 IV, 103 I GG erfolgreich mit einer Verfassungsbeschwerde angegriffen werden.[1269]   **894**

bb) Schwere des Gehörsverstoßes

Das BVerfG fordert in einer – allerdings – schwankenden – Rechtsprechung, dass – wie bei der Rüge des Willkürverbots des Art. 3 I GG – dem Gehörsverstoß ein „besonderes Gewicht" zukommt[1270].   **895**

Eine Verletzung einfach-rechtlicher Bestimmungen stelle nicht zugleich einen Verstoß gegen Art. 103 I GG dar. Es bedürfe im Einzelfall der Prüfung, „ob dadurch nicht zugleich das unabdingbare Maß verfassungsrechtlich verbürgten rechtlichen Gehörs verletzt worden ist".[1271] Eine Grundrechtsverletzung komme nur in Betracht, wenn den Grundrechtsverstößen „besonderes Gewicht" zukommt, wenn sie „auf einer groben Verkennung des durch die Verfassung gewährten Schutzes", „auf einem leichtfertigen Umgang mit den grundrechtlich geschützten Positionen beruhen", wenn sie damit „in krasser Form rechtsstaatliche Grundsätze verletzen."[1272]

Das Gericht fragt damit auch bei Verfahrensverstößen nach dem „spezifisch verfassungsrechtlich gewährleisteten Ausmaß an rechtlichem Gehör".[1273] Dies ist z.B. dann der Fall, wenn einem Beteiligten die Möglichkeit zur Äußerung genommen oder sein Vortrag vom Gericht nicht zur Kenntnis genommen bzw. in Erwägung gezogen wird und dadurch zugleich eine Situation entsteht, in der das Maß des jedem Beteiligten von Verfassungs wegen mindestens zu gewährenden rechtlichen Gehörs unterschritten wird.   **896**

cc) Entscheidungserheblichkeit des Gehörverstoßes

Steht ein Verstoß gegen den Anspruch auf rechtliches Gehör fest, muss der Beschwerdeführer in einem weiteren Schritt darlegen, dass das Ergebnis der mit der Verfassungsbeschwerde angegriffenen Entscheidung gerade auf diesem Verstoß gegen Art. 103 I beruht. Das ist der Fall, wenn nicht ausgeschlossen werden kann, dass ohne den Gehörsverstoß eine andere, für den Beschwerdeführer vorteilhaftere Entscheidung ergangen wäre.   **897**

Der Beschwerdeführer muss also vortragen, was er bei ausreichender Gewährung von rechtlichem Gehör vorgetragen bzw. welches Ergebnis die unterlassene Beweisaufnahme ergeben und welche für den Beschwerdeführer günstige Wendung der Prozess bei sodann richtiger Anwendung des einfachen Rechts genommen hätte.   **898**

dd) Keine Heilung

Ein Verstoß gegen Art. 103 I GG kann nachträglich entfallen, falls er geheilt worden ist.   **899**

BVerfG NJW 2000, 275 – PKH: Wer Prozesskostenhilfe beantragt und dabei dem gemäß § 117 II ZPO zu verwendenden Vordruck einen Bescheid des Sozialamts beifügt, darf darauf vertrauen, dass das Gericht sein Gesuch auf der Grundlage dieser Angaben prüft und ihm auch bei Verwendung einer vereinfachten Erklärung keine Nachteile erwachsen. Hat das Gericht Zweifel an dem im Bescheid enthaltenen Angaben oder hält es diesen für unvollständig, muss es dem Antragsteller Gelegenheit geben, die Zweifel zu entkräften.   **900**

1269 Vgl. auch *BVerfG* NJW 1997, 726.
1270 *BVerfG* Beschl. v. 21.3.2006 -2 BvR 1104/05.
1271 BVerfGE 60, 305, 310; 69, 126, 138 f.; 74, 228, 233; 75, 302, 309 ff.; 81, 97, 105.
1272 BVerfGE 90, 22, 25; Beschl. v. 21.3.2006 – 2 BvR 1104/05.
1273 BVerfGE 60, 305, 310; 69, 126, 138 f.; 74, 228, 233; 75, 302, 309 ff.; 81, 97, 105; 87, 282, 284 f.

901 Im Ausgangsfall hatte das Landgericht die Auffassung vertreten, der Antragsteller auf Prozesskostenhilfe habe die Bedürftigkeit nicht glaubhaft gemacht. Dies sei jedoch für die Beschwerdeführerin
nicht voraussehbar gewesen. Das Gericht hätte deswegen – bevor es den Antrag ohne Weiteres zu-
rückwies – zu erkennen geben müssen, dass es trotz Vorlage des Bescheides über Leistungen – im
konkreten Fall nach dem Asylbewerberleistungsgesetz – die wirtschaftlichen Voraussetzungen für
eine Prozesskostenhilfegewährung für nicht dargetan hielt.

902 Der entsprechende Mangel des rechtlichen Gehörs in der Entscheidung des Landgerichts war hier
nicht geheilt worden. Zwar hatte der Bf. im Rahmen einer Gegenvorstellung Gelegenheit, zu den die
Ablehnung von Prozesskostenhilfe tragenden Gründen Stellung zu nehmen. Das Landgericht hatte
aber in seiner die Gegenvorstellung zurückweisenden Entscheidung nicht zu erkennen gegeben, dass
es das Vorbringen der Bf. in seine Entscheidungsfindung einbezogen hatte und dadurch die Verletzung des der Bf. zustehenden Anspruchs auf rechtliches Gehör weiter vertieft.

d) Prozessordnungswidriges Verhalten

903 Eine Gehörverletzung liegt in der Regel – vom seltenen Fall unmittelbar aus Art. 103 I GG entwickel-
ter Gehörrechte abgesehen[1274] – in einem Verstoß gegen verfahrensrechtliche Bestimmungen einfach-rechtlicher Art.

aa) Prüfung der Prozessordnungen

904 Die Einhaltung der Prozessordnung ist unmittelbar grundrechtsrelevant. Die einschlägigen Vorschriften der Prozessordnungen, die die Äußerungsrechte und die nachfolgenden Pflichten des Gerichts
regeln, gestalten und begrenzen das Grundrecht auf rechtliches Gehör. Der mit der Einlegung einer
Verfassungsbeschwerde gegen ein fachgerichtliches Urteil beauftragte Rechtsanwalt hat daher bei
Rügen des Art. 103 I GG genauestens das einschlägige Verfahrensrecht zu prüfen.

905 Prozessordnungsgemäßes Verhalten eines Gerichts verletzt – in der Regel – nicht Art. 103 I GG. Soweit daher etwa ein Gericht unter Beachtung der §§ 286, 287 ZPO und der dazu von der Rechtsprechung aufgestellten Grundsätze einen Beweisantrag abgelehnt hat, kommt ein Verstoß gegen
Art. 103 I GG nicht in Betracht.

bb) Problem: Gesetzesverstoß = Verfassungsverstoß?

906 In der Vergangenheit hatte das BVerfG jeden Verstoß gegen Verfahrensgesetze als Verletzung des
Art. 103 I GG angesehen. Letzterer gewährleistete nach dieser Rechtsprechung – neben darüber hinausgehenden eigenständigen, unmittelbar verfassungsrechtlich begründeten Anhörungsrechten – an
„rechtlichem Gehör" das, was die Prozessordnung garantiert; folglich sei die Einhaltung der Prozessordnung unmittelbar und direkt grundrechtsrelevant. Dieser Ansatz hat nicht selten detaillierte Erörterungen einfachgesetzlicher Probleme in Urteilen des BVerfG zur Folge.[1275] So konnte es in einer
Entscheidung des BVerfG heißen: „Gegen diese Grundsätze (des Art. 103 I GG) hat der Amtsrichter
durch eine fehlerhafte Anwendung des § 128 III ZPO verstoßen."[1276]

907 Verfassungsrecht und einfaches Recht wurden auch einfach parallel gestellt: „Vor der Entscheidung
über die sofortige Beschwerde gegen einen Beschluss nach § 91a ZPO ist der Gegner zu hören (§ 99
II 2 ZPO). Das gebietet auch Art. 103 I GG."[1277] Konsequenterweise muss das Gericht in diesem Verfahren oft umfangreiche und ins Einzelne gehende Erhebungen und einfachgesetzliche Erwägungen
anstellen.

1274 BVerfGE 62, 320, 322.
1275 Vgl. BVerfGE 63, 80, 88; 65, 227, 235 f.
1276 BVerfGE 64, 203, 207.
1277 BVerfGE 64, 227.

cc) Einschränkung

Das BVerfG hat die Gefahr der zu weiten Ausdehnung des Prüfungsumfangs mittlerweile gesehen. Es versucht nun zunehmend, der damit verbundenen Überlastung gegenzusteuern,[1278] indem es wie oben dargelegt[1279] eine Grundrechtsverletzung bei Verstoß gegen Prozessvorschriften nur annimmt, wenn dem Verstoß „besonderes Gewicht" zukommt, wenn er „auf einer groben Verkennung des durch die Verfassung gewährten Schutzes" beruht."[1280] **908**

Auch hat das BVerfG die Instanzgerichte eindringlich angehalten, selbst für „eine grundrechtlich orientierte Handhabung der Prozessvorschriften" zu sorgen, um den „Umweg" über das BVerfG zu vermeiden, denn die Tätigkeit der Instanzgerichte sei hier mit der des BVerfG im Grunde identisch.[1281] **909**

3. Anspruch auf effektiven Rechtsschutz

Bei einer Urteilsverfassungsbeschwerde kann in Ausnahmefällen auch eine Verletzung des Grundrechts auf effektiven Rechtsschutz in Betracht kommen. **910**

a) Rechtsgrundlage

Als Rechtsgrundlage kommt Art. 19 IV GG oder Art. 2 I GG i.V.m. dem Rechtsstaatsprinzip in Betracht. **911**

aa) Art. 19 IV GG

Er gewährleistet einen wirksamen Rechtsschutz gegen Akte öffentlicher Gewalt, soweit diese in die Rechte der Betroffenen eingreifen.[1282] Voraussetzung ist aber, dass es um Akte öffentlicher Gewalt – wie z.B. Polizeiverfügungen – geht, die zu Grundrechtsverletzungen führen.[1283] Darunter fallen vor allem grundrechtsgebundene (vgl. Art. 1 III GG) Akte der Verwaltung, nicht hingegen Entscheidungen der Gerichte, da Art. 19 IV GG nur Rechtsschutz durch und nicht gegen den Richter gewährleistet; folglich garantiert das Grundrecht auch keinen Instanzenzug bzw. die Möglichkeit von Rechtsmitteln. **912**

Die Rechtsweggarantie setzt voraus, dass dem Betroffenen eine Rechtsposition zusteht. Die Verletzung bloßer Interessen reicht nicht aus.[1284] Diese Rechtsposition kann sich aus einem anderen Grundrecht oder einer grundrechtsgleichen Gewährleistung ergeben, aber auch durch Gesetz begründet sein, wobei der Gesetzgeber bestimmt, unter welchen Voraussetzungen dem Bürger ein Recht zusteht und welchen Inhalt es hat.[1285] **913**

Diese Grundsätze gelten auch, wenn ein Gesetz eine Maßnahme in das Ermessen der zuständigen Behörde stellt. Gibt das Entscheidungsprogramm der Behörde auf, bei der Ermessensausübung auch rechtlich geschützte Interessen des Betroffenen zu berücksichtigen, so greift die Rechtsschutzgarantie des Art. 19 IV GG. Schützt die Norm demgegenüber keine rechtlichen Interessen des Betroffenen, **914**

1278 Vgl. *Schlaich/Korioth*, Rn. 324.
1279 Vgl. Rn. 845.
1280 BVerfGE 90, 22. 25; Beschl. v. 21.3.2006 – 2 BvR 1104/05.
1281 BVerfGE 49, 252, 259; 70, 288, 293.
1282 Vgl. nur *BVerfG* StraFo 2006, 20 ff.; BVerfGE 104, 220, 231; *BVerfG* EuGRZ 2006, 199, 200. Vgl. auch *BVerfG* NJW 2005, 2289 ff. Rn. 102 ff. (Europäischer Haftbefehl).
1283 Zur Beschränkung des Art. 19 IV GG auf die vollziehende öffentliche Gewalt beschränkt ist: *BVerfG* StV 2006, 57; NJW 2005, 1999; BVerfGE 15, 275, 280; 49, 329, 340; 65, 76, 90; 107, 395, 403 ff.. Zum effektiven Rechtsschutz bei Disziplinarmaßnahmen im Strafvollzug: *BVerfG* NJW 2001, 3770.
1284 *BVerfG* NJW 2005, 2289; BVerfGE 31, 33, 39 ff.; 83, 182, 194.
1285 *BVerfG* NJW 2005, 2289; BVerfGE 78, 214, 226; 83, 182, 195.

muss die Ermessensentscheidung für ihn nicht justitiabel sein; im Grenzbereich verdient die grund-rechtsfreundliche Interpretation den Vorzug.[1286]

bb) Art. 2 I GG i.V.m. dem Rechtsstaatsprinzip

915 Außerhalb des Art. 19 IV GG kommt als Rechtsgrundlage für einen Anspruch auf effektiven Rechts-schutz Art. 2 I GG i.V.m. dem Rechtsstaatsprinzip (Art. 20 III GG) in Betracht;[1287] dies ist z.B. der Fall, wenn – so BVerfG StV 2006, 57 ff. – durch den BGH der Zugang zum Revisionsgericht in sachlich nicht zu rechtfertigender Weise erschwert wird.

b) Inhalt

916 Grundsätzlich enthält Art. 19 IV GG ein Grundrecht auf richterlichen Schutz gegen Akte der öffentli-chen Gewalt;[1288] gleiches garantiert auch die aus Art. 2 I GG i.V.m dem Rechtsstaatsprinzip abzulei-tende Rechtsschutzgarantie.[1289]

– Dies bedeutet einmal, dass überhaupt ein Rechtsweg zu den Gerichten Verfügung steht.
– Die Rechtsschutzgarantie gilt nicht nur für den ersten Zugang zum Gericht, sondern für die Aus-gestaltung des gesamten Verfahrens.[1290] Sie umfasst eine grundsätzlich umfassende tatsächliche wie rechtliche Prüfung des Streitgegenstandes sowie eine verbindliche Entscheidung durch den Richter.[1291]
– Der mit dem Zugang zu den Gerichten eröffnete Rechtsschutz muss auch tatsächlich, effektiv[1292] und möglichst lückenlos[1293] sein.[1294]
– Art. 19 IV GG verbürgt einen Anspruch des Bürgers auf eine wirksame gerichtliche Kontrolle,[1295] der nicht in unzumutbarer, aus Sachgründen nicht mehr zu rechtfertigender Weise eingeschränkt werden darf.[1296] Er ist daher verletzt, wenn eine gerichtliche Sachentscheidung ohne nachvoll-ziehbaren Grund versagt wird.[1297]
– Zwar wird die Effektivität des Rechtsschutzes in erster Linie durch die Prozessordnungen gesi-chert,[1298] die Vorkehrungen dafür treffen, dass der einzelne die Folge staatlicher Eingriffe im Re-gelfall nicht ohne fachgerichtliche Prüfung zu tragen hat.[1299] Die Gerichte müssen aber der verfas-sungsrechtlichen Relevanz der Prozessordnungen und der Gewährung effektiven Rechtsschutzes bei der Auslegung und Anwendung der Verfahrensvorschriften Rechnung tragen.

1286 *BVerfG* NJW 2005, 2289; BVerfGE 96, 100, 114 m.w.N.
1287 *BVerfG* NJW 2005, 814.
1288 *BVerfG* StrFo 2006, 20; NVwZ 2004, 1224; *BVerfG* NJW 2000, 650; NJW 1997, 2163.
1289 Vgl. BVerfGE 88, 118, 123; 94, 166, 226; stRspr.
1290 Vgl. *BVerfG* StV 2006, 57 ff.; BVerfGE 40, 272, 275; 88, 118, 125.
1291 Vgl. BVerfGE 54, 277, 291; 84, 34, 39; 85, 337, 345; 107, 395, 401.
1292 *BVerfG* NJW 2001, 3770; NVwZ 2004, 1224: Das Erfordernis effektiven Rechtsschutzes enthält in Verfah-ren, in denen ein Primärrechtsschutz zur Abwendung von Gefahren und möglicher Nachteile begehrt wird, auch das Gebot, dass durch den gerichtlichen Rechtsschutz soweit wie möglich der Schaffung vollendeter Tatsachen zuvorzukommen ist (vgl. *BVerfG* NJW 2002, 3691, 3692). Dieser Grundsatz gewinnt namentlich im Zusammenhang mit dem vorläufigen Rechtsschutz Bedeutung, ist aber hierauf nicht beschränkt. Aus ihm folgt, das keine überspannten Anforderungen an die Voraussetzungen der Gewährung gerichtlichen Rechtsschutzes zu stellen sind (vgl. *BVerfG* a.a.O.).
1293 BVerfGE 8, 274, 326; 67, 43, 58.
1294 BVerfGE 93, 1, 13; NVwZ 2005, 1303.
1295 *BVerfG* NJW 2002, 2699, 2700 u. 2000, 55 u. 1709.
1296 BVerfGE 40, 237, 256; 74, 228, 234; 77, 275, 284; st. Rspr.
1297 *BVerfG* ZfStrVo 2002, 178.
1298 BVerfGE 94, 166, 213.
1299 *BVerfG* NJW 2000, 650; 1990, 1104; 1996, 1666; 1997, 2163.

BVerfG NVwZ 2005, 1304: Legt ein Gericht den Verfahrensgegenstand in einer Weise aus, die das vom Betroffenen erkennbar verfolgte Rechtsschutzziel ganz oder in wesentlichen Teilen außer Betracht lässt, so liegt darin eine Rechtswegverkürzung, die den Rechtsschutzanspruch des Betroffenen nach Art. 19 IV GG verletzt.[1300]

Beispiel 53

BVerfG NJW 2000, 650: Ist dem Inhalt einer schriftlichen Erklärung eines Antragstellers i.V.m. Umständen, die für das Gericht offensichtlich sind, zweifelsfrei zu entnehmen, dass der Antragsteller einen Rechtsbehelf einlegen will, so wäre es eine bloße, mit einer rechtsstaatlichen Verfahrensweise nicht vereinbare Förmelei, den Rechtsbehelf allein deshalb als unzulässig anzusehen, weil die Erklärung unzulänglich formuliert ist.[1301]

BVerfG NJW 2005, 814: Der in Art. 2 I GG i.V.m. Art. 20 III GG gewährte Anspruch auf ein faires Verfahren schließt die Verpflichtung der Gerichte ein, das Verfahrensrecht so zu handhaben, dass die eigentlichen materiellen Rechtsfragen entschieden werden und ihnen nicht durch übertriebene Anforderungen an das formelle Recht ausgewichen wird. Im Hinblick auf das für den Zivilprozess in Art. 2 I GG i.V.m. dem Rechtsstaatsprinzip verankerte Gebot des effektiven Rechtsschutzes hat der Richter das Verfahrensrecht so auszulegen und anzuwenden, dass er mit einer rechtsstaatlichen Verfahrensordnung nicht in Widerspruch gerät und den Rechtsuchenden nicht unverhältnismäßig belastet.[1302]

BVerfG NJW 2006, 1503: Zurückweisung der gegen die Beiordnung des vom Beschwerdeführer nicht gewünschten Verteidigers gerichteten Beschwerde. Das Recht des Beschuldigten, sich im Strafverfahren von einem Anwalt seiner Wahl und seines Vertrauens verteidigen zu lassen, ist durch Art. 2 I GG in Verbindung mit dem Rechtsstaatsprinzip geschützt.[1303]

BVerfG NVwZ 2003, 341: Wenn der rechtsuchende Bürger bei der Wahrung von Fristen auf die eindeutige Rechtsprechung eines obersten Bundesgerichts – z.B. des BGH zu § 234 I, II ZPO – vertraut, darf ihm anders lautende Rechtsprechung eines anderen Gerichts, das Verfahrensvorschriften strenger handhabt, nur vorgehalten werden, wenn er mit einer solchen rechnen musste.[1304]

c) Eilrechtsschutz

Für die Gerichte ergeben sich aus der verfassungsrechtlichen Gewährleistung effektiven Rechtsschutzes in Art. 19 IV GG entsprechende Anforderungen auch an die Auslegung und Anwendung der jeweiligen Gesetzesbestimmungen über den Eilrechtsschutz.[1305]

917

aa) Verhinderung vollendeter Tatsachen

Der gerichtliche Rechtsschutz muss hier so weit wie möglich der Schaffung vollendeter Tatsachen zuvorkommen, die dann, wenn sich eine Maßnahme bei richterlicher Prüfung als rechtswidrig erweist, nicht mehr rückgängig gemacht werden können. Zwar gewährleistet Art. 19 IV GG die aufschiebende Wirkung von Rechtsbehelfen nicht schlechthin. Jedoch muss sichergestellt sein, dass der Betroffene umgehend eine gerichtliche Entscheidung darüber herbeiführen kann, ob im konkreten Einzelfall das öffentliche Interesse an der sofortigen Vollziehung oder aber das Interesse des Einzelnen an der Aussetzung der Vollziehung bis zur Nachprüfung der Rechtmäßigkeit der Maßnahme überwiegt.

918

1300 *BVerfG* NVwZ 2005, 1304.

1301 *BVerfG* NJW 1993, 1635 zum Einspruch gegen ein Versäumnisurteil; *BVerfG* NJW 2000, 650: Kontrolle strafprozessualer Eingriffe.

1302 *BVerfG* NJW 2005, 814.

1303 *BVerfG* NJW 2006, 1503; 2004, 1305; vgl. auch *BVerfG* Beschl. v. 25.9.2001 – 2 BvR 1152/01 = Zurückweisung der gegen die Beiordnung des vom Beschwerdeführer nicht gewünschten Verteidigers gerichteten Beschwerde.

1304 *BVerfG* NVwZ 2003, 341.

1305 *BVerfG* NVwZ 2005, 1303.

bb) Rechtsschutz in angemessener Zeit

919 Dabei darf sich der Rechtsschutz nicht in der bloßen Möglichkeit der Anrufung eines Gerichts erschöpfen, sondern muss zu einer wirksamen Kontrolle in tatsächlicher wie rechtlicher Hinsicht durch ein mit zureichender Entscheidungsmacht ausgestattetes Gericht führen. Wirksamer Rechtsschutz bedeutet auch Rechtsschutz innerhalb angemessener Zeit. Die Angemessenheit der Dauer eines Abänderungsverfahrens ist nach den besonderen Umständen des einzelnen Falles zu bestimmen.[1306]

cc) Vorläufige Berufsverbote

920 Gerichte müssen im Hinblick auf die grundrechtlich gewährleistete Berufsfreiheit und des Art. 19 IV GG die Anordnung des Sofortvollzugs von (vorläufigen) Berufsverboten besonders sorgfältig prüfen. Nach der Rechtsprechung des BVerfG ist effektiver Rechtsschutz nur dann gewährleistet, wenn für sofort vollziehbar erklärte Eingriffe in grundrechtlich gewährleistete Freiheiten noch einmal einer gesonderten – über die Beurteilung der zugrunde liegenden Verfügung hinausgehenden – Verhältnismäßigkeitsprüfung unterzogen werden.[1307]

d) Instanzenzug

921 Zwar gewährleisten weder Art. 19 IV GG noch Art. 2 I GG i.V.m. dem Rechtsstaatsprinzip einen Instanzenzug; ist dies wegen Art. 2. 7. EMRK und Art. 14 V IPBPR problematisch, vgl. Eschelbach S. 1152 f.[1308] Wird ein Instanzenzug aber von den Prozessordnungen eröffnet, dann gebietet die Rechtsschutzgarantie in allen von der Prozessordnung zur Verfügung gestellten Instanzen seine Effektivität im Sinne eines Anspruchs auf eine wirksame gerichtliche Kontrolle.[1309] Der Einzelne muss seine Rechte tatsächlich wirksam durchsetzen können.[1310]

aa) Art. 19 IV GG

922 Art. 19 IV GG verbietet z.B. eine Auslegung und Anwendung der Rechtsnormen, die die Beschreitung des Rechtsweges in einer unzumutbaren, aus Sachgründen nicht mehr zu rechtfertigenden Weise erschweren.[1311] Das Gleiche gilt, wenn das Prozessrecht – wie z.B. die §§ 124, 124a VwGO – den Verfahrensbeteiligten die Möglichkeit gibt, die Zulassung eines Rechtsmittels zu erstreiten.[1312] Deshalb dürfen die Anforderungen an die Darlegung der Zulassungsgründe nicht derart erschwert werden, dass sie auch von einem durchschnittlichen, nicht auf das gerade einschlägige Rechtsgebiet spezialisierten Rechtsanwalt mit zumutbarem Aufwand nicht mehr erfüllt werden könnten.[1313] Das Rechtsmittelgericht darf ein von der jeweiligen Rechtsordnung zugelassenes Rechtsmittel daher nicht ineffektiv machen und für den Beschwerdeführer „leer laufen" lassen.[1314]

bb) Art. 2 I GG i.V.m. Rechtsstaatsprinzip

923 Nichts anderes gilt für das außerhalb des auf Akte öffentlicher Gewalt beschränkten Art. 19 IV GG maßgeblichen Art. 2 I GG i.V.m. Rechtsstaatsprinzip. Die Garantie des effektiven Rechtsschutzes

---

1306 BVerfG NJW 2001, 3770.
1307 BVerfGE 38, 52, 58; 69, 220, 228; Beschl. v. 24.10.2003 – 1 BvR 1594/03, zum Ganzen *Kleine-Cosack*, NJW 2004, 2473 ff.
1308 Vgl. BVerfGE 92, 365, 410; stRspr.
1309 *BVerfG* NJW 2006, 40 u. 135; NVwZ 2005, 1176; BVerfGE 40, 272, 274 f.; 54, 94, 96 f.; 96, 27, 39.
1310 Vgl. BVerfGE 104, 220, 231 f. m.w.N.; stRspr.
1311 Vgl. BVerfGE 77, 275, 284; 78, 88, 99; 84, 366, 369 f.; *BVerfG* NVwZ 2005, 1176: Das verfassungsrechtliche Verbot, den Rechtsweg nicht in unzumutbarer Weise zu erschweren, zwingt das OVG bei der Prüfung der Berufungszulassungsgründe dazu, den Vortrag des Antragstellers angemessen zu würdigen und ihm bei berufungswürdigen Sachen den Zugang zur zweiten Instanz nicht nur deswegen zu versagen, weil dieser sich nicht auf den nach Auffassung des Gerichts zutreffenden Zulassungsgrund bezogen hat.
1312 *BVerfG* DVBl. 2000, 1458; NVwZ 2001, 552.
1313 *BVerfG* DVBL 2000, 1458; NVwZ 2001, 552 f.
1314 BVerfGE 78, 88, 99; 96, 27, 39; NVwZ 1993, 465 f.; BayVBl 1994, 530.

richtet sich auch an den die Verfahrensordnungen anwendenden Richter.[1315] Das Gericht darf ein von der Verfahrensordnung eröffnetes Rechtsmittel nicht ineffektiv machen und für den Beschwerdeführer „leer laufen" lassen.[1316] Das Rechtsstaatsgebot verbietet es dem Gericht, bei der Auslegung und Anwendung der verfahrensrechtlichen Vorschriften den Zugang zu den in den Verfahrensordnungen eingeräumten Instanzen von Voraussetzungen abhängig zu machen, die unerfüllbar oder unzumutbar sind oder den Zugang in einer Weise erschweren, die aus Sachgründen nicht mehr zu rechtfertigen ist.[1317]

4. Grundrecht auf ein faires Verfahren

In seltenen Fällen kann eine Verfassungsbeschwerde gegen eine fachgerichtliche Entscheidung auch deshalb begründet sein, weil das Grundrecht auf ein faires Verfahren verletzt worden ist. Es gehört zu den wesentlichen Grundsätzen eines rechtsstaatlichen Verfahrens[1318].   **924**

a) Rechtsgrundlage

Aus dem Rechtsstaatsprinzip in Verbindung mit Art. 2 I GG folgt die Gewährleistung eines allgemeinen Prozessgrundrechts auf ein faires Verfahren.[1319] Als Ausprägung des Rechtsstaatsprinzips gilt dieser Anspruch grundsätzlich in allen Prozessordnungen.[1320] Er ergibt sich auch aus Art. 6 I, III lit. a und b EMRK.[1321]   **925**

b) Wahrung rechtsstaatlich unverzichtbarer Erfordernisse

Das Recht auf ein faires Verfahren bedarf der Konkretisierung je nach den sachlichen Gegebenheiten, wobei die Regelungsprärogative beim Gesetzgeber liegt. Konkrete Folgerungen für die Verfahrensgestaltung lassen sich daraus nur ableiten, soweit dies zur Wahrung rechtsstaatlich unverzichtbarer Erfordernisse „notwendig" ist. Erst wenn sich ergibt, dass rechtsstaatlich unverzichtbare Erfordernisse nicht mehr gewahrt sind, können aus dem Prinzip konkrete Folgerungen für die Verfahrensgestaltung gezogen werden.[1322]   **926**

Der Begriff dieser Erfordernisse reflektiert den Gedanken des Mindeststandards im Strafverfahren, den Art. 6 III MRK durch Aufzählung einer Reihe von Rechten des Angeklagten näher entfaltet.[1323] Dem dort beschriebenen Mindeststandard entsprechen im Wesentlichen auch die Rechte, die das verfassungsrechtliche Fairnessprinzip dem Beschuldigten garantiert.   **927**

1315 Vgl. BVerfGE 97, 298, 315.

1316 Vgl. BVerfGE 78, 88, 99; 96, 27, 39.

1317 Vgl. ausdr. zu § 344 II 2 StPO, BVerfGE 63, 45, 70 f.,; s.a. BVerfGE 74, 228, 234; 77, 275, 284; 78, 88, 99.

1318 BVerfGE 57, 250, 274 f.; 63, 380, 390; 70, 297, 308; er hat Vorrang vor dem Willkürverbot. BVerfG NJW 2003, 2444 ff.

1319 Vgl. auch *BVerfG* NVwZ 2005, 1175. *BGH* NJW-RR 2004, 862.

1320 Er gilt auch für das Disziplinarverfahren: BVerfGE 38, 105, 111; Beschl. v. 8.12.2004 – 2 BvR 52/02; *E. Schneider*, Zum Recht auf faires Verfahren, EWiR 2004, 1029.

1321 Vgl. dazu ausführlich *EGMR* NJW 2006, 1255 – Steel u. Morris/Vereinigtes Königreich; *EGMR* NJW 1999, 3545: Anspruch auf Unterrichtung des Angeklagten über die Vorwürfe, welche gegen ihn erhoben werden und auf Entscheidung in angemessener Frist; *EGMR* NJW 1999, 2353: Verfahrensrechte eines abwesenden Angeklagten; *EGMR* NJW 1999, 2429: Anforderungen an die Begründung richterlicher Entscheidungen.

1322 BVerfGE 57, 250, 276; 70, 297, 309; 86, 288, 317 f.: Dabei besteht kein Rechtssatz des Inhalts, dass im Fall einer rechtsfehlerhaften Beweiserhebung die Verwertung der gewonnenen Beweise stets unzulässig sei, so NVwZ 2005, 1175 unter Verweis auf *BVerfG* NJW 2000, 3357.

1323 *BVerfG* StV 1997, 361, 363.

c) Einzelne Rechte

928   Zum Recht auf faires Verfahren gehören nach der Rechtsprechung des BVerfG insbesondere:

– Der Richter muss das Verfahren so gestalten, wie die Parteien des Prozesses es von ihm erwarten dürfen. Das Gericht darf sich insbesondere nicht widersprüchlich verhalten[1324] oder aus eigenen und ihm zuzurechnenden Fehlern oder Versäumnissen keine Verfahrensnachteile ableiten;[1325] es ist allgemein zur Rücksichtnahme gegenüber den Verfahrensbeteiligten in ihrer konkreten Situation verpflichtet.[1326]

– Aus dem Recht auf faires Verfahren ergeben sich auch Mindesterfordernisse für eine Verfahrensregelung, die eine zuverlässige Wahrheitserforschung und Beweiszugang im prozessualen Hauptverfahren sicherstellen.[1327] Entscheidungen, die staatliche Sanktionen betreffen, müssen zwecks Wahrung der freiheitssichernden Funktion der Grundrechte auf zureichender richterlicher Sachaufklärung beruhen und eine in tatsächlicher Hinsicht genügende Grundlage haben, die der Bedeutung der betroffenen Freiheitsrechte entspricht.[1328]

– Zum Recht auf ein faires Verfahren gehören z.B. auch das Recht, sich selbst zu verteidigen, an der Verhandlung z.B. einer (eigenen) Strafsache teilzunehmen (Anwesenheitsrecht),[1329] auf Beistand eines gewählten Verteidigers,[1330] auf unentgeltlichen Beistand eines Pflichtverteidigers,[1331] auf Kommunikation mit dem Verteidiger,[1332] auf unentgeltliche Zuziehung eines Dolmetschers[1333] oder auf Verfahrensabschluss innerhalb angemessener Zeit („Beschleunigungsgebot").[1334]

– Im Strafverfahren darf der Beschuldigte nicht zum bloßen Objekt des Verfahrens gemacht werden; er muss die Möglichkeit haben, zur Wahrung seiner Rechte auf Gang und Ergebnis des Verfahrens Einfluss zu nehmen,[1335] prozessuale Befugnisse selbstständig auszuüben und Übergriffe des Staates oder anderer Verfahrensbeteiligter abzuwehren.[1336] Demgemäß gewährt das Recht auf ein faires Verfahren dem Beschuldigten einen „Mindestbestand an aktiven verfahrensrechtlichen Befugnissen".[1337]

– Auch das Prinzip der Waffengleichheit wird vom BVerfG bisweilen erwähnt, inhaltlich aber nicht näher beschrieben.[1338]

– Aus dem Fairnessprinzip folgt darüber hinaus auch ein Recht auf Vertrauensschutz. Während dieser Aspekt in der Judikatur des BVerfG kaum hervortritt,[1339] hat der BGH daraus eine Reihe gerichtlicher Hinweispflichten abgeleitet.

1324 *BVerfG* NJW 1986, 244.

1325 *BVerfG* NJW 1980, 277; NJW 1982, 1453; NJW 1987, 2003

1326 *BVerfG* NJW 1975, 103 u. 1597; 1978, 151; 1988, 2797; 1989, 1147; 1991, 3140

1327 Zur Wahrheitserforschung: BVerfGE 57, 250 (275); 70, 297 (308 ff.); 77, 65 (76 f.); *BVerfG* StV 2003, 223; NStZ-RR 2003, 299; zum „gesperrten" Zeugen und zum Gebot der Benutzung des sachnächsten Beweismittels: BVerfGE 57, 250 (276 ff.); zum Zeugen vom Hörensagen: BVerfGE 57, 250 (292 ff.); BVerfGE NStZ 1991, 445; 1997, 94; StV 1995, 561; zum Recht auf unmittelbare Befragung von Zeugen: *EGMR* StV 1997, 617; 2002, 289; StraFO 2000, 374; *Walther*, GA 2003, 204; zur Akteneinsicht: BVerfGE 62, 338 (346); 63, 45 (61); *BVerfG* NStZ 1994, 551; NStZ-RR 1998, 108; *EGMR* StV 2001, 201, 203; bisweilen wird das Akteneinsichtsrecht aber auch dem Anspruch auf rechtliches Gehör zugerechnet, *BVerfG* 18, 3909 (405); *BVerfG* StV 2002, 272 f.

1328 BVerfGE 58, 208, 222; 70, 297, 308; 109, 190, 223 f.; Beschl. v. 8.12.2004 – 2BvR 52/02.

1329 BVerfGE 41, 246, 249; 54, 100, 116; 63, 332, 337; 89, 120, 129; NStZ 2002, 377; *EGMR* StraFO 2000, 374; es besteht aber kein Recht auf Teilnahme an der Revisionsverhandlung: BVerfGE 66, 337, 368; NStZ 2002, 1995, 95.

1330 BVerfGE 38, 38, 105, 111; 39, 238, 243; 63, 380, 390 f.; 66, 313, 318 f.; 68, 237, 255; 110, 226, 253 f.; StV 2002, 578.

1331 BVerfGE 39, 238, 243; 46, 202, 210; 63, 380, 391; 65, 171, 175; 70, 297, 322 f.; NStZ 1998, 363 f.; 2002, 99 f.

1332 BVerfGE 49, 24, 55 – Kontaktsperre; StV 2001, 212 – Postsperre.

1333 BVerfGE 64, 135, 145; *EGMR* NJW 1979, 1091.

1334 *BVerfG* NJW 1984, 967; NStZ 1997, 591; 2001, 261, 502; NJW 2003, 2225, 2228; *EGMR* StV 2001, 489.

1335 BVerfGE 26, 66, 71; 66, 313, 318.

1336 BVerfGE 57, 250, 275; 63, 45, 61; 64, 135, 145.

1337 BVerfGE 57, 250, 275; 63, 45, 61; 64, 135, 145.

So bedarf es eines Hinweises, wenn das Gericht beabsichtigt, von einer zugesagten Wahrunterstel- **929**
lung abzurücken,[1340] eine Strafmaßzusage nicht einzulösen,[1341] einzelne Sachverhalte, die es aus
dem Verfahren eliminiert hatte (§§ 154, 154a StPO), bei der Beweiswürdigung oder Strafzumessung
zu Lasten des Angeklagten zu verwerten[1342] oder eine selbst angeregte Teileinstellung des Verfahrens
zu unterlassen.[1343]

Auch ein Wandel in der Beurteilung der Sach- und Rechtslage (vgl. § 265 StPO) begründet Hinweis- **930**
pflichten,[1344] die letztlich im Fairnessgebot wurzeln.[1345] Schließlich kann sich daraus für das Gericht
die Pflicht ergeben, die Verfahrensbeteiligten vom Ergebnis solcher Ermittlungen zu unterrichten, die
es während, aber auch außerhalb der Hauptverhandlung angestellt hatte.[1346]

BFH NJW 2000, 2919 – Unterschrift: Beanstandung jahrelang geduldeter Unterschrift mit Paraphe: **Beispiel 54**
Der Anspruch auf ein faires Verfahren erfordert es, dem Rechtsuchenden die Möglichkeit der Wiedereinsetzung in den vorigen Stand zu gewähren, wenn glaubhaft und unwidersprochen vorgetragen wird,
diese Art der Unterzeichnung sei im Geschäftsverkehr bei Behörden und Gerichten jahrelang unbean-
standet verwendet worden.

BGH NJW-RR 2004, 862 – Parteibezeichnung: Können trotz unrichtiger Parteibezeichnung bei dem
Berufungsgericht keine vernünftigen Zweifel über die Person des Rechtsmittelklägers aufkommen, so
darf die Berufung nicht wegen des genannten Mangels als unzulässig verworfen werden. Andernfalls ist
das Grundrecht auf faires Verfahren i.V.m. Art. 19 IV GG verletzt. Der Zugang zu den in den Verfahrensordnungen eingerichteten Instanzen darf nicht in unzumutbarer, aus Sachgründen nicht mehr zu rechtfertigender Weise erschwert werden.[1347]

BVerfG NJW 2005, 1344 – Aufklärung: Der Grundsatz des Verfahrens verpflichtet die Gerichte zur
Aufklärung. Entscheidungen, die staatliche Sanktionen betreffen, müssen auf zureichender Sachaufklärung beruhen und eine in tatsächlicher Hinsicht genügende Grundlage haben, die der Bedeutung der
betroffenen Freiheitsrechte entspricht.[1348]

BVerfG NJW 2002, 3692 – Behördenfehlverhalten: Geht eine Rechtsbehelfsschrift bei einem nicht zuständigen Finanzamt ein, das diese mit der Folge der Fristversäumnis nicht weiterleitet, so muss im
Wiedereinsetzungsverfahren geprüft werden, ob auf Seiten der Behörde ein offenkundig nachlässiges
Fehlverhalten vorliegt. Ein solches Fehlverhalten liegt jedenfalls dann vor, wenn ein leicht als Rechtsbe-
helfsschreiben zu erkennendes Schriftstück eingeht und der Mitarbeiter dieses ohne Weiteres als Irrläu-
fer erkennen kann, er es aber gleichwohl nur zu den Akten nimmt und nichts weiter veranlasst.

1338 BVerfGE 38, 105 (111); 45, 272 (296); 63, 45 (61), 63, 380 (392 f.); 110, 226 (253); **BVerfG** NStZ 2002,
      99; vgl. *Rogall* in SK StPO vor § 133 Rn. 106 ff. Vgl. auch *EGMR* NJW 2006, 1255: Für einen fairen Prozess,
      wie ihn Art. 6 I EMRK garantiert, ist es sowohl für Zivil- als auch für Strafsachen von zentraler Bedeutung,
      dass der Beteiligte seinen Fall wirksam vor Gericht vertreten kann und dass Waffengleichheit besteht. Den
      Staaten wird freigestellt zu wählen, wie sie einer Partei die in Art. 6 I EMRK garantierten Rechte gewähren
      wollen. Prozesskostenhilfe ist eines der Mittel, es gibt aber auch andere, zum Beispiel eine Vereinfachung
      des Verfahrens.
1339 Siehe aber *BVerfG* NJW 1993, 720; 2004, 2887; NStZ-RR 1996, 48, 138; StV 1996, 160; für den Zivilpro-
      zess: *BVerfG* NJW 2004, 2149.
1340 *BGHSt* 32, 44, 47.
1341 *BGHSt* 36, 210, 214 ff.; 43, 195, 210; NJW 2003, 1404; *BGHR* StPO § 1/faires Verfahren, Vereinbarung 17.
1342 St. Rspr. *BGHR* StPO § 154 Abs. 2 Hinweispflicht 1, 2 (Beweiswürdigung), *BGH* StV 2000, 656 (Strafzumes-
      sung) m.w.N.; *BGH* StV 2001, 387f.; vgl. auch *BVerfG* NStZ 1995, 76.
1343 *BGH* StV 1999, 353. Zu einem ähnlichen Fall: *ThürVerfG* NStZ 2003, 278.
1344 *BGHR* StPO § 265 Abs. 1 und 4, jeweils Hinweispflicht 1 ff.; einschränkend: *BGHSt* 43, 212, 214 ff. und
      BGH, Urt. v. 22.2.2003 – 5 StR 222/02.
1345 *Niemöller*, Die Hinweispflicht des Strafrichters, 1988, S. 51 ff., 85 f. Der BGH wertet § 265 StPO durchweg
      als Konkretisierung des Anspruchs auf rechtliches Gehör, BGH StV 1996, 197 f., räumt aber ein, dass es
      auch Fälle geben könne, in denen sich eine Hinweispflicht aus dem Fairnessgebot ergibt, BGH StV 1987,
      427 f.; vgl. auch *Gillmeister*, StraFO 1997, 8.
1346 *BGHSt* 36, 305, 308 ff.
1347 Vgl. auch BVerfGE 74, 228, 234; NJW 1991, 3140.
1348 Vgl. auch BVerfGE 58, 208, 222; 70, 297, 308; 109, 190, 223.

Beispiel 55

BGH NJW 2006, 1579: Fürsorgepflicht eines funktionell unzuständigen Gerichts: Auch unter Berücksichtigung des Anspruchs auf ein faires Verfahren (Art. 2 I GG i.V.m. dem Rechtsstaatsprinzip) muss der Partei und ihrem Prozessbevollmächtigten die Verantwortung für die Ermittlung des richtigen Adressaten fristgebundener Verfahrenserklärungen nicht allgemein abgenommen und auf unzuständige Gerichte verlagert werden[1349]. In Fällen der offensichtlichen eigenen Unzuständigkeit stellt es für die Funktionsfähigkeit des Gerichts keine übermäßige Belastung dar, in Fürsorge für die Verfahrensbeteiligten einen fehlgeleiteten Schriftsatz an das zuständige Gericht weiterzuleiten. Geschieht dies nicht, kann die nachfolgende Fristversäumnis nicht zu Lasten des Rechtsuchenden gehen, und es ist Wiedereinsetzung zu gewähren. Aus der verfassungsrechtlichen Fürsorgepflicht der staatlichen Gerichte lässt sich jedoch keine generelle Verpflichtung zur sofortigen Prüfung der Zuständigkeit bei Eingang der Rechtsmittelschrift ableiten.

d) Sonderfall: Überlange Verfahrensdauer

931 Nach der Rechtsprechung des BVerfG gewährleistet das Rechtsstaatsprinzip (Art. 2 I GG i.V.m. Art. 20 III GG) auch im Interesse der Rechtssicherheit, dass strittige Rechtsverhältnisse in angemessener Zeit geklärt werden.[1350] Ein Unterlassen gerichtlicher Tätigkeit, das Gegenstand einer Verfassungsbeschwerde sein kann,[1351] kann dem rechtsstaatlichen Effektivitätsgebot widersprechen, dem auch bei der Verfahrensdauer Rechnung zu tragen ist. Eine überlange Verfahrensdauer kann gegen Art. 19 IV GG verstoßen; auf der Ebene der EMRK kommt neben der materiellen Verletzung des Art. 6 EMRK[1352] auch eine Rüge des Verfahrensrechts aus Art. 13 EMRK in Betracht.[1353] Das BVerfG statuiert – so in den Fällen zur überlangen Untersuchungshaft[1354] – ein „Gebot der bestmöglichen Verfahrensförderung." Aus dem Freiheitsrecht in Verbindung mit dem Rechtsstaatsprinzip des GG ergibt sich ein Beschleunigungsgebot für gerichtliche Entscheidungen.[1355]

932 Der Verfassung lassen sich allerdings keine festen Grundsätze entnehmen, ab wann von einer überlangen, die Rechtsgewährung verhindernden und deshalb nicht mehr hinnehmbaren Verfahrensdauer auszugehen ist; dies ist vielmehr eine Frage der Abwägung im Einzelfall.[1356]

Beispiel 56

BVerfG NJW 2001, 214: Verletzung des Art. 2 I GG i.V.m. dem Rechtsstaatsprinzip, wenn in einer bürgerlich-rechtlichen Streitigkeit das Gericht trotz der außergewöhnlich langen Verfahrensdauer (hier: 15 Jahre) und der Bedeutung des Verfahrens für die wirtschaftliche Existenz der Beteiligten sich darauf beschränkt, das Verfahren wie einen gewöhnlichen, wenn auch komplizierten Rechtsstreit zu behandeln und es demzufolge unterlässt, sämtliche zur Verfügung stehenden Möglichkeiten zu nutzen und sich gegebenenfalls um gerichtsinterne Entlastungsmaßnahmen zu bemühen.

BVerfG NJW 2000, 797: Wird in einem insgesamt schon 15 Jahre dauernden Verfahren, in dem ein Wohnungseigentümer auf Untersagung von Lärmbelästigungen aus einer anderen Wohnung klagt, vom OLG über die drei Jahre anhängige sofortige weitere Beschwerde des Klägers mit der Begründung nicht entschieden, der zuständige Richter sei häufig dienstunfähig erkrankt gewesen und außerdem – wie alle anderen Richter – sehr hoch belastet, so wird der Anspruch auf wirkungsvollen Rechtsschutz verletzt.

1349 Vgl. auch *BVerfG* NJW 2001, 1343: Aus dem Anspruch der Partei auf ein faires Verfahren folgt nicht die Verpflichtung eines unzuständig angegangenen (Berufungs-)Gerichts, die Partei innerhalb der Rechtsmittelfrist telefonisch oder per Telefax auf die fehlerhafte Einlegung des Rechtsmittels hinzuweisen.

1350 *BVerfG* NJW 2001, 2707; 2000, 797; 1999, 2582, 2583; 1992, 1673; 1993, 1635; 1997, 2811; zur überlangen Verfahrensdauer beim *BVerfG EGMR* NJW 1997, 2809 u. NJW 1999, 3545; zur überlangen Verfahrensdauer und Untätigkeitsbeschwerde vgl. auch *Sangmeister,* NJW 1998, 2952. Zu rechtsstaatswidrigen Verfahrensverzögerungen im Strafverfahren als Verfahrenshindernis von Verfassungs wegen vgl. *Waßmer,* ZfgStrw 2006, 159 ff.

1351 *BVerfG* NJW 2001, 2707 m.w.N.

1352 Vgl. dazu *Lansnicker/Schwirtzeck,* NJW 2001, 1969 ff.; s.a. auch *BGH* NJW 2006, 1529. 1532; *BGH* NStZ 2006, 50; *EGMR* EuGRZ 2006, 27 (Cordier/Deutschland); s.a. *EGMR* NJW 2006, 1645 (Pedersen u.a./Dänemark).

1353 *EGMR* NJW 2001, 2694; vgl. auch *Meyer-Ladewig,* NJW 2001, 2679.

1354 Vgl. BVerfG NJW 2006, 668 u. 672 u. 677.

1355 *BVerfG* NJW 2001, 2707 m.w.N.

1356 *BVerfG* NJW 2001, 2707; 1999, 2582, 2583 m.w.N.

BGH NJW 2006, 1529 (=gegen BVerfG NJW 2005, 1999): Die Erledigung eines Strafverfahrens wird nicht allein deshalb in rechtsstaatswidriger Form verzögert, weil das Revisionsgericht zur Korrektur eines dem Tatrichter unterlaufenen – nicht eklatanten – Rechtsfehlers dessen Urteil aufheben und die Sache zu erneuter – zeitaufwändiger – Verhandlung an die Vorinstanz zurückverweisen muss. Dies ist vielmehr Ausfluss eines rechtsstaatlichen Rechtsmittelsystems.[1357] Nach dem BVerfG solle es hingegen nicht auf das Gewicht des zu korrigierenden Fehlers ankommen; vielmehr könne jede – erhebliche – Verfahrensverzögerung, die durch die Bereinigung eines offensichtlich der Justiz anzulastenden Verfahrensfehlers erforderlich werde, eine Kompensation zu Gunsten des Angeklagten notwendig machen. Es komme allein auf darauf an, in wessen Sphäre der Fehler wurzele, in der des Angeklagten oder in der der Justiz.[1358] Dem folgt der BGH indessen nicht"; er sieht sich an diese Auffassung auch nicht gebunden.[1359]

Beispiel 57

5. Gesetzlicher Richter

Eine Urteilsverfassungsbeschwerde kann (wiederum in seltenen Fällen) auch dann begründet sein, wenn das Grundrecht des Art. 101 I 2 GG auf den gesetzlichen Richter verletzt wurde.[1360]

933

a) Richter

Richter i.S.d. Art. 101 I 2 GG ist jeder – auch ehren- oder nebenamtliche[1361] – staatliche Richter[1362] von der untersten Instanz bis zum BVerfG und zum EuGH,[1363] so dass Art. 101 I 2 GG verletzt sein kann, wenn ein nationales Gericht seiner Vorlagepflicht an den EuGH nicht nachkommt.

934

b) Gesetzlichkeit

Art. 101 I 2 GG gebietet, dass die Zuständigkeit eines Richters entsprechend Art. 92, 97 GG für einen konkreten Fall im Voraus abstrakt-generell festgelegt ist; man muss blindlings auf Grund allgemeiner Merkmale an den entscheidenden Richter kommen.[1364] Die einschlägigen Vorschriften sollen sicherstellen, dass der zuständige Richter generell vorbestimmt ist und nicht ad hoc ad personam bestellt wird.

935

Nach der Wesentlichkeitslehre müssen die „fundamentalen Zuständigkeitsregeln"[1365] in einem Parlamentsgesetz enthalten sein. Die ergänzenden bzw. konkretisierenden Regelungen können in Satzungen oder Rechtsverordnungen und vor allem in Geschäftsverteilungsplänen und Mitwirkungsplänen der Gerichte geregelt werden.[1366] Die jeweilige Zuständigkeit des Richters ergibt sich daher im Einzelfall aus dem Zusammenspiel des GVG und der verschiedenen Prozessgesetze sowie vor allem den Geschäftsverteilungsplänen.

936

1357 Vgl. auch *BVerfG* NJW 2003, 2228 u. 2897; 2005, 1813.
1358 *BVerfG* NJW 2006, 672; 2005, 3485.
1359 *BGH* NJW 2006, 1529, 1532.
1360 Vgl. zum Ganzen Eschelbach, S. 1155 ff. Vgl. zum Fall einer willkürlichen Entziehung des Rechts auf den gesetzlichen Richter: BVerfG NJW 2005, 2685.
1361 Wie z.B. ein Schöffe (BVerfGE 31, 181, 183 f.); irrelevant ist auch der Status als Richter auf Zeit oder auf Lebenszeit.
1362 Nicht darunter fallen private Gerichte und ihre Richter, wie z.B. Schiedsgerichte gem. §§ 1025 ff. ZPO und Parteischiedsgerichte gem. § 14 PartG.
1363 BVerfGE 73, 339, 366 ff.; 82, 159, 192; *Vedder*, NJW 1987, 526; *Höfling/Roth*, DÖV 1997, 67.
1364 BVerfGE 95, 322, 329.
1365 BVerfGE 19, 52, 60.
1366 BVerfGE 17, 294, 298 ff.; 27, 18, 34.

c) Entziehung

937   Ein Eingriff in den gesetzlichen Richter liegt vor bei einer „Entziehung", also einer Verhinderung oder Beeinträchtigung der Verhandlung und Entscheidung einer Sache durch den gesetzlichen Richter.

aa) Gesetzgeber

938   Eine derartige Entziehung kommt nur ausnahmsweise auf der gesetzlichen Ebene durch die Legislative in Betracht.[1367] Die Literatur sieht einen solchen Verstoß schon in dem Wahlrecht der Staatsanwaltschaft nach den §§ 7-9 StPO, bei welchem von mehreren örtlich zuständigen Gerichten sie Anklage erheben will.[1368] Das BVerfG fordert jedoch nur eine „möglichst eindeutige" Bestimmung des zuständigen Richters durch den Gesetzgeber.[1369]

bb) Judikative

939   Nicht jeder Verfahrensverstoß stellt zugleich eine verfassungswidrige Entziehung des gesetzlichen Richters dar. Der im Einzelfall zuständige Richter könnte sonst schon dann durch die Gerichte selbst entzogen werden, wenn bei der Rechtsprechung verfahrensrechtliche Bestimmungen z.B. über die Besetzung der Richterbank, Abstimmungsmehrheiten, Vorlagepflichten an andere Gerichte usw. falsch angewandt werden.[1370] Dann würde das BVerfG aber auch hier zur Superrevisionsinstanz. Das Grundrecht des Art. 101 I 2 GG ist vielmehr nur ausnahmsweise verletzt, wenn nicht nur von einem *error in procedendo* gesprochen werden kann.

940   Es muss vielmehr von einer „willkürlich unrichtigen" Anwendung von Verfahrensvorschriften die Rede sein können.[1371] Eine Entscheidung des Gerichts muss sich bei der Auslegung und Anwendung einer Zuständigkeitsnorm so weit von dem sie beherrschenden verfassungsrechtlichen Grundsatz des gesetzlichen Richters entfernt haben, dass sie nicht mehr zu rechtfertigen, also willkürlich ist.[1372] Das ist auch der Fall, wenn die Bedeutung und Tragweite von Art. 101 I 2 GG grundlegend verkannt wurde.[1373] Die Auslegung und Anwendung der einschlägigen Normen (z.B. über Verweisungen, Vorlagepflichten, Richterablehnungen, Geschäftsverteilungspläne) können nur beanstandet werden, wenn sie vom Instanzgericht willkürlich angewendet worden sind, nicht schon bei einem bloßen Verfahrensirrtum.[1374]

941   Zur Begründung dieser massiven Einschränkung des Art. 101 I 2 GG werden vor allem kompetenzrechtliche Argumente angeführt; würde jeder Fehler in der Gerichtsbesetzung zu einem Verstoß gegen Art. 101 I 2 GG führen, ertränke das BVerfG in einer Flut von Verfassungsbeschwerden.[1375]

942   Schließlich ist Art. 101 I 2 GG stets verletzt, wenn – insoweit wird eine Ausnahme gemacht von dem Grundsatz, dass bei einer nur auf einem *error in procedendo* beruhenden gesetzwidrigen Besetzung des Gerichts eine Verletzung des Art. 101 I 2 GG nicht angenommen werden kann – ein wegen Be-

---

1367   Praktisch nicht relevant ist der Fall der Entziehung durch die Exekutive, da eine Kabinettsjustiz mit der Wahrnehmung richterlicher Befugnisse durch die Verwaltung nicht zu befürchten ist. Zudem hat das *BVerfGE* (E 22, 49, 73 f.) eine Ausübung der Strafgewalt durch die Finanzämter für unzulässig erklärt.

1368   Vgl. nur *Pieroth/Schlink*, Rn. 1066.

1369   *BVerfGE* 6, 45, 50 f.; 63, 77, 79.

1370   *BVerfG* NJW 2003, 345: Art. 101 I 2 GG steht einer Änderung der Zuständigkeit auch für bereits anhängige Verfahren nicht entgegen, wenn die Neuregelung generell gilt. Zur Änderung des Geschäftsverteilungsplans vgl. auch *BGH* NJW 1999, 154.

1371   Vgl. BVerfG Beschl. v. 12.5.2005 – 2 BvR 332/05 BVerfGE 75, 223, 234; 87, 286, 299; *BVerfG* DB 1994,1136; krit. *Proske*, NJW 1997, 352 ff.

1372   *BVerfG* NJW 2005, 2685=Das OLG hatte die Umgangsregelung des AG zum Nachteil des Bf. abgeändert, ohne nachvollziehbar zu begründen, wieso es dazu im Verfahren der Untätigkeitsbeschwerde befugt; BVerfGE 3, 359, 364; 29, 45, 49; *BVerfG* NJW 2002, 814.

1373   BVerfGE 82, 286, 299.

1374   BVerfGE 82, 159, 194.

1375   Vgl. nur *Joachim Henkel*, Der gesetzliche Richter, Diss. Göttingen, 1968, S. 84.

fangenheit ausgeschlossener Richter an der Entscheidung mitgewirkt hat.[1376] Verletzt wird dann das Recht auf einen unparteilichen Richter.

Geschäftsverteilungspläne

Beispiel 58

Gerichtsorganisatorische Maßnahmen von Gerichtspräsidien und Vorsitzenden von Spruchkörpern, insbesondere die von diesen zu erstellenden Geschäftsverteilungs- und Mitwirkungspläne müssen die Zuständigkeitsverteilung schriftlich im voraus – d.h. vor dem Beginn des Geschäftsjahres für dessen Dauer – nach objektiven Kriterien – d.h. ohne Ansehen der Person und des Einzelfalles – und mit hinreichender Bestimmtheit regeln. Bereits die Möglichkeit der Manipulation begründet insoweit einen Verstoß gegen Art. 101 I 2 GG. [1377]

Diese Möglichkeit der Manipulation besteht vor allem bei überbesetzten Spruchkörpern. Wenn z.B. eine Kammer oder ein Senat mit drei Richtern zu entscheiden hat, kommt ein Verstoß gegen Art. 101 I 2 GG in Betracht, wenn der Spruchkörper mehr als 5 ordentliche Mitglieder hat. Schließlich ist es dann möglich, dass in zwei personell voneinander verschiedenen Sitzungsgruppen verhandelt und entschieden werden kann, was die Möglichkeit der Manipulation in sich birgt.[1378] Dagegen wird eine Überbesetzung von zwei Richtern wegen der Fälle des Ausscheidens, der Krankheit, der Verhinderung, des Urlaubs und des Wechsels von Richtern als unvermeidlich hingenommen; auch in diesem Fall muss aber im voraus nach abstrakt-generellen Merkmalen bestimmt sein, welcher Richter bei welcher Sache mitwirkt. [1379]

Ablehnung

Mit Blick auf Art. 101 I 2 GG ist es nach dem BVerfG[1380] verfassungsrechtlich nicht hinnehmbar, wenn das Beschwerdegericht auch in den Fällen, in denen Ablehnungsgesuche willkürlich im Ablehnungsverfahren als unzulässig verworfen worden sind, lediglich prüft, ob die Ablehnungsgesuche in der Sache erfolgreich gewesen wären. Das Beschwerdegericht habe in diesen Fällen vielmehr darüber zu entscheiden, ob die Grenzen der Vorschrift des § 26a StPO eingehalten wurden.

Nach dem BVerfG[1381] vermag die Verwerfung eines Ablehnungsgesuchs für sich allein – ohne jede weitere Aktenkenntnis – offenkundig eine Ablehnung nicht zu begründen. Wenn ein auch nur geringfügiges Eingehen auf den Verfahrensgegenstand erforderlich sei, scheide eine Ablehnung als unzulässig aus; sie verstoße gegen § 26a I Nr. 2 StPO und sei – weil vom Wortlaut der Vorschrift nicht gedeckt – „willkürlich".

Vorlagepflicht an den EuGH

Art. 101 I 2 GG kann auch dann verletzt sein, wenn ein nationales Gericht seiner Vorlagepflicht nach Art. 234 EGV nicht nachkommt. Ein Eingriff in das Recht auf den gesetzlichen Richter gem. Art. 101 I 2 GG liegt aber nach dem BVerfG – dazu ausf. oben[1382] – nur bei Vorliegen besonderer Voraussetzungen vor.

---

d) Unabhängigkeit

In der Praxis weniger bedeutsam ist, dass Art. 101 I 2 GG nicht nur das Recht auf den gesetzlich zuständigen Richter, sondern auch auf überhaupt einen Richter und damit auf Gerichte schützt, die in jeder Hinsicht den Anforderungen des GG entsprechen.[1383] Sie müssen vor allem unabhängig i.S.d. Art. 97 GG und unparteilich sein.[1384]

943

1376 „Schon begrifflich ist ein Verfahrensirrtum nicht möglich, wenn es sich um das Einwirken einer außerhalb der Gerichtsorganisation stehenden Person handelt. Nichts anders kann aber für die Personen innerhalb der Gerichtsorganisation gelten, die als ausgeschlossene Richter in einer bestimmten Sache keine richterliche Funktion wahrnehmen dürfen." (BVerfGE 30, 165, 167; 63, 77, 79 f.).

1377 BVerfGE 95, 322, 327.

1378 BVerfGE 17, 294, 301.

1379 BVerfGE 95, 322, 331 f.; siehe auch *Pieroth/Schlink*, Rn. 1071 f.

1380 *BVerfG* NVwZ 2005, 1304 = NJW 2005, 3129.

1381 *BVerfG* StraFO 2006, 232 ff.

1382 Vgl. Rn. 939 ff.

1383 BVerGE 60, 175, 214; 82, 286, 298.

1384 BVerfGE 21, 139, 146.

§ 8

Verfahren nach Einlegung der Verfassungsbeschwerde

I. Eintragung ins Verfahrensregister

944 Eingehende Verfassungsbeschwerden werden nach den §§ 60 II a, 61 I und II GOBVerfG zunächst nicht in das Verfahrensregister der Senate, sondern nur in das „Allgemeine Register" eingetragen, wenn sie unzulässig oder offensichtlich aussichtslos sind; Gleiches gilt in der Praxis, wenn Verfassungsbeschwerden zunächst nur zur Fristwahrung eingelegt werden und der Rechtsanwalt noch mitteilt, ob die Verfassungsbeschwerde aufrechterhalten werden soll.

945 Zuständig für die Eintragung sind die Präsidialräte des BVerfG, also nichtrichterliche Beamte mit der Befähigung zum Richteramt (§ 12 I GOBVerfG). Sie teilen ihre Auffassung in einem „Belehrungsschreiben" dem Beschwerdeführer mit, soweit Bedenken bestehen. Dieser kann und muss nach dieser Unterrichtung über die Rechtslage innerhalb einer Frist sich nochmals äußern, ob er eine richterliche Entscheidung begehrt (§ 61 II GOBVerfG). Begehrt er sie, so gelangt seine Verfassungsbeschwerde in das Annahmeverfahren und in das Verfahrensregister, andernfalls gilt sie als erledigt.

946 Nach der Eintragung in das Verfahrensregister wird die Verfassungsbeschwerde dem Vorsitzenden des zuständigen Senats vorgelegt, der sie dem nach der Geschäftsverteilung zuständigen Berichterstatter zuleitet (vgl. auch § 14 BVerfGG). Auf der Grundlage des Vortrags des Beschwerdeführers erarbeitet dieser einen Entscheidungsvorschlag verbunden mit einem schriftlichen Votum (§ 40 I GOBVerfGG). Die Akten des Ausgangsverfahrens werden in der Regel nicht beigezogen, so dass der Beschwerdeführer selbst sicherstellen muss, dass dem Gericht die erforderlichen Angaben und Unterlagen übermittelt werden.

II. Vorrangige Kammerzuständigkeit

947 § 93b 1 i.V.m. § 93a II BVerfGG normiert den grundsätzlichen Vorrang des Kammerzuständigkeit, da für die – einstimmige – Nichtannahmeentscheidung – sie ist der Regelfall[1385] – die Kammern im Prinzip zuständig sind. Sie entscheiden im Wesentlichen auch über Annahmen, soweit nicht wegen grundsätzlicher Bedeutung die Zuständigkeit des Senats begründet ist. Nach § 93d II BVerfGG sind die Kammern auch für alle das Verfassungsbeschwerdeverfahren betreffenden Entscheidungen zuständig, solange und soweit der Senat nicht über die Annahme der Verfassungsbeschwerde entschieden hat. Die Kammer entscheidet danach auch über Anträge auf Erlass einer einstweiligen Anordnung, es sei denn, dass diese auf die Aussetzung der Anwendung eines Gesetzes gerichtet sind.

1385 In den Jahren 1994-2003 überstieg der Anteil der Erledigungen durch die Senate nur im Jahre 1998 den Wert von 1 %. In den anderen Jahren lag er bei etwa 0,6 %. Demgegenüber werden etwa 97 % aller Verfassungsbeschwerden durch die Kammer erledigt, wobei es sich meist um Nichtannahmeentscheidungen handelt.

III. Annahmeverfahren, § 93a BVerfGG

Die Verfassungsbeschwerde bedarf der Annahme zur Entscheidung (§ 93a I BVerfGG i.V.m. mit **948** § 94 II GG). Die Annahmevoraussetzungen – dazu ausführlich oben unter Rn. 193 ff. – sind in § 93a II BVerfGG normiert.

§ 93b BVerfGG verdeutlicht, dass es keine isolierte Entscheidung über die Annahme – und zwar we- **949** der einer Kammer noch durch den Senat – gibt. Es gibt nur Anzeichen einer – nicht förmlichen – An- nahme, z.B. wenn vom BVerfG bei gleichzeitiger Mitteilung an den Beschwerdeführer (Stellungnah- men der in § 94 BVerfGG[1386] genannten Äußerungsberechtigten – sie haben zum Teil nach § 94 V 1 BVerfGG ein Beitrittsrecht) oder Dritter eingeholt werden.[1387] Wenn eine Vielzahl von Institutionen angeschrieben wird, es sich als um eine „große Zustellung" handelt, dann wird der Beschwerdefüh- rer meist aufgefordert, eine weitere Anzahl von Kopien der Verfassungsbeschwerde zu übersenden.

IV. Ablehnung durch die Kammern

Eine aus drei Richtern bestehende, jeweils für ein Geschäftsjahr berufene Kammer (bei jedem Senat **950** bestehen mehrere solcher Kammern, vgl. § 15a BVerfGG) kann im Rahmen einer Vorprüfung (§ 93b 1 BVerfGG) durch – ohne mündliche Verhandlung gefassten (vgl. § 93d I BVerfGG) – einstim- migen Beschluss[1388] – und dies ist der Regelfall – die Annahme der Verfassungsbeschwerde ableh- nen, wenn die Voraussetzungen des § 93a II BVerfGG nicht vorliegen. Zugleich wird damit über Ne- benentscheidungen wie eine einstweilige Anordnung oder einen Antrag auf PKH entschieden. Der Beschluss der Kammer ist unanfechtbar,[1389] also formell rechtskräftig. Etwa 97 % der Verfassungsbe- schwerden werden durch diese Kammern erledigt; nur jede 36. Verfassungsbeschwerde gelangt in den Senat.

Die Entscheidungen der Kammern brauchen, soweit sie die Annahme der Verfassungsbeschwerde **951** ablehnen, nicht begründet zu werden (§ 93d I 2 BVerfGG); gelegentlich werden sie aber mit einer (unter Umständen auch ausführlichen, oftmals fragwürdigen und nicht immer mit der gebotenen Sorgfalt erstellten) Begründung versehen; unterschiedliche Gründe können dafür maßgeblich sein.[1391]

1386 Vgl. auch die Erweiterung des Kreises der Anzuhörenden in § 22 IV GO-BVerfGG auf oberste Bundes- und Landesgerichte.

1387 Zudem sollte im seltenen Fall einer mündlichen Verhandlung, in dem eine Entscheidung über die Annahme vorausgehen muss, zur Klarstellung auch die Annahme der Verfassungsbeschwerde in den Beschluss aufgenommen werden, vgl. *Umbach/Sperlich*, § 93b Rn. 39.

1388 Der Tenor lautet dann: „Die Verfassungsbeschwerde wird nicht zur Entscheidung angenommen. Damit erledigt sich der Antrag auf Erlass einer einstweiligen Anordnung."

1389 In der Wissenschaft wird darüber gestritten, ob in Ausnahmefällen eine Gegenvorstellung möglich ist (vgl. *Umbach/Sperlich*, § 93b Rn. 21). Sie müsste in jedem Fall dann in Betracht kommen, wenn das BVerfG in offensichtlich unhaltbarer Weise aus formellen Gründen eine Verfassungsbeschwerde als unzulässig zurück- gewiesen hat, indem es z.B. das Nichtnachreichen einer Vollmacht als Begründung anführt, obwohl der Beschwerdeführer nachweisen kann, dass sie nachgereicht worden ist.

1390 Fn. nicht besetzt.

1391 Erwähnt seien: Klärung rechtlicher Zweifelsfragen oder Information des Beschwerdeführers.

V. Stattgebende Entscheidungen der Kammern, §§ 93b I, 93c BVerfGG

952   Unter der Voraussetzung des § 93c I 1 i.V.m. § 9a II lit. b BVerfGG[1392] kann die Kammer – ggfs. nach Anhörung gem. § 94 BVerfGG – der Verfassungsbeschwerde stattgeben. Die Kammern sind bei stattgebenden Entscheidungen eigenständige Spruchkörper. Die Stattgabemöglichkeiten der Kammern – anstelle der Senate – sind allerdings begrenzt. Der Annahmegrund des § 93a II lit. a BVerfGG („grundsätzliche verfassungsrechtliche Bedeutung") scheidet für die Kammer von vornherein aus, denn § 93c I 1 BVerfGG verweist lediglich auf § 93a II lit. b BVerfGG. Stattgabeentscheidungen – zum Tenor vgl. § 95 BVerfGG – der Kammern sind – zumindest am Maßstab des Normideals – letztlich auf den „Nachvollzug" der bereits vorliegenden Rechtsprechung des BVerfG beschränkt. Wenn eine den Fall deckende Grundsatzentscheidung des BVerfG vorliegt, dann können die Kammern unter Berücksichtigung der grundlegenden Senatsentscheidung des BVerfG Verfassungsbeschwerden selbst stattgeben.

953   Nach § 93d II BVerfGG kann die Kammer alle das Verfassungsbeschwerdeverfahren betreffende Entscheidungen erlassen, solange und soweit der Senat nicht über die Annahme der Verfassungsbeschwerde entschieden hat. Sie kann daher auch einstweilige Anordnungen erlassen;[1393] dies gilt allerdings nicht, wenn in der Anordnung die Anwendung eines Gesetzes ganz oder teilweise ausgesetzt werden soll.

954   Über einen Widerspruch gegen die Anordnung der Kammer entscheidet der Senat (§ 32 III BVerfGG).

VI. Annahme durch den Senat

955   Soweit die Kammer die Annahme nicht abgelehnt hat und auch keine Annahme im Fall des § 93c BVerfGG erfolgt ist, hat der Senat über die Annahme zu entscheiden. Der Senat nimmt die Verfassungsbeschwerde unter der Voraussetzung des § 93a BVerfGG an (§ 93b II BVerfGG). Es genügt, dass drei Richter für die Annahme votieren (§ 93d III 2 BVerfGG).

956   Die Versagung der Annahme muss auch im Falle der Senatsentscheidung nicht begründet werden (§ 93b II i.V.m. § 93d I 2 BVerfGG). Die Beschlüsse werden jedoch vielfach begründet und gelegentlich auch veröffentlicht.[1394]

VII. Mündliche Verhandlung

957   Eine nach § 25 BVerfGG mögliche mündliche Verhandlung ist in der Praxis des BVerfG die absolute Ausnahme. Dies gilt auch und erst recht für Verfassungsbeschwerdeverfahren, vgl. auch § 93d BVerfGG.[1395] Soweit sie dennoch anberaumt wird, besteht nach § 23 BVerfGG Vertretungszwang.

1392 Vgl. auch §§ 31, 32 GO-BVerfGG.
1393 BVerfGE 89, 119, 120.
1394 BVerfGE 76, 124.
1395 Dazu §§ 32, 39-42 GO-BVerfGG.

VIII. Beweiserhebung

Das BVerfG besitzt auch eine Kompetenz zur Beweiserhebung.[1396] Sie ist jedoch – letztlich auch wegen der notorischen Überlastung des BVerfG – die Ausnahme angesichts der Beschränkung des BVerfG auf die Prüfung von spezifischem Verfassungsrecht wie auch der Subsidiarität der Verfassungsbeschwerde.[1397] Klare Regeln für den Umfang der Überprüfung in tatsächlicher Hinsicht – vor allem bei Urteilsverfassungsbeschwerden – sind nicht erkennbar. Das BVerfG bestimmt die Reichweite seiner Kontrolldichte weitgehend fallbezogen sowie unter Berücksichtigung der Bedeutung des betroffen Fachgebiets nach eigenem Ermessen.

958

1. Möglichkeit der Beweiserhebung

Die eigene Wahrheitsermittlung ist zwar der Grundsatz, da das Gericht nicht auf die Prüfung von Rechtsfragen beschränkt ist; es kann deshalb auch neues, grundrechtsrelevantes Vorbringen berücksichtigen.[1398] Wenn auch § 26 BVerfGG eine grundsätzliche Pflicht zur eigenen Wahrheitserforschung und, soweit erforderlich, eigenen Beweiserhebung begründet[1399], hat das BVerfG aber – ungeachtet der fehlenden Beschränkung seiner Zuständigkeit auf Rechtsfragen – im Regelfall keinen Anlass, nicht die tatsächlichen Erkenntnisse der Fachgerichte seiner Entscheidung zugrunde zu legen. Etwas anderes gilt ausnahmsweise nur dann, wenn eine allenfalls stattfindende Plausibilitätsprüfung ergibt, dass begründete Zweifel an den Feststellungen angebracht sind.

959

2. Regelfall: Keine Beweiserhebung

Im Regelfall findet daher eine Beweiserhebung durch das BVerfG allgemein wie auch und vor allem im Verfassungsbeschwerdeverfahren nicht statt. Insbesondere bei Urteilsverfassungsbeschwerden schränkt das BVerfG abweichend vom Gesetzeswortlaut des § 26 BVerfGG und der Praxis der übrigen Verfahrensarten aus verfahrensökonomischen Gründen wie auch wegen der Respektierung der Eigenständigkeit der Fachgerichte sein Recht zur Beweiserhebung ein. Es legt in der Regel den Sachverhalt zugrunde, der sich aus den angegriffenen Entscheidungen ergibt, zumal das BVerfG weder eine Superrevisionsinstanz und noch weniger eine weitere fachgerichtliche (Superberufungs-) Tatscheninstanz ist.[1400] Es ist Sache des Beschwerdeführers, vor den Fachgerichten alle prozessualen Möglichkeiten zur Aufklärung des Sachverhalts zu unternehmen.

960

3. Ausnahmen

Nur ausnahmsweise kommt somit in der verfassungsgerichtlichen Praxis eine Beweiserhebung in Betracht.

961

1396 Zur Beweiserhebung und Beweiswürdigung durch das BVerfG: *Kluth*, NJW 1999, 3513; *Umbach/Zöbeley/Dollinger*, Komm. zu S. 26; *Bryde*, Tatsachenfeststellung und soziale Wirklichkeit in der Rechtsprechung des BVerfG; in *Badura/Dreier* (Hrsg.) Festschrift 50 Jahre Bundesverfassungsgericht, 2001, 533.
1397 Vgl. die Nachweise bei *Kluth*, NJW 1999, 3517.
1398 Vgl. *Kluth*, NJW 1999, 3516 f.
1399 Zur sehr restriktiven Handhabung des BVerfG vgl. bereits *BVerfG* NJW 1965, 99.
1400 *BVerfGE* 21, 209, 216.

a) Urteilsverfassungsbeschwerde

962   Bei der Urteilsverfassungsbeschwerde kann es einmal zu einer Beweisaufnahme kommen, wenn ausnahmsweise Anhaltspunkte dafür vorliegen, dass die Tatsachenüberprüfung durch das Fachgericht eventuell gegen das Willkürverbot des Art. 3 I GG verstoßen könnte.[1401]

963   Gleiches gilt bei einer – ebenfalls seltenen – Verletzung des Art. 19 IV GG durch die Fachgerichte. Schließlich sind diese verpflichtet, bei grundrechtserheblichen Entscheidungen, insbesondere in Strafverfahren und bei belastenden Verwaltungsakten, das formale Gebot vollständiger und einzelfallorientierter Ermittlung zu beachten,[1402] allerdings ohne dass aus jedem Fehler bzw. jeder Unvollständigkeit ein Verfassungsverstoß hergeleitet werden könnte.[1403] Wie bei einem Verstoß gegen Art. 103 I G ist auch hier die (Entscheidungs-) Erheblichkeit (für das Verfassungsbeschwerdeverfahren) – und zwar der Grundrechtsverletzung – erforderlich.

964   Darüber hinaus kann sich eine stärkere Kontrolldichte auch aus den jeweils betroffenen Grundrechten und der Intensität der Grundrechtsbeeinträchtigung ergeben, wenn sich die Tatsachenwürdigung unmittelbar auf die Grundrechtsgewährleistung auswirkt. Dies ist vor allem bei der Kunstfreiheit des Art. 5 III GG[1404] oder der Meinungsfreiheit des Art. 5 I 1 GG[1405] der Fall; auch der BGH als Revisionsgericht nimmt in diesen Fällen eine intensivere Beweiswürdigung vor.[1406]

965   Zudem drängt sich einem wohlwollenden Beobachter der Eindruck auf, dass der Umfang der Nachprüfung auch vom Engagement, der Kompetenz sowie der Courage der einzelnen Verfassungsrichter abhängt. Auch – manche – Verfassungsrichter neigen wie Richter der Fachgerichtsbarkeiten gelegentlich dazu, sich mit dem formalen Absetzen von Entscheidungen zufrieden zu geben. Soweit dies selbst dann der Fall ist, wenn offensichtliche Missstände gedeckt werden, wird das von Fritz Stern zu Recht kritisierte – für die Deutschne allgemein und erst recht für deutsche Juristen typische – „feine Schweigen"[1407] praktiziert, das oftmals zum feigen Schweigen mutiert.

966   Es ist auf jeden Fall erstaunlich, dass das BVerfG im Bereich der Art. 5 I 1 und III GG vielfach eine wesentlich intensivere und sorgfältigere – vom Fachgericht abweichende – Beweiswürdigung vorgenommen hat als bei anderen Grundrechten; erwähnt sei nur die – durchaus überzeugende – Rechtsprechung zum Problemkreis „Soldaten sind Mörder."[1408] Unter funktionellrechtlichen wie auch methodischen Aspekten ist dieses Verfahren angesichts der in § 26 BVerfGG eingeräumten Kompetenz nicht zu beanstanden. Es kann auch – angesichts der überwiegend stereotypen Verweisung auf die Kompetenz der Fachgerichte zur Beweiserhebung und -würdigung – nur beschränkt durch den Umstand erklärt werden, dass sich vor allem in diesen Fällen die Tatsachenwürdigung unmittelbar auf die Grundrechtsgewährleistung auswirkt.

b) Verfassungsbeschwerde gegen Gesetze

967   Uneingeschränkt gilt die Verpflichtung des § 26 I BVerfGG zur Beweiserhebung dann, wenn – wie bei Verfassungsbeschwerden gegen Gesetze – das BVerfG als erste und einzige Tatsacheninstanz tätig wird. Dann ist es notwendigerweise zur selbstständigen Sachverhaltsermittlung gezwungen. Oftmals muss das Gericht nachholen, was der Gesetzgeber versäumt hat. Nicht selten werden Lücken in der

---

1401 *BVerfG* NJW 1981, 1719; 1956, 1833; 1955, 1674.
1402 *BVerfG* NJW 1986, 767; 1971, 1559; 1985, 767.
1403 Zutr. *Kluth*, NJW 1999, 3518.
1404 *BVerfG* NJW 1985, 261.
1405 *BVerfG* NJW 1995, 3303.
1406 *BGH*, Urt. vom 25.3.1997 – VI ZR 102/96 zur Abgrenzung von Tatsachenbehauptung und Meinungsäußerung.
1407 Das feine Schweigen, München 1999, S.158 ff.
1408 *BVerfG* NJW 1995, 3303.

Sachverhaltsermittlung des Gesetzgebers festgestellt[1409] bzw. zugrundegelegte Tatsachen als falsch „enttarnt".[1410] Anerkanntermaßen sind die Tatsachenfeststellungen des BVerfG einschließlich seiner Analysemethoden denen des Gesetzgebers häufig überlegen.[1411] Politische Entscheidungen – erst recht wenn Gesetze erst im Vermittlungsausschuss „zustande kommen" – sind häufig von aktuellen politischen Einflüssen geprägt, ohne dass eine vorherige sorgfältige Prüfung stattgefunden hätte.

Aus kompetenzrechtlichen Erwägungen schränkt das BVerfG seine Kontrolldichte durch Einräumung von Beurteilungsspielräumen erheblich ein bei gesetzgeberischen Prognosen sowie der Überprüfung sogenannter genereller Tatsachen oder „legislative facts".[1412] **968**

4. Verfahren bei der Beweiserhebung

Soweit ausnahmsweise eine Beweiserhebung stattfindet, gilt der uneingeschränkte Untersuchungsgrundsatz, d.h. das Gericht verfügt über die Kompetenz zur selbstständigen Wahrheitserforschung sowohl hinsichtlich der Richtigkeit als auch der Vollständigkeit des Sachverhalts. § 33 II BVerfGG – bisher kaum angewandt[1413] – erlaubt es dem BVerfG, seiner Entscheidung die tatsächlichen Feststellungen eines rechtskräftigen Urteils zugrunde zu legen, das in einem – z.B. verwaltungsgerichtlichen – Verfahren ergangen ist, in dem die Wahrheit von Amts wegen zu erforschen ist. **969**

Die Beweiserhebung durch das BVerfG ist in den §§ 26-29 BVerfGG geregelt. Nach § 26 I BVerfGG erhebt das Gericht den zur Erforschung des Sachverhalts erforderlichen Beweis. Es kann zudem außerhalb der mündlichen Verhandlung ein Mitglied des Gerichts beauftragen oder mit der Begrenzung auf bestimmte Tatsachen und Personen ein anderes Gericht darum ersuchen. § 27 BVerfGG regelt die Rechts- und Amtshilfe durch Gerichte und Verwaltungsbehörden, § 28 BVerfGG – mit der ergänzenden Verweisung auf StPO und ZPO – die Vernehmung von Zeugen und Sachverständigen, § 29 BVerfGG Einzelheiten zum Beweistermin. **970**

Es gibt keinen numerus clausus der Beweismittel, wenn auch § 28 BVerfGG nur den Zeugen- und Sachverständigen- sowie § 26 II BVerfGG den Urkundenbeweis anführt. Es sind daher auch die klassischen Beweismittel des Augenscheins und der Beteiligtenvernehmung zulässig. Beweisaufnahme im weiteren Sinne sind auch Wertungen und Gesamtbeurteilungen, die aus Anhörungen im schriftlichen und mündlichen Verfahren sowie aus Stellungnahmen von Behörden und Verbänden stammen; als ihre Rechtsgrundlage sind die §§ 77, 82, 94 BVerfGG anzusehen. **971**

5. Beweiswürdigung

Der vom BVerfG ermittelte Sachverhalt unterliegt gem. § 30 I 1 BVerfGG der freien richterlichen Beweiswürdigung.[1414] **972**

Soweit es – wie im Regelfall bei Urteilsverfassungsbeschwerden – um die Beweiswürdigung fachgerichtlicher Entscheidungen geht, gilt zwar der Grundsatz, dass nicht nur die Aufklärung, sondern auch die Würdigung des Sachverhalts den Fachgerichten obliege. Das BVerfG hat jedoch die Kompetenz, und es verfährt auch in der Praxis entsprechend, eine von den Fachgerichten abweichende **973**

1409 Vgl. *Kluth*, NJW 1999, 3516; als Beispiel für eine lückenhafte Sachverhaltsanalyse durch den Gesetzgeber sei nur der Einzelhandelsbeschluss genannt, *BVerfG* NJW 1966, 291: „Der Gesetzgeber ist offenbar selbst nicht überzeugt, daß die Sachkunde beim Einzelhändler bereits zu Beginn der Berufstätigkeit unumgänglich notwendig sei."

1410 Vgl. nur *BVerfG* NJW 1974, 30.

1411 Vgl. nur *Philippi*, Tatsachenfeststellungen, S. 162 ff.

1412 Vgl. die Nachw. bei *Kluth*, NJW 1999, 3516 f.

1413 *BVerfG* NJW 1987, 769; vgl. *Kluth*, NJW 1999, 3516.

1414 BVerfGE 1, 298, 316.

Würdigung des Sachverhalts vorzunehmen. Als Beispiel sei nur die Rechtsprechung zu Art. 5 I 1 GG und 5 III GG genannt.[1415]

IX. Entscheidung des BVerfG

974 Das BVerfG gibt der Verfassungsbeschwerde statt, wenn die angegriffene Maßnahme verfassungswidrig ist und die Grundrechtsverletzung darauf beruht oder jedenfalls beruhen kann. Nach § 95 II BVerfGG hebt das BVerfG ggf. das Urteil auf und verweist die Sache an das zuständige Gericht zurück. Sofern eine Norm erfolgreich Gegenstand der Verfassungsbeschwerde war, wird diese nach § 95 III 1 BVerfGG für nichtig erklärt.

X. Zurücknahme der Verfassungsbeschwerde

975 Die Verfassungsbeschwerde kann jederzeit vom Beschwerdeführer zurückgenommen werden.

1. Grundsätzliche Zulässigkeit

976 Die Zulässigkeit der Rücknahme ergibt sich aus der grundsätzlichen Dispositionsbefugnis des Beschwerdeführers. Schließlich ist die Verfassungsbeschwerde kein objektives Beanstandungsverfahren. Dem steht nicht entgegen, dass ihr auch objektive Funktionen zukommen,[1416] sie eine „fallübergreifende Wirkung"[1417] hat, weil sie u.a. der Fortbildung des Rechts wie auch der Selbstkontrolle des Staates dient. Mit der Rücknahme unterbleiben in der Regel auch alle anderen verfassungsrechtlichen Prüfungen.

2. Ausnahme

977 Das BVerfG hat jedoch im Rechtschreibreformurteil[1418] die mit der bisherigen Rücknahmerechtsprechung verbundene Dispositionsbefugnis des Beschwerdeführers geringfügig eingeschränkt. Es hat zur Sache entschieden, obwohl die Beschwerdeführer die Verfassungsbeschwerde eine Woche vor Urteilsverkündung zurückgenommen hatten. Der erste Senat begründet diese „Dennoch"-Sachentscheidung mit der über die individualrechtliche Funktion der Verfassungsbeschwerde hinausgehenden Bedeutung der Verfassungsbeschwerde, das objektive Verfassungsrecht zu wahren.

978 Die Rücknahmebefugnis eines Beschwerdeführers besteht danach nur noch grundsätzlich. Sie entfällt „jedenfalls", wenn drei – im genannten Urteil abstrakt formulierte – Voraussetzungen erfüllt sind, mithin
- wenn das BVerfG die Verfassungsbeschwerde vor Abschluss des fachgerichtlichen Hauptsacheverfahrens nach § 93a BVerfGG im Hinblick darauf zur Entscheidung angenommen hat, dass die Beschwerde i.S.d. § 90 II 2 BVerfGG von allgemeiner Bedeutung ist,

---

1415 Vgl. die Nachw. bei *Kluth*, NJW 1999, 3518.
1416 BVerfGE 33, 247, 258 f.; 85, 109, 113; 98, 163, 167.
1417 BVerfGE 81, 278, 290.
1418 BVerfG NJW 1998, 2515.

- wenn deswegen über sie mündlich verhandelt worden ist und
- wenn die allgemeine Bedeutung auch in der Zeit bis zur Urteilsverkündung nicht entfallen ist.[1419]

Die Entscheidung des BVerfG ist konsequent, da der Verfassungsbeschwerde eine individual- wie auch objektiv-rechtliche Doppelfunktion zukommt. Die Einschränkung der Dispositionsbefugnisse des Beschwerdeführers ist angebracht in den Fällen, in denen die objektive Funktion eingreift und im Fortgang des Verfahrens ein aus sich heraus tragfähiges Legitimationsfundament stiftet.[1420] Wer daher ein Verfassungsbeschwerdeverfahren einleitet, muss u.U. im Allgemeininteresse mit einer Entscheidung rechnen, auch wenn er später davon Abstand nehmen will. Der Standpunkt des BVerfG wird im Übrigen auch vom EGMR für die Menschenrechtsbeschwerde nach Art. 25 EMRK eingenommen.[1421]   **979**

Festzuhalten ist daher: Nicht in jedem Fall führt – insbesondere nicht bei grundsätzlicher oder allgemeiner Bedeutung – die Rücknahme der Verfassungsbeschwerde zur Beendigung des Verfahrens und schützt sie den Beschwerdeführer vor einer negativen Entscheidung. Im Regelfall ist mit der Rücknahme jedoch das Verfahren beendet und das BVerfG ist „froh" über dahingehende Erklärung, soweit sie die anfallende Bearbeitung nicht bereits abgeschlossen ist.   **980**

3. Rechtsfolge

Die Rücknahme der Verfassungsbeschwerde hat grundsätzlich zur Folge, dass das Beschwerdeverfahren nicht mehr zur Entscheidung steht.[1422]   **981**

XI. Vollstreckung

Maßgebliche Bestimmung ist insoweit § 35 BVerfGG: **982**

„Das Bundesverfassungsgericht kann in seiner Entscheidung bestimmen, wer sie vollstreckt; es kann auch im Einzelfall die Art und Weise der Vollstreckung regeln."

Im Hinblick auf die Vollstreckung einer Verfassungsbeschwerdeentscheidung des BVerfG stellt sich im Regelfall kein besonderes praktisches Problem.[1423]   **983**

1. Vollstreckung von Amts wegen

Das BVerfGG hat, indem es dem Rahmen dieses Gerichts und seiner besonderen Stellung als eines der obersten Verfassungsorgane innerhalb der Verfassungsordnung Rechnung getragen hat, dem BVerfG alle zur Durchsetzung seiner Entscheidungen nötige Kompetenz eingeräumt. Das ist der Sinn und die Bedeutung des § 35 BVerfGG. Gestützt auf diese Kompetenz trifft das Gericht von Amts wegen – also unabhängig von „Anträgen" oder „Anregungen" – alle Anordnungen, die erforderlich sind, um seinen ein Verfahren abschließenden Sachentscheidungen Geltung zu verschaffen.   **984**

1419 *BVerfG* NJW 1998, 2515, 2518.
1420 Vgl. auch *Cornils*, NJW 1998, 3624 ff.
1421 Vgl. *EGMR*, EuGRZ 1979, 162 ff. (Tyrer); vgl. auch *Peukert*, in: *Frowein/Peukert*, Art. 25 EMRK Rn. 3.
1422 Vgl. BVerfGE 85, 109, 113.
1423 Vgl. *Simone Laumen*, Die Vollstreckung nach § 35 BVerfGG: eine systematische Untersuchung. Aus der Rechtsprechung vgl. u.a. 93, 37, 85; 93, 367, 372; 98, 109, 215; 102, 197, 198, 223; 103, 111, 113, 141; 106, 62 ff.

2. Art, Maß, Inhalt

985   Dabei hängen die Art, das Maß und der Inhalt der Vollstreckungsanordnung einmal vom Inhalt der Sachentscheidung ab, die vollstreckt werden soll, zum anderen von den konkreten Verhältnissen, die in Einklang mit der Entscheidung zu bringen sind, insbesondere von dem Verhalten der Personen, Organisationen, Behörden, Verfassungsorgane, an die oder gegen die sich die Entscheidung richtet. Der Vollstreckung im Sinn des § 35 BVerfGG sind nicht nur Leistungs- und Duldungsurteile, sondern auch Feststellungsurteile zugänglich; Vollstreckung ist hier der Inbegriff aller Maßnahmen, die erforderlich sind, um solche Tatsachen zu schaffen, wie sie zur Verwirklichung des vom BVerfG gefundenen Rechts notwendig sind.

3. Entscheidungen

986   § 35 BVerfGG geht davon aus, dass die Durchsetzung der die Entscheidung betreffenden Anordnungen in der Entscheidung selbst getroffen werden. Aus dem umfassenden Gehalt der Vorschrift, die das Gericht eigentlich zum Herrn der Vollstreckung macht, folgt aber, dass jene Anordnungen, wenn sich ihre Notwendigkeit erst nachträglich herausstellt, auch in einem selbstständigen Beschluss des Gerichts getroffen werden können.[1424]

987   Auch der selbstständige Beschluss nach § 35 BVerfGG kann die Sachentscheidung, deren Vollstreckung er dient, nicht ändern, modifizieren, ergänzen oder erweitern;[1425] er bleibt ebenso wie die die Vollstreckung betreffenden Anordnungen in der Hauptentscheidung selbst seiner Natur nach eine reine Entscheidung im Rahmen der Vollstreckung, der Durchsetzung, des Vollzugs der Sachentscheidung. Für diese „Vollstreckungsentscheidung" nach § 35 BVerfGG hat das BVerfGG ein besonderes Verfahren bewusst nicht vorgeschrieben, um dem Gericht volle Freiheit zu belassen, das Gebotene in der jeweils gerechtesten, raschesten, zweckmäßigsten, einfachsten und wirksamsten Weise zu erreichen.

4. Keine Anhörung

988   Aus der Natur des nach § 35 BVerfGG zulässigen Beschlusses folgt, dass er in der Regel ohne Anhörung der von der Vollstreckungsmaßnahme des Gerichts Betroffenen und der in der Anordnung angewiesenen Verfassungsorgane und Behörden ergeht, unbeschadet der Befugnisse des Gerichts, nach seinem Ermessen von den bezeichneten Beteiligten ihm nötig erscheinende Erklärungen einzufordern. Da die Vollstreckungsanordnung, wie ausgeführt, am Inhalt der zu vollstreckenden Sachentscheidung nichts ändern kann, ist nach der Sachentscheidung kein Raum für ein „rechtliches Gehör zur Sache".

989   Selbstverständlich kann die Entscheidung über Inhalt und Form der Vollstreckungsmaßnahme, die nach § 35 BVerfGG auszusprechen ist, wie jede Entscheidung innerhalb des Vollstreckungsverfahrens gleichgültig welchen Gerichtszweigs, u.a. die inzidente Prüfung erforderlich machen, was Inhalt und Tragweite der zu vollstreckenden Sachentscheidung ist („Auslegung des Vollstreckungstitels"). Dazu hat das BVerfGG kein besonderes Verfahren („Interpretationsklage"; „Vollstreckungsbeschwerde", „Erinnerung", „Vollstreckungsklage" usw.) zur Verfügung gestellt; es bedarf einer solchen Regelung auch nicht, weil es ausreichenden Gerichtsschutz bedeutet, wenn und soweit das in der Hauptsache entscheidende BVerfG die Vollstreckung im Einzelnen regelt, notfalls korrigiert und unter seiner letzten Verantwortung maßgeblich beeinflusst. Damit ist nicht ausgeschlossen, dass es unter besonderen Umständen geboten sein kann, dass das Gericht auch im „Vollstreckungsverfahren" den Beteiligten Gelegenheit zur Äußerung gibt.

1424 *BVerfG* NJW 1999, 2173; 1985, 846; 1957, 785.
1425 *BVerfG* NJW 1999, 2173; 1985, 846; 1957, 785.

5. Vollziehungsauftrag

Das BVerfG kann eine dritte Stelle allgemein mit der Vollziehung seiner Entscheidung beauftragen. **990** Dessen Zuständigkeit kann dadurch erweitert werden. Das ändert nichts daran, dass die Maßnahmen des Dritten nur mit den in seinem Verfahrensbereich zulässigen Rechtsbehelfen angefochten werden können. Erteilt das Gericht dagegen einen konkreten Vollstreckungsauftrag, so wird die vollziehende Behörde zum ausführenden Organ des BVerfG. Hier kann nur das BVerfG angerufen werden; ein anderer Rechtsbehelf ist ausgeschlossen.

§ 9

Einstweilige Anordnung

991 Eine nicht unerhebliche praktische Bedeutung kommt der einstweiligen Anordnung zu, welche das BVerfG nach § 32 BVerfGG erlassen kann.

992 **§ 32   Einstweilige Anordnung**

(1) Das Bundesverfassungsgericht kann im Streitfall einen Zustand durch einstweilige Anordnung vorläufig regeln, wenn dies zur Abwehr schwerer Nachteile, zur Verhinderung drohender Gewalt oder aus einem anderen wichtigen Grund zum gemeinen Wohl dringend geboten ist.

(2) Die einstweilige Anordnung kann ohne mündliche Verhandlung ergehen. Bei besonderer Dringlichkeit kann das Bundesverfassungsgericht davon absehen, den am Verfahren zur Hauptsache Beteiligten, zum Beitritt Berechtigten oder Äußerungsberechtigten Gelegenheit zur Stellungnahme zu geben.

(3) Wird die einstweilige Anordnung durch Beschluß erlassen oder abgelehnt, so kann Widerspruch erhoben werden. Das gilt nicht für den Beschwerdeführer im Verfahren der Verfassungsbeschwerde. Über den Widerspruch entscheidet das Bundesverfassungsgericht nach mündlicher Verhandlung. Diese muß binnen zwei Wochen nach dem Eingang der Begründung des Widerspruchs stattfinden.

(4) Der Widerspruch gegen die einstweilige Anordnung hat keine aufschiebende Wirkung. Das Bundesverfassungsgericht kann die Vollziehung der einstweiligen Anordnung aussetzen.

(5) Das Bundesverfassungsgericht kann die Entscheidung über die einstweilige Anordnung oder über den Widerspruch ohne Begründung bekanntgeben. In diesem Fall ist die Begründung den Beteiligten gesondert zu übermitteln.

(6) Die einstweilige Anordnung tritt nach sechs Monaten außer Kraft. Sie kann mit einer Mehrheit von zwei Dritteln der Stimmen wiederholt werden.

(7) Ist ein Senat nicht beschlußfähig, so kann die einstweilige Anordnung bei besonderer Dringlichkeit erlassen werden, wenn mindestens drei Richter anwesend sind und der Beschluß einstimmig gefaßt wird. Sie tritt nach einem Monat außer Kraft. Wird sie durch den Senat bestätigt, so tritt sie sechs Monate nach ihrem Erlaß außer Kraft.

I. Allgemeines

993 Die einstweilige Anordnung ist vielfach erforderlich, weil die Verfassungsbeschwerde keinen Suspensiveffekt hat. Mangels Rechtsmittelcharakters wirkt sie sich nicht auf die Rechtskraft des letztinstanzlichen Urteils aus. Trotz Einlegung einer Verfassungsbeschwerde sind daher Gesetze mit ihrem Inkrafttreten anwendbar, Verwaltungsmaßnahmen weiter vollziehbar und Urteile sowie Beschlüsse vollstreckbar.

1. Funktion

994 Die Funktion der einstweiligen Anordnung besteht in der prozessualen Sicherung der künftigen Entscheidungseffektivität durch Verhinderung des Eintritts vollendeter Tatsachen[1426] wie auch der Sicherung und Erhaltung eines rechtlichen oder tatsächlichen status quo. Sie soll auf diese Weise dazu bei-

---

1426 BVerfGE 12, 36, 40; 64, 67, 71; BVerfGE 106, 253, 261.

tragen, Wirkung und Bedeutung einer erst noch zu erwartenden Entscheidung in der Hauptsache zu sichern und zu erhalten.[1427]

Zwar besteht eine Konkurrenz der einstweiligen Anordnung beim BVerfG zum vorläufigen Rechtsschutzverfahren der Fachgerichtsbarkeit z.B. nach §§ 935 ff. ZPO und §§ 80, 123 VwGO und kommt eine Verfassungsbeschwerde auch gegen Entscheidungen im vorläufigen Rechtsschutzverfahren in Betracht.[1428] Die einstweilige Anordnung hat aber nicht die Funktion, geltend gemachte Mängel des möglichen oder auch durchgeführten zeit- oder sachnäheren vorläufigen fachgerichtlichen Individualrechtsschutzes zu kompensieren. Nach den ihm durch Verfassung und Gesetz zugewiesenen Funktionen und seiner gesamten Organisation ist das BVerfG weder dazu berufen noch in der Lage, einen in gleichem Maße zeit- und sachnahen vorläufigen Individualrechtsschutz zu gewährleisten wie die Fachgerichtsbarkeit. Der ihm übertragene Grundrechtsschutz setzt die Existenz einer die Grundrechte achtenden und schützenden Fachgerichtsbarkeit voraus, die dafür sorgt, dass Grundrechtsverletzungen und deren Folgen ohne Anrufung des BVerfG abgeholfen wird. Anders als der von Art. 19 IV GG geprägte vorläufige Rechtsschutz im fachgerichtlichen Verfahren ist das Verfahren nach § 32 BVerfGG nicht darauf angelegt, möglichst lückenlosen Schutz vor dem Eintritt auch endgültiger Folgen der sofortigen Vollziehung hoheitlicher Maßnahmen zu bieten.[1429] Nur in beschränktem Umfang kann es daher eine Sicherungsfunktion entfalten. **995**

2. Bedeutung

In Betracht kommt der Erlass einer einstweiligen Anordnung vor allem in Fällen, in denen mit der letztinstanzlichen gerichtlichen Entscheidung Rechtskraft und Vollstreckbarkeit eintritt, wie z.B. in Strafverfahren, im Asylrecht oder bei einer letztinstanzlichen Entscheidung über Berufsverbote wie die Amtsenthebung eines Notars oder die Entziehung der Zulassung eines Rechtsanwalts, Steuerberaters oder Wirtschaftsprüfers sowie in einem Gewerbeuntersagungsfall nach § 35 GewO; in diesen Fällen ist vielfach neben der Einlegung der Verfassungsbeschwerde in der Hauptsache der Antrag auf Erlass einer einstweiligen Anordnung geboten, um die Schaffung vollendeter Tatsachen zu vermeiden. **996**

3. Praxistipps

Wird eine einstweilige Anordnung beantragt, besteht erfahrungsgemäß die Gefahr, dass sich die Chancen für die Annahme der Verfassungsbeschwerde vermindern. Das Gericht steht unter Druck und es fehlt ihm die Zeit für eine sorgfältige Prüfung. Ersichtlich ist man bestrebt, das Fehlentscheidungsrisiko gering zu halten. Ergeht die einstweilige Anordnung, dann hat auch meist die Verfassungsbeschwerde Erfolg,[1430] was letztlich darauf zurückzuführen ist, dass bei der Prüfung des Antrags nach § 32 BVerfGG – dazu unten – eine „verkappte" Prüfung der Begründetheit der Verfassungsbeschwerde stattfindet. **997**

Der Antrag auf Erlass einer einstweiligen Anordnung muss rechtzeitig gestellt und begründet werden.[1431] Dem BVerfG muss in gebotener Zeit eine vorläufige Sachentscheidung möglich sein, um geltend gemachte „vollendete Tatsachen" beurteilen zu können. Der Antragsteller muss und kann meist **998**

1427 *BVerfG* DVBl 1999, 163 ff.; BVerfGE 42,103,119.
1428 Vgl. dazu oben Rn. 463 ff.; vgl. nur BVerfGE 34, 341; 104, 65; dazu ausf. *Umbach/Berkemann*, § 32 Rn. 94 ff. m.w.N.
1429 *BVerfG* NJW 1999, 2174.
1430 Vgl. auch *Umbach/Berkemann*, § 32 Rn. 5.
1431 Vgl. zum Folgenden *Umbach/Berkemann*, § 32 Rn. 141.

selbst dafür sorgen, dass das BVerfG nicht unter unangemessenen Zeitdruck gerät; sonst läuft er Gefahr, dass auch möglicherweise begründete Anträge abgelehnt werden.[1432]

999 Nach wie vor bedarf es zum Erlass einer einstweiligen Anordnung dreier Richter. Es ist keineswegs selbstverständlich, dass – etwa in der Nähe von Wochenenden – eine vollständige Kammerbesetzung beim BVerfG anwesend ist. Eine Notkompetenz eines einzelnen Richters sieht das BVerfGG nicht vor. Gerichtsinterne Vorkehrungen für einen Notdienst gibt es nicht. Falls es sich daher irgendwie vermeiden lässt, sollten einstweilige Anordnungen nicht erst am Freitagnachmittag, am Heiligen Abend oder Silvester beantragt werden.[1433] Es kann der Fall eintreten, dass – z.B. in Asylsachen, bei Abschiebung, oder auch bei Berufsverboten – eine verfassungsgerichtliche Entscheidung zu spät kommt.

1000 Dem Beschwerdeführer und seinem Rechtsanwalt kann daher nur geraten werden, unter Umständen in Eilfällen dem BVerfG eine Vorabinformation zukommen zu lassen mit einem Hinweis, dass man Verfassungsbeschwerde und eine einstweilige Anordnung einlege(n werde) gegen eine zu erwartende, aber noch nicht vorliegende Entscheidung, deren Inhalt in groben Zügen mitgeteilt werden sollte.

1001 Beim BVerfG kann man dann ggf. Vorkehrungen treffen. Nicht selten wird anschließend eine Art „Telefonjustiz" praktiziert, indem sich der zuständige Richter mit den verantwortlichen Behörden in Verbindung setzt und um Aufschub bittet bis zu einer verfassungsgerichtlichen Entscheidung. Diesem Ersuchen kommen die Behörden in der Regel auch nach, so dass der Erlass einer einstweiligen Anordnung entbehrlich ist.

1002 War die Stellung eines Antrags angesichts der konkreten Umstände rechtzeitig nicht möglich, kann das BVerfG einen „Schiebebeschluß" unter kürzester Fristsetzung erlassen.[1434] Liegt die schriftliche Entscheidung eines Gerichts oder einer Behörde noch nicht vor, droht aber der Eintritt vollendeter Tatsachen, dann erlässt das BVerfG dementsprechend gelegentlich zeitlich begrenzte einstweilige Anordnungen[1435], die befristet sind (z.B. für eine Zeit von wenigen Wochen nach Vorliegen der Entscheidungsgründe), so dass der Beschwerdeführer und sein Anwalt sowie das Gericht sich dann mit der Entscheidung auseinandersetzen können.

1003 So setzte das BVerfG[1436] in einem dramatischen Kindesentführungsfall die Vollstreckung aus einem Rückführungsbeschluss eines OLG zunächst mit einer einstweiligen Anordnung vom 16.7.1998 bis zum 3.8.1998 und in einem weiteren Beschluss vom 31.7.1998 bis zur Entscheidung in der Hauptsache, längstens bis zum 16.1.1999 aus.

II. Voraussetzungen

1004 Der Erlass einer einstweiligen Anordnung setzt voraus, dass sie zulässig und begründet ist; in der Entscheidungspraxis des BVerfG wird i.d.R. nicht zwischen beiden Aspekten bzw. den maßgeblichen Kriterien – zu denen auch die Annahmefähigkeit gehört – getrennt.[1437]

1005 Grundsätzlich ist der Antragsteller begründungspflichtig für das Vorliegen sämtlicher Voraussetzungen der einstweiligen Anordnung einschließlich möglicher Schlüssigkeitsprüfung, so dass dem BVerfG

1432 Vgl. auch *BVerfG* NVwZ 1996, Beil. 2, 9: Antragseingang anderthalb Stunden vor dem geplanten Abschiebungszeitpunkt; *BVerfG* Beschl. v. 20.5.2000 – 1 BvR 14/00: Antrag auf Erlass einer einstweiligen Anordnung weniger als drei Stunden vor Beginn der geplanten Demonstration; ebenso *BVerfG* NVwZ-RR 2000, 553; DVBl 2001, 1585.
1433 Vgl. *Hänlein*, Anwbl, 1995, 116, 119.
1434 BVerfGE 88, 185, 186; zu den Voraussetzungen näher *BVerfG* NVwZ 1996, Beil. 2, 9; EuGRZ 1998, 488.
1435 BVerfGE 88, 185.
1436 *BVerfG*, Beschl. v. 16.7.1998 – 2 BvR 1206/98.
1437 Vgl. die Nachw. bei *Umbach/Berkemann*, § 32 Rn. 39 u. vor allem Rn. 224 ff.

eine sachliche Entscheidung möglich ist;[1438] auf das Vorbringen im Verfahren der Hauptsache kann verwiesen werden. Liegt eine Begründung der letztinstanzlichen Entscheidung noch nicht vor, mindert sich die Substantiierungspflicht.[1439]

1. Zulässigkeit

Der Antrag muss zulässig sein.   **1006**

a) Zuständigkeit des BVerfG in der Hauptsache

Das BVerfG muss in der Hauptsache zuständig sein, mithin der „Rechtsweg" zum BVerfG gegeben   **1007**
ist.[1440] Das ist bei der Verfassungsbeschwerde der Fall, was sich mittelbar aus § 32 III 2 BVerfGG
ergibt.[1441]

b) Antrag

Der Erlass einer (erstmaligen) einstweiligen Anordnung bedingt einen hierauf gerichteten, das Verfah-   **1008**
ren einleitenden schriftlichen Antrag (§ 23 I BVerfGG). Das BVerfG geht aber davon aus, dass eine
erstmalige einstweilige Anordnung auch von Amts wegen ergehen kann.[1442] Es könne mit seiner
einstweiligen Anordnung auch über einen gestellten Antrag hinausgehen.[1443] Die h.A. in der Literatur
verneint eine solche Befugnis.[1444]

Der Antrag kann wie die Verfassungsbeschwerde vom Beschwerdeführer selbst gestellt werden; nur   **1009**
in der mündlichen Verhandlung besteht Vertretungszwang, § 22 BVerfGG. Fehlt die schriftliche Be-
vollmächtigung für einen den Antrag stellenden Bevollmächtigten, ist der Eilantrag – ggf. nach Fristsetzung – als unzulässig zu verwerfen.[1445]

Der zulässige Antragsinhalt wird begrenzt durch den (zulässigen) Streitgegenstand des Hauptsache-   **1010**
verfahrens.[1446] Zulässiger Anordnungsinhalt kann daher grundsätzlich dasjenige sein, was das BVerfG
im Verfahren der Hauptsache aussprechen könnte.[1447] Nach den jeweiligen Umständen kann aber
gerade die Sicherungsfunktion der einstweiligen Anordnung anderes erfordern.[1448] Meist genügt eine
repressive Zielsetzung, um verfassungsgemäße Zustände zu wahren. In Ausnahmefällen – dazu unten – kann jedoch – ungeachtet des im Prinzip bestehenden Verbots einer Vorwegnahme der Hauptsache – über die kassatorische Funktion der einstweiligen Anordnung auch eine „Leistungsanord-
nung" im Sinne positiver Gestaltung in Betracht kommen.[1449]

1438 *BVerfG* DVBl. 1993, 1006; NJW 1999, 2106; NVwZ-RR 2000, 16; NVwZ 2002, 1499 u. 2225. Besonders
hohe Anforderungen gelten einmal im Asylrecht, wo ein genauer Vortrag verlangt wird: falls dies nicht möglich ist, kommt ein „Schiebebeschluß" in Betracht (BVerfGE 88, 185, 186; NVwZ 1996, Beil. 2,9). Zu den
Anforderungen an den Vortrag im Hinblick auf die Gefahrenprognose im Versammlungsrecht vgl. *BVerfG*
NVwZ 2002, 714; NJW 2003, 3689; DVBl. 2004, 235.
1439 *BVerfG* NJW 2003, 3043.
1440 BVerfGE 28, 97, 102; 42, 103, 110.
1441 Ausnahmsweise kann auch Gegenstand einer e.A. eine gerichtliche Zwischenentscheidung sein (BVerfGE
55, 1, 3 – Befangenheit eines Sachverständigen; BVerfGE 57, 185 – Versagung des Armenrechts und der
Beiordnung im Privatklageverfahren).
1442 BVerfGE 1, 74, 75; 1, 281, 283; 35, 12, 14; 42, 103, 119 f., 46, 337, 338; 85, 167, 172.
1443 BVerfGE 85, 167, 172.
1444 Vgl. dazu *Umbach/Berkemann*, § 32 Rn. 64 ff.
1445 BVerfG NVwZ-RR 2000, 553.
1446 Vgl. nur BVerfGE 105, 235, 238 f.
1447 Vgl. nur BVerfGE 7, 99, 105.
1448 Vgl. *Umbach/Berkemann*, § 32 Rn. 111.
1449 BVerfGE 34, 160, 162 f.; 67, 149, 161; 86, 46, 48.

c) Zeitpunkt

1011 Der Antrag kann (isoliert) vor[1450] oder während des Hauptverfahrens, mit dem Verfassungsbeschwerdeschriftsatz oder gesondert und nur bis zur Entscheidung in der Hauptsache gestellt werden.[1451] Wird er vor dem Hauptverfahren erhoben, dann muss die Verfassungsbeschwerde innerhalb der Fristen des § 93 BVerfGG erhoben werden.[1452] Ausnahmsweise kommt eine vorbeugende einstweilige Anordnung in Betracht.[1453]

d) Vorläufigkeit

1012 Beantragt werden darf nur – streitig ist auch hier, ob es sich hier um eine Frage der Zulässigkeit oder Begründetheit handelt[1454] – eine vorläufige Regelung ohne Vorwegnahme der Entscheidung in der Hauptsache.[1455]

1013 Eine einstweilige Anordnung darf daher in Versagungsfällen, wie z.B. einem bisher bei den Kammern und den Gerichten erfolglos gebliebenen Antrag auf Zulassung zur Rechtsanwaltschaft, nicht mit dem Ziel beantragt werden, den erwünschten Zustand (d.h. die Zulassung) verfassungsgerichtlich anzuordnen.

1014 In Ausnahmefällen bejaht das BVerfG jedoch die Zulässigkeit der Vorwegnahme. Voraussetzung ist, dass der Antragsteller unter den gegebenen Umständen einen irreparablen Schaden erleidet, weil die Entscheidung in der Hauptsache zu spät ergehen wird und ihm in anderer Weise ausreichender Rechtsschutz nicht gewährt werden kann.[1456] Als Beispiel sei die Ablehnung von Wahlwerbespots durch öffentlich-rechtliche Rundfunkanstalten erwähnt.[1457] Vor allem im Versammlungsrecht stellt sich die Problematik angesichts der Zeitgebundenheit der meisten Versammlungen.[1458] Im Individualbereich kommt eine Ausnahme in Betracht, wenn für den Antragsteller unzumutbare Belastungen drohen,[1459] was z.B. der Fall ist beim Verlust persönlicher Freiheit,[1460] bei mutmaßlicher Gesundheitsgefährdung wegen Zwangsräumung,[1461] bei Gefährdung des Kindeswohls.[1462]

e) Antragsberechtigung und -befugnis

1015 Der Antragsteller muss antragsberechtigt sein.[1463] Nur wer in einem Verfassungsrechtsstreit Beteiligter sein kann (formelle Beteiligtenfähigkeit), besitzt auch die Befugnis, im Nebenverfahren der einstweiligen Anordnung einen Antrag zu stellen.[1464] Die Antragsbefugnis muss vergleichbar der Beschwerde-

---

1450 Vgl. die Nachweise bei *Umbach/Berkemann*, § 32 Rn. 74. Einige Landesgesetze schließen den isolierten Eilantrag aus, vgl. z.B. 19a VerfGHG RP.

1451 BVerfGE 71, 350, 352.

1452 Bei unzulässiger Verfassungsbeschwerde ist auch eine einstweilige Anordnung unzulässig. Vgl. auch BVerfG Beschl. v. 29.6.2000-1 BvR 8/00; beziehen sich die Rechtsausführungen nur auf § 32 BVerfGG, dann ist damit nicht Verfassungsbeschwerde eingelegt und die Frist des § 93 BVerfGG gewahrt.

1453 Vgl. *BVerfG* NJW 1999, 2174 – Gefahr der internationalen Kindesentführung.

1454 Nach BVerfGE 3, 41, 43; 12, 276, 279; 15, 77, 78 führt eine Vorwegnahme der Hauptsache zur Unzulässigkeit des Antrags.

1455 BVerfGE 8, 42, 46; 15, 219, 221; 12, 276, 279; 15, 77, 78; 34, 160, 163; 67, 149, 151.

1456 BVerfGE 34, 160, 162; 67, 149, 151; 80, 360, 366; 82, 54, 58; 108, 34, 40.

1457 BVerfGE 67, 149.

1458 BVerfGE 69, 315, 340, 364; DVBl. 2001, 1134.

1459 Vgl. die Nachw. bei *Umbach/Berkemann*, § 32 Rn. 233.

1460 BVerfGE 84, 341 – Strafaussetzung; *BVerfG* NStZ 1994, 607 – Strafvollstreckung; *BVerfG* DVBl 1994, 923; NJW 2001, 3110.

1461 BVerfGE 84, 345, 348; NZM 1998, 431.

1462 *BVerfG* FamRZ 2002, 947.

1463 BVerfGE 79, 379, 383; die im Verfahren der Hauptsache nur Äußerungsberechtigten können keinen Antrag stellen, BVerfGE 41, 243, 245.

1464 BVerfGE 16, 236, 237.

befugnis[1465] gegeben sein. Erforderlich ist eine materielle Beschwer, die durch die einstweilige Anordnung beseitigt werden könnte.[1466]

f) Annahmefähigkeit

Gemäß ihrer Sicherungsfunktion im Rahmen eines Verfassungsbeschwerdeverfahrens ist für eine einstweilige Anordnung kein Raum, wenn für die Verfassungsbeschwerde die Annahmevoraussetzungen des § 93a BVerfGG nicht gegeben sind.[1467]   **1016**

g) Rechtsschutzbedürfnis

Der Antrag setzt schließlich ein Rechtsschutzbedürfnis voraus. Es muss im Zeitpunkt der Entscheidung noch, erstmals oder wieder vorliegen.[1468] Es ist zu verneinen, wenn der vorläufige Rechtsschutz nicht erforderlich ist, weil die einstweilige Anordnung nutzlos ist,[1469] oder sie verfrüht ist, weil z.B. ein Akt öffentlicher Gewalt noch nicht vorliegt.[1470] Das Rechtsschutzbedürfnis ist auch zu verneinen, falls die Hauptsacheentscheidung rechtzeitig genug erfolgt, um den Eintritt von Nachteilen zu vermeiden,[1471] oder wenn die beantragte Maßnahme in keiner Hinsicht Erfolg haben kann und daher ungeeignet ist; Gleiches gilt, wenn Rechtsschutz auf andere Weise gewährt werden,[1472] der Antragsteller sein Ziel durch eigene Maßnahmen erreichen kann oder der Rechtsweg nicht erschöpft ist, es sei denn, es liegt entsprechend § 90 II 2 BVerfGG eine Sache von besonderer verfassungsrechtlicher Bedeutung oder Dringlichkeit vor.[1473]   **1017**

Zudem darf die Hauptsache nicht schon – was meist mit der Folge der Nichtannahme der Verfassungsbeschwerde und der Erledigung des Antrags auf Erlass einer einstweiligen Anordnung der Fall ist – entscheidungsreif oder die Entscheidung in der Hauptsache bereits verkündet sein. Das Rechtsschutzbedürfnis kann wieder „neu" entstehen und ein weiterer Antrag gestellt werden, wenn eine Änderung der Sachlage eingetreten ist.[1474]   **1018**

2. Begründetheit

Der Antrag ist nur dann begründet, wenn die einstweilige Anordnung zur Abwehr schwerer Nachteile, zur Verhinderung drohender Gewalt oder aus einem anderen wichtigen Grund zum gemeinen Wohl dringend geboten" ist (§ 32 I BVerfGG).[1475] Liegen die Voraussetzungen vor, besteht kein Ermessen des BVerfG.[1476]   **1019**

Es ist grundsätzlich ein strenger Maßstab anzulegen;[1477] das BVerfG hat größte Zurückhaltung zu wahren. Dies gilt insbesondere, wenn ein bereits in Kraft getretenes Gesetz außer Vollzug gesetzt werden soll.[1478]   **1020**

1465 Vgl. dazu oben 296 ff.
1466 Vgl. auch BVerfGE 16, 236, 238 f.
1467 *BVerfG* NVwZ 1998, 272; DVBl. 1999, 163 ff.; BVerfGE 90,22, 24 ff.; *BVerfG* NVwZ 2002, 1499.
1468 BVerfGE 21, 139, 143; 33, 247, 253; 50, 244, 247; 56, 99, 106; 72, 1, 5; 81, 138, 140; ähnl. BVerfGE 86, 46, 50.
1469 BVerfGE 23, 33, 40; 23, 42, 48.
1470 Zum ausnahmsweise in Betracht kommenden vorbeugenden Rechtsschutz: *BVerfG* NJW 1999, 2174.
1471 BVerfGE 46, 160, 164; 16, 220, 226.
1472 BVerfGE 86, 46, 49; 37, 150, 151.
1473 BVerfGE 37, 150, 151; 21, 50, 51.
1474 Es reicht nicht die bloße Wiederholung eines Antrags, vgl. auch BVerfGE 4, 110, 113.
1475 *BVerfG* NJW 2000, 2890; NJW 1996, 114; NJW 1999, 1951.
1476 Vgl. *Umbach/Berkemann*, § 32 Rn. 157.
1477 BVerfGE 50, 37, 41; BVerfGE 106, 51, 58; 104, 51, 55 f.; 99, 57, 66.
1478 BVerfGE 85, 147, 171.

a) Keine offensichtliche Unzulässigkeit oder Unbegründetheit

1021 Die Verfassungsbeschwerde darf weder eindeutig unzulässig[1479] noch offensichtlich unbegründet[1480] sein.[1481]

– Bei offensichtlicher Unzulässigkeit verneint das BVerfG entweder das Rechtsschutzbedürfnis, einen schweren Nachteil oder die erforderliche Dringlichkeit; meist spricht es die Unzulässigkeit des Anordnungsantrags aus.[1482] Zugleich wird i.d.R. die Hauptsache abschlägig entschieden.[1483]

– Auch bei offensichtlicher Unbegründetheit kann eine einstweilige Anordnung nicht ergehen; das BVerfG nimmt eine summarische Prüfung der Hauptsache vor; einem Hauptsacheantrag darf nicht von vornherein der Erfolg abgesprochen werden können, was nicht der Fall ist bei Klärungsbedürftigkeit der mit einem Antrag aufgeworfenen Fragen im Hauptsacheverfahren.[1484] Bei offensichtlicher Unbegründetheit spricht das BVerfG meist die Unzulässigkeit des Anordnungsantrags aus.[1485]

b) Anordnungsgrund

1022 Die einstweilige Anordnung muss „dringend geboten" sein. § 32 I BVerfGG umschreibt den Regelungsanlass beispielhaft als „schwerer Nachteil" oder „drohende Gewalt", verallgemeinernd mit „wichtiger Grund".[1486]

– Ein spezifischer Regelungsanlass ist daher erforderlich.[1487]

– Dringend geboten ist eine einstweilige Anordnung weiter nur dann, wenn auch eine Eilbedürftigkeit vorliegt, weil sie vor einer Hauptsacheentscheidung ergehen muss, um den Eintritt vollendeter Verhältnisse und damit schwerer Nachteile zu vermeiden.[1488] Ihr Erlass muss zeitlich unaufschiebbar sein. Zu bejahen ist die Dringlichkeit nur, wenn ohne die einstweilige Anordnung die unterstellte Wirksamkeit in der Hauptsache nicht erreicht werden kann. Ein schwerer Nachteil ist hierfür in aller Regel indiziell.[1489]

c) Folgenabwägung

1023 Für die Begründetheit der einstweiligen Anordnung stellt das BVerfG maßgeblich auf die Abwägung der Folgen ab.[1490]

1479 BVerfGE 11, 102, 103; 93, 181, 186; 108, 34, 41; st. Rspr.

1480 Vgl. nur BVerfGE 11, 102, 103; 106, 51, 58; 108, 34, 41.

1481 Falls ausnahmsweise eine Vorwegnahme der Hauptsache erfolgt, kann eine nahezu abschließende „summarische" Sachprüfung nach Maßgabe des materiellen Rechts geboten sein (vgl. BVerfGE 46, 160, 164; 63, 254; 67, 149, 142; NJW 2000, 1339).

1482 Vgl. *Umbach/Berkemann*, § 32 Rn. 198.

1483 BVerfGE 90, 40; 105, 197, 202.

1484 Vgl. nur BVerfGE 84, 286, 289; 88, 25, 37; 106, 351, 356; vgl. umf. die Nachw. bei *Umbach/Berkemann*, § 32 Rn. 201 ff.

1485 Vgl. nur BVerfGE 16, 220, 226; 34, 160, 162; 35, 193, 195; 71, 350, 352. Zu recht kritisch *Umbach/Berkemann*, § 32 Rn. 206. Die Argumentation des BVerfG sei wenig überzeugend, weil der Sache nach ein „schwerer Nachteil" verneint werde und dies der Begründetheit des Antrags zuzuordnen sei (so zutreffend BVerfGE 89, 344, 345; wohl auch BVerfGE 92, 130, 133; 103, 41, 42).

1486 Das BVerfG (z.B. BVerfGE 96, 223, 230) trennt meist nicht zwischen Anordnungsanspruch und Anordnungsgrund; beide Aspekte werden zu einem einheitlichen Abwägungsmodell zusammengefasst (vgl. kritisch *Umbach/Berkemann*, § 32 Rn. 124).

1487 *BVerfG* NVwZ 2000, 789– zu § 91 BVerfGG.

1488 BVerfGE 16, 236, 238 f.; zum Teil – so *Dörr*, S. 172 f. – wird dieser Aspekt auch unter dem Stichwort „Beschwer" des Antragstellers bei der Zulässigkeit geprüft.

1489 BVerfGE 36, 137, 138 – Vollzug eines Gefängnisarrestes; vgl. die Beispiele bei *Umbach/Berkemann*, § 32 Rn. 313.

1490 Zur Kritik an diesem Abwägungsmodell, welche das BVerfG nicht „beeindruckt" hat, vgl. *Umbach/Berkemann*, § 32 Rn. 237 ff.

Zumindest im Regelfall[1491] sollen nicht maßgeblich sein nach der Rechtsprechung des BVerfG die Erfolgsaussichten in der Hauptsache; die Gründe, welche für oder gegen die Verfassungswidrigkeit der angegriffenen Maßnahme geltend gemacht werden oder jedenfalls objektiv vorliegen könnten, sollen solange und soweit wie möglich außer Betracht bleiben;[1492] es gelten also nicht ohne Weiteres die Kriterien des § 80 V VwGO. Maßgeblich ist i.d.R. vorrangig eine reine Folgenabwägung ohne summarische Prüfung der Hauptsache.[1493]   **1024**

Die maßgebliche Abwägungsformel des BVerfG lautet: **1025**

Das BVerfG hat lediglich die Folgen abzuwägen, die eintreten würden, wenn eine einstweilige Anordnung nicht ergínge, die Verfassungsbeschwerde aber in der Hauptsache Erfolg hätte, gegenüber den Nachteilen, die entstünden, wenn die begehrte einstweilige Anordnung erlassen würde, in der Hauptsache aber der Erfolg zu versagen wäre.[1494]

Maßgeblich ist somit eine doppelte Hypothesenbildung.   **1026**
- Zu fragen ist einmal nach dem Erfolg der Hauptsache, was also der Antragsteller bestenfalls erreichen kann.
- Weiter ist eine Folgenermittlung vorzunehmen, also festzustellen, worin die abzuwehrenden schweren Nachteile bestehen. Es ist der gegenwärtige Zustand zu untersuchen, wie er sich ohne Eingreifen des BVerfG für den Antragsteller bis zur Entscheidung in der Hauptsache auswirken wird. Maßgeblich sind die Schwere des Eingriffs in die Rechtsposition des Antragstellers als auch die Interessen anderer und solche der Allgemeinheit.[1495]
- Die im Wege der Doppelhypothese ermittelten Folgen sind in einer dritten Stufe zu bilanzieren und vergleichend zu bewerten.[1496] Ergibt die Abwägung ein überwiegendes Interesse des Antragstellers, kann die einstweilige Anordnung ergehen.

Vor allem in Eilrechtsschutzsachen sind – über die in jedem Fall erforderliche Prüfung, ob eine Verfassungsbeschwerde offensichtlich zulässig und begründet ist – die erkennbaren Erfolgsaussichten einer Verfassungsbeschwerde zu berücksichtigen. Dies ist z.B. der Fall, wenn aus Anlass eines Versammlungsverbots über einen Antrag auf einstweiligen Rechtschutz zur Wiederherstellung der aufschiebenden Wirkung eines Rechtsbehelfs zu entscheiden ist und ein Abwarten bis zum Abschluss des Verfassungsbeschwerdeverfahrens oder des Hauptsacheverfahrens den Versammlungszweck mit hoher Wahrscheinlichkeit vereitelte. Ergibt die Prüfung im Eilrechtsschutzverfahren, dass eine Verfassungsbeschwerde offensichtlich begründet wäre, läge in der Nichtgewährung von Rechtsschutz der schwere Nachteil für das gemeine Wohl im Sinne des § 32 I BVerfGG.[1497]   **1027**

III. Verfahren und Entscheidung

Ist ein Antrag auf Erlass einer einstweiligen Anordnung in zulässiger Weise gestellt, dann hat das BVerfG darüber zu entscheiden.   **1028**

1491 Zur „Ausnahme" in Eilrechtsfällen vgl. unten und *BVerfG* NVwZ 2006, 585.
1492 BVerfGE 108, 45, 49; 96, 223, 229; vgl. auch *Umbach/Berkemann*, § 32 Rn. 236.
1493 Dezidiert BVerfGE 33, 232, 234; 35, 193, 197. Verdeckt findet aber eine summarische Prüfung statt, was sich daran zeigt, dass kaum substantielle Unterschiede zwischen dem Ergebnis des Anordnungs- und Hauptsacheverfahrens (vgl. *Umbach/Berkemann*, § 32 Rn. 238 Fn. 94), wenn auch jüngster Zeit vereinzelt Divergenzen festzustellen sind (BVerfGE 85, 94, zu BVerfGE 93, 1; BVerfGE 91, 140 zu BVerfGE 91, 335; BVerfGE 92, 126 zu BVerfGE 93, 381; BVerfG NJ 1995, 28 zu BVerfGE 95, 96; BVerfGE 104, 23 zu BVerfGE 106, 62.
1494 BVerfGE 6, 1, 4; 87, 334, 338; 108, 238, 246; st.Rspr.; vgl. *Umbach/Berkemann*, § 32 Rn. 244.
1495 Vgl. ausf. *Umbach/Berkemann*, § 32 Rn. 252 ff.
1496 Vgl. nur BVerfGE 88, 25, 39; 106, 51, 61.
1497 *BVerfG* NVwZ 2006, 585 u. 587; NJW 2004, 2814.

1. Anhörung

1029 Im Regelfall ergeht die einstweilige Anordnung gem. Art. 103 I GG nach vorheriger Anhörung aller an der Hauptsache förmlich Beteiligten, Äußerungsberechtigten oder erstmals durch eine einstweilige Anordnung Beschwerten, soweit sie nicht wegen besonderer Dringlichkeit entbehrlich ist, § 32 II 2 BVerfGG.[1498] Dann sind aber die Widerspruchsberechtigten unverzüglich zu unterrichten.

2. Keine mündliche Verhandlung

1030 Die Entscheidung über den Antrag auf Erlass einer einstweiligen Anordnung ergeht i.d.R. ohne mündliche Verhandlung, bei besonderer Dringlichkeit sogar ohne Gelegenheit zur Stellungnahme für die Verfahrensbeteiligten und die Äußerungsberechtigten (§ 32 II BVerfGG).

3. Form

1031 Die Form der Entscheidung richtet sich nach § 25 II BVerfGG: Nach – ganz seltener – mündlicher Verhandlung ergeht ein Urteil, andernfalls ein Beschluss. Die Entscheidung über die einstweilige Anordnung kann ohne Begründung bekanntgegeben werden; in diesem Fall ist die Begründung den Beteiligten später gesondert zu übermitteln, § 32 V BVerfGG. In der Regel erfolgt die Bekanntgabe vorab per Telefax.

1032 Ergibt sich – wie in der weit überwiegenden Zahl der Fälle –, dass die Verfassungsbeschwerde nicht zur Entscheidung angenommen wird, ergeht meist sogleich ein Nichtannahmebeschluss in der Hauptsache, so dass sich eine Entscheidung über den Antrag auf Erlass einer einstweiligen Anordnung erübrigt.[1499]

4. Widerspruch

1033 Gegen eine einstweilige Anordnung in der Form des Beschlusses – also ohne mündliche Verhandlung – ist im Verfassungsbeschwerdeverfahren kein Widerspruch des Beschwerdeführers zulässig (§ 32 III 2 BVerfGG).[1500]

5. Sonstiges

1034 Nach § 32 VI 1 BVerfGG tritt die einstweilige Anordnung nach ihrem Erlass außer Kraft. Sie kann aber – und zwar mehrfach[1501] – verlängert werden, da das BVerfG sich gelegentlich innerhalb der 6-Monats-Frist ihrer Geltung nicht dazu in der Lage sieht, die Entscheidung in der Hauptsache zu verkünden. Die Verlängerung erfolgt im Regelfall von Amts wegen; ein besonderer Antrag ist nicht erforderlich, wenn auch unschädlich.

1498 Vgl. auch *BVerfG* NJW 1999, 2174; BVerfGE 108, 238, 245.

1499 Vgl. BVerfGE 7, 99, 109; siehe § 40 III 2 GOBVerfG.

1500 Auch der nur Äußerungsberechtigte nach § 94 III BVerfGG besitzt keine Widerspruchsbefugnis (BVerfGE 31, 87, 90 ff.; 89, 119, 120; *BVerfG*, Beschl. v. 17.8.1998 – 2 BvR 1206/98, im zuletzt genannten Fall wurde der Widerspruch einer Antragstellerin in einem Verfahren betreffend die Rückführung von Kindern zurückgewiesen; *BVerfG* 31, 87, 91 ff.).

1501 Im Verfahren 1 BvR 661/96 erging die erste einstweilige Anordnung am 2.4.1996; sie wurde bis zum Beschluss zur Verfassungsbeschwerde vom 21.9.2000 – also über 4 Jahre – immer wieder verlängert.

Das BVerfG kann eine bereits erlassene einstweilige Anordnung auf Antrag oder von Amts wegen ändern oder aufheben, wenn sich die Umstände in rechtlicher oder tatsächlicher Hinsicht geändert haben.[1502] **1035**

Der Antrag auf Erlass einer einstweiligen Anordnung kann – im Prinzip[1503] als Ausfluss der Dispositionsbefugnis jederzeit zurückgenommen werden. **1036**

Er kann nur wiederholt werden, wenn sich die Sach- oder Rechtslage geändert hat.[1504] **1037**

§ 32 BVerfGG enthält keine Schadensersatzregelung, so dass – anders z.B. § 945 ZPO – keine Schadensersatzverpflichtung besteht, wenn die Hauptsacheentscheidung später anders ausfällt. **1038**

PKH und Beiordnung ist nach allgemeinen Regeln möglich und bei erheblicher Schwierigkeit geboten.[1505] **1039**

1502 Vgl. zum Fall einer Fristversäumnis, BVerfG NJW-RR 2000, 1589.
1503 Einschränkungen bestehen bei gesteigertem öffentlichen Interesse (BVerfGE 98, 218, 242 f.).
1504 BVerfGE 35, 257, 260 f.; 91, 83, 91.
1505 BVerfGE 71, 122, 136 f.

§ 10

Kosten und Gebühren im Verfassungsbeschwerdeverfahren

1040   Erhebliche Abweichungen im Vergleich zu anderen gerichtlichen Verfahren vor den Fachgerichten weisen die Regelungen über Kosten und Gebühren einer Verfassungsbeschwerde auf. Das BVerfGG enthält Vorschriften in § 34 BVerfGG sowie – zur Auslagenerstattung – in § 34a BVerfGG.

1041   *§ 34   Kosten des Verfahrens; Auferlegung einer Gebühr*
(1) Das Verfahren vor dem BVerfG ist kostenfrei.

(2) Das BVerfG kann eine Gebühr bis zu 2.600 Euro auferlegen, wenn die Einlegung der Verfassungsbeschwerde oder der Beschwerde nach Art. 41 Abs. 2 des Grundgesetzes einen Mißbrauch darstellt oder wenn ein Antrag auf Erlaß einer einstweiligen Anordnung (§ 32) mißbräuchlich gestellt ist.

(3) Für die Einziehung der Gebühr gilt § 59 I der Bundeshaushaltsordnung entsprechend.

I. Allgemeines

1042   Das Verfassungsbeschwerdeverfahren ist grundsätzlich (gerichts-)kostenfrei, § 34 I BVerfGG. Es besteht aber die Möglichkeit der Erhebung einer Missbrauchsgebühr, § 34 II BVerfGG. Anwaltsgebühren fallen nur auf der eigenen Seite des Beschwerdeführers an; Gebühren anderer Beteiligter sind nicht zu ersetzen.

II. Missbrauchsgebühr

1043   Das BVerfG kann eine Missbrauchsgebühr festsetzen. Sie ist geregelt in § 34 II BVerfGG.

1. Ratio

1044   Potenzielle Beschwerdeführer und ihre Bevollmächtigten sollten sich vor Einlegung einer Verfassungsbeschwerde mit den Zulässigkeitsvoraussetzungen schon deshalb vertraut machen und in offenkundig aussichtslosen Fällen von einer Verfassungsbeschwerde Abstand nehmen bzw. abraten und die Vertretung vor dem BVerfG ablehnen, da das BVerfG Missbrauchsgebühren verhängen kann. Das BVerfG muss nicht hinnehmen, dass es den Bürgern den ihnen zukommenden Grundrechtsschutz nur verzögert gewähren kann, weil es mit substanzlosen, querulatorischen Verfassungsbeschwerden überzogen und von seiner eigentlichen Aufgabe abgehalten wird.[1506] Derartigen Verfassungsbeschwerden kann das BVerfG durch Auferlegung fühlbarer Missbrauchsgebühren begegnen.

1045   Die rechtspolitische Kritik an der Regelung wie auch der Praxis des BVerfG, wie sie vor allem von *Zuck*[1507] immer wieder ausgesprochen wurde, mag durch eigene Leidenserfahrungen des Kritikers geprägt sein. Sie ist jedoch sachlich nicht berechtigt, wie aus eigener – nicht unerheblicher – Erfahrung mit Verfassungsbeschwerdeverfahren gesagt werden kann.

1506 *BVerfG* NJW 1996, 1273.
1507 Vgl. nur *Zuck*, NJW 1996, 1254 ff.; *ders.*, NJW 1986, 2093 ff.

2. Voraussetzungen der Erhebung

Die Erhebung einer Missbrauchsgebühr setzt einen Missbrauch der Einlegung der Verfassungsbe- **1046**
schwerde oder des Antrags auf Erlass einer einstweiligen Anordnung voraus. Ein solcher Missbrauch
ist zu bejahen, wenn der Beschwerdeführer oder sein Prozessbevollmächtigter seine rechtlichen
Sorgfaltspflichten bei der Einlegung der Verfassungsbeschwerde verletzt. Das Gesetz enthält keine
materiellen Missbrauchskriterien, so dass die Konkretisierung der – durchaus unterschiedlichen –
Praxis der einzelnen Kammern bzw. Richter überlassen ist.

a) Vorliegen eines „Missbrauchs"

Missbräuchlich eingelegt ist eine Verfassungsbeschwerde u.a. dann, wenn sie **1047**
- eine Bagatelle zum Gegenstand hat,[1508]
- mutwillig eingelegt wurde,[1509]
- substanzlos ist,[1510]
- oder (vor allem) offensichtlich unzulässig oder unbegründet ist und ihre Einlegung von jedem Ein-
  sichtigen als völlig aussichtslos angesehen werden muss.[1511]

Nicht hingegen reicht für einen Missbrauch das Nichtvorliegen der Voraussetzungen der Annahme **1048**
einer Verfassungsbeschwerde gem. § 93a BVerfGG. Schließlich ist schon wegen des Wortes „kann"
streitig, ob deren Erlass im Ermessen des BVerfG steht, was praktisch der Fall ist. Vor allem aber kann
eine Verfassungsbeschwerde auch dann abgelehnt werden, wenn sie wegen eindeutiger Grundrechtsverletzung eigentlich begründet wäre, die besonderen Annahmevoraussetzungen des § 93a
BVerfGG aber nicht vorliegen.

Erst recht sieht das BVerfG von der Verhängung einer Missbrauchsgebühr ab, wenn es – wie nicht sel- **1049**
ten – von Hilflosen, Kranken, Mittellosen etc. angerufen wird. In der Praxis verfährt das Gericht bei
Aussichtslosigkeit der Beschwerden derart, dass es in einem Schreiben – z.B. des Präsidialrats – auf
Bedenken hinweist. Nur bei fortdauernder Uneinsichtigkeit und Aufrechterhaltung der Verfassungsbeschwerde wird dann eine Missbrauchsgebühr verhängt.

b) Missbrauch bei Vertretung

Erst recht kommt die Verhängung einer Missbrauchsgebühr in Betracht, wenn der Beschwerdeführer **1050**
durch rechtskundige Bevollmächtigte wie Rechtsanwälte oder Hochschullehrer vertreten wird. Das
BVerfG schreckt auch in diesen Fällen nicht vor der Verhängung von Missbrauchsgebühren nur deshalb zurück, weil diese die – möglicherweise ganz unschuldigen, weil nicht fachgerecht beratenen –
Beschwerdeführer treffen können.

Nimmt z.B. ein Rechtsanwalt – oder wie nicht selten andere rechtskundige Personen, wie z.B. ein **1051**
Hochschullehrer – das Mandat zur Führung eines Verfassungsbeschwerdeverfahrens vor dem BVerfG
an, dann ist nach dem BVerfG zu verlangen, dass er sich mit der verfassungsrechtlichen Materie aus-

---

1508 *BVerfG*, Beschl. v. 14.9.1994 – 2 BvR 1626/94.
1509 Ebd.
1510 *BVerfG*, Beschl. v. 12.9.2000 – 2 BvR 1466/00: Beschl. v. 7.1.1999 – 1 BvR 1759/98; Beschl. v. 19.3.1997
– 2 BvR 463/97; Beschl. v. 11.3.1997 – 2 BvR 325/97; Beschl. v. 22.1.1997 – 2 BvR 2497/96; Beschl.
v. 17.12.1995 – 2 BvR 2676/95; BVerfG NJW 1996, 1273 f. Vgl. auch § 92 BVerfGG und zum unsubstanti-
ierten Vortrag: *BVerfG* ZAP EN-Nr. 340/99: Auferlegung einer Missbrauchsgebühr von DM 3.000.
1511 *BVerfG*, Beschl. v. 7.1.1999 – 1 BvR 1759/98; NJW 1986, 2101; NJW 1996, 1273. Die Einlegung einer
Verfassungsbeschwerde ist im übrigen auch dann missbräuchlich, wenn damit ein verfassungsbeschwerde-
fremdes Ziel verfolgt wird, z.B. ein Verwaltungsprozess verzögert werden soll (BVerfGE 54, 39, 42).

einandersetzt,[1512] die Rechtsprechung des BVerfG prüft und die Erfolgsaussichten einer beabsichtigten Verfassungsbeschwerde eingehend abwägt, was – leider – vielfach nicht geschieht. Erfahrungsgemäß sind es jedoch meist die Mandanten, welche sich uneinsichtig zeigen und unbedingt zum BVerfG gehen wollen.

1052 Soweit ein Rechtsanwalt die Einlegung der Verfassungsbeschwerde selbst – was meist der Fall ist (!) – nicht verantworten kann, der – uneinsichtige – Mandant aber unbedingt das BVerfG anrufen will, was vielfach der Fall ist, sollte er ihn darauf verweisen, dass er selbst nur einen Schriftsatzentwurf anfertigt, die Verfassungsbeschwerde jedoch auch zwecks Vermeidung einer Missbrauchsgebühr vom Beschwerdeführer selbst eingelegt wird, was mangels Anwaltszwang möglich ist und vielfach praktiziert wird. Kann der Anwalt aus Zeitgründen wegen drohendem Fristablauf kein Einvernehmen mit dem Mandanten erzielen, dann sollte die Verfassungsbeschwerde mit (vorläufiger) Begründung eingelegt werden bei gleichzeitigem Hinweis, dass ein weitere Vertretung durch den Rechtsanwalt nicht erfolge und der Beschwerdeführer selbst dem BVerfG mitteilen werde, ob er die Verfassungsbeschwerde aufrechterhält. Auf diese Weise können Rechtsanwälte die Rechte der Mandanten wahren und sich selbst vor einer unmittelbaren Inanspruchnahme wegen der Missbrauchsgebühr bzw. einem entsprechenden Haftungsregress schützen.

3. Verpflichteter

1053 Einen Missbrauch hat grundsätzlich der Beschwerdeführer zu vertreten, der auch meist mit einer Missbrauchsgebühr belastet wird. Im Regelfall wird das BVerfG nicht den Bevollmächtigten selbst heranziehen, weil es nicht beurteilen kann, wer die Verantwortung für die missbräuchliche Verfassungsbeschwerde trägt. Falls aber deutlich erkennbar ist, dass der festgestellte Missbrauch vorrangig dem Bevollmächtigten, nicht dem Beschwerdeführer, zuzurechnen ist, kann die Missbrauchsgebühr ausnahmsweise unmittelbar und ausschließlich ihm auferlegt worden.[1513]

1054 Die Gefahr, dass der Beschwerdeführer auf einer Missbrauchsgebühr sitzen bleibt, welche letztlich auf einen anwaltlichen Beratungsfehler zurückzuführen ist, versucht das BVerfG gelegentlich dadurch zu reduzieren, dass es in der Begründung für die Auferlegung der Gebühr auf die Möglichkeit des Regresses hinweist.[1514] Verletzt der Rechtsanwalt seine vertraglichen Beratungspflichten gegenüber dem Mandanten und legt er missbräuchlich eine Verfassungsbeschwerde ein, dann kann der mit einer Missbrauchsgebühr belastete Mandant ihn haftungsrechtlich zur Verantwortung ziehen.[1515]

4. Höhe der Gebühr

1055 Die Missbrauchsgebühr kann bis zu 2.600 € betragen. Soweit ersichtlich, werden im Regelfall Gebühren in Höhe von zwischen 250 und 500 € festgesetzt. Vereinzelt kommen aber auch höhere Beträge in Betracht. Gegen einen Rechtsanwalt, der sich z.B. als Titelhändler betätigt hatte und strafrechtlich verurteilt worden war, verhängte das BVerfG wegen einer substanz- wie aussichtslosen Verfassungsbeschwerde eine Gebühr in Höhe von 4.000 DM.[1516] Bei einem Zahnarzt, der wegen einer offenen Rechnung von 329,55 DM das BVerfG bemühte, ging das BVerfG bis zur früheren Obergrenze und setzte 5.000 DM fest.[1517]

1512 BVerfGE 88, 382, 384; *BVerfG* NJW 1996, 1273; vgl. auch *BVerfG* Beschl. v. 15.3.1999 – 2 BvR 375/99: Unsubstantiierte Verfassungsbeschwerde bei anwaltlicher Vertretung mit der Auferlegung einer Missbrauchsgebühr von DM 3.000 und dem Hinweis auf einen Regressanspruch des Beschwerdeführers gegen den Rechtsanwalt.

1513 *BVerfG* Beschl. v. 24.5.2006 – 2 BvR 719/06; Beschl. 9.6.2004 – 1 BvR 915/04.

1514 Siehe z.B. *BVerfG* Beschl. v. 18.9.2000 – 2 BvR 1419/00.

1515 *BVerfG* NJW 1996, 1273.

1516 *BVerfG* Beschl. v. 12.9.2000 – 2 BvR 1466/00.

1517 DM 5.000 wurden auch festgesetzt im Beschl v. 7.1.1999 – 1 BvR 1759/98.

Legen mehrere Beschwerdeführer eine Verfassungsbeschwerde ein, dann kann jeder von ihnen mit einer entsprechenden Gebühr belastet werden. Vertritt daher ein Rechtsanwalt in absolut unsinniger Weise, statt ein Musterverfahren zu führen, eine große Anzahl von Beschwerdeführern,[1518] dann kann auch bei missbräuchlichen Verfassungsbeschwerden für jeden von ihnen eine Gebühr in entsprechender Höhe festgesetzt werden. Hat der Rechtsanwalt die massenhafte Beschwerdeeinlegung zu vertreten, dann läuft er Gefahr, wegen falscher anwaltlicher Beratung und dem Fehlen eines Hinweises auf die Erhebung von Missbrauchsgebühren mit der Gesamtsumme in Regress genommen zu werden.[1519]

1056

5. Beispielsfälle

Die Praxis der Verhängung von Missbrauchsgebühren sei an einigen Entscheidungen verdeutlicht.

1057

Beispiel 59

> **BVerfG Beschl. v. 24.5.2006 – 2 BvR 719/06: Missbrauchsgebühr gegen einen Rechtsanwalt wegen wiederholter Einlegung**
> *Der Rechtsanwalt vertrat einen Beschwerdeführer, der versuchte, im Wege eines strafrechtlichen Rehabilitierungsverfahrens die Rückgabe landwirtschaftlichen Grundbesitzes zu erreichen. In dieser Sache hatte der Beschwerdeführer bereits zwei Verfassungsbeschwerden erhoben, die nicht zur Entscheidung angenommen worden waren. Mit dem vorliegenden Verfahren würden der Sachverhalt sowie die stets gleichen Argumente dem BVerfG zum dritten Male vorgelegt.*
>
> **BVerfG, Beschl. v. 1.12.1999 – 1 BvR 1559/99: Aussichtslose Bagatellsache**
> *Eine Frau hatte sich beleidigt gefühlt, weil sie von einer Richterin in einem Beschluss als formelle Geschäftsführerin bezeichnet worden war; es handelt sich dabei um einen rechtstechnischen Ausdruck, der satzungsmäßig bestellte Geschäftsführer im Gegensatz zu bloß faktischen Geschäftsführern bezeichnet. Auf dem Klageweg hatte die empfindliche Geschäftsfrau erreichen wollen, dass sich die Richterin entschuldigte. Ihre Bemühungen blieben ohne Erfolg. Ihre daraufhin eingelegte Verfassungsbeschwerde strafte das BVerfG mit einer Missbrauchsgebühr von DM 1000 ab.*
>
> **BVerfG NJW 1995, 1418: Substanzlose Verfassungsbeschwerde**
> *Der anwaltschaftlich vertretenen Bf. war zur Last gelegt worden, den auf ihren Namen zugelassenen Pkw zu einem bestimmten Zeitpunkt ohne Parklizenz im eingeschränkten Halteverbot geparkt zu haben. Das AG sprach sie von diesem Vorwurf frei, weil ihr nicht zu widerlegen gewesen sei, dass nicht sie, sondern ihr Ehemann das Fahrzeug zur Tatzeit gefahren und geparkt habe. Jedoch überbürdete ihr das Gericht die Kosten des Verfahrens und die notwendigen Auslagen. Mit der Verfassungsbeschwerde rügte die Bf. einen Verstoß gegen Art. 1 III, 6 I, 19 GG. Es bestehe der rechtsstaatliche Verfassungsgrundsatz, dass niemand zur Selbstbelastung und zur Belastung von Angehörigen gezwungen werden könne. Die Verfassungsbeschwerde wurde nicht zur Entscheidung angenommen. Außerdem wurde der Bf. eine Missbrauchsgebühr i.H.v. 1.000 DM auferlegt. Die Belastungen der Bf. im Ausgangsverfahren – sei es dass sie die Geldbuße von 30 DM zuzüglich Kosten, sei es dass sie nach Freispruch die Auferlegung der Verfahrenskosten und Auslagen auf sich genommen hätte – wären gering und weit entfernt davon gewesen, für sie einen besonders schweren Nachteil entstehen zu lassen.*
>
> **BVerfG Beschl. v. 5.8.1994 – 1 BvR 1259/94: Substanzlose Bagatellsache**
> *Die Bf. wandten sich vor den Verwaltungsgerichten erfolglos gegen die Heranziehung zu 7,66 DM Abfallgebühren und 0,75 DM Straßenreinigungsgebühren. Ihre Verfassungsbeschwerde wurde nicht zur Entscheidung angenommen. Gleichzeitig wurde den Bf. eine Missbrauchsgebühr i.H.v. jeweils 500 DM auferlegt. Das Verfahren der Verfassungsbeschwerde sei nicht dafür vorgesehen, in offensichtlich aussichtslosen Fällen einem Bf. die Durchführung von Bagatellsachen zu ermöglichen. Das BVerfG müsse nicht hinnehmen, dass es den Bürgern den ihnen zukommenden Grundrechtsschutz nur verzögert gewähren kann, weil es mit substanzlosen Bagatellsachen überzogen und von seiner eigentlichen Aufgabe abgehalten wird. Derartigen Verfassungsbeschwerden sei deshalb durch Auferlegung fühlbarer Missbrauchsgebühren zu begegnen.*

1518 Vgl. dazu oben 169 f.
1519 *BVerfG* Beschl. v. 15.3.1999 – 2 BvR 375/99.

BVerfG Beschl. v. 14.9.1994 – 2 BvR 1626/94: Mutwillige Verfassungsbeschwerde in einer Bagatellsache
Die Bf. sind Rechtsanwälte. Durch Kostenbescheid des Straßenverkehrsamtes E. wurden ihnen als Halter eines Personenkraftwagens Kosten i.H.v. 29 DM für ein Bußgeldverfahren wegen einer Verkehrsordnungswidrigkeit auferlegt, weil die Ermittlung des Führers des Kraftfahrzeuges, der den Verstoß begangen hatte, vor Eintritt der Verfolgungsverjährung nicht möglich gewesen sei oder einen unverhältnismäßigen Aufwand erfordert hätte (§ 25a I 1 StVG). Gegen diesen Bescheid beantragten die Bf. unter dem 3.6.1994 gerichtliche Entscheidung und kündigten eine Begründung mit gesondertem Schriftsatz an. Der Antrag ging am 14.6.1994 beim Straßenverkehrsamt ein. Am 6.7.1994 entschied das AG, dass der Kostenbescheid aufrechterhalten werde. Mit ihrer Verfassungsbeschwerde rügten die Bf. die Verletzung des Art. 103 I GG. Die Verfassungsbeschwerde wurde nicht zur Entscheidung angenommen. Außerdem wurde jedem Bf. eine Missbrauchsgebühr i.H.v. 500 DM auferlegt. Die Bf. seien Rechtsanwälte; dass sie das BVerfG in einer Bagatellsache angerufen hätten, ohne sich über die Möglichkeit der Abhilfe durch das Fachgericht kundig gemacht zu haben, zeuge von einer Leichtfertigkeit, die die Verhängung einer Missbrauchsgebühr gem. § 34 II BVerfGG gegen jeden von ihnen rechtfertigt.

III. Gebühren für Prozessbevollmächtigte

1058   Im Verfassungsbeschwerdeverfahren fallen Gebühren für die Inanspruchnahme eines Rechtsanwalts oder eines Hochschullehrers[1520] an, die nach § 22 BVerfGG den Beschwerdeführer vertreten können.[1521]

1059   Im Regelfall empfiehlt sich in Verfassungsbeschwerdeverfahren der Abschluss einer Vergütungsvereinbarung; demgegenüber haben die gesetzlichen Gebühren eine geringere Bedeutung. Soweit der Beschwerdeführer mit der Verfassungsbeschwerde Erfolg hat und seine Auslagen zu erstatten sind, sind die Gebühren für den Prozessbevollmächtigten nur bis zur Höhe der gesetzlichen Gebühren erstattungsfähig.[1522]

1060   Der Rechtsanwalt sollte einen Vorschuss verlangen, da nach meist negativer Erfolgsaussichtenprüfung frustrierte Auftraggeber oftmals zahlungsunwillig sind. Er sollte in jedem Fall umgehend nach Einlegung der Verfassungsbeschwerde – falls es dazu kommt – abrechnen.

1. Vereinbarung

1061   Der im Regelfall auch praktizierte Abschluss einer Vergütungsvereinbarung in Verfassungsbeschwerdeverfahren empfiehlt sich vor allem deshalb, weil die Gegenstandswerte meist gering sind mit der Folge eines Gebührenanspruchs von nur 250 bis 500 €, so dass der Aufwand einer sorgfältig erarbeiteten Verfassungsbeschwerde in den meisten Fällen nicht einmal ansatzweise honoriert wird. Der Abschluss einer Vergütungsvereinbarung ist ab 1.7.2006 notwendig bei bloßer Beratung und der Ausarbeitung eines schriftlichen Gutachtens, vgl. § 34 I 1 RVG. Für eine Vergütungsvereinbarung spricht auch der Umstand der Rechtsunsicherheit im Hinblick auf die Höhe des Gegenstandswerts sowie die Dauer eines Verfahrens mit dem Antrag auf dessen Festsetzung durch das BVerfG. Erstattungsfähig im Fall des Obsiegens sind die Gebühren aber nur in Höhe der gesetzlichen Gebühren.

1062   Soll eine höhere als die gesetzliche Vergütung vereinbart werden, müssen die Anforderungen des § 4 I RVG beachtet werden. Die Vereinbarung muss schriftlich abgeschlossen werden, das heißt sie muss schriftlich verkörpert sein und vom Auftraggeber eigenhändig unterschrieben werden. Sie darf auch nicht in der Vollmacht enthalten sein (§ 4 I 1 RVG). Ist die Vereinbarung vom Anwalt verfasst oder

---

1520   Vgl. allgemein zum Recht der Liquidation von Hochschullehrern nach der BRAGO *Mußgnug*, NJW 1989, 2037 ff.; siehe auch *BVerwG* NJW 1978, 1173.
1521   Vgl. dazu oben Rn. 713 ff.
1522   BVerfGE 65, 72, 74 f.

wird ein Vordruck benutzt, muss die Vergütungsvereinbarung als solche bezeichnet und von anderen Vereinbarungen deutlich abgesetzt sein (§ 4 I 2 RVG). Der Rechtsanwalt darf somit zwar anderweitige Vereinbarungen treffen; sie müssen aber deutlich abgesetzt sein. Wenn man ganz sichergehen will, dann sollten zwei getrennte Vereinbarungen geschlossen werden, nämlich ein Beratungsvertrag, der den Umfang der Beratung genau regelt, und eine gesonderte Vergütungsvereinbarung, welche die Höhe der Vergütung regelt. In der Vergütungsvereinbarung braucht dann nur auf den Beratungsvertrag Bezuge genommen werden.

Wegen des Zeitdrucks – insbesondere bei Urteilsverfassungsbeschwerden – empfiehlt sich ein Abschluss per Telefax durch Zusendung eines Entwurfs mit der Bitte um umgehende Rücksendung per Fax und anschließend im Original. Letzteres ist unverzichtbar![1523]   **1063**

Für den Inhalt einer derartigen Gebührenvereinbarung gibt es wie auch in sonstigen Rechtssachen verschiedene Gestaltungsmöglichkeiten. Es gilt das Gebot der Angemessenheit der Vergütung, vgl. § 14 IV RVG. Vereinbart werden kann eine Zeitstundenvergütung (i.d.R. Stundensatzvereinbarung) – ggf. mit Angabe eines Höchstbetrags (zum Schutze des Mandanten) –, ein Festbetrag (Pauschalhonorar), mehrere einzelne Festbeträge (gestaffelte Pauschalen) oder (weniger empfehlenswert auf Grund der Gegenstandswertproblematik)[1524] ein Zusatzhonorar zu den gesetzlichen Gebühren. Dabei sollte berücksichtigt werden, dass die Festsetzung des Gegenstandswerts oftmals erst nach Abschluss des – unter Umständen mehrere Jahre dauernden – verfassungsgerichtlichen Verfahrens erfolgt. Die Höhe der gesetzlichen Gebühren steht daher erst sehr viel später nach Einlegung der Verfassungsbeschwerde fest.   **1064**

Muster:
(mit Alternativen)[1525]

Vergütungsvereinbarung[1526]

zwischen
Herrn Rechtsanwalt ....,[1527]
. . . .   – im folgenden Anwalt,[1528] –
. . . .
und
...,[1529]
. . . .   – im folgenden Auftraggeber, –

1065

Muster

1523 *OLG Hamm* AGS 2006, 9 m. Anm. Rick; *AG Bonn* AGS 1993, 76 = zfs 1993, 387.

1524 Vgl. dazu unten Rn. 1067 ff.

1525 Vgl. *Norbert Schneider*, Vergütungsvereinbarungen jetzt und ab dem 1.7.2006 – Kurzreferat auf der Geschäftsführerkonferenz des DAV am 17./18.2.2006.

1526 Nach § 4 I 1 RVG muss die Vergütungsvereinbarung als solche bezeichnet sein. Es ist daher unbedingt zu empfehlen, ausdrücklich das Wort „Vergütungsvereinbarung" zu verwenden und dies als Überschrift der Vereinbarung voranzustellen.

1527 Es ist darauf zu achten, dass die Vertragsparteien genau bezeichnet werden. Dies gilt auch für den Anwalt. Hier ist klarzustellen, wem die vereinbarte Vergütung zustehen soll. Bei einem Einzelanwalt ist diese Klarstellung unproblematisch. Wird eine Vergütungsvereinbarung mit einer Sozietät geschlossen, ist klarzustellen, ob die Vergütungsvereinbarung mit der gesamten Sozietät zustande kommen soll, mit einem einzelnen Sozius oder mit mehreren einzelnen Sozien.

1528 Zweckmäßig ist es, den oder die Anwälte im Vertragstext stets als „Anwalt" zu bezeichnen und den Vertragspartner als „Auftraggeber". Dies erleichtert im Folgenden die Verwendung der einzelnen Klauseln und vermeidet, dass Namen ständig wiederholt und in jeder Klausel entsprechend eingesetzt werden müssen.

1529 Ebenso ist beim Auftraggeber darauf zu achten, dass dieser namentlich genau bezeichnet wird. Der Auftraggeber muss nicht mit dem Mandanten identisch sein.
Insbesondere bei Firmen ist darauf zu achten, dass genau angegeben wird, mit wem die Vergütungsvereinbarung geschlossen wird. Bei Gesellschaften ist Sorgfalt geboten; auf die entsprechenden Zusätze (GmbH, GmbH & Co. KG etc.) genauestens zu achten. Am besten werden auch die Vertretungsverhältnisse mit aufgeführt. Wird eine Vergütungsvereinbarung durch einen Vertreter geschlossen, sollte dies auch im Rubrum klargestellt werden. Nicht selten entsteht Streit, ob der „Vertreter" die Vergütungsvereinbarung in eigenem Namen geschlossen hat oder im Namen des Vertretenen.

1. Vergütung

Für die Prüfung der Erfolgsaussicht einer Verfassungsbeschwerde und die Vertretung im Verfahren über die Verfassungsbeschwerde (einschließlich eines einstweiligen Anordnungsverfahrens) in Sachen ....[1530] erhält der Anwalt anstelle der gesetzlichen Gebühren eine Vergütung i.H.v. 200,00 € (in Worten: zweihundert Euro) je Stunde.[1531]

Abgerechnet wird für jede angefangenen zehn Minuten.[1532] Der vereinbarte Stundensatz gilt auch für Fahrt- und Wartezeiten.[1533]

Alternative 1:

.... erhält der Rechtsanwalt anstelle der gesetzlichen Gebühren einen Pauschalbetrag in Höhe von .... € (in Worten: .... Euro).

Alternative 2:

.... erhält der Rechtsanwalt anstelle der gesetzlichen Gebühren folgende Pauschalvergütungen:

a) Prüfung der Erfolgsaussicht der Verfassungsbeschwerde: .... € (in Worten: .... Euro)

b) Einlegung der Verfassungsbeschwerde zusätzlich zu lit. a .... € (in Worten: .... Euro).

Alternative 3:

.... erhält der Anwalt das Dreifache der gesetzlichen Gebühren.

2. Auslagen[1534]

Hinzu kommen Auslagen und Umsatzsteuer nach den gesetzlichen Vorschriften.[1535]

Alternative:

Über die gesetzliche Regelung hinaus, sind sämtliche Fotokopien, die in Ausführung des Mandats angefertigt werden, zu ersetzen.

Soweit der Rechtsanwalt im Verlaufe des Mandats Kosten verauslagt, sind diese vom Auftraggeber auf Anforderung[1536] zu ersetzen.[1537]

1530 Um späteren Problemen aus dem Wege zu gehen und zur hinreichenden Bestimmtheit der Vereinbarung sollte auf den zugrunde liegenden Auftrag so konkret und bestimmt wie möglich Bezug genommen werden, also mit Parteibezeichnung, Angabe des Verfahrensgegenstands, Bezeichnung der anzugreifenden Entscheidung mit Datum und Aktenzeichen etc.

1531 Soweit Zeitvergütungen vereinbart werden, ist es zweckmäßig und üblich, nach Stunden abzurechnen.

1532 Sofern nach größeren Zeitabständen, insbesondere nach Stunden abgerechnet wird, sollte auch klargestellt werden, dass in bestimmten Mindestintervallen, also je angebrochene fünf, zehn, 20 oder 30 Minuten zu rechnen ist. Fehlt eine entsprechende Vereinbarung, wäre an sich minutengenau abzurechnen, so dass sich Probleme ergeben.

1533 Bei Zeitvergütungen ist auf Fahrt- und Wartezeiten zu achten, da diese nicht berechnet werden können, wenn dies nicht vereinbart ist (*N. Schneider*, Vergütungsvereinbarung Rn. 1524).

1534 Im Rahmen der Vergütungsvereinbarung müssen unbedingt Regelungen hinsichtlich der Auslagen getroffen werden. Wird in der Vergütungsvereinbarung hinsichtlich der Auslagen, wozu nach dem Leitbild des Gesetzes auch die Umsatzsteuer zählt, keine Regelung getroffen, gilt im Zweifel, dass sämtliche Auslagen durch die vereinbarte Vergütung abgegolten sind. Dies gilt insbesondere bei Pauschalen und Zeitvergütungen.

1535 Häufig soll hinsichtlich der Auslagen keine gesonderte Regelung getroffen werden; vielmehr wollen die Parteien an den gesetzlichen Regelungen festhalten. Dann sollte aber zumindest im Rahmen der Vergütungsvereinbarung darauf hingewiesen werden, dass hinsichtlich der Auslagen die gesetzlichen Vorschriften gelten, da andernfalls die Auslegung ergeben könnte, dass Auslagen durch die vereinbarte Vergütung abgegolten sind.

1536 Hier gilt nicht die Fälligkeitsregelung des § 8 I RVG, sondern die des § 271 BGB (im Zweifel sofort). Es schadet jedoch nichts, sie ausdrücklich noch einmal zu regeln bzw. in die Vergütungsvereinbarung aufzunehmen.

1537 Hinsichtlich der Erstattung verauslagter Kosten können sich mitunter Abrechnungsfragen ergeben. Von daher schadet es nichts, ausdrücklich zu regeln, dass Kosten, die der Anwalt vorgelegt hat, zu erstatten sind.

---

3. Einschaltung von Hilfspersonen[1538]

Soweit der Rechtsanwalt in Erfüllung des Mandats Hilfspersonen i.S.d. § 5 RVG einschaltet, ist für deren Tätigkeit – soweit nichts anderes vereinbart – dieselbe Vergütung geschuldet wie für Tätigkeiten, die der Rechtsanwalt in Person erbringt.

4. Vorschüsse[1539]

Der Rechtsanwalt ist jederzeit berechtigt, angemessene Vorschüsse zu verlangen.

5. Fälligkeit[1540]

Die geschuldete Vergütung ist fällig mit Erteilung der Rechnung.

6. Hinweis an den Auftraggeber[1541]

Der Auftraggeber wird darauf hingewiesen, dass
– sich die vereinbarte Vergütung nach dem Gegenstandswert (§ 2 I 1 RVG) richtet,[1542]
– die vereinbarte Vergütung die gesetzliche Vergütung möglicherweise übersteigt,
– die vereinbarte Vergütung, soweit sie die gesetzliche Vergütung übersteigt, im Obsiegensfalle nicht zu erstatten ist.

.................., den ....[1543]   ...., den ....

....

(Unterschrift Auftraggeber)[1544]   (Unterschrift Rechtsanwalt)[1545]

1538 Im Zweifel ist die Vergütungsvereinbarung höchstpersönlich, so dass nur der Anwalt, der die Vergütungsvereinbarung abgeschlossen hat, berechtigt ist, für seine Tätigkeiten die vereinbarte Vergütung abzurechnen. Werden Hilfspersonen eingeschaltet, kann – selbst wenn es sich um Anwälte handelt – im Zweifel für deren Tätigkeit nur nach der gesetzlichen Gebühren abgerechnet werden. Von daher sollte auf jeden Fall eine Klausel mit dem Inhalt in die Vergütungsvereinbarung aufgenommen werden, dass auch für die Einschaltung von Hilfspersonen die vereinbarte Vergütung abgerechnet werden kann (*KG* AGS 2000, 143 = BRAGOreport 2001, 22 = KGR 2000, 111 = NStZ-RR 2000, 191; *N. Schneider*, Vergütungsvereinbarung Rn. 1519).

1539 Da je nach Inhalt der Vergütungsvereinbarung unklar sein kann, ob die Vorschrift des § 9 RVG anzuwenden ist, sollte auf jeden Fall vereinbart werden, dass der Anwalt berechtigt ist, Vorschüsse zu verlangen. Insoweit sollte die gesetzliche Formulierung wiederholt werden, dass der Anwalt jederzeit berechtigt ist, „angemessene" Vorschüsse zu verlangen.

1540 Insbesondere bei Zeitvergütungen sollte eine vorzeitige Fälligkeit für Zwischenabrechnungen vereinbart werden.

1541 Bestimmte Hinweispflichten sind gesetzlich vorgeschrieben (§ 49b V BRAO; § 12a I 2 ArbGG). Andere Hinweise und Belehrungen sind nicht zwingend vorgeschrieben, gleichwohl aber häufig geboten.

1542 Dieser Hinweis ist erforderlich, wenn nach einem Vielfachen der gesetzlichen Gebühren abgerechnet wird (§ 49 V BRAO). Bei Pauschal- und Zeitvergütungen ist der Hinweis zu streichen.

1543 Es ist darauf zu achten, dass die Vergütungsvereinbarung mit einem Datum versehen wird. Auch wenn das Datum keine Notwendigkeitsvoraussetzung ist, können sich im Nachhinein Zweifel ergeben, ob die Vergütungsvereinbarung noch gültig ist, insbesondere ob sie nicht durch spätere Vereinbarungen abgeändert wurde. Lässt sich dann nicht feststellen, wann die Vergütungsvereinbarung getroffen wurde, können sich Probleme ergeben. Dies gilt insbesondere dann, wenn nachträglich Prozesskosten- oder Beratungshilfe bewilligt worden ist.
Insbesondere dann, wenn in einer späteren Abänderungsvereinbarung auf eine Vergütungsvereinbarung Bezug genommen wird, ist es unabdingbar, dass die abzuändernde Vergütung und auch die Abänderungsvergütung datumsmäßig eingeordnet werden können. In der Praxis führen häufig solche Versäumnisse zu erheblichen rechtlichen Problemen.

1544 Erforderlich ist darüber hinaus nach § 4 I 1 RVG die Unterschrift des Auftraggebers. Anderenfalls ist die Vergütungsvereinbarung zwar nicht unwirksam; der Anwalt kann jedoch keine höhere als die gesetzliche Vergütung verlangen (§ 4 Abs. 1 Satz 1 RVG). – Auch insoweit eine niedrigere Vergütung vereinbart wird, sollte die Vergütungsvereinbarung vom Auftraggeber unterschrieben werden (§ 4 II 4 RVG). Es handelt sich dabei jedoch nur um eine Sollvorschrift und nicht um eine zwingende Formvorschrift.

1545 Die Unterschrift des Anwalts ist nie erforderlich. Im Interesse der Klarheit und zu Beweiszwecken bietet es sich jedoch an, dass auch der Anwalt die Vergütungsvereinbarung unterzeichnet.

2. Gesetzliche Gebühren

1066 Wird eine Vergütungsvereinbarung nicht geschlossen, dann hat der Rechtsanwalt nur Anspruch auf die Erstattung gesetzlicher Gebühren. Maßgeblich ist das RVG i.V.m. dem VV. Die Gebühren bestimmen sich nach dem Gegenstandswert des Verfassungsbeschwerdeverfahrens.

a) Gegenstandswert

1067 Im Verfahren vor dem BVerfG erfolgt keine Streitwertfestsetzung, da Gerichtsgebühren, welche am Maßstab eines festgesetzten Streitwerts zu berechnen sind, nach § 34 I BVerfGG – wie oben dargelegt – nicht anfallen. Der Festsetzung des Gegenstandswerts bedarf es aber nicht selten, soweit es – praktisch bedeutsam nur bei erfolgreichen Verfassungsbeschwerden – um die Berechnung der im Verfahren angefallenen Rechtsanwaltsgebühren geht (vgl. § 2 I, 33 RVG).

Maßgebliche Rechtsgrundlage ist § 37 II RVG: Die Vorschrift bestimmt:

1068 *„(2) In sonstigen Verfahren vor dem Bundesverfassungsgericht oder dem Verfassungsgericht eines Landes gelten die Vorschriften in Teil III Abschnitt 2, Unterabschnitt 2 des Vergütungsverzeichnisses entsprechend. Der Gegenstandswert ist unter Berücksichtigung der in § 14 Abs. 1 genannten Umstände nach billigem Ermessen zu bestimmen; er beträgt mindestens 4.000 €."*

1069 Es gilt also im Verfassungsbeschwerdeverfahren nicht der Gegenstandswert des – z.B. verwaltungsgerichtlichen – Ausgangsverfahrens. Er beträgt mindestens 4.000 €. Es sei nur angemerkt, dass dieser Wert offensichtlich unangemessen ist angesichts des in der Regel erforderlichen Aufwands bei der Erstellung einer Verfassungsbeschwerde, zumal sie nicht zu den üblichen Aufgaben der – meisten – Rechtsanwälte gehören.

1070 Nach der gesetzlichen Regelung des § 14 RVG ist für die Höhe des Gegenstandswerts maßgeblich die Berücksichtigung aller Umstände, vor allem des Umfangs und der Schwierigkeit der anwaltlichen Tätigkeit, der Bedeutung der Angelegenheit sowie der Einkommens- und Vermögensverhältnisse des Auftraggebers. Es ist daher von folgenden Kriterien auszugehen:

1071 • **Subjektive Bedeutung**

Grundsätzlich ist maßgeblich die Bedeutung der Angelegenheit für den Auftraggeber.

Die subjektive verfassungsrechtliche Beschwer bestimmt schließlich den Gegenstand des Verfahrens; dies gilt auch bei Verfassungsbeschwerden, die sich unmittelbar gegen eine Rechtsnorm richten.[1546]

1072 • **Objektive Bedeutung der Angelegenheit**

Nicht selten sind bei Verfassungsbeschwerden Fragen von grundsätzlicher – über den konkreten Fall weit hinausgehender – Bedeutung zu entscheiden, die in der Bindungswirkung des § 31 I BVerfGG oder der Gesetzeskraft des § 31 II BVerfGG zum Ausdruck kommt; gleiches gilt bei einem Musterprozess.[1547] Die objektive Bedeutung einer Angelegenheit zeigt sich auch daran, dass über die Angelegenheit (nur) in der Kammer oder im Senat entschieden wird. Auch dieser Aspekt ist daher mit in die Bewertung einzubeziehen mit der Folge einer wesentlichen Erhöhung, und zwar je nach Bedeutung eine Vervielfachung des Ausgangswerts.

1073 • **Umfang und Schwierigkeit der anwaltlichen Tätigkeit**

Diesem Aspekt kommt nur eine Korrekturfunktion zu, da maßgebliches Kriterium für die Festsetzung des Gegenstandswertes die Bedeutung der Angelegenheit ist.[1548] Wenn der anwaltliche Arbeitsaufwand von der Zeit wie auch der Intensität her die Bedeutung der Sache übersteigt oder unterschreitet, ist eine Werterhöhung oder -reduzierung gerechtfertigt. So begründet eine sorgfältige und gehalt-

---

1546 BVerfG NJW 1989, 2047; 1997, 3430, 3432.
1547 Vgl. zur objektiven Bedeutung BVerfG 79, 365, 368 f.
1548 BVerfGE 79, 365, 369.

volle Arbeit eine Werterhöhung, hingegen eine nachlässig angefertigte Verfassungsbeschwerde eine Wertreduzierung.

- **Vermögens- und Einkommensverhältnisse des Auftraggebers**   **1074**

Auch diesem Aspekt kommt im Vergleich zum vorrangigen Kriterium der Bedeutung der Angelegenheit nur die Funktion einer Korrektur des vorgefundenen Wertes zu und zwar nach oben, wenn die Einkommensverhältnisse des Beschwerdeführers über und nach unten, wenn sie unter dem Durchschnitt liegen.

- **Haftungsrisiko des Anwalts**   **1075**

Ihm kommt in Verfassungsbeschwerdeverfahren allerdings eine geringere Bedeutung zu, da der für eine Haftung des Anwalts erforderliche Nachweis der Schadenskausalität angesichts der Erfolgsquote von nur 2 % nur in seltensten Fällen erbracht werden kann.[1549]

Nichtannahme. Wird eine Verfassungsbeschwerde nicht angenommen, ist es nach Ansicht des BVerfG im Regelfall nicht gerechtfertigt, über den Mindestgegenstandswert von 4.000 € auszugehen; es wird dann auch das Rechtsschutzinteresse für seine Festsetzung verneint.[1550]

Stattgebende Kammerentscheidungen, § 93a II lit. a i.V.m. § 93c BVerfGG: Wird durch die Entscheidung einer Kammer einer Verfassungsbeschwerde stattgegeben, so beträgt der angemessene Gegenstandswert für die anwaltliche Ttäigkeit in der Regel 8.000 €, wenn keine Besonderheiten hinzutreten. Eine solche Besonderheit liegt vor, wenn die verfassungsrechtliche Frage über den Rechtskreis des Beschwerdeführers weit hinausrecht.[1551]

In **allen anderen Fällen** sind entsprechend der gesetzlichen Regelung der subjektive Wert der Angelegenheit für den Beschwerdeführer sowie die objektive Bedeutung der Sache maßgebend mit der Korrektur des danach gefundenen Wertes nach unten oder oben je nach Umfang und Schwierigkeit der anwaltlichen Tätigkeit sowie den Vermögens- und Einkommensverhältnissen des Beschwerdeführers.

     Beispiel 60

Dementsprechend kommt eine Festsetzung von 4.000 € und höher in Betracht.[1552] Beispielsweise bei Versagung des rechtlichen Gehörs bis 15.000 € und mehr, in Asylsachen von 5.000 €, bei Entscheidungen über Aufenthaltsbestimmungsrecht von 8.000 €[1553], bei Zulassungs- und Statusfragen von 50.000 €, bei Gesetzesverfassungsbeschwerden von 50.000 €, bei einer Umgangsregelung von 15.000 €.[1554]   **1076**

Im einstweiligen Anordnungsverfahren liegt der Gegenstandswert wesentlich unter dem für die Verfassungsbeschwerde maßgeblichen Wert, in Asylsachen z.B. bei 3.000 €.[1555]   **1077**

Sind mehrere Beteiligte des Verfassungsbeschwerdeverfahrens anwaltlich vertreten, ist der Gegenstandswert zunächst für jeden einzeln zu ermitteln und sodann unter Beachtung von § 22 I RVG festzusetzen. Dies muss im Beschlussausspruch deutlich werden.[1556] Bei mehreren Auftraggebern gelten die Beschränkungen des Gegenstandswerts aus § 22 II RVG nicht, weil § 37 II RVG etwas anderes bestimmt.[1557] Eine Erhöhung gem. VV 1008 findet nicht statt; vielmehr sind die Gegenstandswerte zu addieren, da die Verfassungsbeschwerde mehrerer Personen, auch wenn es sich um ein Verfahren handelt, mehrere Gegenstände betreffen.   **1078**

1549 Vgl. Rn. 138 ff.
1550 *BVerfG* NJW 2000, 1399; vgl. auch BVerfGE 79, 365, 369.
1551 *BVerfG* NJW 2006, 2249.
1552 Vgl. die ausf. Nachweise bei *Umbach/Kunze*, § 34a Rn. 89 ff.
1553 *BVerfG* Beschl. v. 29.9.2005, 1 BvR 370/05.
1554 *BVerfG* Beschl. vom 15.9.2004 – 1 BvR 487/04.
1555 Vgl. *Hänlein*, AnwBl, 1995, 116, 120.
1556 Vgl. zur Vorläuferbestimmung des § 7 II BRAGO: *BVerfG* NJW 2000, 3126.
1557 Vgl. *Lechner/Zuck*, § 34a Rn. 61 a.E.

b) Anfallende Gebühren

1079 Die anfallenden Gebühren bestimmen sich nach Art und Umfang der Tätigkeit des Rechtsanwalts. In seltenen Fällen ist eine bloße Beratung Gegenstand des Mandats, so dass § 34 I RVG gilt; danach erhält der Rechtsanwalt bei Nichtabschluss einer – hier erst recht dringend zu empfehlenden – Gebührenvereinbarung nur Gebühren nach den Vorschriften des BGB. Ist der Auftraggeber Verbraucher und ist keine Gebührenvereinbarung getroffen, beträgt die Gebühr für die Beratung und die Ausarbeitung eines Gutachtens jeweils höchstens 250 €; die Gebühr für die schlichte Erstberatung beträgt sogar nur 190 €.

1080 In der Regel erhält der Rechtsanwalt jedoch den Auftrag, die Erfolgsaussichten der Verfassungsbeschwerde zu prüfen und sie – bei positiver Prüfung – einzulegen.

aa) Prüfung der Erfolgsaussichten

1081 Soweit der Rechtsanwalt beauftragt wird, die Erfolgsaussicht einer Verfassungsbeschwerde zu prüfen, kann er – analog – gem. VV 2100 i.V.m. § 13 RVG eine Gebühr von 0,5 bis 1,0 in Ansatz bringen, da die Verfassungsbeschwerde als außerordentlicher Rechtsbehelf vergleichbar ist.[1558] Erfasst sind alle Rechtsmittel und nicht nur wie bisher Berufung oder Revision, sondern auch (Verfassungs-) Beschwerden. Die Gebühr fällt für jeden Rat im Zusammenhang mit der Prüfung der Erfolgsaussicht eines Rechtsmittels an.

1082 Ist die Prüfung der Erfolgsaussichten eines Rechtsmittels verbunden mit der Ausarbeitung eines Gutachtens, beträgt gem. VV 2101 die Gebühr nach VV 2100 1,3. Es handelt sich somit um eine feste Gebühr und nicht um eine Rahmengebühr wie bei VV 2100.

1083 Nach Anm. zu VV 2100 ist die Gebühr auf eine Gebühr anzurechnen, die der Rechtsanwalt für das Verfassungsbeschwerdeverfahren – bedeutsam bei Einlegung der Verfassungsbeschwerde – erhält. Wenn der Rechtsanwalt für die Einlegung der Verfassungsbeschwerde die Verfahrensgebühr 1,6 erhält, bleibt infolge der Anrechnung von der Gebühr nach VV 2100 nicht viel übrig. Wenn es sich um eine umfangreiche Prüfung handelt, kann daher nur empfohlen, eine Vergütungsvereinbarung zu treffen.

bb) Einlegung der Verfassungsbeschwerde

1084 Legt der Rechtsanwalt Verfassungsbeschwerde ein, dann gilt Folgendes:
§ 37 II 1 RVG bestimmt, dass in sonstigen (nicht in Abs. 1 aufgelisteten) Verfahren – dazu gehört auch die Verfassungsbeschwerde – vor dem BVerfG oder einem LVerfG die Vorschriften in Teil 3 Abschnitt 2 Unterabschnitt 2 des Vergütungsverzeichnisses (für das Revisionsverfahren) entsprechend gelten. Es entstehen die Gebühren für die Revision nach VV 3206 bis 3211. Der Rechtsanwalt erhält also in solchen Verfahren (im Regelfall nur) die Verfahrensgebühr. Jedes Verfahren ist eine selbstständige Angelegenheit im Sinne des § 15 II 1 RVG.

(1) Verfahrensgebühr

1085 Es fällt mit der Einlegung einer Verfassungsbeschwerde eine Verfahrensgebühr nach dem Faktor 1,6 gem. Nr. 3206 VV RVG an.[1559] Bei einem Gegenstandswert von 4.000 € beträgt sie 392 €. Weitere Gebühren fallen in der Regel in Verfassungsbeschwerden nicht an. Eine Verkehrsanwaltgebühr kann nach VV 3400 in seltenen Fällen in Betracht kommen. Bei vorzeitiger Beendigung des Auftrags gilt nach Nr. 3207 VV eine Gebühr von 1,1.

1558 Andernfalls käme nur eine Gebühr nach § 34 RVG für die Beratung in Betracht; handelt es sich beim Auftraggeber um einen Verbraucher, käme nur eine Gebühr von 250 € in Betracht.
1559 Eigentlich schon mit der Entgegennahme der Information (S. Vorb. 3 Abs. 2 VV).

Bei Verfassungsbeschwerden gegen eine gerichtliche Entscheidung erhält der durch die Entscheidung **1086** Begünstigte nach § 94 III BVerfGG Gelegenheit zur Äußerung.[1560] Lässt der Äußerungsberechtigte durch einen Rechtsanwalt einen Schriftsatz mit Rechtsausführungen beim Bundesverfassungsgericht einreichen, so erhält dieser die Verfahrensgebühr nach VV 3206.[1561] Der Bevollmächtigte des Äußerungsberechtigten hat eine mit dem Prozessbevollmächtigten vergleichbare Rechtsstellung.

(2) Terminsgebühr

Die Terminsgebühr entsteht für die Vertretung in einem Verhandlungs-, Erörterungs- oder Beweisauf- **1087** nahmetermin (Vorb. 3 III zu Teil 3 VV). Im Verfassungsbeschwerdeverfahren fällt bei mündlicher Verhandlung eine Terminsgebühr gem. VV 3210 mit dem Faktor 1,5 an. Eine mündliche Verhandlung findet jedoch im Regelfall in Verfassungsbeschwerdeverfahren nicht statt. Auf die Terminsgebühr ist zwar im Prinzip auch Anm. Abs. 1 zu VV 3104 gem. Anm. zu VV 3210 anzuwenden, wenn mündliche Verhandlung vorgeschrieben ist, alle Beteiligten aber darauf verzichten. In Verfassungsbeschwerden ist aber eine mündliche Verhandlung nicht vorgeschrieben, so dass Anm. Abs. 1 zu VV 3104 nicht anzuwenden ist.

cc) Mehrere Auftraggeber

Wird der Rechtsanwalt für mehrere Auftraggeber in derselben Angelegenheit, hier also einer Verfas- **1088** sungsbeschwerde mit mehreren Beschwerdeführern, tätig, dann erhält er die Gebühren nach § 7 I RVG nur einmal. Jedoch ist Folgendes zu beachten:

- Ist der Gegenstand der anwaltlichen Tätigkeit derselbe, greift VV 1008. Die Verfahrensgebühr erhöht sich um 0,3 je weiterem Auftraggeber. Ein solcher Fall ist z.B. gegeben, wenn mehrere in einem vorangegangenen Rechtsstreit unterlegene Gesamtschuldner oder Gesamtgläubiger Verfassungsverstöße rügen.
- Sind die Gegenstände der anwaltlichen Tätigkeit dagegen verschieden, fällt keine erhöhte Verfahrensgebühr nach VV 1008 an. Das ist z.B. der Fall, bei einer Verfassungsbeschwerde mehrerer Personen gegen ein Gesetz.[1562] Soweit wegen Gegenstandsverschiedenheit keine Erhöhung eintritt, sind stattdessen die verschiedenen Gegenstandswerte gesondert zu ermitteln und zu addieren (§ 23 I 1 RVG i.V.m. § 39 I GKG; § 22 I RVG).

IV. Auslagenerstattung

Die Entscheidung über die Erstattung der notwendigen Auslagen einer Verfassungsbeschwerde be- **1089** ruht auf § 34 II BVerfGG.

Nach § 34a II und III BVerfGG gilt: **1090**

„(2) Erweist sich eine Verfassungsbeschwerde als begründet, so sind dem Beschwerdeführer die notwendigen Auslagen ganz oder teilweise zu erstatten.

(3) In den übrigen Fällen kann das BVerfG volle oder teilweise Erstattung der Auslagen anordnen."

Erweist sich eine Verfassungsbeschwerde als begründet, so sind dem Beschwerdeführer nach § 34a II **1091** BVerfGG die notwendigen Auslagen ganz oder teilweise zu erstatten. In den übrigen Fällen, also

---

1560 Vgl. nur *BVerfG* Beschl. v. 24.11.1995-1 BvR 1229/94.
1561 Das ergibt sich jetzt unmittelbar aus dem Gesetz, vgl. Vorbem. 3 Abs. 1 VV.
1562 Vgl. auch zum alten Recht: *BVerfG* Rpfleger 98, 82.

etwa bei Erlass einer einstweiligen Anordnung oder nach einer Erledigungserklärung,[1563] kann das BVerfG nach § 34a III BVerfGG Kostenerstattung anordnen. Die Erstattung der Auslagen ist in der Entscheidung anzuordnen; sie setzt keinen Antrag voraus.

1. Erstattungsfähige Auslagen

1092   Auslagen sind grundsätzlich nur dann erstattungsfähig, wenn sie „notwendig" waren. Die Selbständigkeit der Regelung des § 34a BVerfGG schließt nicht aus, ergänzend Grundsätze des sonstigen Prozessrechts heranzuziehen, soweit dem nicht Besonderheiten des verfassungsgerichtlichen Verfahrens entgegenstehen.[1564] Insbesondere bestehen keine Bedenken, im Verfassungsbeschwerdeverfahren im Regelfall die Grundsätze des § 91 ZPO entsprechend heranzuziehen.[1565] Der Rückgriff auf einzelne Grundsätze des Verwaltungsprozessrechts oder letztlich der ZPO kann aber kein schematischer, sondern nur ein durch die Besonderheiten des verfassungsgerichtlichen Verfahrens begrenzter sein.[1566]

1093   Als erstattungsfähige Auslagen kommen im Einzelnen folgende Positionen in Betracht:

a) Kosten des Prozessvertreters

Zu den notwendigen und erstattungsfähigen Auslagen zählen im Falle einer Vertretung gem. § 22 I BVerfGG vor allem die Kosten eines Prozessvertreters, also insbesondere die Rechtsanwaltsgebühren.

1094   Ist der Beschwerdeführer selbst Rechtsanwalt und hat er sich im Verfassungsbeschwerdeverfahren nicht durch einen anderen Anwalt vertreten lassen, dann kann er für Aufwendungen in eigener Sache – im Gegensatz zu einem Hochschullehrer[1567] – die gesetzlichen Gebühren beanspruchen.[1568]

1095   Aufwendungen für mehrere Verfahrensbevollmächtigte – also z.B. „Hausanwalt" – und Verfassungsbeschwerdeanwalt – werden i.d.R. nicht ersetzt, weil es nicht als erforderlich zur zweckentsprechenden Rechtsverfolgung angesehen wird.[1569]

b) Post- und Telekommunikation

1096   Sie sind nach VV 7001 in voller Höhe erstattungsfähig. Nach § 10 II 2 RVG genügt in der Vergütungsberechnung die Angabe des Gesamtbetrags; der Rechtspfleger – wie der Mandant – kann ihn sich

---

1563   „Erledigt sich die Verfassungsbeschwerde, so sind dem Beschwerdeführer in der Regel die notwendigen Auslagen zu erstatten, wenn die öffentliche Gewalt der verfassungsrechtlichen Beschwer von sich aus abgeholfen hat, wenn das Bundesverfassungsgericht die maßgebliche verfassungsrechtliche Frage bereits entschieden hat und sich daraus ergibt, daß die Verfassungsbeschwerde Erfolg gehabt hätte" (BVerfGE 85, 109).

1564   *BVerfG*, Beschl. v. 2.12.1993 – 2 BvR 1041/88; BVerfGE 46, 321, 323 = NJW 1978, 259; BVerfGE 50, 254, 255; zur Auslagenerstattung vgl. auch *BVerfG* NJW 1992,818.

1565   Vgl. BVerfGE 50, 254, 255.

1566   Vgl. BVerfGE 46, 321, 323 = NJW 1978, 259.

1567   *BVerfG* NJW 1986,422.

1568   BVerfGE 50, 254, 255; 53, 207, 212 f.; 71, 23, 24; 81, 387, 389; a.A. *BVerfG* NJW 1994, 1525.

1569   BVerfGE 87, 270, 272; 96, 251, 258; 98, 163, 167. Die Problematik besteht aber in der Praxis nicht selten darin, dass der mit der Verfassungsbeschwerde beauftragte „Verfassungsspezialist" nicht die erforderliche Rechts- und Sachkenntnis in dem einschlägigen Sachgebiet – wie z.B. im Steuerrecht – hat; er kann daher oftmals nicht die verfassungsrechtliche Problematik in der gebotenen Klarheit herausarbeiten, weil er den Hintergrund nicht kennt. Es kann daher durchaus Ausnahmefälle geben, in denen die Heranziehung von zwei Anwälten notwendig ist zur zweckentsprechenden Rechtsverfolgung. Gleiches gilt bei umfangreichen Verfahren, in denen schon der Grundsatz der Waffengleichheit es gebietet, dass mehrere Bevollmächtigte tätig werden auf Seiten des Beschwerdeführers.

aufschlüsseln lassen. Der Rechtsanwalt kann aber die Pauschale wählen, nämlich 20 % der Gebühren, höchstens jedoch 20 € gem. VV 7002. Dies gilt für „jede Angelegenheit". Verfassungsbeschwerde und – dazu unten – einstweilige Anordnung sind unabhängig davon ob Letztere ein eigenes Aktenzeichen erhält, eigene Angelegenheiten (§ 17 Nr. 4 b RVG).

c) Abschriften und Ablichtungen

Ihre Abrechnungsmöglichkeit richtet sich nach VV 7000. **1097**

Nach § 23 III BVerfGG wird dem Beschwerdeführer nach Einreichung der Verfassungsbeschwerde **1098** oftmals aufgegeben, zahlreiche Abschriften seines Schriftsatzes (von 20 bis 40 und mehr Seiten) für das Gericht und die übrigen Beteiligten nachzureichen. Es entsteht dann ein erheblicher Mehraufwand. Zur Erstattung siehe im Einzelnen VV 7000. Die Zahl der gefertigten Abschriften muss der Antragsteller detailliert belegen; pauschale Angaben akzeptiert der Rechtspfleger nicht.

d) Reisekosten

Der Problematik der Erstattung von Reisekosten kommt keine nennenswerte praktische Bedeutung **1099** zu, da in der Regel keine mündliche Verhandlung beim BVerfG anberaumt wird. Soweit dies der Fall ist, kann aber unter bestimmten Voraussetzungen der Beschwerdeführer auch die Erstattung von Reisekosten verlangen. Maßgeblich sind die VV 7003-7006. Auch die Kosten, die durch Reisen zum Verhandlungstermin entstehen, sind selbst dann erstattungsfähig, wenn kein persönliches Erscheinen angeordnet ist.[1570]

Hinsichtlich der (Informations-)Reisekosten des Beschwerdeführers zum Anwalt kommt es darauf an, **1100** ob ein sachlicher Grund für die Beauftragung des entfernter domilizierenden Anwalts besteht. Die Beauftragung eines Anwalts in Karlsruhe durch eine auswärtige Partei ist nicht schon deshalb allein notwendig, weil dies der Sitz des Gerichts ist.

(BVerfG NJW 1997, 2668, 2669): **Beispiel 61**
„Der Bf. zu 2 kann darüber hinaus eine Erstattung von Reisekosten verlangen, die aus Anlaß der Fahrt seines Verfahrensbevollmächtigten zu seinem Wohnort entstanden sind. Auch im Verfassungsbeschwerdeverfahren sind grundsätzlich die Kosten mindestens einer Informationsreise des Beteiligten zu seinem Bevollmächtigten erstattungsfähig. Unterbleibt diese Reise, weil sich der Verfahrensbevollmächtigte seinerseits zu Informationszwecken zu seinem Mandanten begibt, sind im allgemeinen die Kosten dieses Informationsbesuchs bis zur Höhe der Kosten zu erstatten, die bei einer Informationsreise des Mandanten entstanden wären. Darüber hinausgehende Reisekosten des Bevollmächtigten sind nur erstattungsfähig, wenn dessen Reise zum Auftraggeber aus besonderen Gründen notwendig war.
Ob vom Grundsatz der Erstattungsfähigkeit der Kosten einer Informationsreise für einfach liegende Verfahren oder für Fälle, in denen der Bf. selbst über besondere, für das Verfahren bedeutsame Kenntnisse verfügt, Ausnahmen zu machen sind, bedarf keiner Entscheidung. Hier waren die durch die Verfassungsbeschwerde aufgeworfenen Fragen so schwierig, daß ein persönliches Informationsgespräch nicht unangebracht war."

e) Umsatzsteuer

Die Umsatzsteuer gehört zu den zu erstattenden Auslagen (vgl. VV 7008), soweit der Beschwerde- **1101** führer nicht vorsteuerabzugsberechtigt ist.

1570 Vgl. BVerfGE 36, 308, 309.

2. Nicht erstattungsfähige Positionen

1102 Zahlreiche immer wieder geltend gemachte Positionen sind demgegenüber nicht erstattungsfähig.

a) Anwaltskosten im Ausgangsverfahren

1103 Die im Zusammenhang mit der Inanspruchnahme anwaltlicher Hilfe im Ausgangsverfahren entstandenen Auslagen werden in der Regel des § 34a BVerfGG nicht erfasst. Denn insoweit handelt es sich nicht um notwendige Auslagen in dem Verfahren der Verfassungsbeschwerde vor dem BVerfG.[1571] Der Grundsatz der Subsidiarität (§ 90 II BVerfGG) hindert es regelmäßig, die Verfassungsbeschwerde zu erheben, bevor nicht eine letztinstanzliche Entscheidung der Fachgerichte vorliegt. Da der Rechtsweg solange nicht erschöpft ist, wie der Beschwerdeführer die Möglichkeit hat, im Verfahren vor den Gerichten der zuständigen Gerichtszweige die Beseitigung des Hoheitsaktes zu erreichen, dessen Grundrechtswidrigkeit er geltend macht,[1572] ist es an ihm, bereits in dem Verfahren vor diesen Fachgerichten die Verletzung seiner vom Grundgesetz geschützten Rechte zu rügen. Eine zu diesem Zweck in Anspruch genommene anwaltliche Hilfe kann darum auch nur der Vertretung seiner verfassungsmäßigen Rechte in jenem Verfahren dienlich sein. Solche im Ausgangsverfahren entstandenen Auslagen sind aber nicht von der Regelung des § 34a BVerfGG erfasst.

b) Zeit- und Arbeitsaufwand des Beschwerdeführers

1104 Aus der Regelung über die einem Rechtsanwalt nach dem RVG zustehenden Gebühren lässt sich kein Anspruch auf Entschädigung für den Zeit- und Arbeitsaufwand eines nicht anwaltlich vertretenen Beschwerdeführers ableiten.[1573] Für eine entsprechende Anwendung der Regelung über die einem Rechtsanwalt nach dem RVG zustehenden Gebühren ist kein Raum.[1574]

c) Rechtsgutachten

1105 Im Verfassungsbeschwerdeverfahren gilt in der Regel, dass die Kosten von Rechtsgutachten, die der oder die Beschwerdeführer eingeholt haben, nicht als notwendige Auslagen anzusehen sind und deshalb nicht zu den erstattungsfähigen Kosten gehören.[1575] Von einem Anwalt, der ein Mandat zur Führung eines Prozesses übernimmt, ist grundsätzlich zu erwarten, dass er sich mit der Materie in einer Weise vertraut macht, die ihn zu einer interessengerechten Wahrnehmung des Mandats befähigt.[1576] Im Regelfall ist diese Wertung des BVerfG nicht zu beanstanden, zumal erfahrungsgemäß viele Gutachten von geringer Bedeutung sind.

3. Umfang der Erstattung

1106 Der Erstattungsumfang bestimmt sich nach § 34a II, III BVerfGG.

1571 *BVerfG*, Beschl. v. 2.12.1993 – 2 BvR 1041/88.
1572 Vgl. BVerfGE 8, 222, 225 f. = NJW 1959, 29; st. Rspr.
1573 *BVerfG*, Beschl. v. 2.12.1993 – 2 BvR 1041/88.
1574 Vgl. BVerfGE 71, 23, 24 = NJW 1986, 422.
1575 *BVerfG* NJW 1997, 3430, 3433. Ausnahmen sind jedoch möglich (vgl. *BVerfG* ebenda; *BVerfG* NJW 1993, 2793).
1576 So ausdr. BVerfGE 96, 251, 258; s.a. BVerfGE 69, 365, 369.

a) Obligatorische Auslagenerstattung

Bei vollem Obsiegen erfolgt immer auch eine volle Auslagenerstattung. Bei teilweisem Obsiegen **1107** werden Teilauslagenerstattungsentscheidungen (meist: Auslagenerstattung zur Hälfte) getroffen.[1577] An § 92 ZPO ist das Gericht nicht gebunden. Hält das BVerfG das teilweise Unterliegen für unwesentlich, so kann es – gestützt auf § 34a III BVerfGG – gleichwohl volle Auslagenerstattung anordnen.[1578]

b) Fakultative Auslagenerstattung

Eine fakultative Auslagenerstattung kommt nach § 34a III BVerfGG für den Beschwerdeführer in Be- **1108** tracht bei Vorliegen besonderer Billigkeitsgründe.[1579] Derartige besondere Billigkeitsgründe[1580] sind z.B. Erfolglosigkeit der Verfassungsbeschwerde auf Grund eines Wandels der Rechtsprechung des BVerfG,[1581] wegen zwischenzeitlicher Entscheidungen des BVerfG[1582] und bei einem Handlungsauftrag an den Gesetzgeber aus Anlass der Verfassungsbeschwerde;[1583] in diesen Fällen kommt die Erstattung der hälftigen Auslagen in Betracht.[1584]

Vor allem erfolgt oftmals eine fakultative Auslagenerstattung nach § 34a III BVerfGG bei nachträgli- **1109** cher Erledigung einer ursprünglich zulässigen und begründeten Verfassungsbeschwerde,[1585]wenn dies der Billigkeit entspricht.[1586] Zwar findet insbesondere im Verfassungsbeschwerdeverfahren regelmäßig eine überschlägige Beurteilung der Sach- und Rechtslage nicht statt. Eine solche kursorische Prüfung entspricht nicht der Aufgabe des BVerfG, verfassungsrechtliche Zweifelsfragen mit bindender Wirkung inter omnes zu klären. Sie erscheint auch im Hinblick auf die Kostenfreiheit des Verfahrens, den fehlenden Anwaltszwang und das Fehlen eines bei Unterliegen des Beschwerdeführers erstattungsberechtigten Gegners nicht als geboten.[1587] Diese Bedenken greifen jedoch dann nicht ein, wenn die Erfolgsaussicht der Verfassungsbeschwerde im Rahmen der Entscheidung nach § 34a III BVerfGG unterstellt werden kann oder wenn die verfassungsrechtliche Lage bereits geklärt ist.[1588] Hilft die öffentliche Gewalt von sich aus der Beschwer ab, so kann, falls keine anderweitigen Gründe ersichtlich sind, davon ausgegangen werden, dass sie das Begehren selbst für berechtigt erachtet hat. In einem solchen Fall ist es billig, die öffentliche Gewalt ohne weitere Prüfung an ihrer Auffassung festzuhalten und dem Beschwerdeführer die Erstattung seiner Auslagen in gleicher Weise zuzubilligen, als wenn seiner Verfassungsbeschwerde tatsächlich stattgegeben worden wäre.[1589]

1577 Vgl. BVerfGE 31, 275, 295; 34, 165, 200; 35, 79, 148; 47, 285, 326.
1578 BVerfGE 32, 1,39; 47,253, 284; 53, 366, 407; 79, 372, 378; 88, 14, 63; 88, 366, 380; 95, 193, 219; 97, 1,11; 110, 226, 274..
1579 Z.B. BVerfGE 74, 218, 219; *BVerfG* NJW 1997,46 f.: Erstattung trotz mangelnder Rechtswegerschöpfung.
1580 Zu solchen Billigkeitsgründen können auch die wirtschaftliche Situation und der tatsächliche Auslagenaufwand des möglichen Erstattungsberechtigten gehören; vgl. auch *BVerfG* NVwZ 2005, 800 („materielle Prozesslage/besondere Situation eines Beteiligten").
1581 BVerfGE 42, 243, 251; 74, 218, 219.
1582 *BVerfG* Beschl. v. 15.2.2006-1 BvR 1317/96.
1583 BVerfGE 66, 337, 368.
1584 *BVerfG* NJW 1992, 2213. Möglich ist auch nur die Erstattung von ¼ der notwendigen Auslagen, BVerfGE 84, 90, 91.
1585 BVerfGE 69, 161; 85, 109, 114 ff.; 87, 394, 397 ff. Gleiches galt bei einer Nichtannahme der Verfassungsbeschwerde durch den Senat (vgl. auch BVerfGE 71, 64, 66) bzw. wegen Stimmengleichheit (BVerfGE 80, 367, 383).
1586 Vgl. zu den maßgeblichen Kriterien: BVerfGE 87, 394, 397.
1587 *BVerfG* Beschl. v. 28.2.1997 – 10 L 243/97, 2 BvR 356/97; BVerfGE 33, 247, 264 f.; st. Rspr.
1588 BVerfGE 85, 109, 115 f.
1589 Vgl. *BVerfG* Beschl. v. 28.2.1997 – 10 L 243/97, 2 BvR 356/97; BVerfGE 85, 109, 115.

V. Verfahren der Erstattung von Gebühren und Auslagen

1110 Angesichts des Umstands, dass ca. 97 % der Verfassungsbeschwerden bereits von den Kammern nicht angenommen werden, kommt die Auslagenerstattung nur sehr selten vor.

1. Festsetzung des Gegenstandswerts

1111 Nach Vorliegen der Entscheidung des BVerfG ist zunächst die Festsetzung des Gegenstandswerts gem. § 33 I RVG beim BVerfG zu beantragen, aus dem sich dann die Höhe der Gebühren errechnet.

1112 Ein Rechtsschutzbedürfnis für einen solchen Antrag besteht nur, wenn er darauf gerichtet ist, dass der Wert über dem gesetzlichen Mindestwert von 4.000 € festgesetzt wird.

1113 Gelegentlich übersehen Anwälte die Entscheidung BVerfGE 79, 365, 369 und berechnen ihre Gebühren auf der Grundlage des gesetzlichen Mindestwertes. Ein nach Abschluss des Kostenfestsetzungsverfahrens zur Vorbereitung der Nachliquidation gestellter Antrag auf Festsetzung eines erhöhten Streitwertes wird für unzulässig erachtet.[1590]

1114 Soweit kein Einverständnis mit der Wertfestsetzung seitens des BVerfG besteht, steht kein Rechtsbehelf zur Verfügung; er wäre auch in der Sache aussichtslos. Bei offensichtlichem Versehen des BVerfG käme allenfalls eine Gegenvorstellung in Betracht.[1591]

2. Antrag

1115 Falls eine Verfassungsbeschwerde erfolgreich ist und das BVerfG – was unverzichtbar ist – die Erstattung ganz oder teilweise angeordnet hat, muss nach § 34 II BVerfGG der aus der positiven Kostenentscheidung[1592] folgende Kostenerstattungsanspruch im Kostenfestsetzungsverfahren geltend gemacht werden.

1116 Häufig erweist sind nach der Antragstellung ein Kostenfestsetzungsbeschluss als nicht erforderlich, wenn die erstattungspflichtige Körperschaft – was meist der Fall ist – sofort nach Gewährung des rechtlichen Gehörs zahlt.

1117 Das Kostenfestsetzungsverfahren richtet sich nach den allgemeinen Regeln (§§ 103, 104 ZPO entsprechend).

1118 Die Erstattung der Gebühren und Auslagen setzt einen entsprechenden Antrag des Beschwerdeführers[1593] bzw. seines Bevollmächtigten an den Rechtspfleger (§ 21 RpflG) beim BVerfG voraus; dieser entscheidet über die Höhe der notwendigen Auslagen. Im Kostenfestsetzungsbeschluss ist auf Antrag die Verzinsung entsprechend § 104 I 2 ZPO auszusprechen. Das Gericht übersendet den zulässigen Antrag dem Kostenschuldner zur Stellungnahme, § 23 II BVerfGG. Das Verfahren dauert häufig außerordentlich lange, nicht selten ein halbes Jahr und länger. Der Rechtsanwalt darf, wenn er Auslagen vergessen hat, nachliquidieren.[1594]

1590 Vgl. auch *Hänlein*, AnwBl 1995, 116, 120.
1591 Vgl. *Lechner/Zuck*, § 34 a, Rn. 60.
1592 Verfügt das Verfassungsgericht eine Auslagenerstattung nicht, werden die Kosten von einzelnen Gerichten als Bestandteil der Kosten des vor diesen Gerichten anhängigen Verfahrens angesehen (str., vgl. *Madert* in Gerold/Schmidt/ von Eicken, Madert/ Müller-Rabe, RVG, 16. Aufl., § 38 RVG Fn. 12 m.w.N).
1593 Sonstige Beteiligte haben keinen Anspruch auf Auslagenerstattung, BVerfGE 36, 101; 41 228, 230.
1594 *BVerfG* NJW 1995, 1886.

3. Erinnerung

Gegen die Entscheidung des Rechtspflegers ist die Erinnerung innerhalb einer Notfrist von zwei Wochen (§ 11 I 1, § 21 II RpflG) gegeben.[1595] Sie darf nicht im eigenen Namen des Bevollmächtigten erhoben werden, da der Erstattungsanspruch dem Beschwerdeführer zusteht.[1596] Über sie entscheidet der Spruchkörper (Senat/Kammer), der die Auslagenerstattung angeordnet hat, soweit der Rechtspfleger der Erinnerung nicht zuvor abhilft. **1119**

4. Vergütungsfestsetzung gegen Auftraggeber

Die Festsetzung der Vergütung gegen den Auftraggeber ist im Rahmen des § 11 RVG möglich.[1597] **1120**

VI. Erstattungspflichtiger

Erstattungspflichtig ist derjenige Träger der öffentlichen Gewalt, dem die von dem Beschwerdeführer erfolgreich gerügte Rechtsverletzung zuzuordnen ist. **1121**

1. Verfassungswidrige Rechtsnorm

Ist eine Rechtsnorm verfassungswidrig, so ist infolgedessen die Körperschaft, die für ihren Erlass verantwortlich ist, erstattungspflichtig, also bei Gesetzen oder Rechtsverordnungen des Bundes der Bund, bei landesrechtlichen Vorschriften das betreffende Land.[1598] **1122**

2. Verfassungswidrige Gerichtsentscheidung

Soweit die Grundrechtsverletzung nur in einer Gerichtsentscheidung liegt, so kommt es darauf an, ob im betreffenden Instanzenzug ein Gericht des Bundes oder des Landes zuletzt die Möglichkeit zur Abhilfe gehabt hätte.[1599] Liegt der Verfassungsverstoß dagegen ausschließlich in der Entscheidung eines Gerichtes des Bundes, so ist auch der Bund allein erstattungspflichtig. Enthält jedoch die im Instanzenzug vorangegangene Entscheidung des Gerichts eine selbstständige Grundrechtsverletzung, so wird die Erstattungspflicht zwischen Bund und Land geteilt.[1600] **1123**

Im übrigen kann auch jede andere juristische Person des öffentlichen Rechts erstattungspflichtig sein, wenn ihr die Grundrechtsverletzung in besonderer Weise zuzurechnen ist. **1124**

1595 Vgl. z.B. *BVerfG* NJW 1997,3430,3431.
1596 *BVerfG* NJW 1997,3430,3431.
1597 Vgl. auch *BVerfG* NJW 1997,3430,3431.
1598 BVerfGE 43, 58, 75; 43, 79, 95; 45, 422, 433.
1599 BVerfGE 46, 73, 96 (Bund); BVerfGE 43, 79, 95 (Land); siehe auch BVerfGE 39, 258, 276; 45, 422, 433.
1600 BVerfGE 34, 325, 331 f.

VII. Sonderregeln für die einstweilige Anordnung

1125 Im Verfahren auf Erlass einer einstweiligen Anordnung kommt eine selbstständige Erstattung von Gebühren und Auslagen in Betracht. Sie bedarf stets einer gesonderten Erstattungsentscheidung.[1601]

1. Gegenstandswert

1126 Der Gegenstandswert in Verfahren über den Erlass einer einstweiligen Anordnung[1602] ist – meist erheblich[1603] – niedriger als in der Hauptsache mit einer Marge zwischen 1/10 und 5/10[1604] des Hauptsachewerts anzusetzen, weil nicht im Rahmen eines summarischen Verfahrens sondern nur im Rahmen einer Folgenprognose entschieden wird.[1605]

2. Gebühren

1127 Es fallen für die einstweilige Anordnung gesonderte Anwaltsgebühren an (§ 17 Nr. 4 b RVG). Maßgeblich sind auch hier – wie bei der Verfassungsbeschwerde – § 37 II 1 RVG – die Gebühren für die Revision nach VV 3206 bis 3201. Der Rechtsanwalt erhält also eine Verfahrensgebühr mit dem Faktor 1, 6 für die Stellung eines Antrags nach § 32 BVerfGG aus dem für die einstweilige Anordnung (meist im Vergleich zur Verfassungsbeschwerde) sehr niedrigen Gegenstandswert. Im Falle einer vorzeitigen Erledigung i.S.d. VV 3201 reduziert sich die Gebühr auf 1,1 (VV 3207). Bei Vertretung mehrerer Auftraggeber kommt nach VV 1008 wiederum eine Erhöhung um 0,3 je weiterem Auftraggeber in Betracht.[1606]

1128 Hinzu kommen Auslagen nach VV Teil 7, insbesondere eine eigene Postentgeltpauschale nach VV 7002.

3. Auslagen

1129 Bei erfolgreicher einstweiliger Anordnung kommt auch eine Auslagenerstattung in Betracht.

1130 Die Rechtsgrundlage für die Erstattungsgrundlage bestimmt sich je nach Fallgestaltung:

1131 In der Regel handelt es sich um ein gegenüber dem Verfassungsbeschwerdeverfahren gesondertes einstweiliges Anordnungsverfahren mit eigenem Aktenzeichen. Die Auslagenerstattung richtet sich dann nach der fakultativen Regelung des § 34a III BVerfGG. Meist wird auch im Rahmen dieser Bestimmung volle Auslagenerstattung dem pflichtgemäßen Ermessen entsprechen. Es bedarf daher auch einer besonderen Erstattungsentscheidung. Unterbleibt diese, muss eine entsprechende Entscheidung unabhängig vom Verfassungsbeschwerdeverfahren beantragt werden.[1607]

1601 BVerfGE 89, 91.
1602 BVerfGE 43, 41.
1603 So hat das *BVerfG* (E 89, 91, 95) bei einem Gegenstandswert in der Hauptsache von 3 MioDM für die einstweilige Anordnung nur 100.000 DM angesetzt.
1604 *Lechner/Zuck,* § 34a gehen von 1/10 bis 5/20 aus.
1605 BVerfGE 89, 91, 95.
1606 Vgl. oben Rn. 1088.
1607 So im Verfahren 1 BvR 12/85 (BVerfGE 71, 350). Eine nachträgliche Anordnung der Kostenerstattung kommt dann nicht mehr in Betracht, wenn der Antrag auf Grund der im Verfahren betreffend den Erlass einer einstweiligen Anordnung erforderlichen Folgenabwägung voraussichtlich keinen Erfolg gehabt hätte.

Wird in der Entscheidung über die Verfassungsbeschwerde die Erstattung notwendiger Auslagen angeordnet, so erfasst dieser Ausspruch regelmäßig nicht die Auslagen, die durch einen Antrag auf Erlass einer einstweiligen Anordnung entstanden sind.[1608]

1132

Ergeht dagegen die einstweilige Anordnung im Verfassungsbeschwerdeverfahren und sind die Auslagen Teil der Auslagen dieses Verfahrens,[1609] so gilt die obligatorische Erstattung nach § 34a II BVerfGG. Es ergreift die Auslagenerstattungsentscheidung alle Auslagen, auch die des Verfahrens über die einstweilige Anordnung. Auch bei diesem Sachverhalt muss aber der Gegenstandswert für die einstweilige Anordnung gesondert festgesetzt werden.

1133

VIII. Prozesskostenhilfe

In seltenen Fällen kann sich auch die Frage der Gewährung von Prozeßkostenhilfe stellen. In der Regel bleibt ein entsprechender Antrag erfolglos und erledigt sich mit der Nichtannahme bzw. Verwerfung der Verfassungsbeschwerde.[1610]

1134

1. Grundsätzliche Möglichkeit

Im Verfassungsbeschwerdeverfahren ist die Gewährung von Prozeßkostenhilfe für den Beschwerdeführer[1611] und eine nach § 94 III BVerfGG äußerungsberechtigte Partei des Ausgangsverfahrens[1612] grundsätzlich möglich;[1613] dies gilt nicht nur für die unter Anwaltszwangs stehende mündliche Verhandlung, sondern auch für das schriftliche Verfahren.[1614]

1135

Den Rechtsanwalt kann insoweit – z.B. bei Kenntnis des Bezugs von Arbeitslosenhilfe – eine Hinweispflicht treffen.[1615]

1136

2. Antragstellung

Der Antrag auf Prozeßkostenhilfe muß in entsprechender Anwendung des § 117 ZPO schriftlich innerhalb der Frist des § 93 BVerfGG gestellt werden. Da der Beschwerdeführer nicht damit rechnen kann, dass über den Antrag innerhalb der bei Verfassungsbeschwerden regelmäßig geltenden Monatsfrist des § 93 I BVerfGG entschieden wird, muss zur Vermeidung einer Verfristung eine unbedingte Verfassungsbeschwerde eingelegt werden[1616] – unabhängig von der Entscheidung über das Prozeßkostenhilfegesuch.

1137

Ein nennenswertes Kostenrisiko besteht anders als bei den üblichen Rechtsmitteln nicht, da das Verfassungsbeschwerdeverfahren gerichtskostenfrei ist. Daher bedarf es auch nicht des „Umwegs" der bloßen Stellung eines Antrags auf Prozeßkostenhilfe innerhalb der Frist des § 93 BVerfGG und der Einlegung der Verfassungsbeschwerde, verbunden mit einem – möglichen – Antrag auf Wiedereinsetzung in den vorigen Stand nach deren Bewilligung.

1138

1608 BVerfGE 89, 91, 94; BVerfG NJW-RR 1996, 138.
1609 BVerfGE 74,7.
1610 BVerfGE 13, 127.
1611 BVerfGE 1, 109, 110 f.
1612 BVerfGE 92, 122, 123 ff., wenn besondere Voraussetzungen vorliegen.
1613 *BVerfG*, Beschl. v. 24.1.1995 – 1 BvR 1229/94.
1614 BVerfGE 27, 57.
1615 Vgl. auch *BVerfG* NJW 2000, 2494.
1616 *BVerfG* NJW 1967, 1267.

1139   Beigeordnet werden kann jeder vor einem deutschen Gericht zugelassene Rechtsanwalt, auch im schriftlichen Verfahren.[1617]

3. Anwendbarkeit der §§ 114 ff. ZPO

1140   Das BVerfG geht in ständiger Rechtsprechung[1618] davon aus, dass im Verfahren der Verfassungsbeschwerde für den Beschwerdeführer die Bestimmungen der §§ 114 ff. ZPO über die Bewilligung der Prozeßkostenhilfe entsprechend anzuwenden sind. Allerdings wird Prozeßkostenhilfe im schriftlichen Verfahren nur unter strengen Voraussetzungen bewilligt, weil das Verfahren kostenfrei ist und kein Anwaltszwang besteht.[1619] Sie wird daher nur gewährt, wenn dies unbedingt erforderlich ist, weil der Beschwerdeführer nicht in der Lage ist, sich selbst zu vertreten.[1620]

1141   Zu den strengen Voraussetzungen für die ausnahmsweise Gewährung von Prozeßkostenhilfe vgl. folgendes Beispiel:

Beispiel 62

> **BVerfG Beschl. v. 24.1.1995 – 1 BvR 1229/94: PKH-Antrag eines Äußerungsberechtigten**
>
> *„Auszugehen ist von dem Sinn und Zweck der Prozeßkostenhilfe: Sie soll verhindern, daß eine Partei lediglich aus wirtschaftlichen Gründen daran gehindert wird, ihr Recht vor Gericht zu suchen. Art. 3 I GG gebietet in Verbindung mit dem Rechtsstaatsprinzip eine weitgehende Angleichung der Situation von Bemittelten und Unbemittelten bei der Verwirklichung des Rechtsschutzes (vgl. BVerfGE 81, 347 (356) = NJW 1991, 413 m.w.N.). Dieser Grundsatz beansprucht auch Geltung für den durch die Entscheidung Begünstigten i.S. des § 94 III BVerfGG, bei Verfassungsbeschwerden gegen zivilgerichtliche Entscheidungen also regelmäßig den Gegner im Ausgangsverfahren. Zwar ist er nicht Beteiligter des Verfassungsbeschwerdeverfahrens im engeren Sinne, denn er kann dem Verfahren nicht beitreten (§ 94 V BVerfGG). Gleichwohl kann er vom Ausgang des Verfassungsbeschwerdeverfahrens in seiner Rechtsstellung materiell betroffen sein, weil die Möglichkeit besteht, daß eine ihm günstige Entscheidung aufgehoben wird. Das Äußerungsrecht nach § 94 III BVerfGG ist ihm daher auch verfassungsrechtlich durch Art. 103 I GG gewährleistet. Er muß sich vor Erlaß der Entscheidung nicht nur zum Sachverhalt, sondern auch zur Rechtslage äußern können (vgl. BVerfGE 86, 133 (144) = NVwZ 1992, 401 = NJW 1992, 2877 L m.w.N.).*
>
> *b) Das bedeutet jedoch nicht, daß die Prozeßkostenhilfe einem nach § 94 III BVerfG zur Äußerung Berechtigten allein deshalb zu bewilligen ist, weil er bedürftig ist und die Verteidigung seiner Rechtsstellung hinreichend Aussicht auf Erfolg hat. Art. 3 I GG in Verbindung mit dem Rechtsstaatsprinzip gebietet nicht eine vollständige Gleichstellung Unbemittelter mit Bemittelten, sondern nur eine weitgehende Angleichung. Der Unbemittelte braucht nur einem solchen Bemittelten gleichgestellt zu werden, der seine Prozeßaussichten vernünftig abwägt und dabei auch das Kostenrisiko berücksichtigt (vgl. BVerfGE 81, 347 (357) = NJW 1991, 413 m.w.N.). Darüber hinaus ergeben sich Einschränkungen aus den Besonderheiten des Verfassungsbeschwerdeverfahrens.*
>
> *Ebenso wie bei dem Prozeßkostenhilfegesuch eines Bf. ist bei dem Gesuch eines Äußerungsberechtigten zu berücksichtigen, daß das Verfahren kostenfrei ist und außerhalb einer mündlichen Verhandlung kein Anwaltszwang besteht. Hinzu kommen weitere Einschränkungen, die aus der besonderen Stellung des Äußerungsberechtigten folgen.*
>
> *Danach kommt die Bewilligung der Prozeßkostenhilfe erst nach Zustellung der Verfassungsbeschwerde gem. § 94 III BVerfGG in Betracht. Denn bis dahin ist völlig offen, ob die Verfassungsbeschwerde überhaupt zur Entscheidung angenommen wird. Einer Äußerung bedarf es in diesem Stadium nicht. Auch nach erfolgter Zustellung kann § 119 S. 2 ZPO nicht entsprechend angewendet werden; denn das BVerfG entscheidet nicht als Gericht eines höheren Rechtszuges, vielmehr ist die Verfassungsbeschwerde ein außerordentlicher Rechtsbehelf. Andererseits kann aus der Zustellung noch nicht geschlossen werden, daß die Rechtsverteidigung keine Aussicht auf Erfolg hat.*

1617 BVerfG AnwBl. 1997, 233.
1618 Seit BVerfGE 1, 109, 110 f. = NJW 1952, 457.
1619 Vgl. BVerfGE 27, 57; 78, 7, 19 = NVwZ 1988, 720.
1620 BVerfGE 27, 57; 78, 7, 19; 92, 122, 123. Soll für die mündliche Verhandlung PKH erteilt werden, dann muss eine Förderung der Sachentscheidung zu erwarten sein, BVerfGE 10, 262, 263; 93, 179, 180.

> *Die Prozeßkostenhilfe ist nur zu bewilligen, wenn eine Stellungnahme zu den in der Verfassungsbeschwerde erhobenen Rügen aus der Sicht eines vernünftigen Äußerungsberechtigten angezeigt ist. Dies ist grundsätzlich aufgrund einer ex-ante-Betrachtung zu beurteilen, da die Prozeßkostenhilfe nach ihrem Sinn und Zweck eine erst beabsichtigte Rechtsverfolgung oder Rechtsverteidigung ermöglichen soll. Die Frage, ob die Vertretung durch einen Rechtsanwalt vernünftig und geboten ist, entscheidet sich grundsätzlich nach den in der Verfassungsbeschwerde enthaltenen Angriffen. Will der Äußerungsberechtigte dazu neue Gesichtspunkte vorbringen, die für die verfassungsrechtliche Beurteilung von Bedeutung sein können, kommt eine Bewilligung in Betracht. Dabei ist das Vorbringen des Äußerungsberechtigten im Prozeßkostenhilfegesuch zu berücksichtigen. Wird mit dem Gesuch bereits die von einem Rechtsanwalt gefertigte Stellungnahme zur Verfassungsbeschwerde vorgelegt, ist diese in die Betrachtung einzubeziehen. Wird in einer solchen Äußerung kein Beitrag zur verfassungsrechtlichen Beurteilung geleistet, scheidet eine Bewilligung aus. Gleiches gilt, wenn der Verfassungsverstoß evident ist und die Annahmevoraussetzungen des § 93a II lit. b BVerfGG ersichtlich vorliegen."*

4. Kostenentscheidung

Wird die Prozesskostenhilfe verweigert, spricht das BVerfG dies normalerweise in der Entscheidungsformel der Hauptsache oder im Nichtannahmebeschluss aus.[1621] Das BVerfG entscheidet durch gesonderten Beschluss, wenn der Antrag Erfolg hat. Wenn die Verfassungsbeschwerde begründet ist, ordnet das BVerfG mit der Entscheidung zu Gunsten des Beschwerdeführers die Auslagenerstattung an und spricht dann die Erledigung des Prozesskostenhilfeantrags aus.[1622]   **1142**

5. Höhe der Gebühren

Soweit Prozesskostenhilfe bewilligt wird, erhält der beigeordnete Rechtsanwalt Höchstgebühren nach §§ 45 ff. RVG.   **1143**

1621 BVerfGE 13, 127.
1622 BVerfGE 62, 392, 397; 69, 248, 256; 71, 122, 136 f.

§ 11

Verfassungsbeschwerden vor den Landesverfassungsgerichten

1144 In dem föderativ gestalteten Staat der Bundesrepublik Deutschland stehen die Verfassungsgerichtsbarkeiten des Bundes und der Länder grundsätzlich selbstständig nebeneinander.[1623] Anstelle der Verfassungsbeschwerde zum BVerfG kann in zahlreichen Bundesländern unter bestimmten Voraussetzungen auch die Anrufung eines Landesverfassungsgerichts (LVerfG) in Betracht kommen. Letztere ist praktisch bedeutsam vor allem im Strafverfahrensrecht und Polizeirecht. Soweit sich Betroffene und ihre Bevollmächtigten für den Weg zum LVerfG entscheiden, sollten sie sorgfältig das Vorliegen der Voraussetzungen prüfen; dessen Anrufung ist vor allem im Hinblick auf den eingeschränkten Prüfungsmaßstab mit Risiken behaftet.

I. Wahlrecht

1145 Es besteht grundsätzlich in den meisten Bundesländern ein Wahlrecht, entweder das BVerfG oder das LVerfG anzurufen, soweit es sich um Entscheidungen von Behörden und Gerichten eines Landes handelt und das Landesrecht das Institut der Landesverfassungsbeschwerde kennt.[1624]

1. Bundesrecht

1146 Das BVerfGG enthält insoweit – anders als für die kommunale Verfassungsbeschwerde der § 91 BVerfGG, der dem Art. 93 I Nr. 4b GG entspricht – keine Subsidiaritätsregelung, welche die Anrufung des BVerfG erst nach einer Entscheidung des LVerfG bzw. StGH erlauben würde. Nach § 90 III BVerfGG bleibt das Recht, eine Verfassungsbeschwerde an das LVerfG nach dem Recht der Landesverfassung zu erheben, unberührt. Am Maßstab des Bundesrechts könnte daher – was aber meist wenig sinnvoll ist – theoretisch Verfassungsbeschwerde zum BVerfG und zum LVerfG erhoben werden.

1147 Das Verfahren vor den LVerfG – so das BVerfG[1625] – gehört aber nicht zum Rechtsweg i.S.v. § 90 II BVerfGG.[1626] Durch eine Landesverfassungsbeschwerde wird nicht die Frist des § 93 I BVerfGG gewahrt.[1627] Wenn z.B. gegen ein letztinstanzliches Urteil eines OLG Verfassungsbeschwerde zum LVerfG erhoben wird, kann wegen Versäumnis der Monatsfrist des § 93 I BVerfGG diese Entscheidung nicht mehr vom BVerfG überprüft werden.

1148 Gegenstand kann nur die Entscheidung des LVerfG sein, falls sie Grundrechtsverstöße beinhaltet. Keinesfalls ist eine Verfassungsbeschwerde gegen eine Entscheidung eines LVerfG zulässig mit der Rüge, Art. 2 I GG sei verletzt, weil das LVerfG gegen die Landesverfassung und damit auch gegen die verfassungsmäßige Ordnung des GG verstoßen habe.[1628]

1623 BVerfGE 4, 178, 189; 36, 342, 357; vgl. zum Ganzen auch *Gärditz*, AöR Bd. 129 (2004) S. 584 ff., 598.
1624 Vgl. auch *Hesse*, JZ 1995, 265, 269.
1625 *BVerfG* NJW 1996,1464; vgl. schon BVerfGE 6,445,449; 60, 175, 208.
1626 Eine Ausnahme besteht, soweit das LVerfG nicht seiner Vorlagepflicht nach Art. 100 GG nachgekommen ist, weil dann Art. 101 I 2 GG verletzt ist.
1627 *BVerfG* NJW 1996, 1464 u. Beschl. v. 26.1.2006 – 1 BvR 2058/05.
1628 BVerfGE 60, 175, 209.

Gerügt werden muss ein Verstoß des LVerfG gegen das Grundgesetz, seien es z.B. Freiheitsgrundrechte oder Justizgrundrechte. Das BVerfG soll allerdings keine Revisionsinstanz gegenüber den Landesverfassungsgerichten sein.[1629] Wenn man aber die Verfassungsbeschwerde gegen Entscheidungen der LVerfGe überhaupt für zulässig erachtet und sie überhaupt eine Funktion haben soll, dann muss das BVerfG die Entscheidungen der LVerfG anhand des Grundgesetzes überprüfen, soll ein Grundrechtsleerlauf vermieden werden. **1149**

Es steht auf einem anderen Blatt, wann das BVerfG tatsächlich einmal von seiner Kassationsbefugnis auch gegenüber einem Landesverfassungsgericht Gebrauch macht. Das wird es nur in Ausnahmefällen tun, um nicht die Landesverfassungsgerichtsbarkeit zu desavouieren. Einer Verfassungsbeschwerde gegen eine Entscheidung eines LVerfG wird daher schon aus grundsätzlichen Erwägungen im Regelfall der Erfolg versagt sein. **1150**

2. Einschränkungen

Den Ländern bleibt es unbenommen, im Rahmen autonomer Gestaltung ihres Verfassungsprozessrechts[1630] den Rechtsschutz zum jeweiligen Landesverfassungsgericht zu verengen.[1631] Einige landesrechtliche Regelungen – wie in Berlin und Brandenburg oder Hessen[1632] – schließen dementsprechend die Anrufung des LVerfG aus, wenn Verfassungsbeschwerde zum BVerfG erhoben worden ist. Die Landesverfassungsbeschwerde ist unzulässig, wenn in derselben Sache Verfassungsbeschwerde zum BVerfG erhoben wird. Ob dadurch lediglich Parallelverfahren vermieden werden sollten, also die „gehemmte" Zulässigkeit einer Landesverfassungsbeschwerde nach einer Entscheidung durch BVerfG gegebenenfalls wieder auflebt, oder eine generelle Präklusion des landesrechtlichen Rechtsbehelfs beabsichtigt war, ist zweifelhaft.[1633] Der BerlVerfGH hat diese Vorschrift im letzteren Sinne interpretiert, geht also von einer strikten Alternativität der entsprechenden Rechtsschutzmöglichkeiten aus.[1634] **1151**

Es sollte weiter bedacht werden, dass gegen die Entscheidungen der LVerfG nicht ohne weiteres Verfassungsbeschwerde zum BVerfG erhoben werden kann. Das BVerfG ist wie oben dargelegt keine Revisionsinstanz gegenüber den Landesverfassungsgerichten. Das Verfahren der Landesverfassungsbechwerde gehört – so das BVerfG unter Berufung auf § 90 III BVerfGG – nicht zum Rechtsweg i.S.v. § 90 II 1 BVerfGG. Diese Argumentation ist zwar sicherlich verfahrensökonomisch und dient der Entlastung des BVerfG. Sie erscheint mit dem Verweis auf den Respekt vor der Landesverfassungsgerichtsbarkeit und ungeachtet einer möglichen Vorlagepflicht der Landesverfassungsgerichte jedoch nicht zwingend.[1635] **1152**

Wenn man sich für den Gang zum Landesverfassungsgericht entschieden hat, dann besteht jedenfalls die Gefahr, dass die Verfassungsbeschwerde gegen die fachgerichtlichen Entscheidungen wegen Versäumung der Monatsfrist des § 93 I BVerfGG zurückgewiesen wird.[1636] **1153**

Hat im übrigen das BVerfG eine Grundrechtsverletzung im Rahmen einer in der gleichen Sache parallel erhobenen Verfassungsbeschwerde verneint, kann die Landesverfassungsbeschwerde auf Grund des Erfordernisses der Inhaltsgleichheit im konkreten Fall keinen Erfolg haben. Insoweit entfällt möglicherweise das Rechtsschutzbedürfnis für die Fortführung des Verfahrens.[1637] **1154**

1629 Vgl. *Schlaich/Korioth*, Rn. 357 m.w.N.
1630 BVerfGE 96, 345, 368 f.
1631 *HessStGH* NVwZ-RR 2002, 617, 618.
1632 Art. 84 II Nr. 5 BerlVerf., §§ 14 Nr. 6, 49 I 2. Hs. BerlVerfGHG; § 45 I. 2. Hs. Bbg. VerfGG; § 43 I 2 HessStGHG.
1633 Vgl. *Gärditz*, 598.
1634 *BerlVerfGH* JR 1994, 249.
1635 Vgl. *Enders*, JuS 2001, 462 ff., der verlangt, es müsse – sofern dies möglich ist – vor Anrufung des BVerfG von der Landesverfassungsbeschwerde Gebrauch gemacht werden. Siehe auch *Schlaich/Korioth*, Rn. 357.
1636 So *BVerfG* NJW 1996, 1464; vgl. bereits BVerfGE 6, 445, 449; 60, 175, 208;
1637 Vgl. *ThürVerfGH* NVwZ 2004, 609, 610.

3. Relevante Aspekte bei der Wahl zwischen BVerfG und LVerfG

1155   Soweit neben der stets möglichen Anrufung des BVerfG in einem Bundesland Verfassungsbeschwerde zum LVerfG zulässig ist, muss sich der Beschwerdeführer bzw. sein Bevollmächtigter sorgfältig überlegen, welcher Rechtsbehelf eingelegt wird bzw. das effektivere Mittel zur Abwehr einer Beschwer darstellt. Dies gilt vor allem für die Bundesländer, in denen nicht gleichzeitig Bundes- und Landesverfassungsbeschwerde erhoben werden kann, sondern alternativ nur einer der beiden Rechtsbehelfe gewählt werden kann.

a) Allgemein

1156   Die Anrufung des LVerfG kann sich vor allem dann empfehlen, wenn das Landesrecht – wie meist[1638] – kein Annahmeerfordernis gem. § 93a BVerfGG vorsieht, also kein Fall von grundsätzlicher Bedeutung oder eines besonders schweren Nachteils auf Seiten des Beschwerdeführers vorliegen muss. Soweit ersichtlich, ist vor den meisten Landesverfassungsgerichten zudem (noch) der schnellere und effektivere Rechtsschutz zu erlangen. Der Gang zum LVerfG kann natürlich weiter auch dann angeraten sein, wenn die Monatsfrist des § 93 I BVerfGG versäumt worden ist und das LVerfGG eine – im Vergleich zu § 93 BVerfGG – längere Frist – z.B. in Berlin mit zwei Monaten – vorsieht.

1157   Obwohl das LVerfG und das BVerfG – wenn auch nicht formal so doch in der Sache – weitgehend die gleichen Maßstäbe anzulegen haben, es geht schließlich um (Bundes- oder Landes-)Grundrechte, und die LVerfGe sich im wesentlichen in der Grundrechtsauslegung am BVerfG ausrichten, kann es im Einzelfall auch deshalb sinnvoll sein, das LVerfG anzurufen, falls es vermutlich grundrechtsfreundlicher, liberaler oder politisch beweglicher ist.

Beispiel 63   **BerlVerfG NJW 1993, 513 – Honnecker:** Das BVerfG hätte vermutlich nicht die „Kraft" gehabt, in diesem politisch brisanten Fall ähnlich liberal und rechtsstaatlich zu entscheiden, hat es doch – von wenigen Fällen abgesehen – nach 1989 vor Grundrechtsverletzungen gegenüber (ehemaligen) Kommunisten weitgehend die Augen verschlossen.

1158   Nur Kenner der jeweiligen Rechtsprechung oder der persönlichen Zusammensetzung der jeweils zuständigen Spruchkörper sind allerdings in der Lage, etwas Konkretes zur Frage der Opportunität der Anrufung der Gerichte sagen zu können.

b) Problem: Beschränkte Prüfungskompetenz der LVerfG

1159   Bei der Wahl zwischen Bundes- oder Landesverfassungsbeschwerde ist vor allem aber zu berücksichtigen der mögliche Unterschied im Prüfungsmaßstab. Wer unkritisch das LVerfG anruft, kann mit dem Problem der Unzulässigkeit oder Unbegründetheit wegen fehlender Prüfungskompetenz konfrontiert werden. Sie ist einmal beschränkt auf Grundrechte der Landesverfassungen. Stets ist genau zu prüfen, ob und in welchem Umfang das Landesrecht Grundrechtsschutz nach der Landesverfassung gewährt. Während bei der Anrufung des BVerfG sich insoweit keine Probleme stellen, da es von einem lückenlosen Grundrechtsschutz ggfs. über Art. 2 I GG ausgeht, weisen die Landesverfassungen zum Teil insoweit Lücken auf. So schützt z.B. Art. 11 LVerfGH-Berl. nicht die Berufsausübungsfreiheit.[1639] Zum anderen ergeben sich Beschränkungen der LVerfG vor allem dann, soweit es um die Kontrolle von auf Bundesrecht – wie dem BGB, der ZPO oder der StPO – beruhenden Entscheidungen geht.

1638   Anders § 43a HessStGHG (dazu *HessStGH* NVwZ-RR 2002, 617 ff.).
1639   Vgl. *BerlVerfGH* NJW 1999, 47; JR 1996, 146 (= 4:4 Entscheidung).

II. Überblick

Die Möglichkeit der Anrufung des Landesverfassungsgerichts bzw. Staatsgerichtshofs wegen Grundrechtsverletzungen besteht nicht in sechs Bundesländern. Die Rechtsordnungen der Länder Baden-Württemberg, Bremen, Hamburg, Niedersachsen und Nordrhein-Westfalen kennen das Institut der Verfassungsbeschwerde nicht. Das Land Schleswig-Holstein verfügt nicht einmal über ein eigenes Verfassungsgericht; hier ist gem. Art. 99 GG das BVerfG zuständig.[1640] **1160**

1. Allgemein

Zehn Länder haben hingegen das Verfahren der Landesverfassungsbeschwerde, das eine Überprüfung der Hoheitsakte der Landesstaatsgewalt ermöglicht. Es handelt sich einmal um Bayern, Berlin, Brandenburg, Hessen, Rheinland-Pfalz, Sachsen, Thüringen und das Saarland; in diesen Ländern ist eine Verfassungsbeschwerde zum LVerfG vor allem auch gegen Behördenakte und gerichtliche Urteile zulässig. Das Land Sachsen-Anhalt lässt abweichend von den anderen Landesverfassungen der neuen Bundesländer nur Verfassungsbeschwerden gegen Landesgesetze zu. In Mecklenburg-Vorpommern ist zwar ebenfalls eine Landesverfassungsbeschwerde vorgesehen, doch ist diese unzulässig, „soweit eine Zuständigkeit des Bundesverfassungsgerichts gegeben ist", also wenn ein gleichartiges Grundrecht bereits im GG enthalten ist. Art. 5 III MVVerf. verweist wiederum im wesentlichen auf den Grundrechtskatalog des GG. **1161**

2. Einzelne Länder

Zu den Regelungen in den einzelnen Ländern ist auf Folgendes hinzuweisen: **1162**

a) Bayern

Nach Art. 66 BayV entscheidet der VerfGH über Beschwerden gegen Verletzungen der verfassungsmäßigen Rechte durch eine Behörde (Art. 48 III BayV, Art. 120 BayV). **1163**

Nach Art. 120 BayV kann jeder Bewohner Bayerns, der sich durch eine Behörde in seinen verfassungsmäßigen Rechten verletzt fühlt, den Schutz des Bayerischen Verfassungsgerichtshofs anrufen.[1641] **1164**

b) Berlin

Gem. § 84 II Nr. 5 der Verfassung des Landes Berlin entscheidet der Verfassungsgerichtshof über Verfassungsbeschwerden, soweit nicht Verfassungsbeschwerde zum BVerfG erhoben wird oder ist (siehe dazu §§ 49 ff. BerlVerfGHG). **1165**

1640 Nach Art. 44 SchlHVerf wurden lediglich bestimmte staatsorganisationsrechtliche Streitigkeiten im Rahmen des Art. 99 GG dem BVerfG zugewiesen; vgl. auch den Überblick zu den einzelnen Ländern bei *Zuck*, S. 76 ff.
1641 Siehe dazu Art. 51 f BayVerfGHG; vgl. dazu *Lotz*, Bayerische Verfassungsbeschwerde und Bundesrechtsordnung, in: FS zum 50jährigen Bestehen des BayVerfGH, S. 115 ff.

c) Brandenburg

1166 Gem. Art. 6 II der Verfassung des Landes Brandenburg kann jedermann „mit der Behauptung, durch die öffentliche Gewalt in einem in dieser Verfassung gewährleisteten Grundrecht verletzt zu sein, Verfassungsbeschwerde beim Landesverfassungsgericht erheben" (Art. 113 Nr. 4 BbgVerfG i.V.m. §§ 12 Nr. 4, 45 ff. VerfGGBbg).

d) Hessen

1167 Gem. Art. 131 III HV i.V.m. §§ 43 ff. StGHG kann den Staatsgerichtshof anrufen, „wer geltend macht, durch die öffentliche Hand in einem durch die Verfassung des Landes Hessen gewährten Grundrecht verletzt worden zu sein" (Grundrechtsklage nach Art. 131 I der Verfassung des Landes Hessen).

e) Mecklenburg-Vorpommern

1168 Auch hier ist die Verfassungsbeschwerde über Art. 53 Nr. 6 und 7 der Verfassung des Landes Mecklenburg-Vorpommern zulässig. Nr. 6 eröffnet die Möglichkeit der Erhebung mit der Behauptung des Beschwerdeführers, „durch ein Landesgesetz unmittelbar in seinen Grundrechten oder staatsbürgerlichen Rechten verletzt zu sein".

1169 Nach Nr. 7 Verf-M-V ist die Behauptung erforderlich, „durch die öffentliche Gewalt in einem (der) in Art. 6 bis 10 dieser Verfassung gewährten Grundrechte verletzt zu sein, soweit eine Zuständigkeit des Landesverfassungsgerichts nicht gegeben ist" (§§ 51 ff., 57 ff. LVerfGG MV).

f) Rheinland-Pfalz

1170 Jeder kann mit der Behauptung, durch die öffentliche Gewalt in einem seiner in der Verfassung für Rheinland-Pfalz enthaltenen Rechte verletzt zu sein, die Verfassungsbeschwerde zum Verfassungsgerichtshof erheben. Die Verfassungsbeschwerde ist unzulässig, soweit die öffentliche Gewalt des Landes Bundesrecht ausführt oder anwendet. Dies gilt nicht für die Durchführung des gerichtlichen Verfahrens oder wenn die Landesverfassung weiter reichende Rechte als das Grundgesetz gewährleistet (Art. 135 I Nr. 6 RhldPVerf, § 44 I, II VerfGHG).

g) Saarland

1171 Der VerfGH entscheidet in dem ihm durch Verfassung oder Gesetz zugewiesenen Angelegenheiten, Art. 98 Nr. 4 VerfSaarl. Nach § 9 Nr. 13 VGHG gehören dazu auch Verfassungsbeschwerden. Gem. § 55 I VGHG kann die Verfassungsbeschwerde von jedermann mit der Behauptung erhoben werden, „durch die saarländische öffentliche Gewalt in einem seiner Grundrechte oder sonstigen verfassungsmäßigen Rechte verletzt zu sein. Ist wegen der gleichen Verletzung die Verfassungsbeschwerde zum Bundesverfassungsgericht zulässig, so kann Verfassungsbeschwerde zum Verfassungsgerichtshof nicht erhoben werden." (§ 55 III VGHG).

h) Sachsen

1172 Gem. § 81 I Nr. 4 VerfSachsen entscheidet der Verfassungsgerichtshof „über Verfassungsbeschwerden, die von jeder Person erhoben werden können, die sich durch die öffentliche Gewalt in einem der ihr durch die sächsische Verfassung garantierten Grundrechte verletzt fühlt" (s. dazu §§ 27 ff. SächsVerfGHG).

i) Sachsen-Anhalt

Das Landesverfassungsgericht entscheidet „über Verfassungsbeschwerden, die von jedermann mit **1173** der Behauptung erhoben werden können, durch ein Landesgesetz unmittelbar in seinen Grundrechten, grundrechtsgleichen Rechten oder staatsbürgerlichen Rechten verletzt zu sein" (Art. 75 Nr. 6 VerfSachsen-Anhalt, § 2 Nr. 7, 47 ff. LVerfGG Sachsen-Anhalt).

j) Thüringen

Der Verfassungsgerichtshof entscheidet über Verfassungsbeschwerden, „die von jedermann mit der **1174** Behauptung erhoben werden können, durch die öffentliche Gewalt in seinen Grundrechten, grundrechtsgleichen Rechten oder staatsbürgerlichen Rechten verletzt zu sein" (Art. 80 I Nr. 1 ThürVerf, §§ 11 Nr. 1, 31 ff. ThürVerfGHG).

III. Zulässigkeit der Landesverfassungsbeschwerde

Die Zulässigkeit der Verfassungsbeschwerden zu einem LVerfG bestimmt sich weitgehend nach den **1175** gleichen Kriterien, wie sie maßgeblich sind bei der Verfassungsbeschwerde zum BVerfG.

1. Überblick

Nach den einschlägigen landesrechtlichen Bestimmungen ist zur Erhebung einer Verfassungsbe- **1176** schwerde befugt, wer behaupten kann, durch die öffentliche Gewalt des jeweiligen Landes in einem seiner landesverfassungsrechtlich gewährleisteten Grundrechte verletzt zu sein. Das Vorliegen dieser Zulässigkeitsvoraussetzungen bestimmt sich weitgehend entsprechend den §§ 90 ff. BVerfGG. Die Landesverfassungsgerichte haben sich in ihrer Spruchpraxis im wesentlichen der dazu ergangenen Judikatur des BVerfG angepasst, so dass – vom folgenden Kurzüberblick abgesehen – auf die entsprechenden Ausführungen in § 3 verwiesen werden kann.

a) Beschwerdefähigkeit

Es muss sich um eine natürliche oder juristische Person handeln (dazu oben unter § Rn. 259 ff.). **1177**

b) Beschwerdegegenstand

Die Landesverfassungen und die Landesverfassungsgerichtsgesetze beschränken die Prüfungskompe- **1178** tenz der Landesverfassungsgerichte überwiegend ausdrücklich auf Akte der Landesstaatsgewalt wie z.B. Behörden-, Gerichtsentscheidungen oder Gesetze.[1642] Hingegen fehlt eine Prüfungskompetenz bei Akten von Bundesorganen und Bundesgerichten. Nur in Bayern, Mecklenburg-Vorpommern und Hessen wäre eine Überprüfung von Bundesbehörden möglich; die Landesverfassungsgerichte lehnen dies ab.[1643]

Ein besonderes Problem besteht bei auf Grund Bundesrecht ergangenen Akten von Landesbehörden **1179** und -gerichten (vgl. dazu unten Rn. 1196 ff.).

1642 z.B. HessStGH NVwZ 2006, 685; vgl. oben Rn. 236 ff.
1643 Vgl. *Schlaich/Korioth*, S. 240, Fn. 30; a.A. u.a. *Sobota*, DVBl 1994, 799.

c) Beschwerdebefugnis

1180 Es muss die Möglichkeit einer (unmittelbaren, gegenwärtigen Selbst-)Verletzung in einem durch die LVerf geschützten Grundrecht – dazu unten Rn. 296 f. – bestehen.

d) Rechtswegerschöpfung

1181 Ausnahmslos muss auch bei der Anrufung des LVerfG der nach Bundesrecht eröffnete Rechtsschutz ausgeschöpft worden sein.[1644] Es gelten auch hier weitgehend die zu § 90 II BVerfGG entwickelten Grundsätze (vgl. oben Rn. 353 ff.). Über die formale Ausschöpfung des Rechtswegs hinaus gebietet es auch die bundesstaatliche Kompetenzabgrenzung, dass ein Beschwerdeführer im Sinne echter Subsidiarität vor der Erhebung der Verfassungsbeschwerde sämtliche Rechtsbehelfe – auch z.B. eine Anhörungsrüge[1645] oder ein Wiederaufnahmeverfahren, nicht jedoch einen den Verfassungsverstoß nicht beseitigender Gnadenerweis – erfolglos in Anspruch genommen hat.

1182 Vor Abschluss des Rechtsbehelfsverfahrens steht weder mit hinreichender Sicherheit fest, ob sich der Konflikt nicht auch ohne Rückgriff auf ein spezifisch inhaltsgleiches Grundrecht auflösen ließe, noch ob es zur Involvierung der Bundesgerichtsbarkeit kommt. Die Rechtswegerschöpfung ist bei den LVerfG ergänzend zu den Gründen, welche für die vergleichbare Regelung des § 90 II BVerfGG gelten, auch deshalb geboten, um unnötige Konflikte mit den bundesrechtlichen Vorschriften über die Unanfechtbarkeit bzw. Rechtskraft zu vermeiden. Daher kommt auch allenfalls in extremen Ausnahmefällen die Anrufung des LVerfG vor Rechtswegerschöpfung entsprechend den mit § 90 II 2 BVerfGG übereinstimmenden Regelungen in den Landesverfassungsgerichtsgesetzen in Betracht.

e) Frist

1183 Teilweise gelten Ein- oder – so z.B. in Berlin – Zweimonatsfristen (vgl. oben Rn. 525 ff.).

f) Rechtsschutzbedürfnis

1184 Wie in sonstigen gerichtlichen Streitigkeiten ist auch eine Verfassungsbeschwerde zu einem LVerfG unzulässig, wenn es an der Sachurteilsvoraussetzung des allgemeinen Rechtsschutzbedürfnisses fehlt. Dies ist insbesondere der Fall, wenn das materielle Rechtsschutzziel mit der Verfassungsbeschwerde nicht mehr oder anderweitig effektiver erreicht werden kann. Auch insoweit wird auf die Ausführungen zur Verfassungsbeschwerde verwiesen (Vgl. oben Rn. 601 ff.).

2. Beispiel: Verfassungsbeschwerde zum BayVerfGH

1185 Als Beispiel für den Aufbau einer Verfassungsbeschwerde vor den Landesverfassungsgerichten sei eine Beschwerde zum BayVerfGH skizziert.

1186 Es gibt im übrigen in Bayern kein besonderes Annahmeverfahren. Die Rechtshängigkeit eines Verfahrens beim BVerfG oder eine Entscheidung des Bundesverfassungsgerichts steht einer Entscheidung des VerfGH nicht entgegen.

1644 Vgl. die Nachw. bei *Gärditz*, 593, Fn. 56.
1645 Vgl. dazu Rn. 374 ff.

Beispiel 64

Prüfungsschema

A. Zulässigkeit

I. Zuständigkeit des BayVerfGH, Art. 66, 120 BayVerf, Art. 2 Nr. 6, 46-52 BayVerfGHG

II. Antragsberechtigung, Art. 120 BayVerf

Danach kann „jeder Bewohner Bayerns" (jeder, der eine dauernde örtliche Beziehung zum bayerischen Territorium hat/gegen seinen Willen darin festgehalten wird) den Schutz des BayVerfGH anrufen.

Dazu gehören alle natürlichen Personen, juristischen Personen mit Sitz in Bayern, nichtrechtsfähige Personenvereinigungen. Voraussetzung ist stets, dass sie ihren (Wohn-)Sitz in Bayern haben.

Beschwerdeberechtigt sind aber über den Wortlaut des Art. 120 BayVerf hinaus nicht nur die Bewohner Bayerns, sondern nach der Rechtsprechung des BayVerfGH im Hinblick auf Art. 33 I GG alle Deutschen[1646].

III. Beschwerdegegenstand, Art. 120 BayVerf, 51 I 1, 2 BayVerfGHG

Angriffsgegenstand sind nur öffentlich-rechtliche Maßnahmen oder Unterlassungen bayerischer Behörden (Art. 120 BV, 51 I 1 BayVerfGHG). Als „Behörden" werden nicht nur Verwaltungsbehörden, sondern auch Gerichte als ebenfalls hoheitlich handelnde Organe betrachtet[1647].

Rechtsnormen können hingegen nur mittels der Popularklage vor dem BayVerfGH angegriffen werden[1648].

IV. Beschwerdebefugnis Art. 120 BV, 51 I 1 BayVerfGHG

Der Beschwerdeführer muss in der Beschwerdeschrift dartun, dass er selbst gegenwärtig und unmittelbar durch den angegriffenen Einzelakt in seinen durch die BayVerf gewährleisteten Rechten verletzt ist.

V. Rechtswegerschöpfung, Art. 51 II 1 BayVerfGHG

Die Verfassungsbeschwerde ist nur zulässig nach Erschöpfung des Rechtswegs. Alle zulässigen Rechtsbehelfe müssen ausgeschöpft sein;[1649] zu den Rechtsbehelfen gehört nicht die Verfassungsbeschwerde zum BVerfG. Die Verfassungsbeschwerde ist schon vor Erschöpfung des Rechtswegs zulässig, falls Unzumutbarkeit oder ein nicht vorhaltbarer Irrtum geltend gemacht werden können sowie bei Statthaftigkeit des Abhilfeverfahrens (nur gegen Maßnahmen staatlicher Behörden, wenn kein Rechtsweg zu beschreiten ist). Eine dem § 90 II 3 BVerfGG vergleichbare Regelung fehlt.

VI. Frist, Art. 51 II 2, III, V BayVerfGHG

Grundsätzlich läuft eine Zweimonatsfrist, nach der schriftlichen Bekanntgabe der vollständigen letztgerichtlichen Entscheidung an den Beschwerdeführer (Art. 47 II 2 BayVerfGHG). Eine Wiedereinsetzung in den vorigen Stand bei Fristversäumung ist möglich.

VII. Form der Einlegung, Art. 14 I 1, 51 I 1 BayVerfGHG

Schriftlich mit Begründung.

B. Begründetheit

Die Verfassungsbeschwerde ist begründet, wenn der Bf. durch die angegriffene Maßnahme oder Unterlassung in seinen durch die BayVerf gewährten Rechten verletzt ist. Prüfungsmaßstab sind die „verfassungsmäßigen Rechte" (Art. 120 BayVerf), d.h. subjektive Rechte, die aus der Verfassung abgeleitet werden. Es muss sich dabei nicht immer ausschließlich um Grundrechte handeln; wenn zugleich das Willkürverbot des Art. 118 I BayVerf verletzt ist, kann auch ein Verstoß gegen objektives Verfassungsrecht gerügt werden.

Die Rechtskontrolle durch den VerfGH beschränkt sich auf die Prüfung, ob das Gericht

- das Verfahren verletzt hat;
- willkürlich entschieden hat;
- eine ungültige Norm angewendet hat;
- eine Norm verfassungswidrig ausgelegt hat.

Die Verfassungsbeschwerde zum BayVerfGH hat keine aufschiebende Wirkung.

1187

1646 BayVerfGHE 9, 21, 23; 20, 153, 156.
1647 Vgl. BayVerfGHE 34, 178.
1648 Art. 98 S. 4 BayVerf; Art. 2 Nr. 7, 55 BayVerfGHG.
1649 Vgl. nur BayrVerfGH NJW 2001, 2962.

3. Erlass einstweiliger Anordnungen

1188 Nach der Rechtsprechung der meisten Landesverfassungsgerichte wird die Möglichkeit zum Erlass einstweiliger Anordnungen bejaht,[1650] dies gilt auch in bundesrechtlich geregelten Verfahren.[1651] Sie kommt aber nur dann in Betracht, wenn das LVerfG auch zur Entscheidung in der Hauptsache kompetent ist; im Prinzip muss daher auch der Rechtsweg erschöpft sein.[1652] Es gelten insoweit die gleichen Voraussetzungen, wie sie das BVerfG zu § 32 BVerfGG entwickelt hat, so dass auf die Ausführungen zu § 9 verwiesen werden kann.

IV. Beschränkte Prüfungskompetenz der LVerfGe

1189 Bei einer Anrufung eines LVerfG kann sich das Problem stellen, dass die Überprüfungskompetenz der Landesverfassungsgerichtsbarkeit im Vergleich zum BVerfG beschränkt ist, so dass eine Verfassungsbeschwerde unzulässig bzw. unbegründet ist.

1. Prüfungsumfang

1190 Ebenso wie beim BVerfG ist auch der Prüfungsumfang beim LVerfG beschränkt auf „spezifisches Verfassungsrecht".[1653] Ist – wie im Regelfall – eine gerichtliche Entscheidung Gegenstand der Verfassungsbeschwerde, besteht eine Prüfungsbefugnis des Verfassungsgerichtshofs nur in engen Grenzen. Die Verfahrensgestaltung, die Würdigung des Sachverhalts, die Auslegung und Anwendung des einfachen Rechts durch die Fachgerichte im Einzelfall sind der Nachprüfung grundsätzlich entzogen. Der Verfassungsgerichtshof kann auf eine Verfassungsbeschwerde hin nur dann eingreifen, wenn Verfassungsrecht verletzt ist, insbesondere Grundrechte eines Betroffenen in ihrer Bedeutung und Tragweite grundsätzlich verkannt worden sind oder die fachgerichtliche Entscheidung auf Willkür beruht.[1654]

2. Prüfungsmaßstab

1191 Prüfungsmaßstab bei einer Landesverfassungsbeschwerde ist grundsätzlich allein das Landesrecht, insbesondere das Landesverfassungsrecht.

a) Landesverfassungsrecht

1192 Vorrangig maßgeblich sind die – in den einzelnen Landesverfassungen unterschiedlich stark positivierten – Grundrechte und grundrechtsgleichen Rechte. Festzustellen ist, ob ein Grundrecht der Landesverfassung im Hinblick auf die geltend gemacht Rüge sachlich bzw. thematisch oder vom Schutzbereich her einschlägig ist.

1650 Vgl. z.B. Art. 26 BayVerfGHG, § 31 BerlVerfGHG, § 30 BbgVerfGG, § 26 HessStGHG, § 19a RhPfVerfGhG, § 23 SaarlVerfGHG, § 15 SächsVerfGHG, § 26 ThürVerfGHG.
1651 Vgl. z.B. *BerlVerfGH* NJW 2001, 3181; *BayVerfGH* NJW 2000, 3705; *HessStGH* NJW 1999, 1539 f.
1652 Vgl. auch *HessStGH* NJW 1999, 1539, 1539, 1540.
1653 Vgl. dazu oben Rn. 792 ff.
1654 So z.B. *BerlVerfGH* Beschl. v. 25.4.2006-VerfGH 114/04; BLVerfGE 12, 34, 38; 13, 42, 51.

Bundesgrundrechte gehören nicht zu dem rügefähigen Potenzial einer Landesverfassungsbeschwerde[1655]. Sie sind kein – unmittelbarer – Prüfungsmaßstab der Landesverfassungsgerichte. Weder die Bindung an die Grundrechte noch die Befugnis (auch) des LVerfG, grundgesetzliche Vorschriften in seiner Kontrolltätigkeit einzubeziehen, belegen seine Fähigkeit, Rechtsakte der Landesstaatsgewalt bei Verstoß gegen die Bundesverfassung zu kassieren. Sie haben im Hinblick auf Bundesrecht allenfalls eine Interpretationskompetenz, nicht aber eine Entscheidungskompetenz.[1656]

1193

Angesichts der Gemengelage landesrechtlicher und bundesrechtlicher Einflüsse auf hoheitliches Handeln beschränkt sich der Rechtsprechungsauftrag der LVerfGe auf das „Hüten" (nur) der Landesverfassung, nicht auch des Grundgesetzes. Sie sind daher nur für die Überprüfung auf einen Verstoß gegen die Landesverfassung zuständig, während dies im Hinblick auf einen Verstoß gegen das Grundgesetz allein dem BVerfG vorbehalten ist. Entsprechend fehlt dem BVerfG – sofern es nicht auf der Grundlage des Art. 99 GG stellvertretend für ein Landesverfassungsgericht tätig wird – auch in den Fällen, in denen es um die Verfassungswidrigkeit von Landesrecht geht, die Befugnis, als Prüfungsmaßstab auch die Landesverfassung heranzuziehen.

1194

Andererseits kommt eine mittelbare bzw. inzidente Kontrolle der LVerfGe am Maßstab des Bundesrechts in Betracht. Die Normen des Grundgesetzes wie auch die des einfachen Bundesrechts können für die Prüfungstätigkeit der Landesverfassungsgerichte nicht vollständig außer Betracht bleiben. Vielmehr sind sie inzidenter als Prüfungsmaßstab insofern von Bedeutung, als Bundesrecht auf Grund seiner Höherrangigkeit Landesrecht außer Kraft setzen bzw. nicht wirksam entstehen lassen kann. Insbesondere sind die Landesverfassungsgerichte gehalten, im Wege einer inzidenten Gültigkeitskontrolle zu prüfen, ob die als Prüfungsmaßstab in Betracht kommende Bestimmung der Landesverfassung mit dem Grundgesetz sowie mit sonstigem Bundesrecht vereinbar ist, oder ob eine den Prüfungsgegenstand bestimmende Norm des Landesrechts von höherrangigem Bundesrecht verdrängt oder sonst beeinflusst wurde. Diese den Landesverfassungsgerichten zustehende Vorfragenkompetenz findet ihre gesetzliche Bestätigung in den Vorschriften der Art. 100 I und III GG, die notwendig ein (vorheriges) Befassen des vorlegenden Gerichts mit Bundesverfassungsrecht voraussetzen.

1195

b) Akte der Landesstaatsgewalt auf Grund von Bundesrecht

Eine Einschränkung der Prüfungskompetenz des LVerfG besteht auch in Fällen, in denen Akte der Landesstaatsgewalt – also vor allem von Landesbehörden oder -gerichten – auf Grund von Bundesrecht – wie z.B. der StPO oder des StGB – ergehen.[1657]

1196

Als Beispiel sei der Fall Honecker genannt, in dem von den Rechtsanwälten des früheren Staatsratsvorsitzenden der DDR gegen Entscheidungen des LG und des KG, welche auf Grund von Bundesrecht wie der StPO ergangen waren, das LVerfG angerufen wurde.[1658]

1197

aa) Problematik

Nach dem bundesstaatlichen Aufbau der Bundesrepublik Deutschland (vgl. Art. 20 I, 79 III GG) sind die Länder neben dem Bund Staaten mit eigener – wenn auch gegenständlich beschränkter – nicht vom Bund abgeleiteter, sondern von ihm anerkannter Hoheitsmacht.

1198

1655 *BbgVerfG*, LVerfGE 2, 181.

1656 Vgl. *Klein/Haratsch*, JuS 2000, 209, 213; siehe auch BVerfGE 97, 298.

1657 Vgl. u.a. *Klein/Haratsch*, JuS 2000, 209 ff.; *Dietlein*, JURA 2000,19 ff.; siehe auch *Bartlsperger*, DVBl 1993, S. 333 ff.; *Berkemann*, NVwZ 1993, S. 409 ff.; *Fricke*, Deutschland-Archiv 1993, S. 139 ff.; *Gehb*, DÖV 1993, S. 470 ff.; *Hain*, JZ 1998, S. 620 ff.; *Klein/Haratsch*, JuS 1994, 559 ff.; *Lemhöfer*, NJW 1996, S. 1714 ff.; *Löwer*, SächsVBl. 1993, S. 73 ff.; *Meurer*, JR 1993, S. 89 ff.; *Paeffgen*, NJ 1993, S. 152 ff.; *Pestalozza*, NVwZ 1993, S. 340 ff.; *Rozek*, AöR 119 (1994), S. 450 ff.; *Sachs*, ZfP 1993, S. 121 ff.; *Schoreit*, NJW 1993, S. 881 ff.; *Sobota*, DVBl 1994, S. 793.; *Starck*, JZ 1993, S, 231 ff.; *Wassermann*, NJW 1993, S. 1567 f.; *Wesel*, KJ 1993, S. 203 ff.; *Wilke*, NJW 1993, S. 887 ff.

1658 *BerlVerfGH* NJW 1993, 513

1199 Diese Staatsqualität der Länder wird als Ursprung ihrer originären „Verfassungshoheit" oder „Verfassungsautonomie" betrachtet, aus der abgeleitet wird, dass das Verfassungsrecht und die Verfassungsgerichtsbarkeit der Länder grundsätzlich selbstständig neben dem Verfassungsrecht und der Verfassungsgerichtsbarkeit des Bundes stehen. Das Grundgesetz enthält für die Verfassungen der Länder nur wenige Normativbestimmungen, vor allem Art. 28 I GG. Im übrigen können die Länder ihr Verfassungsrecht und damit auch ihre Verfassungsgerichtsbarkeit nach eigenem Ermessen ordnen. Auf Grund ihrer Verfassungsautonomie können sie auch Grundrechte in ihre Landesverfassungen aufnehmen. Die Länder haben davon in unterschiedlichem Umfang Gebrauch gemacht.

1200 Angesichts konkurrierender Verfassungsgerichtsbarkeiten auf nationaler Ebene stellt sich – vor allem bei der Anwendung von Bundesrecht durch Landesbehörden und Gerichte – das Problem der Abgrenzung der Landesverfassungsgerichtsbarkeit zu Bundesgerichten und zum BVerfG. Hier könnte es an einer Entscheidungskompetenz der LVerfG fehlen, da Prüfungsmaßstab bei Landesverfassungsbeschwerden allein Grundrechte der Landesverfassungen und nicht das GG sein kann.

1201 Es ist aber bis heute nicht sicher und abschließend geklärt, ob und ggf. in welchem Umfang den Landesverfassungsgerichten eine Überprüfungsbefugnis zusteht, sofern der ihnen unterbreitete Beschwerdegegenstand nicht ausschließlich auf der Ausübung von Landesstaatsgewalt, sondern (auch) der Bundesstaatsgewalt beruht. Sobald ein Hoheitsakt einen Bezug zur Bundesstaatsgewalt aufweist – weil entweder eine Bundesbehörde gehandelt hat, letztinstanzlich ein Bundesgericht entschieden hat oder der angegriffene Hoheitsakt normativ auf Bundesrecht beruht – stellt sich die Frage, ob eine Überprüfung im Verfahren der Landesverfassungsbeschwerde möglich ist.

1202 Die Beantwortung der Frage nach der Entscheidungskompetenz des LVerfG hängt vom Verhältnis der Bundesgrundrechte zu den Landesgrundrechten und damit der Bedeutung der Art. 31, 142 GG sowie kompetenzrechtlicher Bestimmungen wie z.B. des Art. 74 Nr. 1 GG ab.

bb) Beschränkte praktische Bedeutung des Streits

1203 Dem intensiven und leidenschaftlichen Streit um die Problematik der Landesverfassungsbeschwerde beim Vollzug des Bundesrechts kommt in der Praxis nicht einmal ansatzweise eine dem immensen Argumentationsaufwand entsprechende Bedeutung zu. Er ist zu einem großen Teil nur akademisch, da die Landesverfassungsgerichte sich ohnehin an der Rechtsprechung des BVerfG – auch wegen der Vorlagepflicht bzw. dem Vorlageprivileg des Art. 100 III GG – ausrichten.[1659] Eine realistische Gefährdung der „Rechtseinheit im Bundesstaat" droht nicht, zumal es eine Rechtsprechungseinheit i.e.S. überhaupt nicht gibt.[1660] Zudem ist der Streit wegen der jeweiligen Ausgestaltung der Landesverfassungsbeschwerde – außer in Berlin – nur in Bayern, Brandenburg, Hessen, Sachsen und Thüringen – also nur bei sechs von fünfzehn Landesverfassungsgerichten – praktisch relevant.

1204 In Mecklenburg-Vorpommern (Art. 53 Nr. 6 Verf M-V, §§ 11 I Nr. 8, 51 ff. LVerfGG M-V) und im Saarland (§ 55 III SaarlVGHG) ist die Verfassungsbeschwerde gegen Maßnahmen der öffentlichen Gewalt des Landes nicht zulässig, soweit eine Zuständigkeit des BVerfG gegeben ist. In Sachsen-Anhalt (Art. 75 Nr. 6 VerfLSA, §§ 2 Nr. 7, 47 ff. LVerfGG LSA) kann die Verfassungsbeschwerde nur gegen Landesgesetze unmittelbar erhoben werden. In Rheinland-Pfalz ist die Verfassungsbeschwerde nach § 44 II 1 RhPfVerfGHG unzulässig, soweit die öffentliche Gewalt des Landes Bundesrecht ausführt oder anwendet; etwas anderes gilt aber nach S. 2 für die Durchführung des gerichtlichen Verfahrens oder wenn die Landesverfassung weiter reichende Rechte als das Grundgesetz gewährleistet.

cc) Kontroverse Gerichtspraxis

1205 Während der BerlVerfGH die Kompetenz für sich in Anspruch nahm, in Anwendung der bundesrechtlichen StPO ergangene Entscheidungen von Gerichten des Landes Berlin uneingeschränkt anhand der BerlVerf. zu überprüfen,[1661] lehnten dies andere Landesverfassungsgerichte im Hinblick auf

---

1659 Vgl. auch *Schlaich/Korioth*, S. 246, 247.
1660 Vgl. *Schlaich/Korioth*, S. 247.
1661 *BerlVerfGH* NJW 1993, 513 u. 515; 1994, 3343.

Art. 31 GG teilweise ab oder begrenzten ihren Kontrollmaßstab auf die Verletzung von Prozessgrundrechten oder Willkür.[1662] Erst der SächsVerfGH[1663] war bereit, den gordischen Knoten zu durchschlagen, indem er in einem Verfassungsbeschwerdeverfahren, das eine Gehörsverletzung in einer zivilrechtlichen Streitigkeit betraf, die lange überfällige Divergenzvorlageentscheidung nach Art. 100 III GG traf und die Rechtsfrage vor das BVerfG brachte.

dd) Anwendbarkeit der Landesgrundrechte durch LVerfGe im Bereich des Verfahrensrechts

Auf diese Vorlage des SächsVerfGH hat das BVerfG[1664] dann eine Reihe von Streitfragen zum Verhältnis von Bundes- und Landesverfassungsbeschwerde und zur Reichweite der Entscheidungskompetenz der Landesverfassungsgerichte in einer Grundsatzentscheidung geklärt.　**1206**

(1) Grundsatz für das Verfahrensrecht

Nach dem BVerfG[1665] sind Landesverfassungsgerichte im Bereich des Verfahrensrechts grundsätzlich　**1207** befugt, die Ausübung von Landesstaatsgewalt durch Gerichte des Landes anhand der Landesverfassung zu überprüfen, auch wenn die angegriffenen Entscheidungen in einem bundesrechtlich geregelten Verfahren ergangen sind. Eine Bindung an die Landesverfassung mit ihren Grundrechten und grundrechtsgleichen Gewährleistungen kommt auch dann in Betracht, wenn es um die Anwendung abschließenden kodifikatorischen Bundesverfahrensrechts durch Gerichte des Landes geht.

Trotz der im Regelfall abschließenden Regelung des Verfahrensrechts in den bundesrechtlichen Prozessordnungen soll also z.B. ein Verstoß gegen das Grundrecht auf rechtliches Gehör sowie die Verletzung anderer Verfahrensgrundrechte auch vor dem jeweiligen Landesverfassungsgericht geltend gemacht werden können, soweit das Landesrecht dies vorsieht.[1666]　**1208**

(2) Voraussetzungen für eine Prüfungskompetenz des LVerfG

Das GG erlaubt aber nach dem BVerfG nur unter engen Voraussetzungen, dass ein LVerfG Entscheidungen von Landesgerichten aufhebt, welche auf Bundesverfahrensrecht beruhen. Es muss sich um inhaltsgleiches Landesverfassungsrecht handeln, das Bundesrecht muss offen sein für dessen Anwendung, zudem muss es um Entscheidungen von Landesbehörden und Landesgerichten gehen.　**1209**

• Prüfungsmaßstab: Nur inhaltsgleiches Landesverfassungsrecht　**1210**
Es besteht nur eine Kompetenz der LVerfG zur Überprüfung von auf Bundesrecht beruhenden Entscheidungen von Landesbehörden und Landesgerichten in Fällen, in denen Landesgrundrechte ganz oder teilweise inhaltsgleich im Sinne des Art. 142 GG[1667] sind mit Bundesgrundrechten. Der Gewährleistungsbereich der jeweiligen Grundrechte und ihre Schranken dürfen einander nicht widersprechen, so dass keine zur Unanwendbarkeit der Landesgrundrechte führende Kollision mit Bundesrecht i.S.d. Art. 31 GG besteht.

1662 Vgl. die Nachw. bei *Gärditz*, 586 Fn. 7.
1663 SächsVerfGH NJW 1996, 1736 f.
1664 BVerfG NJW 1998, 1296; dazu *Menzel*, NVwZ 1999, 1314 ff.
1665 BVerfGE 96, 345 ff.
1666 BVerfG NJW 1998, 1296.
1667 Art. 142 GG erwähnt zwar ausdrücklich nur die Grundrechte der Art. 1 bis 17 GG und spricht auch nur davon, dass die mit diesen übereinstimmenden Landesgrundrechte in Kraft bleiben. Die am Zweck dieser Regelung ausgerichtete Auslegung ergibt jedoch nach dem BVerfG einen weiteren Anwendungsbereich. Die Vorschrift soll einen Schutz der Grundrechte auch durch die Landesverfassungsgerichte ermöglichen. Sie ist daher auf alle mit einer Verfassungsbeschwerde geltend zu machenden Grundrechte und grundrechtsgleichen Gewährleistungen zu erstrecken und erfasst auch nicht nur die subjektiven Verfassungsrechte, die schon im Zeitpunkt des Inkrafttretens des Grundgesetzes in den Verfassungen der Länder der Bundesrepublik geregelt waren.

1211 **• Divergenz**

Hieraus folgt, dass auch die Landesfachgerichte bei der Anwendung von Bundesrecht nur inhaltsgleiche Landesgrundrechte zu beachten haben. Es besteht hingegen keine Prüfungskompetenz bei – im Vergleich zum GG – stärkeren oder schwächeren Landesgrundrechten. Soweit die Grundrechte der Landesverfassungen über die Grundrechte des GG hinausgehen, was verfassungsrechtlich unproblematisch ist, kommt wegen Art. 31 GG allein die Anrufung des LVerfG in Betracht. [1668] [1669]

Beispiel 65 Eine besondere Ausprägung hat z.B. der Schutz der Presse in der BbgVerf. gefunden,[1668] die auf ein verfassungsunmittelbares Zeugnisverweigerungsrecht und Beschlagnahmeverbot hinausläuft. Da die Pressefreiheit bundesrechtlich jedoch nicht in diesem Umfang gewährleistet ist, sondern vielmehr verhältnismäßigen Relativierungen offen steht (vgl. Art. 5 II GG),[1669] kann diese landesverfassungsrechtliche Garantie jedenfalls im Strafprozess keine Anwendung finden.

1212 Teilweise sehen die Landesverfassungen eine - bestimmten Ausnahmen zugängliche - Garantie der öffentlichen Verhandlung vor. Obwohl das Bundesrecht einen Ausschluss der Öffentlichkeit in das Ermessen des Gericht stellt (vgl. §§ 171 ff. GVG), scheitert eine landesverfassungsgerichtliche Kontrolle an dem Fehlen eines inhaltsgleichen Grundrechts. Das GG kennt nämlich eine Garantie des öffentlichen Verfahrens nicht.[1670]

1213 Akte der Landesstaatsgewalt auf Grund von Bundesrecht können ebenfalls nicht an der LVerf gemessen werden, wenn deren Schutzgehalt hinter den grundgesetzlich verbürgten Grundrechten zurückbleibt. Diese Grundrechte sind zwar nach dem BVerfG – entgegen früher vielfach vertretener Ansicht – nicht unwirksam. Da Grundrechte nur Minimalgarantien darstellen, stellt ein kürzer greifendes Landesgrundrecht den weitergehenden Schutz des Bundesgrundrechts schließlich nicht in Frage.[1671]

1214 **• Kriterium der Inhaltsgleichheit**

Nicht selten stellt sich aber im Einzelfall die Frage, wann denn eine Inhaltsgleichheit i.S.v. Art. 142 GG von Bundes- und Landesgrundrecht gegeben ist, so dass keine Verdrängung durch Art. 31 GG erfolgt. Grundsätzlich muss die Grundrechtsprüfung zum selben Ergebnis wie das Grundgesetz kommen. Bundes- und Landesgrundrechte müssen einen bestimmten Gegenstand im gleichen Sinn und mit gleichem Inhalt und Umfang regeln und in diesem Sinne inhaltsgleich sein.[1672] Die Ergebnisgleichheit der Interpretation der korrelierenden Grundrechte ist letztlich Voraussetzung für die Zulässigkeit der Verfassungsbeschwerde zum LVerfG.[1673] Das Gericht muss also – will es seine Zuständigkeit wahren – Bundes- und Landesgrundrecht identisch auslegen. Bei der Prüfung dieser Vorfrage ist das Landesverfassungsgericht gem. § 31 BVerfGG an die Rechtsprechung des BVerfG gebunden und unterliegt der Vorlagepflicht gem. Art. 100 III GG.

1215 Da der angegriffene landesrichterliche Hoheitsakt der Sache nach entweder nur beide oder keine der Grundrechtsgarantien verletzen kann,[1674] muss das LVerfG daher nach der notwendigen Feststellung, dass ein Landesgrundrecht thematisch einschlägig ist, prüfen, ob es sich um ein „inhaltsgleiches" Grundrecht handelt. Dabei ist zunächst als Vorfrage zu klären, zu welchem Ergebnis, die Anwendung des parallelen Bundesgrundrechts einerseits und des Landesgrundrechts andererseits führt. Bei Ergebnisgleichheit kann das inhaltsgleiche Landesgrundrecht als zulässiger Prüfungsmaßstab herangezogen und ein Verstoß gegen die LVerf festgestellt werden. Führt die Prüfung des LVerfGs zu

---

1668 Art. 19 V BbgVerf.

1669 Vgl. nur _BVerfG_ NJW 2003, 1787.

1670 BVerfGE 15, 303, 307.

1671 _BVerfG_ NJW 1998, 1296; Vgl. dazu _von Coelln_, Anwendung von Bundesrecht nach Maßgabe der Landesgrundrechte?, 2001, S.150 ff.; _Dreier_, Grundrechtsschutz durch Landesverfassungsgerichte, 2000; _Hain_, JZ 1998, 620 ff.; _Klein/Haratsch_, JuS 2000, 209 ff.; _Lange_, NJW 1998, 1278 f.; _Menzel_, Landesverfassungsrecht, 2002, S. 213 ff.; NVwZ 1999, 1314 ff.; _Pabel_, in: Menzel, Verfassungsrechtsprechung, 2000, 621 ff.; _Pestalozza_, in: P. Macke, Verfassung und Verfassungsgerichtsbarkeit auf Landesebene, 1998, S. 245 ff.; _Wittreck_, DÖV 1999, 634 ff.

1672 BVerfG NJW 1998, 1296.

1673 Vgl. _Menzel_, NJW 1999, 1314, 1316.

1674 Vgl. _Klein/Haratsch_, JuS 2000, 209 ff.

dem Ergebnis, dass die grundrechtlichen Verbürgungen nicht inhaltsgleich sind, also eine Divergenz vorliegt, dann kann die landesgerichtliche Anwendung des Bundesverfahrensrechts nicht am Maßstab des Landesgrundrechts gemessen werden; die Landesverfassungsbeschwerde ist dann – aus bundesrechtlichen Gründen – unzulässig.[1675]

Es darf aber nicht übersehen werden, dass das Kriterium der „Inhaltsgleichheit" nur bedingt als geeignet erscheint, der auch vom BVerfG offenbar gesehenen Gefahr vorzubeugen, dass Bundesrecht im Zuge seiner Anwendung durch Landesgrundrechte umgeformt wird. Wird im Wege der Stattgabe einer Landesverfassungsbeschwerde die Anwendung eines Bundesgesetzes unter Hinweis auf ein (angeblich) inhaltsgleiches Landesgrundrecht vom LVerfG in eine bestimmte Richtung gelenkt, ist hiergegen nichts auszurichten, unabhängig davon, ob die Bundesnorm landesrechtlichen Einwirkungen zugänglich („offen") ist oder nicht und ob das LVerfG die Inhaltsgleichheit zu Recht angenommen hat oder nicht. Es widerstrebt dem Grundgedanken des Art. 31 GG – auch wenn er eine Normkollisionsklausel ist –, von der Geltung des Normbefehls in der Rechtsanwendung Abstriche zu machen. Genau diese Gefahr droht jedoch. **1216**

• Offenheit des Bundesrechts **1217**

Voraussetzung für eine landesverfassungsrechtliche Kontrolle im Einzelfall ist immer, dass das zu überprüfende Bundesrecht offen ist für eine Anwendung des Landesverfassungsrechts.

Enthält das Bundesrecht hingegen eine abschließende Fehlerfolgenregelung, hat der Bundesgesetzgeber mit der (verfassungskonformen) einfachgesetzlichen Wiederholung eines Normierungsbereiches, der bereits auf Verfassungsebene weitgehend konkretisiert ist (etwa Art. 13, 104 GG), nicht nur Inhalte festgelegt, sondern zugleich unter Ausschluss etwaigen Komplementärrechtsschutzes zu erkennen gegeben, welche Auswirkungen ein Verfassungsverstoß auf den Fortgang des bundesprozessrechtlichen Verfahrens hat, dann steht die implizite Fehlerfolgenregelung einer Aktualisierung der latenten Bindung an die Landesverfassung entgegen.[1676] **1218**

• Kriterium **1219**

Behörden und Gerichten des Landes müssen daher überhaupt Spielräume verbleiben, bei deren bundesrechtlich nicht vollständig determinierter Ausfüllung sie dann Vorgaben der Landesverfassung zu beachten haben.[1677] Die konkret zu treffende Entscheidung muss Elemente eigenverantwortlicher Wertung oder Prärogativen enthalten und darf sich nicht lediglich auf die Subsumtion unter bundesrechtliche Maßstäbe beschränken.[1678]

Angesichts der nicht unerheblichen Normierungsdichte des bundesrechtlichen Regelungswerkes im Verfahrensrecht wie z.B. der ZPO, der StPO oder dem GVG ist daher der Anwendungsbereich für Landesverfassungsbeschwerden von vornherein begrenzt. Im Strafverfahrensrecht bestehen derartige Spielräume, da die Gestaltung des Verfahrens zu großen Teilen eigenverantwortliche Ausübung von Landesstaatsgewalt ist. Die Erhebung der Beweise, die Durchführung von Eingriffen zur Ermittlung und Sicherung des Verfahrens sowie der Ablauf der Hauptverhandlung orientieren sich vorrangig an ermittlungstaktischen und prozessökonomischen Bedürfnissen der Strafverfolgungsbehörden und Gerichte im jeweils konkreten Fall. Grundsätzlich sind einzelne Ermittlungseingriffe in Auswahl, Anwendung und Durchführung in das Ermessen der zuständigen Landesbehörden gestellt.[1679] **1220**

• Beispiele für fehlenden Spielraum **1221**

In vielen Fällen ist hingegen die Prüfungskompetenz der LVerfG wegen fehlender Offenheit des von den Landesbehörden und Landesgerichten anzuwendenden Bundesrechts beschränkt.

1675 BVerfGE 96, 345, 374. Ergänzend ist anzumerken, dass die Identifikation von Inhaltsgleichheit mit Ergebnisgleichheit ein Landesverfassungsgericht letztlich dazu zwingt, die komplette Begründetheitsprüfung vorzuverlagern, um die bundesstaatsrechtliche Statthaftigkeitshürde zu nehmen.
1676 A.A. RhPfVerfGH DöV 2001, 209; dazu *Gärditz*, 589, Fn. 25.
1677 BVerfGE 96, 345, 366.
1678 BVerfGE 96, 345, 373.
1679 Vgl. zum Ganzen *Gärditz*, 588 f.

1222 Als Beispiel sei einmal das Recht auf den gesetzlichen Richter genannt. Er ist zwar vielfach auch landesverfassungsrechtlich garantiert und inhaltgleich mit Art. 101 I 2 GG.[1680] Verfahrenordnungen wie z.B. die StPO enthalten jedoch z.T. ein stark formalisiertes Rechtsbehelfssystem, das erkennbar abschließend regeln soll, unter welchen (engen) Voraussetzungen Verstöße gegen das Gebot des gesetzlichen Richters zur Aufhebung der Entscheidung führen sollen (vgl. §§ 222b, 337, 338 Nr. StPO). Dies schließt eine zusätzliche Kontrolle durch ein Landesverfassungsgericht im wesentlichen aus.[1681]

1223 Einschränkungen der Kompetenz der LVerfG bestehen auch im Hinblick auf den mit Art. 103 III GG identischen Grundsatz „ne bis in idem", der dem Wortlaut nach nur gegen eine doppelte Bestrafung in der gleichen Sache, jedoch zugleich auch eine erneute Strafverfolgung verbietet, soweit über eine prozessuale Tat bereits rechtskräftig durch Freispruch, Verurteilung oder im Rahmen einer sonstigen rechtskräftigen Erledigung entschieden wurde.[1682] Trotz der Parallelregelung kann aber eine Verletzung des Grundsatzes nicht vor einem LVerfG angegriffen werden, da die vorgreifliche Bestimmung des Umfanges der Rechtskraft vollständig bundesrechtlich durch den Begriff der prozessualen Tat (§§ 155, 264 I StPO) determiniert wird.[1683] Eine Intervention ist daher erst bei einer willkürlichen Bildung der prozessualen Tat möglich.[1684]

1224 Auch das zügige Verfahren wurde in einzelnen Landesverfassungen als Justizgrundrecht festgeschrieben. Auch unter dem GG ist ein solches Recht zwar anerkannt[1685] und es dürfte sich zudem aus dem Rechtsstaatsprinzip im Verfassungsrecht der übrigen Bundesländer entnehmen lassen. Eine landesverfassungsgerichtliche Intervention ist jedoch nur begrenzt möglich, da aus einer überlangen Verfahrensdauer nach der höchstbundesrichterlichen Rechtsprechung nur zurückhaltende Rechtsfolgen gezogen werden.[1686]

1225 Der vereinzelt auch in den Landesverfassungen verankerte nemo tenetur-Grundsatz ist trotz bundesverfassungsrechtlicher Radizierung[1687] hingegen kaum tauglicher landesverfassungsgerichtlicher Prüfmaßstab, da die StPO das Schweigerecht auch einfach-gesetzlich schützt (vgl. insbesondere § 136 I 2 StPO) und auch die Fehlerfolgen abschließend aus dem Bundesrecht deduziert werden.

1226 • **Prüfungsgegenstand: Akte ausschließlich der Landesstaatsgewalt**

Eine weitere Einschränkung der Prüfungskompetenz der LVerfG ergibt sich daraus, dass die mit der Verfassungsbeschwerde angegriffenen Entscheidungen von Landesbehörden und Landesgerichten ausschließlich auf der Entscheidung eines Gerichts des Landes – und nicht auch des Bundes – beruhen müssen.[1688] Eine Aufhebung von Entscheidungen, die (auch) auf der Ausübung von Bundesstaatsgewalt beruhten, ist den Landesverfassungsgerichten hingegen verwehrt.

1680 Vgl. nur *HessStGH* NVwZ 2001, 910.

1681 So *Gärditz*, 602; vgl. dazu auch *BerlVerfG* NVwZ 2001, 910; *HessStGH* B.v. 11.11.1998, P. St. 1346.

1682 BVerfGE 12, 62, 66.

1683 *BVerfG* ebenda.

1684 So *Gärditz*, 607.

1685 *BVerfG* NJW 2003, 2897 ff.

1686 Nach *Gärditz*, 603, gilt, dass die landesverfassungsgerichtlichen Korrekturmöglichkeiten sich daher im wesentlichen auf eine Kontrolle der Spielräume beschränken, die bei der flexiblen Kompensation der Verfahrensdauer im Rahmen der Strafzumessung bestehen. Eine Intervention zur Beschleunigung eines noch anhängigen, aber erkennbar verschleppten Verfahrens (vgl. nur *ThürVerfGH* NJW 2001, 2708) erscheine jedoch zulässig, da hier vor allem die Autonomie der Landesbehörden und -gerichte bei der Verfahrensgestaltung und nicht das in diesem Punkt lückenhafte Bundesprozessrecht selbst thematisch sei. Insbesondere berühre ein landesverfassungsgerichtlicher Ausspruch, der zu einer Verfahrensbeschleunigung anhält bzw. eine korrespondierende Rechtsverletzung feststellt, nicht die bundesrechtlichen Bestimmungen über die Rechtskraft von Entscheidungen.

1687 Vgl. BVerfGE 38, 105, 114 f.; 55, 144, 150.

1688 BVerfGE 96, 345, 363, 371 f.; vgl. auch *BbgVerfG* NJW 2003, 2009: Das Gericht stellt fest, dass kein Bundesgericht befasst war und die gerügten Grundrechte inhaltsgleich sind.

Bundesstaatsgewalt haftet einer Entscheidung auch dann an, wenn diese von einem Bundesgericht **1227** bestätigt worden oder unter Bindung an eine bundesgerichtliche Entscheidung (Zurückverweisung, Divergenzvorlage etc.) ergangen sind.[1689]

Die gegen ein Urteil eines OLG gerichtete Verfassungsbeschwerde zu einem LVerfG ist auch dann **1228** nicht zulässig, wenn der BGH (nur) den Antrag auf Gewährung von PKH zur Durchführung einer Nichtzulassungsbeschwerde gegen das Urteil abgelehnt hat, weil die beabsichtigte Rechtsverfolgung keine Aussicht auf Erfolg hat.[1690]

Der Verfassungsgerichtshof ist zur Aufhebung verfassungswidriger Entscheidungen von Landesgerich- **1229** ten auch dann befugt, wenn diese nach den bundesrechtlichen Verfahrensordnungen rechtskräftig sind. Dies gilt aber nur, wenn die nach Erschöpfung des Rechtswegs verbleibende Beschwer auf der Ausübung der Staatsgewalt des Landes – und nicht auch des Bundes – beruht.[1691]

Da – wie unten dargelegt – Voraussetzung einer landesverfassungsgerichtlichen Überprüfung ist, dass **1230** der bundesprozessrechtlich eröffnete Rechtsweg erschöpft wurde und kein Bundesgericht mit der Sache befasst war, verbleiben z.B. im Strafverfahrensrecht als Entscheidungen,[1692] die vor einem LVerfG mit der Verfassungsbeschwerde angegriffen werden können, im wesentlichen nur Revisionsentscheidungen der Strafsenate des OLG,[1693] Entscheidungen, mit denen eine Berufung nach § 313 II StPO bzw. § 329 StPO verworfen wurde,[1694] Berufungsentscheidungen der Jugendkammer, selbstständige Beschwerdeentscheidungen im Ermittlungsverfahren[1695] – insbesondere in Haftsachen[1696] –, Entscheidungen in Bußgeldsachen,[1697] Einstellungsentscheidungen,[1698] ablehnende Entscheidungen im Klageerzwingungsverfahren,[1699] Beschwerdeentscheidungen nach §§ 453 II 3, 311 StPO,[1700] Ablehnungen von Wiederaufnahmeanträgen[1701] und prozessuale Zwischenentscheidungen.[1702]

Prozessuale Zwischenentscheidungen eines nach § 120 II GVG erstinstanzlich zuständigen OLG **1231** können im übrigen nicht vor einem LVerfG angegriffen werden, da das OLG hier im Wege der Organleihe nach Art. 96 V GG Bundesstaatsgewalt („mittelbare Bundesgerichtsbarkeit") ausübt.[1703]

- **Rechtswegerschöpfung** **1232**

Die Prüfung der auch auf Bundesrecht gestützten Entscheidung der Landesbehörden und Landesgerichte durch das LVerfG setzt weiter voraus, dass der bundesrechtlich vorgegebene Rechtsweg ausgeschöpft worden sein ist.[1704] Erst dann steht nämlich fest, dass – von Landesgrundrechten ungebundene – Bundesgewalt nicht gehandelt hat, der fragliche Akt also ein solcher der Landesstaatsgewalt verbleibt, zu deren Überprüfung das LVerfG kompetent ist. Wenn der Beschwerdeführer den fachgerichtlichen Rechtsweg bis hin zu den Bundesgerichten, falls sie angerufen werden können, nicht erschöpft hat,[1705] dann ist die Verfassungsbeschwerde unzulässig. Die föderale Kompetenzordnung des

1689 BVerfGE 96, 345, 371; RhPfVerfGH DÖV 2001, 209, 210; vgl. auch die Nachw. – auch auf gegenteilige Entscheidungen und Stimmen in der Lit. bei *Gärditz*, 587, Fn. 14.
1690 *SVerfGH* DÖV 2006, 261.
1691 *VerfGH Rh.-Pf.* NJW 2001, 2621.
1692 Vgl. zum Folgenden die ausf. Nachw. bei *Gärditz*, 591 f.
1693 *ThürVerfGH* NJW 2003, 740.
1694 *BerlVerfGH* NJW 2004, 1158.
1695 *VfGBbg* LKV 2002, 131; *BerlVerfGH* NJW 2004, 593.
1696 *VfGBbg* NJW 2003, 2009 u. 2001, 3181.
1697 *BayVerfG* BayVbl. 2000, 46 f. u. 2002, 696; *BbgVerfG* JR 2003, 101 f.; *BerlVerfGH* NJ 2000, 646 f.; *VerfGH* NStZ-RR 2001, 211 u. 337 f.
1698 *BerlVerfGH* NStZ-RR 203.
1699 *BayVerfGH* BayVbl. 2001, 746; *BerlVerfGH* NJW 2004, 2728; *SächsVerfGH* NJW 2004, 2728 u. 2729.
1700 *ThürVerfGH* B.v. 9.10.2003 – VerfGH 15/03.
1701 *BayVerfGH* BayVBl. 2003, 369 f.
1702 *BayVerfG* NJW 2000, 3705.
1703 *BGH* NJW 2001, 1359, 1361; *Gärditz*, 592.
1704 BVerfGE 96, 345, 370 f.
1705 BVerfGE 96, 345, 371; a.A. *Jachmann*, BayVBl. 1997, 321, 326.

Grundgesetzes lässt die Anordnung einer Kassationsbefugnis des LVerfG nur unter der Voraussetzung zu, dass die Subsidiarität gegenüber dem fachgerichtlichen Rechtsweg Voraussetzung einer Landesverfassungsbeschwerde ist.

1233 Kommt es hingegen zu einer Entscheidung des Bundesgerichts in der Sache – gleich ob im Sinne einer Bestätigung des Landesgerichts oder eine Zurückverweisung unter Bindung an die Maßstäbe des Bundesgerichts – kann das Landesgericht keinen eigenen Freiraum entfalten; der fragliche Akt ist von einem Bundesorgan geprägt.[1706] Die Anrufung des LVerfG ist nach dem BVerfG dann ausgeschlossen, wenn ein Bundesgericht den Streitgegenstand schon geprüft hat,[1707] was angesichts der unterschiedlichen Prüfungsmaßstäbe nicht ohne weiteres zu überzeugen vermag.[1708]

1234 Die Ausschöpfung des fachgerichtlichen Rechtsweges ist daher nicht nur ein von den meisten Landesverfassungsgerichtsgesetzen ohnehin angeordnetes Subsidiaritätserfordernis, sondern darüber hinaus ein bundesverfassungsrechtliches Kriterium für die Zulässigkeit der Landesverfassungsbeschwerde.[1709] Würde sich das LVerfG dennoch einschalten und die Entscheidung des Fachgerichts nach Zurückverweisung des Bundesgerichts kassieren, wäre das Fachgericht, an das die Sache zurückkommt, gehalten, nach Art. 100 I 2 Alt. 1 GG dem BVerfG vorzulegen.[1710]

1235 • **Vorlagepflicht der LVerfG**

Die Landesverfassungsgerichte sind bei ihrer Auslegung der Landesgrundrechte an die Auslegung der entsprechenden Bundesgrundrechte durch das BVerfG gebunden. Wollen sie davon abweichen, müssen sie nach Art. 100 III 1. Fall GG vom BVerfG sanktionieren lassen.[1711] Dies gilt dann nicht, soweit für die konkrete Fallgestaltung – was in der Praxis die große Ausnahme ist – noch keine Entscheidung des BVerfG vorliegt. Beabsichtigt später ein anderes Landesverfassungsgericht, in dieser Rechtsfrage von der Erstentscheidung abzuweichen, muss es nach Art. 100 III 2. Fall GG wiederum die Frage dem BVerfG vorlegen.[1712]

ee) Praxis der LVerfG

1236 Die Landesverfassungsgerichte, sind inzwischen dazu übergegangen, die ihnen vom BVerfG zugestandene Prüfungskompetenz im Verfahrensrecht bei Inhaltsgleichheit der Grundrechte auch in Anspruch zu nehmen, soweit der Rechtsweg einschließlich der neuen Sonderregelungen zur Anhörungsrüge erschöpft ist.[1713]

1237 Der BerlVerfGH hat seine Rechtsprechung zur Überprüfbarkeit von auf Bundesrecht beruhenden Akten der Landesgerichte am Maßstab des Landesverfassungsrechts fortgesetzt.[1714] Auf Grund der Grundsatzentscheidung des BVerfG[1715] sieht sich der BayVerfGH in seiner bisherigen Rechtsprechung bestätigt.[1716] Er hielt sich schon immer für befugt, die landesgerichtliche Anwendung von Bundesverfahrensrecht daraufhin zu überprüfen, ob Verfahrensgrundrechte – vor allem das Grundrecht

---

1706 *BbgVerf*, NJW 1999, 46; *Hain*, JZ 1998, 620, 624; *Lemhöfer*, NJW 1996, 1714, 1721.
1707 *BVerfG* NJW 1998, 1296, 1300.
1708 Vgl. krit. *Menzel*, NJW 1999, 1314, 1315.
1709 *HessStH*, NJW 1999, 49, 50; hieraus folgt auch eine Sperrwirkung für Vorschriften wie § 27 II 2 Sächs-VerfGHG, wonach in besonderen Fällen von der Erschöpfung des Rechtsweges abgesehen werden kann; BVerfGE 96, 345, 372.
1710 *Lemhöfer*, NJW 1996, 1714, 1722.
1711 BVerfGE 96, 345, 375; *P.M. Huber*, ThürVBl. 2003, 77.
1712 Vgl. *Schlaich/Korioth*, S. 246.
1713 Vgl. nur *BayVerfGH* BayVBl 2003, 685 u. 748 f.; *BbgVerf* NStZ-RR 2000, 172, 174; *VerfGH* NJW 2004, 1791 f.; *SächsVerf* NJW 2004, 2729, 2730 f. RhPf-VerfGH, DVBl. 2001, 292; Beschl. v. 11.2.2004 – VGH 23/03 – ESO – VGRP –.
1714 Vgl. nur *BerlVerfGH* NJW 2006, 1416 – Vereinbarkeit von Untersuchungen nach §§ 81c II 1, 81e I 2 StPO mit BerlVerf.
1715 BVerfGE 96, 345.
1716 *BayVerfGH*, BayVBl 1998, 432.

auf rechtliches Gehör oder auch das Willkürverbot[1717] – verletzt sind.[1718] Der HessStGH hat seine Rechtsprechung – offenbar wenig überzeugt, aber unter dem Druck des § 31 BVerfGG – aufgegeben.[1719] Er bejaht zwar eine vorrangige Kompetenz des BVerfG,[1720] unterwirft aber die Anwendung von Bundesrecht dem Maßstab der Landesgrundrechte. Gleiches gilt auch für das BbgVerfG, das z.B. selbstständige Einziehungen nach §§ 74 II Nr. 2, 76a I 2 StGB auf ihre Konformität mit der landesverfassungsrechtlichen Unschuldsvermutung sowie Eigentumsgarantie überprüft hat.[1721]

Auch der VerfGH RhPf praktiziert eine Prüfung landesgerichtlicher Entscheidungen am Maßstab der **1238** Landesverfassung. Nach § 44 II 1 RhPfVerfGHG ist zwar die Landesverfassungsbeschwerde unzulässig, soweit die öffentliche Gewalt des Landes Bundesrecht ausführt oder anwendet. Dies gilt jedoch nach § 44 II 2 RhPfVerfGHG nicht für die Durchführung des gerichtlichen Verfahrens oder wenn die Landesverfassung weiterreichende Rechte als das Grundgesetz gewährleistet. [1722] Nach dem VerfGH-Rh.-Pf. [1723] verpflichtet z.B. das in Art. 5 I 1 LVerf-Rh.-Pf. – er ist inhaltsgleich mit Art. 2 II, 104 GG – garantierte Recht auf Freiheit der Person den Richter, bei Eröffnung des Haftbefehls auf den Verteidiger zu warten.

ff) Einzelfälle

Im Hinblick auf bestehende Ermessens- und Prognosespielräume kann im Einzelfall auch die Ableh- **1239** nung eines Beweisantrags nach Maßgabe des § 244 StPO durch das LVerfG auf die Gewährung rechtlichen Gehörs überprüft werden.[1724]

Geltend gemacht werden kann vor den LVerfGen auch die vielfach im Verfahren vor dem EGMR **1240** oder dem BVerfG erhobene Rüge eines Verstoßes gegen das Gebot eines fairen Verfahrens.[1725] Es ist zum Teil in Landesverfassungen ausdrücklich geregelt und ergibt sich sonst aus den landesverfassungsrechtlichen Gewährleistungen des Rechtsstaatsprinzips in Verbindung mit der allgemeinen Handlungsfreiheit.[1726] Der Nachweis der Inhaltsgleichheit i.S.d. Art. 142 GG kann hier auf Grund der Unbestimmtheit des Bundesrechts wie auch der richterrechtlichen Konkretisierung verfassungsrechtlicher Direktiven durch das BVerfG,[1727] dessen Rechtsprechung mit der des EGMR zu Art. 6 EMRK weitgehend konvergiert, meist erbracht werden.[1728]

1717 Vgl. auch *BayVerfGH* Beschl. v. 16.5.2006 – Vf. 98-VI-05 zur – verneinten – Frage der willkürlichen Verletzung des Rechts auf den gesetzlichen Richter in Art. 86 I 2 BV – Zurückweisung eines Ablehnungsgesuchs.

1718 *BayVerfGH*, BayVerfGHE 49, 67, 70.

1719 *HessStGH*, NJW 1999, 49; dazu *Tiedemann*, DÖV 1999, 200, 203 f. Bei der Prüfung, zu welchem Ergebnis das Grundgesetz führt, sei der HessStGH gem. § 31 BVerfGG an die Rechtsprechung des BVerfG gebunden. Wolle er bei Auslegung des Grundgesetzes von einer Entscheidung des BVerfG abweichen, müsse er gem. Art. 100 Abs. 3 Alt. 1 GG dessen Entscheidung einholen. Sei ein Urteil eines hessischen Gerichts unter Berufung auf parallele Gewährleistungen in Grundgesetz und Hessischer Verfassung sowohl vor dem BVerfG als auch vor dem HessStGH angegriffen, so sei zur Entscheidung der von beiden Verfassungsgerichten zu prüfenden Frage der Verletzung von Bundesgrundrechten zuvörderst das BVerfG als der insofern maßgebliche Interpret berufen. In einem solchen Fall lasse sich nur dadurch, dass zunächst das BVerfG entscheidet, sicherstellen, dass eine etwa unbeabsichtigte divergierende Auslegung des Grundgesetzes durch das BVerfG einerseits und das Landesverfassungsgericht andererseits vermieden wird. Letztlich ist dies – so *Tiedemann* – ein „trickreicher" Ausweg, der das Bemühen des BVerfG, Verfahrensrügen vor die Landesverfassungsgerichte zu bringen, konterkariert.

1720 NJW 1999, 49, 50 f.; vgl. dazu v. *Zezschwitz*, NJW 1999, 17.

1721 *BbgVerfG* LVerfGE 5, 74 ff.

1722 Vgl. *VerfGH-RhPf* NJW 1995, 445; vgl. auch *Held*, in: Grimm/Caesar, Verfassung für Rheinland-Pfalz, Komm., 2001, Art. 130 a Rn. 27.

1723 *VerfGH-RhPf* StraFO 2006, 199.

1724 *BerlVerfGH* NJW 2004, 1791 f.

1725 *BbgVerfG* LKV 2003, 27, 28; *ThürVerfGH* NJW 2003, 740.

1726 Vgl. die Nachweise bei *Gärditz*, 600 f.

1727 Vgl. BVerfGE 74, 358, 370; 82, 106, 115; NJW 2001, 3695, 3696.

1728 Vgl. *Gärditz*, 601 f.

1241   Eine Landesverfassungsbeschwerde kommt weiter in Betracht, soweit es um die Unschuldsvermutung geht,[1729] die teilweise in Anlehnung an Art. 6 II EMRK ausdrücklich im Landesverfassungsrecht verankert wurde. Das BVerfG leitet eine bundesverfassungsrechtliche Ausformung vor allem aus dem Rechtsstaatsprinzip ab, so dass eine inhaltsgleiche Gewährleistung vorliegen kann.[1730]

1242   Das Recht auf Zuziehung eines Rechtsbeistandes bzw. auf ungehinderte Verteidigung ist Ausprägung der Subjektstellung des Beschuldigten in einem rechtsstaatlichen Verfahren,[1731] das diesem effektive Teilnahme- und Einflussmöglichkeiten garantiert.[1732] Angesichts hierbei bestehender Wertungsspielräume kann diese Gewährleistung auch im landesverfassungsgerichtlichen Verfahren bemüht werden.[1733]

3. Prüfungskompetenz bei materiellem Recht

1243   In beschränktem Umfang nehmen einige LVerfG neben der Einhaltung verfahrensrechtlicher Garantien auch das Recht zur Überprüfung der Anwendung des sachlichen Rechts durch Gerichte des Landes anhand der Landesverfassung für sich in Anspruch.[1734]

a) Landesrecht

1244   Dies ist selbstverständlich unproblematisch, soweit es um die Überprüfung der Verfassungsmäßigkeit von Normen des Landesrechts – z.B. aus dem Bereich des Polizeirechts oder des Strafrechts – und ihrer Anwendung im Einzelfall anhand der Landesverfassung geht.[1735] Ein LVerfG kann daher ohne weiteres eine Entscheidung eines Gerichts des Landes aufheben, wenn diese auf der Anwendung eines verfassungswidrigen landesrechtlichen Straf- bzw. Ordnungswidrigkeitentatbestandes beruht oder Landesrecht verfassungswidrig ausgelegt wurde.

b) Bundesrecht

1245   Fraglich kann allein sein, ob und inwieweit eine Kompetenz der LVerfG bei der Anwendung von materiellem Bundesrecht besteht. Diese Frage hatte das BVerfG in der Grundsatzentscheidung[1736] offen gelassen (dazu unter aa), ist aber im Prinzip zu bejahen (dazu unter bb); eine entsprechende Prüfungskompetenz nehmen auch einige LVerfG für sich in Anspruch (dazu unter cc).

aa) BVerfG

1246   Das BVerfG[1737] hat explizit seine Entscheidung auf den Bereich des Verfahrensrechts beschränkt. Die Beantwortung der Frage für den materiell-rechtlichen Bereich erfordere einen erhöhten Prüfungsaufwand, der durch die Vorlage der SächsVerfGH nicht veranlasst sei. Es hat also – ohne dass dafür ein sachlicher Grund erkennbar wäre[1738] – die Frage offengelassen, wie bei der Anwendung von materiellem Bundesrecht – z.B. des BGB – zu entscheiden ist. Es steht daher noch eine Entscheidung aus, ob die von ihm bezüglich der Anwendung von Bundesverfahrensrecht entwickelten Grundsätze auch dann gelten, wenn die Landesgerichte materielles Bundesrecht anwenden.

1729 *BbgVerfG* JR 2003, 101 f.; *BerlVerfGH* NStZ 2001, 203 f.
1730 Vgl. *Gärditz*, 602.
1731 Vgl. *BVerfG* NJW 2001, 3695, 3696 f.
1732 Vgl. *BVerfG* B. v. 3.3.2004, 2 BvR 26/04; *BGH* NJW 1996, 1547 und die Nachw. bei *Gärditz*, 604, Fn. 118.
1733 *BbgVerfG* NJW 2003, 2009 und NJW 2001, 2533.
1734 Vgl. auch *Gärditz*, 612 ff. zum Bereich des materiellen Strafrechts.
1735 *BayVerfGH* BayVBl. 2000, 46 f.
1736 BVerfGE 96, 345 ff.
1737 BVerfGE 96, 345, 362.
1738 Vgl. krit. *Menzel*, NJW 1999, 1314, 1315.

bb) Argumente für eine Prüfungskompetenz

Die Verfahrensweise der sog. Vorfragenprüfung am Maßstab von Bundesgrundrechten kann eigent- **1247**
lich für sämtliche prüfungsmaßstäblichen Grundrechte, die auf Bundes- und Landesebene inhaltsgleich sind, sowie für sämtliche der prüfungsgegenständlichen Anwendungsakte des einfachen Bundesrechts nur einheitlich entweder zulässig oder unzulässig sein. Die prinzipielle Unterschiedslosig-
keit der Heranziehung verfahrensrechtlicher und materiell-rechtlicher Landesgrundrechte spricht dafür, dass der Ablauf der bundesrechtlich geregelten Gerichtsverfahren ebenso wie die Anwendung
materiellen Bundesrechts am Maßstab der Landesgrundrechte überprüft werden können.[1739] Es
kommt – nachdem sich ein grundsätzlicher Unterschied zwischen der Heranziehung prozessualer
und materieller Landesgrundrechte nicht überzeugend begründen lässt – hinsichtlich des Bestehens
einer landesverfassungsgerichtlichen Befugnis zur Überprüfung der Anwendung von Bundesrecht
nur eine einheitliche Betrachtungsweise in Betracht.[1740]

cc) Voraussetzung

Eine Reihe von LVerfG hat ausdrücklich oder implizit – auch eine Prüfungskompetenz auch im Hin- **1248**
blick auf materielles Bundesrecht bejaht,[1741] obwohl das BVerfG sich dazu noch nicht grundsätzlich
geäußert hat.

(1) Willkür

Dies ist in der Tat unproblematisch bei willkürlichen fachgerichtlichen Entscheidungen. Schließlich **1249**
scheidet bei der vom BVerfG in diesen Fällen reklamierten Notkompetenz zur Korrektur offensichtlich fehlerhafter fachgerichtlicher Entscheidungen durch die LVerfGe ein Kompetenzkonflikt mit dem
BVerfG aus. Entsprechende Exzesse der Landesstaatsgewalt können LVerfGe ahnden,[1742] da sie letztlich sicherstellen, dass das Bundesrecht beachtet wird. Es gelten für die Anforderungen an einen Verstoß gegen das Willkürverbot die gleichen – oben in Rn. 820 ff. dargelegten – Grundsätze wie bei
der entsprechenden Rüge im Verfahren der Verfassungsbeschwerde zum BVerfG. Es muss sich also
handeln um Entscheidungen, die absolut unvertretbar sind.[1743]

Zur Verletzung des Willkürverbots liegt eine umfangreiche Judikatur vor.[1744] Sie kommt in Betracht **1250**
bei Entscheidungen, die formell wie materiell auf Bundesrecht beruhen. Der BayVerfGH und der
HessStGH hatten schon vor der Grundsatzentscheidung des BVerfG auf Grund von Bundesrecht ergangene Entscheidungen überprüft, wenn der Beschwerdeführer vortrug, das Instanzgericht habe

1739 Zum gegenteiligen Ergebnis kommen *Rozek,* AöR 119 (1994), 450, 475 ff., 478 und *Klein/Haratsch,* JuS
      1994, 559, 561.
1740 *Clausen,* Landesverfassungsbeschwerde, S.106 ff. meldet demgegenüber bereits grundsätzliche Bedenken
      gegen die vom BVerfG bejahte beschränkte Kompetenz bei inhaltsgleichem Bundesverfassungs-
      recht an, soweit es um das Verfahrensrecht geht. Die im Rahmen einer Landesverfassungsbeschwerde vor-
      genommene Differenzierung zwischen (zulässiger) Überprüfung des Ablaufs bundesprozessrechtlich
      geregelter Gerichtsverfahren und (unzulässiger) materiell-rechtlicher Kontrolle der Anwendung von Bundes-
      recht könne nicht zutreffend damit begründet werden, dass allein die Verfahrensgarantien und nicht die
      materiellen Grundrechte „unmittelbar" verletzt werden könnten. Bereits die Prämisse, dass Landesgrund-
      rechte gegenüber der Anwendung von Bundesrecht nur in Form von unmittelbaren Normanordnungen zur
      Geltung gebracht werden könnten, sei unzutreffend.
1741 In einer unveröffentlichten Entscheidung des HessStGH klingt demgegenüber an, dass sich dieser im Hin-
      blick auf Art. 31 GG nicht für befugt hält, eine Anwendung des StGB zu überprüfen. – Der RhPfVerfGH
      nahm hingegen anlässlich eines Organstreitverfahrens in einem obiter dictum zur (verfassungskonformen)
      Auslegung des Untreuetatbestandes (§ 266 StGB) im Hinblick auf eine unrechtmäßige Verwendung von
      Fraktionsgeldern Stellung.
1742 Vgl. auch *BerlVerfG* NJW 2006, 1416; NJ 2003, 419; *ThürVerfGH* LKV 2002, 227; *VerfGH* NVwZ 2004,
      609.
1743 Vgl. nur *BayVerfGH* BayVBl. 2003, 592; *BerlVerfGH* JR 1994, 300.
1744 Vgl. nur *BayVerfG* BayVBl. 2000, 46 f.; 2002, 696 f.; 2001, 746; 2003, 369; *BbgVerfG* NStZ-RR 2000, 172,
      173 f.; JR 2003, 101 f.; *BerlVerfGH* Beschl. v. 13.12.2005-VerfGH 41/05 u. 41 A/05; NStZ-RR 2001, 211,
      212; *SächsVerfGH* NJW 2004, 2729, 2730 f.

sich „in willkürlicher Weise außerhalb jeder Rechtsanwendung gestellt und seiner Entscheidung deshalb in Wahrheit gar kein Recht, also auch kein Bundesrecht, zugrunde gelegt."[1745]

(2) Inhaltsgleichheit und Offenheit des Bundesrechts

1251 Außerhalb willkürlicher Entscheidungen kommt eine Überprüfung materiellen Bundesrechts anhand der LVerf – wie im Verfahrensrecht – nur dann in Betracht, wenn im Einzelfall ein inhaltsgleiches Grundrecht vorliegt und zudem das Bundesrecht ausreichenden autonomen Wertungsspielraum belässt. Letzteres ist der Fall, wenn das Bundesrecht auf Landesrecht verweist, wie dies z.T. bei Rechtfertigungsgründen im Polizeirecht der Fall ist; gleiches gilt bei Ermessens- und Prognoseentscheidungen, sei dies auf Grund der Polizeigesetze oder des StGB einschließlich der Strafzumessung.[1746] Die Möglichkeit zur eigenverantwortlichen Ausfüllung wird hingegen verneint, soweit es um die Rechtsauslegung bestimmter bundesrechtlicher Normen geht; so könne nicht beanstandet werden, die Auslegung eines Straftatbestandes des StGB verstoße gegen die LVerf.[1747] Auch bei der Subsumtion eines Sachverhaltes unter Bundesrecht gebe es keinen Spielraum; wenn allein deduktiv durch Subsumtion unter das einschlägige das richtige Ergebnis theoretisch zu ermitteln ist, dann scheide eine landesverfassungsrechtliche Überprüfung aus.[1748] Es ist fraglich, ob hier nicht die Rationalität juristischer Hermeneutik überschätzt wird.

1252 Keine Bedenken bestehen im Prinzip auch im Hinblick auf die Prüfungskompetenz der LVerfGe, soweit ein Verstoß gegen materielle Grundrechte (i.V.m. dem Rechtsstaatsprinzip) wegen Unverhältnismäßigkeit geltend gemacht wird.[1749] Als Beispiel aus dem Bereich des Strafverfahrensrechts sei die Problematik strafprozessualer Maßnahmen erwähnt. Je schwerer der damit verbundene Eingriff ist, desto höher sind die Anforderungen an das Wahrscheinlichkeitsurteil vor Abschluss eines rechtsförmlichen Verfahrens. Der BerlVerfGH[1750] hat einen Verstoß gegen den Schuldgrundsatz der BerlVerf. angenommen, weil ein Strafbefehl nicht erlassen bzw. Anklage erhoben werden dürfe, wenn erhebliche Zweifel an der Schuldfähigkeit bestünden.

1253 Eine Überprüfungskompetenz besteht auch bei der Frage der angemessenen Verfahrensdauer angesichts des Grundrechts auf effektiven Rechtsschutz, das einen Anspruch auf ein zügiges Verfahren gewährt; gerichtliche Entscheidungen müssen in angemessener Zeit ergehen.[1751]

1254 Die landesverfassungsrechtlich garantierte Freiheit der Person findet eine inhaltsgleiche Entsprechung in Art. 2 II 1, 104 GG. Sie ist bedeutsam in Haftsachen angesichts der Entscheidungsspielräume von Gericht und Verwaltung.[1752] Die Gestaltung des Haftvollzugs obliegt im wesentlichen eigenverantwortlich den Ländern. Eine Überprüfungskompetenz besteht auch im Hinblick auf die Anordnung von Haft (§ 112 I StPO) sowie die Ersetzung durch Haftsurrogate (§§ 116 f. StPO) als Ermessensentscheidungen. Die Prüfung des dringenden Tatverdachts im Sinne des. § 112 I StPO sowie der Haftgründe der Flucht- und Verdunklungsgefahr nach § 112 II Nr. 2 und Nr. 3 StPO enthält prognostische Elemente, die zu weiten Teilen von subjektiven Beurteilungen abhängen.[1753]

1255 Das besondere – in Art. 104 IV GG geregelte – Recht, im Falle einer Verhaftung unverzüglich eine Person des Vertrauens zu benachrichtigen, wurde ebenfalls als verfassungsbeschwerdefähig angesehen.[1754] Dem steht nicht entgegen, dass es durch § 114b StPO einfachgesetzlich nachvollzogen ist. Da diese Regelung jedoch keinen prozessualen Zwecken dient und die Folgen der Verstöße ungere-

---

1745 Vgl. *BayVerfGH*, NJW 1993, 518; zust. *Rozek*, AöR 119 (1994), 450 ff.; *Schlaich*, Rn. 334 f.; vgl. auch *Zierlein*, AöR 120 (1995), 213; *HessStGH* StAnz 1994, 738, 1488. Vgl. auch *BayVerfGH*, BayVBl 1998, 432.
1746 Vgl. *Gärditz*, 614.
1747 So *Gärditz*, 614.
1748 So *Gärditz*, 613, 614.
1749 *BerlVerfGH* StV 1999, 296 ff.
1750 *BerlVerfGH* StV 2001, 324 ff.
1751 *BbgVerfG* NJ 2003, 418; *ThürVerfGH* NJW 2001, 2708.
1752 *BerlVerfGH* NStZ-RR 2001, 211, 212. betr. Erzwingungshaft wegen nicht einzutreibender Geldbuße.
1753 *Gärditz*, 610.
1754 *BbgVerfGH* NStZ-RR 2000, 185 ff.

gelt bleiben, wird man eine Landesverfassungsbeschwerde für statthaft erachten müssen, soweit diese die außerprozessuale Korrektur der (regelmäßig dann längst erledigten) Rechtsverletzung betrifft.[1755]

Auch das landesverfassungsrechtlich ebenfalls zunehmend ausdifferenzierte[1756] allgemeine Persönlichkeitsrecht[1757] wie das Recht auf informationelle Selbstbestimmung eröffnen den LVerfGen überprüfbare Spielräume. Die landesverfassungsrechtliche Garantie der Unverletzlichkeit der Wohnung, kann auf Grund der regelmäßig gegebenen Inhaltsgleichheit mit Art. 13 GG Hausdurchsuchungen im strafprozessualen Ermittlungsverfahren entgegengehalten werden. Selbiges gilt für das Brief-, Post- und Fernmeldegeheimnis, welches ebenfalls durch die meisten Landesverfassungen garantiert wird. **1256**

dd) Beispiele aus der Rechtsprechung

Sehr ausführlich haben sich mit der Problematik der BerlVerfGH und der SächsVerfGH befasst. **1257**

(1) BerlVerfGH

Der BerlVerfGH misst schon immer unbefangen in Fortführung seiner schon vor der Entscheidung des BVerfG praktizierten Rechtsprechung Entscheidungen der Landesstaatsgewalt auch dann am Landesverfassungsrecht, soweit sie auf formellem oder materiellem Bundesrecht beruhen, obwohl die Entscheidung des BVerfG auf das Verfahrensrecht beschränkt war.[1758] Er hält die Anwendung inhaltsgleicher Landesgrundrechte grundsätzlich auch im Hinblick auf bundesrechtlich geprägte Entscheidungen für zulässig und hat dementsprechend im Fall Honecker entschieden:[1759] **1258**

„(1) Die in der Verfassung von Berlin gewährleisteten Grundrechte sind für die rechtsprechende Gewalt des Landes Berlin verbindlich (Art. 23 I BerlVerf.) und in den Grenzen der Art. 142, 31 GG auch dann beachtlich, wenn diese Bundesrecht anwendet. Folglich kann der Berliner Verfassungsgerichtshof auch bei solchen Fallgestaltungen überprüfen, ob die Grundrechte der Verfassung von Berlin eingehalten worden sind. **1259**

(2) Der Berliner Verfassungsgerichtshof ist nicht etwa nur auf die Überprüfung der Einhaltung – landesverfassungsrechtlich gewährter – Verfahrensgrundsätze und des Willkürgebots beschränkt. Seine Prüfungsbefugnis ist nicht deshalb eingeschränkt, weil Bundesrecht allgemein „höheren Rang" habe als Landesrecht und deshalb von dem letzten nicht „beeinflußt" werden könne[1760], denn es geht nicht um die Prüfung eines Verfassungsverstoßes durch Normerzeugung, sondern um die Kontrolle eines Akts der Normanwendung (durch ein Organ des Landes). **1260**

(3) Die Grenzen der Entscheidungsbefugnis des Berliner Verfassungsgerichtshofs folgen deshalb insoweit nicht aus dem Verhältnis von Bundesrecht und Landesrecht, sondern ergeben sich aus dem Verhältnis der Verfassungsgerichtsbarkeit zur sonstigen Gerichtsbarkeit".[1761] **1261**

Der BerlVerfGH prüft also auch die Anwendung materiellen Bundesrechts durch Landesgerichte am Maßstab inhaltsgleicher Landesgrundrechte.[1762] Der BerlVerfGH kontrollierte auch eine in Anwendung des OWiG ergangene Maßnahme zur materiellen Durchsetzung einer verhängten Geldbuße auf ihre Verfassungsmäßigkeit.[1763] Das gleiche Gericht hat auch eine strafrechtliche Verurteilung zu **1262**

1755 *Gärditz*, 610 f.
1756 Art. 6 I ThürVerf; zur Herleitung aus Art. 1 RhPf.Verf vgl. *VerfGHRhPf* NJW 1999, 2264,
1757 *BerlVerfGH* NJW 2004,593: Aufhebung einer Beschlagnahme wegen Unverhältnismäßigkeit.
1758 *BerlVerfGH*, NJW 1999, 47.
1759 *BerlVerfGH*, NJW 1993, 513 ff.; bestätigend *BerlVerfGH*, NJW 1994, 436 (Fall Mielke).
1760 So im vorliegenden Zusammenhang *BayVerfGH*, NJW 1973, 1644.
1761 Siehe dazu ausf. *Lemhöfer*, NJW 1996, 1714 ff.; *Zierlein*, AöR 120 (1995), 205 ff.
1762 Vgl. auch *BerlVerfGH*, NJW 1999, 47.
1763 *BerlVerfGH* NStZ-RR 2001, 211, 212.

einer sechsmonatigen Bewährungsstrafe wegen unerlaubten Aufenthalts nach § 92 I Nr. 1 AuslG aufgehoben.[1764]

(2) SächsVerfGH

1263 Der SächsVerfGH folgt dem jedenfalls insoweit nicht, als dadurch auch nur mittelbar Bundesgewalt kontrolliert würde.[1765]

1264 Nach seiner Auffassung kommt ihm als LVerfG nicht die Befugnis zu, im Wege der Verfassungsbeschwerde (landes-)sozialgerichtliche Entscheidungen, in denen Bescheide der Bundesanstalt für Arbeit (BfA) bestätigt werden, daraufhin zu überprüfen, ob das ihnen zugrunde gelegte Verständnis des materiellen Bundesrechts (Sozialrecht) vor der SächsVerf. standhält. Hierbei verweist der SächsVerfGH nicht nur auf Art. 84 I Nr. 4 SächsVerf. und § 27 I SächsVerfGHG, die als Ausdruck landesrechtlicher Selbstbeschränkung gewertet werden könnten, sondern sieht diese Vorschriften – unter Bezugnahme auf BVerfGE 96, 345 – als Folge der grundgesetzlichen Kompetenzordnung, wonach das LVerfG sich „jeder Kontrolle der Bundesstaatsgewalt jedenfalls dann zu enthalten hat, wenn deren Entscheidung auf Bundesrecht beruht (…). Zu einer solchen mittelbaren Überprüfung des Verhaltens der BfA käme es aber, wenn das SächsVerfGH die angegriffenen Entscheidungen des SG und LSG Sachsen in ihrem (…) materiell-rechtlichen Bereich an den mit grundgesetzlichen Verbürgungen inhaltsgleichen Grundrechten der Sächsischen Verfassung mäße und hierdurch inzident zu beurteilen hätte, ob die BfA insoweit ihrer Grundrechtsbindung gerecht geworden ist."[1766]

1265 Man wird diesem Beschluss entnehmen dürfen, dass der SächsVerfGH sich aus bundesrechtlichen Gründen gehindert sieht, seine Kontrollbefugnis am Maßstab inhaltsgleicher Landesgrundrechte auf solche Akte zu erstrecken, die nicht nur vom materiellen Bundesrecht determiniert sind, sondern auch von Bundesbehörden, die nicht an die Landesverfassung gebunden sind, erlassen sind. Der Beschluss ist allerdings kein Beleg dafür, dass der SächsVerfGH seine Entscheidungskompetenz verneinen würde, wenn materielles Bundesrecht von Landesbehörden, was ja der Regelfall ist,[1767] anzuwenden ist, insoweit also den landesgerichtlichen Entscheidungen das selbstverantwortete Verhalten von Landesstaatsorganen zugrunde liegt.

V. Praktische Konsequenz: Vorrang des BVerfG

1266 Wenn auch das BVerfG mit seinem vieldiskutierten Urteil vom 15. Oktober 1997 zur Kassationsbefugnis von Landesverfassungsgerichten in bundesrechtlich geregelten Verfahren dazu beigetragen hat, die außerordentliche Verfassungskontrolle mittels Verfassungsbeschwerde durch die LVerfGE ein Stück weit zu dezentralisieren, so dürfen die Risiken und Probleme des Wegs zu den LVerfG nicht übersehen werden. Die Kompetenz der LVerfGe ist ungleich geringer im Vergleich zum BVerfG. Den Landesverfassungsgerichten kommt nur die Rolle von beschränkt zuständigen „Entlastungsvasallen" des BVerfG zu.

1267 Angesichts der erheblichen Unsicherheiten und Probleme im Hinblick auf die Zulässigkeit einer Verfassungsbeschwerde zu einem Landesverfassungsgericht, falls es um eine Entscheidung eines Landesbehörde oder eines Landesgerichts auf Grund von formellem und materiellem Bundesrecht geht, kann dem Beschwerdeführer nur empfohlen werden, sorgfältig zu prüfen, ob eine Prüfungskompetenz des LVerfG besteht. Im Zweifelsfall sollte – auch zur Vermeidung einer Anwaltshaftung (!) – von der Einlegung einer möglicherweise unzulässigen Verfassungsbeschwerde zum LVerfG abgesehen

---

1764 BerlVerfGG B.v.31.1.2003, VerfGH 34/00. Der BerlVerfGH prüft auch verwaltungsrechtliche Entscheidungen nach materiellem Bundesrecht auf ihre Verhältnismäßigkeit, z.B. NVwZ-RR 2001, 60 ff. und 687 ff.
1765 *SächsVerfGH* NJW 1999, 51.
1766 Ebd.
1767 Art. 84 GG.

und gleich das BVerfG angerufen werden, um in jedem Fall eine Grundrechtsüberprüfung sicherzustellen und eine Verfristung zu vermeiden. Schließlich ist das Risiko einer Zurückweisung der Verfassungsbeschwerde allein wegen möglicher Verneinung einer Prüfungskompetenz durch das LVerfG erheblich. Das BVerfG kann aber im Regelfall wegen Verfristung nicht mehr angerufen werden, wenn das LVerfG abschlägig entschieden hat.

§ 12

Individualbeschwerde zum EGMR

1268 Nach Erschöpfung des Rechtswegs zu den nationalen Gerichten kann für Betroffene in Ausnahmefällen eine Individualbeschwerde zum EGMR[1768] in Straßburg in Betracht kommen. Dieser Rechtsbehelf ist in Deutschland noch relativ unbekannt. Auch in der überwiegenden Vorstellungswelt der Rechtsanwälte endet der Schutz der Grund- und Menschenrechte noch in Karlsruhe. Das BVerfG ist jedoch nur noch ein Instanzgericht,[1769] dessen Einschaltung Voraussetzung ist für die Anrufung des EGMR.[1770]

I. Bedeutung des EGMR

1269 Die Funktion des EGMR für die Wahrung der Menschenrechte sollte weder über- noch unterschätzt werden.

1270 Die Überschätzung wirkt sich dahin in der Praxis aus, dass – auch von Deutschland aus – in einem erheblichen Umfang Individualbeschwerden eingelegt werden, welche keinerlei Aussicht auf Erfolg haben. Es muss daher nicht verwundern, dass der EGMR in ca. 95 % aller Fälle keine Konventionsverletzung feststellt. Soweit dies ausnahmsweise der Fall ist, handelt es sich vielfach um Verfahrensentscheidungen[1771], vor allem wegen überlanger Verfahrensdauer, welche für die Betroffenen nur beschränkt hilfreich sind.

1271 Die mehr als beschränkte Kompetenz des EGMR wird immer verkannt. Er ist letztlich nur zur Sicherung (eines Mindeststandards) von Menschenrechten befugt. Frustrierte Beschwerdeführer, welche zuvor schon erfolglos den Weg zum BVerfG beschritten, möchten aber oftmals quasi letzte Gewissheit haben, ob sie nicht doch noch zu ihrem (vermeintlichen) Recht kommen. Sie sind leider nicht selten einem kritischen Ratschlag nicht oder nur sehr schwer zugänglich, so dass Verfahrensbevollmächtigte gelegentlich sich veranlasst sehen, Individualbeschwerden einzulegen, auch wenn sie selbst von der Aussichtslosigkeit überzeugt sind.

1272 Andererseits gibt es immer wieder Fälle, in denen sich – wie oben ausführlich dargelegt[1772] – der Gang nach Straßburg lohnt, weil nationale Gerichte versagt haben. Auch in Deutschland kommt der Individualbeschwerde trotz BVerfG eine nicht unerhebliche Bedeutung zu auf Grund gelegentlich zu

---

1768 *Vgl. zur Individualbeschwerde die im LitVerz. angegebene Literatur; siehe u.a. allem Wittinger, NJW 2001, 1238 ff.; Grabenwarter, S. 46 ff.; Eschelbach, S. 1165 ff.; Peters, § 35.; Dietlein, Jura 2000, 372 ff.; Meyer-Ladewig/Petzold, NJW 1999, 1165; Schlette, JZ 1999, 219 ff.; Eiffler, JuS 1999,1068; Meyer-Ladewig, NJW 1995, 2813 und NJW 1998, 512; s.a. Weigend: Die Europäische Menschenrechtskonvention als deutsches Recht, Kollisionen und ihre Lösung, StV 2000,384 ff. – Einen schnellen Zugriff auf die Entscheidungen des EGMR bietet das Suchsystem HUDOC unter www.echr.coe.int. (Arrêts et décisions).*

1769 Vgl. oben Rn. 77 ff.

1770 Nichtamtliche deutsche Übersetzungen der Entscheidungen des EGMR sind über die Internetseite des BMJ (www.bmj.bund.de, siehe unter „Themen/Menschenrechte/EGMR/Wichtige Verfahren-wichtige Urteile" und über das deutsche Portal des EGMR (www.coe.int/T/DMenschengerichtshof/Dokumente_auf_Deutsch) zu erhalten.

1771 Die Verfahrensdefizite in den einzelnen Mitgliedstaaten sind ein wesentlicher Grund für die Überlastung des EGMR. Er hat daher die Mitgliedstaaten aufgefordert, für behauptete Verletzungen des Anspruchs auf gerichtlichen Rechtsschutz in angemessener Zeit effektive Rechtsschutzverfahren zur Verfügung zu stellen (vgl. EGMR NJW 2001, 2694):

1772 Vgl. Rn. 22 ff.

rigider Nichtannahmepraxis oder verengter Grundrechtsauslegung der Karlsruher Hüter der Grund- und Menschenrechte.

Im Jahr 2002 wurden 30.828 Beschwerden erhoben – mehr als doppelt so viele wie im Jahre 2001 (damals lediglich 13.858). 17.915 dieser Beschwerden wurden für unzulässig erklärt, oft wegen offensichtlicher Unbegründetheit (Ausschuss- oder Kammerentscheidung nach Art. 28 oder 29 III EMRK). Die meisten Urteile im Jahr 2002 richteten sich gegen Italien (391 Urteile, vor allem wegen Art. 6 I EMRK (überlange Verfahrensdauer) und gegen die Türkei (105 Urteile). Im Jahr 2002 ergingen 844 Urteile des EGMR. Das Gericht stellte in 630 Fällen einen Konventionsverstoß fest.   **1273**

Wie eingangs dargelegt, wurden im Jahre 2005 insgesamt 41.510 Individualbeschwerden vor dem EGMR erhoben. Der Gerichtshof hat in dieser 27.612 Beschwerden für unzulässig erklärt oder aus seinem Register gestrichen und 1.105 Urteile gefällt.[1773] 2.164 Beschwerden waren gegen die BRD gerichtet.[1774] In 27 Fällen hat der EGMR abschließende Stellungnahmen getroffen; in zehn Fällen, welche die BRD betrafen, wurde eine Verletzung der EMRK festgestellt und in elf weiteren Fällen die Beschwerde als unbegründet zurückgewiesen.   **1274**

II. Rechtsgrundlagen

Die vom EGMR im Rahmen der Individualbeschwerde zu kontrollierenden Rechte ergeben sich entweder aus der Konvention oder aus einem der Zusatzprotokolle, welche in der BRD durch Transformation gem. Art. 59 II GG den Rang eines einfachen Gesetzes haben.[1775]   **1275**

Die EMRK ist bisher durch insgesamt vierzehn Protokolle ergänzt bzw. revidiert worden. Die Protokolle Nr. 2, 3, 5, 8, 9 und 11 haben die von der EMRK vorgesehenen Verfahren verändert. Die Protokolle, die materielle Grundrechte gewähren, sind als Zusatzprotokolle konzipiert. Sie binden dann nur die ratifizierenden Staaten mit der Folge unterschiedlicher Standards. Im Fall einer Individualbeschwerde muss daher vorab immer geklärt werden, ob das Konventionsrecht gegenüber dem beklagten Staat überhaupt geltend gemacht werden kann oder ob es ihn mangels Ratifikation des betreffenden Protokolls oder wegen eines Vorbehalts des Staates nach Art. 57 EMRK gar nicht bindet. Bis heute hat Deutschland die Protokolle Nrn. 1 bis 6 und Nrn. 8 bis 11 ratifiziert, aber nicht die Protokolle Nr. 7, Nr. 12 und Nr. 13. Im Protokoll Nr. 14 über die Änderung des Kontrollsystems der Konvention vom 13.5.2004 ist eine erhebliche Änderung des Verfahrens vorgesehen; in der Zukunft soll danach ein Einzelrichter eine nach Artikel 34 erhobene Beschwerde für unzulässig erklären oder im Register streichen können im weiteren Umfang sind zudem abschließende Entscheidungen von Dreierausschüssen gestattet. Die BRD hat dem Abkommen über diese Änderungen des Verfahrensrechts des EGMR zwischenzeitlich zugestimmt.[1776]   **1276**

III. Gewährleistete Rechte

Die EMRK enthält schwerpunktmäßig Abwehrrechte gegen rechtswidrige Eingriffe des Staates in bestimmte Freiheitssphären des Einzelnen. Es werden die meisten Grundrechtspositionen garantiert, welche auch das GG enthält; teilweise gehen sie darüber hinaus. Manche Gewährleistungen des GG fehlen jedoch, wie z.B. der Schutz der Berufsfreiheit, des Erbrechts oder des Asylrechts. Erst recht wird keine allgemeine Handlungsfreiheit vergleichbar dem Art. 2 I GG garantiert.   **1277**

1773 Vgl. „Surveys of Activities 2005" des EGMR unter www.echr.coe.int/Eng/InfoNotesAndSurveys.htm.
1774 Vgl. den „Bericht des BMJ über die Rechtsprechung des EGMR in Verfahren gegen die BRD im Jahr 2005 (dazu Internetseite des BMJ).
1775 Vgl. die Nachw. bei *Weigend*, StV 2000, 384,386.
1776 Vgl. NJW-aktuell, 10/2006, VI.

1. Freiheitsrechte

1278 Von den vorrangig durch die Konvention oder die Zusatzprotokolle gewährleisteten Freiheitsrechten in der Form von Abwehrrechten seien genannt das Recht auf Leben (Art. 2 EMRK),[1777] das Verbot der Folter und der unmenschlichen oder erniedrigenden Strafe (Art. 3 EMRK), Rechte auf Achtung von Privatleben, Familienleben, Wohnung, Briefverkehr (Art. 8 EMRK), die Eheschließungsfreiheit (Art. 12 EMRK), Elternerziehungsrechte (Art. 2 des 1. Zp.), Gedanken-, Gewissens- und Religionsfreiheit (Art. 9 EMRK) sowie das Eigentum (Art. 1 des 1. Zp) oder der Freizügigkeit (Art. 2, 4. Zp EMRK), Meinungs-, Versammlungs- und Vereinigungsfreiheit (Art. 10 f. EMRK).

2. Verfahrensrechte

1279 Erheblich über das GG hinausgehen zum Teil die bedeutsamen Verfahrensgarantien der EMRK.[1778] Besonders praxisrelevant sind folgende justizbezogenen Rechte: Das Recht auf Freiheit und Sicherheit (Art. 5 EMRK) spielt vor allem für Festnahmen und für die Untersuchungshaft eine Rolle; es schützt vor ungerechtfertigten Verhaftungen. Das in Art. 6 EMRK garantierte Recht auf ein faires Verfahren, das – wie oben dargelegt[1779] – auch verfassungsrechtlich garantiert ist, wird am häufigsten und auch mit Erfolg – z.B. im Hinblick auf eine überlange Verfahrensdauer beim BVerfG[1780] – gerügt. Der EGMR hat letztlich einen gemeineuropäischen Standard des fair trial entwickelt. Es besteht aus zahlreichen Einzelgarantien; sie betreffen die Anforderungen an das Gericht, z.B. Unabhängigkeit und Unparteilichkeit, das Recht auf Zugang zu einem Gericht, die Öffentlichkeit des Gerichtsverfahrens, dessen angemessene Dauer,[1781] vor allem auch die Fairness des Verfahrens,[1782] die Rechte des Angeklagten, insbesondere die Unschuldsvermutung. Art. 7 EMRK, statuiert den Grundsatz „nulla poena sine lege", der sich auch in Art. 103 II GG findet, jedoch vom BVerfG im Zuge der Vergangenheitsbewältigung nach der deutschen Wiedervereinigung erheblich aufgeweicht worden ist. Das 7. ZP EMRK weitete die verfahrensrechtlichen Schutzvorschriften in Bezug auf die Ausweisung ausländischer Personen, die Garantie von Rechtsmitteln in Strafsachen oder die Beachtung des Grundsatzes „ne bis in idem" aus.

3. Gleichheitsrechte

1280 Die EMRK enthält keinen allgemeinen Gleichheitssatz. Die Konvention statuiert ein akzessorisches Verbot der Diskriminierung in Art. 14. Damit verbietet sie nur jede Diskriminierung im Hinblick auf den Genuß der in der Konvention anerkannten Freiheiten und Rechte.[1783] So darf sich das durch Art. 9 II EMRK im Prinzip gedeckte Verbot des Läutens von Kirchenglocken zu Ruhezeiten nicht nur gegen bestimmte Religionsgemeinschaften richten.[1784] Ein selbstständiges Diskriminierungsverbot enthält das 12. Protokoll vom 4. November 2000. Art. 5 des 7. Protokolls garantiert die Gleichberechtigung im Privatrecht in Bezug auf die Eheschließung, Ehescheidung und die Beziehung zu den Kindern.

1777 Art. 2 lässt noch die Todesstrafe zu. Erst das 6. Protokoll (1983) sowie das 13. Protokoll (2002) zielen auf Abschaffung der Todesstrafe.

1778 Vgl. dazu auch *Weigend*, StV 2000,384.

1779 Vgl. unter Rn. 924 ff.

1780 *EGMR* NJW 1997, 2809 ff. – Probstmeier/Deutschland –; EuGRZ 1997, 310 ff. – Pammel/Deutschland –.

1781 z.B. *EGMR* NJW 2005, 41.

1782 Vgl. nur *EGMR* NJW 2006, 1255 – Steel u. Morris/Vereinigtes Königsreich.

1783 Damit bleibt die Konvention z.B. hinter Art. 7 AllgErklMenschenR oder Art. 26 IpbürgR zurück. Für bestimmte Fälle wie die Eheschließung und -führung sowie Scheidung und auch die Beziehung der Eltern zu den Kindern schreibt Art. 5. 7. ZP EMRK die Rechtsgleichheit im Privatrecht vor.

1784 Vgl. *Ehlers*, JURA 2000, 372, 374.

4. Teilhaberechte, Schutzpflichten

Grundsätzlich enthält die Konvention lediglich Abwehrrechte gegen einzelne Rechtsverletzungen. **1281**
Teilhaberechte, welche originär oder derivativ auf staatliche Leistungen gerichtet sind, finden sich in
der EMRK praktisch – wie auch im GG – nicht. Wenn auch die Konvention in der Regel die Mitgliedstaaten nicht positiv zu bestimmten Schutzmaßnahmen verpflichtet, so wird diese Grenze zunehmend aufgebrochen, und aus dem Konventionstext werden in bestimmten Fällen auch staatliche
Schutzpflichten abgeleitet, insbesondere im Bereich des Schutzes der Persönlichkeit gegen Rechtsverletzungen durch Dritte. Art. 2 I EMRK gewährt einen Anspruch auf Gewährleistung staatlichen
Schutzes des Lebens. Art. 8 I EMRK verpflichtet den Staat nicht nur zur Achtung des Privat- und Familienlebens, der Wohnung und der Korrespondenz durch das Unterlassen rechtswidriger Eingriffe.
Diese Rechtsgüter sind vielmehr vom Staat positiv zu schützen und vor rechtswidrigen Eingriffen Privater zu bewahren. Der Staat ist daher gehalten, ein bestimmtes Verhalten Dritter unter Strafe zu
stellen, wenn andernfalls ein wirkungsvoller Schutz der Konventionsrechte gegen Beeinträchtigungen
durch Dritte nicht gewährleistet ist.[1785]

IV. Organisation des EGMR

Zur Durchsetzung der Rechtsgarantien enthält die EMRK ein auch dem einzelnen Bürger offenste- **1282**
hendes Kontrollsystem, das zu einer rechtlich bindenden Verurteilung des beklagten Vertragsstaats
wegen einer Vertragsverletzung führen kann. Es ist durch das im Juli 1994 unterzeichnete 11. Zusatz-
protokoll, dessen Regelungen am 1.11.1998 in Kraft getreten sind, grundlegend umgestaltet worden.[1786] Eine weitere erhebliche Änderung ist mit dem 14. Zp verbunden.

Der für den Rechtsschutz zuständige EGMR ist einzige Kontrollinstanz, Art. 19 EMRK. Nur dieser Ge- **1283**
richtshof, der als ständiges Gericht tagt, ist zuständig für die Rechtsprechung. Die Tätigkeit eines Ministerkomitees ist auf die Überwachung der Ausführung von Urteilen beschränkt (Art. 46 II EMRK).

Der Gerichtshof besteht aus so vielen Richtern, wie die Konvention Mitglieder hat (Art. 20 EMRK). **1284**
Der Gerichtshof besteht aus Ausschüssen von je drei Richtern, Kammern mit je sieben Richtern, und
der Großen Kammer mit 17 Richtern. Die auf Zeit gebildeten Kammern werden in vier Sektionen zu
je drei Kammerinformationen aufgenommen, die abwechselnd zuständig sind. Der Kammer gehören
stets der Präsident der Sektion und der Richter des betroffenen Mitgliedsstaates an. Der Großen
Kammer gehören der Präsident des Gerichtshofs, die Präsidenten der Sektionen und in einem rotie-
renden System die weiteren Richter des Spruchkörpers an (Art. 27 III EMRK).

Nach Art. 26 I EMRK i.d.F. des 14. Zp gilt:

„*1. Zur Prüfung der Rechtssachen, die bei ihm anhängig gemacht werden, tagt der Gerichtshof in Ein-* **1285**
zelrichterbesetzung, in Ausschüssen mit drei Richtern, in Kammern mit sieben Richtern und in einer
Grossen Kammer mit siebzehn Richtern. Die Kammern des Gerichtshofs bilden die Ausschüsse für ei-
nen bestimmten Zeitraum.

2. Auf Antrag des Plenums des Gerichtshofs kann die Anzahl Richter je Kammer für einen bestimmten **1286**
Zeitraum durch einstimmigen Beschluss des Ministerkomitees auf fünf herabgesetzt werden.

3. Ein Richter, der als Einzelrichter tagt, prüft keine Beschwerde gegen die Hohe Vertragspartei, für die **1287**
er gewählt worden ist.

4. Der Kammer und der Grossen Kammer gehört von Amts wegen der für eine als Partei beteiligte **1288**
Hohe Vertragspartei gewählte Richter an. Wenn ein solcher nicht vorhanden ist oder er an den Sitzun-
gen nicht teilnehmen kann, nimmt eine Person in der Eigenschaft eines Richters an den Sitzungen teil,

---

1785 *EGMR*, Urt. v. 26.3.1985, Série A, Vol. 91 Tz. 27 (X und Y/Niederlande).
1786 BGBl. 1995 II S. 578

die der Präsident des Gerichtshofs aus einer Liste auswählt, welche ihm die betreffende Vertragspartei vorab unterbreitet hat.

1289 *5. Der Grossen Kammer gehören ferner der Präsident des Gerichtshofs, die Vizepräsidenten, die Präsidenten der Kammern und andere nach der Verfahrensordnung des Gerichtshofs ausgewählte Richter an. Wird eine Rechtssache nach Artikel 43 an die Grosse Kammer verwiesen, so dürfen Richter der Kammer, die das Urteil gefällt hat, der Grossen Kammer nicht angehören; das gilt nicht für den Präsidenten der Kammer und den Richter, welcher in der Kammer für die als Partei beteiligte Hohe Vertragspartei mitgewirkt hat."*

1290 Im Schnitt sind ca. 90 Prozent aller Beschwerden unzulässig. In der Zukunft ist damit zu rechnen, dass in der Regel durch Einzelrichter Individualbeschwerden als unzulässig zurückgewiesen werden.

V. Subsidiärer Grundrechtsschutz

1291 Vergleichbar dem Verhältnis des BVerfG zu den Fachgerichten ist auch der EMRK-Rechtsschutzmechanismus subsidiär und nachrangig zum nationalen Grundrechtsschutz. Auch der EGMR will kein Superverfassungsgericht bzw. -fachgericht sein.

1292 Aus dem Grundsatz des subsidiären Grundrechtsschutzes ergeben sich vier Rechtsfolgen.

1293 Gem. Art. 35 I EMRK ist der EGMR erst nach Erschöpfung des innerstaatlichen Rechtsweges zuständig. Der Bürger muss also zunächst vor den nationalen Gerichten gegen eine Verletzung der EMRK vorgehen.

1294 Weiterhin ergibt sich aus dem subsidiären Charakter ein Beurteilungs-/Einschätzungsspielraum für die nationalen Behörden. Dieser wird vom EGMR als *margin of appreciation* bezeichnet.

1295 Schließlich hat der EGMR richterliche Zurückhaltung walten zu lassen.

1296 Gemäß Art. 53 EMRK dürfen die Konventionsgarantien von den innerstaatlichen Behörden nicht benutzt werden, um die dem Bürger nach dem innerstaatlichem Recht zustehenden Rechte zu beschränken. Falls die innerstaatliche Regelung von der entsprechenden Norm der EMRK abweicht, müssen sich Gerichte an die für den Bürger günstigere Regelung halten.

VI. Aufbau einer Individualbeschwerde

1297 Der Aufbau eines Schriftsatzes, mit dem eine Individualbeschwerde eingelegt wird, kann weitgehend in Anlehnung an eine Verfassungsbeschwerde erfolgen.

1298 Erforderlich ist in jedem Fall die Ausfüllung eines speziellen Formulars,[1787] das entweder mit dem Beschwerdeschriftsatz oder nachträglich – nach Aufforderung durch den EGMR – einzureichen ist.

1299

Übersicht

Zulässigkeit
1. Zuständigkeit des EGMR Der Gerichtshof ist zeitlich und örtlich zuständig. Der beklagte Mitgliedstaat Deutschland hat die EMRK ratifiziert. Angegriffen werden Hoheitsakte des Mitgliedstaates. **2. Beschwerdegegenstand** Beschwerdegegenstand sind dem Staat zurechenbare Akte, seien es ein positives Tun oder in seltenen Fällen (z.B. bei Verletzung einer Schutzpflicht) ein Unterlassen. Im Regelfall richtet sich die Beschwerde gegen Urteile nationaler Gerichte, in Deutschland des BVerfG und der Vorinstanzen.

1787 Vgl. dazu http://bmj.bund.de/enid/56178b6a7662946fba8ed07beb4c77ffb,0/EGMR/Europa. Das Hinweisformular und das Merkblatt sind als PDF-Datei zugänglich.

3. Parteifähigkeit

– Wortlaut Art. 34: „Jede natürliche Person, nichtstaatliche Organisation oder Personengruppe".
– Nicht parteifähig sind staatliche Organisationen bzw. juristische Personen des öffentlichen Rechts oder Stellen, die staatliche Funktionen ausüben.
– NGOs bzw. Gruppen sind nur parteifähig, soweit das Grundrecht passt (ähnlich Art. 19 III GG).

4. Beschwerdebefugnis, („Opfereigenschaft")

Wie bei einer Verfassungsbeschwerde muss eine unmittelbare, gegenwärtige Selbstbetroffenheit geltend gemacht werden.

– Es muss um eigene, nicht um fremde Rechte oder solche der Allgemeinheit gehen.
– Die Verletzung der Rechte muss gegenwärtig sein.

Eine vergangene (bereits abgeschlossene) Verletzung kann gerügt werden, wenn sie nicht geheilt wurde. Eine zukünftige Verletzung kann gerügt werden, wenn die Rechtsverletzung wahrscheinlich ist. Es ist nicht zuzumuten, eine Verletzung abzuwarten. Die Beschwer besteht aber bereits dann, wenn eine Entscheidung ergeht, der Vollzug der Entscheidung muss nicht abgewartet werden.

– Unmittelbare Betroffenheit. Sie fehlt in der Regel bei der Betroffenheit durch ein Gesetz. Man muss erst den Vollzug abwarten.

Ausnahmen:
– Das Gesetz lässt den Behörden kein Ermessen bei der Anwendung.
– Direktes gesetzliches Verbot.

5. Rechtswegerschöpfung

Der Rechtsweg vor den nationalen Gerichten muss erschöpft sein.

a) Erschöpfung

Alle innerstaatlichen Rechtsbehelfe – in Deutschland auch die Verfassungsbeschwerde – müssen erschöpft sein.

Zugänglichkeit und Wirksamkeit des innerstaatlichen Rechtsmittels (d.h. echte Abhilfemöglichkeit und vernünftige Erfolgsaussichten) sind erforderlich.

– Notwendig ist eine zumindest sinngemäße Geltendmachung der EMRK-Verletzung im innerstaatlichen Verfahren.
– Form und Frist des nationalen Rechtsmittels müssen beachtet sein.

Ausnahmen sind möglich: Wenn die nationale Fristregelung oder Präklusion selbst konventionswidrig erscheint oder willkürlich auf den Beschwerdeführer angewendet wurde.

b) Ausnahmen

Absehen vom Erfordernis der Rechtswegerschöpfung nach allgemeinen Grundsätzen des Völkerrechts bei besonderen Umständen:

– Bei völliger Untätigkeit des Staates (keinerlei Ermittlungen).
– Bei völlig aussichtslos erscheinendem Rechtsmittel, insbesondere bei entgegenstehender gefestigter nationaler Parallelrechtsprechung (gegen andere Personen).

6. Frist

Es besteht eine Frist von sechs Monaten (Art. 35 I EMRK):

– Sie läuft ab Zustellung der letztinstanzlichen innerstaatlichen Entscheidung (Entscheidungsgründe).
– Fristwahrend ist schon das Abschicken der Beschwerde (Poststempel), nicht erst der Zugang beim EGMR.

7. Ausnahmsweise Unzulässigkeit

Bei Vorliegen außergewöhnlicher Umstände kann die Individualbeschwerde unzulässig sein (nur bei Anhaltspunkten im Sachverhalt erwähnen).

– Anonyme Beschwerde (Art. 35 II lit. a).
– Missbrauch des Beschwerderechts (Art. 35 III).
– Bereits vorliegende Entscheidung (Art. 35 II lit. b): Übereinstimmende Beschwerde (identischer Beschwerdeführer und identischer Sachverhalt).
– Befassung anderer internationaler Instanzen (Art. 35 II lit. a)).

Bsp: UN-Menschenrechtsausschuss (Art. 28 IPBürg); UN-Folterkommission; ILO-Instanzen.

Begründetheit

Die Individualbeschwerde ist begründet, wenn die Konvention anwendbar und der Beschwerdeführer durch den angegriffenen Akt in einem Konventionsrecht verletzt ist.

1. Prüfungsumfang

Der Prüfungsumfang des EGMR ist grundsätzlich auf die Einhaltung der Konvention und der Zusatzprotokolle beschränkt. Es erfolgt keine Prüfung der Anwendung des innerstaatlichen Rechts noch der Sachverhaltsfeststellung durch die nationalen Gerichte.

2. Anwendbarkeit der Konvention

Zu prüfen ist, ob die Konvention einschließlich der Zusatzprotokolle überhaupt anwendbar ist bzw. Vorbehalte bestehen.

3. Allgemeine Auslegungsgrundsätze

Es gelten völkerrechtliche Auslegungsgrundsätze. Zudem geht es dem EGMR um die Sicherung eines Mindeststandards. Geboten ist entsprechend Ziel und Zweck der EMRK eine dynamische, dem Grundsatz der Effektivität (effet utile) Rechnung tragende Auslegung. Der Respekt der staatlichen Souveränität führt den EGMR zur Beachtung eines Einschätzungs- oder Beurteilungsspielraums (marge d'appreciation) der innerstaatlichen Behörden und Gerichte auf der Rechtfertigungsebene bei den Eingriffsgründen und der Verhältnismäßigkeitsbeurteilung. Bei der Auslegung der Konvention treten neben die genannten Grundprinzipien auch „demokratische Grundwerte" als Kriterium.

4. Konventionsrechtsverletzung

Ist die Konvention anwendbar, dann stellt sich die Frage, ob ein darin oder in den Zusatzprotokollen verbürgtes Recht tatsächlich verletzt ist.

In Betracht kommt die Verletzung von Freiheits- oder Gleichheitsrechten.

a) Freiheitsrecht

Freiheitsrechte sind verletzt, wenn rechtswidrig in Konventionsrechte eingegriffen wird.

aa) Schutzbereich

bb) Eingriff

cc) Rechtfertigung

(1) Allgemeine Schrankenregelungen: Art. 15-17 EMRK.

Art. 15: Außerkraftsetzen im Notfall (praxisrelevant).

Art. 16: Beschränkungen der politischen Tätigkeit von Ausländern.

Art. 17: Verbot des Missbrauchs der Konventionsrechte.

(2) Spezielle Rechtfertigung nach dem jeweiligen Absatz 2.

– Formell: Gesetzliche Grundlage.

– Existenz eines Gesetzes; u.U. ungeschriebenes Recht.

– Anforderungen an den Inhalt des Gesetzes: Ausreichende Bestimmtheit und Zugänglichkeit.

– Materiell: Verhältnismäßigkeit.

– Eingriffsgrund: Ein legitimes, in Abs. 2 aufgezähltes Ziel.

– Notwendigkeit des Eingriffs in einer demokratischen Gesellschaft.

– Abwägung von Bedeutung des Eingriffsziels im Verhältnis zur Schwere des Eingriffs.

– Beurteilungsspielraum – je nach Sachbereich unterschiedlich.

Möglich ist auch eine Prüfung von Geeignetheit; Erforderlichkeit; Angemessenheit (Verhältnismäßigkeit i.e.S.).

b) Gleichbehandlungsgebot (i.V.m. einem Konventionsfreiheitsrecht)

aa) Tatbestand

(1) Ausübung eines Konventionsfreiheitsrecht (Schutzbereich)

(2) Differenzierung

– Vergleichbarkeit der Situation.

– Unterschiedlichkeit der Behandlung (Differenzierung) wegen eines der aufgezählten Merkmale oder eines anderen personenbezogenen Kriteriums. (Wortlaut „insbesondere"), also nicht abschließend. Andererseits sind nur personenbezogene Kriterien (Status) relevant.

    oder

– Nichtdifferenzierung trotz eines personenbezogenen Unterschiedes.

bb) Rechtfertigung

Wenn die unterschiedliche Behandlung gerechtfertigt ist, liegt keine Diskriminierung vor.

(1) Unterscheidung liegt im öffentlichen Interesse.

    und

(2) Es besteht ein angemessenes Verhältnis zwischen der Unterscheidung (dem Unterscheidungskriterium und der Benachteiligung) und dem Ziel („reasonable relationship of proportionality between the means employed and the aim sought to be realised").

c) Beurteilungsspielraum

Dieser hängt von den Umständen, Gegenstand und Hintergrund des Falles ab.

VII. Zulässigkeit einer Individualbeschwerde

Die Zulässigkeit der Individualbeschwerde bestimmt sich vor allem nach Art. 34, 35 EMRK und der VerfO. **1300**

Die Individualbeschwerde ist nach Art. 34 f. EMRK und der VerfO unter folgenden Voraussetzungen zulässig: **1301**

1. Parteifähigkeit

Nach Art. 1 EMRK werden durch die Konvention (einschließlich der Zusatzprotokolle) grundsätzlich alle „Personen" geschützt. Art. 34 EMRK erlaubt Individualbeschwerden „jeder natürlichen Person, nichtstaatlichen Organisation oder Personengruppe". **1302**

a) Natürliche Personen

Jede natürliche Person, auch Minderjährige und Geschäftsunfähige,[1788] soweit sie sich in ihren Rechten nach der EMRK oder den dazu ergangenen Protokollen verletzt fühlt, kann die Individualbeschwerde einlegen. Eine besondere Regelung über die Prozessfähigkeit enthält die EMRK nicht. **1303**

b) Nichtstaatliche Organisationen

Parteifähig sind auch „nicht-staatliche Organisation" (NGO), wenn sie eigene Rechte geltend machen können. **1304**

In Betracht kommen z.B. Beschwerden von Kirchen, welche die Verletzung von Art. 9 EMRK rügen.[1789] Für zulässig erklärt hat der EGMR auch eine Beschwerde von Saami-Dörfern gegen ein Rentierherdengesetz, das ein neues Lizenzsystem zum Jagen und Fischen einführte. Die Dörfer rügten die Verletzung von Art. 1 des 1. Zp (Eigentum). Die Kommission qualifizierte die Dörfer als NGOs im Sinne von Art. 34 EMRK. Sie waren auch selbst „Opfer", weil die Dörfer nach dem angegriffenen Gesetz verantwortlich für die Rentierherde waren.[1790] **1305**

c) Personenvereinigungen

Beschwerdeberechtigt sind auch alle juristischen Personen des Privatrechts wie z.B. eine AG oder GmbH nach deutschem Recht. Unerheblich ist, ob die Zusammenschlüsse rechtsfähig[1791] bzw. nach welchem Recht sie organisiert sind und wo sie ihren Sitz haben. **1306**

Bei Klagen einer „Personengruppe" müssen sämtliche Zulässigkeitsvoraussetzungen bei allen Mitgliedern erfüllt sein. Denn es können in Ermangelung der Rechtsfähigkeit der Gruppe nur Rechte der Mit- **1307**

1788 In Betracht kommt auch ein Menschenrechtsschutz für den nasciturus (so die Tendenz der früheren Kommission für Menschenrechte, vgl. die Nachw. bei *Frowein/Peukert,* EMRK, Art. 25 Rn. 12. Ebenso wird postmortaler Konventionsschutz gewährt, weil die Erben bei berechtigtem Interesse das Verfahren des verstorbenen Beschwerdeführers fortführen können (vgl. *Frowein/Peukert,* EMRK, Art. 25 Rn. 13).

1789 Siehe z.B. Metropolitenkriche von Bessarabien u.a. v. Moldawien, Urt. v. 13. Dez. 2001, Rn. 101.

1790 EKMR, Käkköma u. 38 andere Saami Dörfer v. Schweden, DR 87-A, 78 ff. (1996).

1791 Auch nach ihrer Auflösung können sich Organisationen oder Personengruppen unter bestimmten Voraussetzungen noch auf Konventionsrechte berufen; dies gilt vor allem dann, wenn die Auflösung Folge der behaupteten Verletzung ist (vgl. *Frowein/Peukert,* EMRK, Art. 25 Rn. 17).

glieder geltend gemacht werden. NGOs bzw. Gruppen können Beschwerde allerdings nur insoweit erheben, wie das Grundrecht auf sie anwendbar ist;[1792] ansonsten sind sie bereits nicht parteifähig.

d) Juristische Personen des öffentlichen Rechts

1308 Nicht parteifähig sind – wie bei einer Verfassungsbeschwerde[1793] – staatliche Organisationen bzw. juristische Personen des öffentlichen Rechts oder Stellen, die staatliche Funktionen ausüben.

Beispiel 66 Daher können auch Kammern keine Individualbeschwerde erheben. Ein Beispiel ist die Beschwerde eines spanischen Consejo General. Es handelt sich um eine berufsständische Vereinigung, die nach dem einschlägigen spanischen Gesetz eine Körperschaft des öffentlichen Rechts ist. Sie war nicht parteifähig.[1794] Gleiches gilt für Gemeinden, selbst wenn sie sich privatrechtlicher Organisations- und Handlungsformen bedienen bzw. fiskalisch tätig sind.[1795] Eine in der Hand einer Gemeinde befindliche Verkehrs-AG kann daher nicht gem. Art 34 EMRK vorgehen. Die Gründe für diese Beschränkungen sind weitgehend vergleichbar den Erwägungen zu Art. 19 III GG.[1796]

e) Schutzgehalt

1309 Die Konvention stellt zwar nicht auf die Staatsangehörigkeit ab, so dass nicht wie im deutschen Recht im Hinblick auf den persönlichen Schutzbereich zwischen Menschen- und Bürgerrechten unterschieden wird. Einschränkungen im Hinblick auf die Beschwerdeberechtigung können sich aber in sonstiger Weise aus dem Schutzgehalt einzelner Verbürgungen ergeben, so dass das einzelne Recht der EMRK nur für bestimmte Personen von Bedeutung ist und daher auch nur ihnen zukommen kann.

1310 Als Beispiele seien genannt bei natürlichen Personen Art. 12 EMRK, der das Recht auf Eheschließung allein „Männern und Frauen im heiratsfähigen Alter" einräumt; Art. 3 II, 4. ZP EMRK gewährt das Recht auf Einreise allein den eigenen Staatsangehörigen und Art. 1, 7. ZP EMRK bestimmte Verfahrensrechte in Bezug auf die Ausweisung nur ausländischen Personen.

1311 Bei juristischen Personen können sich Einschränkungen des Rechts zur Erhebung der Individualbeschwerde ebenfalls aus dem Schutzbereich einzelner Konventionsrechte ergeben, wenn diese – wie z.B. das Recht auf Leben oder persönliche Freiheit oder auf Achtung des Familienlebens bzw. auf Schutz vor Folter – nur Freiheitssphären erfassen, die ihrem Inhalt nach allein auf natürliche Personen anwendbar sind.

1312 Demgegenüber erfasst das in Art. 8 I EMRK geschützte Recht auf Wohnung nach dem EGMR – so auch die Rechtsprechung des BVerfG zu Art. 13 GG – auch Geschäftsräume, so dass auch Personenvereinigungen sich auf dieses Grundrecht berufen können.

2. Prozess- und Postulationsfähigkeit

1313 EMRK und VerfahrensO stellen insoweit keine besonderen Anforderungen. Zugelassen wird jeder, der faktisch in der Lage ist, Prozesshandlungen vorzunehmen. Grundsätzlich kann auch ein Minderjähriger oder sogar ein Geschäftsunfähiger ein Konventionsrecht prozessual selbst geltend machen. Der Beschwerdeführer kann sich auch – wie z.B. ein Minderjähriger durch die Eltern – durch einen

---

1792 Ähnlich die Voraussetzung der Anwendbarkeit von Grundrechten auf juristische Personen „ihrem Wesen nach" nach Art. 19 III GG.
1793 Vgl. oben Rn. 271 ff.
1794 EKMR, Consejo General de.
1795 Auch Beliehenen – wie z.B. einem Notar – ist als Trägern von Hoheitsgewalt eine Berufung auf die Konventionsrechte versagt, wenn und soweit sie Hoheitsrechte ausüben.
1796 Vgl. dazu oben Rn. 273 ff.

Rechtsanwalt vertreten lassen. Eine anwaltliche Vertretung bei Einlegung der Beschwerde ist jedoch nicht erforderlich.

3. Beschwerdegegenstand

Gegenstand der Beschwerde kann jede Maßnahme oder Unterlassung eines Konventionsstaates sein. **1314**
Im Regelfall sind es Entscheidungen nationaler Gerichte.

a) Verpflichteter

Angegriffen werden können Maßnahmen der Träger von Staatsgewalt in den Staaten, welche durch **1315**
Ratifikation der EMRK als Vertragspartei durch die Konventionsrechte verpflichtet werden.

aa) Einflussmöglichkeit

Der Staat muss eine Einflussmöglichkeit haben. Dies ist bei Gesetzen, Verwaltungs- und Gerichtsent- **1316**
scheidungen der Fall. Der Verantwortlichkeit des Staates für eine Konventionsrechtsverletzung steht
nicht entgegen, dass er – wie z.B. bei Gerichtsentscheidungen wegen der Unabhängigkeit der Justiz –
auf eine Maßnahme keinen Einfluss hat.

Andererseits ist der Staat dann nicht verpflichtet, wenn es sich um eine auf seinem Territorium vorge- **1317**
nommene Maßnahme eines anderen Staates handelt. Für transnationales Handeln – z.B. nach dem
Schengener Abkommen – auf völkerrechtlicher oder gemeinschaftsrechtlicher Grundlage sind – auch
am Maßstab der EMRK – allein die Staaten verantwortlich, deren Organe gehandelt haben.

Zu den Trägern von Staatsgewalt sind ebenso wie im deutschen Recht[1797] auch Beliehene und alle **1318**
Privatrechtssubjekte zu zählen, hinter denen unmittelbar oder mittelbar allein der Staat steht, also
z.B. auch eine in den Händen einer Gemeinde befindliche Verkehrs-AG.

bb) EGMR und EU

Ein Problemfall ist das Handeln der EG/EU. Dieses kann nicht direkt Beschwerdegegenstand sein. **1319**
Wie in § 1 bereits ausführlich dargestellt, besteht jedoch eine indirekte Bindung der Vertragsstaaten
an die Konvention bei Akten der EU.

Die EU-Mitglieder, die allesamt EMRK-Staaten sind, sind dafür verantwortlich, dass staatliche Akte, **1320**
wozu auch der Abschluss eines völkerrechtlichen Vertrages sowie Ausführungshandlungen in dessen
Rahmen gehören können, keine konventionswidrigen Zustände schaffen.[1798] Der EGMR behält sich
– auch im Verhältnis zum EuGH – die Letztentscheidungskompetenz über die Konventionsmäßigkeit
jeglicher Form von Ausübung hoheitlicher Gewalt in Europa vor.[1799] Nur so kann in der Tat der Gefahr einer Aushöhlung der Konventionsrechte durch die grundrechts- wie menschenrechtsdefizitär
„ausgestattete" EU mit der einseitigen Ausrichtung an vorrangig ökonomisch geprägten Rechten und
Werten begegnet werden.

cc) Private

Ebensowenig wie die Grundrechte nach Art. 1 III GG eine unmittelbare Drittwirkung gegenüber Pri- **1321**
vaten entfalten,[1800] scheidet eine unmittelbare Wirkung der Konventionsrechte in diesem Falle aus.

Schließlich werden die Beschwerden nach Art. 33, 34 EMRK gegenüber den Konventionsstaaten und **1322**
nicht Privatpersonen erhoben. Die Staaten sind allerdings zur Gewährung von Schutz vor rechtswid-

---

1797 Vgl. dazu auch Rn. 240 ff.
1798 *Matthews* v. VK, Reports 1999-I, 251 ff., Rn. 32-34 = EuGRZ 26 (1999), 200 ff. = NJW 52 (1999), 3107.
1799 Vgl. auch *Lenz*, EuZW 1999, 311 ff.; *Ehlers*, JURA 2000, 372, 377.
1800 Vgl. dazu auch oben Rn. 180.

rigen Eingriffen Dritter verpflichtet. Diese Schutzpflichten erfordern unter Umständen – vor allem im Zeitalter der Globalisierung und des Abbaus des (National-)Staates – verstärkt den Erlass von Gesetzen zum Schutz der Menschenrechte.[1801]

b) Art der Maßnahme

1323 Mit der Individualbeschwerde angegriffen werden kann jede Maßnahme oder Unterlassung[1802] der Staatsgewalt eines Konventionsstaates, ohne dass eine Beschränkung auf bestimmte Rechtsformen wie z.B. Verwaltungsakte, Gesetze oder Urteile besteht. In der Praxis handelt es sich angesichts der Subsidiaritätsregelung mit dem Gebot der vorherigen Erschöpfung des nationalen Rechtswegs vorrangig um gerichtliche Entscheidungen.

4. Beschwer („Opfereigenschaft")

1324 Der Beschwerdeführer muss in der Beschwerdeschrift dartun, dass er durch eine der Vertragsparteien in einem in der Konvention oder in den Protokollen anerkannten Recht – selbst, gegenwärtig und unmittelbar – verletzt ist.[1803] Es muss in der Beschwerde die Bestimmung der Konvention oder Zusatzprotokolle aufgeführt werden, deren Verletzung behauptet wird. Es gelten hier weitgehend die gleichen Voraussetzungen wie bei der Beschwerdebefugnis der Verfassungsbeschwerde.[1804]

Nach Art. 35 III lit. b EMRK i.d.F. des 14. Zp erklärt EGMR Beschwerde für unzulässig bei Fehlen eines erheblichen Nachteils.

a) Selbstverletzung

1325 Die Konvention schützt die Rechte Einzelner. Ein Beschwerdeführer muss daher eine eigene Verletzung in einem durch die EMRK oder die Protokolle garantierten Menschenrecht vortragen. Gemeint ist mit dem Erfordernis der Opfereigenschaft vor allem (aber nicht nur) die Selbstbetroffenheit.

1326 Entschieden wird nur der durch die Beschwerde vorgetragene Einzelfall; Untersuchungen der rechtsstaatlichen Situation allgemein oder allgemeiner, den Beschwerdeführer nicht unmittelbar betreffender Rechtsverletzungen führt der Gerichtshof nicht. Argumente, denen zufolge eine bestimmte staatliche Maßnahme ganz allgemein ungerecht sei, sind allenfalls geeignet, den angegriffenen Rechtsakt im Kontext darzustellen; prinzipiell kommt es ausschließlich auf die Verletzung eines spezifischen Menschenrechts des Beschwerdeführers in einem konkreten Einzelfall an.

1327 Jedoch kann bei Verletzung von Art. 2 oder 3 EMRK auch ein Vertreter für das Opfer klagen, selbst wenn er die Klage nicht im fremden Namen (als offen gelegter Vertreter) erhebt.[1805] Er handelt dann nach deutscher Terminologie in Prozessstandschaft: Er macht ein fremdes Recht in eigenem Namen geltend. Eine andere Situation ist die, dass der Angehörige von Verschwundenen selbst als Opfer einer unmenschlichen und erniedrigenden Behandlung (Art. 3 EMRK) angesehen wird und ein eigenes Recht geltend macht.[1806]

1328 Da die Verletzung eigener Rechte geltend gemacht werden muss, sind auch Organisationen oder Personengruppen nicht befugt, wegen der Rechte ihrer Mitglieder gem. Art. 34 EMRK vorzuge-

---

1801 Vgl. *EGMR*, Urt. v. 13.8.1981, Série A, Vol. 44, Tz. 49 (Young, James u. Webster).
1802 Z.B. Verweigerung der Unterstützung durch einen Dolmetscher im Falle des Art. 6 VI e EMRK.
1803 Diese Opfereigenschaft wird auch „Beschwer" oder „Sachlegitimation" genannt. Die unsichere Terminologie hängt mit der Übersetzung des Konvetionstextes zusammen. Der englische authentische Wortlaut von Art. 34 EMRK ist: „The Court may receive applications from any person … claiming to be the victim of a violation." Die deutsche Übersetzung lautet: „Person, die behauptet, in einem Rechte verletzt zu sein."
1804 Vgl. dazu Rn. 309 ff.
1805 Ilhan v. Türkei, ECHR 2000-VII, 267 ff., Rn. 49-54.
1806 Timurtas v. Türkei, ECHR 2000-VI, 303, Rn. 91-98.

hen.[1807] Eine Verbandsklage scheidet daher – wie nach deutschem Verfassungsrecht – aus.[1808] Der EGMR befasst sich nicht mit Popularklagen und abstrakten Rügen. Das Erfordernis der Opfereigenschaft schließt insofern die actio popularis aus.

Ein Beispiel für diese Funktion ist die Beschwerde des Geistlichen J., des Schulrektors B. und italienischer Eltern wegen einer behaupteten Verletzung von Art. 8 (Familienleben) durch die drohende Schließung einer italienischen Privatschule im Schweizer Kanton Schwyz. J. und B. waren nicht „Opfer" und damit waren ihre Beschwerden unzulässig ratione personae.[1809] **1329**

b) Gegenwärtigkeit

Die Opfereigenschaft bezieht sich in ihrer zweiten Dimension auf den Zeitpunkt der Rechtsverletzung. Der Beschwerdeführer muss – dies ist der Normalfall – dartun, dass er gegenwärtig in eigenen Rechten durch die angegriffene Maßnahme verletzt ist. **1330**

Eine vergangene (bereits abgeschlossene) Verletzung kann gerügt werden, wenn sie nicht geheilt wurde. Beispielsweise ist ein Verfahrensfehler im Gerichtsverfahren dann geheilt, wenn der Betroffene freigesprochen wurde. Schließlich ist er dann kein Opfer mehr. **1331**

Entfällt die Beschwer nachträglich, tritt also Erledigung ein, kann die Individualrechtsbeschwerde unzulässig sein bzw. werden mangels Rechtsschutzinteresse, was einer weiteren Sachprüfung entgegensteht.[1810] **1332**

Eine zukünftige Rechtsverletzung kann gerügt werden, wenn sie wahrscheinlich und es nicht zuzumuten ist, ihren Eintritt abzuwarten. **1333**

Im Fall Open Door an Dublin Well Woman v. Irland (1992)[1811] richtete sich die Beschwerde gegen ein Urteil des Obersten Gerichtshofs Irlands, in dem die Verteilung von Werbematerial für englische Abtreibungskliniken untersagt wurde. Der EGMR qualifizierte Frauen im gebärfähigen Alter als Opfer, obwohl sie nur potenziell zukünftig betroffen waren („may be adversely affected by the restrictions imposed by the injunction"). **1334**

Die Opfereigenschaft besteht bereits, wenn eine Entscheidung ergeht, nicht erst bei ihrem Vollzug. Also reicht eine Ausweisungsverfügung, die Abschiebung muss nicht abgewartet werden. **1335**

Ein Beispiel für die Problematik zukünftiger Rechtsverletzungen ist der Fall Vijayanathan und Pusparajah v. Frankreich (1992).[1812] Die Beschwerdeführer waren aufgefordert worden, Frankreich zu verlassen; eine Ausweisungsverfügung war jedoch nicht erlassen worden. Die Opfereigenschaft fehlte aber hier, weil die Aufforderung nicht vollstreckbar war und noch Rechtsbehelfe mit aufschiebender Wirkung möglich waren. **1336**

c) Unmittelbarkeit

Der dritte Aspekt der Opfereigenschaft ist die unmittelbare Betroffenheit. Sie ist im Regelfall von Individualbeschwerden gegen Urteile zu Lasten des Beschwerdeführers gegeben. **1337**

Sie fehlt aber meist bei der Betroffenheit durch ein Gesetz. Soweit gesetzliche Bestimmungen ohne gleichzeitigen Angriff auf einen Vollzugsakt Gegenstand der Individualbeschwerde sind, muss der Beschwerdeführer – wie nach der Rechtsprechung zur Verfassungsbeschwerde[1813] – dartun, dass er **1338**

1807 Vgl. nur *Rogge,* in: Int. Komm EMRK, Art. 25 Rn. 140.
1808 Vgl. oben Rn. 325 ff.
1809 EKMR, J., B. und 361 Eltern v. Schweiz, DR 20, 230 ff., engl. 235 (1980).
1810 Vgl. *Frowein/Peukert,* EMRK, Art. 25 Rn. 29.
1811 Series A 246-A (1992), Rn. 44.
1812 Series A 241-B (1992), Rn. 45 f.
1813 Vgl. dazu oben Rn. 330 ff., 509 ff.

durch die Norm und nicht erst durch deren Vollziehung selbst, gegenwärtig und unmittelbar in Konventionsrechten verletzt wird. Man muss also – im Regelfall – erst den Vollzug abwarten.

d) Wegfall der Opfereigenschaft

1339 Die Opfereigenschaft i.S.d. Art. 34 EMRK kann nachträglich – vergleichbar dem Rechtsschutzbedürfnis bei Verfassungsbeschwerden[1814] – entfallen. Dies kommt in Betracht bei Erledigung z.B. bei Anerkenntnis und Wiedergutmachung der Konventionsverletzung. Bedeutsam in der Praxis ist vor allem, dass eine überlange Verfahrensdauer mit der Folge einer Verletzung des Art. 6 I EMRK strafmildernd berücksichtigt wird.[1815]

5. Rechtswegerschöpfung

1340 Für die Anrufung des EGMR gilt das Subsidiaritätsprinzip. Der innerstaatliche Rechtszug muss gem. Art. 35 I EMRK erschöpft sein.

1341 Entsprechend dem allgemeinvölkerrechtlichen Grundsatz der local remedies soll der betroffene Staat die Gelegenheit haben, selbst die Konventionsverletzung zu beheben, bevor er sich vor einer internationalen Instanz zu verantworten hat. Damit schützt das Gebot der Rechtswegerschöpfung die nationale Souveränität und unterstreicht zugleich die Subsidiarität des EGMR, der auf diese Weise entlastet wird durch den Filter der staatlichen Gerichte.

a) Praxisbedeutung

1342 Probleme wirft das Gebot der Rechtswegerschöpfung vor allem auf, soweit in einzelnen Konventionsstaaten defizitäre und unklare Rechtswegverhältnisse bestehen. Dies kann für Deutschland (noch) nicht gesagt werden. Wenn eine Individualbeschwerde gegen Deutschland eingelegt wird, die sich meist gegen gerichtliche Entscheidungen richtet, besteht insoweit im Regelfall kein praktisches Problem. Schließlich muss – wie unten dargelegt – vor der Individualbeschwerde Verfassungsbeschwerde eingelegt werden, diese wiederum setzt gem. § 90 II BVerfGG die Erschöpfung des Rechtswegs voraus. Wurde erfolglos unter Beachtung dieses Subsidiaritätsgebots Verfassungsbeschwerde eingelegt, dann ist auch der Nachweis der Rechtswegerschöpfung für eine Individualbeschwerde erbracht.

1343 Die für § 90 II BVerfGG für eine Verfassungsbeschwerde geltenden Grundsätze können im übrigen auch bei der Individualbeschwerde entsprechend herangezogen werden.[1816]

b) Allgemeines

1344 Zentraler Grundsatz ist die flexible und nicht formalistische Anwendung des Art. 35 I EMRK. Das Erschöpfungserfordernis ist weder absolut noch automatisch; es kann davon abgesehen werden.[1817] Maßgeblich sind die Umstände des Einzelfalls und der gesamte Kontext des nationalen Rechtssystems.[1818]

1814 Vgl. dazu oben Rn. 601 ff.
1815 Vgl. m.w.N. EGMR EuGRZ 2004, 634 – Cevizovic ./. Deutschland; EGMR StraFO 2006, 147 – Dzelili gegen Deutschland.
1816 Vgl. dazu oben Rn. 423 ff.
1817 Vgl. nur *EGMR* NJW 2001, 56- (Selmouni/Frankreich).
1818 Akdivar v. Türkei, Reports 1996-IV, 1192 ff., Rn. 68.

Die Beweislast ist im Kontext der Rechtswegerschöpfung bei einer Individualbeschwerde wie folgt **1345** verteilt:[1819] Die gesamte Zulässigkeit einer Beschwerde (einschließlich der Rechtswegerschöpfungsvoraussetzung) wird vom EGMR von Amts wegen geprüft. Der Beschwerdeführer muss die von ihm ergriffenen Rechtsmittel aufzählen und belegen. Die Regierung kann dann als preliminary objection vorbringen, der Rechtsweg sei nicht erschöpft. Sie muss dann die weiteren Rechtsmittel nennen und nachweisen, dass diese auch zugänglich und wirksam gewesen wären (Beweislast beim Staat). Wenn die Regierung das getan hat, muss wiederum der Beschwerdeführer seinerseits zeigen, dass die Rechtsmittel ihm im konkreten Fall nicht effektiv zur Verfügung standen oder dass ihn bestimmte Umstände von der Verpflichtung zur Erschöpfung befreiten. Wenn der Staat die Zugänglichkeit und Wirksamkeit nicht beweisen kann, gilt der Rechtsweg als erschöpft.[1820]

c) Rechtsbehelfe

Der Beschwerdeführer muss alle nach innerstaatlichem Recht möglichen Rechtsbehelfe eingelegt ha- **1346** ben, bevor er Individualbeschwerde eingelegt hat, soweit sie mit hinreichender Gewissheit und nicht nur theoretisch, sondern auch in der Praxis existieren. Dazu gehören alle nach der nationalen Rechtsordnung vorgesehenen förmlichen wie auch formlosen Rechtsbehelfe, soweit sie hinreichend zur Abhilfe geeignet sind.[1821]

In jedem Fall – also auch bei Untätigkeit – muss die Beschwerde zunächst wenigstens in der Sache **1347** bei staatlichen Behörden erhoben worden sein, und zwar unter Beachtung der Formen und Fristen, die das innerstaatliche Recht festlegt.[1822]

Nach einem Strafverfahren ist kein Antrag auf Wiederaufnahme nötig, denn das Wiederaufnahme- **1348** verfahren gehört nicht zum normalen Rechtsweg. Im Normalfall dürfte für die sinngemäße Rüge von Art. 6 EMRK bezüglich des Strafverfahrens aber eine Verfassungsbeschwerde möglich und nötig sein.

Der Anspruch auf Schadensersatz wegen unangemessener Verfahrensdauer (Art. 6 I EMRK) nach na- **1349** tionalem Recht kann grundsätzlich ein wirksamer Rechtsbehelf i.S.v. Art. 35 EMRK sein, den der Beschwerdeführer einlegen muss, bevor er sich mit einer Beschwerde an den EGMR wenden kann.[1823]

Die Pflicht zur Einlegung der Rechtsbehelfe gilt selbst dann, wenn hinsichtlich seiner Erfolgsaussich- **1350** ten Zweifel bestehen;[1824] nur bei völliger Aussichtslosigkeit – dazu unten – kann der EGMR direkt angerufen werden.

Das Gebot der innerstaatlichen Rechtswegerschöpfung gem. Art. 35 I EMRK gilt – wie angedeutet – **1351** auch für die Verfassungsbeschwerde nach den §§ 90 ff. BVerfGG. Der Beschwerdeführer muss z.B. eine Kopie des Nichtannahmebeschlusses des BVerfG nach Art. 93b i.V.m. Art. 93a BVerfGG vorlegen.[1825] Die Verfassungsbeschwerde muss in jedem Fall dann eingelegt werden, wenn die Konventionsverletzung damit erfasst werden kann,[1826] was schon wegen der Reichweite des Art. 2 I GG in der Regel der Fall ist.

Selbst in den Fällen, in denen zu befürchten ist, dass vom BVerfG die Verfassungsbeschwerde wegen **1352** Nichtvorliegens der relativ hohen Nichtannahmevoraussetzungen nicht angenommen wird, was in über 90 % der Fälle zutrifft, sollte bzw. muss die Verfassungsbeschwerde eingelegt werden. Die Erfahrungen haben immer wieder gezeigt, dass der EGMR Beschwerden annimmt, bei denen das BVerfG die Annahme – trotz Begründetheit – unter Berufung § 93a BVerfGG verweigert hat, z.B. weil

1819 Vgl. *EGMR* NJW 2001, 56 (Selmouni/Frankreich).
1820 Gute Ausführungen in Selmouni v. Frankreich, ECHR 1999-V, 149 ff., Rn. 76 = NJW 54 (2001), 56 ff.
1821 *Ehlers*, JURA 2000, 372, 381.
1822 *EGMR* NJW 2001, 54 (Civet/Frankreich).
1823 *EGMR* NJW 2001, 2691 (Gonzalez Marin/Spanien).
1824 *EGMR* NJW 2001, 2692 (Tomé Mota/Portugal).
1825 Siehe z.B. Allaoui u.a.v. Deutschland, Zulässigkeitsent. v. 19. Jan. 1999, EuGRZ 29 (2002), 144 ff.
1826 Vgl. *Ehlers*, JURA 2000, 372, 381; *Frowein/Peukert*, Art. 26 Rn. 18.

es sich nicht um einen Fall von grundsätzlicher Bedeutung handelt oder keine schwerwiegende Grundrechtsverletzung vorliegt.

d) Zugänglichkeit und Wirksamkeit

1353 Die Rechtswegerschöpfungsvoraussetzung i.S.d. Art. 35 EMRK wird dadurch eingeschränkt bzw. abgemildert, dass die nationalen Rechtsmittel zugänglich, verfügbar, angemessen und wirksam sein müssen. [1827] Sie haben nicht nur theoretisch sondern auch praktisch in einem ausreichenden Gewissheitsgrad vorhanden zu sein,[1828] ohne den es ihnen an der gewollten Effizienz und Zugänglichkeit mangelt; es obliegt dem beklagten Staat aufzuzeigen, dass diese Anforderungen zusammen erfüllt sind.[1829]

Beispiel 67

Akdivar v. Türkei:[1830] Hier hatte die türkische Regierung eingewandt, dass Akdivar nach einem Foltervorwurf gegenüber den Sicherheitskräften noch eine Verwaltungsklage und eine Zivilklage hätte erheben können. Dazu stellte der EGMR fest, dass im konkreten Fall das Rechtssystem mangelhaft funktionierte. In der Region herrschte Kriegsrecht und die unzureichende Untersuchungstätigkeit der Behörden war notorisch. In diesem speziellen Kontext wären deshalb die Verwaltungs- oder Zivilklage kein wirksames Rechtsmittel gewesen und mussten nicht erhoben werden, um den Rechtsweg zu erschöpfen.

Civet v. Frankreich:[1831] Civet saß wegen des Vorwurfs der Vergewaltigung seiner Töchter zwei Jahre in Untersuchungshaft und hatte insgesamt fünf Anträge auf Haftentlassung gestellt, die abgelehnt wurden, was jeweils von der Beschwerdekammer des Berufungsgerichts Lyon bestätigt wurde. Er legte Beschwerde vor dem EGMR wegen Verletzung von Art. 5 III EMRK (Aburteilung innerhalb einer angemessen Frist) ein. Die Regierung wandte ein, er habe eine zusätzliche Rechtsbeschwerde zum Kassationshof einlegen müssen. Dieser nimmt aber nur eine Rechtsprüfung, keine Tatsachenprüfung vor.

Der EGMR urteilte: Prüfungsgegenstand vor dem Kassationshof wäre keine nackte Tatsachenfrage (übermäßige Länge der Untersuchungshaft), sondern auch eine Rechtsfrage (Prüfung, ob die Beschwerdekammer ihren Beschluss auf Fortdauer der Untersuchungshaft im Hinblick auf die Umstände des Falles angemessen begründet hat). Somit war die Rechtsbeschwerde zum Kassationshof trotz Bindung des Kassationshofes an die tatsächlichen Feststellungen der Beschwerdekammer ein effektiver Rechtsbehelf. Also war der innerstaatliche Rechtsweg nicht erschöpft.

Selmouni v. Frankreich:[1832] Hier hatte die französische Regierung eingewandt, der Beschwerdeführer hätte Strafanzeige gegen die ihn misshandelnden Polizeibeamten erstatten können und den Beitritt als Privatkläger beantragen können; er hätte dann im Falle der Verurteilung Schadensersatz verlangen können. Der EGMR würdigte alle konkreten Umstände, insbesondere die immer wieder verzögerten Ermittlungen. Die von der Regierung aufgezeigte Möglichkeit wäre unter diesen Umständen kein wirksamer und angemessener Rechtsbehelf gewesen.

e) Form und Frist des nationalen Rechtsmittels

1354 Die innerstaatlichen Rechtsbehelfe müssen form- und fristgerecht eingelegt worden sein. Bei Fristversäumnis und Abweisung des innerstaatlichen Rechtsmittels als unzulässig wurde der Rechtsweg nicht ausgeschöpft und damit ist die Beschwerde vor dem EGMR unzulässig.

1355 Wegen des Grundsatzes der flexiblen Anwendung der local remedies rule gelten aber folgende Ausnahmen: Wenn die nationale Fristenregelung oder Präklusion selbst konventionswidrig erscheint oder willkürlich auf den Beschwerdeführer angewendet wurde, gilt der Rechtsweg trotz nationaler

---

1827 Aquilina v. Malta, ECHR 1999-III, 225 ff., Rn. 39 = NJW 54 (2001), 51 ff.
1828 *EGMR* NJW 2001, 2387 (Krombach/Frankreich).
1829 Selmouni gegen Frankreich [GC],Nr. 25803/94, § 75, CEDH 1999-V; Berlin gegen Luxemburg (Dez.), Nr. 44979/98; Rezette gegen Luxemburg, Nr. 73983/01, § 26, 13. Juli 2004.
1830 Reports 1996-IV, 1192 ff., Rn. 70-77.
1831 ECHR 1999-VI, 161 ff., Rn. 43 f. = NJW 54 ff.
1832 ECHR 1999-V, 149 ff., Rn. 74-81 = NJW 54 (2001), 56 ff.

Verfristung als erschöpft. In diesem Fall liegt nämlich gerade darin eine zusätzliche Verletzung von Art. 6 EMRK (Zugang zu einem Gericht).[1833]

> **Ankerl v. Schweiz:**[1834] Das Schweizer Bundesgericht hatte eine Berufung, in der die Verletzung von Art. 6 und 14 EMRK gerügt wurde, als unsubstantiiert und damit unzulässig zurückgewiesen. Der EGMR hielt die Berufung für ausreichend substantiiert. Also hatte das Bundesgericht ausreichend Gelegenheit erhalten, die EMRK-Verletzung selbst zu beheben. Damit war der nationale Rechtsweg erschöpft.

Beispiel 68

f) Ausnahme bei Aussichtslosigkeit

Vom Erfordernis der Rechtswegerschöpfung wird nach allgemeinen Grundsätzen des Völkerrechts nicht nur bei völliger Untätigkeit des Staates – z.B. weil er keinerlei Ermittlungen anstellt – eine Ausnahme gemacht mit der Folge, dass dann direkt der EGMR angerufen werden kann. Die vorherige Einlegung eines nach nationalem Recht möglichen Rechtsbehelfs ist auch dann nicht erforderlich, falls er zwar formal möglich, in der Sache jedoch völlig aussichtslos ist. So kann insbesondere bei völlig aussichtslos erscheinendem Rechtsmittel, insbesondere bei entgegenstehender gefestigter nationaler Parallelrechtsprechung (gegen andere Personen) direkt der EGMR angerufen werden.

1356

> **Englert v. Deutschland:**[1835] Hier hatte der Beschwerdeführer Englert keine Verfassungsbeschwerde zum BVerfG eingelegt, um eine Verletzung der Unschuldsvermutung zu rügen. (Hier hätte er sich auf eine nationale Parallelvorschrift zu Art. 6 II EMRK berufen müssen). Der EGMR befand, dass eine Verfassungsbeschwerde keine Erfolgsaussichten gehabt hätte. Denn in einem anderen Fall war bereits eine derartige Verfassungsbeschwerde als unzulässig abgewiesen worden. Also war der Rechtsweg auch ohne Einlegung einer Verfassungsbeschwerde erschöpft.
>
> **Open Door and Dublin Well Woman v. Irland:**[1836] Die Beschwerdeführer rügten das irische Verbot, Informationen über Schwangerschaftsabbrüche im Ausland zu erteilen und zu empfangen. Der Regierungseinwand der mangelnden Rechtswegerschöpfung griff nicht durch, weil die irische Supreme Court-Rechtsprechung dem Neugeborenen einen extrem hohen Schutz gewährt. Jegliche Klage der Beschwerdeführer hätte keine Erfolgsaussichten gehabt.

Beispiel 69

Grundsätzlich kann dem Beschwerdeführer jedoch nur empfohlen werden, zwecks Vermeidung des mit dem Verzicht auf die Einlegung von formal möglichen Rechtsbehelfen verbunden Risikos möglichst zur Sicherheit alle nach nationalem Recht möglichen und vertretbaren Rechtsbehelfe einzulegen.

1357

g) Erschöpfung

Der Rechtsweg muss erschöpft sein. Er ist erst erschöpft, wenn das höchst zuständige Gericht erfolglos angerufen wurde. Die Regel, dass innerstaatliche Rechtsbehelfe erschöpft werden müssen, muss unter angemessener Berücksichtigung des Einzelfalls, mit einer gewissen „Geschmeidigkeit" und ohne übertriebenen Formalismus angewendet werden.[1837] Im innerstaatlichen Verfahren muss die

1358

1833 Im vom IGH entschiedenen LaGrand-Fall (Urt. v. 27. Juni 2001, dt. Übers. in EuGRZ 28 (2001), 287 ff.) bestand folgendes Problem: Die des Mordes angeklagten deutschen Brüder LaGrand wurden nach ihrer Verhaftung in Arizona unter Verstoß gegen die Wiener Konsularrechtskonvention (WKK) nicht über ihr Recht auf Kontakt mit einem deutschen Konsul informiert. Vor US-amerikanischen Bundesgerichten durften sie die Verletzung der WKK nicht rügen, weil sie nach der procedural default-Doktrin präkludiert waren. Der IGH entschied, dass die Anwendung der Doktrin im konkreten Fall die Vorschrift des Art. 36 II WKK verletzte, nach welcher die Rechte aus der WKK effektiv gewährt werden müssen. Auch hier wurde – wie in der EGMR-Rechtsprechung – eine völkerrechtswidrige Präklusionsregel als unbeachtlich bewertet und deshalb außer Acht gelassen.
1834 Reports 1996-V, 1553 ff., Rn. 31.
1835 Series A 123 (1987), Rn. 32.
1836 Series A 246 (1992), Rn. 48-51.
1837 *EGMR* NJW 2001, 56 (Selmouni/Frankreich).

EMRK-Verletzung zumindest sinngemäß geltend gemacht werden. Es ist aber nicht nötig, dass im innerstaatlichen Verfahren bereits die EMRK-Vorschrift genannt wurde.

6. Frist

1359   Die Menschenrechtsbeschwerde muss innerhalb einer Frist von sechs Monaten nach der endgültigen innerstaatlichen Entscheidung eingelegt werden (Art. 35 I EMRK). Es handelt sich um eine Ausschlussfrist.

a) Fristbeginn

1360   Soweit ein nationaler Rechtsweg besteht, beginnt die Frist zu laufen ab dem Tag der Zustellung und nicht bereits der Verkündung der letztinstanzlichen Entscheidung.[1838]

1361   Gibt es im Recht eines Vertragsstaates keinen Rechtsbehelf gegen eine angebliche Konventionsverletzung, beginnt die Sechsmonatsfrist des Art. 35 I EMRK grundätzlich zu dem Zeitpunkt, in dem die Handlung vorgenommen wurde, oder dann, wenn der Beschwerdeführer direkt durch die Handlung betroffen wurde, von ihr Kenntnis erlangte oder hätte erlangen können. [1839]

1362   Ergreift ein Beschwerdeführer einen Rechtsbehelf, von dem er später erfährt oder hätte erfahren können, dass er wirkungslos ist, kann die Sechsmonatsfrist zu dem Zeitpunkt beginnen, in dem der Beschwerdeführer von jenem Umstand erfahren hat oder hätte erfahren können.[1840]

1363   Bei dauerhaften Sachverhalten – wie z.B. Gesetzen – besteht kein Fristenlauf.

b) Fristende

1364   Die Frist endet mit der Beschwerdeeinlegung, und zwar mit dem erstem Schriftsatz an den Gerichtshof, der den wesentlichen Gegenstand der Beschwerde mitteilt. Er muss daher zumindest den Sachverhalt hinreichend schildern und die behauptete Menschenrechtsverletzung erkennen lassen. Eine ergänzende Begründung ist auch nach Fristablauf möglich.

1365   Fristwahrend ist schon das Abschicken der Beschwerde. Maßgeblich ist die Absendung des ersten Schreibens (Art. 47 V VerfO). Nicht kommt es an auf den Eingang der Beschwerde. Hilfsweise ist maßgeblich – so bei offensichtlicher Zurückdatierung – das Datum des Poststempels bzw. das Eingangsdatum (Brief oder Fax).

1366   Eine unüblich lange Differenz zwischen Absende- und Eingangsdatum wird überprüft; in solchen Fällen kann der EGMR statt auf den ursprünglichen Schriftsatz auf einen weiteren abstellen, in dem der Beschwerdeführer seinen Antrag aufrechterhält.

7. Sonstiges

1367   Die Individualbeschwerde kann in besonderen Fällen unzulässig sein.

1838 Vgl. *Frowein/ Peukert*, Art. 26 Rn. 48.
1839 EGMR Urt. v. 8.11.2005 – 34056/02-Gongadze/Ukraine.
1840 EGMR Urt. v. 8.11.2005 – 34056/02-Gongadze/Ukraine.

Dies kommt einmal in Betracht bei Erledigung auf Grund des Wegfalls der Beschwer, dann entfällt **1368** möglicherweise das Rechtsschutzinteresse.[1841]

Sie ist u.a. auch dann unzulässig, wenn sie anonym (Art. 35 II a EMRK) oder missbräuchlich (Art. 35 **1369** III EMRK) eingelegt worden ist. Gleiches gilt, soweit Rechtskraft eingetreten ist bzw. eine anderweitige internationale Rechtshängigkeit besteht (Art. 35 II b EMRK).[1842] Sie darf auch nicht unvereinbar mit der Konvention sein (Art. 35 III EMRK).

Die Beschwerde ist schriftlich – auch per Fax – einzulegen und vom Beschwerdeführer oder dessen **1370** Vertreter zu unterzeichnen (Art. 45 VerfO).[1843]

Obwohl die offizielle Sprache des EGMR Englisch oder Französisch ist, kann die Beschwerdeschrift **1371** auch in deutscher Sprache eingereicht werden (Art. 34 II VerfO). Erst nach der Zulässigkeitserklärung der Beschwerde durch die Kammer müssen die Schriftsätze in einer der beiden Amtssprachen verfasst sein (Englisch oder Französisch, Art. 34 II VerfO).

Keine Einlegungsvoraussetzung ist die Vertretung des Beschwerdeführers durch einen Rechtsanwalt. **1372** Sie ist aber möglich (Art. 36 I VerfO) und wird zu recht im Merkblatt empfohlen. Jeder zugelassene Rechtsanwalt, der in einem der Mitgliedstaaten wohnt, ist vor dem EGMR vertretungsbefugt, Art. 36 IV a VerfO.

Die Gewährung von PKH, wie die Beiordnung eines Rechtsanwalts sind in der Anfangsphase einer **1373** Beschwerde nicht möglich. Dies kommt erst in Betracht in einem späteren Verfahrensstadium, wenn – nachdem eine Individualbeschwerde eingelegt wurde – diese vor eine Kammer gelangt ist und der beklagte Staat seine schriftlichen Ausführungen zur Zulässigkeit vorgelegt hat (Art. 41 VerfO). Findet eine mündliche Verhandlung vor einer Kammer statt, muss der Bf. jedoch anwaltlich vertreten sein (Art. 36 III VerfO).

Das Verfahren vor dem EGMR ist für den Bf. insgesamt gebührenfrei. **1374**

VIII. Begründetheit der Individualbeschwerde

Die Individualbeschwerde ist begründet, wenn die Konvention anwendbar und der Beschwerdefüh- **1375** rer durch den angegriffenen Akt in einem Konventionsrecht verletzt ist.

1. Prüfungsumfang

Die Individualbeschwerde ist ein außerordentlicher Rechtsbehelf. Der Prüfungsumfang des EGMR ist **1376** grundsätzlich auf die Einhaltung der Konvention und der Zusatzprotokolle beschränkt. Daraus ergeben sich insbesondere für den Regelfall einer gerichtlichen Entscheidung als Beschwerdegegenstand – wie bei dem auf „spezifisches Verfassungsrecht" beschränkten BVerfG – Einschränkungen in tatsächlicher wie rechtlicher Hinsicht.

1841 Vgl. *Frowein/Peukert,* Art. 25 Rn. 38. Unter bestimmten Voraussetzungen wie z.B. dem Tod des Beschwerdeführers, einem fehlenden Antrag der Hinterbliebenen auf Fortführung des Rechtsstreits oder allgemeiner Bedeutung kann dennoch eine an sich unzulässig gewordene Beschwerde sachlich zu bescheiden sein; ihr kann daher – wie einer Verfassungsbeschwerde nach deren Zurücknahme – über die vorrangige Individualrechtsschutzfunktion auch eine über den Individualrechtsschutz hinausgehende Funktion zukommen (vgl. auch *Demirel,* S.15).

1842 Zur Verpflichtung der Prüfung, ob die Beschwerde bereits einer anderen internationalen Untersuchungs- oder Vergleichsinstanz unterbreitet worden ist vgl. *EGMR* NJW 2005, 123 (Große Kammer).

1843 Vgl. dazu Merkblatt des *EGMR.*; vgl. Fn. 1900.

1377 Der EGMR ist ebensowenig wie das BVerfG eine gewöhnliche weitere Rechtsmittelinstanz („fourth instance"[1844]); er ist also kein „Superberufungs- oder „-revisionsgericht". Er prüft dementsprechend weder die Anwendung des innerstaatlichen Rechts noch die Sachverhaltsfeststellung durch die nationalen Gerichte im Hinblick auf eine eventuelle Fehlerhaftigkeit. Dementsprechend hat er u.a. betont:[1845] *„(I)t is not (the Court's) function to deal with errors of fact and law allegedly committed by a national court unless and in so far as they may have infringed rights and freedoms protected by the Convention."*

a) Sachverhalt

1378 Ungeachtet des Rechts zur Beweiserhebung legt der EGMR den Sachverhalt zugrunde, der sich aus dem bisherigen Verfahren, also den Entscheidungen und Schriftsätzen ergibt.

1379 In den weitaus meisten Fällen ist der streitgegenständliche Sachverhalt durch die nationalen Gerichte hinreichend ermittelt worden bzw. zwischen den Parteien unstreitig oder für die Menschenrechtsbeschwerde unerheblich, da es vielfach nur auf die Auslegung der Konventionsrechte ankommt. Vor allem geht es um die Einhaltung prozessualer Regeln und entsprechender Mindeststandards. Ein Schwerpunkt der Rechtsprechung des Gerichts liegt folgerichtig in der Erörterung prozessualer Fragen. In der Wahrung der menschenrechtlich verbürgten Verfahrensrechte liegt eine der wesentlichen Funktionen des EGMR.

1380 So wird das Gericht beispielsweise im Fall einer Aberkennung des elterlichen Sorgerechts nicht entscheiden, ob die Entziehung des Kindes im Einzelfall die faktisch „richtige" Entscheidung war; schließlich ist der EGMR ebensowenig wie das BVerfG ein Fachgericht. Er wird nur prüfen, ob im Rahmen der nationalen Entscheidung die elterlichen Rechte hinreichend berücksichtigt und geschützt worden sind.[1846] Wenn es um Mordverdacht geht, der dem Staat zur Last gelegt wird, kann vom EGMR nicht die Aufklärung des Falles verlangt werden. Er hat sich jedoch mit der Frage zu befassen, ob der Betroffene grundsätzlich durch die nationale Rechtsordnung hinreichend geschützt war und ob die Aufklärung des Falles durch die zuständigen nationalen Institutionen rechtsstaatlichen Anforderungen genügt.[1847]

b) Einfachrechtliche Normen

1381 Der EGMR prüft auch nicht Verstöße gegen nationales Recht wie das BGB oder das GG. Auch diese Auslegung von Normen der nationalen Rechtsordnungen ist im wesentlichen Sache der zuständigen Gerichte der Mitgliedstaaten.

1382 Gleichwohl hat der EGMR seine Auslegungskompetenz dort, wo es um die Vereinbarkeit nationaler Regelungen mit der EMRK geht, ausdrücklich angenommen. Eine Ausnahme (d.h. weitergehende Kontrolle durch den EGMR) wird dann gemacht, wenn die EMRK selbst auf das nationale Recht verweist und dessen richtige Anwendung fordert, insbesondere bei Art. 5 (Wortlaut: „auf die gesetzlich vorgeschriebene Weise-"; „rechtmäßig") und Art. 1 des 1. Zp (Enteignung nur „unter den durch Gesetz ... vorgesehenen Bedingungen"). Auch in diesen Fällen kontrolliert aber der EGMR nicht voll die richtige Anwendung des nationalen Rechts, sondern er nimmt lediglich eine Willkürkontrolle vor. Insbesondere in Fällen von Eingriffen in Freiheitsrechte kann sich der Gerichtshof selbst ein Bild verschaffen, inwieweit die nationale Rechtspraxis den Anforderungen der Konvention genügt und ob sie ggf. als willkürlich zu betrachten ist.[1848]

1844 Vgl. *Reid,* S. 31 f.
1845 EGMR Reports 1999-I, 87 ff., Rn. 28 – García Ruiz v. Spanien.
1846 *Reid,* S. 31 f.
1847 Vgl. u.a. *EKMR* Beschl. vom 8.6.1986, Série A, Nr. 102 (Lithgow/Großbritannien), s. auch *Reid,* S. 33 m.w.N.
1848 Vgl. *EKMR* Beschl. vom 24.10.1979, Série A, Nr. 33 (Winterwerp/Niederlande); *Reid,* S. 35 f.

2. Anwendbarkeit der Konvention

Bei der Begründetheit der Individualbeschwerde ist zu prüfen, ob die Konvention einschließlich der Zusatzprotokolle überhaupt anwendbar ist, insbesondere ob – wie oben dargelegt [1849] – der betroffene Vertragsstaat nicht gem. Art. 57 EMRK durch einseitige Erklärungen (i.S.d. Art. 2 I d des Wiener Übereinkommens über das Recht der Verträge) Vorbehalte erklärt oder ob er Zusatzprotokolle nicht unterzeichnet hat.

1383

3. Allgemeine Auslegungsgrundsätze

Die Auslegung der EMRK folgt grundsätzlich durch den EGMR autonom, also ohne Bindung an die Auslegung der Vertragsstaaten. Sie richtet sich nach anderen Regeln als denen des nationalen Rechts. An gefestigte Auslegungsgrundsätze des nationalen Rechts ist der EGMR nicht gebunden. Er berücksichtigt vielmehr den spezifisch menschenrechtlichen Bezug des zu beurteilenden Falles. Seine Auslegung ist geprägt durch eine Reihe von Grundprinzipien, die letztlich auf ihren Charakter als Völkerrecht und Menschenrechtskatalog zurückzuführen sind.[1850]

1384

a) Völkerrecht

Es gelten einmal völkerrechtliche Auslegungsgrundsätze. Dies ist nicht nur dann der Fall, wenn der EGMR die EMRK anwendet, sondern auch wenn die nationalen Gerichte dies tun. Die völkerrechtlichen Auslegungsgrundsätze sind in der Wiener Vertragsrechtskonvention von 1969 (WVK) kodifiziert. Maßgeblich ist Art. 31 NX7VK. Diese Norm gilt auch kraft Völkergewohnheitsrecht. Sie legt folgende Auslegungsgrundsätze fest: (1) Ausgangspunkt sind der Wortlaut beziehungsweise die gewöhnliche Bedeutung der Ausdrücke in der Norm. (2) Die EMRK ist nach ihrem Ziel und Zweck auszulegen (Art. 31 I WVK). (3) Die Auslegung erfolgt im Zusammenhang (näher erklärt in Art. 31 II WVK). (4) Jede spätere Übereinkunft der Vertragsparteien ist zu berücksichtigen (Art. 31 III lit. a) ViVK). (5) Jede spätere Übung bei der Anwendung der EMRK durch die Konventionsstaaten ist zu berücksichtigen (Art. 31 III lit. b) WVK). (6) Nur ergänzend sind die *travaux preparatoires* heranzuziehen (Art. 32 WVK). „Ergänzend" heißt: Zur Bestätigung eines anderweitig erreichten Auslegungsergebnisses oder bei einem unklaren oder widersprüchlichen Ergebnis.

1385

b) Mindeststandards

Die EMRK will nicht im Einzelfall bestimmen, auf welche Weise der Menschenrechtsschutz in den Mitgliedstaaten umzusetzen ist. Sie setzt vielmehr einen Minimalstandard für den Schutz der Menschenrechte, den die Mitgliedstaaten einhalten müssen. Entscheidungen nationaler Gerichte werden somit nicht auf ihre „Stimmigkeit" geprüft, wohl aber dahingehend, ob sie der gesetzlichen Bestimmung gemäß unter Einhaltung hinreichender Mindeststandards ergangen sind, und ob die Richter die Rechtsprechungsgewalt nicht missbraucht haben.

1386

Mindeststandards begrenzen daher den Spielraum und stellen die „äußerste Grenze" zulässiger mitgliedstaatlicher Rechtsetzungsmacht dar.

1387

1849 Vgl. Rn. 1276.
1850 Vgl. dazu *Reid*, S. 31 ff.

Beispiel 70 So ist beispielsweise ein Verbot des Geschlechtsverkehrs unter erwachsenen Homosexuellen als mit der Konvention unvereinbar beurteilt worden.[1851] Im Bereich des Erziehungswesens ist das Gericht ähnlich vorgegangen und hat die Grundentscheidungen über Einrichtung und Beaufsichtigung von Schulen, Lehrplan und die grundsätzliche Einbeziehung religiöser Aspekte dem jeweiligen Mitgliedsstaat zugewiesen, die Grenze jedoch bei der offenen religiösen oder weltanschaulichen Indoktrination gezogen.[1852]

c) Dynamisch/teleologische Auslegung

1388 Geboten ist entsprechend Ziel und Zweck der EMRK – wie im europäischen Gemeinschaftsrecht – eine dynamische, dem Grundsatz der Effektivität (effet utile) Rechnung tragende Auslegung im Gegensatz zu einer statisch-historischen Interpretation. Der EGMR favorisiert eine dynamisch-teleologische Auslegung. Das heißt, er berücksichtigt den aktuellen (unter Umständen seit Unterzeichnung der EMRK gewandelten) Sinn und Zweck der Vorschrift. In diesem Kontext gehört die Charakterisierung der EMRK als living instrument.[1853] Die Auslegung ist daher nicht statisch an den Wortsinn und die Zielvorstellungen der Vertragsparteien nach dem Zweiten Weltkrieg gebunden, sondern dem historischen Wandel von Anschauungen in den Mitgliedsstaaten gegenüber offen.

Beispiel 71 **Tyrer v. Vereinigtes Königreich:**[1854] Im konkreten Fall ging es um die gerichtlich anzuordnende Prügelstrafe auf der Insel Man. Der EGMR qualifizierte diese als Verletzung des Verbots erniedrigender Strafen nach Art. 3 EMRK. Er führte aus: „Der Gerichtshof muss auch darauf hinweisen, dass die Konvention ein lebendiges Instrument ist, das im Lichte der heutigen Verhältnisse zu interpretieren ist. Im vorliegenden Falle kann sich der Gerichtshof nicht den Entwicklungen und allgemein akzeptierten Maßstäben der Strafvollstreckungspolitik der Mitgliedstaaten des Europarates in diesem Bereich entziehen.

Selmouni v. Frankreich:[1855] Wegen des Charakters der Konvention als living instrument können Akte, die in der Vergangenheit als (bloß) unmenschliche und erniedrigende Handlung eingestuft wurden, in Zukunft als Folter qualifiziert werden. „Denn der zunehmend hohe Standard im Bereich des Menschenrechtsschutzes verlangt eine größere Festigkeit in der Beurteilung der Verletzung grundlegender Werte der demokratischen Gesellschaften." Weitere Beispiele für dynamische Auslegung sind die Bewertung des restriktiven britischen Transsexuellenrechts, das noch 1998 als konventionskonform beurteilt, aber im Jahre 2002 in einer Entscheidung der Großen Kammer als Verletzung von Art. 8 qualifiziert wurde, oder die heutige Anerkennung der Rechtsverbindlichkeit einstweiliger Anordnungen des EGMR, die noch in der früheren Rechtsprechung verneint wurde.

1389 Kommt es bei der Auslegung einer Bestimmung auf allgemeine Anschauungen, Wertvorstellungen, Sitten und Gebräuche an, so ist maßgeblich die heutige Situation; geänderte Wertvorstellungen – etwa im Hinblick auf Homosexualität, uneheliche Kinder und die Gleichstellung der Geschlechter – müssen sich freilich allgemein durchgesetzt haben, um auch im Rahmen der Auslegung der EMRK anerkannt zu werden. Zur Ermittlung solcher Standards werden jeweils auch die nationale Rechtspraxis im Verfassungsrecht, Rechtsakte der Europäischen Union und andere völkerrechtliche Abkommen herangezogen.[1856]

1390 Begrenzt wird die dynamische Auslegung freilich durch die EMRK selbst: Rechte, die nicht durch die Konvention garantiert werden sollten, können auch im Nachhinein nicht aus ihr abgeleitet werden.

1851 *EKMR* Beschl. vom 22.10.1981, Série A, Nr. 45 (Dudgeon/Großbritannien).
1852 *EKMR* Beschl. vom 7.12.1976, Série A, Nr. 23 (Kjeldsen u.a./Dänemark).
1853 *EGMR* EuGRZ 1979, 162, 164 (Tyrer).
1854 *EGMR* EuGRZ 1979, 162.
1855 *EGMR* 2001, 56 ff.
1856 *Reid*, S. 38 f.

d) Effektivitätssichernde Auslegung

Der EGMR betont ferner, dass die Auslegung effektivitätssichernd sein müsse. Er geht also ebenso vor **1391** wie der Gerichtshof der Europäischen Gemeinschaft (EuGH) in seiner *effet utile*-Rechtsprechung, nach der eine Vertragsvorschrift so auszulegen ist, dass ihr die größtmögliche Wirksamkeit zukommt. Die Konvention soll nicht Rechte garantieren, die theoretisch oder illusorisch sind, sondern Rechte, die praktisch ausübbar und wirksam sind. [1857] Es ist beispielsweise, um den Anforderungen des Art. 6 EMRK zu genügen, nicht ausreichend, dass dem Angeklagten im Strafverfahren überhaupt ein Verteidiger zugeordnet wird. Vielmehr muss dieser sich auch tatsächlich für den Angeklagten einsetzen (können). [1858]

> **MacCann v. Vereinigtes Königreich:** [1859] Das Verbot staatlicher Tötung (Art. 2) wäre in praxi ineffektiv, **Beispiel 72** wenn kein Verfahren bestünde, um die Rechtmäßigkeit von tödlicher Gewaltausübung durch staatliche Behörden zu überprüfen. Also verlangt Art. 2 in Verbindung mit der allgemeinen Pflicht aus Art. 1 implizit eine effektive offizielle Untersuchung von Vorfällen, bei denen Individuen durch einen Amtsträger getötet wurden.

e) Berücksichtigung der gemeineuropäischen Rechtsauffassungen

Der EGMR berücksichtigt die (sich weiterentwickelnden) gemeineuropäischen Rechtsauffassungen. **1392**

> Ein Beispiel dafür ist die Transsexuellenrechtsprechung. In Sheffield u. Horsham v. Vereinigtes Königreich [1860] stellte der EGMR darauf ab, dass bezüglich der Transsexualität kein breiter europäischer Konsens bestehe. In Goodwin v. Vereinigtes Königreich [1861] nuancierte der Gerichtshof dahingehend, dass zwar der gemeineuropäische Konsens nach wie vor fehle, dass aber ein klarer und unbestritten internationaler Trend zur rechtlichen Anerkennung des neuen Geschlechts der Transsexuellen bestehe, und das sei entscheidend.

f) Einschätzungsprärogative und Handlungsspielraum der Vertragsstaaten

Der Respekt der staatlichen Souveränität führt den EGMR zur Beachtung eines Einschätzungs- oder **1393** Beurteilungsspielraums *(marge d`appreciation)* der innerstaatlichen Behörden auf der Rechtfertigungsebene bei den Eingriffsgründen und der Verhältnismäßigkeitsbeurteilung. Im Rahmen ihrer Rechtsetzungsgewalt haben die Mitgliedstaaten einen erheblichen Einschätzungsspielraum. [1862] Grundsätzlich werden nationale Institutionen als die am besten geeigneten angesehen, einen Einzelfall zu einem angemessenen Ergebnis zu führen und mithin auch der Geltung der Menschenrechte größtmögliche Achtung zu verschaffen. So anerkennt die Rechtsprechung durchaus nationale Besonderheiten etwa im Bereich moralischer Ansichten und Grundüberzeugungen, die eine bestimmte Rechtsetzung etwa im sexuellen Bereich prägen können.

Der Beurteilungsspielraum ist in Bereichen mit starkem gesellschaftlichem Wandel (Moral- und Kul- **1394** turvorstellungen; kommerzieller Wettbewerb) eher größer; die Rechte sind in diesem Bereich weniger schutzwürdig. Der Spielraum ist ebenfalls eher größer, wenn im betreffenden Regelungsbereich ein gemeinsamer Standard der Konventionsstaaten fehlt. Er ist auch groß in Bereichen, in denen nationale oder gesellschaftliche Interessen dominieren, z.B. in der Landesverteidigung, sowie in Bereichen, in denen es auf die Meinung von Fachpersonen (z.B. Ärzten) ankommt.

1857 *EGMR* EuGRZ 1979, 626 ff.
1858 *EKMR* Beschl. vom 13.5.1980, Série A, Nr. 37 (Artico/Italien).
1859 Series A 324 (1995), Rn. 161.
1860 Reports 1998 – V, 2011 ff., Rn. 55.
1861 Gleichlautende Große Kammerentscheidungen v. 11.7.2002, Goodwin v. Vk. Rn. 84, HRLJ 23 (2002), 72 ff. u. I. v. VK, Rn. 64.
1862 Vgl. *Reid*, S. 32 f. m.w.N.

1395 Erhebliche Gestaltungsbefugnis steht den Mitgliedstaaten auch hinsichtlich wirtschaftspolitischer Fragen oder Grundentscheidungen des öffentlichen Interesses zu, die der Gerichtshof in weitem Umfang respektiert. Schließlich wird ein großer Spielraum im Bereich der Besteuerung, die das Eigentum (Art. 1 des 1. Zp.) tangieren kann, gewährt. Abgaben müssen lediglich eine fair balance wahren. Hier wird der größere Spielraum deshalb gewährt, weil die Besteuerung ein zentrales Element der Staatlichkeit ist.

1396 Demgegenüber ist die Marge eher kleiner, wenn es um elementare Menschenrechte wie das Recht auf Leben oder Freiheit geht. Gleiches gilt, wenn nicht nur Interessen des einzelnen Beschwerdeführers im Spiel sind sondern für die rechtsstaatliche, freiheitliche sowie demokratische Ordnung bedeutsame Menschenrechte, wie dies der Fall ist bei der Teilnahme an einer Diskussion oder Versammlung, die im allgemeinen Interesse liegt.

g) Demokratische Werte

1397 Bei der Auslegung der Konvention treten neben die genannten Grundprinzipien auch „demokratische Grundwerte" als Kriterium. Davon umfaßt sind auch die Prinzipien des „fair trail" in Art. 6 EMRK und fundamentale Rechte wie das Recht auf Leben (Art. 2 EMRK) oder nach Art. 3 EMRK (Verbot der Folter und unmenschlichen Behandlung). Eine Auslegung am Maßstab des demokratischen Geistes der Konvention erfordert auch und vor allem die Gewährleistung des Schutzes von Minderheiten.[1863]

4. Konventionsrechtsverletzung

1398 Ist die Konvention anwendbar, dann stellt sich die Frage, ob ein darin oder in den Zusatzprotokollen verbürgtes Recht tatsächlich verletzt ist.

1399 Zwar fehlt es bisher an einem ausgefeilten Raster für die Prüfung der Konventionsrechtsbestimmungen. Im Prinzip kann die Auslegung der Konvention jedoch vergleichbar der Grundrechtsprüfung nach deutschem Recht erfolgen.[1864] Die insoweit erforderliche Prüfung bestimmt sich nach dem jeweils gerügten Recht, sei es ein Freiheitsrecht oder in selteneren Fällen das Recht auf Gleichbehandlung.

1400 Bei Freiheitsrechten ist nach dem Schutzbereich das Vorliegen eines Eingriffs und anschließend dessen Rechtmäßigkeit zu untersuchen. Entsprechend ist z.B. bei der Frage eines Verstoßes gegen das Diskriminierungsverbot des Art. 14 EMRK zu untersuchen, ob eine Ungleichbehandlung vorliegt und sie gerechtfertigt ist.

1401 Es darf aber nicht übersehen werden, dass diese Schemata schon im deutschen Verfassungsrecht nicht durchgängig – z.B. bei Verfahrens-, Leistungs- oder Teilhaberechten und Schutzpflichten oder bei Gleichheitsrechten – anwendbar sind.

a) Freiheitsrechte

1402 Im Regelfall wird in Individualbeschwerden die Verletzung eines Freiheitsrechts gerügt.

aa) Schutzbereich

1403 Zunächst ist zu prüfen, ob überhaupt der Schutzbereich einzelner Konventionsrechte berührt ist. Fraglich ist, ob im Hinblick auf die vorgebrachte Rüge der von den einzelnen Bestimmungen erfasste Wirklichkeitsausschnitt bzw. Gewährleistungsbereich berührt ist.

1863 Vgl. dazu *Reid,* S. 36 m.w.N.
1864 Vgl. *Ehlers,* JURA 2000, 372, 378.

So ist z.B. im Hinblick auf die Meinungsfreiheit des Art. 10 EMRK zu untersuchen, ob sie auch die **1404** Werbung erfasst[1865] oder vom Schutz der Wohnung in Art. 8 EMRK auch Büro- und Geschäftsräume fallen.[1866]

Ausnahmen im Schutzbereich der Menschenrechte sind nach dem EGMR restriktiv zu inter- **1405** pretieren.[1867]

bb) Eingriff

Eine Konventionsrechtsverletzung setzt weiter voraus, dass der Beschwerdeführer von einer rechtser- **1406** heblichen Nachteilszufügung – die EMRK spricht von Eingriffen (Art. 8 II, 10 I) bzw. Einschränkungen (z.B. Art. 9 II, 11 II) – auf Grund des angegriffenen Hoheitsaktes betroffen ist.

Ein Eingriff liegt vor, wenn eine Behörde die Ausübung des betreffenden Rechts einschränkt oder un- **1407** tersagt. Die Ausgrenzung von Bagatellen erfolgt dadurch, dass der Eingriff eine gewisse Schwere haben muss. Erforderlich ist eine gewisse Intensität der Beeinträchtigung, z.B. des Rechts auf Achtung des Privat- und Familienlebens gem. Art. 8 I EMRK durch schwere Umweltverschmutzungen und damit verbundene Emissionen.[1868] Es reichen nicht – ebensowenig wie nach deutschem Verfassungsrecht – Beeinträchtigungen trivialer Art. Nicht erforderlich ist eine Finalität oder Unmittelbarkeit der Nachteilszufügung; sie muss auch nicht rechtlicher sondern kann auch tatsächlicher Art sein. Anstelle einer Systematik bestimmt die Kasuistik die Rechtsprechung des EGMR.[1869] Die Rechtsprechung tendiert dazu, den Schutzbereich eher weiter zu fassen und auch großzügiger einen Eingriff anzunehmen. Die Restriktion erfolgt dann unter Umständen auf der Stufe, in der die Rechtfertigung des Eingriffs geprüft und eher bejaht wird.

Soweit der nationale Gesetzgeber Konventionsrechte – wie z.B. das Recht auf Eigentum gem. Art. 1, **1408** 1. ZP EMRK – nur ausgestaltet, kommt – vergleichbar dem deutschen Verfassungsrecht – z.B. zu Art. 14 GG – ein rechtserheblicher Eingriff in Betracht, wenn in bestehende Rechte eingegriffen oder das Untermaßverbot nicht beachtet wird.

Auch durch die Nichterfüllung positiver Handlungspflichten kann rechtserheblich in Konventions- **1409** rechte „eingegriffen" werden.[1870]

cc) Rechtswidrigkeit des Eingriffs

Ebenso wie bei der Grundrechtsprüfung nach deutschem Recht ist weiter zu untersuchen, ob der **1410** Eingriff in ein Konventionsrecht rechtswidrig ist. Auch die EMRK unterscheidet zwischen Rechten, welche vorbehaltlos gewährleistet sind und solchen Rechten, welche einem – allgemeinen oder speziellen – Schrankenvorbehalt unterliegen.

In der Systematik der EMRK gibt es drei verschiedene Schrankenregelungen und zwar allgemeine **1411** Schrankenregelungen, spezielle Schranken für bestimmte Grundrechte und immanente bzw. implizite Schranken für schrankenlose Grundrechte. Im Regelfall ist – so z.B. bei Art. 8 EMRK – zu prüfen: „Gesetzlich vorgesehen", berechtigtes Ziel, Notwendigkeit in einer demokratischen Gesellschaft.[1871]

(1) Fehlen eines Schrankenvorbehalts

Vorbehaltlos garantierte Menschenrechte sind die Ausnahme. Jegliche Beschränkung ist unzulässig – **1412** wie bei Art. 1 GG – bei dem Verbot der Folter und Sklaverei. Im übrigen können sich Schranken un-

---

1865 Vgl. *EKMR* NJW 1992,963; vgl. zur Meinungsfreiheit eines Rechtsanwalts: EGMR NJW 2006, 2901 ff.
1866 Bej: *EGMR* EuGRZ 1993, 65 ff. (Niemietz/Deutschland)
1867 Vgl. *Reid*, S. 34 m.w.N.
1868 *EGMR* EuGRZ 1995, 530 ff. (Gregoria López Ostra/Spanien).
1869 Vgl. *Weber-Dürler*, VVDStRL 57 (1998), 57, 86; vgl. zum Tadel einen Anwalt: EGMR NJR 2004, 339.
1870 *EGMR* EuGRZ 1995, 530 ff. (Gregoria López Ostra/Spanien).
1871 Vgl. nur *EGMR* NJW 2006, 1495 ff. u. 2901 ff.

beschränkter Konventionsrechte – vergleichbar dem kollidierenden Verfassungsrecht im Grundgesetz – aus kollidierenden Bestimmungen der Konvention und der Zusatzprotokolle ergeben.

1413 Derartige immanente bzw. implizite Grundrechtsschranken gibt es jedenfalls bei den Grundrechten, denen eine explizite Einschränkungsbefugnis fehlt.[1872] Solche wurden bisher vom EGMR in Bezug auf Art. 3 (nur in Bezug auf die unmenschliche oder erniedrigende Behandlung, nicht in Bezug auf Folter), Art. 6 I (Recht auf Zugang zu Gericht),[1873] Art. 12 EMRK (Recht auf Eheschließung), Art. 2 des 1. Zp (Bildung) sowie bei Art. 3 des 1. Zp (Wahlrecht) angenommen.

1414 Grundsätzlich fordert er ein legitimes Ziel der Einschränkung, deren Verhältnismäßigkeit sowie die Achtung des Kerns des Rechts. Auch in formeller Hinsicht ist den Anforderungen des Gesetzesvorbehalts Rechnung tragen, denn es wäre widersinnig, weitergehende Einschränkungsbefugnisse als bei den Grundrechten mit expliziten Schranken zuzulassen.[1874]

(2) Allgemeine Schrankenregelung

1415 Allgemeine Schrankenregelungen, welche nicht nur für einzelne Konventionsrechte gelten, finden sich in den Art. 15-17 EMRK. So bestimmt der in vielen Fällen – wie z.B. in Nordirland, Griechenland, Zypern oder der Türkei – bedeutsame – Art. 15 EMRK, dass Konventionsrechte mit gewissen Ausnahmen unter bestimmten Voraussetzungen beschränkt werden dürfen. Art. 16 sieht die grundsätzliche Möglichkeit der Beschränkungen der politischen Tätigkeit von Ausländern im Rahmen der Art. 10, 11 und 14 EMRK vor. Art. 17 EMRK enthält ein Verbot des Missbrauchs der Konventionsrechte.

(3) Spezielle Schrankenregelungen

1416 An wichtigsten in der Praxis sind die speziellen Schranken nach Abs. 2 der Artikel 8-11 EMRK. Sie enthalten Einschränkungen speziell nur des Konventionsrechts, für das sie formuliert sind. Diese schreiben drei Voraussetzungen für die Rechtfertigung eines Eingriffs vor: (1) Gesetzliche Grundlage, (2) Eingriffsgrund, (3) Notwendigkeit in einer demokratischen Gesellschaft (= Verhältnismäßigkeitsprüfung). Eingriffe in diese Menschenrechte sind daher nur bei Beachtung dieser drei Voraussetzungen rechtmäßig.

1417 • **Gesetzliche Regelung**

Im Regelfall ist ein Eingriff in nicht vorbehaltlos gewährleistete Konventionsrechte nur durch oder auf Grund Gesetzes zulässig.[1875] Die Gesetzlichkeit staatlicher Maßnahmen zählt zu den Grundprinzipien der EMRK. Jeder staatliche Eingriff in individuelle Rechtsgüter muss danach durch eine ausreichende gesetzliche Grundlage gedeckt und der effektiven Kontrolle durch Gerichte zugänglich sein, insbesondere dort, wo das Gesetz der handelnden staatlichen Einrichtung Ermessen einräumt.

1418 An die Rechtsvorschrift werden zwei qualitative Anforderungen gestellt: Zugänglichkeit und Bestimmtheit.

Beispiel 74 **Herzegfaly v. Österreich:**[1876] *"The expression in accordance with the law also refers to the quality of the law in question, requiring that it should be accessible to the person concerned, who must moreover be able to foresee its consequences for him and compatible with the rule of law."*

1419 Gesetzlichkeit in diesem Sinne bedeutet dabei zum einen das Erfordernis einer positiven Verankerung im nationalen Recht und zum anderen Rechtsqualität im Sinne der Zugänglichkeit und Voraussehbarkeit im Einzelfall. „Gesetzlich vorgesehen" fordert, dass die angegriffene Maßnahme eine

---

1872 Nicht klar ist bisher, ob zusätzliche immanente Schranken auch bei den Grundrechten, welche die Eingriffsgründe aufzählen, existieren.
1873 Vgl. nur EuGRZ 2001, 466 (Fü. Lichtenstein/Deutschland).
1874 Zutr. *Peters*, 27.
1875 Vgl. dazu *Reid*, S. 35.
1876 Series A242 (B) 1992 Rn. 88 u. 91.

Grundlage im nationalen Recht haben müsse. Der Ausdruck bezieht sich auch auf die Qualität des fraglichen Gesetzes, das den betroffenen Personen zugänglich und mit genügend Bestimmtheit formuliert sein muss, um ihnen zu ermöglichen, – notfalls mit angemessenem Rat – bis zu einem den Umständen entsprechend vernünftigen Ausmaß die Folgen vorauszusehen, die eine gegebene Handlung nach sich zieht, und ihr Verhalten zu bestimmen.[1877] Im Grundsatz dienen diese Kriterien der Verhinderung willkürlicher Ausübung hoheitlicher Befugnisse; es geht um die Sicherung der Rechtsstaatlichkeit in Form der Rechtssicherheit.

• Gesetzesform 1420

Die maßgebliche Gesetzesform bestimmt sich nach staatlichem Recht. In der BRD können es – wie bei Grundrechtseingriffen – z.B. parlamentarische Gesetze, Verordnungen oder Satzungen ein. Die nationale rechtliche Regelung muss den innerstaatlichen Anforderungen genügen, also unter dem GG z.B. dem Wesentlichkeitsgrundsatz sowie dem Bestimmtheitsprinzip.[1878]

Auch eine Rechtsverordnung reicht aus, wenn sie zugänglich (also veröffentlicht) ist. Ungeschriebenes Richterrecht kann ebenfalls eine gesetzliche Grundlage sein. Im Ergebnis heißt das: Es ist kein formelles Parlamentsgesetz als letzte Grundlage erforderlich. 1421

Sunday Times v. Vereinigtes Königreich:[1879] Dieser Leitfall zur gesetzlichen Grundlage betraf den Common law-Grundsatz des contempt of court. Der EGMR stellte fest, dass auch eine nicht kodifizierte Norm des Common law eine gesetzliche Grundlage im Sinne der EMRK-Schrankensystematik sein kann. **Beispiel 75**

• Vorhersehbarkeit 1422

Die gesetzliche Grundlage muss die Vorhersehbarkeit des Eingriffs erlauben. Dementsprechend muss eine gesetzliche Ermessenseinräumung ausreichend bestimmt sein, nicht bloß vage und allgemein. Der Einzelne muss mit hinreichender Wahrscheinlichkeit die rechtlichen Konsequenzen seines Handelns feststellen und ermessen können, unter welchen Voraussetzungen der Staat in seine Rechte hoheitlich eingreifen darf.

Petra v. Rumänien: EGMR Reports 1998-VII, 2844, Rn. 37 **Beispiel 76**
Hier wurde Art. 8 EMRK durch eine ganz allgemeine Ermächtigung für Gefängnisaufseher, Bücher und Zeitungen für Gefangene zurückzuhalten, verletzt. Im Fall Golder v. Vereinigtes Königreich (Series A 18 (1975)) wurde das Fehlen einer parlamentsgesetzlichen Grundlage vom EGMR nicht problematisiert.

Eingriffsbefugnisse für staatliche Stellen müssen die Eingriffstatbestände und den Katalog zulässiger Rechtsfolgen (auch hinsichtlich der Dauer der Maßnahmen) hinreichend konkret begrenzen, auch wenn absolute Sicherheit angesichts der Vielfalt möglicher Lebenssachverhalte im Anwendungsbereich einer Norm nicht zu erreichen sein wird. Die Konvention soll insoweit nur Mindeststandards gewährleisten, bei deren Ausgestaltung den Mitgliedstaaten erhebliches legislatives Ermessen eingeräumt ist. 1423

Entsprechend zu verstehen ist die Bezugnahme auf die Begriffe „Gesetz" und „gesetzlich" in Art. 2, 8, 9, 10, 11, 5 I usw. Art. 6 EMRK begründet Anforderungen an den gesetzlichen Rechtsschutz vor den Gerichten, und Art. 7 EMRK verbietet ausdrücklich rückwirkende Strafgesetze. Das Erfordernis eines effektiven Rechtsschutzes und der allgemeine Justizgewähranspruch für individuelle Ansprüche lassen sich aus der Gesamtschau dieser Bestimmungen ableiten. 1424

1877 *EGMR* DVBl. 2006, 167 (Sahin/Türkei).
1878 Vgl. *EGMR* ÖJZ 1990, 564, 566 (Kruslin u. Huvig/Frankreich).
1879 *EGMR* EuGRZ 1979, 386 ff.

1425   • **Zulässige Ziele**

Die Vorbehalte der EMRK beschränken – vergleichbar qualifizierten Gesetzesvorbehalten in den Grundrechten des GG – die möglichen Eingriffe in die Konventionsrechte auf bestimmte Zwecke. Die Rechte und Freiheiten dürfen daher nur zur Verfolgung dieser Ziele beschränkt werden (vgl. auch Art. 18 EMRK). Dementsprechend müssen Eingriffe in die Religionsfreiheit gem. Art. 9 II EMRK ausschließlich dem Schutz der öffentlichen Sicherheit, der öffentlichen Ordnung, der Gesundheit oder der Moral oder der Rechte anderer dienen.

1426   • **Notwendigkeit**

Eingriffe in die Konventionsrechte setzen schließlich voraus, dass sie – so die Einschränkungsklauseln in den Abs. 2 der Art. 8-11 EMRK – „in einer demokratischen Gesellschaft notwendig" sind.[1880]

1427   Das zu den Grundprinzipien der Konvention zählende Gebot der Notwendigkeit des Eingriffs wurde durch die Rechtsprechung des EGMR auf andere Artikel übertragen, so als Kriterium für die Zulässigkeit von Ungleichbehandlungen im Rahmen des Art. 14 EMRK, bei Beschränkungen des Zugangs zu gerichtlichem Rechtsschutz (Art. 6 EMRK) und der Eigentumsgarantie nach Art. 1 des 1. Zp.

1428   • **Dringendes gesellschaftliches Bedürfnis**

Die Vertragsformel „in einer demokratischen Gesellschaft notwendig" bedeutet, dass ein dringendes gesellschaftliches Bedürfnis (pressing social need) für die Grundrechtseinschränkung bestehen muss."[1881] Er muss insbesondere zu dem verfolgten berechtigten Ziel verhältnismäßig sein.[1882] Die Schwere des Eingriffs muss in angemessener Relation zum Ziel des Eingriffs stehen (Abwägung). Ein schwerer Eingriff in einen wichtigen/zentralen Bereich der Grundrechtsausübung ist nur dann gerechtfertigt, wenn auch das Eingriffsziel besonders wichtig ist.

1429   • **Verhältnismäßigkeit**

Auch dort, wo staatliche Eingriffe in Individualrechte unter der EMRK zur Erreichung achtenswerter Ziele zulässig sind, müssen sie zu diesem Zweck tatsächlich erforderlich sein. Letztlich wird das Kriterium „notwendig" interpretiert wie im deutschen Recht der Grundsatz der Verhältnismäßigkeit. Ebenso wie die deutschen Gerichte unterscheiden der EuGH[1883] und eben auch der EGMR zwischen Geeignetheit,[1884] Erforderlichkeit[1885] und Angemessenheit[1886] (Verhältnismäßigkeit im engeren Sinne).

1430   Nach der Rechtsprechung des EGMR müssen die Eingriffe durch unmittelbare Erfordernisse im öffentlichen Interesse (pressing social need) gedeckt sein.[1887] Der mit einer Eingriffsmaßnahme verfolgte Zweck muss zu dem gewählten Mittel in einem „vernünftigen" Verhältnis stehen. Im Rahmen der Verhältnismäßigkeit ist auch der Ausgleich zwischen öffentlichen Interessen und den individuellen Rechten Einzelner vorzunehmen.[1888] Fehlen Fairness und Waffengleichheit, ist das auch für die Beurteilung von Bedeutung, ob ein Eingriff verhältnismäßig ist.[1889]

1431   • **Beurteilungsspielraum**

Dieses Erfordernis führt aber nicht dazu, dass der angegriffene Mitgliedstaat in concreto nachweisen müsste, dass der jeweilige Eingriff unvermeidlich oder dringend gewesen wäre.

1880 Vgl. nur *EGMR* NJW 2006, 1645 (Pedersen/Dänemark); s.a. *EGMR* NJW 2006, 2241 (Süss/Deutschland).
1881 Vgl. nur *EGMR* NJW 2006, 1645 (Pedersen/Dänemark).
1882 Vgl. nur *EGMR* NJW 2006, 1495, 1497.
1883 Vgl. *Heinsohn*, S. 75 ff.
1884 *EGMR* EuGRZ 1990, 255, 258 (Groppera Radio AG u.a./Schweiz).
1885 *EGMR* EuGRZ 1985, 170, 174 f. (Barthold/BRD).
1886 *EGMR* EuGRZ 1993, 552, 554 (Moustaquim/Belgien).
1887 St. Rspr., z.B. Sener/Türkei, Urt. v. 18.7.2000, Rn. 39.
1888 Vgl. *Reid,* S. 37.
1889 So für Art. 10 EMRK *EGMR* NJW 2006, 1255 –Steel u. Morris/Vereinigtes Königreich.

Hinsichtlich der Erforderlichkeit wird den Mitgliedstaaten – innerhalb der gesetzten Mindeststandards – durchaus ein umfassendes Ermessen eingeräumt. Der EGMR respektiert auch hier zurückhaltend den Beurteilungsspielraum (marge d'appreciation) der nationalen Behörden.[1890] **1432**

„In exercising its supervisory jurisdiction, the Court must look at the interference in the light of tbe case as a whole, …. In particular, it must determine whether the interference in issue was proportionate to the legitimate aims pursued and whether the reasons adduced by the national authorities to justify it are relevant and sufficient. … The nature and severity of the penalties are also factors to be taken into account when assessing the proportionality of the interference … The Court has to satisfy itself that the national authorities applied standards which were in conformity with the principles embodied in Article (8 or 9 or 10 or 11) and, moreover, that they based themselves on an acceptable assessment of the relevant facts."[1891] **1433**

- **Wesentlichkeit** **1434**

Bei der Auslegung der Konvention fragt das Gericht stets nach der Wesentlichkeit der Rechtsverletzung im konkreten Fall: Maßgeblich ist, ob durch die angegriffene staatliche Maßnahme das in Rede stehende Menschenrecht praktisch eliminiert wurde, oder ob noch genügend Raum dafür bleibt.[1892]

Bei prozessual gelagerten Fällen ist z.B. entschieden worden, auch solche Einschränkungen, die prinzipiell anerkennenswerten Zielen dienten, dürften nicht grundsätzlich den Zugang zu einem gerichtlichen Rechtsschutz versperren; Verstöße dagegen berührten bereits die Wesentlichkeit des Grundrechts aus Art. 6 EMRK. **1435**

- **Schutzpflicht** **1436**

Soweit aus der Konvention unmittelbar oder mittelbar eine staatliche Schutzpflicht entnommen werden kann, bedarf es zur Feststellung einer Verletzung der EMRK der Abwägung zwischen den Interessen der Allgemeinheit und den Rechten Einzelner.[1893] Auch hier kommt dem jeweiligen Konventionsstaat ein erheblicher Einschätzungsspielraum zu. Der EGMR kontrolliert nur die Einhaltung von Mindeststandards für den Schutz betroffener Rechtsgüter.

b) Gleichbehandlung

In seltenen Fällen kommt eine Verletzung von Gleichhheitsrechten in Betracht. **1437**

Die EMRK kennt einmal das nicht-akzessorische Diskriminierungsverbot des 12. Zp vom 4.11.2000.[1894] Dessen zentrale Norm ist sein Art. 1. Die Vorschrift besteht aus zwei Absätzen, die einander ergänzen. Art. 1 lautet: **1438**

„(1) Der Genuss eines jeglichen Rechtes, das gesetzlich eingeräumt ist, soll gewährleistet werden ohne Diskriminierung aufgrund insbesondere des Geschlechts, der Rasse, der Hautfarbe, der Sprache, der Religion, in den politischen oder sonstigen Anschauungen, in nationaler oder sozialer Herkunft, in der Zugehörigkeit zu einer nationalen Minderheit, in Vermögen, in der Geburt oder im sonstigen Status. **1439**

(2) Niemand darf von einer öffentlichen Behörde aus einem Grund wie den Obengenannten diskriminiert werden." **1440**

Bedeutsam in der bisherigen Praxis des EGMR ist jedoch nur das akzessorische Diskriminierungsverbot des Art. 14 EMRK i.V.m. einem Freiheitsrecht. Grundsätzlich sind Freiheitsrechte vor dem Gleichheitsrecht zu prüfen. Wenn ein Freiheitsrecht verletzt ist, erfolgt keine Prüfung des Art. 14 EMRK mehr, da in der Verletzung des Freiheitsrechts automatisch eine Diskriminierung liegt. **1441**

1890 Vgl. nur EGMR NJW 2006, 1645 (Pedersen/Dänemark); s.a. Peters, S. 25 m.w.N.
1891 Vgl. st. Rspr., z.B. Sener v. Türkei, Urt. v. 18.7.2000, Rn. 39.
1892 Vgl. *Reid*, S. 35 m.w.N.
1893 Vgl. *Reid*, S. 37 f.
1894 Es war von Deutschland am 1.9.2006 noch nicht ratifiziert worden.

Beispiel 77 | **Philis v. Griechenland:**[1895] Art. 6 EMRK wurde durch die Verweigerung des Zugangs zu einem Gericht verletzt. Eine zusätzliche Prüfung, ob eine Diskriminierung im Vergleich zu anderen Klägern vorlag, war nicht mehr zu prüfen.

1442 Nach einer bejahten Verletzung eines Freiheitsrechts muss jedoch ausnahmsweise in seltenen Fällen zusätzlich die Diskriminierung geprüft werden, wenn sie einen eigenständigen Sachverhalt betrifft und einen besonders schwerwiegenden Charakter hat; dann ist ausnahmsweise Art. 14 EMRK prüfen.

1443 Zwei Beispiele sollen die Problematik der Verletzung von Freiheits- und Gleichheitsrechten verdeutlichen.

Beispiele 78 | **Chassagnou u.a. v. Frankreich:**[1896]
Nach dem EGMR verletzte die gesetzlich nur für kleinere Eigentümer, nicht aber Großeigentümer angeordnete Zwangsmitgliedschaft in einer Jagdvereinigung nicht nur Art. 1 1. Zp (= Eigentum) allein und i.V.m. Art. 14 als auch Art. 11 alleine und i.V.m. Art. 14. EMRK.
Niemitz v. Deutschland – EuGRZ 1993, 6511:
Hier ging es um die Verletzung eines Freiheitsrechts. Im konkreten Fall war die Rechtsanwaltskanzlei des Beschwerdeführers durchsucht worden, weil in einem Faxschreiben ein Richter beleidigt worden war und man vermutete, dass der Rechtsanwalt die Interessen des Faxabsenders vertrat.
1. Die Rechtsanwaltkanzlei fällt in den Schutzbereich des Art. 8 EMRK, der mit dem Begriff „Wohnung" auch Arbeitsräume schützt. Das „Privatleben" im Sinne des Art. 8 erstreckt sich auch auf die Berufstätigkeit, weil hier wichtige menschliche Kontakte geknüpft werden. Mit dem Begriff „Wohnung" ist auch der Arbeitsplatz gemeint, weil der englische Wortlaut „domicile" weiter ist als das englische „home", zudem der Vergleich des Verfassungsrechts in den Konventionsstaaten, insbesondere mit dem deutschen Grundgesetz und der entsprechenden Auslegung des Art. 13 GG durch das BVerfG für den weiten Schutzbereich spricht, im übrigen eine enge Auslegung Abgrenzungsprobleme ergäbe, da der Beruf auch von Zuhause ausgeübt werden kann und umgekehrt, und zudem der Sinn und Zweck des Art. 8 EMRK, nämlich der Schutz vor Willkür, eine weite Auslegung nahe legt.
2. Die Durchsuchung stellt einen rechtserheblichen Eingriff in das Konventionsrecht dar.
3. Der Eingriff war nicht gerechtfertigt: a) Gesetzliche Grundlage war die StPO. b) Eingriffsgrund war die „Verhütung" von Straftaten und der „Schutz der Rechte und Freiheiten anderer" wie hier der Ehre des angeblich beleidigten Richters. Der Eingriff war nicht verhältnismäßig bzw. notwendig in einer demokratischen Gesellschaft. Die Durchsuchung einer Rechtsanwaltskanzlei ist wegen der besonderen Stellung des Rechtsanwalts wie auch des gesetzlich verbürgten Berufsgeheimnis ein schwerwiegender Eingriff; er berührt das Funktionieren der Rechtsprechung und kann daher nur in eng begrenzten Fällen zulässig sein. Die schlichte Beleidigung eines Richters reicht dazu nicht aus.

IX. Vorläufiger Rechtsschutz

1444 Die Individualbeschwerde hat keine aufschiebende Wirkung. Die EMRK kennt keinen einstweiligen Rechtsschutz im nationalen Sinne wie z.B. § 32 BVerfGG oder die §§ 80, 123 VwGO.

1. Grundsätzliche Möglichkeit

1445 Einstweilige Anordnungen (mesures provisoires, interim measures) sind aber nach Art. 39 VerfO des EGMR möglich. Schließlich besteht in der neuesten Völkerrechtentwicklung eine allgemeine Ten-

---

1895 Series A 209 (1991) Rn. 98.
1896 EGMR NJW 1999, 3695 ff.

denz zur Anerkennung der Verbindlichkeit von Maßnahmen des vorläufigen Rechtsschutzes.[1897] Es muß letztlich eine Vereitelung des Beschwerderechts durch Schaffung vollendeter Tatsachen verhindert werden. Dennoch kommt einstweiliger Rechtsschutz durch den EGMR nur in ganz seltenen Fällen in Betracht.

2. Voraussetzungen

Die Anforderungen an den Erlass einer einstweiligen Anordnung sind groß. Einstweilige Anordnungen kommen – wie die Praxis gezeigt hat – vor allem bei Asylsachen und der Abschiebung in Staaten in Betracht, in denen Folter oder dergleichen droht. Sie sind bisher nur bei drohender Verletzung von Art. 3 EMRK getroffen worden. Einstweiliger Rechtsschutz scheidet demgegenüber aus bei bloßer Bedrohung materieller Interessen. Der nationale Rechtsweg muß auch bei Anträgen nach Art. 39 VerfO erschöpft sein, je nach Ausgangsverfahren im normalen oder Eilrechtsschutzverfahren.   **1446**

3. Anordnung auf Antrag oder von Amts wegen

Einstweilige Anordnungen können auf Antrag des Bf., des Mitgliedstaates, eines sonst Betroffenen oder von Amts getroffen werden.   **1447**

4. Antragsschriftsatz

Eine Partei, die eine solche Maßnahme des Gerichts erstrebt, muss in einem entsprechend detaillierten Antrag ihre Gefährdung auf Grund einer ihr drohenden staatlichen Maßnahme und zugleich dartun, dass sie den nationalen Rechtsweg zur Abwendung der Gefahr erschöpft hat. Die eine Eilmaßnahme gebietende Gefahr muss ferner unmittelbar bevorstehen; Details über drohende Menschenrechtsverletzungen können etwa anhand der Berichte von Menschenrechtsorganisationen, der Vereinten Nationen, etc. dargelegt werden.   **1448**

Der maßgebliche – auch per Fax versendbare – Schriftsatz mit einem entsprechenden Antrag sollte die Rechtsgrundlage deutlich auf der Titelseite kennzeichnen, und es sollte das (Fax-) Schreiben bei der Registratur nach Möglichkeit auch telefonisch angekündigt werden, um eine unverzügliche Bearbeitung zu gewährleisten.   **1449**

5. Entscheidung

Der EGMR kann verlangen, dass in den betreffenden Mitgliedstaaten einstweilige Maßnahmen zu Gunsten einer Partei oder einer sachgerechten Aufklärung des Streits getroffen wurden. Im Regelfall hat sich die früher zuständige Kommission in derartigen Fällen zu Gunsten der nationalen Souveränität zurückgehalten und eine entsprechende Anordnung nur in Ausnahmefällen mit hoher unmittelbarer Gefahr für die Partei getroffen. Die Mitgliedstaaten haben dementsprechend in diesen Ausnahmefällen dem Verlangen der Kommission meist Rechnung getragen.   **1450**

Wenn Anordnungen im vorläufigen Rechtsschutzverfahren ausnahmsweise erlassen werden, sind sie zeitlich beschränkt, können aber wiederholt werden.   **1451**

1897 Siehe nur *IGH*, Deutschland v. USA (LaGrand), Urt. v. 27. Juni 2001, Rn. 99-108; Art. 290 des Seerechtsübereinkommens der Vereinten Nationen (1982). Hinweise auf weitere einschlägige Völkerrechtsnormen in Mamatkulov und Abdurasulivic v. Türkei, Urt. v. 6. Febr. 2003, Rn. 98-103 und 39-52.

6. Rechtsverbindlichkeit

1452 Die einstweiligen Anordnungen sind rechtsverbindlich, sofern dieser Anspruch aus der Formulierung der Anordnung selbst entnehmbar ist.[1898]

1453 Der EGMR entnahm der Regel 39 der VerfO i.V.m. Art. 34 und 46 EMRK bei Auslegung der Vorschriften der VerfO im Lichte der einschlägigen Vorschriften der EMRK und daher der Auslegung nach Treu und Glauben unter Berücksichtigung von Sinn und Zweck der EMRK sowie des effect utile die Pflicht eines jeden Konventionsstaates, einstweilige Anordnungen zu befolgen, wenn diese zum Zweck der Verhinderung irreparabler Schädigung der Interessen von Beschwerdeführern erlassen wurden. Der betreffende Staat muss jegliche Handlungen unterlassen, die geeignet sind, die Wirksamkeit des Urteils in der Hauptsache zu beeinträchtigen. Nicht immer halten sich jedoch die Konventionsstaaten an diese Verpflichtung.

Beispiel 79 **Mamatkulov und Abdurasulivic v. Türkei:**[1899] Hier hatte die Türkei die einstweilige Anordnung missachtet: Die Beschwerdeführer, zwei usbekische Staatsangehörige, hatten Individualbeschwerde gegen die Türkei eingelegt und einen Antrag auf einstweiligen Rechtsschutz nach Regel 39 der VerfO des EGMR gestellt. Sie machten unter anderem eine Verletzung von Art. 3 EMRK geltend, da sie nach Usbekistan ausgeliefert werden sollten und ihnen dort nach eigenen Angaben Folter drohte. Dem Antrag auf Erlass einer einstweiligen Anordnung wurde stattgegeben und der EGMR teilte der türkischen Regierung mit, „qu´il était souhaitable dans l´internet des parties et de la bonne conduite de la procédure de ne pas extrader les requérants vers la République d´Ouzbékistan avant que n´intervienne la décision de la Cour". Unter Missachtung der einstweiligen Anordnung lieferte die Türkei die Beschwerdeführer nach Usbekistan aus. Im Folgenden war es den türkischen Anwälten der Beschwerdeführer nicht mehr möglich, mit den Beschwerdeführern in Kontakt zu treten. Der EGMR stellte eine Verletzung des (vereitelten) Rechts des Art. 34 EMRK auf Individualbeschwerde und des Art. 3 EMRK fest.

Eine einstweilige Anordnung nach Regel 39 der VerfO des EGMR sichert die effektive Untersuchung der Beschwerde, den wirksamen Schutz des Einzelnen durch die EMRK und die spätere Überwachung des Endurteils durch das Ministerkomitee. Der EGMR stellte fest, dass im vorliegenden Fall die Befolgung der einstweiligen Anordnung den Beschwerdeführern geholfen hätte, sich vor dem EGMR wirksam gegen die Auslieferung zu wehren. Da den Beschwerdeführern ein Erscheinen vor dem EGMR durch die Auslieferung unmöglich war, hatten sie nicht die Möglichkeit, die Behauptung der türkischen Regierung, dass ihnen in Usbekistan keine Folter drohe, zu widerlegen. Vielmehr wurde vorliegend das Beschwerderecht aus Art. 34 EMRK durch die Auslieferung vollständig vereitelt.

X. Verfahrenshilfe

1454 Eine der Prozesskostenhilfe im deutschen Recht vergleichbare Verfahrenshilfe kann nach Maßgabe von Art. 91 ff. VerfO gewährt werden für die Honorare eines Vertreters sowie andere notwendige Auslagen, Art. 94 VerfO.

1455 Sie kommt jedoch erst in Betracht, wenn der Fall überhaupt an den jeweiligen Staat zur Stellungnahme weitergeleitet worden ist (Art. 91 I VerfO). Sie muss weiter für die ordnungsgemäße Prüfung

---

1898 Mamatkulov und Abdurasulivic v. Türkei, Urt. v. 6. Febr. 2003, Rn. 88-111. Verneinung der Bindungswirkung noch in Cruz Varas v. Schweden, Series A 201 (1991), Rn. 102 = NJW 1991, 3079 ff. Damals war allerdings das gesamte Rechtsschutzsystem noch anders ausgestaltet. Eine Individualbeschwerde war nur statthaft, wenn der beklagte Staat eine gesonderte Unterwerfungserklärung gemäß Art. 25 EMRK a.F. abgegeben hatte.
1899 EGMR ebd.

der Rechtssache vor der Kammer notwendig sein, Art. 92a VerfO und der Beschwerdeführer muss (finanziell) bedürftig sein, Art. 92b VerfO.

Dem Beschwerdeführer werden Antragsformulare zugesandt, in denen er seine finanziellen Verhältnisse darlegen muss, Art. 93 VerfO. Die zuständige nationale Behörde muss die Angaben offiziell bestätigen. Das Gericht leitet die ausgefüllten Formulare wiederum zur Stellungnahme an die jeweils angegriffene Vertragspartei weiter. Wenn diese eingetroffen ist, entscheidet es über die Gewährung von Verfahrenshilfe. **1456**

Das Gericht bestimmt die Kriterien für die Gewährung von Verfahrenshilfe selbst; es lässt sich dabei vielfach von Einzelfallerwägungen leiten. Dabei werden nicht nur Arbeitslose oder Gefängnisinsassen ohne eigenes Einkommen berücksichtigt, sondern gelegentlich auch Empfänger von unteren bis mittleren Einkommen, deren Vermögen eine Prozessführung nicht gestatten würde. Die Höhe der gezahlten Beträge ist weithin standardisiert. **1457**

XI. Verfahren

Maßgebend für die Ausgestaltung des Verfahrens ist neben der EMRK im Einzelnen die Verfahrensordnung (VerfO).[1900] **1458**

Eine erhebliche Modifikation des Verfahrens ist erfolgt mit dem Inkrafttreten des Protokolls Nr. 14 EMRK über die Änderung des Kontrollsystems. **1459**

1. Verfahrensablauf

Das Verfahren ist in verschiedene Phasen aufgeteilt. Folgende Verfahrensabschnitte können unterschieden werden: **1460**

a) Einlegung der Beschwerde

Das Verfahren wird eingeleitet durch die Einlegung der Beschwerde. Die Anforderungen an den Inhalt der Beschwerde werden in § 47 VerfO geregelt. **1461**

Art. 47   VerfO Inhalt einer Individualbeschwerde **1462**
(1) Beschwerden nach Artikel 34 der Konvention sind unter Verwendung des von der Kanzlei zur Verfügung gestellten Formulars einzureichen, wenn der Präsident der zuständigen Sektion nichts anderes bestimmt. Das Formular enthält

a) den Namen, das Geburtsdatum, die Staatsangehörigkeit, das Geschlecht, den Beruf und die Adresse des Beschwerdeführers;
b) ggf. den Namen, den Beruf und die Adresse seines Vertreters;
c) die Vertragspartei oder Vertragsparteien, gegen die sich die Beschwerde richtet,
d) eine kurze Darstellung des Sachverhalts;
e) eine kurze Darstellung der behaupteten Verletzung der Konvention mit Begründung;
f) eine kurze Darstellung betreffend die Erfüllung der Zulässigkeitskriterien nach Art. 35 Abs. 1 der Konvention durch den Beschwerdeführer (Erschöpfung der innerstaatlichen Rechtsmittel und Einhaltung der Sechsmonatsfrist);

1900 Vgl. Abdruck im Anhang; ebendso wie das Bundesformular ist das Merkblatt gem. Art. 47 VerfO abrufbar von der Homepage (www.coe.int/T/D/Menschengerichtshof).

g) den Gegenstand der Beschwerde sowie ggf. allgemeine Angaben zu Ansprüchen des Beschwerdeführers auf eine gerechte Entschädigung nach Artikel 41 der Konvention; beizufügen sind

h) Kopien aller einschlägigen Unterlagen, insbesondere der gerichtlichen oder sonstigen Entscheidungen, die sich auf den Gegenstand der Beschwerde beziehen.

(2) Der Beschwerdeführer hat ferner

a) alle Unterlagen, insbesondere die in Absatz 1 Buchstabe h genannten Unterlagen und Entscheidungen beizubringen, die die Feststellung erlauben, daß die Zulässigkeitskriterien nach Artikel 35 Absatz 1 der Konvention erfüllt sind (Erschöpfung der innerstaatlichen Rechtsmittel und Einhaltung der Sechsmonatsfrist);

b) mitzuteilen, ob er seinen Fall einer anderen internationalen Untersuchungs- und Beschwerdeinstanz vorgelegt hat.

(3) Ein Beschwerdeführer, der nicht wünscht, daß seine Identität offengelegt wird, hat dies mitzuteilen und die Gründe darzulegen, die eine Abweichung von der gewöhnlichen Regel rechtfertigen, nach der das Verfahren vor dem Gerichtshof öffentlich ist. Der Kammerpräsident kann dem Beschwerdeführer in außergewöhnlichen, gebührend begründeten Fällen gestatten, anonym zu bleiben.

(4) Die Nichteinhaltung der Verpflichtungen nach den Absätzen 1 und 2 kann dazu führen, daß die Beschwerde vom Gerichtshof nicht registriert und geprüft wird.

(5) Als Datum der Beschwerdeerhebung ist in der Regel das Datum der ersten Mitteilung des Beschwerdeführers anzusehen, in welcher der Gegenstand der Beschwerde – sei es auch nur zusammenfassend – dargelegt wird. Der Gerichtshof kann jedoch entscheiden, daß ein anderes Datum gilt, wenn er dies für gerechtfertigt hält.

(6) Der Beschwerdeführer hat den Gerichtshof über jede Änderung seiner Adresse und jeden für die Prüfung seiner Beschwerde erheblichen Umstand zu informieren.

1463   Die Beschwerde wird bei der Kanzlei des Gerichtshofs durch den Beschwerdeführer oder einen Bevollmächtigten – es besteht kein Anwaltszwang [1901] – per Post oder per Fax eingelegt.

aa) Formular

1464   In jedem Fall muss ein Beschwerdeformular des EGMR ausgefüllt und eingereicht werden, vgl. Art 47 I VerfO. Es kann bei der Kanzlei des EGMR angefordert werden.[1902] Stehen sie dem Beschwerdeführer nicht zur Verfügung, dann kann die Beschwerde – vor allem zur Fristwahrung – zunächst auch durch einen einfachen Schriftsatz (mit Begründung) – unter Beachtung der Anforderungen vor allem des Art. 47 I VerfO – eingelegt werden. Der Bf. erhält nach der Einlegung dann das Formular, welches – ausgefüllt – innerhalb der gesetzten Frist zurückzusenden ist.

1465   Zudem sind Kopien aller innerstaatlichen amtlichen Entscheidungen beizufügen.

bb) Schriftsatz

1466   Da das Formular nur beschränkt Raum lässt zur Begründung der Beschwerde, es vor allem individuelle Besonderheiten des jeweiligen Falles nicht berücksichtigen kann, empfiehlt es sich letztlich, stets einen – der Verfassungsbeschwerde zum BVerfG vergleichbaren, jedoch auf die speziellen Voraussetzungen der EMRK und der VerfO abgestellten (!) – Schriftsatz zu fertigen und gleichzeitig bzw. nachträglich das Formular – ggfs. mit Verweisen auf die Ausführungen im Schriftsatz – auszufüllen.

1467   Der Beschwerdeführer muss die Rechtsverletzung in einer hinreichend substantiierten, schlüssigen Beschwerdeschrift vortragen. Die Beschwerde als solche reicht nur in Ausnahmefällen, in denen sich die Möglichkeit einer Rechtsverletzung aus anderen, offensichtlichen Umständen ergibt.

Der Prozessvertreter der Partei muss dem Gericht seine Mandatierung mit einer von der Partei eigenhändig unterschriebenen Vollmacht nachweisen.

1901 Anders als in der mündlichen Verhandlung, vgl. Regel 36 III der VerfO des EGMR.
1902 Siehe Anhang C.

Sind die Angaben formal nicht in Ordnung oder fehlen Angaben oder Unterlagen, weist die Kanzlei **1468** den Beschwerdeführer oder dessen Bevollmächtigten darauf hin.

Die Nichteinhaltung der vorgeschriebenen Erfordernisse kann dazu führen, dass die Menschen- **1469** rechtsbeschwerde nicht registriert und nicht vom EGMR geprüft wird.

cc) Vorläufige Beschwerde

Eine vorläufige Beschwerde, die zur Fristwahrung (sechs Monate nach dem angegriffenen hoheitli- **1470** chen Akt bzw. dem letztinstanzlichen Urteil) eingelegt wird und später spezifiziert werden soll, muss jedenfalls den fraglichen Sachverhalt im Überblick angeben und so substantiiert sein, dass der Beschwerdegegenstand erkennbar wird.

Die endgültige Beschwerde muss inhaltlich dem Beschwerdeformular des EGMR genügen; sämtliche **1471** für den Fall erhebliche Dokumente, insbesondere die zum Fall ergangenen Urteile nationaler Gerichte, müssen in Kopie (keine Originale) beigefügt sein.

b) Vorklärung

Nach Eingang der Beschwerde wird in der Registratur eine vorläufige Akte angelegt. Die Kanzlei **1472** prüft, ob die Beschwerde offensichtlich unzulässig oder offensichtlich unbegründet ist oder bereits entschieden wurde (vgl. Art. 35 II lit. b) EMRK) und berät den Beschwerdeführer entsprechend (vgl. Art. 17 VerfO). Die Beschwerde wird fachlich und sprachlich kompetenten Juristen zugeleitet, die den Beschwerdeführer über noch fehlende Dokumente informieren. Bevor diese nicht nachgereicht werden, findet eine endgültige Registrierung grundsätzlich nicht statt. Die Registratur kann den Beschwerdeführer auch allgemein auf Probleme im Zusammenhang mit der möglichen Unzulässigkeit der Beschwerde hinweisen. Der Beschwerdeführer sollte darauf, auch wenn er mit der Ansicht der Registratur nicht übereinstimmt, auch in seinem eigenen Interesse reagieren und entsprechende Argumente vortragen, da der späteren Entscheidung über die Zulässigkeit die Position der Registratur zugrundegelegt werden kann.

c) Verfahren bis zur Zulässigkeitsentscheidung

Jede Individualbeschwerde wird nach der Vorklärung einer Sektion zugeteilt, deren Präsident einen **1473** Berichterstatter ernennt. Nach einer ersten Überprüfung entscheidet dieser, ob der Fall von einem Ausschuss oder von einer Kammer behandelt werden soll.

Die Ausschüsse entscheiden bisher nur die Zuständigkeit der Beschwerde (Art. 28 EMRK, Art. 23 III **1474** VerfO), welche aber auch die Frage der offensichtlichen Unbegründetheit einschließt. Auf diese Art und Weise finden die meisten Beschwerden ihre Erledigung.

Eine grundlegende Änderung ist im 14. Zp vorgesehen. Danach sollen künftig Einzelrichter mit der **1475** Unterstützung von nichtrichterlichen „Berichterstattern" der Kanzlei, Ausschüsse zu je drei Richtern, Kammern zu sieben Richtern, die zeitlich begrenzt auf Antrag des Plenums vom Ministerkomitee auf fünf Richter reduziert werden können, und die große Kammer mit 17 Richtern entschieden.

Künftig soll der Einzelrichter über die Zulässigkeit und der Ausschuss auch – neben der Zulässigkeit – **1476** über die Begründetheit der Beschwerde entscheiden können, wenn dies auf Grund einer gefestigten Rechtsprechung des EGMR, insbesondere einer ständigen Rechtsprechung der Kammern, möglich ist (Art. 28 I EMRK i.d.F. d. 14. ZP).

„Artikel 27   Befugnisse des Einzelrichters **1477**
1. Ein Einzelrichter kann eine nach Artikel 34 erhobene Beschwerde für unzulässig erklären oder im Register streichen, wenn eine solche Entscheidung ohne weitere Prüfung getroffen werden kann.
2. Die Entscheidung ist endgültig.

3. *Erklärt der Einzelrichter eine Beschwerde nicht für unzulässig und streicht er sie auch nicht im Register des Gerichtshofs, so übermittelt er sie zur weiteren Prüfung an einen Ausschuss oder eine Kammer."*

1478   *„Artikel 28   Befugnisse der Ausschüsse*

1. Ein Ausschuss, der mit einer nach Artikel 34 erhobenen Beschwerde befasst wird, kann diese durch einstimmigen Beschluss

   a. für unzulässig erklären oder im Register streichen, wenn eine solche Entscheidung ohne weitere Prüfung getroffen werden kann, oder

   b. für zulässig erklären und zugleich ein Urteil über die Begründetheit fällen, sofern die der Rechtssache zugrunde liegende Frage der Auslegung oder Anwendung dieser Konvention oder der Protokolle dazu Gegenstand einer gefestigten Rechtsprechung des Gerichtshofs ist.

2. Die Entscheidungen und Urteile nach Absatz 1 sind endgültig.

3. Ist der für die als Partei beteiligte Hohe Vertragspartei gewählte Richter nicht Mitglied des Ausschusses, so kann er von Letzterem jederzeit während des Verfahrens eingeladen werden, den Sitz eines Mitglieds im Ausschuss einzunehmen; der Ausschuss hat dabei alle erheblichen Umstände einschliesslich der Frage, ob diese Vertragspartei der Anwendung des Verfahrens nach Absatz 1 Buchstabe b entgegengetreten ist, zu berücksichtigen."

1479   Eine in jedem Verfahrensstadium mögliche Zurückweisung der Beschwerde wegen Unzulässigkeit (Art. 35 IV EMRK) kann auch bei offensichtlicher Unbegründetheit erfolgen (Art. 35 III EMRK).

1480   Nach Art 35 III EMRK gilt:

„3. Der Gerichtshof erklärt eine nach Artikel 34 erhobene Individualbeschwerde für unzulässig,

   a. wenn er sie für unvereinbar mit dieser Konvention oder den Protokollen dazu, für offensichtlich unbegründet oder für missbräuchlich hält oder

   b. wenn er der Ansicht ist, dass dem Beschwerdeführer kein erheblicher Nachteil entstanden ist, es sei denn, die Achtung der Menschenrechte, wie sie in dieser Konvention und den Protokollen dazu anerkannt sind, erfordert eine Prüfung der Begründetheit der Beschwerde, und vorausgesetzt, es wird aus diesem Grund nicht eine Rechtssache zurückgewiesen, die noch von keinem innerstaatlichen Gericht gebührend geprüft worden ist."

Beispiel 80   **Dahlab v. Schweiz:**[1903] Die Beschwerde der muslimischen Lehrerin Dahlab gegen das Kopftuchverbot einer Schweizer Schule war offensichtlich unbegründet und unzulässig.

1481   Dies ist u.a. der Fall bei unsubstantiiertem Vortrag, der durch eingereichtes Material nicht gestützt wird, wenn die vorgetragenen Fakten keinen Eingriff in ein geschütztes Recht erkennen lassen. Gleiches gilt, wenn zwar ein Eingriff erkennbar ist, sich jedoch dessen Rechtfertigung bereits offensichtlich aus der Konvention ergibt oder die Rechtsverletzung bereits anderweitig korrigiert ist (z.B. durch nationale Gerichte).

1482   Zurückzuweisen ist eine Beschwerde auch bei fehlender Zuständigkeit des EGMR, z.B. bei fehlender Ratifikation der EMRK durch den Mitgliedstaat, wenn ein staatlicher Eingriff in einem Nichtmitgliedstaat erfolgt und kein Zusammenhang mit dem Verhalten eines Mitgliedstaats besteht.

1483   Eine Unzulässigkeitsentscheidung ist endgültig und bindend im Gegensatz zu einer Zulässigkeitsentscheidung. Auch im späteren Verfahrensstadium kann der Gerichtshof jederzeit eine zuvor für zulässig erklärte Beschwerde für unzulässig erklären (Art. 34 IV EMRK). Dann ergeht jedoch keine Zulässigkeitsentscheidung mehr, sondern ein Urteil.

d) Kammer

1484   Soweit Beschwerden nicht einstimmig von einem Ausschuss als unzulässig zurückgewiesen werden, entscheiden die Kammern mit 7 Richtern (nach dem 14. Zp künftig auf zeitlich begrenzten Plenarbeschluss mit fünf Richtern). Eine Beschwerde kann unmittelbar einer Kammer zur Entscheidung zuge-

---

1903 Zulässigkeitsen. v. 15. Febr. 2001, RUDH 13 (2001), 75 ff.

wiesen werden, wenn der Berichterstatter oder der Präsident der Sektion dies verfügen (Art. 49 III VerfO). Gegenstand der Entscheidung der Kammer ist wieder die Zulässigkeitsfrage, die bisher in der Regel vorab mit der Mehrheit der Stimmen beantworten wird (Art. 29 III EMRK, Art. 49 IV VerfO), sondern die Begründetheitsfrage. Künftig soll nach Art. 29 I EMRK i.d.F. 14. Zp über Zulässigkeit und Begründetheit regelmäßig zusammen entschieden werden.

e) Stellungnahmen

Wenn ein Fall nicht offensichtlich unzulässig oder unbegründet ist und entsprechend schon im Ausschuss zurückgewiesen werden kann, holt bereits der Ausschuss die Stellungnahme des Staates ein, dessen Hoheitsakt mit der Beschwerde angegriffen wurde. Ist also die Möglichkeit einer Rechtsverletzung dargetan und ein Eingriff nachgewiesen worden, muss der angegriffene Mitgliedstaat darlegen, dass im nationalen Recht hinreichend Gelegenheit zur Überprüfung und ggf. zur Korrektur der Rechtsverletzung bestand.   **1485**

Dabei wird nicht nur die Beschwerdeschrift an diesen Staat weitergeleitet, sondern werden auch konkrete Fragen gestellt, die der Klärung offenbar tangierter Rechtsfragen dienen sollen. Es können auch Anweisungen erteilt werden, zu welchen Punkten eine Stellungnahme nicht erforderlich ist. Beantwortet der betreffende Staat gestellte Fragen nicht, dann geht er das Risiko eines Versäumnisurteils in diesem Punkt ein.   **1486**

Nach Eingang der Stellungnahme des betreffenden Staates wird sie an den Beschwerdeführer mit der Aufforderung zur Äußerung darüber weitergeleitet. Obwohl das Gericht Argumente des angegriffenen Staats auch aus eigener Kompetenz und in Kenntnis der geltenden nationalen Rechtspraxis zurückweisen kann, ist die Stellungnahme des Beschwerdeführers für die Entscheidung über die Zulässigkeit von hoher Bedeutung.   **1487**

Der Beschwerdeführer muss sich zu allen Argumenten wie eine etwaige Unzulässigkeit der Beschwerde äußern, insbesondere solchen, die sich auf die Rechtswegerschöpfung, die Fristwahrung und offensichtliche Unbegründetheit beziehen. Es ist Sache des Beschwerdeführers, einen substantiiert nachgewiesenen Vortrag des Staates zu widerlegen, wonach der Eingriff durch gewichtige Gemeinwohlbelange gerechtfertigt sein könnte.   **1488**

f) Vergleichsbemühungen

Wird die Beschwerde für zulässig erklärt, nimmt der Kanzler auf Weisung der Kammer oder des Kammerpräsidenten Kontakt mit den Beteiligten auf, um zu klären, ob eine vergleichsweise Regelung möglich ist (Art. 38 I b EMRK, Art. 62 VerfO). Wenn kein Vergleich zustandekommt, entscheidet die Kammer in der Sache. Ergeht keine negative Entscheidung des Dreierausschusses, hat die Kammer über die Zulässigkeit und Begründetheit zu entscheiden. Die aus sieben Richtern bestehenden Kammern bilden die eigentlichen Spruchkörper des Gerichtshofs.   **1489**

g) Große Kammer

In zwei Sonderfällen sieht die EMRK eine Prüfung durch die große Kammer mit 17 Richtern vor, Art. 30 f. EMRK, Art. 71 ff. VerfO. Die Große Kammer soll sich danach nur mit solchen Fällen befassen, in denen die Kammern ihre Zuständigkeit verneint haben oder in denen die Parteien eine Kammerentscheidung zur nochmaligen Überprüfung durch die Große Kammer vorgelegt haben.   **1490**

aa) Vorlage

Sie kann einmal durch eine (normale) Kammer vor deren Entscheidung durch Vorlage bei Fragen von grundsätzlicher Bedeutung oder Abweichung von der früheren Rechtsprechung angerufen werden (Art. 30 EMRK). Es muss sich um eine schwerwiegende Auslegungsfrage handeln oder die Abgabe er-   **1491** folgt wegen der Möglichkeit der Abweichung von früherer Rechtsprechung. Gegen die Abgabe können jedoch beide Parteien ein Veto einlegen.[1904]

Beispiel 81   **Bankovic u.a. v. 17 Mitgliedstaaten:**[1905] Die Beschwerde jugoslawischer Staatsangehöriger wegen Bombardierung eines Radiosenders in Belgrad im Zuge des Kosovo-Einsatzes der NATO im Frühjahr 1999 warf die schwierige Frage der örtlichen Anwendbarkeit der EMRK auf und wurde deshalb an die Große Kammer abgegeben.

bb) Verweisung

1492   Die Große Kammer fungiert zudem als Kontrollinstanz nach einem Kammerurteil (Art. 43). Ihre Befassung mit einer Beschwerde kommt dann in Betracht, wenn eine Partei in Ausnahmefällen – es muss um schwerwiegende Fragen gehen (Art. 43 II EMRK) – nach Erlass des Urteils der Kammer die Verweisung der Rechtssache an die Große Kammer beantragt. In diesem Falle bedarf es zunächst der Annahme des Antrags durch einen Fünferausschuss der Großen Kammer. Nimmt dieser Ausschuss den Antrag an, entscheidet die Große Kammer endgültig durch Urteil (Art. 43 III EMRK).

1493   Weil die Richter der Großen Kammer teilidentisch mit denen der vorher urteilenden Kammer sind (siehe Art. 27 III EMRK), handelt es sich bei der Kontrolle nicht um ein echtes Rechtsmittel.

Beispiel 82   **Kingsley v. Vereinigtes Königreich:**[1906] Der Beschwerdeführer hatte die Verweisung beantragt, weil ihm im Kammerurteil wegen der Verletzung des Art. 6 EMRK eine Entschädigung nach Art. 41 nur für die Gerichtskosten zugesprochen worden war. Die schwerwiegende Frage der Anwendung der Konvention war nun, ob bei Verletzung von Art. 6 EMRK auf Grund von objektiver Befangenheit auch eine Entschädigung für den Nichtvermögensschaden (Stress, Ansehensverlust usw.) zuerkannt werden solle. Die Große Kammer verneinte dies,[1907] erhöhte aber die Entschädigung wegen der Kosten der Rechtsverfolgung (vor den einheimischen Gerichten und den Straßburger Instanzen).

2. Beweiserhebung

1494   Der EGMR hat die Kompetenz zur Beweiserhebung zwecks Feststellung des Sachverhalts, Art. 42 VerfO. Es ist aber selten, dass sich der maßgebliche Sachverhalt nicht schon aus den von den Parteien vorgelegten Dokumenten ergibt. Von Bedeutung sind insofern insbesondere die Tatsachenfeststellungen durch nationale Gerichte, die sich aus den vorgelegten Urteilen ergeben.

1495   Gleichwohl hatte schon die Kommission früher eigenständige Beweiserhebungen vorgenommen, wenn über einen entscheidungserheblichen Umstand Unklarheit Bestand. Eine Zeugenvernehmung (vgl. auch Art. 65 f. VerfO) kommt entsprechend der früheren Praxis vor der Kommission dort in Betracht, wo eine effektive Beweiserhebung vor den nationalen Gerichten nicht stattgefunden hat, so früher in türkischen Gebieten, in denen der Ausnahmezustand verhängt worden war.[1908]

1496   Ein Katalog zulässiger Beweismittel im Verfahren vor dem EGMR existiert nicht.[1909] Die Parteien können alle Urkunden und Schriftstücke vorlegen, aus denen ihrer Ansicht nach der Sachverhalt hinreichend deutlich hervorgeht; nationale Regelungen über Beweismittel sind nicht anwendbar. Zeugen nach dem Hörensagen sind nicht von vornherein ausgeschlossen. Formalisierte Beweislastregeln gibt es nicht. Der EGMR nimmt für sich das Recht der freien Beweiswürdigung in Anspruch.

1904 Ein Beispiel für einen Fall, in dem die Abgabe an die Große Kammer am Veto (hier des beklagten Staates) scheiterte, ist Mamatkulov und Abdurasulivic v. Türkei, Urt. v. 6. Febr. 2003.
1905 Zulässigkeitsent. v. 12. Dez. 2001.
1906 Urt. v. 28. Mai 2002.
1907 Rn. 36-44.
1908 S. etwa EKMR Beschl. v. 25.9.1997, Report 1997-VI Nr. 50 (Aydin/Türkei).
1909 Vgl. dazu und zum folgenden *Reid*, S. 39 f. m.w.N.

Bei der Beweiserhebung über streitige Sachverhalte bei Eingriffen in Art. 3 EMRK (Verbot der Folter und unmenschlicher Behandlung) hat der EGMR regelmäßig den Beweis für das Vorliegen einer Rechtsverletzung gefordert, nach dem „vernünftige Zweifel schweigen". Ansonsten wird Beweis erhoben, ohne dass ausdrücklich ein bestimmtes Beweismaß zugrundegelegt würde. **1497**

Die Rechtsprechung geht in der Praxis ersichtlich von der Grundannahme aus, dass die Mitgliedstaaten prinzipiell menschenrechtskonform handeln und dass die nationalen Gerichte effektiven Rechtsschutz gewährleisten. Beschwerden, die das Gegenteil behaupten, haben demzufolge zunächst eine gewisse Vermutung gegen sich und müssen diese durch entsprechend substantiierten Vortrag erschüttern. **1498**

3. (Amts-) Sprachen

Die Beschwerde und alle Schriftsätze bis zur Zulässigkeitserklärung können wie dargelegt in der Sprache eines der Mitgliedstaaten – also z.B. in Deutsch – verfasst werden (Art. 34 II VerfO). Nach der Zulässigkeitserklärung müssen Schriftsätze des Beschwerdeführers in einer der beiden Amtssprachen Englisch oder Französisch (Art. 34 I VerfO) abgefasst sein; der Präsident kann aber den Gebrauch der Sprache eines der Vertragsstaaten erlauben. **1499**

4. Mündliche Verhandlung

Mündliche Verhandlungen werden auch nach der neuen Regelung – schon aus Zeitgründen – beim völlig überlasteten EGMR die absolute Ausnahme bleiben, so dass weiterhin die große Mehrheit der Fälle mithin im schriftlichen Verfahren für unzulässig oder unbegründet erklärt werden wird. Nach Art. 59 II VerfO findet eine mündliche Verhandlung über die Begründetheit der Beschwerde statt, wenn die Kammer dies beschließt oder wenn ein Beteiligter sie beantragt. Ausnahmsweise kann die Kammer aber auch dann von einer mündlichen Verhandlung absehen. Die mündliche Verhandlung ist öffentlich. Der Staat wird grundsätzlich durch seinen Verfahrensbevollmächtigten vertreten. Der Beschwerdeführer, der die Beschwerde selbst einlegen kann (Art. 36 I VerfO), muss in der mündlichen Verhandlung vertreten sein (Art. 36 III VerfO), in der Regel durch einen Rechtsanwalt, wenn ihm nicht der Präsident ausnahmsweise erlaubt, selbst aufzutreten (Art. 36 III, IV VerfO). **1500**

XII. Entscheidungen und deren Umsetzung

Die Kammern entscheiden in der Regel abschließend durch Urteil (Art. 74 ff. VerfO). **1501**

1. Feststellung

Es ergehen grundsätzlich nur Feststellungsurteile. Sie wirken nur inter partes und entfalten nur völkerrechtliche Wirkungen. Der EGMR kann hingegen nicht die konventionsverletzenden Maßnahmen wie z.B. nationale Gerichtsentscheidungen aufheben oder die Konventionsstaaten zu Leistungen verurteilen.[1910] **1502**

1910 Vgl. *BVerfG* NJW 1986, 1425 ff.; *Frowein*, in HdbStR VII, § 180 Rn. 13 ff.; *Ehlers*, JURA 2000, 372, 382 m.w.N.

2. Entschädigung

1503   Wenn das innerstaatliche Recht nur eine unvollkommene Wiedergutmachung für die Folgen der Konventionsverletzung gestattet, dann kann der EGMR gem. Art. 41 EMRK der verletzten Partei eine gerechte Entschädigung für materielle und immaterielle Schäden zusprechen, soweit dies notwendig ist, Art. 41 EMRK, Art. 60 VerfO.[1911] Die Höhe der beanspruchten Entschädigung muß der Beschwerdeführer spätestens nach der Zulässigkeitserklärung seiner Beschwerde durch den EGMR beziffern, Art. 60 I VerfO. Die Entscheidung über die Entschädigung steht im billigen Ermessen des EGMR. Berücksichtigt werden können materielle, immaterielle, unmittelbare und mittelbare Schäden, ferner Kosten, welche für die innerstaatliche Rechtsverfolgung und das Verfahren vor den Konventionsorganen entstanden sind.

a) Schaden

1504   In Betracht kommt einmal die Gewährung von Schadensersatz für Vermögens- und Nichtvermögensschäden, soweit sie kausal durch den konventionswidrigen Eingriff verursacht worden sind.[1912] Über die Höhe einer gerechten Entschädigung entscheidet der Gerichtshof nach billigem Ermessen.[1913]

b) Kosten und Auslagen

1505   Nach der Rechtsprechung des EGMR werden nur solche Kosten und Auslagen erstattet, die der verletzten Partei nachgewiesenermaßen – entsprechende Kostenrechnungen und Belege sind vorzulegen – entstanden sind, um eine Konventionsverletzung zu verhindern oder ihr abzuhelfen oder um sie vom Gerichtshof feststellen zu lassen und eine Entschädigung dafür zu erhalten. Sie müssen tatsächlich entstanden, notwendigerweise aufgewendet worden und der Höhe nach angemessen sein.[1914]

1506   Wenn der EGMR eine Verletzung der Konvention feststellt, kann er dem Bf. nicht nur die Kosten und Auslagen zusprechen, die vor den Organen der Konvention entstanden sind, sondern auch die, welche der Bf. vor den staatlichen Gerichten aufgewendet hatte, um dort die festgestellte Verletzung zu verhindern oder zu beheben.[1915]

1507   Ein Urteil, das eine Verletzung der Konvention feststellt, verpflichtet den beklagten Staat nicht nur zur Zahlung der als gerechte Entschädigung nach Art. 41 EMRK zugesprochenen Beträge,[1916] sondern nach Art. 46 I EMRK auch dazu, unter Überwachung durch das Ministerkomitee nach Art. 46 II EMRK allgemeine oder individuelle Maßnahmen zu treffen, um die festgestellte Verletzung abzustellen und den Folgen soweit wie möglich abzuhelfen. Bei der Wahl der Mittel, mit der er seinen rechtlichen Verpflichtungen nach Art. 46 EMRK nachkommen will, ist der Staat frei, sofern sie mit dem Ergebnis der Entscheidung des Gerichtshofs vereinbar sind.[1917]

1911 Der EGMR sieht eine Wiedergutmachung nach innerstaatlichem Recht auch dann als unvollkommen an, wenn zwar ein Schadensersatzanspruch besteht, der Beschwerdeführer aber zu dessen Realisierung auf das erneute Beschreiten des innerstaatlichen Rechtswegs – in der BRD ist § 40 II 1 3. Alt. VwGO einschlägig – angewiesen ist (*Ehlers*, JURA 2000, 372, 382). Vgl. auch *EGMR* NJW 2006, 1255-Steel und Morris/Vereinigtes Königreich: Kein Ersatz für Arbeitsstunden, die der Bf. selbst für eine Vertretung im Straßburger Verfahren benötigt hat.

1912 Vgl. nur *EGMR* NJW 2006, 1495, 1498; NJW 2001, 2001; NJW 2006, 2901, 2906 f.

1913 *EGMR* NJW 2001, 809 (Smith u. Grady/Vereinigtes Königreich).

1914 *EGMR* NJW 2001, 809 (Smith u. Grady/Vereinigtes Königreich); *EGMR* NJW 2006, 1495, 1498.

1915 *EGMR* NJW 2001, 2393; dazu *Gundel*, NJW 2001, 2380.

1916 Vgl. dazu nur *EGMR* NJW 2006, 1495, 1498.

1917 *EGMR* NJW 2004, 3397: Im entschiedenen Fall bedeutete dies, dass dem Beschwerdeführer als Vater mindestens der Umgang mit seinem nichtehelichen Kind gestattet sein muss.

c) Art. 5 V EMRK

Nach dieser Bestimmung hat jede Person, die unter Verletzung des Art. 5 EMRK von Festnahme und Freiheitsentziehung betroffen ist, Anspruch auf Schadensersatz. Der Betroffene kann Ersatz des materiellen und immateriellen Schadens verlangen.   **1508**

> **BGH Urt. v. 18.5.2006 – III ZR 183/05 – Haft:** Im konkreten Fall hatte das LG festgestellt, dass der eine Haftanordnung beinhaltende Beschluss des AG rechtswidrig war. Der Kläger verlangte daraufhin vom beklagten Land gem. Art. 5 V EMRK ein Schmerzensgeld von 11 € je Hafttag, das ihm die Gerichte auch zusprachen.   **Beispiel 83**

3. Umsetzung

Die Entscheidungen des EGMR bedürfen der Umsetzung. Die Überwachung der Umsetzung einer Verurteilung durch das Gericht obliegt nach Art. 46 II EMRK dem Ministerkomitee.   **1509**

a) Befolgungspflicht

Der betroffene Konventionsstaat ist verpflichtet, das Urteil des EGMR zu befolgen (Art. 46 EMRK).[1918]   **1510**
Er muss die Rechtsverletzung beenden, Wiedergutmachung leisten und eine gleichartige Verletzung in der Zukunft unterbinden. Konventionswidrige Gesetze, Verwaltungsakte oder sonstige Verwaltungsmaßnahmen können i.d.R. ohne weiters aufgehoben werden.

b) Verbindlichkeit von Gerichtsentscheidungen

Problematischer ist die Rechtslage bei konventionswidrigen Gerichtsentscheidungen.   **1511**

aa) Beachtung

In jedem Fall haben die Gerichte die Entscheidungen des EGMR zu beachten; die gilt im übrigen auch für das BVerfG.   **1512**

Das BVerfG hat im Fall Görglu[1919] die Bindungswirkung von Entscheidungen des EGMR herausgestellt: Der EGMR hatte entschieden, dass der Beschwerdeführer durch den Umgangsrechtsausschluss in seinem Recht aus Art. 8 EMRK verletzt sei und dass ihm zumindest der Umgang mit seinem Kind gewährleistet werden müsse.[1920] Nach dem aus Anlass dieser Entscheidung ergangenen Beschluss des BVerfG[1921] erstreckt sich die Bindungswirkung einer Entscheidung des EGMR auf alle staatlichen Organe und verpflichtet diese grundsätzlich, im Rahmen ihrer Zuständigkeit und ohne gegen Gesetz und Recht zu verstoßen (Art. 20 III GG), einen fortdauernden Konventionsverstoß zu beenden und einen konventionsgemäßen Zustand herzustellen. Gerichte sind zur Berücksichtigung eines Urteils, das einen von ihnen bereits entschiedenen Fall betrifft, jedenfalls dann verpflichtet, wenn sie in verfahrensrechtlich zulässiger Weise erneut über den Gegenstand entscheiden und dem Urteil ohne materiellen Gesetzesverstoß Rechnung tragen können, Dabei hat sich das Gericht in nachvollziehbarer Weise damit auseinander zu setzen, wie das betroffene Grundrecht in einer den völkerrechtlichen Verpflichtungen der BRD entsprechenden Art und Weise ausgelegt werden kann.[1922]   **1513**

1918 Vgl. dazu auch *Weigend,* StV 2000384,387.
1919 *BVerfG* NJW 2005, 2685.
1920 *EGMR* FamRZ 2004, 1456.
1921 *BVerfG* FamRZ 2004, 1857 ff.
1922 *BVerfG* FamRZ 2004, 1857, 1863.

bb) Wiederaufnahme

1514 Die EMRK und das deutsche Verfassungsrecht verpflichten nicht dazu, eine Wiederaufnahme zu ermöglichen. Der EGMR weist in ständiger Rechtsprechung darauf hin, dass der beklagte Staat frei ist, diejenigen Mittel zu wählen, mit denen er seiner Verpflichtung aus Art. 46 EMRK nachkommen will, vorausgesetzt, dass diese Mittel vereinbar sind mit den im Urteil des EGMR genannten Schlussfolgerungen.[1923] In vielen Fällen kann aber eine Konventionsverletzung nur durch eine Wiederaufnahme beendet bzw. auf befriedigende Weise abgestellt werden.[1924]

1515 Ausdrücklich vorgesehen ist aber in der BRD eine Wiederaufnahme bisher nur bei Strafsachen in § 359 Nr. 6 StPO.[1925] Voraussetzung ist, dass das Urteil auf der Verletzung beruht.

1516 Die Wiederaufnahme ist unabhängig davon, ob der EGMR eine Entschädigung gem. Art. 41 EMRK zugesprochen hat. Die Einschätzung, ob eine Entschädigung notwendig ist und ob es dem Beschwerdeführer insbesondere zuzumuten ist, erneut im staatlichen Recht gegebene Rechtsbehelfe auszuschöpfen, obliegt gem. Art. 41 EMRK dem EGMR. Er kann die Möglichkeit einer Wiederaufnahme als ausreichende Wiedergutmachung ansehen bzw. dem Beschwerdeführer deswegen eine deutlich geringere Entschädigung zusprechen. Er kann eine Entschädigung auch hilfsweise zusprechen, nämlich für den Fall, dass die in erster Linie angeordnete Rückgabe einer enteigneten Sache binnen bestimmter Frist nicht geschieht.[1926] Bei dieser Beurteilung wird der EGMR auch die Möglichkeit und eventuelle Dauer eines Wiederaufnahmeverfahrens berücksichtigen.

1517 Außerhalb der StPO wie z.B. in Zivil- und Verwaltungsprozessen kommt demgegenüber mangels vergleichbarer Vorschriften (vgl. insbesondere § 580 ZPO) eine Wiederaufnahme bisher nicht in Betracht.[1927]

1518 Nur bei bestimmten Verletzungen des Rechts auf ein faires Verfahren (Art. 6 EMRK) besteht auch im Zivilprozess die Möglichkeit der Wiederaufnahme. Das gilt jedenfalls insoweit, als einzelne Verletzungen des Rechts auf ein faires Verfahren gem. Art. 6 EMRK mit den in der ZPO benannten Wiederaufnahmegründen übereinstimmen. Zu nennen sind hier insbesondere die Wiederaufnahmegründe für eine Nichtigkeitsklage gem. § 579 I ZPO (keine vorschriftsmäßige Besetzung des Gerichts, Mitwirkung eines kraft Gesetzes ausgeschlossenen Richters am Verfahren, Mitwirkung eines wegen Besorgnis der Befangenheit abgelehnten Richters, keine vorschriftsmäßige Parteivertretung). Art. 6 I EMRK und § 579 ZPO sind jedoch nicht dekkungsgleich.

1519 Durch eine Änderung der ZPO und die Einfügung eines § 580 Nr. 8 ZPO, der durch die Verweise auf die Wiederaufnahmegründe der ZPO auf auch für andere Verfahren gilt,[1928] soll jedoch Abhilfe geschaffen werden.[1929] Danach kommt auch dann eine Wiederaufnahme in Betracht,[1930] „wenn der Europäische Gerichtshof für Menschenrechte eine Verletzung der Europäischen Konvention zum Schutz der Menschenrechte und Grundfreiheiten oder ihrer Protokolle festgestellt hat und das Urteil auf dieser Verletzung beruht."

Sofern sich ein Staat beharrlich weigert, ein Urteil des EGMR zu befolgen, wird der Gerichtshof nach dessen 14. Zp. in Zukunft diese Pflichtverletzung zum Antrag einer Zweidrittelmehrheit den Ministerkomittees förmlich feststecken.

1923 *EGMR* EuGRZ 2004, 777, 778 – Lyons ./. V.K.

1924 Vgl. Empfehlung Nr. R (2000) 2 des Ministerkomitees des Europarats vom 19.1.2000, in der ausdrücklich dazu aufgerufen wird, die Wiederaufnahme des Verfahrens in den nationalen Rechtsordnungen vorzusehen. Die Möglichkeit der Wiederaufnahme habe sich in bestimmten Fällen als das effektivste, wenn nicht einzige, Mittel der vollständigen Abhilfe bei einer Konventionsverletzung gezeigt (restitutio in integrum).

1925 Vgl. dazu *Maur*, NJW 2000, 338.

1926 *EGMR*, Urt. v. 31.10.1995-Papamichalopolous/Griechenland. Nr. 50.

1927 Vgl. nur *OLG Dresden* VIZ 2004, 459; *OLG Brandenburg* VIZ 2004, 525. Das BVerfG hat die Ablehnung einer erweiternden Auslegung der Regelungen zur Wiederaufnahme in einem Nichtannahmebeschluss vom 17.8.2004 – 1 BvR 1493/04 als verfassungsrechtlich bestätigt.

1928 Vgl. § 79 ArbGG, 179 SGG, 153 VwGO, 134 FGO; s.a. § 51 FamFG-E.

1929 Vgl. oben Rn. 21.

1930 Entwurf eines Zweiten Justizmodernisierungsgesetzes, Az. des BMJ.3010/18-1.

cc) Keine Vollstreckung

In jedem Fall steht Art. 46 EMRK einer Vollstreckung nationaler Gerichtsentscheidungen entgegen, soweit sie noch nicht erfolgt ist.   **1520**

4. Rechtsmittel

Selbstverständlich gibt es gegen endgültige Entscheidung von Spruchkörpern des EGMR keine Rechtsmittel. Mit der Anrufung des EGMR war das „Ende der Fahnenstange" des Rechtsschutzes nach der Anrufung der nationalen Fach- wie Verfassungsgerichte erreicht.   **1521**

Es sei jedoch darauf hingewiesen, dass in Ausnahmefällen die Möglichkeit für die Parteien besteht, bis zu drei Monaten nach Urteilserlass durch die (kleine) Kammer die nochmalige Überprüfung durch die große Kammer zu beantragen (Art. 43 I EMRK), wobei dann zunächst ein Vorprüfungsausschuss von fünf Richtern die Annahme prüft (Art. 43 II EMRK).   **1522**

5. Wiederaufnahme

Eine Wiederaufnahme des Verfahrens ist unter den strengen Voraussetzungen des Art. 80 VerfO möglich.   **1523**

Anhang

A. Musterschriftsätze

I. Verfassungsbeschwerden zum BVerfG

Fall 1 (Urteilsverfassungsbeschwerde):

Bundesverfassungsgericht   Freiburg, den ...
Schloßbezirk 3
76131 Karlsruhe

Verfassungsbeschwerde

des Herrn R. F

... straße, ... Kleve

Bevollmächtigte: Rechtsanwalt Dr. Michael Kleine-Cosack

Maria-Theresiastr. 2, 79102 Freiburg

gegen

a) das Urteil des Landgerichts Kleve vom ... Az ...

zugestellt am ...

b) das Urteil des Amtsgerichts Geldern ...

Wegen: Kündigung eines Mietverhältnisses wegen Eigenbedarf

Verletztes Grundrecht: Art. 14 GG

Wir zeigen unter Vorlage auf uns lautender Vollmacht die Vertretung des Beschwerdeführers an. Wir legen in seinem Namen gegen die eingangs genannten Entscheidungen Verfassungsbeschwerde ein.

I.

Sachverhalt

Der Beschwerdeführer ist Eigentümer eines vom Beklagten des Ausgangsverfahrens errichteten, 1989 an den Beschwerdeführer veräußerten Hauses. Nach der Veräußerung verblieb der Beklagte aufgrund eines mit dem Beschwerdeführer geschlossenen Mietvertrags in dem Haus, in dessen Nähe der Beschwerdeführer ein Büro für Innenarchitektur sowie für Maler- und Lackierarbeiten unterhält. Die Fahrzeit von der derzeitigen Wohnung des Beschwerdeführers zu diesem Büro beträgt etwa 40 Minuten. 1996 kündigte er das Mietverhältnis wegen Eigenbedarfs. Er benötige eine Wohnung in unmittelbarer Nähe seiner Betriebsstätte. Der Beklagte widersprach nach § 556a BGB und verlangte die Fortsetzung des Mietverhältnisses. Das Amtsgericht hat die auf Räumung und Herausgabe der Wohnung gerichtete Klage des Beschwerdeführers abgewiesen. Es hat dessen Kündigung als unwirksam angesehen, weil zur Beendigung des Mietverhältnisses berechtigende Gründe nicht dargelegt worden seien. Dabei sei, soweit der Bf. seinen Wohnsitz in die Nähe seiner Betriebsstätte verlegen wolle, zu beachten, dass Wohnung und Betriebsstätte schon bei Mietvertragsabschluss auseinandergefallen seien. Unwirksam sei die Kündigung auch deshalb, weil der Beklagte ihr widersprochen habe und die vertragsmäßige Beendigung des Mietverhältnisses für ihn eine Härte bedeuten würde, die auch unter Würdigung der Interessen des Beschwerdeführers nicht zu rechtfertigen sei.

Das Landgericht hat die Berufung des Beschwerdeführers zurückgewiesen. Zwar lägen aus dessen Sicht vernünftige und nachvollziehbare Gründe für den Wunsch vor, das in Rede stehende Haus künftig mit seiner Familie selbst zu nutzen. Eigenbedarf sei damit grundsätzlich gegeben. Indessen führe die gemäß § 556a BGB vorzunehmende Abwägung der beiderseitigen Interessen dazu, dass dem Wunsch des Beklagten nach Fortsetzung des Mietverhältnisses der Vorzug gebühre.

Schon zu Beginn des Mietverhältnisses habe der Beschwerdeführer in einiger Entfernung von seinem Betrieb gewohnt. 1992 sei er mit seiner damaligen Lebensgefährtin und deren Kind in seine nunmehr genutzte Wohnung eingezogen. Über einen längeren Zeitraum habe er die damit nach seiner Darstellung verbundenen Nachteile in Kauf genommen. Dies beseitige zwar den Eigenbedarf des Beschwerdeführers nicht, zumal in seinem Haushalt inzwischen neben der jetzigen Lebensgefährtin zwei minderjährige Kinder lebten und seine Wohnung hierfür nach der Aussage der vom Landgericht als Zeugin vernommenen Lebensgefährtin nicht unbedingt geeignet sei. Doch zeige sich hieran immerhin, dass der Beschwerdeführer seine Wohnsituation selbst über längere Zeit nicht als so unangenehm empfunden habe, dass eine Änderung dringend geboten wäre.

Auf der anderen Seite sei zu berücksichtigen, dass der 1925 geborene Beklagte das fragliche Haus vor etwa 30 Jahren errichtet und seither bewohnt habe. Von daher sei nachvollziehbar, dass er in der von ihm gewohnten Umgebung besonders verwurzelt sei, auch wenn es richtig sein dürfte, dass etwa eine Stadtwohnung mit den damit verbundenen Vorzügen für eine Person im Alter des Beklagten vorteilhafter waren. Nach dem vom Amtsgericht eingeholten Sachverständigengutachten sei zudem davon auszugehen, dass der Beklagte 1983/84 eine lange depressive Phase durchlebt habe, die einer stationären Behandlung von mehr als einem Jahr Dauer bedurft habe; bei einem erzwungenen Wohnungswechsel bestünde die Gefahr, dass eine erneute Erkrankung ausgelöst werde. Nach dem in der mündlichen Verhandlung gewonnenen Eindruck empfinde der Beklagte – sicherlich auf der Grundlage einer in gewisser Weise starren und unbeweglichen Grundhaltung – allein die Möglichkeit, „sein" Haus in naher Zukunft aufgeben zu müssen, als Bedrohung, der er nicht gewachsen wäre.

Unter diesen Umständen seien die Interessen des Beklagten an einer Fortsetzung des Mietverhältnisses als gegenwärtig derart schwerwiegend anzusehen, dass der Eigenbedarf des Beschwerdeführers zurückstehen müsse.

Gegen die genannten Entscheidungen wendet sich der Bf. mit der Verfassungsbeschwerde an das BVerfG.

II.
Rechtslage

Die Verfassungsbeschwerde ist zulässig, annahmefähig und begründet.

1. Zulässigkeit

Die Verfassungsbeschwerde ist zulässig, da die Voraussetzungen des Art. 93 I Nr. 4a GG und der §§ 90 ff. BVerfGG vorliegen.

a) Die Entscheidung des LG ist ein Akt öffentlicher Gewalt i.S.d. Art. 93 I Nr. 4a, § 90 BVerfGG.

b) Der Bf. ist als natürliche Person beschwerdefähig.

c) Der Bf. ist auch beschwerdefähig, da die angegriffenen Entscheidungen ihn in seinem Grundrecht aus Art. 14 I GG selbst, gegenwärtig und unmittelbar verletzen.

d) Der Rechtsweg ist gem. § 90 II BVerfGG erschöpft, da das Urteil des LG mit keinem weiteren Rechtsmittel angreifbar ist.

e) Die Monatsfrist des § 93 I BVerfGG ist eingehalten, da das Urteil des LG am … zugestellt wurde.

2. Annahmefähigkeit

Die zulässige Verfassungsbeschwerde ist annahmefähig, weil dies zur Durchsetzung des Eigentumsgrundrechts des Beschwerdeführers angezeigt ist (§ 93a Abs. 2 Buchstabe b BVerfGG).

aa) Die Annahme ist nach dem BVerfG (vgl. BVerfGE 90, 22, 25; 96, 245, 248.) angezeigt, wenn die geltend gemachte Verletzung von Grundrechten oder grundrechtsgleichen Rechten besonderes Gewicht hat oder den Beschwerdeführer in existentieller Weise betrifft. „Besonders gewichtig ist eine Grundrechtsverletzung, die auf eine generelle Vernachlässigung von Grundrechten hindeutet oder wegen ihrer Wirkung geeignet ist, von der Ausübung von Grundrechten abzuhalten. Eine geltend gemachte Verletzung hat ferner dann besonderes Gewicht, wenn sie auf einer groben Verkennung des durch ein Grundrecht gewährten Schutzes oder einem geradezu leichtfertigen Umgang mit grundrechtlich geschützten Positionen beruht oder rechtsstaatliche Grundsätze krass verletzt. Eine existentielle Betroffenheit des Beschwerdeführers kann sich vor allem aus dem Gegenstand der Entscheidung oder seiner aus ihr folgenden Belastung ergeben. Ein besonders schwerer Nachteil ist jedoch dann nicht anzunehmen, wenn die Verfassungsbeschwerde keine hinreichende Aussicht auf Erfolg hat oder wenn deutlich abzusehen ist, dass der Bf. auch im Falle einer Zurückverweisung im Ergebnis keinen Erfolg haben würde" (BVerfG NJW 2006, 1652; 1994, 993).

bb) Am Maßstab dieser Kriterien ist die Annahme der Verfassungsbeschwerde hier angezeigt. Der Bf. ist durch die Abweisung der Klage erheblich in seinem Grundrecht aus Art. 14 I GG betroffen. Er ist nach dieser Entscheidung auf Jahre gehindert, sein eigenes Haus zu bewohnen, obwohl er aus beruflichen wie familiären Gründen dringend darauf angewiesen ist.

3. Begründetheit

Die Verfassungsbeschwerde begründet, weil die Entscheidungen des Amtsgerichts und des Landgerichts den Beschwerdeführer in seinem Grundrecht aus Art. 14 Abs. 1 Satz 1 GG verletzen.

a) Kontrollumfang

Entscheidungen der Zivilgerichte in Mietrechtsstreitigkeiten sind zwar vom Bundesverfassungsgericht nur in eingeschränktem Umfang überprüfbar. Dieses greift nur bei der Verletzung von spezifischem Verfassungsrecht auf eine Verfassungsbeschwerde hin ein. Diese Schwelle ist, abgesehen vom Fall des Verstoßes gegen das Willkürverbot des Art. 3 Abs. 1 GG (vgl. BVerfGE 18, 85 <96>) aber erreicht, wenn die Auslegung der Zivilgerichte Fehler erkennen lässt, die auf einer grundsätzlich unrichtigen Anschauung von der Bedeutung der Eigentumsgarantie, insbesondere vom Umfang ihres Schutzbereichs, beruhen und auch in ihrer materiellen Bedeutung für den konkreten Rechtsfall von einigem Gewicht sind (vgl. BVerfGE 89, 1 <9 f.> m.w.N.).

b) Grundrechtsverletzung

Im vorliegenden Fall liegen diese Voraussetzungen vor. Der Bf. ist durch die fachgerichtlichen Entscheidungen in seinem Grundrecht aus Art. 14 I GG verletzt.

a) Schutzbereich

Das durch Art. 14 Abs. 1 Satz 1 GG gewährleistete Eigentum ist in seinem rechtlichen Gehalt durch Privatnützigkeit und die grundsätzliche Verfügungsbefugnis des Eigentümers über den Eigentumsgegenstand gekennzeichnet. Es soll ihm als Grundlage privater Initiative und in eigenverantwortlichem privatem Interesse von Nutzen sein (vgl. BVerfGE 5, 2, 1 <30> m.w.N.; 81, 29 <32>). Die grundrechtliche Eigentumsverbürgung umfasst deshalb auch die Befugnis, den Eigentumsgegenstand selbst zu nutzen. Mit der Vermietung begibt sich der Eigentümer nicht endgültig dieser Befugnis (vgl. BVerfGE 81, 29 <33>). Das haben die Zivilgerichte zu berücksichtigen, wenn sie in Anwendung des § 564b Abs. 2 Nr. 2 BGB über eine auf Eigenbedarf gestützte Kündigung zu urteilen haben. Sie müssen die Entscheidung des Eigentümers über seinen Wohnbedarf grundsätzlich achten (vgl. BVerfGE 79, 292 <303 ff.>). Denn es unterliegt der alleinigen, sich aus dem Eigentumsgrundrecht ergebenden Befugnis des Vermieters zu bestimmen, welchen Wohnbedarf er für sich und seine Angehörigen als angemessen ansieht (vgl. BVerfGE 68, 361 <373 f.>). Diese Befugnis umfasst auch die Entscheidung darüber, von welchem Zeitpunkt an dieser Bedarf Anlass für eine Eigenbedarfskündigung sein soll.

b) Eingriff

Die zivilgerichtlichen Entscheidungen greifen rechtserheblich in das Recht des Bf. zur Nutzung seines Privateigentums durch Zurückweisung der Kündigung ein

c) Rechtswidrigkeit

Der Eingriff ist rechtswidrig.

a) Art. 14 Abs. 1 Satz 1 GG schließt zwar Beschränkungen des Kündigungsrechts, wie sie die – verfassungsgemäße (vgl. BVerfGE 68, 361) – Vorschrift des § 564b Abs. 1, Abs. 2 Nr. 2 BGB und die Regelung in § 556a BGB vorsehen, nicht aus.

Diese Beschränkungen tragen dem Umstand Rechnung, dass neben dem Eigentum des Vermieters auch das Besitzrecht des Mieters den Schutz des Art. 14 Abs. 1 Satz 1 GG genießt (vgl. BVerfGE 89, 1 <5 ff.>).

b) Bei der Auslegung und Anwendung der genannten mietrechtlichen Vorschriften sind deshalb von den Zivilgerichten neben den Belangen des Vermieters, seinem Erlangungsinteresse, auch die Belange des Mieters, sein Bestandsinteresse, angemessen zu berücksichtigen, die beiderseitigen Belange gegeneinander abzuwägen und in einen verhältnismäßigen Ausgleich zu bringen (vgl. BVerfGE 89, 1 <9 ff.>).

c) Das dabei gefundene Ergebnis ist ungeachtet des beschränkten Kontrollumfang des BVerfGG in verfassungsgerichtlich feststellbarer Weise rechtswidrig. Gemessen an den skizzierten Grundsätzen sind die angegriffenen Entscheidungen mit Art. 14 Abs. 1 Satz 1 GG nicht vereinbar.

aa) Das Landgericht hat zwar – anders als das Amtsgericht – zutreffend erkannt, dass der Beschwerdeführer vernünftige und nachvollziehbare Gründe für seinen Eigenbedarfswunsch (vgl. dazu BVerfGE 81, 29 <33 f.>) angeführt hat. Es hat aber trotz der Feststellung, damit sei Eigenbedarf „grundsätzlich gegeben", das Erlangungsinteresse des Beschwerdeführers in der Abwägung mit dem ebenfalls eigentumsgeschützten Bestandsinteresse des Beklagten in einer Weise fehlgewichtet, die die Bedeutung des Art. 14 Abs. 1 Satz 1 GG für die Rechtsstellung des Wohnungseigentümers grundlegend verkennt. Das Gleiche gilt für die vom Amtsgericht zusätzlich vorgenommene Interessenbewertung.

bb) Unangebracht ist schon die Überlegung des Landgerichts, der Beschwerdeführer habe, indem er seit 1992 mit seiner damaligen Lebensgefährtin und deren Kind in seine derzeit genutzte Wohnung eingezogen sei, die nach seiner Darstellung mit dieser Wohnung verbundenen Nachteile über einen längeren Zeitraum hin in Kauf genommen. Auch wenn dies tatsächlich der Fall gewesen sein und der Beschwerdeführer deshalb, wie das Landgericht weiter meint, seine Wohnsituation während dieses Zeitraums nicht als so unangenehm empfunden haben sollte, dass er deren Änderung als dringend geboten erachtet hätte, ändert dies nichts daran, dass der Beschwerdeführer, als er sich 1996, inzwischen auch älter geworden, zu der streitigen Kündigung entschlossen hat, seine Wohnverhältnisse und die Entfernung seiner Wohnung zu seinem Betrieb einer neuen Beurteilung unterziehen durfte, tatsächlich auch unterzogen hat und dabei zu einer anderen Einschätzung gelangt ist. Entsprechendes gilt für die Erwägung des Amtsgerichts, bei Würdigung der Eigenbedarfskündigung des Beschwerdeführers sei zu beachten, dass dessen Wohnung und Betriebsstätte seit Abschluss des Mietvertrags mit dem Beklagten auseinandergefallen seien. Für eine Berücksichtigung der Verhältnisse vor 1996 war deshalb im Rahmen der erforderlichen Interessenabwägung kein Raum. Vielmehr war der vernünftige und nachvollziehbare Wunsch des Beschwerdeführers, seinen Lebensmittelpunkt nunmehr in die Nähe der Stätte seines Betriebs zu verlegen, ohne Rücksicht auf früheres Verhalten in diese Abwägung einzustellen.

cc) Dies gilt um so mehr, als sich die familiäre, Situation des Beschwerdeführers während des Klageverfahrens gegenüber früher gravierend verändert hatte. Statt mit Lebensgefährtin und einem Kind bewohnt der Beschwerdeführer die von ihm derzeit genutzte Wohnung inzwischen zusammen mit Lebensgefährtin und zwei minderjährigen Kindern. Die Wohnverhältnisse sind demzufolge nach der Aussage der vom Landgericht als Zeugin vernommenen Lebensgefährtin äußerst beengt. Es kann dahingestellt bleiben, ob die Würdigung des Landgerichts, die vom Beschwerdeführer bewohnte Wohnung sei für den genannten Personenkreis „nicht unbedingt geeignet", den tatsächlichen Gegebenheiten hinreichend gerecht wird. Denn unabhängig davon bildet der Umstand, dass die Zahl der mit dem Beschwerdeführer in dessen Haushalt zusammenlebenden Personen nach Abschluss des Mietvertrags mit dem Beklagten größer geworden ist, einen weiteren vernünftigen und ohne Weiteres nachvollziehbaren Grund für den Wunsch, in die dem Beschwerdeführer gehörende größere Wohnung umzuziehen. Auch das ist im Rahmen der Abwägung mit den Interessen des Beklagten des Ausgangsverfahrens nicht mit dem nötigen Gewicht berücksichtigt worden.

dd) Ob die Lebensumstände und der Gesundheitszustand des Beklagten von Amtsgericht und Landgericht richtig gewürdigt und gewichtet worden sind, braucht die Kammer nicht zu erwägen. Sie sind jedenfalls auch nach den letztinstanzlichen Feststellungen des Landgerichts nicht so gewichtig, dass sie das Erlangungsinteresse des Beschwerdeführers von vornherein auch dann überwiegen, wenn dieses Interesse mit seinem wahren Gewicht in die Interessenabwägung eingebracht wird.

Es kann deshalb auch nicht ausgeschlossen werden, dass im Ausgangsverfahren eine dem Beschwerdeführer günstigere Entscheidung getroffen worden wäre, wenn die Gründe für dessen Wunsch, in die eigene Wohnung zu ziehen, richtig gewürdigt und mit dem ihnen zukommenden wahren Gewicht berücksichtigt worden wären.

Die angegriffenen Entscheidung verletzen daher den Bf. in seinen Grundrechten aus Art. 14 I GG.

Die zulässige Verfassungsbeschwerde ist begründet. Es wird gebeten, die Urteile aufzuheben.

(Dr. Kleine-Cosack)

Rechtsanwalt

Fall 2 (Gesetzesverfassungsbeschwerde):

Bundesverfassungsgericht   Freiburg, den ...
Schloßbezirk 3
76131 Karlsruhe

Verfassungsbeschwerde

des Rechtsanwalts Dr. H.-R. M. ...,

Aschersleben

Bevollmächtigter:

Rechtsanwalt Dr. Michael Kleine-Cosack,

Maria-Theresiastr. 2

79102 Freiburg

g e g e n

§ 78 I, II f. ZPO i.V.m. Art. 22 II des Gesetzes

zur Neuordnung des Berufsrechts der Rechtsanwälte/

Patentanwälte vom 2.9.1994, BGBl. I S. 2278

Verletztes Grundrecht: Art. 12 I GG

I.
Sachverhalt

1. Der Beschwerdeführer ist Rechtsanwalt mit Kanzleisitz in Aschersleben im Bezirk des Landgerichts Magdeburg, bei dem er zugelassen ist. Ein Teil seiner Klienten kommt aus den benachbarten Bezirken der – jeweils etwa 50 km entfernten – Landgerichte Halle und Dessau. Erlangt die beschränkte Postulationsfähigkeit gem. § 78 Abs. 1 und 2 ZPO a.F. auch in den neuen Bundesländern Geltung, verlöre er die Mandate aus den angrenzenden Bezirken. Die damit verbundenen finanziellen Einbußen wären gravierend.

2. Er wendet sich mit der Verfassungsbeschwerde gegen eine absolut unverständliche gesetzliche Neuregelung, welche die Postulationsfähigkeit von Rechtsanwälten in den Ländern Brandenburg, Mecklenburg-Vorpommern, Sachsen, Sachsen-Anhalt und Thüringen einschränkt. Sie richtet sich gegen die Erstreckung von § 78 Abs. 1 und 2 der Zivilprozeßordnung in der Fassung des Gesetzes vom 20.2.1986 (BGBl. I S. 301) – im Folgenden: ZPO a.F. – auf die fünf neuen Bundesländer für den Zeitraum vom 1.1.1995 bis zum 31.12.2004, soweit diese Vorschriften die Postulationsfähigkeit von Rechtsanwälten in Anwaltsprozessen vor Land- und Amtsgerichten – Familiengerichten – von ihrer Zulassung beim Prozessgericht oder – in Familiensachen – beim übergeordneten Landgericht abhängig machen. Mit der fraglichen Regelung wird erstmals die Postulationsfähigkeit in den neuen Bundesländern eingeführt, obwohl der Gesetzgeber zugleich verfügt, dass sie endgültig abgeschafft werden soll und zwar in den alten Bundesländern zum 31.12.2000; in den neuen Bundesländern soll die abzuschaffende Regelung jedoch erst zum 31.12.2004 ausser Kraft treten.

Gegen diese diskriminierende Regelung zu Lasten des Beitrittsgebiets wendet sich der Bf. mit der Verfassungsbeschwerde an das BVerfG.

II.
Rechtslage

Die Verfassungsbeschwerde ist zulässig, annahmefähig und begründet.

1. Zulässigkeit, §§ 90 ff. BVerfGG

Die Verfassungsbeschwerde ist zulässig (s. BVerfGE 91, 328, <332 f.>)

a) Die gesetzliche Regelung ist ein Akt öffentlicher Gewalt i.S.d. Art. 93 I Nr. 4a, § 90 I BVerfGG.

b) Der Bf. ist als natürliche Person beschwerdefähig.

c) Der Bf. ist beschwerdebefugt. Er wird durch die angegriffene gesetzliche Regelung – ein Vollzugsakt ist nicht notwendig – unmittelbar, gegenwärtig und selbst in seinem Grundrecht aus Art. 12 I GG verletzt.

d)Das Gebot der Rechtswegerschöpfung des § 90 II BVerfGG findet unmittelbar bei Gesetzen keine Anwendung. Auch eine entsprechende Heranziehung scheidet hier aus, da es keiner fachgerichtlichen

Klärung bedarf und dem Bf. auch nicht zugemutet werden kann, auf die Anrufung der Fachgerichte verwiesen zu werden.

e) Die Jahresfrist des § 93 III BVerfGG ist eingehalten.

2. Annahmefähigkeit, § 93a BVerfGG

Die somit zulässige Verfassungsbeschwerde ist auch annahmefähig

Die Annahmefähigkeit ergibt sich sowohl aus § 93 II Nr. 1 wie Nr. 2 BVerfGG.

a) Grundsätzliche Bedeutung

Der Verfassungsbeschwerde kommt grundsätzliche Bedeutung zu.

Grundsätzliche Bedeutung hat eine Verfassungsbeschwerde, wenn sie eine verfassungsrechtliche Frage aufwirft, die sich nicht ohne weiteres aus dem Grundgesetz beantworten lässt und noch nicht durch die verfassungsgerichtliche Rechtsprechung geklärt oder durch die veränderten Verhältnisse erneut klärungsbedürftig geworden ist (BVerfG NJW 2006, 1783 m.w.N.)

Diese Voraussetzungen liegen hier vor. Die Frage der Verfassungsmäßigkeit des angegriffenen Gesetzes lässt sich nicht ohne weiteres aus dem Grundgesetz beantworten. Sie ist auch bisher nicht geklärt. Es bestehen ernsthafte Zweifel an der Verfassungsmäßigkeit der Neuregelung. An der Klärung des Beschwerdegegenstands besteht ein über den Fall des Beschwerdeführers hinausgehendes – gewichtiges objektives – Interesse. Ebenso liegt die erforderliche Entscheidungserheblichkeit vor.

b) Durchsetzung der Grundrechte

Die Verfassungsbeschwerde ist auch zur Durchsetzung der Grundrechte des Beschwerdeführers angezeigt.

aa) Die Annahme ist nach dem BVerfG (vgl. BVerfGE 90, 22, 25; 96, 245, 248.) angezeigt, wenn die geltend gemachte Verletzung von Grundrechten oder grundrechtsgleichen Rechten besonderes Gewicht hat oder den Beschwerdeführer in existentieller Weise betrifft. „Besonders gewichtig ist eine Grundrechtsverletzung, die auf eine generelle Vernachlässigung von Grundrechten hindeutet oder wegen ihrer Wirkung geeignet ist, von der Ausübung von Grundrechten abzuhalten. Eine geltend gemachte Verletzung hat ferner dann besonderes Gewicht, wenn sie auf einer groben Verkennung des durch ein Grundrecht gewährten Schutzes oder einem geradezu leichtfertigen Umgang mit grundrechtlich geschützten Positionen beruht oder rechtsstaatliche Grundsätze krass verletzt. Eine existentielle Betroffenheit des Beschwerdeführers kann sich vor allem aus dem Gegenstand der Entscheidung oder seiner aus ihr folgenden Belastung ergeben. Ein besonders schwerer Nachteil ist jedoch dann nicht anzunehmen, wenn die Verfassungsbeschwerde keine hinreichende Aussicht auf Erfolg hat oder wenn deutlich abzusehen ist, dass der Bf. auch im Falle einer Zurückverweisung im Ergebnis keinen Erfolg haben würde" (BVerfG NJW 2006, 1652; 1994, 993).

bb) Am Maßstab dieser Kriterien ist die Annahme der Verfassungsbeschwerde hier angezeigt. Der Bf. ist durch die gesetzliche Regelung erheblich in seinem Grundrecht aus Art. 12 I GG betroffen. Er muss Mandate niederlegen und kann keine neuen Mandate annehmen, soweit ihm nach der neuen Regelung ein Auftreten vor Gerichten untersagt ist.

3. Begründetheit

Die Verfassungsbeschwerde ist begründet

Die Erstreckung des in den alten Bundesländern auslaufenden Rechts auf die neuen Bundesländer für die Dauer von 10 Jahren ist mit dem Grundgesetz nicht vereinbar und nichtig.

Der Beschwerdeführer wird durch die Beschränkung seiner Postulationsfähigkeit gem. § 78 Abs. 1 und 2 ZPO a.F. in seinem Grundrecht aus Art. 12 Abs. 1 GG verletzt.

1. Schutzbereich

Die angegriffene Regelung betrifft die durch Art. 12 I GG geschützte Berufsfreiheit des Bf.

2. Eingriff

Durch die Einführung von § 78 Abs. 1 und 2 ZPO a.F. wird dem Beschwerdeführer ein Teil der beruflichen Betätigung verschlossen, der ihm nach bisherigem Recht eröffnet war. Er wird – wie alle in den neuen Bundesländern niedergelassenen Rechtsanwälte – gehindert, weiterhin Mandanten in Zivilprozessen an demjenigen Gericht, bei dem er zugelassen ist, und an anderen Familiengerichten als den im Bezirk dieses Landgerichts belegenen, zu vertreten.

3. Rechtswidrigkeit

Der Grundrechtseingriff ist rechtswidrig.

a) Gesetzliche Regelungen der Berufsausübung sind nach ständiger Rechtsprechung zulässig, wenn sie durch hinreichende Gründe des gemeinen Wohls gerechtfertigt werden, wenn das gewählte Mittel zur Erreichung des verfolgten Zwecks geeignet und auch erforderlich ist und wenn bei einer Gesamtabwägung zwischen der Schwere des Eingriffs und dem Gewicht der ihn rechtfertigenden Gründe die Grenze der Zumutbarkeit noch gewahrt ist (BVerfGE 71, 183 <196 f.>).

b) Diesen Anforderungen genügt die angegriffene Regelung offensichtlich nicht.

a) Es gibt keine fundierten Gemeinwohlerwägungen, welche die Beschränkung der Postulationsfähigkeit noch rechtfertigen können. Die insoweit angeführten Gründe der Gewährleistung der regionalen flächendeckenden Verteilung des anwaltlichen Dienstleistungsangebots, der zügigen Durchführung von Zivilprozessen, der Förderung der vertrauensvollen Zusammenarbeit von Gericht und Anwaltschaft, der Verbesserung der anwaltlichen Beratung durch Kenntnis örtlicher Gepflogenheiten hat der Gesetzgeber selbst im Zuge der Reform des anwaltlichen Berufsrechts nicht mehr für ausreichend erachtet, um eine Beschränkung der Postulationsfähigkeit zu rechtfertigen. Auch die Einführung der alten Regelung über die beschränkte Postulationsfähigkeit in den neuen Bundesländern für die Dauer von 10 Jahren hat der Gesetzgeber nur noch begrenzt auf die früher verfolgten Gemeinwohlbelange gestützt. Letztlich kommt der Beschränkung nur eine verfassungswidrige Konkurrenzschutzfunktion zu. Es ist mehr als fraglich, ob die Funktion der Rechtspflege im Beitrittsgebiet sie rechtfertigt.

b) Insoweit wäre die Regelung zwar geeignet, dieses Ziel zu erreichen. Sie hindert west-deutsche Anwälte, vor den Gerichten der neuen Bundesländer aufzutreten, und verbessert insofern die beruflichen Rahmenbedingungen der Anwälte in den neuen Ländern.

c) Gemessen an dem vom Gesetzgeber verfolgten Gemeinwohlbelang fehlt es jedoch offensichtlich an der Erforderlichkeit des Grundrechtseingriffs, weil das Ziel durch ein anderes, in gleicher Weise wirksames Mittel erreicht werden kann, bei dessen Einsatz das Grundrecht nicht oder weniger beeinträchtigt wird (vgl. BVerfGE 53, 135 <145>; 67, 157 <176 f.>; 68, 193 <218 f.>). Schon der bisherige zweigeteilte Rechtszustand war zur Erreichung des erstrebten Zwecks geeignet. Sein Fortbestand für eine gewisse Übergangszeit erspart als milderes Mittel den Rechtsanwälten in den neuen Bundesländern, die durch die Wende und nach dem Beitritt von vielfältigen Rechtsänderungen betroffen waren, zwei Umstellungen im Zeitraum von 10 Jahren und schützt sie gleichwohl vor westdeutscher Konkurrenz.

Fall 3 (Antrag auf Erlass einer einstweiligen Anordnung):

Rubrum und Sachverhalt
wie Fall 2

Es wird zugleich beantragt, eine einstweilige Anordnung gem. § 32 BVerfGG zu erlassen.

Der Antrag auf Erlass einer einstweiligen Anordnung ist zulässig und begründet.

1. Nach § 32 Abs. 1 BVerfGG kann das Bundesverfassungsgericht einen Zustand durch einstweilige Anordnung vorläufig regeln, wenn dies zur Abwehr schwerer Nachteile oder aus einem anderen wichtigen Grund zum gemeinen Wohl dringend geboten ist. Dabei haben die Gründe, die für die Verfassungswidrigkeit des angegriffenen Hoheitsaktes vorgetragen werden, grundsätzlich außer Betracht zu bleiben, es sei denn, die Verfassungsbeschwerde wäre unzulässig oder offensichtlich unbegründet. Bei offenem Ausgang muss das Bundesverfassungsgericht die Folgen, die eintreten würden, wenn eine einstweilige Anordnung nicht erginge, die Verfassungsbeschwerde aber Erfolg hätte, gegenüber den Nachteilen abwägen, die entstünden, wenn die begehrte einstweilige Anordnung erlassen würde, der Verfassungsbeschwerde aber der Erfolg zu versagen wäre (BVerfGE 88, 169 <172>; st. Rspr.). Dabei ist ein strenger Maßstab anzulegen, wenn eine gesetzliche Regelung außer Kraft gesetzt werden soll (BVerfGE 83, 162 <171>; st. Rspr.).

2. Die unmittelbar gegen § 78 Abs. 1 und 2 ZPO a.F. gerichtete Verfassungsbeschwerde ist zulässig.

a) Der Beschwerdeführer ist durch die Einführung dieser Vorschrift in den neuen Bundesländern ab 1.1.1995 bereits jetzt selbst und unmittelbar in seinem Beruf als Rechtsanwalt betroffen. Er wird fortan gehindert, seine Mandanten in Zivilprozessen zu vertreten, die in den neuen Bundesländern an anderen Landgerichten als dem Landgericht Magdeburg und an anderen Familiengerichten als den im Landgerichtsbezirk Magdeburg belegenen geführt werden. Eben dies ist ihm nach § 22 RpflAnpG bis zum 31.12.1994 noch möglich.

b) Die Verfassungsbeschwerde ist auch rechtzeitig erhoben. Da § 78 Abs. 1 und 2 ZPO a.F. in den neuen Bundesländern erst ab 1.1.1995 wirksam wird, ist die Jahresfrist des § 93 Abs. 3 BVerfGG gewahrt. Das gilt unabhängig davon, ob die Rechtsgrundlage für die Erstreckung dieser Vorschrift bereits in § 22 RpflAnpG oder erst in Art. 22 Abs. 2 des Neuordnungsgesetzes gesehen wird.

3. Die Verfassungsbeschwerde ist auch nicht offensichtlich unbegründet.

Ob die Einführung der beschränkten Postulationsfähigkeit in den neuen Bundesländern für die Dauer von zehn Jahren gerechtfertigt ist, bedarf schon deshalb näherer Prüfung, weil der Gesetzgeber in den alten Bundesländern nach einer Übergangsfrist von fünf Jahren die Abschaffung dieser Beschränkung vorgesehen hat.

4. Die Entscheidung über den Erlass der einstweiligen Anordnung hängt danach von der Abwägung der eintretenden Folgen ab.

a) Ergeht die einstweilige Anordnung und wird die Regelung des § 78 Abs. 1 und 2 ZPO a.F. in den neuen Bundesländern bei gleichzeitiger Weitergeltung des § 22 RpflAnpG nicht in Kraft gesetzt, so wird nur die Einführung der beschränkten Postulationsfähigkeit hinausgeschoben. Der vom Gesetzgeber mit dieser Erstreckung wohl vor allem verfolgte Zweck, die Rechtsanwälte in den neuen Bundesländern noch für eine gewisse Zeit vor dem Wettbewerb mit Rechtsanwälten aus den alten Bundesländern zu schützen, wird durch die vorläufige Aufrechterhaltung des § 22 RpflAnpG hinlänglich erreicht. Erweist sich im Hauptsacheverfahren die angefochtene Regelung als verfassungsgemäß, wird lediglich der vom Gesetzgeber bisher auf zehn Jahre angesetzte Übergangszeitraum verkürzt.

b) Ergeht jedoch die einstweilige Anordnung nicht, gilt § 78 Abs. 1 und 2 ZPO a.F. ab 1.1.1995 in den neuen Bundesländern. Erweist sich die Verfassungsbeschwerde im Hauptsacheverfahren als begründet, war die Anwaltstätigkeit in den neuen Bundesländern in der Zwischenzeit spürbar behindert. Die dort zugelassenen Rechtsanwälte müssen sich zunächst auf die Beschränkung der Postulationsfähigkeit umstellen; sie können Mandate nicht mehr in gewohnter Weise betreuen. Art und Ausmaß dieser Behinderung wird zwar von der Zusammensetzung der Klientel sowie der Spezialisierung des einzelnen Rechtsanwalts abhängen. Die Umstellung wird jedoch im Regelfall den Verlust von Mandaten nach sich ziehen und die Gewinnung neuer Mandate erschweren. Die Folgen werden dadurch verstärkt, dass sich in den neuen Bundesländern viele Kanzleien, insbesondere im ländlichen Raum, noch in der Phase des Aufbaus befinden. Es ist zu erwarten, dass gerade kleine Kanzleien die zweimalige Umstellung innerhalb relativ kurzer Zeit besonders schwer verkraften würden.

c) Die Abwägung ergibt, dass dem Interesse an der vorläufigen Aussetzung des Inkrafttretens von § 78 Abs. 1 und 2 ZPO a.F. im aus dem Tenor ersichtlichen Umfang – verbunden mit der weiteren Anwendbarkeit von § 22 RpflAnpG – der Vorrang einzuräumen ist. Denn es ist nicht erkennbar, dass der beabsichtigte Schutz nur durch eine sofortige Einführung der beschränkten Postulationsfähigkeit in den neuen Bundesländern verwirklicht werden könnte.

Es wird daher gebeten, die einstweilige Anordnung zu erlassen.

(Dr. Kleine-Cosack)

Rechtsanwalt

II. Landesverfassungsbeschwerde

Verfassungsgerichtshof Rheinland-Pfalz
Deinhardplatz 4
56068 Koblenz
Postfach
56065 Koblenz
Fax: 0261/1307-350

Verfassungsbeschwerde[1]

des

Roland Maier

Brühlweg, 56068 Koblenz

– Beschwerdeführer –

Verfahrensbevollmächtigter

Rechtsanwalt Dr. Klaus Engel

Marienstr., 56068 Koblenz

gegen

1. Eröffnung des Haftbefehls des Amtsgerichts Koblenz vom 14. Dezember 2005 – 2050 Js 59795/04 – am 19. Dezember 2005
2. Beschlüsse des Landgerichts Koblenz vom 11. Januar 2006 – 10 Qs 02/06 – und des Oberlandesgerichts Koblenz vom 6. Februar 2006 – 2 Ws 84/06

wegen: Haftbefehl

Verletztes Landesverfassungsrecht: Art. 5 I LVerf RhPf

Wir zeigen unter Vorlage auf uns lautender Vollmacht die Vertretung des Beschwerdeführers an. In seinem Namen legen wir gegen die eingangs genannten Entscheidungen Verfassungsbeschwerde ein.

Wir beantragen unter Aufhebung der genannten Entscheidungen festzustellen,

die Eröffnung des Haftbefehls des Amtsgerichts Koblenz vom 14. Dezember 2005 – 2050 Js 59795/04 – am 19. Dezember 2005 sowie die Beschlüsse des Landgerichts Koblenz vom 11. Januar 2006 – 10 Qs 02/06 – und des Oberlandesgerichts Koblenz vom 6. Februar 2006 – 2 Ws 84/06 – verletzen den Beschwerdeführer in einem Grundrecht der Freiheit der Person (Art. 5 Abs. 1 Satz 1 i.V.m. Satz 2 LV),

dem Beschwerdeführer sind die durch das Verfassungsbeschwerdeverfahren verursachten notwendigen Auslagen aus der Staatskasse zu erstatten.

Begründung

Der Beschwerdeführer erstrebt die Feststellung, sein Grundrecht der Freiheit der Person gemäß Art. 5 Abs. 1 Satz 1 der Verfassung für Rheinland-Pfalz – LV – sei durch die Eröffnung des gegen ihn am 14. Dezember 2005 erlassenen Haftbefehls durch das Amtsgericht Koblenz am 19. Dezember 2005 sowie die Entscheidungen des Landgerichts und des Oberlandesgerichts Koblenz über seine hiergegen eingelegten Rechtsmittel verletzt worden.

I.
Sachverhalt

Der Beschwerdeführer wurde aufgrund eines Haftbefehls des Amtsgerichts Koblenz vom 14. Dezember 2005 wegen falscher Versicherung an Eides Statt, Bankrotts und Steuerverkürzung am 19. Dezember 2005 um 8:15 Uhr verhaftet. Die Polizei informierte seinen Verteidiger, dessen Kanzlei sich in Trier befindet, um 10:11 Uhr, der Beschwerdeführer werde um 11:30 Uhr dem zuständigen Richter beim Amtsgericht Koblenz vorgeführt. Der Verteidiger erklärte, er werde den Termin wahrnehmen. Zugleich bat er, mit der Vorführung ca. 15 Minuten zu warten, da er – auch wegen eines Schneeeinbruchs in Trier

---

1 Vgl. VerfGH-RhPf StraFO 2006, 199.

– nicht pünktlich erscheinen könne. Zudem ließ er über sein Büro beim Amtsgericht Koblenz seine voraussichtlich viertelstündige Verspätung ankündigen. Die Vorführung des Beschwerdeführers begann pünktlich um 11:30 Uhr. Nach vorheriger Belehrung gemäß §§ 115, 136 der Strafprozessordnung – StPO – erklärte er, sich erst nach Rücksprache mit seinem Verteidiger äußern zu wollen. Sodann machte er kurze Angaben zur Sache. Als sein Verteidiger um 11:47 Uhr eintraf, war der Vorführungstermin bereits beendet. Der Beschwerdeführer wurde unmittelbar in Haft genommen.

Die zuständige Ermittlungsrichterin war am 19. Dezember 2005 rechtzeitig von der Absicht des Verteidigers in Kenntnis gesetzt worden, den Vorführungstermin wahrzunehmen. Eine Kanzleimitarbeiterin hatte sich in seinem Auftrag mit der zuständigen Geschäftsstelle in Verbindung gesetzt und seine wegen der Witterungsverhältnisse um etwa 15 Minuten verspätete Ankunft angekündigt. Ein unmittelbares Gespräch mit der zuständigen Richterin war trotz eines entsprechenden Wunsches nicht zustande gekommen. Auch hat die seine Verhaftung leitende Polizeibeamtin im Vorführungstermin der Ermittlungsrichterin erklärt, der Verteidiger sei unterwegs und er werde sich voraussichtlich um eine Viertelstunde verspäten. Schließlich hat der Bf. selbst auf das angekündigte verspätete Erscheinen des Verteidigers hingewiesen. Gleichwohl war der Vorführungstermin wie angekündigt um 11:30 Uhr durch die Ermittlungsrichterin ohne weiteres Zuwarten durchgeführt worden. Als Beleg für die gemachten Angaben zum tatsächlichen Geschehensablauf legen wir eine entsprechende eidesstattliche Versicherung des Beschwerdeführers selbst sowie eine seine Angaben bestätigende eidesstattliche Versicherung einer Kanzleimitarbeiterin des Unterzeichners vor.

Gegen den Haftbefehl legte der Beschwerdeführer am 20. Dezember 2005 unter anderem mit der Begründung Beschwerde ein, seinem Verteidiger habe die Teilnahme an der Eröffnung des Haftbefehls ermöglicht werden müssen.

Das Landgericht Koblenz verwarf die Beschwerde mit Beschluss vom 11. Januar 2006 als unbegründet. Es stehe fest, dass gegen den Beschwerdeführer ein dringender Tatverdacht sowie Flucht- und Verdunkelungsgefahr bestehe. Auch seien das Verhalten der Haftrichterin im Vorführungstermin am 19. Dezember 2005 und der Terminsablauf nicht zu beanstanden.

Die hiergegen gerichtete weitere Beschwerde verwarf das Oberlandesgericht Koblenz mit Beschluss vom 6. Februar 2006 als unbegründet. Es könne dahinstehen, ob eine Verpflichtung bestanden habe, mit der Verkündung des Haftbefehls bis zum Eintreffen des Verteidigers zu warten. Auch im Falle der Bejahung einer Wartepflicht habe ein Verstoß keine Auswirkungen auf den Bestand des Haftbefehls. In Betracht käme allenfalls ein Verwertungsverbot betreffend die Angaben des Beschuldigten im Rahmen der richterlichen Vernehmung. Der Beschwerdeführer habe indes lediglich eine kurze Erklärung abgegeben und sich in der Folge über seinen Verteidiger umfassend schriftsätzlich eingelassen. Die Beschwerdekammer des Landgerichts sowie der Senat hätten die Einlassung zur Kenntnis genommen und gewürdigt. Eine Verletzung rechtlichen Gehörs liege mithin nicht vor.

Gegen die Entscheidungen wendet sich der Beschwerdeführer mit der Verfassungsbeschwerde an den VerfGH mit dem Ziel der Feststellung der Verfassungswidrigkeit der ursprünglich angefochtenen Entscheidungen.

II.
Rechtslage

Die Verfassungsbeschwerde mit dem Ziel, die Verfassungswidrigkeit der Eröffnung des Haftbefehls durch das Amtsgericht Koblenz sowie der Beschlüsse des Landgerichts und Oberlandesgerichts Koblenz festzustellen, ist zulässig.

I. Der Verfassungsgerichtshof Rheinland-Pfalz ist gemäß § 44 Abs. 2 Satz 2 VerfGHG befugt, die Durchführung des bundesprozessrechtlich geregelten Verfahrens der Gerichte an den Grundrechten der Landesverfassung zu messen, soweit diese den gleichen Inhalt wie entsprechende Rechte des Grundgesetzes haben (vgl. VerfGH RP, AS 29, 89 [91 f. m.w.N.]). Das hier geltend gemachte Grundrecht der Freiheit der Person gemäß Art. 5 Abs. 1 Satz 1 LV ist inhaltsgleich mit den Gewährleistungen des Art. 2 Abs. 2 Satz 2 des Grundgesetzes – GG. Seine verfahrensrechtliche Absicherung gemäß Art. 5 Abs. 1 Satz 2 und Abs. 2-5 LV entspricht den Gewährleistungen der Art. 2 Abs. 2 Satz 3 und 104 GG.

II. Trotz Erledigung des ursprünglichen Rechtsschutzziels des Beschwerdeführers aufgrund seiner erneuten Vorführung vor den zuständigen Richter gemäß § 115 Abs. 1 StPO in Anwesenheit seines Verteidigers am 24. Februar 2006 verfügt der Beschwerdeführer über das erforderliche Rechtsschutzbedürfnis für die Aufrechterhaltung seines Rechtsschutzantrages beim Verfassungsgerichtshof. Denn sein Interesse an der Feststellung der Rechtslage ist in besonderer Weise schutzwürdig. Ein derartiges Bedürfnis ist zu bejahen, wenn anderenfalls die Klärung einer verfassungsrechtlichen Frage von grundsätzlicher Bedeutung unterbliebe und der gerügte Grundrechtseingriff besonders schwer wiegt (vgl. BVerfGE 99, 129 [138]). Beide Voraussetzungen sind hier gegeben. Die Verfassungsbeschwerde betrifft die wichtige Frage, ob das Recht eines Beschuldigten, im Rahmen seiner Vorführung vor den zuständigen Richter gemäß § 115 Abs. 1 StPO einen Verteidiger hinzuzuziehen, dem gemäß § 168c Abs. 1 StPO die Teilnahme am Termin gestattet ist, zu den bedeutsamen Verfahrensgarantien gehört, deren Beachtung Art. 5 Abs. 1 Satz 2 LV fordert und mit grundrechtlichem Schutz versieht. Darüber hinaus ist von der Rüge eines schwerwiegenden Grundrechtseingriffs auszugehen, wenn die Landesverfassung selbst – wie in den Fällen der Art. 5 Abs. 2 und 3 und Art. 7 Abs. 2 LV – einen solchen Eingriff unter Richtervorbehalt stellt (vgl. BVerfGE 104, 220 [233]). Dies gilt auch im Hinblick auf die verfassungsgemäße Durchführung einer freiheitsentziehenden Maßnahme im Sinne des Art. 5 Abs. 1 LV.

III. Dem Beschwerdeführer kann nicht vorgehalten werden, er hätte den von ihm behaupteten Verfassungsverstoß – Missachtung des Anwesenheitsrechts seines Verteidigers (§ 168c Abs. 1 StPO) anlässlich des Vorführungstermins vom 19. Dezember 2005 – erfolgreich im fachgerichtlichen Rechtsschutzverfahren geltend machen können. Zwar war er gemäß dem allgemeinen Grundsatz der Subsidiarität der Verfassungsbeschwerde gehalten, die ihm zur Verfügung stehenden Möglichkeiten zu ergreifen, um eine Korrektur der geltend gemachten Grundrechtsverletzung zu erwirken (VerfGH RP, NVwZ 2001, 193 [194]; vgl. BVerfGE 70, 180 [186]). Für ihn bestand jedoch keine anderweitige Möglichkeit, dieses Ziel ohne Inanspruchnahme des Verfassungsgerichtshofs zu erreichen (vgl. BVerfGE 93, 165 [171]).

Zwar hat es der Beschwerdeführer unterlassen, einen Antrag auf Haftprüfung nach § 117 Abs. 1 StPO zu stellen, bei deren Durchführung der Haftrichter gemäß § 118 Abs. 1 StPO verpflichtet gewesen wäre, einem Gesuch nach mündlicher Verhandlung zu entsprechen. Auch hat er nicht gemäß § 118 Abs. 2 StPO in den von ihm betriebenen Verfahren der Beschwerde bzw. weiteren Beschwerde gegen den Haftbefehl des Amtsgerichts Koblenz vom 14. Dezember 2005 die Durchführung einer mündlichen Verhandlung beantragt, worüber das Gericht in Ausübung seines Ermessens hätte entscheiden müssen (Meyer-Goßner, StPO, 48. Aufl. 2005, § 118 Rn. 1; Boujong, in: Karlsruher Kommentar zur StPO, 5. Aufl. 2003, § 118 Rn. 2). Der Verweis auf die aufgezeigten fachgerichtlichen Rechtsschutzmöglichkeiten ist aber nicht geeignet, die Unzulässigkeit der Verfassungsbeschwerde zu begründen.

Für den Verweis auf die Möglichkeit einer Haftprüfung gemäß § 117 Abs. 1 StPO gilt dies schon deshalb, weil ein solcher Antrag den Beschwerdeführer gezwungen hätte, verfahrensrechtliche Nachteile bewusst in Kauf zu nehmen. Ein Antrag auf Haftprüfung führt nämlich gemäß § 117 Abs. 2 Satz 1 StPO zur Unzulässigkeit einer von ihm eingelegten Haftbeschwerde nach § 304 Abs. 1 StPO bzw. einer weiteren Beschwerde gemäß § 310 Abs. 1 (Meyer-Goßner, a.a.O., 48. Aufl. 2005, § 117 Rn. 14; Boujong, a.a.O., § 117 Rn. 6). Ein zulässiger Haftprüfungsantrag hat Vorrang und schließt die Beschwerde aus. Der Verzicht auf den von ihm bereits eingelegten Rechtsbehelf der Haftbeschwerde war dem Beschwerdeführer aber nicht ohne Weiteres zuzumuten (vgl. BVerfGE 95, 163 [172 m.w.N.]).

Der Beschwerdeführer kann auch nicht auf die weitere Möglichkeit verwiesen werden, einen Antrag auf Durchführung einer mündlichen Verhandlung in dem von ihm betriebenen Haftbeschwerdeverfahren zu stellen. Eine mündliche Verhandlung hätte nämlich von dem Landgericht als Beschwerdegericht bzw. dem Oberlandesgericht als Gericht der weiteren Beschwerde gemäß § 118 Abs. 2 StPO bereits von Amts wegen zur Behebung des behaupteten Verfassungsverstoßes durchgeführt werden müssen. Zu einer entsprechenden Prüfung waren beide Gerichte aufgrund der Ausführungen in den jeweiligen Beschwerdebegründungen, die ausdrücklich eine Rüge der unterbliebenen Teilnahme des Verteidigers am Vorführungstermin vom 19. Dezember 2005 beinhalteten, in besonderem Maße veranlasst. Verneint aber ein Gericht bei einem derartigen Vortrag die sich ihm aufdrängende Frage, ob eine mündliche Verhandlung gemäß § 118 Abs. 2 StPO durchzuführen ist, um die Teilnahme des Verteidigers eines Beschuldigten zu ermöglichen, kann einem Beschwerdeführer nicht vorgehalten werden, er hätte einen dahingehenden förmlichen Antrag stellen müssen.

Schließlich ist zu berücksichtigen, dass die Durchführung einer mündlichen Verhandlung sowohl im Rahmen eines Haftprüfungs- als auch eines Haftbeschwerdeverfahrens übereinstimmend eine zusätzliche Verschlechterung der verfahrensrechtlichen Position des Beschwerdeführers als Beschuldigter bewirkt hätte. Eine weitere mündliche Verhandlung im Haftprüfungsverfahren kann nämlich ein Beschuldigter gemäß § 118 Abs. 3 StPO nicht verlangen, wenn die Untersuchungshaft bereits einmal im Haftprüfungs- oder Haftbeschwerdeverfahren nach mündlicher Verhandlung aufrechterhalten worden ist und danach nicht mindestens drei Monate und seit der letzten mündlichen Verhandlung nicht mindestens zwei Monate gedauert hat (Meyer-Goßner, a.a.O., § 118 Rn. 2; Boujong, a.a.O., § 118 Rn. 3).

Der Beschwerdeführer hätte sich daher aufgrund der Durchführung einer mündlichen Verhandlung in einem im Ergebnis erfolglosen Haftprüfungs- oder Haftbeschwerdeverfahren der Möglichkeit begeben, jederzeit einen erstmaligen Antrag auf mündliche Verhandlung in einem Haftprüfungsverfahren gemäß § 117 Abs. 1 StPO zu stellen, dem gemäß § 118 Abs. 1 StPO zwingend Folge zu leisten gewesen wäre. Die Inkaufnahme eines solchen Rechtsverlusts, der bei verfassungsgemäßer Durchführung des Vorführungstermins vom 19. Dezember 2005 nicht eingetreten wäre, kann ihm als Voraussetzung für die Zulässigkeit seiner Verfassungsbeschwerde nicht abverlangt werden.

Die Verfassungsbeschwerde ist somit zulässig.

C. Die Verfassungsbeschwerde ist auch begründet.

1. Die Freiheit der Person ist gemäß Art. 5 Abs. 1 Satz 1 LV unverletzlich. Eine Beeinträchtigung oder Entziehung der persönlichen Freiheit durch die öffentliche Gewalt ist nur aufgrund von Gesetzen und in den von diesen vorgeschriebenen Formen zulässig (Art. 5 Abs. 1 Satz 2 LV). Die formellen Gewährleistungen der Freiheit in Art. 5 Abs. 1 Satz 2 LV stehen mit der materiellen Freiheitsgarantie des Art. 5 Abs. 1 Satz 1m LV in unlösbarem Zusammenhang. Die maßgebliche Regelung erhebt neben der Forderung nach einem „förmlichen" freiheitsbeschränkenden Gesetz auch die Pflicht zum Verfassungsgebot, dessen Formvorschriften zu beachten. Verstöße gegen die durch Art. 5 Abs. 1 Satz 2 LV gewährleisteten Voraussetzungen und Formen freiheitsbeschränkender Gesetze stellen daher stets auch eine Verletzung der Freiheit der Person dar (vgl. BVerfGE 58, 208 [220]; BVerfG [1. Kammer des 2. Senats], NStZ 2002, 157 [158]).

Das durch § 137 Abs. 1 Satz 1 StPO gewährleistete Recht eines Beschuldigten, im Rahmen seiner Vorführung vor den zuständigen Richter gemäß § 115 Abs. 1 StPO einen Verteidiger hinzuzuziehen, dem gemäß § 168c Abs. 1 StPO bei der Vernehmung die Anwesenheit gestattet ist, zählt zu den bedeutsamen Verfahrensgarantien, deren Beachtung Art. 5 Abs. 1 Satz 2 LV fordert und mit grundrechtlichem Schutz versieht (vgl. BbgVerfG, NJW 2003, 2009 [2010]).

Diese Einschätzung wird bestätigt durch die Regelung des § 136 Abs. 1 Satz 2 StPO, wonach der Beschuldigte unter anderem darauf hinzuweisen ist, es stehe ihm frei, auch schon vor seiner ersten Vernehmung den Verteidiger zu befragen. Verlangt der Beschuldigte nach entsprechender Belehrung, vor der Vernehmung einen Verteidiger zu sprechen, so ist die Vernehmung deshalb zu diesem Zweck sogleich zu unterbrechen. Anderenfalls sind Angaben des Beschuldigten nicht verwertbar. Dadurch wird sichergestellt, dass der Beschuldigte nicht nur Objekt des Strafverfahrens ist, sondern zur Wahrung seiner Rechte auf den Gang und das Ergebnis des Strafverfahrens Einfluss nehmen kann (BGH, NJW 1993, 338 [339]).

Vergleichbares gilt, wenn ein von dem Beschuldigten bereits beigezogener Verteidiger von seinem Recht gemäß § 168c Abs. 1 StPO Gebrauch machen will, bei der richterlichen Vernehmung des Beschuldigten anwesend zu sein. So ist er gemäß § 168c Abs. 5 Satz 1 StPO von einem bevorstehenden Vernehmungstermin zu unterrichten. Unterbleibt eine solche Benachrichtigung und äußert sich der Beschuldigte in Abwesenheit seines Verteidigers zur Sache, ist seine Einlassung nicht verwertbar (BGH, NStZ 1989, 282). Dem Verteidiger ist daher seine Anwesenheit im Rahmen der Beschuldigtenvernehmung zu ermöglichen. Es entspricht unter diesen Umständen darüber hinaus der Fürsorgepflicht gegenüber dem Beschuldigten, den Terminsbeginn hinauszuschieben, sofern dadurch die strikt zu wahrende Frist des § 115 Abs. 2 StPO, wonach der ergriffene Beschuldigte dem Richter unverzüglich, spätestens am nächsten Tag, vorzuführen ist, nicht überschritten wird (Meyer-Goßner, a.a.O., § 115 Rn. 8; Boujong, a.a.O., § 115 Rn. 11). Dabei wird teilweise von mehrstündigen Wartepflichten ausgegangen (Boujong, a.a.O., § 115 Rn. 11; Hilger, in: Löwe-Rosenberg, StPO, 25. Auflage 2004, § 115 Rn. 16; Paeffgen, in: Systematischer Kommentar zur StPO, § 115 Rn. 9). Steht jedenfalls nur eine unwesentliche Verzögerung des Ablaufs zu besorgen, ist von Verfassungs wegen die Anwesenheit des Verteidigers zu ermöglichen und gegebenenfalls auf sein Eintreffen zu warten (BbgVerfG, a.a.O. [2010]).

Gemessen daran hält die Entscheidung des Amtsgerichts Koblenz, den Vorführungstermin vom 19. Dezember 2005 durchzuführen, ohne auf das angekündigte Erscheinen des Verteidigers des Beschwerdeführers angemessene Zeit zu warten, verfassungsrechtlicher Prüfung nicht stand.

Die zuständige Ermittlungsrichterin beim Amtsgericht Koblenz musste bei Terminsbeginn um 11:30 Uhr schon aufgrund der entsprechenden Erklärungen des Beschwerdeführers wie auch der anwesenden Polizeibeamtin, die seine Verhaftung vorgenommen hatte, davon ausgehen, der Verteidiger des Beschwerdeführers werde aufgrund der dargelegten und im Übrigen offenkundigen zeitlichen und witterungsbedingten Zwänge etwa eine Viertelstunde später erscheinen. Jedenfalls diesen Zeitraum hatte sie abzuwarten. Entgegenstehende Belange eines geordneten Verfahrensablaufs waren und sind nicht ersichtlich.

Nachfolgende Vorführungstermine mussten gegebenenfalls im Rahmen des Zulässigen verschoben werden.

Es kommt deshalb nicht darauf an, ob die Ermittlungsrichterin wegen eines Übermittlungsfehlers innerhalb des Gerichts vorab keine Kenntnis davon hatte, der Verteidiger werde sich lediglich um eine Viertelstunde verspäten. Hierzu ist vorgetragen worden, die Geschäftsstelle habe ihr nur mitgeteilt, der Verteidiger wünsche eine Verlegung des Termins. Allerdings steht aufgrund der vorgelegten eidesstattlichen Versicherung der Kanzleimitarbeiterin, deren Wahrheitsgehalt nicht in Zweifel gezogen worden ist, fest, dass sie die zuständige Geschäftsstelle des Amtsgerichts zutreffend über das verspätete Erscheinen des Verteidigers und seiner Gründe unterrichtet hatte. Damit hatte der Verteidiger des Beschwerdeführers das ihm Mögliche und von ihm zu Verlangende getan, um eine Durchführung des Vorführungstermins in seiner Anwesenheit zu erreichen. Sollte eine korrekte Übermittlung der vorliegenden Informationen seitens der Geschäftsstelle an die zuständige Ermittlungsrichterin unterblieben sein, fällt dieses Versäumnis in den Verantwortungsbereich des Gerichts und rechtfertigt nicht eine Beeinträchtigung der dem Beschwerdeführer zustehenden Rechte.

Hiernach war die Entscheidung der Ermittlungsrichterin, den Vorführungstermin am 19. Dezember 2006 pünktlich um 11:30 Uhr ohne weiteres Zuwarten auf das Erscheinen des Verteidigers des Beschwerdeführers durchzuführen, nicht mit den Anforderungen des § 168c Abs. 1 StPO und damit auch nicht mit den verfassungsrechtlichen Gewährleistungen des Art. 5 Abs. 1 Satz 1 i.V.m. Satz 2 LV vereinbar. Hätte die Ermittlungsrichterin hingegen zumindest eine Viertelstunde verstreichen lassen, um das angekündigte Erscheinen des Verteidigers abzuwarten, wäre die Vorführung des Beschwerdeführers voraussichtlich in verfassungsgemäßer Form erfolgt, da sein Verteidiger jedenfalls um 11:47 Uhr im Gericht eingetroffen war.

2. Indem das Landgericht Koblenz und das Oberlandesgericht Koblenz in ihren Beschlüssen vom 11. Januar und 6. Februar 2006 die Durchführung des Vorführungstermins für unbedenklich erachteten, haben sie den festgestellten Verfahrens- und zugleich Verfassungsverstoß perpetuiert. Eine Anhörung des Beschwerdeführers in Anwesenheit seines Verteidigers, wie sie § 118 Abs. 2 StPO ermöglicht hätte, ist sowohl im Beschwerdeverfahren als auch im Verfahren der weiteren Beschwerde unterblieben. Die getroffenen Beschwerdeentscheidungen stehen daher gleichfalls nicht in Einklang mit Art. 5 Abs. 1 Satz 1 i.V.m. Satz 2 LV.

Es wird daher gebeten, wie beantragt zu entscheiden

Dr. Engel

Rechtsanwalt

III. Individualbeschwerde zum EGMR

Europäischer Gerichtshof Straßburg
Conseil D'Europe
Cour Européenne des Droits de l´homme
F-67075 Straßbourg Cedex
Frankreich

INDIVIDUALBESCHWERDE[2]

des

Dr. M. S.

Gaisbergstraße 4, Tübingen

Verfahrensbevollmächtigte:

Rechtsanwalt Dr. M. Kleine-Cosack u. Koll.

Maria-Theresiastr. 2, 79102 Freiburg

gegen

1. Beschluss des BVerfG vom 07.05.1997 – Az…
zugestellt am 27.07.1997
2. Urteil des Landesberufsgerichts vom … – Az…
3. Urteil des Bezirksberufsgerichts vom … – Az ..

wegen: Werbung als Arzt

Verletztes Recht: Art. 10 EMRK

Unter Vorlage auf uns lautender Vollmacht legen wir gegen die eingangs genannten Entscheidungen Individualbeschwerde ein.

Wir beantragen,

1. festzustellen, dass der Beschwerdeführer durch die berufsgerichtliche Sanktion, die ihm wegen Mitwirkung an einem Presseartikel über seine Tätigkeit auferlegt worden war, in seinem Recht auf freie Meinungsäußerung aus Artikel 10 EMRK verletzt ist.

2. dem Bf. eine gerechte Entschädigung zuzusprechen wegen der ihm entstandenen Anwalts- und Gerichskosten.

I.
Sachverhalt

Der 1943 geborene Beschwerdeführer ist Augenarzt und lebt in Tübingen.

1. Vorgeschichte

Am 25. Oktober 1995 verurteilte das Bezirksberufsgericht für Ärzte in Tübingen den Beschwerdeführer wegen eines Verstoßes gegen das Werbeverbot nach den einschlägigen Bestimmungen der Berufsordnung der Landesärztekammer Baden-Württemberg sowie des Heilberufe-Kammergesetzes zu einer Geldbuße von 2.000 DM. Zur Begründung führte das Bezirksberufsgericht aus, dass der Beschwerdeführer Behandlungen mittels Laseroperationstechnik durchführe. Seine Ehefrau betreibe im selben Haus, in dem sich die Augenarztpraxis befindet, ein „Excimer-Laser-Center". Im Mai 1994 habe Frau K., eine Journalistin der „Schwäbischen Zeitung", den Beschwerdeführer nach vorheriger Terminabsprache in seiner Praxis besucht und mit ihm ein Gespräch über die von ihm praktizierte neue Laseroperationstechnik geführt. Der Beschwerdeführer sei ferner an seinem Arbeitsplatz fotografiert worden. Am 26. September 1994 sei in vorbezeichneter Zeitung unter der Überschrift „Die Hornhaut unter Beschuss – Laser gibt dem Auge die volle Sehkraft zurück. In Blaubeuren wird seit drei Jahren die ‚Photorefraktive Keratektomie' angewandt – Operationsrisiken sind gering – Kosten werden teilweise von Kassen übernommen" ein von der Journalistin K. verfasster Bericht erschienen. In diesem Artikel sei unter

---

2 Vgl. Urteil des *EGMR* i.S. Stambuk/Deutschland vom 17.10.1992-Nr. 37928/97.

anderem ausgeführt worden, dass der Beschwerdeführer nach eigenen Angaben mehr als 400 fehlsichtige Patienten mit der Lasertechnik behandelt habe und in keinem einzigen Fall eine Nachkorrektur notwendig gewesen sei; seine Erfolgsquote liege damit bei 100 %. Der Artikel habe auch die Äußerung des Beschwerdeführers wiedergegeben, dass der langfristige Erfolg einer Operation von der Erfahrung des Arztes und der genauen Auswahl der Patienten abhänge. Dem Artikel habe man ein Foto in der Größe von 12x19 cm beigefügt, das den Beschwerdeführer am Computer sitzend gezeigt hätte, wobei er auf das Monitorbild hingewiesen habe. Die Bildunterschrift habe gelautet: „Beim ‚Mapping' sieht Dr. Miro Stambuk auf dem Monitor seines Computers, ob ein Patient mit dem Laser behandelt werden kann."

2. Bezirksberufsgericht

Der Beschwerdeführer wurde wegen dieser Publikation durch das Bezirksberufsgericht im Urteil von verurteilt. Nach Auffassung des Bezirksberufsgerichts hat der Beschwerdeführer damit gegen §§ 25 Absatz 2 und 27 der Berufsordnung der Landesärztekammer verstoßen. Nach § 25 Abs. 2 BO dürfe ein Arzt nicht dulden, dass Bildberichte mit werbendem Charakter über seine ärztliche Tätigkeit unter Verwendung seines Namens und Bildes veröffentlicht werden. Nach § 27 sei die Mitwirkung des Arztes an aufklärenden Veröffentlichungen in der Presse nur zulässig, wenn sie auf sachliche Informationen begrenzt seien und die Person sowie das Handeln des Arztes nicht werbend herausgestellt würden. Bei Presseinterviews sei der Arzt zu „verantwortungsbewusster Objektivität" verpflichtet. Nach Ansicht des Berufsbezirksgerichts hat der Beschwerdeführer gegen diese Regeln verstoßen, weil er in dem Interview hervorgehoben habe, dass er mehr als 400 Patienten behandelt habe und seine Erfolgsquote 100 % betrage. Damit habe er in erster Linie auf die Herausstellung der eigenen Person abgezielt. Dies ergebe sich insbesondere aus seiner Bemerkung über seine Berufserfahrung. Ebenso habe das großformatige Bild, das den Beschwerdeführer – bekleidet mit einem Arztkittel – in der Pose eines Dozierenden am Computer sitzend gezeigt habe, die zulässigen Grenzen sachlicher Information überschritten, weil es einhergehend mit dem Eigenlob in dem Artikel die Botschaft befördert habe, es handle sich bei dem Beschwerdeführer um einen besonders qualifizierten Arzt. Der Beschwerdeführer hätte mit der Journalistin eine Veröffentlichung sachlichen Charakters und ein Bildformat, das dem Werbeverbot gerecht wird, vereinbaren müssen.

3. Landesberufsgericht

Gegen die Entscheidung des Bezirksberufsgerichts wandte sich der Beschwerdeführer mit der Berufung an das Landesberufsgericht für Ärzte. Am 15. Juni 1996 verwarf dieses Gericht die Berufung des Beschwerdeführers. Es bestätigte die Feststellungen und Entscheidungsgründe des Bezirksberufsgerichts. Das Landesberufsgericht stellte insbesondere darauf ab, dass zur Sicherung des Werbeverbots nach § 25 Absatz 1 Berufsgerichtsordnung das Verbot der Mitwirkung an Presseberichten erforderlich sei, soweit die Veröffentlichung werbenden Charakter aufweise (§ 25 Absatz 2). Ein weniger einschränkendes Mittel sei nicht erkennbar. Die Formulierung einer Veröffentlichung könne deren werbenden Charakter verschleiern und insoweit ein Mittel sein, das Werbeverbot zu umgehen. Mit Bezug auf die Umstände, unter denen das Interview geführt wurde, und den Charakter des Artikels war das Berufungsgericht ferner der Auffassung, dass der Beschwerdeführer die Veröffentlichung eines Berichts, der über eine sachliche Information zu einer bestimmten Operationstechnik hinausgehen würde, nicht nur hingenommen, sondern vorsätzlich gehandelt habe, um eine Herausstellung seiner Person zu bewirken. Das Berufungsgericht stellte auch fest, dass mit Rücksicht auf die Interessen seiner Kollegen dem Werbeverbot der Vorrang vor der Berufsausübungsfreiheit einzuräumen sei.

4. BVerfG

Das Bundesverfassungsgericht entschied am 7. Mai 1997, die Verfassungsbeschwerde des Beschwerdeführers nicht zur Entscheidung anzunehmen. Diese Entscheidung wurde am 22. Mai 1997 zugestellt.

Dagegen wendet sich der Bf. mit der Individualbeschwerde an den EGMR.

II.
Rechtslage

Die Individualbeschwerde gegen die Entscheidungen des BVerfG und der Berufsgerichte ist zulässig und begründet.

1. Zulässigkeit

Die Zulässigkeitsvoraussetzungen des Art. 35 EMRK und der VerfO liegen vor.

Der Bf. ist parteifähig gem. Art. 1 EMRK.

Seine Beschwerde richtet sich gegen Maßnahmen von Gerichten bzw. Behörden des Konventionsstaates Deutschland.

Die erforderliche Beschwerdebefugnis ergibt sich aus Art. 10 EMRK

Der innerstaatliche Rechtszug ist gem. Art. 35 1 EMRK erschöpft mit der Entscheidung des BVerfG.

Die Ausschlußfrist von 6 Monaten des Art. 35 1 EMRK ist gewahrt.

2. Begründetheit

Die Individualbeschwerde ist begründet, da der Bf. durch die angegriffenen Entscheidungen in seinem Menschenrecht aus Art. 10 EMRK verletzt wird.

Der Beschwerdeführer rügt nach Artikel 10 der Konvention, dass die ihm von dem Berufsbezirksgericht für Ärzte in Tübingen im Jahre 1995 auferlegte berufsgerichtliche Sanktion, die in der Berufungsinstanz bestätigt worden war, eine Verletzung seines nach Artikel 10 der Konvention garantierten Rechts auf freie Meinungsäußerung darstellt.

A. Vorliegen eines Eingriffs

Die gegen den Beschwerdeführer verhängte berufsgerichtliche Sanktion stellt einen Eingriff in das Recht des Beschwerdeführers auf freie Meinungsäußerung dar.

B. Rechtfertigung des Eingriffs

Der Eingriff verstößt gegen Artikel 10. Er ist zwar „gesetzlich vorgesehen", verfolgt auch eines oder mehrere der in Artikel 10 Absatz 2 genannten rechtmäßigen Ziele; er ist aber nicht zur Verwirklichung dieses Ziels oder dieser Ziele „in einer demokratischen Gesellschaft notwendig".

1. „Gesetzlich vorgesehen"

Es wird nicht in Frage gestellt, dass der Eingriff auf gesetzlicher Grundlage beruht, §§ 25 und 27 der Berufsordnung der Landesärztekammer Baden-Württemberg sowie §§ 55 und 58 des Heilberufe-Kammergesetzes für das Land Baden-Württemberg (vgl. Nrn. 20 und 21) geregelt sei.

2. „Rechtmäßiges Ziel"

Der Beschwerdeführer bestreitet nicht, dass mit dem Werbeverbot das legitime Ziel des Gesundheitsschutzes verfolgt werden kann.

Die verhängte berufsgerichtliche Maßnahme kann dem Schutz der Gesundheit der Bevölkerung und der Rechte anderer dienen. Die Tätigkeit eines Arztes ist in erster Linie auf einen helfenden und heilenden Dienst am Menschen gerichtet. Sie ist daher mit dem Einsatz von Werbung als typischem Instrument der Gewinnerzielung nur mit Vorbehalten in Einklang zu bringen. Zum Schutz der Patienten und ihrer Gesundheit muss eine zu starke Kommerzialisierung des Arztberufs verhindert werden. Diese gesundheitspolitischen Erwägungen mögen den angegriffenen Entscheidungen zugrundegelegen haben; dies gilt nicht, soweit das Landesberufsgericht Konkurrenzschutz als zusätzliches Kriterium herangezogen hat.

Die Berufsgerichte haben darauf verwiesen, dass bei der Aufklärung über ärztliche Behandlungsmethoden die Verpflichtung zur Objektivität besteht; sie haben dem Beschwerdeführer die Herausstellung der eigenen Person vorgeworfen. Insoweit mögen sie auch – wie von dem Landesberufsgericht ausdrücklich dargelegt – die Interessen der Kollegen des Beschwerdeführers, d.h. die Rechte anderer, die ein rechtmäßiges Ziel darstellen, berücksichtigt haben (vgl. Urteil in der Sache Barthold ./. Deutschland vom 25. März 1985, Serie A, Bd. 90, S. 23, Nr. 51). Es wird auch nicht bestritten, dass Ärzte in Ausübung ihres freien Berufs der Gesundheit des einzelnen Menschen und des gesamten Volkes dienen (§ 1 Abs. 1 Bundesärzteordnung – vgl. Nr. 18). Durch Festlegung der besonderen Merkmale der ärztlichen Stellung und des standesgemäßen ärztlichen Verhaltens ist das maßgebliche Landesrecht – in diesem Fall das Heilberufe-Kammergesetz und die Berufsordnung der Landesärztekammer Baden-Württemberg – auf den Schutz der „Gesundheit" ausgelegt. Insoweit mag diese Erwägung im Hinblick auf die Würdigung der Notwendigkeit der berufsgerichtlichen Maßnahme von Bedeutung sein.

Der fragliche Eingriff mag daher rechtmäßige Ziele verfolgt haben.

3. „In einer demokratischen Gesellschaft notwendig"

Der Eingriff ist aber nicht in einer demokratischen Gesellschaft notwendig.

Der Gerichtshof hat im Rahmen der von ihm ausgeübten Kontrollgerichtsbarkeit den gerügten Eingriff in Anbetracht des Falls insgesamt einschließlich des Inhalts des dem Beschwerdeführer zur Last gelegten Presseartikels sowie des Darstellungszusammenhangs zu prüfen. Er hat insbesondere zu entscheiden, ob der in Frage stehende Eingriff „den verfolgten Zielen, die legitim sind, angemessen" war und die von den nationalen Behörden zur Rechtfertigung dieser Maßnahme angeführten Gründe „relevant und ausreichend" sind (vgl. Urteil Nr. 1 Sunday Times ./. Vereinigtes Königreich vom 26. April 1979, Serie A, Bd. 30, S. 38, Nr. 62). Dabei muss der Gerichtshof sich davon überzeugen, dass die nationalen Behörden Normen angewandt haben, die mit den in Artikel 10 verankerten Grundsätzen übereinstimmen, und sie sich darüber hinaus auf eine annehmbare Bewertung des entscheidungserheblichen Sachverhalts gestützt haben. Es sei daran erinnert, dass Werbung für den Bürger eine Möglichkeit darstellt, sich über die Eigenschaften ihm angebotener Dienstleistungen und Waren zu informieren. Gleichwohl kann Werbung bisweilen einer Beschränkung unterworfen werden, um insbesondere unlauteren Wettbewerb sowie unwahre oder irreführende Werbung zu verhindern. In einigen Zusammenhängen kann sogar die Veröffentlichung sachlicher wahrheitsgetreuer Werbung Beschränkungen unterworfen werden, um die Rechte Dritter zu wahren oder weil sie auf besondere Umstände im Zusammenhang mit bestimmten Geschäftstätigkeiten und Berufen geboten sind. Der Gerichtshof hat jedoch jede dieser Beschränkungen eingehend zu prüfen und die Anforderungen aus diesen besonderen Merkmalen gegen die in Frage stehende Werbung abzuwägen; hierzu hat der Gerichtshof die gerügte Sanktion in Anbetracht des Falls insgesamt zu untersuchen (vgl. Urteil Casado Coca ./. Spanien vom 24. Februar 1994, Serie A, Bd. 285-A, S. 20, Nr. 51).

Bei Ärzten können Einschränkungen, denen ihr Verhalten unterworfen wird, sowie Regeln über die öffentliche Darstellung ihrer Tätigkeit oder ihre Mitwirkung an aufklärenden Veröffentlichungen medizinischen Inhaltes durch ihre allgemeine Berufspflicht, „der Gesundheit des einzelnen Menschen und des gesamten Volkes zu dienen", gerechtfertigt sein. Diese für das Verhalten gegenüber den Medien maßgeblichen Standesregeln sind gegenüber dem legitimen Interesse der Bevölkerung an Aufklärung abzuwägen und darauf zu beschränken, die Arbeit des Berufsstandes insgesamt zu schützen. Sie sind nicht dahingehend auszulegen, dass Ärzten zur inhaltlichen Kontrolle ihrer Veröffentlichungen in der Presse übermäßige Beschränkungen aufzuerlegen sind.

Die unverzichtbare Funktion, die die Presse in einer demokratischen Gesellschaft wahrzunehmen hat, stellt einen wichtigen Gesichtspunkt dar, den der Gerichtshof bei seiner Würdigung in diesem Zusammenhang berücksichtigen muss. Sie hat die Aufgabe, in einer mit ihren Pflichten und ihrer Verantwortung vereinbaren Weise über alle die Allgemeinheit betreffenden Tatsachen und Meinungen zu unterrichten (vg. Urteil Jersild ./. Dänemark vom 23. September 1994, Serie A, Bd. 298, S. 23, Nr. 31; Urteil De Haes und Gijsels ./. Belgien vom 24. Februar 1997, Amtliche Sammlung Bd. I 1997, S. 233 bis 234, Nr. 37, sowie Urteil Bladet Tromsø und Stensaas . /. Norwegen [GC], Bd. 21980/93, Nr. 59, EurGHMR, Bd. III, 1999).

Dem Beschwerdeführer, einem Augenarzt, ist in dem in Frage stehenden berufsgerichtlichen Verfahren eine Geldbuße in Höhe von 2.000 DM auferlegt worden, weil er der Lokalzeitung ein Interview über die von ihm durchgeführte Behandlung mittels Laseroperationstechnik gegeben hatte, das anschließend in einem Artikel erschien, dem ein Foto beigefügt war, welches den Beschwerdeführer in seinen Praxisräumen zeigte. Die Berufsgerichte stellten darauf ab, dass diese Veröffentlichung die zulässigen Grenzen sachlicher Information überschreite und damit nach der Berufsordnung der Landesärztekammer Baden-Württemberg eine verbotene Werbung darstelle. Die deutschen Berufsgerichte warfen dem Beschwerdeführer tatsächlich vor, die zulässigen Grenzen sachlicher Information überschritten zu haben. Sie führten zur Begründung aus, dass er mit bestimmten Formulierungen in seinem Interview, insbesondere dem Hinweis auf eine Erfolgsquote von 100 %, und der Art der Darstellung auf dem großformatigen Bild, die Herausstellung seiner eigenen Person habe bewirken wollen. Diese Gründe mögen für sich relevant sein.

Sie reichen jedoch nicht aus, um die gegen den Beschwerdeführer verhängte berufsgerichtliche Sanktion zu rechtfertigen. Die Veröffentlichung bezog sich auf eine neue Laseroperationsmethode zur Behandlung der Fehlsichtigkeit. Sie war damit für die Bevölkerung von allgemeinem medizinischem Interesse. Im Anschluss an ein Interview mit dem Beschwerdeführer, das auf Betreiben der Journalistin stattgefunden hatte, erschien dieser Artikel in einer Lokalzeitung in einer Sprache und einem Format, die geeignet waren, ein breite Öffentlichkeit zu informieren.

Der beanstandete Artikel stellte im Großen und Ganzen eine ausgewogene Schilderung des besonderen Operationsverfahrens dar, die zwangsläufig Angaben zu den Risiken und der Erfolgsquote einschließt.

Nach Überzeugung der deutschen Gerichte waren die in dem Artikel wiedergegebenen Äußerungen des Beschwerdeführers zu diesem Thema im Hinblick auf die Notwendigkeit oder Ratsamkeit eines derartigen Eingriffs nicht unrichtig oder für den Leser tatsächlich irreführend. Der Hinweis auf die Erfolgsquote bezog sich eindeutig auf die Erfahrung des Beschwerdeführers in der Vergangenheit, die bei der Schilderung einer neuen Operationsmethode ein wichtiges Kriterium darstellt. Darüber hinaus wurde diese Information durch den Hinweis auf das geringe Operationsrisiko in der Überschrift abgerundet.

Überdies kann die Illustrierung eines Presseberichts mit einem Foto, das den Beschwerdeführer im beruflichen Kontext zeigt, nicht so angesehen werden, als ob sie eine verbotene unsachliche Information oder irreführende Werbung darstellte. Das Lichtbild war nämlich mit dem Artikel inhaltlich eng verknüpft und kann nicht als reine Werbung qualifiziert werden.

Auch die Passage aus dem Artikel über die von dem Beschwerdeführer bei Anwendung dieser Operationstechnik in der Vergangenheit erzielte Erfolgsquote und das Erscheinen des beigefügten Fotos können nicht von dem Artikel als Ganzem isoliert betrachtet werden, um die Notwendigkeit einer berufsgerichtlichen Maßnahme wegen berufspflichtwidrigen Verhaltens zu begründen. Dem Bericht kann durchaus ein Werbeeffekt zugunsten des Beschwerdeführers und seiner Praxis zugesprochen werden, aber gemessen am Hauptinhalt des Artikels erweist sich diese Werbewirkung als zweitrangig (vgl. das vorerwähnte Urteil Barthold ./. Deutschland, S. 26, Nr. 58).

Unter den Umständen des vorliegenden Falls ist die enge Auslegung des Werbeverbots im Arztberuf und des Erfordernisses der sachlichen Information durch die deutschen Berufsgerichte, die wegen einer etwaigen unerwünschten Werbewirkung zugunsten des Arztes zu einem Verbot von Äußerungen und damit zusammenhängenden Illustrationen führt, nicht mit der freien Meinungsäußerung vereinbar. Die nicht unbedeutende berufsgerichtliche Sanktion beeinträchtigt den Beschwerdeführer erheblich.

Mit dem gerügten Eingriff wird letztlich kein gerechter Ausgleich zwischen den betroffenen Interessen, nämlich dem Schutz der Gesundheit und den Interessen anderer Ärzte sowie dem Recht des Beschwerdeführers auf freie Meinungsäußerung und der wichtigen Funktion der Presse, erzielt. Unter diesen Umständen war der gerügte Eingriff gemessen an den verfolgten legitimen Zielen nicht verhältnismäßig und dementsprechend „in einer demokratischen Gesellschaft" zum „Schutz der Gesundheit" und zum „Schutz der Rechte anderer" nicht „notwendig".

Alles in allem liegt eine Verletzung von Artikel 10 der Konvention vor. Die zulässige Menschenrechtsbeschwerde ist begründet.

III.
Entschädigung

Es wird zugleich beantragt, gem. Artikel 41 EMRK dem Beschwerdeführer eine gerechte Entschädigung zuzusprechen im Hinblick auf seine notwendigen Auslagen zur Verteidigung seiner Rechte vor den deutschen Gerichten. Die entsprechenden Nachweise fügen wird in der Anlage bei.

Es wird daher gebeten, wie beantragt zu entscheiden.

(Dr. Kleine-Cosack)

Rechtsanwalt

B. Gesetzestexte

I. Grundgesetz und Bundesverfassungsgerichtsgesetz (Auszüge)

1. Grundgesetz für die Bundesrepublik Deutschland (GG)

v. 23.5.1949 i.d.F. vom 26.8.2006

Art. 93 (Bundesverfassungsgericht, Zuständigkeit)

(1) Das Bundesverfassungsgericht entscheidet:

...

4a. über Verfassungsbeschwerden, die von jedermann mit der Behauptung erhoben werden können, durch die öffentliche Gewalt in einem seiner Grundrechte oder in einem seiner in Artikel 20 Abs. 4, 33, 38, 101, 103 und 104 enthaltenen Rechte verletzt zu sein,

4b. über Verfassungsbeschwerden von Gemeinden und Gemeindeverbänden nach Artikel 28 durch ein Gesetz, bei Landesgesetzen jedoch nur, soweit nicht Beschwerde beim Landesverfassungsgericht erhoben werden kann.

2. Gesetz über das Bundesverfassungsgericht (BVerfGG)

i.d.F. vom 5.9.2006

§ 13 (Zuständigkeit des Gerichts)

Das Bundesverfassungsgericht entscheidet in den vom Grundgesetz bestimmten Fällen, und zwar

...

8a. über Verfassungsbeschwerden

(Artikel 93 Abs. 1 Nr. 4 a und 4 b des Grundgesetzes)

§ 22 (Prozeßvertretung)

(1) Die Beteiligten können sich in jeder Lage des Verfahrens durch einen bei einem deutschen Gericht zugelassenen Rechtsanwalt oder durch einen Lehrer des Rechts an einer deutschen Hochschule vertreten lassen; in der mündlichen Verhandlung vor dem Bundesverfassungsgericht müssen sie sich in dieser Weise vertreten lassen. Gesetzgebende Körperschaften und Teile von ihnen, die in der Verfassung oder in der Geschäftsordnung mit eigenen Rechten ausgestattet sind, können sich auch durch ihre Mitglieder vertreten lassen. Der Bund, die Länder und ihre Verfassungsorgane können sich außerdem durch ihre Beamten vertreten lassen, soweit sie die Befähigung zum Richteramt besitzen oder aufgrund der vorgeschriebenen Staatsprüfungen die Befähigung zum höheren Verwaltungsdienst erworben haben. Das Bundesverfassungsgericht kann auch eine andere Person als Beistand eines Beteiligten zulassen.

(2) Die Vollmacht ist schriftlich zu erteilen. Sie muß sich ausdrücklich auf das Verfahren beziehen.

(3) Ist ein Bevollmächtigter bestellt, so sind alle Mitteilungen des Gerichts an ihn zu richten.

§ 23 (Einleitung des Verfahrens)

(1) Anträge, die das Verfahren einleiten, sind schriftlich beim Bundesverfassungsgericht einzureichen. Sie sind zu begründen, die erforderlichen Beweismittel sind anzugeben.

(2) Der Vorsitzende oder, wenn eine Entscheidung nach § 93c in Betracht kommt, der Berichterstatter stellt den Antrag dem Antragsgegner, den übrigen Beteiligten sowie den Dritten, denen nach § 27a Gelegenheit zur Stellungnahme gegeben wird, unverzüglich mit der Aufforderung zu, sich binnen einer zu bestimmenden Frist dazu zu äußern.

(3) Der Vorsitzende oder der Berichterstatter kann jedem Beteiligten aufgeben, binnen einer zu bestimmenden Frist die erforderliche Zahl von Abschriften seiner Schriftsätze und der angegriffenen Entscheidungen für das Gericht und für die übrigen Beteiligten nachzureichen.

§ 24 (A-limine-Anweisung)

Unzulässig oder offensichtlich unbegründete Anträge können durch einstimmigen Beschluß des Gerichts verworfen werden. Der Beschluß bedarf keiner weiteren Begründung, wenn der Antragsteller vorher auf die Bedenken gegen die Zulässigkeit oder Begründetheit seines Antrags hingewiesen worden ist.

§ 25 (Grundsätze mündlicher Verhandlung; Urteil, Beschluß)

(1) Das Bundesverfassungsgericht entscheidet, soweit nichts anderes bestimmt ist, aufgrund mündlicher Verhandlung, es sei denn, daß alle Beteiligten ausdrücklich auf sie verzichten.

(2) Die Entscheidung aufgrund mündlicher Verhandlung ergeht als Urteil, die Entscheidung ohne mündliche Verhandlung durch Beschluß.

(3) Teil- und Zwischenentscheidungen sind zulässig.

(4) Die Entscheidungen des Bundesverfassungsgerichts ergehen „im Namen des Volkes".

§ 32 (Einstweilige Anordnung)

(1) Das Bundesverfassungsgericht kann im Streitfall einen Zustand durch einstweilige Anordnung vorläufig regeln, wenn dies zur Abwehr schwerer Nachteile, zur Verhinderung drohender Gewalt oder aus einem anderen wichtigen Grund zum gemeinen Wohl dringend geboten ist.

(2) Die einstweilige Anordnung kann ohne mündliche Verhandlung ergehen. Bei besonderer Dringlichkeit kann das Bundesverfassungsgericht davon absehen, den am Verfahren zur Hauptsache Beteiligten, zum Beitritt Berechtigten oder Äußerungsberechtigten Gelegenheit zur Stellungnahme zu geben.

(3) Wird die einstweilige Anordnung durch Beschluß erlassen oder abgelehnt, so kann Widerspruch erhoben werden. Das gilt nicht für den Beschwerdeführer im Verfahren der Verfassungsbeschwerde. Über den Widerspruch entscheidet das Bundesverfassungsgericht nach mündlicher Verhandlung. Diese muß binnen zwei Wochen nach dem Eingang der Begründung des Widerspruchs stattfinden.

(4) Der Widerspruch gegen die einstweilige Anordnung hat keine aufschiebende Wirkung. Das Bundesverfassungsgericht kann die Vollziehung der einstweiligen Anordnung aussetzen.

(5) Das Bundesverfassungsgericht kann die Entscheidung über die einstweilige Anordnung oder über den Widerspruch ohne Begründung bekanntgeben. In diesem Fall ist die Begründung den Beteiligten gesondert zu übermitteln.

(6) Die einstweilige Anordnung tritt nach sechs Monaten außer Kraft. Sie kann mit einer Mehrheit von zwei Dritteln der Stimmen wiederholt werden.

(7) Ist ein Senat nicht beschlußfähig, so kann die einstweilige Anordnung bei besonderer Dringlichkeit erlassen werden, wenn mindestens drei Richter anwesend sind und der Beschluß einstimmig gefaßt wird. Sie tritt nach einem Monat außer Kraft. Wird sie durch den Senat bestätigt, so tritt sie sechs Monate nach ihrem Erlaß außer Kraft.

§ 90 (Aktivlegitimation)

(1) Jedermann kann mit der Behauptung, durch die öffentliche Gewalt in einem seiner Grundrechte oder in einem seiner in Art. 20 Abs. 4, Art. 33, 38, 101, 103 und 104 des Grundgesetzes enthaltenen Rechte verletzt zu sein, die Verfassungsbeschwerde zum Bundesverfassungsgericht erheben.

(2) Ist gegen die Verletzung der Rechtsweg zulässig, so kann die Verfassungsbeschwerde erst nach Erschöpfung des Rechtswegs erhoben werden. Das Bundesverfassungsgericht kann jedoch über eine vor Erschöpfung des Rechtswegs eingelegte Verfassungsbeschwerde sofort entscheiden, wenn sie von allgemeiner Bedeutung ist oder wenn dem Beschwerdeführer ein schwerer und unabwendbarer Nachteil entstünde, falls er zunächst auf den Rechtsweg verwiesen würde.

(3) Das Recht, eine Verfassungsbeschwerde an das Landesverfassungsgericht nach dem Recht der Landesverfassung zu erheben, bleibt unberührt.

§ 92 (Begründung der Beschwerde)

In der Begründung der Beschwerde sind das Recht, das verletzt sein soll, und die Handlung oder Unterlassung des Organs oder der Behörde, durch die der Beschwerdeführer sich verletzt fühlt, zu bezeichnen.

§ 93 (Einlegungsfrist)

(1) Die Verfassungsbeschwerde ist binnen eines Monats zu erheben und zu begründen. Die Frist beginnt mit der Zustellung oder formlosen Mitteilung der in vollständiger Form abgefaßten Entscheidung, wenn diese nach den

maßgebenden verfahrensrechtlichen Vorschriften von Amts wegen vorzunehmen ist. In anderen Fällen beginnt die Frist mit der Verkündigung der Entscheidung oder, wenn diese nicht zu verkünden ist, mit ihrer sonstigen Bekanntgabe an den Beschwerdeführer; wird dabei dem Beschwerdeführer eine Abschrift der Entscheidung in vollständiger Form nicht erteilt, so wird die Frist des Satzes 1 dadurch unterbrochen, daß der Beschwerdeführer schriftlich oder zu Protokoll der Geschäftsstelle die Erteilung einer in vollständiger Form, abgefaßten Entscheidung beantragt. Die Unterbrechung dauert fort, bis die Entscheidung in vollständiger Form dem Beschwerdeführer von dem Gericht erteilt oder von Amts wegen oder von einem an dem Verfahren Beteiligten zugestellt wird.

(2) War ein Beschwerdeführer ohne Verschulden verhindert, diese Frist einzuhalten, ist ihm auf Antrag Wiedereinsetzung in den vorigen Stand zu gewähren. Der Antrag ist binnen zwei Wochen nach Wegfall des Hindernisses zu stellen. Die Tatsachen zur Begründung des Antrags sind bei der Antragstellung oder im Verfahren über den Antrag glaubhaft zu machen. Innerhalb der Antragsfrist ist die versäumte Rechtshandlung nachzuholen; ist dies geschehen, kann die Wiedereinsetzung auch ohne Antrag gewährt werden. Nach einem Jahr seit dem Ende der versäumten Frist ist der Antrag unzulässig. Das Verschulden des Bevollmächtigten steht dem Verschulden eines Beschwerdeführers gleich.

(3) Richtet sich die Verfassungsbeschwerde gegen ein Gesetz oder gegen ein sonstiges Hoheitsakt, gegen den ein Rechtsweg nicht offensteht, so kann die Verfassungsbeschwerde nur binnen eines Jahres seit dem Inkrafttreten des Gesetzes oder dem Erlaß des Hoheitsaktes erhoben werden.

(4) Ist ein Gesetz vor dem 1. April 1951 in Kraft getreten, so kann die Verfassungsbeschwerde bis zum 1. April 1952 erhoben werden.

§ 93a (Annahme zur Entscheidung)

(1) Die Verfassungsbeschwerde bedarf der Annahme zur Entscheidung.

(2) Sie ist zur Entscheidung anzunehmen,

a) soweit ihr grundsätzliche verfassungsrechtliche Bedeutung zukommt,
b) wenn es zur Durchsetzung der in § 90 Abs. 1 genannten Rechte angezeigt ist; dies kann auch der Fall sein, wenn dem Beschwerdeführer durch die Versagung der Entscheidung zur Sache ein besonders schwerer Nachteil entsteht.

§ 93b (Befugnisse der Kammer)

Die Kammer kann die Annahme der Verfassungsbeschwerde ablehnen oder die Verfassungsbeschwerde im Fall des § 93c zur Entscheidung annehmen. Im übrigen entscheidet der Senat über die Annahme.

§ 93c (Stattgabe der Beschwerde durch die Kammer)

(1) Liegen die Voraussetzungen des § 93a Abs. 2 Buchstabe b vor und ist die für die Beurteilung der Verfassungsbeschwerde maßgebliche verfassungsrechtliche Frage durch das Bundesverfassungsgericht bereits entschieden, kann die Kammer der Verfassungsbeschwerde stattgeben, wenn sie offensichtlich begründet ist. Der Beschluß steht einer Entscheidung des Senats gleich. Eine Entscheidung, die mit der Wirkung des § 31 Abs. 2 ausspricht, daß ein Gesetz mit dem Grundgesetz oder sonstigem Bundesrecht unvereinbar oder nichtig ist, bleibt dem Senat vorbehalten.

(2) Auf das Verfahren finden § 94 Abs. 2 und 3 und § 95 Abs. 1 und 2 Anwendung.

§ 93d (Verfahren vor der Kammer)

(1) Die Entscheidung nach § 93b und 93c ergeht ohne mündliche Verhandlung. Sie ist unanfechtbar. Die Ablehnung der Annahme der Verfassungsbeschwerde bedarf keiner Begründung.

(2) Solange und soweit der Senat nicht über die Annahme der Verfassungsbeschwerde entschieden hat, kann die Kammer alle das Verfassungsbeschwerdeverfahren betreffenden Entscheidungen erlassen. Eine einstweilige Anordnung, mit der die Anwendung eines Gesetzes ganz oder teilweise ausgesetzt wird, kann nur der Senat treffen; § 32 Abs. 7 bleibt unberührt. Der Senat entscheidet auch in den Fällen des § 32 Abs. 3.

(3) Die Entscheidungen der Kammer ergehen durch einstimmigen Beschluß. Die Annahme durch den Senat ist beschlossen, wenn mindestens drei Richter ihr zustimmen.

§ 94 (Anhörung Dritter)

(1) Das Bundesverfassungsgericht gibt dem Verfassungsorgan des Bundes oder des Landes, dessen Handlung oder Unterlassung in der Verfassungsbeschwerde beanstandet wird, Gelegenheit, sich binnen einer zu bestimmenden Frist zu äußern.

(2) Ging die Handlung oder Unterlassung von einem Minister oder einer Behörde des Bundes oder des Landes aus, so ist dem zuständigen Minister Gelegenheit zur Äußerung zu geben.

(3) Richtet sich die Verfassungsbeschwerde gegen eine gerichtliche Entscheidung, so gibt das Bundesverfassungsgericht auch dem durch die Entscheidung Begünstigten Gelegenheit zur Äußerung.

(4) Richtet sich die Verfassungsbeschwerde unmittelbar oder mittelbar gegen ein Gesetz, so ist § 77 entsprechend anzuwenden.

(5) Die in den Absätzen 1, 2 und 4 genannten Verfassungsorgane können dem Verfahren beitreten. Das Bundesverfassungsgericht kann von mündlicher Verhandlung absehen, wenn von ihr keine weitere Förderung des Verfahrens zu erwarten ist und die zur Äußerung berechtigten Verfassungsorgane, die dem Verfahren beigetreten sind, auf mündliche Verhandlung verzichten.

§ 95 (Entscheidung)

(1) Wird der Verfassungsbeschwerde stattgegeben, so ist in der Entscheidung festzustellen, welche Vorschrift des Grundgesetzes und durch welche Handlung oder Unterlassung sie verletzt wurde. Das Bundesverfassungsgericht kann zugleich aussprechen, daß auch jede Wiederholung der beanstandeten Maßnahme das Grundgesetz verletzt.

(2) Wird der Verfassungsbeschwerde gegen die Entscheidung stattgegeben, so hebt das Bundesverfassungsgericht die Entscheidung auf, in den Fällen des § 90 Abs. 2 Satz 1 verweist es die Sache an ein zuständiges Gericht zurück.

(3) Wird der Verfassungsbeschwerde gegen ein Gesetz stattgegeben, so ist das Gesetz für nichtig zu erklären. Das gleiche gilt, wenn der Verfassungsbeschwerde gem. Abs. 2 stattgegeben wird, weil die aufgehobene Entscheidung auf einem verfassungswidrigen Gesetz beruht. Die Vorschrift des § 79 gilt entsprechend.

II. Landesverfassungen und Verfassungsgerichtsgesetze der Länder (Auszüge)

1.
Bayern

a) Verfassung des Freistaates Bayern (LVerf-Bay)

i.d.F. vom 11.11.2003

Art. 66 (Beschwerde wegen Verletzung der verfassungsmäßigen Rechte)

Der Verfassungsgerichtshof entscheidet über Beschwerden wegen Verletzung der verfassungsmäßigen Rechte durch eine Behörde (Art. 48 Absatz 3, Art. 120)

Art. 120 (Verfassungsbeschwerde)

Jeder Bewohner Bayerns, der sich durch eine Behörde in seinen verfassungsmäßigen Rechten verletzt fühlt, kann den Schutz des Bayerischen Verfassungsgerichtshofes anrufen.

b) Gesetz über den Bayerischen Verfassungsgerichtshof (VfGHG)

i.d.F. v. 24.12.2005

Art. 26 Einstweilige Anordnung

(1) Der Verfassungsgerichtshof kann eine einstweilige Anordnung erlassen, wenn dies zur Abwehr schwerer Nachteile, zur Verhinderung drohender Gewalt oder aus einem anderen wichtigen Grund dringend geboten ist.

(2) Die einstweilige Anordnung kann ohne mündliche Verhandlung ergehen. Bei besonderer Dringlichkeit kann der Verfassungsgerichtshof davon absehen, den am Verfahren zur Hauptsache Beteiligten oder Äußerungsberechtigten vor der Entscheidung Gelegenheit zur Stellungnahme zu geben.

(3) Kann in Fällen besonderer Dringlichkeit die Entscheidung der zuständigen Spruchgruppe nicht rechtzeitig herbeigeführt werden, so entscheidet der Präsident oder im Fall seiner Verhinderung sein Vertreter. Gegen die Entscheidung kann jeder Beteiligte innerhalb von zwei Wochen nach Bekanntgabe Widerspruch erheben. Über den Widerspruch entscheidet der Verfassungsgerichtshof in der Besetzung nach Art. 3 Abs. 2. Der Widerspruch hat keine aufschiebende Wirkung. Der Verfassungsgerichtshof kann die Vollziehung der einstweiligen Anordnung aussetzen.

(4) Die einstweilige Anordnung tritt mit der Beendigung des Hauptsacheverfahrens außer Kraft, sofern sie der Verfassungsgerichtshof nicht früher aufhebt.

Art. 27 Kosten

(1) Das Verfahren des Verfassungsgerichtshofs ist kostenfrei. Ist jedoch in den Fällen des Art. 2 Nr. 6 die Beschwerde und in den Fällen des Art. 2 Nr. 7 die Popularklage unzulässig oder offensichtlich unbegründet, so kann der Verfassungsgerichtshof dem Beschwerdeführer oder Antragsteller eine eintausendfünfhundert Euro auferlegen. Der Verfassungsgerichtshof kann dem Beschwerdeführer oder Antragsteller aufgeben, einen entsprechenden Vorschuß zu leisten. Über die Auferlegung eines Kostenvorschusses entscheidet der Verfassungsgerichtshof in der kleinen Besetzung.

(2) In den Fällen des Art. 2 Nr. 1 sind dem nicht für schuldig Befundenen die notwendigen Auslagen einschließlich der Kosten der Verteidigung zu ersetzen.

(3) Erklärt der Verfassungsgerichtshof in einem Verfahren nach Art. 55 eine Rechtsvorschrift für verfassungswidrig, nichtig oder nur in einer bestimmten Auslegung für verfassungsgemäß, ordnet er an, daß die juristische Person des öffentlichen Rechts, deren Vorschrift Gegenstand des Verfahrens war, dem Antragsteller oder Beschwerdeführer die notwendigen Auslagen ganz oder teilweise zu erstatten hat.

(4) Erweist sich die Verfassungsbeschwerde als begründet, sind dem Beschwerdeführer die notwendigen Auslagen ganz oder teilweise zu erstatten. Erstattungspflichtig ist die juristische Person des öffentlichen Rechts, der die Verletzung des verfassungsgemäßen Rechts zuzurechnen ist.

(5) In den übrigen Fällen kann der Verfassungsgerichtshof volle oder teilweise Erstattung von Kosten und Auslagen anordnen.

Art. 28 Prozeßkostenhilfe, Kostenfestsetzung, Gegenstandswert

(1) Die Vorschriften der Zivilprozeßordnung über Prozeßkostenhilfe gelten entsprechend. Über einen Antrag auf Gewährung von Prozeßkostenhilfe entscheidet der Verfassungsgerichtshof in der kleinen Besetzung.

(2) Ist ein Kostenvorschuß eingefordert oder die Erstattung von Kosten oder Auslagen von einem Beteiligten beantragt worden, so entscheidet über die Pflicht zur Kostentragung nach Erledigung der Hauptsache der Verfassungsgerichtshof in der kleinen Besetzung.

(3) Der Urkundsbeamte der Geschäftsstelle setzt auf Antrag die zu erstattenden Kosten und Auslagen fest. Dem Antrag sind Kostenberechnung und Belege beizufügen.

(4) Gegen den Kostenfestsetzungsbeschluß kann binnen einer Frist von zwei Wochen ab Zustellung Erinnerung eingelegt werden. Über die Erinnerung entscheidet der Verfassungsgerichtshof in der kleinen Besetzung. Die Erinnerung hat aufschiebende Wirkung.

(5) Der Verfassungsgerichtshof setzt in der kleinen Besetzung den Gegenstandswert nach der Bundesgebührenordnung für Rechtsanwälte fest.

6. Abschnitt.
Verfassungsbeschwerden (Art. 2 Nr. 6)

Art. 51 Inhalt und Voraussetzung der Verfassungsbeschwerde; Frist

(1) In der Beschwerde nach Art. 120 der Verfassung sind die Handlung oder Unterlassung der Behörde, gegen die sich der Beschwerdeführer wendet, und das verfassungsmäßige Recht, dessen Verletzung der Beschwerdeführer geltend macht, zu bezeichnen; die Bestimmungen der Verfassung, deren Verletzung behauptet wird, sollen angeführt werden. Die Beschwerde kann auch gegen die Handlung oder Unterlassung eines Gerichts erhoben werden.

(2) Ist hinsichtlich des Beschwerdegegenstands ein Rechtszug zulässig, so ist bei Einreichung der Beschwerde nachzuweisen, daß der Rechtsweg erschöpft worden ist. Die Verfassungsbeschwerde ist spätestens zwei Monate nach der schriftlichen Bekanntgabe der vollständigen letztgerichtlichen Entscheidung an den Beschwerdeführer beim Verfassungsgerichtshof einzureichen.

(3) Ist ein Rechtsweg nicht zulässig und wird die Beschwerde gegen eine einem Staatsministerium nachgeordnete Behörde erhoben, so muß der Beschwerdeführer bei Einreichung der Beschwerde nachweisen, daß er innerhalb eines Monats, seit er von der Handlung der Behörde Kenntnis hat, ohne Erfolg bei dem zuständigen Staatsministerium um Abhilfe nachgesucht hat. Sind seit der Einreichung des Gesuchs um Abhilfe drei Monate verstrichen, ohne daß dem Beschwerdeführer ein Bescheid zugegangen ist, so wird angenommen, daß das Gesucht um Abhilfe erfolglos geblieben ist. Die Verfassungsbeschwerde ist spätestens zwei Monate nach der Entscheidung des Staatsministeriums oder der von ihm beauftragten Dienststelle und, falls eine Entscheidung nicht ergangen ist, zwei Monate nach Ablauf der Frist des Satzes 2 beim Verfassungsgerichtshof einzureichen.

(4) Wird der Nachweis, daß der Rechtsweg erschöpft oder das Abhilfegesuch an das zuständige Staatsministerium ohne Erfolg geblieben ist, bei Einreichung der Verfassungsbeschwerde nicht erbracht, so kann ihn der Präsident unter Setzung einer Frist beim Beschwerdeführer anfordern.

(5) Ist ein Rechtsweg nicht zulässig und auch ein Gesuch um Abhilfe nach Absatz 3 Satz 1 nicht möglich, so ist

1. die Verfassungsbeschwerde gegen die Handlung einer Behörde spätestens zwei Monate seit der Kenntnisnahme des Beschwerdeführers,
2. die Verfassungsbeschwerde gegen eine gerichtliche Entscheidung spätestens zwei Monate seit der schriftlichen Bekanntgabe der vollständigen Entscheidung an den Beschwerdeführer,
3. die Verfassungsbeschwerde gegen die Unterlassung einer beantragten Handlung spätestens sechs Monate nach der Antragstellung

zu erheben.

(6) Im Fall des Art. 48 Abs. 3 der Verfassung findet Absatz 1 Satz 1 entsprechende Anwendung.

Art. 52 Äußerung der Staatsregierung oder des zuständigen Staatsministeriums

Vor einer abschließenden Entscheidung übermittelt der Verfassungsgerichtshof eine Abschrift der Beschwerde im Fall des Art. 48 Abs. 3 der Verfassung der Staatsregierung, im Fall des Art. 120 der Verfassung dem beteiligten Staatsministerium und gilt Gelegenheit zur Äußerung binnen einer zu bestimmenden Frist.

Art. 53 Verfahren

(1) Über die Beschwerde entscheidet der Verfassungsgerichtshof ohne mündliche Verhandlung. Der Präsident oder der Verfassungsgerichtshof können mündliche Verhandlung anordnen.

(2) Zur mündlichen Verhandlung sind die Beschwerdeführer und die Staatsregierung oder das beteiligte Staatsministerium zu laden.

(3) Der Präsident oder der Verfassungsgerichtshof können das persönliche Erscheinen des Beschwerdeführers anordnen.

Art. 54 Inhalt der Entscheidung

Wird einer Verfassungsbeschwerde stattgegeben, so ist in der Entscheidung festzustellen, welche Verfassungsbestimmung verletzt wurde und durch welche gerichtliche oder behördliche Handlung oder Unterlassung die Verletzung erfolgt ist. Der Verfassungsgerichtshof bestimmt, in welcher Weise der Beschwerde abzuhelfen ist.

7. Abschnitt.
Popularklagen (Art. 2 Nr. 7)

Art. 55 Popularklagen

(1) Die Verfassungswidrigkeit einer Rechtsvorschrift des bayerischen Landesrechts kann jedermann durch Beschwerde zum Verfassungsgerichtshof geltend machen. Er hat darzulegen, daß ein durch die Verfassung gewährleistetes Grundrecht verfassungswidrig eingeschränkt wird.

(2) Der Verfassungsgerichtshof hat dem Landtag, dem Senat, der Staatsregierung und den übrigen beteiligten Gelegenheit zur Äußerung zu geben.

(3) Der Verfassungsgerichtshof kann von einer mündlichen Verhandlung absehen, wenn er eine solche nach der Sach- und Rechtslage nicht für geboten erachtet.

(4) Ausfertigungen der Entscheidung sind dem Landtag und der Staatsregierung zuzustellen.

(5) Der Verfassungsgerichtshof kann trotz einer Rücknahme der Popularklage über diese entscheiden, wenn er eine Entscheidung im öffentlichen Interesse für geboten hält; er hat über die Popularklage zu entscheiden, wenn die juristische Person des öffentlichen Rechts, deren Rechtsvorschrift angegriffen ist, eine Entscheidung binnen vier Wochen ab Zustellung der Rücknahmeerklärung beantragt.

2.
Berlin

a) Verfassung von Berlin (BerlVerf))

vom 23.11.1995 i.d.F. vom 27.9.2005

Art. 84 (Verfassungsgerichtshof)

…

(2) Der Verfassungsgerichtshof entscheidet …

5. über Verfassungsbeschwerden, soweit nicht Verfassungsbeschwerde zum Bundesverfassungsgericht erhoben ist oder wird.

b) Gesetz über den Verfassungsgerichtshof (Berl-VerfGHG)

vom 8. November 1990 i.d.F. vom 15.10.2001

§ 31 Einstweilige Anordnung

(1) Der Verfassungsgerichtshof kann im Streitfall einen Zustand durch einstweilige Anordnung vorläufig regeln, wenn dies zur Abwehr schwerer Nachteile, zur Verhinderung drohender Gewalt oder aus einem anderen wichtigen Grund zum gemeinen Wohl dringend geboten ist.

(2) Die einstweilige Anordnung kann ohne mündliche Verhandlung ergeben. Bei besonderer Dringlichkeit kann der Verfassungsgerichtshof davon absehen, den am Verfahren zur Hauptsache Beteiligten, zum Beitritt Berechtigten oder Äußerungsberechtigten Gelegenheit zur Stellungnahme zu geben.

(3) Wird die einstweilige Anordnung durch Beschluß erlassen oder abgelehnt, so kann Widerspruch erhoben werden. Das gilt nicht für den Beschwerdeführer im Verfahren der Verfassungsbeschwerde. Über den Widerspruch entscheidet der Verfassungsgerichtshof nach mündlicher Verhandlung. Diese muß binnen zweier Wochen nach dem Eingang der Begründung des Widerspruchs stattfinden.

(4) Der Widerspruch gegen die einstweilige Anordnung hat keine aufschiebende Wirkung. Der Verfassungsgerichtshof kann die Vollziehung der einstweiligen Anordnung aussetzen.

(5) Die einstweilige Anordnung tritt nach sechs Monaten außer Kraft. Sie kann mit einer Mehrheit von zwei Dritteln der Stimmen wiederholt werden.

(6) Ist der Verfassungsgerichtshof nicht beschlußfähig, so kann die einstweilige Anordnung bei besonderer Dringlichkeit erlassen werden, wenn mindestens drei Richter anwesend sind und der Beschluß einstimmig gefaßt wird. Sie tritt nach einem Monat außer Kraft. Wird sie durch den Verfassungsgerichtshof bestätigt, so tritt sie sechs Monate nach ihrem Erlaß außer Kraft.

Fünfter Abschnitt.
Verfahren in den Fällen des
§ 14 Nr. 6 (Verfassungsbeschwerde)

§ 49 Aktivlegitimation

(1) Jedermann kann mit der Behauptung durch die öffentliche Gewalt des Landes Berlin in einem seiner in der Verfassung von Berlin enthaltenen Rechte verletzt zu sein, die Verfassungsbeschwerde zum Verfassungsgerichtshof erheben, soweit nicht Verfassungsbeschwerde zum Bundesverfassungsgericht erhoben ist oder wird.

(2) Ist gegen die behauptete Verletzung der Rechtsweg zulässig, so kann die Verfassungsbeschwerde erst nach Erschöpfung des Rechtsweges erhoben werden. Der Verfassungsgerichtshof kann jedoch über eine vor Erschöpfung des Rechtsweges eingelegte Verfassungsbeschwerde sofort entscheiden, wenn sie von allgemeiner Bedeutung ist oder wenn dem Beschwerdeführer ein schwerer und unabwendbarer Nachteil entstünde, falls er zunächst auf den Rechtsweg verwiesen würde.

§ 50 Begründung der Beschwerde

In der Begründung der Beschwerde sind das Recht, das verletzt sein soll, und die Handlung oder Unterlassung des Organs oder der Behörde, durch die der Beschwerdeführer sich verletzt fühlt, zu bezeichnen.

§ 51 Fristen

(1) Die Verfassungsbeschwerde ist binnen zweier Monate zu erheben. Die Frist beginnt der Zustellung oder formlosen Mitteilung der in vollständiger Form abgefaßten Entscheidung, wenn diese nach den maßgebenden verfahrensrechtlichen Vorschriften von Amts wegen vorzunehmen ist. In anderen Fällen beginnt die Frist mit der Verkündung der Entscheidung oder, wenn diese nicht zu verkünden ist, mit der sonstigen Bekanntgabe an den Beschwerdeführer; wird dabei dem Beschwerdeführer eine Abschrift der Entscheidung in vollständiger Form nicht erteilt, so wird die Frist des Satzes 1 dadurch unterbrochen, daß der Beschwerdeführer schriftlich oder zu Protokoll der Geschäftsstelle die Erteilung einer in vollständiger Form abgefaßten Entscheidung beantragt. Die Unterbrechung dauert fort, bis die Entscheidung in vollständiger Form dem Beschwerdeführer von dem Gericht erteilt oder von Amts wegen oder von einem an dem Verfahren Beteiligten zugestellt wird.

(2) Richtet sich die Verfassungsbeschwerde gegen eine Rechtsvorschrift oder gegen einen sonstigen Hoheitsakt, gegen den ein Rechtsweg nicht offensteht, so kann die Verfassungsbeschwerde nur binnen eines Jahres seit dem Inkrafttreten der Rechtsvorschrift oder dem Erlaß des Hoheitsaktes erhoben werden.

§ 52 Prozeßkostenhilfe

Dem Beschwerdeführer einer Verfassungsbeschwerde kann nach Maßgabe der Vorschriften der Zivilprozeßordnung Prozeßkostenhilfe bewilligt werden. Die Fristen des § 51 werden durch das Gesucht um Bewilligung von Prozeßkostenhilfe nicht gehemmt.

§ 53 Anhörung

(1) Der Verfassungsgerichtshof gibt dem Organ oder der Behörde des Landes Berlin, deren Handlung oder Unterlassung in der Verfassungsbeschwerde beanstandet wird, Gelegenheit, sich binnen einer zu bestimmenden Frist zu äußern.

(2) Richtet sich die Verfassungsbeschwerde gegen eine gerichtliche Entscheidung, so gibt der Verfassungsgerichtshof auch dem durch die Entscheidung Begünstigten Gelegenheit zur Äußerung.

(3) Richtet sich die Verfassungsbeschwerde unmittelbar oder mittelbar gegen die Gesetz, so ist § 44 entsprechend anzuwenden.

(4) Die nach den Absätzen 1 und 3 zu beteiligenden Organe können dem Verfahren beitreten, der Senat auch dann, wenn eine Handlung oder Unterlassung einer Behörde des Landes Berlin beanstandet wird.

§ 54 Entscheidung

(1) Über die Verfassungsbeschwerde entscheidet der Verfassungsgerichtshof durch schriftlichen Beschluß. Der Präsident des Verfassungsgerichtshofes oder dieser selbst kann mündliche Verhandlungen anordnen. In diesem Fall wird die Entscheidung verkündet und sofort, im übrigen mit der Zustellung an den Beschwerdeführer rechtswirksam.

(2) Wird der Verfassungsbeschwerde stattgegeben, so ist in der Entscheidung festzustellen, welche Bestimmung der Verfassung von Berlin und durch welche Handlung oder Unterlassung sie verletzt wurde. Der Verfassungsgerichtshof kann zugleich aussprechen, daß auch jede Wiederholung der beanstandeten Maßnahme die Verfassung von Berlin verletzt.

(3) Wird der Verfassungsbeschwerde gegen eine Entscheidung stattgegeben, so hebt der Verfassungsgerichtshof die Entscheidung auf.

(4) Wird der Verfassungsbeschwerde gegen eine Rechtsvorschrift stattgegeben, so erklärt der Verfassungsgerichtshof sie für nichtig oder mit der Verfassung von Berlin unvereinbar. Das gleiche gilt, wenn der Verfassungsbeschwerde gemäß Absatz 3 stattgegeben wird, weil die aufgehobene Entscheidung auf einer verfassungswidrigen Rechtsvorschrift beruht.

3.
Brandenburg

a) Verfassung des Landes Brandenburg (BbgVerf)

vom 20.8.1992 i.d.F. vom 16.6.2006

Art. 6 Rechtsschutz

...

(2) Jeder kann mit der Behauptung, durch die öffentliche Gewalt in einem in dieser Verfassung gewährleisteten Grundrecht verletzt zu sein, Verfassungsbeschwerde beim Landesverfassungsgericht erheben. Das Nähere regelt ein Gesetz, das die vorherige Erschöpfung des Rechtswegs und ein besonderes Annahmeverfahren vorsehen kann.

Art. 113 Zuständigkeiten des Verfassungsgerichtes

Das Verfassungsgericht entscheidet

...

4. über Verfassungsbeschwerden, (Artikel 6 Absatz 2)

b) Verfassungsgerichtsgesetz Brandenburg (VerfGGBbg)

vom 22.11.1996 i.d.F. vom 1.7.2003

§ 12 Zuständigkeiten

Das Verfassungsgericht entscheidet,

…

4. über Verfassungsbeschwerden (Art. 113 Nr. 4, Art. 6 Abs. 2 der Verfassung), soweit nicht in derselben Sache Verfassungsbeschwerde zum Bundesverfassungsgericht erhoben worden ist oder wird.

§ 30 Einstweilige Anordnung

(1) Das Verfassungsgericht kann einen Zustand durch einstweilige Anordnung vorläufig regeln, wenn dies zur Abwehr schwerer Nachteile, zur Verhinderung drohender Gewalt oder aus einem anderen wichtigen Grund zum gemeinen Wohl dringend geboten ist.

(2) Die einstweilige Anordnung kann ohne mündliche Verhandlung ergehen. Vor Erlaß der einstweiligen Anordnung soll den Beteiligten Gelegenheit zur Stellungnahme gegeben werden.

(3) Wird die einstweilige Anordnung durch Beschluß erlassen oder abgelehnt, so kann Widerspruch erhoben werden. Das gilt nicht für den Beschwerdeführer im Verfahren der Verfassungsbeschwerde.

(4) Der Widerspruch gegen die einstweilige Anordnung hat keine aufschiebende Wirkung. Das Verfassungsgericht kann die Vollziehung der einstweiligen Anordnung aussetzen.

(5) Das Verfassungsgericht kann in besonders dringlichen Fällen die Entscheidung über die einstweiligen Anordnung oder über den Widerspruch ohne Begründung bekanntgeben. In diesem Fall ist die Begründung den Beteiligten gesondert zu übermitteln.

(6) Die einstweilige Anordnung tritt nach sechs Monaten außer Kraft. Sie kann mit einer Mehrheit von zwei Dritteln der Stimmen wiederholt werden.

(7) Ist das Verfassungsgericht nicht beschlußfähig, so kann die einstweilige Anordnung bei besonderer Dringlichkeit erlassen werden, wenn mindestens drei Richter mitwirken und die Entscheidung einstimmig ergeht. Wird eine einstweilige Anordnung erlassen, tritt sie nach einem Monat außer Kraft. Wird sie durch das Verfassungsgericht bestätigt, so tritt sie sechs Monate nach ihrem Erlaß außer Kraft.

Vierter Abschnitt.
Verfahren in den Fällen des § 12 Nr. 4 (Verfassungsbeschwerde)

§ 45 Voraussetzungen der Verfassungsbeschwerde

(1) Jeder kann mit der Behauptung, durch die öffentliche Gewalt des Landes Brandenburg in einem in der Verfassung gewährleisteten Grundrecht verletzt zu sein, Verfassungsbeschwerde beim Verfassungsgericht erheben, soweit nicht in derselben Sache Verfassungsbeschwerde zum Bundesverfassungsgericht erhoben ist oder wird.

(2) Ist gegen die behauptete Verletzung der Rechtsweg zulässig, so kann die Verfassungsbeschwerde erst nach Erschöpfung des Rechtsweges erhoben werden. Das Verfassungsgericht kann jedoch im Ausnahmefall über eine vor Erschöpfung des Rechtsweges eingelegte Verfassungsbeschwerde sofort entscheiden, wenn sie von allgemeiner Bedeutung ist oder wenn dem Beschwerdeführer ein schwerer und unabwendbarer Nachteil entstünde, falls er zunächst auf den Rechtsweg verwiesen wird.

§ 46 Begründung der Beschwerde

In der Begründung der Beschwerde sind das Grundrecht, das verletzt sein soll, und die Handlung oder Unterlassung des Organs oder der Behörde, durch die der Beschwerdeführer sich verletzt fühlt, zu bezeichnen.

§ 47 Fristen

(1) Die Verfassungsbeschwerde ist binnen zweier Monate zu erheben. Die Frist beginnt mit der Zustellung oder formlosen Mitteilung der in vollständiger Form abgefaßten Entscheidung, wenn diese nach den maßgebenden verfahrensrechtlichen Vorschriften von Amts wegen vorzunehmen ist. In anderen Fällen beginnt die Frist mit der Verkündung der Entscheidung oder, wenn diese nicht zu verkünden ist, mit ihrer sonstigen Bekanntgabe an den Beschwerdeführer; wird dabei dem Beschwerdeführer eine Abschrift der Entscheidung in vollständiger Form nicht erteilt, so wird die Frist des Satzes 1 dadurch unterbrochen, daß der Beschwerdeführer schriftlich oder zu Protokoll der Geschäftsstelle die Erteilung einer in vollständiger Form abgefaßten Entscheidung beantragt. Die Unterbrechung dauert fort, bis die Entscheidung in vollständiger Form dem Beschwerdeführer von dem Gericht erteilt oder von Amts wegen oder von einem anderen an dem Verfahren Beteiligten zugestellt wird.

(2) War ein Beschwerdeführer ohne Verschulden gehindert, die Frist einzuhalten, ist ihm auf Antrag Wiedereinsetzung in den vorherigen Stand zu gewähren. Der Antrag ist binnen zweier Wochen nach Wegfall des Hindernisses zu stellen. Die Tatsachen zur Begründung des Antrags sind bei der Antragstellung oder im Verfahren über den Antrag glaubhaft zu machen. Innerhalb der Antragsfrist ist die versäumte Rechtshandlung nachzuholen; ist dies geschehen, kann die Wiedereinsetzung auch ohne Antrag gewährt werden. Nach einem Jahr seit dem Ende der versäumten Frist ist der Antrag unzulässig.

(3) Richtet sich die Verfassungsbeschwerde gegen eine Rechtsvorschrift oder gegen einen sonstigen Hoheitsakt, gegen den ein Rechtsweg nicht offensteht, so kann die Verfassungsbeschwerde nur binnen eines Jahres seit dem Inkrafttreten der Rechtsvorschrift oder dem Erlaß des Hoheitsaktes erhoben werden.

§ 48 Prozeßkostenhilfe

Dem Beschwerdeführer einer Verfassungsbeschwerde kann nach Maßgabe der Vorschrift der Zivilprozeßordnung Prozeßkostenhilfe bewilligt werden. Die Fristen des § 47 werden durch das Gesuch um Bewilligung von Prozeßkostenhilfe nicht gehemmt.

§ 49 Anhörung

(1) Der Verfassungsgericht gibt dem Organ oder der Behörde des Landes, deren Handlung oder Unterlassung in der Verfassungsbeschwerde beanstandet wird, Gelegenheit, sich binnen einer zu bestimmenden Frist zu äußern.

(2) Richtet sich die Verfassungsbeschwerde gegen eine gerichtliche Entscheidung, so gibt das Verfassungsgericht auch dem durch die Entscheidung Begünstigten Gelegenheit zur Äußerung.

(3) Richtet sich die Verfassungsbeschwerde unmittelbar oder mittelbar gegen ein Gesetz, so ist dem Landtag und der Landesregierung Gelegenheit zur Äußerung binnen einer zu bestimmenden Frist zu geben.

(4) Die nach den Absätzen 1 und 3 zu beteiligten Organe können dem Verfahren beitreten, die Landesregierung auch dann, wenn eine Handlung oder Unterlassung einer Behörde des Landes beanstandet wird.

§ 50 Entscheidung

(1) Über die Verfassungsbeschwerde entscheidet das Verfassungsgericht ohne mündliche Verhandlung durch Beschluß. Der Präsident des Verfassungsgerichts oder dieses selbst kann jedoch eine mündliche Verhandlung anordnen. In diesem Fall wird die Entscheidung als Urteil verkündet und sofort, im übrigen mit der Bekanntgabe an den Beschwerdeführer, rechtswirksam.

(2) Wird der Verfassungsbeschwerde stattgegeben, so ist in der Entscheidung festzustellen, welche Vorschrift der Verfassung und durch welche Handlung oder Unterlassung sie verletzt wurde. Das Verfassungsgericht kann zugleich aussprechen, daß auch jede Wiederholung der beanstandeten Maßnahme die Verfassung verletzt.

(3) Wird der Verfassungsbeschwerde gegen eine Entscheidung stattgegeben, so hebt das Verfassungsgericht die Entscheidung auf; in den Fällen des § 45 Abs. 2 Satz 1 verweist es die Sache an ein zuständiges Gericht zurück.

(4) Wird der Verfassungsbeschwerde gegen eine Rechtsvorschrift stattgegeben, so erklärt das Verfassungsgericht diese für nichtig oder mit der Verfassung unvereinbar. Das gleiche gilt, wenn der Verfassungsbeschwerde gemäß Absatz 3 stattgegeben wird, weil die aufgehobene Entscheidung auf einer verfassungswidrigen Rechtsvorschrift beruht.

4.
Hessen

a) Verfassung des Landes Hessen (LVerfH)

vom 1.12.1946 i.d.F. vom 18.10.2002

Art. 131 (Zuständigkeit, Antragsberechtigung)

(1) Der Staatsgerichtshof entscheidet über die Verfassungsmäßigkeit der Gesetze, die Verletzung der Grundrechte, bei Anfechtung des Ergebnisses einer Volksabstimmung über Verfassungsstreitigkeiten sowie in den in der Verfassung und den Gesetzen vorgesehenen Fällen.

...

(3) Das Gesetz bestimmt, in welchen Fällen und unter welchen Voraussetzungen jedermann das Recht hat, den Staatsgerichtshof anzurufen.

b) Gesetz über den Staatsgerichtshof (HessStGH)

vom 19.1.2001

§ 26 Einstweilige Anordnungen

(1) Der Staatsgerichtshof kann, um im Streitfall einen Zustand vorläufig zu regeln, für eine sechs Monate nicht übersteigende Frist eine einstweilige Anordnung erlassen, wenn es zur Abwendung schwerer Nachteile, zur Verhinderung drohender Gewalt oder aus einem anderen wichtigen Grund dringend geboten ist und ein vorrangiges öffentliches Interesse nicht entgegensteht.

(2) Über den Erlaß einer einstweiligen Anordnung kann ohne mündliche Verhandlung durch Beschluß entschieden werden. Bei besonderer Dringlichkeit kann der Staatsgerichtshof davon absehen, den am Verfahren zur Hauptsache Beteiligten, zur Anschließung Berechtigten oder Äußerungsberechtigten Gelegenheit zur Stellungnahme zu geben.

(3) Wird die einstweilige Anordnung durch Beschluß erlassen oder abgelehnt, so kann binnen einer Frist von einem Monat Widerspruch erhoben werden. Dies gilt nicht, wenn der Staatsgerichtshof den Antrag wegen Unzulässigkeit oder offensichtlicher Unbegründetheit mit einer Mehrheit von zwei Dritteln zurückgewiesen oder in den Fällen, in denen in der Hauptsache eine Grundrechtsklage erhoben oder statthaft ist, in entsprechender Anwendung des § 43a die Annahme des Antrags einstimmig abgelehnt hat.

(4) Über den Widerspruch entscheidet der Staatsgerichtshof nach mündlicher Verhandlung durch Urteil; § 24 Abs. 1 gilt entsprechend.

(5) Der Widerspruch gegen die einstweilige Anordnung hat keine aufschiebende Wirkung. Der Staatsgerichtshof kann die Vollziehung der einstweiligen Anordnung aussetzen.

(6) Die einstweilige Anordnung tritt nach sechs Monaten außer Kraft. Sie kann mit einer Mehrheit von zwei Dritteln der Stimmen einmal wiederholt werden.

(7) Bei veränderten Umständen kann der Staatsgerichtshof seinen Beschluß jederzeit ändern oder aufheben.

5. Grundrechtsklage

§ 43 Antragsberechtigung; Antragsgegner; Anhörung Dritter

(1) Den Staatsgerichtshof kann anrufen, wer geltend macht, durch die öffentliche Gewalt in einem durch die Verfassung des Landes Hessen gewährten Grundrecht verletzt worden zu sein (Grundrechtsklage nach Art. 131 Abs. 1 der Verfassung des Landes Hessen). Die Grundrechtsklage ist unzulässig, wenn in derselben Sache Verfassungsbeschwerde zum Bundesverfassungsgericht erhoben ist oder wird. Dies gilt nicht, wenn die Verfassung des Landes Hessen weiterreichende Grundrechte als das Grundgesetz gewährleistet, und für die Grundrechtsklage nach § 46.

(2) Die Grundrechtsklage muß das Grundrecht bezeichnen und mit der Angabe der Beweismittel die Tatsachen angeben, aus denen sich die Verletzung des Grundrechts ergeben soll.

(3) Die Grundrechtsklage ist bei Verletzung eines Grundrechts durch Organe oder Behörden gegen deren Träger zu richten.

(4) Sind durch die angefochtene Maßnahme Dritte begünstigt, so ist diesen Gelegenheit zur Äußerung zu geben. Der Staatsgerichtshof gibt der Landesregierung Gelegenheit zur Äußerung innerhalb einer zu bestimmenden Frist. Richtet sich die Grundrechtsklage gegen ein Gesetz, so gibt es auch dem Landtag Gelegenheit zur Stellungnahme.

§ 43a Annahmeverfahren

Der Staatsgerichtshof kann die Annahme einer Grundrechtsklage einstimmig ablehnen,

1. wenn sie offensichtlich unzulässig oder offensichtlich unbegründet ist oder
2. wenn ihre Annahme aus anderen Gründen, insbesondere wegen fehlender verfassungsrechtlicher Bedeutung oder deshalb offensichtlich nicht angezeigt ist, weil durch die Ablehnung kein schwerwiegender Nachteil entsteht.

Der Beschluss bedarf keiner Begründung.

§ 44 (Rechtswegerschöpfung)

(1) Ist für den Gegenstand der Grundrechtsklage der Rechtsweg zulässig, so kann die Grundrechtsklage erst erhoben werden, wenn der Rechtsweg erschöpft ist. Der Staatsgerichtshof prüft nur, ob die Entscheidung des höchsten in der Sache zuständigen Gerichts auf der Verletzung eines von der Verfassung des Landes Hessen gewährten Grundrechts beruht. Die Grundrechtsklage ist unzulässig, wenn das höchste in der Sache zuständige Gericht kein Gericht des Landes Hessen ist.

(2) Vor Erschöpfung des Rechtswegs entscheidet der Staatsgerichtshof nur, wenn die Bedeutung der Sache über den Einzelfall hinausgeht oder wenn der antragstellenden Person ein schwerer und unabwendbarer Nachteil entstünde, falls sie zunächst auf den Rechtsweg verwiesen würde.

§ 45 Antragsfrist, Entscheidung

(1) Die Grundrechtsklage ist innerhalb eines Monats einzureichen. Die Frist beginnt mit der schriftlichen Bekanntgabe der vollständigen Entscheidung des höchsten in der Sache zuständigen Gerichts des Landes Hessen an die antragstellende Person.

(2) Eine Grundrechtsklage gegen eine Rechtsvorschrift oder gegen einen sonstigen Hoheitsakt, gegen den der Rechtsweg nicht offensteht, kann nur binnen eines Jahres seit Inkrafttreten der Rechtsvorschrift oder seit Erlaß des Hoheitsaktes erhoben werden.

(3) Wird der Grundrechtsklage stattgegeben, weil die angegriffene Rechtsvorschrift gegen die Verfassung des Landes Hessen verstößt oder die aufgehobene Entscheidung auf einer verfassungswidrigen Rechtsnorm beruht, so sind die Regelungen des § 40 Abs. 1 bis 3 entsprechend anwendbar.

§ 47 Bindungswirkung der Entscheidung

(1) Die Entscheidung des Staatsgerichtshofs bindet andere Verfassungsorgane sowie Gerichte und Verwaltungsbehörden.

(2) Der Staatsgerichtshof kann die von einem Gericht des Landes Hessen erlassene rechtskräftige Entscheidung für kraftlos erklären und die Sache an ein Gericht desselben Rechtszuges zurückverweisen.

5.
Mecklenburg-Vorpommern

a) Verfassung des Landes Mecklenburg-Vorpommern (LVerf M-V)

i.d.F. v. 14.7.2006

Art. 53 (Zuständigkeit)

(1) Das Landesverfassungsgericht entscheidet

…

6. über Verfassungsbeschwerden, die jeder mit der Behauptung erheben kann, durch ein Landesgesetz unmittelbar in seinen Grundrechten oder staatsbürgerlichen Rechten verletzt zu sein.

…

7. über Verfassungsbeschwerden, die jeder mit der Behauptung erheben kann, durch die öffentliche Gewalt in einem seiner in Artikel 6 bis 10 dieser Verfassung gewährten Grundrechte verletzt zu sein, soweit eine Zuständigkeit des Bundesverfassungsgerichts nicht gegeben ist.

b) Landesverfassungsgerichtsgesetz Mecklenburg-Vorpommern (LVerfGG)

vom 19.7.1994 i.d.F. vom 20.7.2006

§ 11 Zuständigkeiten

Das Landesverfassungsgericht entscheidet

…

(8) über Verfassungsbeschwerden, die mit der Behauptung erhoben werden, durch ein Landesgesetz unmittelbar in seinen Grundrechten oder staatsbürgerlichen Rechten verletzt zu sein (Artikel 53 Nr. 6 der Verfassung).

(9) über Verfassungsbeschwerden, die mit der Behauptung erhoben werden, durch die öffentliche Gewalt in einem in den Artikeln 6 bis 10 der Verfassung gewährten Grundrechte verletzt zu sein, soweit eine Zuständigkeit des Bundesverfassungsgerichts nicht gegeben ist (Artikel 53 Nr. 7 der Verfassung).

§ 30 einstweilige Anordnungen

(1) Das Landesverfassungsgericht kann im Streitfall einen Zustand durch einstweilige Anordnung vorläufig regeln, wenn dies zur Abwehr schwerer Nachteile, zur Verhinderung drohender Gewalt oder aus einem anderen wichtigen Grund zum gemeinen Wohl dringend geboten ist.

(2) Die einstweilige Anordnung kann ohne mündliche Verhandlung ergehen. Bei besonderer Dringlichkeit kann das Landesverfassungsgericht davon absehen, den am Verfahren zur Hauptsache Beteiligten Gelegenheit zur Stellungnahme zu geben.

(3) Wird über den Antrag auf Erlaß einer einstweiligen Anordnung durch Beschluß entschieden, kann binnen eines Monats Widerspruch erhoben werden. Über den Widerspruch entscheidet das Landesverfassungsgericht nach mündlicher Verhandlung, die spätestens zwei Wochen nach Eingang des Widerspruchs stattfindet.

(4) Der Widerspruch gegen die einstweilige Anordnung hat keine aufschiebende Wirkung. Das Landesverfassungsgericht kann die Vollziehung der einstweiligen Anordnung aussetzen.

(5) Die einstweilige Anordnung tritt mit Beendigung des Verfahrens, spätestens nach drei Monaten, außer Kraft. Sie kann mit einer Mehrheit von fünf Stimmen wiederholt werden.

(6) Ist das Landesverfassungsgericht nicht beschlußfähig, so kann die einstweilige Anordnung bei besonderer Dringlichkeit erlassen werden, wenn mindestens drei Richter anwesend sind und der Beschluß einstimmig gefasst wird. Sie tritt nach einem Monat außer Kraft. Wird sie durch das Landesverfassungsgericht bestätigt, so tritt sie drei Monate nach ihrem Erlass außer Kraft.

Achter Abschnitt.
Verfahren in den Fällen des § 11 Abs. 1 Nr. 8 und 10
(Verfassungsbeschwerde gegen Landesgesetze)

§ 52 Beschwerdebefugnis

(1) Jeder kann mit der Behauptung, durch ein Landesgesetz unmittelbar in seinen Grundrechten oder staatsbürgerlichen Rechten verletzt zu sein, Verfassungsbeschwerde zum Landesverfassungsgericht erheben.

...

§ 53 Frist

Die Verfassungsbeschwerde ist nur innerhalb eines Jahres seit dem Inkrafttreten des Landesgesetzes zulässig.

§ 54 Begründung der Beschwerde

In der Begründung der Beschwerde sind das Recht, das verletzt sein soll, und die gesetzliche Bestimmung, durch die der Beschwerdeführer sich verletzt fühlt, zu bezeichnen.

§ 55 Prozeßkostenhilfe

Dem Beschwerdeführer kann nach den Vorschriften der Zivilprozeßordnung Prozeßkostenhilfe bewilligt werden.

§ 56 Beteiligung des Landtages und der Landesregierung

Das Landesverfassungsgericht gibt dem Landtag und der Landesregierung Gelegenheit zur Äußerung binnen einer zu bestimmenden Frist.

§ 57 Inhalt der Entscheidung

Wird der Verfassungsbeschwerde stattgegeben, so stellt das Landesverfassungsgericht die Nichtigkeit der gesetzlichen Bestimmungen fest.

Neunter Abschnitt.
Verfahren in den Fällen des § 11 Abs. 1 Nr. 9
(Verfassungsbeschwerde wegen Verletzung von Landesgrundrechten)

§ 58 Beschwerdebefugnis

(1) Jeder kann mit der Behauptung, durch die öffentliche Gewalt in einem seiner in den Artikeln 6 bis 10 der Landesverfassung gewährten Grundrechte verletzt zu sein, Verfassungsbeschwerde zum Landesverfassungsgericht erheben.

(2) Ist gegen die Verletzung der Rechtsweg zulässig, so kann die Verfassungsbeschwerde erst nach Erschöpfung des Rechtswegs erhoben werden. Das Landesverfassungsgericht kann jedoch über eine vor Erschöpfung des Rechts-

wegs eingelegte Verfassungsbeschwerde sofort entscheiden, wenn sie von allgemeiner Bedeutung ist oder wenn dem Beschwerdeführer ein schwerer und unabwendbarer Nachteil entstünde, falls er zunächst auf den Rechtsweg verwiesen würde.

(3) Die Beschwerde ist nicht zulässig, soweit eine Zuständigkeit des Bundesverfassungsgerichts gegeben ist.

§ 59 Frist

Die Verfassungsbeschwerde ist binnen eines Monats einzulegen. Die Frist beginnt mit der Zustellung oder formlosen Mitteilung der in vollständiger Form abgefaßten Entscheidung.

§ 60 Begründung der Beschwerde

In der Begründung der Beschwerde sind das Recht, das verletzt sein soll, und die Handlung oder Unterlassung des Organs oder der Behörde, durch die der Beschwerdeführer sich verletzt fühlt, zu bezeichnen.

§ 61 Prozeßkostenhilfe

Dem Beschwerdeführer kann nach den Vorschriften der Zivilprozeßordnung Prozeßkostenhilfe bewilligt werden.

§ 62 Wirkung der Beschwerde

Die Verfassungsbeschwerde hat keine aufschiebende Wirkung. § 30 bleibt unberührt.

§ 63 Anhörung Dritter

(1) Das Landesverfassungsgericht gibt dem Verfassungsorgan des Landes, dessen Handlung oder Unterlassung in der Verfassungsbeschwerde beanstandet wird, Gelegenheit, sich binnen einer zu bestimmenden Frist zu äußern.

(2) Ging die Handlung oder Unterlassung von einem Minister oder einer Behörde des Landes aus, so ist dem zuständigen Minister Gelegenheit zur Äußerung zu geben.

(3) Richtet sich die Verfassungsbeschwerde gegen eine gerichtliche Entscheidung, so gibt das Landesverfassungsgericht auch dem durch die Entscheidung Begünstigten Gelegenheit zur Äußerung.

§ 64 Inhalt der Entscheidung

(1) Wird der Verfassungsbeschwerde stattgegeben, so ist in der Entscheidung festzustellen, welche Vorschrift der Landesverfassung und durch welche Handlung oder Unterlassung sie verletzt wurde. Das Landesverfassungsgericht kann zugleich aussprechen, daß auch jede Wiederholung der beanstandeten Maßnahme die Landesverfassung verletzt.

(2) Wird der Verfassungsbeschwerde gegen eine Entscheidung stattgegeben, so hebt das Landesverfassungsgericht die Entscheidung auf.

(3) Wird der Verfassungsbeschwerde gem. Absatz 2 stattgegeben, weil die aufgehobene Entscheidung auf einem verfassungswidrigen Gesetz beruht, so ist die Nichtigkeit des Gesetzes festzustellen.

6.
Rheinland-Pfalz

a) Verfassung für Rheinland-Pfalz (LVerf Rh-Pf.)

vom 18. Mai 1947 i.d.F. vom 16.12.2005

Art. 130a

Jeder kann mit der Behauptung, durch die öffentliche Gewalt des Landes in einem seiner in dieser Verfassung enthaltenen Rechte verletzt zu sein, die Verfassungsbeschwerde zum Verfassungsgerichtshof erheben.

Art. 135

(1) Der Verfassungsgerichtshof entscheidet darüber

...

4. über Verfassungsbeschwerden (Art. 130a).

b) Landesgesetz über den Verfassungsgerichtshof (Rh-Pf.VerfGHG)

vom 23. Juli 1949, zuletzt geändert durch Gesetz vom 22.12.2003

§ 15a Erledigung unzulässiger oder offensichtlich unbegründeter Anträge

(1) Anträge und Anklagen, die nicht von einem der in Artikel 130 Abs. 1 und 3 der Verfassung genannten Antragsberechtigungen eingereicht wurden, sowie Verfassungsbeschwerden können durch einstimmigen Beschluß eines von dem Verfassungsgerichtshof für die Dauer eines Geschäftsjahres bestellten Ausschusses zurückgewiesen werden, wenn sie unzulässig oder offensichtlich unbegründet sind. Der Ausschuß besteht aus dem Vorsitzenden des Verfassungsgerichtshofs sowie einem berufsrichterlichen und einem nichtberufsrichterlichen Mitglied des Verfassungsgerichtshofs. Der Ausschuß kann ohne mündliche Verhandlung und ohne eine Anhörung nach § 48 Abs. 1 bis 3 entscheiden.

(2) Der Vorsitzende hat den Beschluß einschließlich seiner Begründung bei der nächsten Sitzung des Verfassungsgerichtshofs, jedoch spätestens innerhalb von sechs Monaten seit Erlaß des Beschlusses, dem Verfassungsgerichtshof mitzuteilen. Findet innerhalb der Frist keine Sitzung statt, so erfolgt die Mitteilung im Wege des Umlaufs bei den zur Entscheidung berufenen Mitgliedern. In diesem Falle hat der Vorsitzende vor Ablauf der Frist jedem mitwirkenden Mitglied eine Abschrift des Beschlusses zu übersenden. Jedes Mitglied sendet die ihm übersandte Abschrift mit einer Bestätigung der Kenntnisnahme versehen zurück, wenn es nicht eine Beratung verlangt.

(3) Jedes mitwirkende Mitglied kann innerhalb eines Monats nach Zugang der Mitteilung des Vorsitzenden eine Beratung der Sache durch den Verfassungsgerichtshof verlangen. Gelangt der Verfassungsgerichtshof bei dieser Beratung zu einer von dem Beschluß abweichenden Beurteilung, so hat er den Beschluß aufzuheben und nach Maßgabe der sonstigen Bestimmungen dieses Gesetzes in der Sache zu entscheiden.

(4) Die Absätze 2 und 3 gelten nicht bei Verfassungsbeschwerden.

§ 19a Einstweilige Anordnung

(1) Der Verfassungsgerichtshof kann in einem anhängigen Verfahren auf Antrag eines Beteiligten einen Zustand durch einstweilige Anordnung vorläufig regeln, wenn dies zur Abwehr schwerer Nachteile, zur Verhinderung drohender Gewalt oder aus einem anderen wichtigen Grund zum gemeinen Wohl dringend geboten ist.

(2) Die einstweilige Anordnung kann ohne mündliche Verhandlung ergehen. Vor dem Erlaß sind die Beteiligten zu hören. Bei besonderer Dringlichkeit kann der Verfassungsgerichtshof von der Anhörung absehen.

(3) Wird die einstweilige Anordnung ohne mündliche Verhandlung erlassen oder abgelehnt, so kann Widerspruch erhoben werden. Über den Widerspruch entscheidet der Verfassungsgerichtshof nach mündlicher Verhandlung. Diese muß binnen zwei Wochen nach Eingang der Begründung des Widerspruchs stattfinden.

(4) Der Widerspruch gegen die einstweilige Anordnung hat keine aufschiebende Wirkung. Der Verfassungsgerichtshof kann die Vollziehung der einstweiligen Anordnung aussetzen.

(5) Die einstweilige Anordnung tritt nach drei Monaten außer Kraft. Sie kann mit einer Mehrheit von zwei Dritteln der Stimmen wiederholt werden.

(6) Ist der Verfassungsgerichtshof nicht beschlußfähig, so kann die einstweilige Anordnung bei besonderer Dringlichkeit erlassen werden, wenn mindestens drei Mitglieder des Verfassungsgerichtshofes anwesend sind und der Beschluß einstimmig gefaßt wird; Absätze 1 bis 4 gelten entsprechend. Die einstweilige Anordnung tritt nach einem Monat außer Kraft; wird sie durch den Verfassungsgerichtshof bestätigt, so tritt sie drei Monate nach ihrem Erlaß in Kraft.

§ 21a Auslagenerstattung

(1) Erweist sich eine Verfassungsbeschwerde (§ 2 Nr. 2) oder die Beschwerde eines anderen Beteiligten nach § 43 Abs. 1 als begründet, so sind dem Beschwerdeführer die notwendigen Auslagen ganz oder teilweise zu erstatten. In Verfahren über die Beschwerde gegen Entscheidungen des Wahlprüfungsausschusses (§ 2 Nr. 3) gilt § 14 Abs. 2 des Landeswahlprüfungsgesetzes entsprechend.

(2) In den Fällen des § 2 Nr. 4 sind dem nicht für schuldig Befundenen die notwendigen Auslagen, einschließlich der Kosten der Verteidigung, zu ersetzen. Im Falle einer Verurteilung kann der Verfassungsgerichtshof volle oder teilweise Erstattung von Auslagen anordnen.

(3) In den übrigen Fällen kann der Verfassungsgerichtshof volle oder teilweise Erstattung der Auslagen anordnen.

§ 44 Voraussetzungen der Verfassungsbeschwerde

(1) Jeder kann mit der Behauptung, durch die öffentliche Gewalt des Landes in einem seiner in der Verfassung für Rheinland-Pfalz enthaltenen Rechte verletzt zu sein, die Verfassungsbeschwerde zum Verfassungsgerichtshof erheben (Art. 130a und Art. 135 Abs. 1 Nr. 4 der Verfassung).

(2) Die Verfassungsbeschwerde ist unzulässig, soweit die öffentliche Gewalt des Landes Bundesrecht ausführt oder anwendet. Dies gilt nicht für die Durchführung des gerichtlichen Verfahrens oder wenn die Landesverfassung weiter reichende Rechte als das Grundgesetz gewährleistet.

(3) Ist gegen die behauptete Verletzung der Rechtsweg zulässig, so kann die Verfassungsbeschwerde erst nach Erschöpfung des Rechtswegs erhoben werden. Der Verfassungsgerichtshof kann jedoch über eine vor Erschöpfung des Rechtsweges eingelegte Verfassungsbeschwerde sofort entscheiden, wenn sie von allgemeiner Bedeutung ist oder wenn dem Beschwerdeführer ein schwerer und unabwendbarer Nachteil entstünde, falls er zunächst auf den Rechtsweg verwiesen würde.

(4) Soweit der Beschwerdeführer eine Entscheidung des Verfassungsgerichtshofs nach Artikel 130 Abs. 1 oder 2 der Verfassung beantragen kann oder hätte beantragen können, ist die Verfassungsbeschwerde unzulässig.

§ 45 Begründung der Verfassungsbeschwerde

In der Begründung der Verfassungsbeschwerde sind das Recht, das verletzt sein soll, und die Handlung oder Unterlassung des Organs oder der Behörde, durch die der Beschwerdeführer sich verletzt fühlt, zu bezeichnen.

§ 46 Fristen

(1) Die Verfassungsbeschwerde ist binnen eines Monats zu erheben und zu begründen. Die Frist beginnt mit der Zustellung oder formlosen Mitteilung der in vollständiger Form abgefaßten Entscheidung, wenn diese nach den maßgebenden verfahrensrechtlichen Vorschriften von Amts wegen vorzunehmen ist. In anderen Fällen beginnt die Frist mit der Verkündung der Entscheidung oder, wenn diese nicht zu verkünden ist, mit ihrer sonstigen Bekanntgabe an den Beschwerdeführer; wird dabei dem Beschwerdeführer eine Abschrift der Entscheidung in vollständiger Form nicht erteilt, so wird die Frist des Satzes 1 dadurch unterbrochen, daß der Beschwerdeführer schriftlich oder zu Protokoll der Geschäftsstelle die Erteilung einer in vollständiger Form abgefaßten Entscheidung beantragt. Die Unterbrechung dauert fort, bis die Entscheidung in vollständiger Form dem Beschwerdeführer von dem Gericht erteilt oder von Amts wegen oder von einem an dem Verfahren Beteiligten zugestellt wird.

(2) War ein Beschwerdeführer ohne Verschulden verhindert, diese Frist einzuhalten, ist ihm auf Antrag Wiedereinsetzung in den vorigen Stand zu gewähren. Der Antrag ist binnen zwei Wochen nach Wegfall des Hindernisses zu stellen. Die Tatsachen zur Begründung des Antrags sind bei der Antragstellung oder im Verfahren über den Antrag glaubhaft zu machen. Innerhalb der Antragsfrist ist die versäumte Rechtshandlung nachzuholen; ist dies geschehen, kann die Wiedereinsetzung auch ohne Antrag gewährt werden. Nach einem Jahr seit dem Ende der versäumten Frist ist der Antrag unzulässig. Das Verschulden des Bevollmächtigten steht dem Verschulden eines Beschwerdeführers gleich.

(3) Richtet sich die Verfassungsbeschwerde gegen eine Rechtsvorschrift oder gegen einen sonstigen Hoheitsakt, gegen den ein Rechtsweg nicht offen steht, so kann die Verfassungsbeschwerde nur binnen eines Jahres seit dem In-Kraft-Treten der Rechtsvorschrift oder dem Erlaß des Hoheitsaktes erhoben werden.

§ 47 Prozeßkostenhilfe

Dem Beschwerdeführer kann nach Maßgabe der Vorschriften der Zivilprozeßordnung Prozeßkostenhilfe bewilligt werden.

§ 48 Anhörung

(1) Für Verfassungsbeschwerden, die sich unmittelbar oder mittelbar gegen ein Gesetz oder die sonstige Handlung eines Verfassungsorgans richten, gilt § 25 Abs. 1 und 2 entsprechend.

(2) Richtet sich die Verfassungsbeschwerde gegen die Handlung oder Unterlassung einer Behörde des Landes, so ist dem zuständigen Minister, bei Behörden sonstiger Rechtsträger auch den Rechtsträgern, Gelegenheit zur Äußerung zu geben.

(3) Richtet sich die Verfassungsbeschwerde gegen eine gerichtliche Entscheidung, so ist auch dem durch die Entscheidung Begünstigten Gelegenheit zur Äußerung zu geben.

(4) Die nach den Absätzen 1 und 2 anzuhörenden Organe können dem Verfahren beitreten, die Landesregierung auch dann, wenn eine Handlung oder Unterlassung einer Behörde beanstandet wird.

§ 49 Entscheidung

(1) Der Verfassungsgerichtshof kann ohne mündliche Verhandlung entscheiden, wenn er sie zur Aufklärung des Sachverhaltes oder zur Erörterung des Sach- und Streitstoffes nicht für erforderlich hält.

(2) Wird der Verfassungsbeschwerde stattgegeben, so ist in der Entscheidung festzustellen, welche Bestimmung der Verfassung und durch welche Handlung oder Unterlassung sie verletzt wurde. Der Verfassungsgerichtshof kann zugleich aussprechen, daß auch jede Wiederholung der beanstandeten Maßnahme die Verfassung verletzt.

(3) Wird der Verfassungsbeschwerde gegen eine Entscheidung stattgegeben, so hebt der Verfassungsgerichtshof die Entscheidung auf, in den Fällen des § 44 Abs. 3 Satz 1 verweist er die Sache an ein zuständiges Gericht zurück.

(4) Wird der Verfassungsbeschwerde gegen eine Rechtsvorschrift stattgegeben, so spricht der Verfassungsgerichtshof ihre Verfassungswidrigkeit aus. Das Gleiche gilt, wenn der Verfassungsbeschwerde gemäß Absatz 3 stattgegeben wird, weil die aufgehobene Entscheidung auf einer verfassungswidrigen Rechtsvorschrift beruht. § 26 gilt entsprechend.

7.
Saarland

Gesetz über den Verfassungsgerichtshof (Saarl-VGHG)

vom 17.7.1958 i.d.F. vom 13.12.2005

§ 9 Zuständigkeiten

Der Verfassungsgerichtshof entscheidet,

…

13. über Verfassungsbeschwerden.

§ 23 Einstweilige Anordnungen

(1) Der Verfassungsgerichtshof kann in einem anhängigen Verfahren auf Antrag eines/einer Beteiligten einen Zustand durch einstweilige Anordnung vorläufig regeln, wenn dies zur Abwehr schwerer Nachteile, zur Verhinderung drohender Gewalt oder aus einem anderen wichtigen Grunde zum gemeinen Wohl dringend geboten ist.

(2) Die einstweilige Anordnung kann ohne mündliche Verhandlung ergehen. Vor dem Erlaß der einstweiligen Anordnung sind die Beteiligten zu hören.

(3) Gegen die einstweilige Anordnung und ihre Ablehnung kann Widerspruch erhoben werden. Das gilt nicht für den Beschwerdeführer/die Beschwerdeführerin im Verfahren der Verfassungsbeschwerde. Über den Widerspruch entscheidet der Verfassungsgerichtshof nach mündlicher Verhandlung. Diese muss binnen zwei Wochen nach Eingang der Begründung des Widerspruchs stattfinden.

(4) Der Widerspruch gegen die einstweilige Anordnung hat keine aufschiebende Wirkung. Der Verfassungsgerichtshof kann die Vollziehung der einstweiligen Anordnung aussetzen.

(5) Die einstweilige Anordnung tritt nach drei Monaten außer Kraft. Sie kann auf Antrag eines/einer Beteiligten mit einer Mehrheit von zwei Drittel der Stimmen erneut erlassen werden.

8. Abschnitt.
Verfahren in den Fällen des § 9 Nr. 13
(Verfassungsbeschwerde)

§ 55 Zulässigkeit der Verfassungsbeschwerde

(1) Die Verfassungsbeschwerde kann von jedermann mit der Behauptung erhoben werden, durch die saarländische öffentliche Gewalt in einem seiner/ihrer Grundrechte oder sonstigen verfassungsmäßigen Rechte verletzt zu sein.

…

(3) Ist gegen die Verletzung der Rechtsweg zulässig, so kann die Verfassungsbeschwerde erst nach Erschöpfung des Rechtsweges erhoben werden. Der Verfassungsgerichtshof kann jedoch über eine vor Erschöpfung des Rechtsweges eingelegte Verfassungsbeschwerde sofort entscheiden, wenn sie von allgemeiner Bedeutung ist oder wenn dem Beschwerdeführer/der Beschwerdeführerin ein schwerer und unabwendbarer Nachteil entstünde, falls er zunächst auf den Rechtsweg verwiesen würde.

§ 56 Fristen

(1) Die Verfassungsbeschwerde ist binnen eines Monats durch einen bei einem deutschen Gericht zugelassenen Rechtsanwalt/eine bei einem deutschen Gericht zugelassene Rechtsanwältin oder durch einen Professor/Professorin des Rechts an einer deutschen Universität einzulegen. Die Frist beginnt mit der Zustellung oder formlosen Mitteilung der in vollständiger Form abgefaßten Anordnung oder Entscheidung, wenn diese nach den maßgebenden verfahrensrechtlichen Vorschriften von Amts wegen vorzunehmen ist. In anderen Fällen beginnt die Frist mit der

Verkündung oder sonstigen Bekanntgabe der Anordnung oder Entscheidung. Wird dabei dem Beschwerdeführer eine Abschrift der Anordnung oder Entscheidung in vollständiger Form nicht erteilt, so wird die Frist des Satzes 1 dadurch unterbrochen, daß der Beschwerdeführer/die Beschwerdeführerin die Erteilung einer in vollständiger Form abgefaßten Anordnung oder Entscheidung beantragt. Die Unterbrechung dauert fort, bis die Anordnung oder Entscheidung in vollständiger Form dem Beschwerdeführer/der Beschwerdeführerin erteilt oder zugestellt wird.

(2) Richtet sich die Verfassungsbeschwerde gegen eine Rechtsvorschrift oder gegen einen sonstigen Hoheitsakt, gegen den ein Rechtsweg nicht offensteht, so kann die Verfassungsbeschwerde nur binnen eines Jahres nach dem Inkrafttreten der Rechtsvorschrift oder dem Erlaß des Hoheitsaktes erhoben werden.

§ 57 Begründung der Beschwerde

In der Begründung der Beschwerde sind das Recht, das verletzt sein soll, und die Handlung oder Unterlassung des Organs oder der Behörde, durch die der Beschwerdeführer/die Beschwerdeführerin sich verletzt fühlt, zu bezeichnen.

§ 58 Prozesskostenhilfe

Dem Beschwerdeführer/die Beschwerdeführerin kann nach Maßgabe der Vorschriften der Zivilprozeßordnung Prozesskostenhilfe bewilligt werden.

§ 59 Wirkung der Beschwerde

Die Verfassungsbeschwerde hat keine aufschiebende Wirkung. § 23 bleibt unberührt.

§ 60 Äußerung der Beteiligten

(1) Der Verfassungsgerichtshof gibt dem Organ oder der Behörde des Saarlandes, deren Verhalten mit der Verfassungsbeschwerde beanstandet wird, Gelegenheit, sich binnen einer zu bestimmenden Frist zu äußern.

(2) Der Verfassungsgerichtshof kann am Verfahren nicht Beteiligten Gelegenheit zur Äußerung geben.

§ 61 Entscheidung

(1) Wird der Verfassungsbeschwerde stattgegeben, so ist in der Entscheidung festzustellen, welches Grundrecht oder sonstige verfassungsmäßige Recht des Antragstellers/der Antragstellerin und durch welche Handlung oder Unterlassung es verletzt wurde. Der Verfassungsgerichtshof kann zugleich aussprechen, daß auch jede Wiederholung des beanstandeten Verhaltens dieses Recht verletzt.

(2) Wird der Verfassungsbeschwerde gegen eine Entscheidung stattgegeben, so hebt der Verfassungsgerichtshof die Entscheidung auf.

(3) Wird der Verfassungsbeschwerde gegen eine Rechtsvorschrift stattgegeben, so stellt der Verfassungsgerichtshof deren Nichtigkeit fest. Das gleiche gilt, wenn der Verfassungsbeschwerde gemäß Absatz 2 stattgegeben wird, weil die aufgehobene Entscheidung auf einer verfassungswidrigen Rechtsvorschrift beruht. Die Vorschrift des § 46 gilt entsprechend.

8.
Sachsen

a) Verfassung des Freistaats Sachsen (LVerfSach)

vom 27.05.1992

Art. 81 Verfassungsgerichtshof

Der Verfassungsgerichtshof entscheidet

...

4. über Verfassungsbeschwerden, die von jeder Person erhoben werden können, die sich durch die öffentliche Gewalt in einem ihrer in dieser Verfassung niedergelegten Grundrechte (Art. 4, 14 bis 38, 41,78, 91, 102, 105 und 107) verletzt fühlt.

b) Sächsisches Verfassungsgerichtshofsgesetz (SächsVerfGHG)

vom 18.02.1993 i.d.F. vom 27.09.1995

§ 15 Einstweilige Anordnungen
(anstatt § 32 Abs. 6 des Gesetzes über das Bundesverfassungsgericht)

Bei besonderer Dringlichkeit kann die einstweilige Anordnung erlassen werden, wenn mindestens drei berufsrichterliche Mitglieder des Verfassungsgerichtshofs mitwirken und der Beschluß einstimmig gefaßt wird. Sie tritt nach einem Monat außer Kraft. Wird sie durch den Verfassungsgerichtshof in der Besetzung nach § 8 Abs. 2 bestätigt, so tritt sie sechs Monate nach ihrem Erlaß außer Kraft.

Vierter Abschnitt.
Verfahren in den Fällen des § 7 Nr. 4
(Verfassungsbeschwerde)

§ 27 Rügefähige Rechte, Rechtswegerschöpfung

(1) Jede Person kann mit der Behauptung, durch die öffentliche Gewalt des Landes in einem ihrer Grundrechte (Artikel 4, 14 bis 38, 41, 78, 91, 102, 105 und 107 der Verfassung) verletzt zu sein, die Verfassungsbeschwerde zum Verfassungsgerichtshof erheben.

(2) Ist gegen die Verletzung der Rechtsweg zulässig, so kann die Verfassungsbeschwerde erst nach Erschöpfung des Rechtsweges erhoben werden. Der Verfassungsgerichtshof kann jedoch über eine vor Erschöpfung des Rechtsweges eingelegte Verfassungsbeschwerde sofort entscheiden, wenn sie von allgemeiner Bedeutung ist oder wenn dem Beschwerdeführer ein schwerer und unabwendbarer Nachteil entstünde, falls er zunächst auf den Rechtsweg verwiesen würde.

§ 28 Begründung der Verfassungsbeschwerde

In der Begründung der Verfassungsbeschwerde sind das Recht, das verletzt sein soll, und die Handlung oder Unterlassung des Organs oder der Behörde, durch die der Beschwerdeführer sich verletzt fühlt, zu bezeichnen.

§ 29 Einlegungsfrist

(1) Die Verfassungsbeschwerde ist binnen einer Frist von einem Monat zu erheben und zu begründen. Die Frist beginnt mit der Zustellung oder formlosen Mitteilung der in vollständiger Form abgefaßten Entscheidung, wenn diese nach den maßgebenden verfahrensrechtlichen Vorschriften von Amts wegen vorzunehmen ist. In anderen Fällen beginnt die Frist mit der Verkündung der Entscheidung oder, wenn diese nicht zu verkünden ist, mit ihrer sonstigen Bekanntgabe an den Beschwerdeführer; wird dabei dem Beschwerdeführer eine Abschrift der Entscheidung in vollständiger Form nicht erteilt, so wird die Frist des Satzes 1 dadurch unterbrochen, daß der Beschwerdeführer schriftlich oder zu Protokoll der Geschäftsstelle die Erteilung einer in vollständiger Form abgefaßten Entscheidung beantragt. Die Unterbrechung dauert fort, bis die Entscheidung in vollständiger Form dem Beschwerdeführer von dem Gericht erteilt oder von Amts wegen oder von einem anderen an dem Verfahren Beteiligten zugestellt wird.

(2) War ein Beschwerdeführer ohne Verschulden verhindert, die Frist des Absatzes 1 einzuhalten, so ist ihm auf Antrag Wiedereinsetzung in den vorigen Stand zu gewähren. Der Antrag ist binnen zwei Wochen nach Wegfall des Hindernisses zu stellen. Die Tatsachen zur Begründung des Antrags sind bei der Antragstellung oder im Verfahren über den Antrag glaubhaft zu machen. Innerhalb der Antragsfrist ist die versäumte Rechtshandlung nachzuholen; ist dies geschehen, so kann Wiedereinsetzung auch ohne Antrag gewährt werden. Nach einem Jahr seit dem Ende der versäumten Frist ist der Antrag unzulässig. Das Verschulden des Bevollmächtigten steht dem Verschulden eines Beschwerdeführers gleich.

(3) Richtet sich die Verfassungsbeschwerde gegen ein Gesetz oder gegen einen sonstigen Hoheitsakt, gegen den ein Rechtsweg nicht offensteht, so kann die Verfassungsbeschwerde nur binnen eines Jahres seit dem Inkrafttreten des Gesetzes oder dem Erlaß des Hoheitsaktes erhoben werden.

...

§ 30
Anhörung Dritter, Entscheidung

(1) Der Verfassungsgerichtshof gibt dem Verfassungsorgan, dessen Handlung oder Unterlassung in der Verfassungsbeschwerde beanstandet wird, Gelegenheit, sich binnen einer zu bestimmenden Frist zu äußern.

(2) Ging die Handlung oder Unterlassung von einem Staatsminister oder einer Behörde des Landes aus, so ist dem zuständigen Staatsminister Gelegenheit zur Äußerung zu geben.

(3) Richtet sich die Verfassungsbeschwerde gegen eine gerichtliche Entscheidung, so gibt der Verfassungsgerichtshof auch dem durch die Entscheidung Begünstigten Gelegenheit zur Äußerung. Er kann hiervon absehen, wenn die Verfassungsbeschwerde als offensichtlich unzulässig oder offensichtlich unbegründet erscheint.

(4) Richtet sich die Verfassungsbeschwerde unmittelbar oder mittelbar gegen ein Gesetz, so ist § 22 entsprechend anzuwenden.

(5) Die in den Absätzen 1, 2 und 4 genannten Verfassungsorgane können dem Verfahren beitreten.

(6) Der Verfassungsgerichtshof überträgt die Entscheidung über die Verfassungsbeschwerde durch Beschluss auf die zuständige Kammer, wenn die Verfassungsbeschwerde die Klärung einer verfassungsrechtlichen Frage nicht erfordert und die Angelegenheit nicht von besonderer Bedeutung ist.

(7) Der Verfassungsgerichtshof entscheidet über Verfassungsbeschwerden ohne mündliche Verhandlung, wenn er nichts anderes beschließt. Die Kammern entscheiden über Verfassungsbeschwerden im schriftlichen Verfahren.

§31
Entscheidungsinhalt

(1) Wird der Verfassungsbeschwerde stattgegeben, so ist in der Entscheidung festzustellen, welche Vorschrift der Verfassung durch welche Handlung oder Unterlassung verletzt wurde. Der Verfassungsgerichtshof kann zugleich aussprechen, dass auch jede Wiederholung der beanstandeten Maßnahme die Verfassung verletzt.

(2) Wird der Verfassungsbeschwerde gegen eine Entscheidung stattgegeben, so hebt der Verfassungsgerichtshof die Entscheidung auf, in den Fällen des § 27 Abs. 2 verweist er die Sache an ein zuständiges Gericht zurück.

(3) Wird der Verfassungsbeschwerde gegen ein Gesetz stattgegeben, so ist das Gesetz für nichtig zu erklären. Das gleiche gilt, wenn der Verfassungsbeschwerde gemäß Absatz 2 stattgegeben wird, weil die aufgehobene Entscheidung auf einem verfassungswidrigen Gesetz beruht. § 79 des Gesetzes über das Bundesverfassungsgericht gilt entsprechend.

(4) Bleibt die Verfassungsbeschwerde ohne Erfolg, weil sie unzulässig oder offensichtlich unbegründet ist oder der Verfassungsgerichtshof die für ihre Beurteilung erhebliche verfassungsrechtliche Frage bereits entschieden hat, so genügt zur Begründung des Beschlusses der Hinweis auf den maßgeblichen rechtlichen Gesichtspunkt.

9.
Sachsen-Anhalt

a) Verfassung des Landes Sachsen-Anhalt (LVerf S-A)

i.d.F. vom 27.1.2005

Art. 75 Zuständigkeiten

Das Landesverfassungsgericht entscheidet:

…

6. Über Verfassungsbeschwerden, die von jedermann mit der Behauptung erhoben werden können, durch ein Landesgesetz unmittelbar in seinen Grundrechten, grundrechtsgleichen Rechten oder staatsbürgerlichen Rechten verletzt zu sein, …

b) Landesverfassungsgerichtsgesetz (LVerfGG-Sachs)

vom 23.08.1993 i.d.F. vom 26.3.2004.

I. Teil.
Gerichtsverfassung, Zuständigkeit und Organisation

§ 31 Einstweilige Anordnung

(1) Das Landesverfassungsgericht kann im Streitfall einen Zustand durch einstweilige Anordnung vorläufig regeln, wenn dies zur Abwehr schwerer Nachteile, zur Verhinderung drohender Gewalt oder aus einem anderen wichtigen Grund zum gemeinen Wohl dringend geboten ist.

(2) Die einstweilige Anordnung kann ohne mündliche Verhandlung ergehen. Vor ihrem Erlaß soll den Beteiligten Gelegenheit zur Stellungnahme gegeben werden.

(3) Gegen die einstweilige Anordnung und gegen ihre Ablehnung kann binnen eines Monats Widerspruch erhoben werden. Das gilt nicht im Verfahren der Verfassungsbeschwerde. Über den Widerspruch entscheidet das Landesverfassungsgericht nach mündlicher Verhandlung .

(4) Der Widerspruch gegen die einstweilige Anordnung hat keine aufschiebende Wirkung. Das Landesverfassungsgericht kann die Vollziehung der einstweiligen Anordnung aussetzen.

(5) Das Landesverfassungsgericht kann die Entscheidung über die einstweilige Anordnung oder über den Widerspruch ohne Begründung bekanntgeben. In diesem Fall ist die Begründung gesondert zu übermitteln.

(6) Die einstweilige Anordnung tritt mit Bekanntgabe der Entscheidung zur Hauptsache außer Kraft, wenn das Landesverfassungsgericht sie nicht vorher aufhebt.

(7) Das Landesverfassungsgericht kann anordnen, daß eine einstweilige Anordnung im Gesetz- und Verordnungsblatt für das Land Sachsen-Anhalt zu veröffentlichen ist. § 30 Abs. 2 Satz 2 gilt entsprechend.

§ 32

(1) Das Verfahren vor dem Landesverfassungsgericht ist kostenfrei.

(2) Erweist sich eine Verfassungsbeschwerde nach § 2 Nr. 7 als begründet, so sind dem Beschwerdeführer die notwendigen Auslagen ganz oder teilweise zu erstatten.

(3) In den übrigen Fällen kann das Landesverfassungsgericht die volle oder teilweise Erstattung der notwendigen Auslagen anordnen.

(4) Der Urkundsbeamte der Geschäftsstelle setzt auf Antrag die zu erstattenden Kosten und Auslagen fest. Über die Erinnerung gegen den Kostenfestsetzungsbeschluß entscheidet das Landesverfassungsgericht. Die Erinnerung hat aufschiebende Wirkung.

6. Abschnitt.
Verfahren in den Fällen des § 2 Nr. 7
(Verfassungsbeschwerde)

§ 47 Rügefähige Rechte

Jedermann kann mit der Behauptung, durch ein Landesgesetz gegenwärtig unmittelbar in einem seiner in der Verfassung des Landes Sachsen-Anhalt verbürgten Grundrechte, grundrechtsgleichen Rechte oder staatsbürgerlichen Rechte verletzt zu sein, die Verfassungsbeschwerde zum Landesverfassungsgericht erheben.

§ 48 Frist

Die Verfassungsbeschwerde kann nur binnen eines Jahres seit Inkrafttreten des zur Überprüfung gestellten Landesgesetzes erhoben werden.

§ 49 Begründung der Verfassungsbeschwerde

In der Begründung der Verfassungsbeschwerde sind das Recht, das verletzt sein soll, und die Gesetzesvorschrift, durch die sich der Beschwerdeführer unmittelbar verletzt sieht, zu bezeichnen.

§ 50 Verweisung

Die Vorschriften der §§ 40, 41 und 43 Abs.3 gelten entsprechend.

10.
Thüringen

a) Verfassung des Freistaats Thüringen (LVerfThü)

vom 25.10.1993 i.d.F. vom 11.10.2004

Art. 80 Zuständigkeit

(1) Der Verfassungsgerichtshof entscheidet,

1. über Verfassungsbeschwerden, die von jedermann mit der Behauptung erhoben werden können, durch die öffentliche Gewalt in seinen Grundrechten, grundrechtsgleichen Rechten oder staatsbürgerlichen Rechten verletzt zu sein,
   ...

(3) Durch Gesetz kann für Verfassungsbeschwerden die vorherige Erschöpfung des Rechtswegs zur Voraussetzung gemacht, ein besonderes Annahmeverfahren eingeführt und vorgesehen werden, daß unzulässige oder offen-

sichtlich unbegründete Beschwerden durch einen vom Gericht zu bestellenden Ausschuß zurückgewiesen werden können.

b) Thüringer Verfassungsgerichtshofsgesetz (ThürVerfGHG)

vom 28.06.1994 i.d.F. vom 30.12.2003

§ 26 Einstweilige Anordnung

(1) Der Verfassungsgerichtshof kann im Streitfall einen Zustand durch einstweilige Anordnung vorläufig regeln, wenn dies zur Abwehr schwerer Nachteile, zur Verhinderung drohender Gewalt oder aus einem anderen wichtigen Grund zum gemeinen Wohl dringend geboten ist.

(2) Die einstweilige Anordnung kann ohne mündliche Verhandlung ergehen. Bei besonderer Dringlichkeit kann der Verfassungsgerichtshof davon absehen, den am Verfahren zur Hauptsache Beteiligten, zum Beitritt Berechtigten oder Äußerungsberechtigten Gelegenheit zur Stellungnahme zu geben.

(3) Wird die einstweilige Anordnung durch Beschluß erlassen oder abgelehnt, so kann Widerspruch erhoben werden. Das gilt nicht für den Beschwerdeführer im Verfahren der Verfassungsbeschwerde. Über den Widerspruch entscheidet der Verfassungsgerichtshof nach mündlicher Verhandlung. Diese muß binnen zwei Monaten nach dem Eingang der Begründung des Widerspruchs stattfinden.

(4) Der Widerspruch gegen die einstweilige Anordnung hat keine aufschiebende Wirkung. Der Verfassungsgerichtshof kann die Vollziehung der einstweiligen Anordnung aussetzen.

(5) Der Verfassungsgerichtshof kann die Entscheidung über die einstweilige Anordnung oder über den Widerspruch ohne Begründung bekanntgeben. In diesem Fall ist die Begründung den Beteiligten gesondert zu übermitteln.

(6) Die einstweilige Anordnung tritt nach sechs Monaten außer Kraft. Sie kann mit einer Mehrheit von zwei Dritteln der Stimmen wiederholt werden.

Zweiter Abschnitt.
Besondere Verfahrensvorschriften

Erstes Kapitel.
Verfahren in den Fällen des §§ 11 Nr. 1 und 2
(Verfassungsbeschwerden)

§ 31 Voraussetzungen der Verfassungsbeschwerde

(1) Jeder kann mit der Behauptung, durch die öffentliche Gewalt des Landes in einem seiner in der Verfassung enthaltenen Grundrechte, grundrechtsgleichen Rechte oder staatsbürgerlichen Rechte verletzt zu sein, die Verfassungsbeschwerde zum Verfassungsgerichtshof erheben.

(2) ...

(3) Ist gegen die behauptete Verletzung der Rechtsweg zulässig, so kann die Verfassungsbeschwerde erst nach Erschöpfung des Rechtswegs erhoben werden. Der Verfassungsgerichtshof kann jedoch über eine vor Erschöpfung des Rechtswegs eingelegte Verfassungsbeschwerde sofort entscheiden, wenn sie von allgemeiner Bedeutung ist oder wenn dem Beschwerdeführer ein schwerer und unabwendbarer Nachteil entstünde, falls er zunächst auf den Rechtsweg verwiesen würde.

§ 32 Begründung der Verfassungsbeschwerde

In der Begründung der Verfassungsbeschwerde sind das Recht, das verletzt sein soll, und die Handlung oder Unterlassung des Organs oder der Behörde, durch die der Beschwerdeführer sich verletzt fühlt, zu bezeichnen.

§ 33 Fristen

(1) Die Verfassungsbeschwerde ist binnen eines Monats zu erheben und zu begründen. Die Frist beginnt mit der Zustellung oder formlosen Mitteilung der in vollständiger Form abgefaßten Entscheidung, wenn diese nach den maßgebenden verfahrensrechtlichen Vorschriften von Amts wegen vorzunehmen ist. In anderen Fällen beginnt die Frist mit der Verkündung der Entscheidung oder, wenn diese nicht zu verkünden ist, mit ihrer sonstigen Bekanntgabe an den Beschwerdeführer, wird dabei dem Beschwerdeführer eine Abschrift der Entscheidung in vollständiger Form nicht erteilt, so wird die Frist des Satzes 1 dadurch unterbrochen, daß der Beschwerdeführer schriftlich oder zu Protokoll der Geschäftsstelle die Erteilung einer in vollständiger Form abgefaßten Entscheidung beantragt. Die

Unterbrechnung dauert fort, bis die Entscheidung in vollständiger Form dem Beschwerdeführer von dem Gericht erteilt oder von Amts wegen oder von einem an dem Verfahren Beteiligten zugestellt wird.

(2) War ein Beschwerdeführer ohne Verschulden verhindert, diese Frist einzuhalten, ist ihm auf Antrag Wiedereinsetzung in den vorigen Stand zu gewähren. Der Antrag ist binnen zwei Wochen nach Wegfall des Hindernisses zu stellen. Die Tatsachen zur Begründung des Antrags sind bei der Antragstellung oder im Verfahren über den Antrag glaubhaft zu machen. Innerhalb der Antragsfrist ist die versäumte Rechtshandlung nachzuholen; ist dies geschehen, kann die Wiedereinsetzung auch ohne Antrag gewährt werden. Nach einem Jahr seit dem Ende der versäumten Frist ist der Antrag unzulässig. Das Verschulden des Bevollmächtigten steht dem Verschulden eines Beschwerdeführers gleich.

(3) Richtet sich die Verfassungsbeschwerde gegen ein Gesetz oder gegen einen sonstigen Hoheitsakt, gegen den ein Rechtsweg nicht offensteht, so kann die Verfassungsbeschwerde nur binnen eines Jahres seit dem Inkrafttreten des Gesetzes oder dem Erlaß des Hoheitsakts erhoben werden.

§ 34 Erledigung unzulässiger oder offensichtlich unbegründeter Verfassungsbeschwerden

(1) Verfassungsbeschwerden können durch einstimmigen Beschluß eines von dem Verfassungsgerichtshof für die Dauer eines Geschäftsjahres bestellten Ausschusses zurückgewiesen werden, wenn die unzulässig oder offensichtlich unbegründet sind.

(2) Der Ausschuß besteht aus dem Präsidenten des Verfassungsgerichtshofs, einem Mitglied, das Berufsrichter sein oder die Befähigung zum Richteramt haben muß, und einem weiteren Mitglied der Verfassungsgerichtshofs. Die Bestellung mehrerer Ausschüsse ist zulässig; in diesem Fall bestimmt der Verfassungsgerichtshof vor Beginn des Geschäftsjahres deren Zahl, die ihnen neben dem Präsidenten angehörenden Mitglieder des Verfassungsgerichtshofs sowie die Verteilung der Verfassungsbeschwerden auf die Ausschüsse.

(3) Der Ausschuß kann ohne mündliche Verhandlung und ohne eine Anhörung nach § 36 Abs. 1 bis 4 entscheiden.

§ 35 Prozeßkostenhife

Dem Beschwerdeführer kann nach Maßgabe der Vorschriften der Zivilprozeßordnung Prozeßkostenhilfe bewilligt werden.

§ 36 Anhörung

(1) Der Verfassungsgerichtshof gibt dem Verfassungsorgan des Landes Thüringen, dessen Handlung oder Unterlassung in der Verfassungsbeschwerde beanstandet wird, Gelegenheit, sich binnen einer zu bestimmenden Frist zu äußern.

(2) Richtet sich die Verfassungsbeschwerde gegen die Handlung oder Unterlassung eines Ministers oder eine Behörde des Landes, so ist dem zuständigen Minister, bei Behörden sonstiger Rechtsträger auch den Rechtsträgern, Gelegenheit zur Äußerung zu geben.

(3) Richtet sich die Verfassungsbeschwerde gegen eine gerichtliche Entscheidung, so ist auch dem durch die Entscheidung Begünstigten Gelegenheit zur Äußerung zu geben.

(4) Richtet sich die Verfassungsbeschwerde unmittelbar oder mittelbar gegen ein Gesetz, so ist § 43 entsprechend anzuwenden.

(5) Die nach den Absätzen 1, 2 und 4 anzuhörenden Verfassungsorgane können dem Verfahren beitreten, die Landesregierung auch dann, wenn eine Handlung oder Unterlassung einer Behörde beanstandet wird.

§ 37 Entscheidung

(1) Der Verfassungsgerichtshof kann ohne mündliche Verhandlung entscheiden, wenn er sie zur Aufklärung des Sachverhalts oder zur Erörterung des Sach- und Streitstoffes nicht für erforderlich hält.

(2) Wird der Verfassungsbeschwerde stattgegeben, so ist in der Entscheidung festzustellen, welche Bestimmung der Verfassungsbeschwerde und durch welche Handlung oder Unterlassung sie verletzt wurde. Der Verfassungsgerichtshof kann zugleich aussprechen, daß auch jede Wiederholung der beanstandeten Maßnahme die Verfassung verletzt.

(3) Wird der Verfassungsbeschwerde gegen eine Entscheidung stattgegeben, so hebt der Verfassungsgerichtshof die Entscheidung auf, in den Fällen des § 31 Abs. 3 Satz 1 verweist er die Sache an ein zuständiges Gericht zurück.

(4) Wird der Verfassungsbeschwerde gegen ein Gesetz stattgegeben, so erklärt der Verfassungsgerichtshof das Gesetz für nichtig oder mit der Verfassung unvereinbar. Das gleiche gilt, wenn der Verfassungsbeschwerde gem. Absatz 3 stattgegeben wird, weil die aufgehobene Entscheidung auf einem verfassungswidrigen Gesetz beruht.

III. Konvention zum Schutze der Menschenrechte und Grundfreiheiten (Auszug)

in der Fassung des Protokolls Nr. 11,
in Kraft getreten am 1. November 1998

Art. 27 Ausschüsse, Kammern und Große Kammer

(1) Zur Prüfung der Rechtssachen, die bei ihm anhängig gemacht werden, tagt der Gerichtshof in Ausschüssen mit drei Richtern, in Kammern mit sieben Richtern und in einer Großen Kammer mit siebzehn Richtern. Die Kammern des Gerichtshofs bilden die Ausschüsse für einen bestimmten Zeitraum.

(2) Der Kammer und der Großen Kammer gehört von Amts wegen der für den als Partei beteiligten Staat gewählte Richter oder, wenn ein solcher nicht vorhanden ist oder er an den Sitzungen nicht teilnehmen kann, eine von diesem Staat benannte Person an, die in der Eigenschaft eines Richters an den Sitzungen teilnimmt.

(3) Der Großen Kammer gehören ferner der Präsident des Gerichtshofs, die Vizepräsidenten, die Präsidenten der Kammern und andere nach der Verfahrensordnung des Gerichtshofs ausgewählte Richter an. Wird eine Rechtssache nach Artikel 43 an die Große Kammer verwiesen, so dürfen Richter der Kammer, die das Urteil gefällt hat, der Großen Kammer nicht angehören; das gilt nicht für den Präsidenten der Kammer und den Richter, welcher in der Kammer für den als Partei beteiligten Staat mitgewirkt hat.

Art. 28 Unzulässigkeitserklärungen der Ausschüsse

Ein Ausschuss kann durch einstimmigen Beschluss eine nach Artikel 34 erhobene Individualbeschwerde für unzulässig erklären oder im Register streichen, wenn eine solche Entscheidung ohne weitere Prüfung getroffen werden kann. Die Entscheidung ist endgültig.

Art. 29 Entscheidungen der Kammern über die Zulässigkeit und Begründetheit

(1) Ergeht keine Entscheidung nach Artikel 28, so entscheidet eine Kammer über die Zulässigkeit und Begründetheit der nach Artikel 34 erhobenen Individualbeschwerden.

(2) Eine Kammer entscheidet über die Zulässigkeit und Begründetheit der nach Artikel 33 erhobenen Staatenbeschwerden.

(3) Die Entscheidung über die Zulässigkeit ergeht gesondert, sofern nicht der Gerichtshof in Ausnahmefällen anders entscheidet.

Art. 30 Abgabe der Rechtssache an die Große Kammer

Wirft eine bei einer Kammer anhängige Rechtssache eine schwerwiegende Frage der Auslegung dieser Konvention oder der Protokolle dazu auf oder kann die Entscheidung einer ihr vorliegenden Frage zu einer Abweichung von einem früheren Urteil des Gerichtshofs führen, so kann die Kammer diese Sache jederzeit, bevor sie ihr Urteil gefällt hat, an die Große Kammer abgeben, sofern nicht eine Partei widerspricht.

Art. 31 Befugnisse der Großen Kammer

Die Große Kammer

a) entscheidet über nach Artikel 33 oder Artikel 34 erhobene Beschwerden, wenn eine Kammer die Rechtssache nach Artikel 30 an sie abgegeben hat oder wenn die Sache nach Artikel 43 an sie verwiesen worden ist, und
b) behandelt Anträge nach Artikel 47 auf Erstattung von Gutachten.

Art. 32 Zuständigkeit des Gerichtshofs

(1) Die Zuständigkeit des Gerichtshofs umfasst alle die Auslegung und Anwendung dieser Konvention und der Protokolle dazu betreffenden Angelegenheiten, mit denen er nach den Artikeln 33, 34 und 47 befasst wird.

(2) Besteht Streit über die Zuständigkeit des Gerichtshofs, so entscheidet der Gerichtshof.

Art. 33 Staatenbeschwerden

...

Art. 34 Individualbeschwerden

Der Gerichtshof kann von jeder natürlichen Person, nichtstaatlichen Organisation oder Personengruppe, die behauptet, durch eine der Hohen Vertragsparteien in einem der in dieser Konvention oder den Protokollen dazu anerkannten Rechte verletzt zu sein, mit einer Beschwerde befasst werden. Die Hohen Vertragsparteien verpflichten sich, die wirksame Ausübung dieses Rechts nicht zu behindern.

Art. 35 Zulässigkeitsvoraussetzungen

(1) Der Gerichtshof kann sich mit einer Angelegenheit erst nach Erschöpfung aller innerstaatlichen Rechtsbehelfe in Übereinstimmung mit den allgemein anerkannten Grundsätzen des Völkerrechts und nur innerhalb einer Frist von sechs Monaten nach der endgültigen innerstaatlichen Entscheidung befassen.

(2) Der Gerichtshof befasst sich nicht mit einer nach Artikel 34 erhobenen Individualbeschwerde, die

a) anonym ist oder

b) im wesentlichen mit einer schon vorher vom Gerichtshof geprüften Beschwerde übereinstimmt oder schon einer anderen internationalen Untersuchungs- oder Vergleichsinstanz unterbreitet worden ist und keine neuen Tatsachen enthält.

(3) Der Gerichtshof erklärt eine nach Artikel 34 erhobene Individualbeschwerde für unzulässig, wenn er sie für unvereinbar mit dieser Konvention oder den Protokollen dazu, für offensichtlich unbegründet oder für einen Missbrauch des Beschwerderechts hält.

(4) Der Gerichtshof weist eine Beschwerde zurück, die er nach diesem Artikel für unzulässig hält. Er kann dies in jedem Stadium des Verfahrens tun.

Art. 36 Beteiligung Dritter

(1) In allen bei einer Kammer oder der Großen Kammer anhängigen Rechtssachen ist die Hohe Vertragspartei, deren Staatsangehörigkeit der Beschwerdeführer besitzt, berechtigt, schriftliche Stellungnahmen abzugeben und an den mündlichen Verhandlungen teilzunehmen.

(2) Im Interesse der Rechtspflege kann der Präsident des Gerichtshofs jeder Hohen Vertragspartei, die in dem Verfahren nicht Partei ist, oder jeder betroffenen Person, die nicht Beschwerdeführer ist, Gelegenheit geben, schriftlich Stellung zu nehmen oder an den mündlichen Verhandlungen teilzunehmen.

Art. 37 Streichung von Beschwerden

(1) Der Gerichtshof kann jederzeit während des Verfahrens entscheiden, eine Beschwerde in seinem Register zu streichen, wenn die Umstände Grund zur Annahme geben, dass

a) der Beschwerdeführer seine Beschwerde nicht weiterzuverfolgen beabsichtigt,

b) die Streitigkeit einer Lösung zugeführt worden ist oder

c) eine weitere Prüfung der Beschwerde aus anderen vom Gerichtshof festgestellten Gründen nicht gerechtfertigt ist.

Der Gerichtshof setzt jedoch die Prüfung der Beschwerde fort, wenn die Achtung der Menschenrechte, wie sie in dieser Konvention und den Protokollen dazu anerkannt sind, dies erfordert.

(2) Der Gerichtshof kann die Wiedereintragung einer Beschwerde in sein Register anordnen, wenn er dies den Umständen nach für gerechtfertigt hält.

Art. 38 Prüfung der Rechtssache und gütliche Einigung

(1) Erklärt der Gerichtshof die Beschwerde für zulässig, so

a) setzt er mit den Vertretern der Parteien die Prüfung der Rechtssache fort und nimmt, falls erforderlich, Ermittlungen vor; die betreffenden Staaten haben alle zur wirksamen Durchführung der Ermittlungen erforderlichen Erleichterungen zu gewähren;

b) hält er sich zur Verfügung der Parteien mit dem Ziel, eine gütliche Einigung auf der Grundlage der Achtung der Menschenrechte, wie sie in dieser Konvention und den Protokollen dazu anerkannt sind, zu erreichen.

(2) Das Verfahren nach Absatz 1 Buchstabe b ist vertraulich.

Art. 39 Gütliche Einigung

Im Fall einer gütlichen Einigung streicht der Gerichtshof durch eine Entscheidung, die sich auf eine kurze Angabe des Sachverhalts und der erzielten Lösung beschränkt, die Rechtssache in seinem Register.

Art. 40 Öffentliche Verhandlung und Akteneinsicht

(1) Die Verhandlung ist öffentlich, soweit nicht der Gerichtshof auf Grund besonderer Umstände anders entscheidet.

(2) Die beim Kanzler verwahrten Schriftstücke sind der Öffentlichkeit zugänglich, soweit nicht der Präsident des Gerichtshofs anders entscheidet.

Art. 41 Gerechte Entschädigung

Stellt der Gerichtshof fest, dass diese Konvention oder die Protokolle dazu verletzt worden sind, und gestattet das innerstaatliche Recht der Hohen Vertragspartei nur eine unvollkommene Wiedergutmachung für die Folgen dieser Verletzung, so spricht der Gerichtshof der verletzten Partei eine gerechte Entschädigung zu, wenn dies notwendig ist.

Art. 42 Urteile der Kammern

Urteile der Kammern werden nach Maßgabe des Artikels 44 Absatz 2 endgültig.

Art. 43 Verweisung an die Große Kammer

(1) Innerhalb von drei Monaten nach dem Datum des Urteils der Kammer kann jede Partei in Ausnahmefällen die Verweisung der Rechtssache an die Große Kammer beantragen.

(2) Ein Ausschuss von fünf Richtern der Großen Kammer nimmt den Antrag an, wenn die Rechtssache eine schwerwiegende Frage der Auslegung oder Anwendung dieser Konvention oder der Protokolle dazu oder eine schwerwiegende Frage von allgemeiner Bedeutung aufwirft.

(3) Nimmt der Ausschuss den Antrag an, so entscheidet die Große Kammer die Sache durch Urteil.

Art. 44 Endgültige Urteile

(1) Das Urteil der Großen Kammer ist endgültig.

(2) Das Urteil einer Kammer wird endgültig,

a) wenn die Parteien erklären, dass sie die Verweisung der Rechtssache an die Große Kammer nicht beantragen werden,

b) drei Monate nach dem Datum des Urteils, wenn nicht die Verweisung der Rechtssache an die Große Kammer beantragt worden ist, oder

c) wenn der Ausschuss der Großen Kammer den Antrag auf Verweisung nach Artikel 43 abgelehnt hat.

(3) Das endgültige Urteil wird veröffentlicht.

Art. 45 Begründung der Urteile und Entscheidungen

(1) Urteile sowie Entscheidungen, mit denen Beschwerden für zulässig oder für unzulässig erklärt werden, werden begründet.

(2) Bringt ein Urteil ganz oder teilweise nicht die übereinstimmende Meinung der Richter zum Ausdruck, so ist jeder Richter berechtigt, seine abweichende Meinung darzulegen,

Art. 46 Verbindlichkeit und Vollzug der Urteile

(1) Die Hohen Vertragsparteien verpflichten sich, in allen Rechtssachen, in denen sie Partei sind, das endgültige Urteil des Gerichtshofs zu befolgen.

(2) Das endgültige Urteil des Gerichtshofs ist dem Ministerkomitee zuzuleiten; dieses überwacht seinen Vollzug.

IV. Verfahrensordnung des Europäischen Gerichtshofs für Menschenrechte

vom 4. November 1998
(Stand am 1.Juli 2006)

Art. 47 Inhalt einer Individualbeschwerde

(1) Beschwerden nach Artikel 34 der Konvention sind unter Verwendung des von der Kanzlei zur Verfügung gestellten Formulars einzureichen, wenn der Präsident der zuständigen Sektion nichts anderes bestimmt. Das Formular enthält

a) den Namen, das Geburtsdatum, die Staatsangehörigkeit, das Geschlecht, den Beruf und die Adresse des Beschwerdeführers;

b) gegebenenfalls den Namen, den Beruf und die Adresse seines Vertreters;

c) die Vertragspartei oder Vertragsparteien, gegen die sich die Beschwerde richtet;

d) eine kurze Darstellung des Sachverhalts;

e) eine kurze Darstellung der behaupteten Verletzungen der Konvention mit Begründung;

f) eine kurze Darstellung betreffend die Erfüllung der Zulässigkeitskriterien nach Artikel 35 Absatz 1 der Konvention durch den Beschwerdeführer (Erschöpfung der innerstaatlichen Rechtsbehelfe und Einhaltung der Sechsmonatsfrist);

g) den Gegenstand der Beschwerde;
   beizufügen sind

h) Kopien aller einschlägigen Unterlagen, insbesondere der gerichtlichen oder sonstigen Entscheidungen, die sich auf den Gegenstand der Beschwerde beziehen.

(2) Der Beschwerdeführer hat ferner

a) alle Unterlagen, insbesondere die in Absatz 1 Buchstabe h genannten Unterlagen und Entscheidungen beizubringen, die die Feststellung erlauben, dass die Zulässigkeitskriterien nach Artikel 35 Absatz 1 der Konvention erfüllt sind (Erschöpfung der innerstaatlichen Rechtsbehelfe und Einhaltung der Sechsmonatsfrist);

b) mitzuteilen, ob er seinen Fall einer anderen internationalen Untersuchungs- oder Beschwerdeinstanz vorgelegt hat.

(3) Ein Beschwerdeführer, der nicht wünscht, dass seine Identität offen gelegt wird, hat dies mitzuteilen und die Gründe darzulegen, die eine Abweichung von der gewöhnlichen Regel rechtfertigen, nach der das Verfahren vor dem Gerichtshof öffentlich ist. Der Kammerpräsident kann dem Beschwerdeführer in außergewöhnlichen, gebührend begründeten Fällen gestatten, anonym zu bleiben.

(4) Die Nichteinhaltung der Verpflichtungen nach den Absätzen 1 und 2 kann dazu führen, dass die Beschwerde vom Gerichtshof nicht geprüft wird.

(5) Als Datum der Beschwerdeerhebung ist in der Regel das Datum der ersten Mitteilung des Beschwerdeführers anzusehen, in welcher der Gegenstand der Beschwerde – sei es auch nur zusammenfassend – dargelegt wird. Der Gerichtshof kann jedoch entscheiden, dass ein anderes Datum gilt, wenn er dies für gerechtfertigt hält.

(6) Der Beschwerdeführer hat den Gerichtshof über jede Änderung seiner Adresse und jeden für die Prüfung seiner Beschwerde erheblichen Umstand zu informieren.

Art. 49 Individualbeschwerden

(1) Wird schon aus dem vom Beschwerdeführer vorgelegten Material hinreichen deutlich, dass die Beschwerde unzulässig ist oder im Register gestrichen werde sollte, so wird die Beschwerde von einem Komitee geprüft, sofern nicht ein besonderer Grund dagegen spricht.

(2) Wird der Gerichtshof nach Artikel 34 der Konvention mit einer Beschwerde befasst und erscheint ihre Prüfung durch eine Kammer gerechtfertigt, so benennt der Präsident der Sektion, der die Beschwerde zugewiesen wird, einen Richter, der die Beschwerde als Referenten prüfen soll.

(3) Im Rahmen seiner Prüfung

a) kann der als Referent die Parteien ersuchen, innerhalb einer bestimmten Frist Auskünfte bezüglich des Sachverhalts zu erteilen und Unterlagen oder anderes Material vorzulegen, soweit er dies für zweckdienlich hält;

b) entscheidet der als Referent, ob die Beschwerde von einem Komitee oder einer Kammer geprüft wird, wobei der Sektionspräsident die Prüfung durch eine Kammer anordnen kann;

c) legt der als Referent die Berichte, Textentwürfe und anderen Unterlagen vor. die der Kammer oder ihrem Präsidenten bei der Erfüllung ihrer Aufgaben nützlich sein können.

Art. 50 Verfahren vor der Großen Kammer

Wird eine Rechtssache nach Artikel 30 oder 43 der Konvention an die Große Kammer verwiesen, so bestellt der Präsident der Großen Kammer eines, bei einer Staatenbeschwerde eines oder mehrere ihrer Mitglieder als Referenten.

Individualbeschwerden

Art. 52 Zuweisung einer Beschwerde an eine Sektion

(1) Der Präsident des Gerichtshofs weist jede nach Artikel 34 der Konvention erhobene Beschwerde einer Sektion zu; er achtet dabei auf eine gerechte Verteilung der Arbeitslast auf die Sektionen.

(2) Der Präsident der betroffenen Sektion bildet nach Artikel 26 Absatz 1 dieser Verfahrensordnung die in Artikel 27 Absatz 1 der Konvention vorgesehene Kammer mit sieben Richtern.

(3) Bis die Kammer nach Absatz 2 gebildet ist, werden die Befugnisse, die diese Verfahrensordnung dem Kammerpräsidenten überträgt, vom Sektionspräsidenten ausgeübt.

Art. 53 Verfahren vor einem Komitee

(1) Der Präsident des Gerichtshofs weist jede nach Artikel 34 der Konvention erhobene Beschwerde einer Sektion zu; er achtet dabei auf eine gerechte Verteilung der Arbeitslast auf die Sektionen.

(2) Der Präsident der betroffenen Sektion bildet nach Artikel 26 Absatz 1 dieser Verfahrensordnung die in Artikel 27 Absatz 1 der Konvention vorgesehene Kammer mit sieben Richtern.

(3) Bis die Kammer nach Absatz 2 gebildet ist, werden die Befugnisse. die diese Verfahrensordnung dem Kammerpräsidenten überträgt, vom Sektionspräsidenten ausgeübt.

Art. 54 Verfahren vor einer Kammer

(1) Die Kammer kann die Beschwerde sofort für unzulässig erklären oder im Register streichen.

(2) Andernfalls kann die Kammer oder ihr Präsident

a) die Parteien ersuchen, Auskünfte bezüglich des Sachverhalts zu erteilen und Unterlagen oder anderes Material vorzulegen, welche die Kammer oder ihr Präsident für zweckdienlich hält;
b) der beschwerdegegnerischen Vertragspartei die Beschwerde zur Kenntnis bringen und diese auffordern, schriftlich Stellung zu nehmen, und nach Eingang der Stellungnahme den Beschwerdeführer auffordern, darauf zu erwidern;
c) die Parteien auffordern, weitere schriftliche Stellungnahmen abzugeben.

(3) Bevor die Kammer über die Zulässigkeit entscheidet, kann sie auf Antrag einer Partei oder von Amts wegen beschließen, eine mündliche Verhandlung durchzuführen, wenn sie der Auffassung ist, dass dies zur Erfüllung ihrer Aufgaben nach der Konvention erforderlich ist. In diesem Fall werden die Parteien auch aufgefordert, sich zur Begründetheit der Beschwerde zu äussern, wenn die Kammer nicht ausnahmsweise etwas anderes bestimmt.

Art. 54a Gemeinsame Prüfung der Zulässigkeit und Begründetheit

(1) Wenn die Kammer der beschwerdegegnerischen Vertragspartei die Beschwerde nach Artikel 54 Absatz 2 Buchstabe b zur Kenntnis bringt, kann sie nach Artikel 29 Absatz 3 der Konvention auch beschließen, die Zulässigkeit und Begründetheit gleichzeitig zu prüfen. In diesem Fall werden die Parteien aufgefordert, sich in ihren Stellungnahmen auch zur Frage einer gerechten Entschädigung zu äußern und gegebenenfalls Vorschläge für eine gütliche Einigung zu unterbreiten. Die Voraussetzungen nach den Artikeln 60 und 62 gelten entsprechend.

(2) Erzielen die Parteien keine gütliche Einigung und auch keine andere Lösung und ist die Kammer in Anbetracht der Stellungnahmen der Parteien überzeugt, dass die Rechtssache zulässig und für eine Entscheidung über die Begründetheit reif ist. so fällt sie sofort ein Urteil, das die Entscheidung der Kammer über die Zulässigkeit umfasst.

(3) Soweit die Kammer dies für angebracht hält, kann sie nach Unterrichtung der Parteien sofort ein Urteil fällen, das die Entscheidung über die Zulässigkeit umfasst, ohne zuvor das Verfahren nach Absatz 1 durchzuführen.

Staatenbeschwerden und Individualbeschwerden

Art. 55 Einreden der Unzulässigkeit

Einreden der Unzulässigkeit müssen, soweit ihre Natur und die Umstände es zulassen, von der beschwerdegegnerischen Vertragspartei in ihren nach Artikel 51 oder 54 abgegebenen schriftlichen oder mündlichen Stellungnahmen zur Zulässigkeit der Beschwerde vorgebracht werden.

Art. 56 Entscheidung der Kammer

(1) In der Entscheidung der Kammer ist anzugeben, ob sie einstimmig oder durch Mehrheitsbeschluss getroffen wurde; sie ist gleichzeitig oder später zu begründen.

(2) Der Kanzler teilt die Entscheidung der Kammer dem Beschwerdeführer mit. Sie wird auch der oder den betroffenen Vertragspartei(en) und jedem Drittbeteiligten mitgeteilt. soweit diesen zuvor die Beschwerde nach dieser Verfahrensordnung zur Kenntnis gebracht wurde.

Art. 57 Sprache der Entscheidung

(1) Der Gerichtshof erlässt seine Kammerentscheidungen in englischer oder französischer Sprache, wenn er nicht beschließt, eine Entscheidung in beiden Amtssprachen zu erlassen. Die ergangenen Entscheidungen sind der Öffentlichkeit zugänglich.

(2) Die in Artikel 78 vorgesehene Veröffentlichung der Entscheidungen in der amtlichen Sammlung des Gerichtshofs erfolgt in beiden Amtssprachen des Gerichtshofs.

Kapitel V
Das Verfahren nach Zulassung der Beschwerde

Art. 59 Individualbeschwerden

(1) Sobald eine nach Artikel 34 der Konvention erhobene Beschwerde für zulässig erklärt ist, kann die Kammer oder ihr Präsident die Parteien auffordern, weitere Beweismittel oder schriftliche Stellungnahmen vorzulegen.

(2) Soweit nicht anders entschieden, wird jeder Partei für ihre Stellungnahme dieselbe Frist eingeräumt.

(3) Die Kammer kann auf Antrag einer Partei oder von Amts wegen beschließen, eine mündliche Verhandlung über die Begründetheit durchzuführen, wenn sie der Auffassung ist. dass dies zur Erfüllung ihrer Aufgaben nach der Konvention erforderlich ist.

(4) Der Kammerpräsident bestimmt gegebenenfalls das schriftliche und das mündliche Verfahren.

Art. 60 Ansprüche auf gerechte Entschädigung

(1) Ein Beschwerdeführer, der will. dass ihm der Gerichtshof nach Artikel 41 der Konvention eine gerechte Entschädigung zuspricht, falls er eine Verletzung seiner Rechte aus der Konvention feststellt, muss einen entsprechenden Anspruch ausdrücklich geltend machen.

(2) Soweit der Kammerpräsident nicht etwas anderes anordnet, muss der Beschwerdeführer innerhalb der Frist. die für seine Stellungnahme zur Begründetheit bestimmt wurde, alle Ansprüche unter Beifügung einschlägiger Belege beziffert und nach Rubriken geordnet geltend machen.

(3) Erfüllt der Beschwerdeführer die in den Absätzen 1 und 2 genannten Anforderungen nicht, so kann die Kammer die Ansprüche ganz oder teilweise zurückweisen.

(4) Die Ansprüche des Beschwerdeführers werden der beschwerdegegnerischen Regierung zur Stellungnahme übermittelt.

Art. 62 Gütliche Einigung

(1) Sobald eine Beschwerde für zulässig erklärt ist, nimmt der Kanzler nach den Weisungen der Kammer oder ihres Präsidenten nach Artikel 38 Absatz 1 Buchstabe b der Konvention Kontakt mit den Parteien auf, um eine gütliche Einigung zu erreichen. Die Kammer trifft alle geeigneten Maßnahmen, um eine solche Einigung zu erleichtern.

(2) Die im Hinblick auf eine gütliche Einigung geführten Verhandlungen sind nach Artikel 38 Absatz 2 der Konvention vertraulich und erfolgen unbeschadet der Stellungnahmen der Parteien im streitigen Verfahren. Im Rahmen dieser Verhandlungen geäußerte schriftliche oder mündliche Mitteilungen, Angebote oder Eingeständnisse dürfen im streitigen Verfahren nicht erwähnt oder geltend gemacht werden.

(3) Erfährt die Kammer durch den Kanzler, dass die Parteien eine gütliche Einigung erreicht haben, so streicht sie die Rechtssache nach Artikel 43 Absatz 3 im Register. nachdem sie sich vergewissert hat, dass diese Einigung auf der Grundlage der Achtung der Menschenrechte getroffen wurde, wie sie in der Konvention und ihren Protokollen anerkannt sind.

(4) Auf das Verfahren nach Artikel 54a sind die Absätze 2 und 3 entsprechend anzuwenden.

Art. 75 Entscheidung über eine gerechte Entschädigung

(1) Stellt die Kammer eine Verletzung der Konvention oder ihrer Protokolle fest, so entscheidet sie im selben Urteil über die Anwendung des Artikels 41 der Konvention, wenn ein entsprechender Anspruch nach Artikel 60 ausdrücklich geltend gemacht wurde und die Frage spruchreif ist; andernfalls behält sich die Kammer die Beurteilung der Frage ganz oder teilweise vor und bestimmt das weitere Verfahren.

(2) Bei der Entscheidung über die Anwendung des Artikels 41 der Konvention tagt die Kammer möglichst in der gleichen Besetzung wie bei der Prüfung der Begründetheit. Ist dies nicht möglich, so ergänzt oder bildet der Präsident des Gerichtshofs die Kammer durch das Los.

(3) Spricht die Kammer eine gerechte Entschädigung nach Artikel 41 der Konvention zu. so kann sie beschließen, dass die zugesprochenen Beträge zu verzinsen sind, wenn die Zahlung nicht innerhalb der Frist erfolgt, die sie setzt.

(4) Wird der Gerichtshof davon unterrichtet, dass zwischen der in ihren Rechten verletzten Partei und der verantwortlichen Vertragspartei eine Einigung erzielt worden ist, so prüft er, ob die Einigung billig ist, und streicht bejahendenfalls die Rechtssache nach Artikel 43 Absatz 3 im Register.

Prozesskostenhilfe

Art. 91

(1) Der Kammerpräsident kann einem Beschwerdeführer, der eine Beschwerde nach Artikel 34 der Konvention erhoben hat, auf dessen Antrag oder von Amts wegen für die Verfolgung seiner Sache Prozesskostenhilfe bewilligen, nachdem die beschwerdegegnerische Vertragspartei nach Artikel 54 Absatz 2 Buchstabe b dieser Verfahrensordnung zur Zulässigkeit der Beschwerde Stellung genommen hat oder die Frist hierfür abgelaufen ist.

(2) Wird einem Beschwerdeführer für die Verfolgung seiner Sache vor der Kammer Prozesskostenhilfe bewilligt, so gilt die Bewilligung vorbehaltlich des Artikels 96 im Verfahren vor der Großen Kammer weiter.

Art. 92

Prozesskostenhilfe kann nur bewilligt werden, wenn der Kammerpräsident feststellt,

a) dass die Bewilligung dieser Hilfe für die ordnungsgemäße Prüfung der Rechtssache vor der Kammer notwendig ist;

b) dass der Beschwerdeführer nicht über ausreichende finanzielle Mittel verfügt, um die anfallenden Kosten ganz oder teilweise zu begleichen.

Art. 93

(1) Um festzustellen, ob der Beschwerdeführer über ausreichende finanzielle Mittel verfügt, um die anfallenden Kosten ganz oder teilweise zu begleichen, wird er aufgefordert, ein Erklärungsformular auszufüllen, aus dem sein Einkommen, sein Kapitalvermögen und seine finanziellen Verpflichtungen gegenüber Unterhaltsberechtigten sowie alle sonstigen finanziellen Verpflichtungen hervorgehen. Diese Erklärung muss von der oder den zuständigen innerstaatlichen Behörde(n) bestätigt sein.

(2) Der Kammerpräsident kann die betroffene Vertragspartei auffordern, schriftlich Stellung zu nehmen.

(3) Nach Eingang der in Absatz 1 genannten Unterlagen entscheidet der Kammerpräsident, ob Prozesskostenhilfe bewilligt oder abgelehnt wird. Der Kanzler informiert die betroffenen Parteien.

Art. 94

(1) Honorare dürfen nur einem Rechtsbeistand oder einer anderen nach Artikel 36 Absatz 4 bestellten Person gezahlt werden. Gegebenenfalls können auch mehreren Vertretern Honorare gezahlt werden.

(2) Die Prozesskostenhilfe kann außer den Honoraren auch die Fahrt- und Aufenthaltskosten sowie andere notwendige Auslagen umfassen, die dem Beschwerdeführer oder der zu seinem Vertreter bestellten Person entstehen.

Art. 95

Nach Bewilligung der Prozesskostenhilfe bestimmt der Kanzler

a) die Höhe der Honorare entsprechend den geltenden Tarifen;

b) den Betrag der zu zahlenden Kosten.

Art. 96

Der Kammerpräsident kann die Bewilligung der Prozesskostenhilfe jederzeit rückgängig machen oder ändern, wenn er feststellt, dass die Voraussetzungen nach Artikel 92 nicht mehr erfüllt sind.

V. Protokoll Nr. 14 zur Konvention zum Schutz der Menschenrechte und Grundfreiheiten über die Änderung des Kontrollsystems der Konvention

Straßburg, 13.5.2004

Präambel

Die Mitgliedstaaten des Europarats, die dieses Protokoll zu der am 4. November 1950 in Rom unterzeichneten Konvention zum Schutz der Menschenrechte und Grundfreiheiten (im Folgenden als »Konvention« bezeichnet) unterzeichnen – im Hinblick auf die Entschließung Nr. 1 und die Erklärung, die auf der in Rom am 3. und 4. November 2000 abgehaltenen Europäischen Ministerkonferenz über Menschenrechte angenommen wurden;

im Hinblick auf die Erklärungen, welche das Ministerkomitee am 8. November 2001, 7. November 2002 und 15. Mai 2003 auf seiner 109., 111. und 112. Tagung angenommen hat;

im Hinblick auf die Stellungnahme Nr. 251 (2004) der Parlamentarischen Versammlung des Europarats vom 28. April 2004;

in der Erwägung, dass es dringend erforderlich ist, einzelne Bestimmungen der Konvention zu ergänzen, um insbesondere in Anbetracht der stetigen Zunahme der Arbeitslast des Europäischen Gerichtshofs für Menschenrechte und des Ministerkomitees des Europarats die langfristige Wirksamkeit des Kontrollsystems zu wahren und zu verbessern;

insbesondere in der Erwägung, dass es notwendig ist zu gewährleisten, dass der Gerichtshof weiterhin seine herausragende Rolle beim Schutz der Menschenrechte in Europa spielen kann

haben folgendes vereinbart:

Artikel 1

Artikel 22 Absatz 2 der Konvention wird aufgehoben.

Artikel 2

Artikel 23 der Konvention erhält folgende Fassung:

»Artikel 23 – Amtszeit und Entlassung

1. Die Richter werden für neun Jahre gewählt. Ihre Wiederwahl ist nicht zulässig.
2. Die Amtszeit der Richter endet mit Vollendung des 70. Lebensjahrs.
3. Die Richter bleiben bis zum Amtsantritt ihrer Nachfolger im Amt. Sie bleiben jedoch in den Rechtssachen tätig, mit denen sie bereits befasst sind.
4. Ein Richter kann nur entlassen werden, wenn die anderen Richter mit Zweidrittelmehrheit entscheiden, dass er die erforderlichen Voraussetzungen nicht mehr erfüllt.«

Artikel 3

Artikel 24 der Konvention wird aufgehoben.

Artikel 4

Artikel 25 der Konvention wird Artikel 24 und erhält folgende Fassung:

»Artikel 24 – Kanzlei und Berichterstatter

1. Der Gerichtshof hat eine Kanzlei, deren Aufgaben und Organisation in der Verfahrensordnung des Gerichtshofs festgelegt werden.
2. Wenn der Gerichtshof in Einzelrichterbesetzung tagt, wird er von Berichterstattern unterstützt, die ihre Aufgaben unter der Aufsicht des Präsidenten des Gerichtshofs ausüben. Sie gehören der Kanzlei des Gerichtshofs an.«

Artikel 5

Artikel 26 der Konvention wird Artikel 25 (»Plenum«) und sein Wortlaut wird wie folgt geändert:

1. Am Ende des Buchstabens d wird das Wort »und« durch ein Semikolon ersetzt.
2. Am Ende des Buchstabens e wird der Punkt durch ein Semikolon ersetzt.

3. Es wird folgender neuer Buchstabe f angefügt:
   »f. stellt Anträge nach Artikel 26 Absatz 2.«

Artikel 6

Artikel 27 der Konvention wird Artikel 26 und erhält folgende Fassung:

»Artikel 26 – Einzelrichterbesetzung, Ausschüsse, Kammern und Große Kammer

1. Zur Prüfung der Rechtssachen, die bei ihm anhängig gemacht werden, tagt der Gerichtshof in Einzelrichterbesetzung, in Ausschüssen mit drei Richtern, in Kammern mit sieben Richtern und in einer Großen Kammer mit siebzehn Richtern. Die Kammern des Gerichtshofs bilden die Ausschüsse für einen bestimmten Zeitraum.
2. Auf Antrag des Plenums des Gerichtshofs kann die Anzahl Richter je Kammer für einen bestimmten Zeitraum durch einstimmigen Beschluss des Ministerkomitees auf fünf herabgesetzt werden.
3. Ein Richter, der als Einzelrichter tagt, prüft keine Beschwerde gegen die Hohe Vertragspartei, für die er gewählt worden ist.
4. Der Kammer und der Großen Kammer gehört von Amts wegen der für eine als Partei beteiligte Hohe Vertragspartei gewählte Richter an. Wenn ein solcher nicht vorhanden ist oder er an den Sitzungen nicht teilnehmen kann, nimmt eine Person in der Eigenschaft eines Richters an den Sitzungen teil, die der Präsident des Gerichtshofs aus einer Liste auswählt, welche ihm die betreffende Vertragspartei vorab unterbreitet hat.
5. Der Großen Kammer gehören ferner der Präsident des Gerichtshofs, die Vizepräsidenten, die Präsidenten der Kammern und andere nach der Verfahrensordnung des Gerichtshofs ausgewählte Richter an. Wird eine Rechtssache nach Artikel 43 an die Große Kammer verwiesen, so dürfen Richter der Kammer, die das Urteil gefällt hat, der Großen Kammer nicht angehören; das gilt nicht für den Präsidenten der Kammer und den Richter, welcher in der Kammer für die als Partei beteiligte Hohe Vertragspartei mitgewirkt hat.«

Artikel 7

Nach dem neuen Artikel 26 wird folgender neuer Artikel 27 in die Konvention eingefügt:

»Artikel 27 – Befugnisse des Einzelrichters

1. Ein Einzelrichter kann eine nach Artikel 34 erhobene Beschwerde für unzulässig erklären oder im Register streichen, wenn eine solche Entscheidung ohne weitere Prüfung getroffen werden kann.
2. Die Entscheidung ist endgültig.
3. Erklärt der Einzelrichter eine Beschwerde nicht für unzulässig und streicht er sie auch nicht im Register des Gerichtshofs, so übermittelt er sie zur weiteren Prüfung an einen Ausschuss oder eine Kammer.«

Artikel 28

Artikel 28 der Konvention erhält folgende Fassung:

»Artikel 28 – Befugnisse der Ausschüsse

1. Ein Ausschuss, der mit einer nach Artikel 34 erhobenen Beschwerde befasst wird, kann diese durch einstimmigen Beschluss
   a. für unzulässig erklären oder im Register streichen, wenn eine solche Entscheidung ohne weitere Prüfung getroffen werden kann, oder
   b. für zulässig erklären und zugleich ein Urteil über die Begründetheit fällen, sofern die der Rechtssache zugrunde liegende Frage der Auslegung oder Anwendung dieser Konvention oder der Protokolle dazu Gegenstand einer gefestigten Rechtsprechung des Gerichtshofs ist.
2. Die Entscheidungen und Urteile nach Absatz 1 sind endgültig.
3. Ist der für die als Partei beteiligte Hohe Vertragspartei gewählte Richter nicht Mitglied des Ausschusses, so kann er von Letzterem jederzeit während des Verfahrens eingeladen werden, den Sitz eines Mitglieds im Ausschuss einzunehmen; der Ausschuss hat dabei alle erheblichen Umstände einschließlich der Frage, ob diese Vertragspartei der Anwendung des Verfahrens nach Absatz 1 Buchstabe b entgegengetreten ist, zu berücksichtigen.«

Artikel 29

Artikel 29 der Konvention wird wie folgt geändert:

1. Absatz 1 erhält folgende Fassung: »Ergeht weder eine Entscheidung nach Artikel 27 oder 28 noch ein Urteil nach Artikel 28, so entscheidet eine Kammer über die Zulässigkeit und Begründetheit der nach Artikel 34 erhobenen Beschwerden. Die Entscheidung über die Zulässigkeit kann gesondert ergehen.«
2. Am Ende des Absatzes 2 wird folgender neuer Satz angefügt: »Die Entscheidung über die Zulässigkeit ergeht gesondert, sofern der Gerichtshof in Ausnahmefällen nicht anders entscheidet.«
3. Absatz 3 wird aufgehoben.

Artikel 10

Artikel 31 der Konvention wird wie folgt geändert:

1. Am Ende des Buchstabens a. wird das Wort „und" gestrichen.
2. Buchstabe b. wird Buchstabe c., und folgender neuer Buchstabe b. wird eingefügt:
   »b. entscheidet über Fragen, mit denen der Gerichtshof durch das Ministerkomitee nach Artikel 46 Absatz 4 befasst wird, und«.

Artikel 11

Artikel 32 der Konvention wird wie folgt geändert:

Am Ende des Absatzes 1 werden nach der Zahl 34 ein Komma und die Zahl 46 eingefügt.

Artikel 12

Artikel 35 Absatz 3 der Konvention erhält folgende Fassung:

»3. Der Gerichtshof erklärt eine nach Artikel 34 erhobene Individualbeschwerde für unzulässig,
   a. wenn er sie für unvereinbar mit dieser Konvention oder den Protokollen dazu, für offensichtlich unbegründet oder für missbräuchlich hält oder
   b. wenn er der Ansicht ist, dass dem Beschwerdeführer kein erheblicher Nachteil entstanden ist, es sei denn, die Achtung der Menschenrechte, wie sie in dieser Konvention und den Protokollen dazu anerkannt sind, erfordert eine Prüfung der Begründetheit der Beschwerde, und vorausgesetzt, es wird aus diesem Grund nicht eine Rechtssache zurückgewiesen, die noch von keinem innerstaatlichen Gericht gebührend geprüft worden ist.«

Artikel 13

Am Ende des Artikels 36 wird folgender neuer Absatz 3 angefügt:

»3. In allen bei einer Kammer oder der Großen Kammer anhängigen Rechtssachen kann der Kommissar für Menschenrechte des Europarats schriftliche Stellungnahmen abgeben und an den mündlichen Verhandlungen teilnehmen.«

Artikel 14

Artikel 38 der Konvention erhält folgende Fassung:

»Artikel 38 – Prüfung der Rechtssache

Der Gerichtshof prüft die Rechtssache mit den Vertretern der Parteien und nimmt, falls erforderlich, Ermittlungen vor; die betreffenden Hohen Vertragsparteien haben alle zur wirksamen Durchführung der Ermittlungen erforderlichen Erleichterungen zu gewähren.«

Artikel 15

Artikel 39 der Konvention erhält folgende Fassung:

»Artikel 39 – Gütliche Einigung

1. Der Gerichtshof kann sich jederzeit während des Verfahrens zur Verfügung der Parteien halten mit dem Ziel, eine gütliche Einigung auf der Grundlage der Achtung der Menschenrechte, wie sie in dieser Konvention und den Protokollen dazu anerkannt sind, zu erreichen.
2. Das Verfahren nach Absatz 1 ist vertraulich.
3. Im Fall einer gütlichen Einigung streicht der Gerichtshof durch eine Entscheidung, die sich auf eine kurze Angabe des Sachverhalts und der erzielten Lösung beschränkt, die Rechtssache in seinem Register.
4. Diese Entscheidung ist dem Ministerkomitee zuzuleiten; dieses überwacht die Durchführung der gütlichen Einigung, wie sie in der Entscheidung festgehalten wird.«

Artikel 16

Artikel 46 der Konvention erhält folgende Fassung:

»Artikel 46 – Verbindlichkeit und Vollzug (1) der Urteile

1. Die Hohen Vertragsparteien verpflichten sich, in allen Rechtssachen, in denen sie Partei sind, das endgültige Urteil des Gerichtshofs zu befolgen.
2. Das endgültige Urteil des Gerichtshofs ist dem Ministerkomitee zuzuleiten; dieses überwacht seinen Vollzug.

3. Wird die Überwachung des Vollzugs eines endgültigen Urteils nach Auffassung des Ministerkomitees durch eine Frage betreffend die Auslegung dieses Urteils behindert, so kann das Ministerkomitee den Gerichtshof anrufen, damit er über diese Auslegungsfrage entscheidet. Der Beschluss des Ministerkomitees, den Gerichtshof anzurufen, bedarf der Zweidrittelmehrheit der Stimmen der zur Teilnahme an den Sitzungen des Komitees berechtigten Mitglieder.

4. Weigert sich eine Hohe Vertragspartei nach Auffassung des Ministerkomitees, in einer Rechtssache, in der sie Partei ist, ein endgültiges Urteil des Gerichtshofs zu befolgen, so kann das Ministerkomitee, nachdem es die betreffende Partei gemahnt hat, durch einen mit Zweidrittelmehrheit der Stimmen der zur Teilnahme an den Sitzungen des Komitees berechtigten Mitglieder gefassten Beschluss den Gerichtshof mit der Frage befassen, ob diese Partei ihrer Verpflichtung nach Absatz 1 nachgekommen ist.

5. Stellt der Gerichtshof eine Verletzung des Absatzes 1 fest, so weist er die Rechtssache zur Prüfung der zu treffenden Maßnahmen an das Ministerkomitee zurück. Stellt der Gerichtshof fest, dass keine Verletzung des Absatzes 1 vorliegt, so weist er die Rechtssache an das Ministerkomitee zurück; dieses beschließt die Einstellung seiner Prüfung.«

Artikel 17

Artikel 59 der Konvention wird wie folgt geändert:

1. Es wird folgender neuer Absatz 2 eingefügt.,
   »2. Die Europäische Union kann dieser Konvention beitreten.«
2. Die Absätze 2, 3 und 4 werden die Absätze 3, 4 und 5.

Schluss- und Übergangsbestimmungen

Artikel 18

1. Dieses Protokoll liegt für die Mitgliedstaaten des Europarats, welche die Konvention unterzeichnet haben, zur Unterzeichnung auf; sie können ihre Zustimmung, gebunden zu sein, ausdrücken,
   a. indem sie es ohne Vorbehalt der Ratifikation, Annahme oder Genehmigung unterzeichnen oder
   b. indem sie es vorbehaltlich der Ratifikation, Annahme oder Genehmigung unterzeichnen und später ratifizieren, annehmen oder genehmigen.
2. Die Ratifikations-, Annahme- oder Genehmigungsurkunden werden beim Generalsekretär des Europarats hinterlegt.

Artikel 19

Dieses Protokoll tritt am ersten Tag des Monats in Kraft, der auf einen Zeitabschnitt von drei Monaten nach dem Tag folgt, an dem alle Vertragsparteien der Konvention nach Artikel 18 ihre Zustimmung ausgedrückt haben, durch das Protokoll gebunden zu sein.

Artikel 20

1. Mit Inkrafttreten dieses Protokolls sind seine Bestimmungen auf alle beim Gerichtshof anhängigen Beschwerden und auf alle Urteile, deren Vollzug das Ministerkomitee überwacht, anzuwenden.
2. Auf Beschwerden, die vor Inkrafttreten dieses Protokolls für zulässig erklärt worden sind, ist die neue Zulässigkeitsvoraussetzung, die durch Artikel 12 dieses Protokolls in Artikel 35 Absatz 3 Buchstabe b der Konvention eingefügt wird, nicht anzuwenden. In den ersten zwei Jahren nach Inkrafttreten dieses Protokolls darf die neue Zulässigkeitsvoraussetzung nur von Kammern und der Großen Kammer des Gerichtshofs angewendet werden.

Artikel 21

Mit Inkrafttreten dieses Protokolls verlängert sich die Amtszeit der Richter, deren erste Amtszeit zu jenem Zeitpunkt noch nicht abgelaufen ist, ohne weiteres auf insgesamt neun Jahre. Die übrigen Richter bleiben für ihre restliche Amtszeit, die sich ohne weiteres um zwei Jahre verlängert, im Amt.

Artikel 22

Der Generalsekretär des Europarats notifiziert den Mitgliedstaaten des Europarats

a. jede Unterzeichnung;
b. jede Hinterlegung einer Ratifikations-, Annahme- oder Genehmigungsurkunde;
c. den Zeitpunkt des Inkrafttretens dieses Protokolls nach Artikel 19 und
d. jede andere Handlung, Notifikation oder Mitteilung im Zusammenhang mit diesem Protokoll.

Zu Urkund dessen haben die hierzu gehörig befugten Unterzeichneten dieses Protokoll unterschrieben.

Geschehen zu Strassburg am 13. Mai 2004 in englischer und französischer Sprache, wobei jeder Wortlaut gleichermaßen verbindlich ist, in einer Urschrift, die im Archiv des Europarats hinterlegt wird. Der Generalsekretär des Europarats übermittelt allen Mitgliedstaaten des Europarats beglaubigte Abschriften.

C. Adressen der Verfassungsgerichte (einschl. EuGH)

1. Europa

Europäischer Gerichtshof
Conseil D'Europe
Commission Europeene des Droits de l'Homme
Avenue de l'Europe
F-67075 Strasbourg Cedex

Tel: 00 33 (0) 3 88 41 20 18
Fax: 00 33 (0) 3 88 41 27 92
      00 33 (0) 3 88 41 27 30

Gerichtshof der Europäischen Gemeinschaften
L-2925 Luxemburg

Tel: 00352-4 30 31
Fax: 00352-43 03 26 00

2. Bundesrepublik Deutschland

Bundesverfassungsgericht
Schloßbezirk 3
76131 Karlsruhe
oder
Postfach 1771
76006 Karlsruhe

Tel: 0721/9101-0
Fax: 0721/9101-382 u. -830

Staatsgerichtshof für das Land Baden-Württemberg
Olgastr. 2
70182 Stuttgart

Postfach 103653
70031 Stuttgart

Tel: 0711/212-(3026)/-212-0 (Zentrale)
Fax: 0711/212-3024

Bayerischer Verfassungsgerichtshof
Prielmayerstr. 5
80335 München

Tel: 089/5597-3178
Fax: 089/5597-3986

Verfassungsgerichtshof des Landes Berlin
Elßholzstr. 30-33
10781 Berlin

Tel: 030/9015-2652
Fax: 030/9015-2666

Verfassungsgericht des Landes Brandenburg
Jägerallee 9-12
14469 Potsdam

Tel: 0331/600698-0
Fax. 0331/600698-30

Staatsgerichtshof der Freien Hansestadt Bremen
Am Wall 201
28195 Bremen

Tel: 0421/3 61 21 90
Fax: 0421/3 61 41 72

Hamburgisches Verfassungsgericht
Sievekingplatz 2
20355 Hamburg

Tel: 040/42843-0
Fax: 040/42843-4097

Staatsgerichtshof des Landes Hessen
Luisenstr. 13
65183 Wiesbaden

Tel: 0611/32-2738/-2759/-2784
      0611/1007-109
Fax: 0611/ 32-2617
      0611/1007-175

Niedersächsicher Staatsgerichtshof
Herminenstr. 31
31675 Bückeburg

Tel: 05722/290-218
Fax: 05722/290-217

Verfassungsgerichtshof für das Land
Nordrhein-Westfalen
Aegidiikirchplatz 5
48143 Münster
Postfach 6309
48033 Münster

Tel: 0251/505-0 (Zentrale)
Fax: 0251/ 505-253

Verfassungsgerichtshof Rheinland-Pfalz
Deinhardplatz 4
56068 Koblenz
Postfach
56065 Koblenz

Tel: 0261/1307-0
Fax: 0261/1307-350

Verfassungsgerichtshof des Saarlandes
Franz-Josef-Röder-Str. 15
66119 Saarbrücken

Tel: 0681/501-05
Fax: 0681/501-53 51

Verfassungsgerichtshof des Freistaates Sachsen
Harkortstr. 9
04107 Leipzig
Postfach 10 09 64
04009 Leipzig

Tel: 0341/2141-0 (Zentrale)
Fax: 0341/2141-250

Landesverfassungsgericht Sachsen-Anhalt
Willy-Lohmann-Str. 29
06844 Dessau
Postfach 1426
06813 Dessau

Tel: 0340/202-0 (Zentrale)
Fax: 0340/202-1560

Thüringer Verfassungsgerichtshof
Kaufstr. 2-4
99423 Weimar
Postfach 23 62
99404 Weimar

Tel: 03643/206-206
Fax: 03643/206-224

Stichwortverzeichnis

Die Fundstellennachweise beziehen sich auf die Randnummern des Buches.

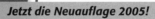